Gesellschaft und Politik in Osteuropa
Society and Politics in Eastern Europe

herausgegeben von | edited by

Dr. Jochen Töpfer
Prof. Dr. Ivan Bernik
Prof. Dr. Aneta Cekikj
Prof. Dr. Gjoko Gjorgjevski
Prof. Dr. Alenka Krasovec
Prof. Dr. Mirjana Maleska

Band | Volume 1

Jochen Töpfer

Ordnungsvorstellungen von Gesellschaft und Religion

Die Perspektive religiöser Eliten in Südosteuropa

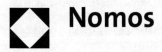 Nomos

Das Forschungsprojekt und diese Publikation wurden durch die Deutsche Forschungs-
gemeinschaft (DFG) (TO 889/1-1) gefördert.

Die Deutsche Nationalbibliothek verzeichnet diese Publikation in
der Deutschen Nationalbibliografie; detaillierte bibliografische
Daten sind im Internet über http://dnb.d-nb.de abrufbar.

Zugl.: Magdeburg, Otto-von-Guericke-Universität, Habil., 2022

ISBN 978-3-8487-6525-6 (Print)
ISBN 978-3-7489-0610-0 (ePDF)

Onlineversion
Nomos eLibrary

1. Auflage 2023
© Nomos Verlagsgesellschaft, Baden-Baden 2023. Gesamtverantwortung für Druck
und Herstellung bei der Nomos Verlagsgesellschaft mbH & Co. KG. Alle Rechte, auch
die des Nachdrucks von Auszügen, der fotomechanischen Wiedergabe und der Übersetzung, vorbehalten. Gedruckt auf alterungsbeständigem Papier.

Inhaltsverzeichnis

Abbildungsverzeichnis

Tabellenverzeichnis

Verzeichnis der Abkürzungen

Abb.	Abbildung
AL	Albanien
alb.	albanisch
AOK	Autokephale Kirche Albaniens (alb.: KOASh – Kisha Orthodhokse Autoqefale e Shqipërisë)
ASNOM	Antifašističko Sobranie za Narodno Osloboduvanje na Makedonija
AVNOJ	Antifašističko vijeće narodnog oslobođenja Jugoslavije (*Antifaschistischer Rat der Nationalen Befreiung Jugoslawiens*)
BDI	Bashkimi Demokratik për Integrim
BFI	Bashkësia Fetare Islame e Republikës së Maqedonisë së Veriut (*Islamische Religionsgemeinschaft in der Republik Nord-Mazedonien*)
BiH	Bosnien-Herzegowina
CEICEM	Conferentia Episcoporum Internationalis SS. Cyrilli et Metodii
CG	Crna Gora (*Montenegro*)
CJMMK	Center za raziskovanje javnega mnenja in množičnih komunikacij (*Zentrum für Meinungsforschung und Massenkommunikation*)
ČZCBZ	Čezvesoljska Zombi cerkev blaženega zvonjenja (*Transuniverselle Zombie-Kirche des glückseligen Klingelns, Slowenien*)
d.h.	das heißt
dt.	deutsch
DZ	Državni zbor
ECAV	Evangeličanska Cerkev Augsburške Veroizpovedi
EKD	Evangelische Kirche in Deutschland
expl. varia.	explained variance
FNRJ	Federativna Narodna Republika Jugoslavija
FYROM	Former Yugoslav Republic of Macedonia
FZ	Fletorja Zyrtare (*Amtsblatt der Republik Albanien seit 1991*)
GZ	Gazeta Zyrtare e Republikës Popullore Socialiste të Shqipërisë (*Amtsblatt der Sozialistischen Volksrepublik Albanien 1974–1991*)
HDI	Human Development Index

HR	Kroatien
HRR	Heiliges Römisches Reich
ICTY	International Criminal Court for the Former Yugoslavia
IE	Identitätsebene
IKP	Integrations- und Konfliktpotential
ISRS	Islamska skupnost v Republiki Sloveniji (*Islamische Gemeinschaft in der Republik Slowenien*)
ISSSS	International Society for the Scientific Study of Subjectivity
IZ BiH	Islamska zajednica u Bosni i Hercegovini (*Islamische Gemeinschaft in Bosnien-Herzegowina*)
JNA	Jugoslovenska Narodna Armija (*Jugoslawische Nationalarmee*)
KMSH	Komuniteti Mysliman i Shqipërisë (*Muslimische Gemeinschaft Albaniens*)
KOVZRG	Komisija za odnosi so verskite zaednici i religiozni grupi
kroat.	kroatisch
KV	Kosovo
maz.	mazedonisch
MK	Mazedonien / Nord-Mazedonien
MOD	Modernisierung
MPC-OA	Makedonska Pravoslavna Crkva – Ohridska Arhiepiskopija
NDH	Nezavisna Država Hrvatska (,*Unabhängiger Staat Kroatien*')
NN	Narodne Novine (*Amtsblatt NDH*)
osm.	osmanisch
ÖPK	Ökumenisches Patriarchat von Konstantinopel
PDSh	Partia Demokratike e Shqipërisë (*Albanien*)
PDSh/DPA	Partia Demokratike Shqiptare / Democratic Party of Albanians (*Mazedonien*)
PSSh	Partia Socialiste e Shqipërisë (*Albanien*)
QBNFE	Qëndra e Bashkëpunimit Ndërfetar në Elbasan (*Zentrum für interreligiöse Zusammenarbeit in Elbasan*)
R	Religion
RF	Religionsfreiheit
RG	Religionsgemeinschaft
RKK	Römisch-Katholische Kirche

SDSM	Socijaldemokratski sojuz na Makedonija
serb.	serbisch
SKJ	Savez kommunistov Jugoslavije (*Bund der Kommunisten Jugoslawiens*)
slo.	slowenisch
SLO	Slowenien
SNKJ	Službene novine Kraljevine Jugoslavije (*Amtsblatt Königreich Jugoslawien*)
SPC	Srpska Pravoslavna Crkva (*Serbisch-Orthodoxe Kirche*)
SRB	Serbien
SŠK	Slovenska škofovska konferenca (*Slowenische Bischofskonferenz*)
SVRM	Služben vesnik na Republika Makedonija (*Amtsblatt Republik Mazedonien*)
SVSRM	Služben vesnik na Socijalistička Republika Makedonija (*Amtsblatt Sozialistische Republik Mazedonien 1963–1991*)
Tab.	Tabelle
u.a.	unter anderem
UDBA	Uprava državne bezbednosti (*Direktion für staatliche Sicherheit*)
Übers. d. A.	Übersetzung des Autors
ULRS	Uradni list Republike Slovenije (*Amtsblatt Republik Slowenien*)
UNDP	United Nations Development Programme
UNHRC	United Nations Human Rights Council
UNO	United Nations Organization
UVS	Urad za verske skupnosti
VMRO-DPMNE	Vnatrešna makedonska revolucionerna organizacija – Demokratska partija za makedonsko nacionalno edinstvo
WEA	World Evangelical Alliance
WL	Wikileaks
WVS	World Values Survey
ZAS	Združenje ateistov Slovenije
z.B.	zum Beispiel
z.T.	zum Teil

1 Einleitung: Religion und Ordnungsvorstellungen der Gesellschaft

„Religion is one of the major forces of conflict in our world today.“

(Perica 2002: V)

1.1 Einführung: Zur Position von Religion und religiösen Führern in modernen Gesellschaften

Die Themen Religion und moderne Gesellschaft, religiöse Ordnungsvorstellungen, und religiöse Konflikte erfreuen sich heute entgegen zahlreicher Vorhersagen aus der Vergangenheit einer breiten Aufmerksamkeit in der Öffentlichkeit, den Medien, der Politik und der Sozialwissenschaft. Das Zusammenwachsen eines multireligiösen Europa durch die Erweiterung der Europäischen Union, Debatten um die Vereinbarkeit von Islam und Demokratie, sowie gewaltsame Ereignisse mit religiösem Hintergrund stellen eine breite empirische Basis bereit, diese Aufmerksamkeit zu begründen. So öffnete sich auch bei der sozialwissenschaftlichen Betrachtung von Faktoren, die zu Konflikt in einer Gesellschaft beitragen, während der letzten zwei Jahrzehnte das Spektrum von der Betrachtung wirtschaftlicher und politischer Ursachen in Richtung kultureller und religiöser Quellen. Den Religionen, genauer den Glaubensrichtungen repräsentierenden religiösen Gemeinschaften, wurden zudem von externen Akteuren eine Vielzahl von Erwartungen und Forderungen zugeschrieben, auf welche Weise sie zu einer von ihnen favorisierten (u.a. autoritären, konservativen, liberalen) Gesellschaftsordnung beitragen könnten.

Dies gilt insbesondere für die Entwicklungen der letzten 32 Jahre und die gegenwärtigen Verhältnisse in Osteuropa: Nach 1989 führten die umfassenden Veränderungen innerhalb der Gesellschaften durch die Auflösung des Staatssozialismus' neben dem tiefgreifenden Wandel der politischen und ökonomischen Systeme zudem zu einem signifikanten Bedeutungszuwachs der Religion, der oft weit über den kulturellen Bereich hinausging. Für die Zunahme an Einfluss allein im politischen Bereich kann dieser Sachverhalt Veranschaulichung finden, da eine Hinwendung hin zu religiösen Bezügen innerhalb der nach Claus Offe definierten drei Ebenen der politischen

Entscheidungsfindung festzustellen war: Nicht nur Änderungen (a) der alltäglichen Politik um Einfluss und ökonomische Ressourcen, oder (b) des institutionellen, rechtlichen (Verfassungs-)Rahmens, sondern zusätzlich (c) der Neudefinition von Identität und Nationalität, d.h. der fundamentalen Frage, wer Berechtigung findet, Mitglied in der den Nationalstaat konstituierenden Gemeinschaft zu sein (Offe 1996: 32/33). Hinzu kamen in vielen Fällen in Osteuropa ungeklärte territoriale Fragen, die ihn zusammen mit politischen und ökonomischen Umstellungen von einem *,dilemma of simultaneity'* (ebd.: 35) sprechen ließen. Bedeutende Akteure der Neuordnung der Strukturen in den genannten Bereichen waren dementsprechend zuerst nationale politische Eliten (Bozoki 2003: 215). Im Verlauf der Transformation mit grundlegenden Veränderungen und in einigen Fällen der zeitgleichen Neugründung von Nationalstaaten nutzten neue politische Führungen in Osteuropa zur Legitimation ihrer Ziele, Konsolidierung der Macht, sowie der Unterstützung ihrer Interpretation von Nationalität und Zugehörigkeit vielfach normative Vorstellungen, die in unterschiedlichen Ausprägungen religiöse Bezüge enthielten.

Nach den kollektivistisch und zentralistisch angelegten Gesellschaftsstrukturen im Sozialismus wurde für die Gesellschaften der Region Osteuropa unmittelbar nach 1989 zunächst generell eine parallellaufende, umfassende Pluralisierung und Differenzierung zwischen und innerhalb der gesellschaftlichen Bereiche attestiert (Stichworte Demokratisierung, Liberalisierung) und in theoretischen Modellen verankert (so u.a. Merkel 1999: 533). Drei Dekaden nach den ersten Veränderungen ist heute eine breite Variation der Entwicklungsmuster in der Region feststellbar, deren Strukturen mehrheitlich mit dem in den 1990er Jahren in der Sozialwissenschaft aufgekommenen Konzept der *,varieties of capitalism'* (Hodgson 1996: 380) beschrieben werden. Auf der anderen Seite beschritten trotz Annahmen der Konvergenz jene Gesellschaften weiterhin recht unterschiedliche Entwicklungspfade – so es ist fraglich, ob das Modell die gegenwärtige Breite der Entwicklungen in der Region adäquat abbildet (siehe u.a. neo-feudale Muster; Zafirovski 2007: 421; Töpfer 2012: 310).

Auf dem Gebiet des ehemaligen Jugoslawiens prägten zusätzlich unfriedliche Sezessionen den Beginn der Transformation, und die einzelnen Gesellschaften entwickelten sich recht unterschiedlich. Im Zuge der Neuziehung von Grenzen wurden hier auf multiethnischen und multireligiösen Territorien zunächst mehrheitlich neue Staaten mit der Betonung auf einer exklusiven

Titularnation gegründet[1]. Die Europäische Union sah sich an dieser Stelle durch kulturell-historisch und ethnisch begründete Grenzziehungen mit einer neuen Partikularisierung an ihrer Peripherie konfrontiert; auf der anderen Seite war sie gewillt, den beteiligten Akteuren eine europäische, d.h. jenseits des Nationalstaates gemeinsam-integrative Perspektive zu geben.

In diesem Prozess der Partikularisierung von Gruppen wurden in den Regionen des ehemaligen Jugoslawiens die mit der jeweiligen Bevölkerungsmehrheit assoziierten religiösen Gemeinschaften und ihre Institutionen (teilweise mit deren Einverständnis) von dominanten Fraktionen nationalistischer politischer Akteure vereinnahmt, ob in Form der Serbisch-Orthodoxen Kirche in Serbien und in Bosnien-Herzegowina, der Römisch-Katholischen Kirche in Slowenien und Kroatien, oder den Islamischen Gemeinschaften in Bosnien-Herzegowina und dem Kosovo. Die Glaubensgemeinschaften sollten aus politischer Sicht – als ‚historische Paten' einer einseitigen Interpretation von Geschichte zu einer ethnisch-exklusiven Konsolidierung der Identität der jeweiligen Mehrheitsgruppierung, und damit verbunden der Legitimität eines ethnisch definierten Nationalstaates beitragen. Wird ganz Osteuropa betrachtet, so wurde traditionellen Religionsgemeinschaften zu Beginn der Transformation eher eine positive Rolle bei der Demokratisierung und Befriedung von Konflikten zugeschrieben (siehe Albanien, ehem. DDR, Polen). Diese Perspektive wandelte sich bereits ein Jahrzehnt später auch im sozialwissenschaftlichen Diskurs durch die Geschehnisse in Jugoslawien: „(...) *religion causes concern more often than hope.*" (Perica 2002: VI).

Neben diesen binär angelegten Erklärungen standen Modelle, welche die Perspektive der Religionsgemeinschaften einnahmen. Vergleichende Studien stellten fest, dass nach 1989 die Suche nach der Position und Rolle der Religion in der Gesellschaft aus der Sicht der großen Glaubensgemeinschaften zunächst einem Experimentierfeld glich (Genov 2010: 187). Neben dem weit verbreiteten säkularen Identitäts- und Staatsverständnissen in der Bevölkerung prägte auf der einen Seite eine Gruppe religiöser Eliten öffentlich das Bild, die eine Re-Traditionalisierung und starke Stellung der Religion in vielen Gesellschaftsbereichen einforderten. Auf der anderen Seite existieren bis heute nur wenige Studien, die eine Generalisierung des Standpunkts zulassen würden. Es kann davon ausgegangen werden, dass auch die Gruppe religiöser Würdenträger – wie die Mehrheit der Bevölkerungen in Osteuropa – eher von der Transformation überrascht wurde (ebd.: 185), und

---

1 Ausnahmen bilden die von externen Akteuren gestützten Staatsbildungen in Bosnien-Herzegowina und Kosovo.

anschließend sukzessive kohärente Vorstellungen zum Thema ‚Religion in der Gesellschaft' entwickelte.

In einigen Staaten Osteuropas haben (national-traditionelle) Glaubensgemeinschaften in der Folge eine starke Rolle hinsichtlich der kollektiven Identitätsbildung und als gesellschaftliche Faktoren erhalten (so in Kroatien, Polen, Russland, Serbien, der Ukraine), in anderen fordern signifikante säkulare Tendenzen jene Gemeinschaften in Politik und Gesellschaft nach dem Aufschwung in den 1990er Jahren heraus (Albanien, Tschechische Republik, Slowenien, Deutschland/Ost). Demnach ist bei der gesellschaftlichen Einbindung der Religion in der Region ein weitgehender Pluralismus eingetreten, innerhalb dessen insbesondere die traditionellen Glaubensgemeinschaften noch immer eine gewisse Dynamik bei der Suche nach ihrer Position und Rolle aufweisen.

Das trotz starker Säkularisierungstendenzen Religionsgemeinschaften dennoch als bedeutende gesellschaftliche Akteure in ganz Europa charakterisiert werden können, zeigt ihre relative Stellung bei der Bevölkerung: Nach Daten des World Values Survey (WVS) wird religiösen Organisationen erheblich mehr Vertrauen entgegengebracht als den zentralen politischen Institutionen einer Demokratie (Parlament, politische Parteien):

Tab. 1: *Vertrauen der Bevölkerung in Europa, religiöse und politische Institutionen (2010–14)*[2]

	Vertrauen in ...		
	Kirchen	politische Parteien	Parlament
viel	19,1 %	2,1 %	4,1 %
ziemlich viel	33,3 %	20,0 %	28,7 %
nicht sehr viel	28,2 %	46,8 %	41,1 %
überhaupt nicht	16,0 %	27,6 %	21,8 %
weiß nicht/ keine Antwort	3,2 %	3,5 %	4,2 %

So sagten für den Zeitraum 2010–2014 in den zwölf Ländern der Befragung 52,4% der Teilnehmer aus, sie hätten Vertrauen in die Kirchen, jedoch nur 22,1% äußerten dies im Hinblick auf die politischen Parteien, und 32,8% für das jeweilige nationale Parlament. Aus diesem relativ hohen Vertrauenswer-

---

2 Inglehart et al. (2014): World Values Survey: Round Six – Country-Pooled Datafile (V108; V116; V117); (die hier vertretenen 12 europäischen Staaten, zusammen ca. 60% der Bevölkerung des Kontinents).

ten für religiöse Institutionen ließe sich interpretieren, dass ihnen ein gewisser Spielraum zur Verfügung steht, sich mit ihren (Ordnungs-)Vorstellungen in persönliche (auch politische) Entscheidungsfindungsprozesse weiter Kreise der Bevölkerung einzubringen. Ihre Vertreter, religiöse Würdenträger, sind somit als bedeutende Multiplikatoren bestimmter Einstellungen anzusehen, auch wenn ihr Einfluss je nach den spezifischen gesellschaftlichen Konstellationen variieren kann.

Demnach besteht die dringende Aufgabe, die Perspektive der Religion in sozialwissenschaftliche Betrachtungen aufzunehmen und zu fragen, welche gesellschaftlichen Ordnungsvorstellungen sich im religiösen Bereich formieren, die zentral unter den angesprochenen Multiplikatoren vorhanden sind. Neben der empirisch feststellbaren sozialen Signifikanz von Religion in Europa erhält das Thema zusätzliche Bedeutung aus dem Standpunkt der Glaubensrichtungen: Dem selbst formulierten Anspruch von Religionen, die menschlich erlebbare Wirklichkeit in ihrer Ganzheit zu verarbeiten, und somit ein holistisches, all-erklärendes Programm bereitstellen zu können. Aus diesen Überlegungen wurde u.a. in der christlichen Theologie abgeleitet, dass sie allein aufgrund ihrer eigenen Institutionalisierung inhärent politische Ansprüche und gesellschaftliche Ordnungsvorstellungen formulieren würden (Kube 2009: 137).

Die vorliegende Studie widmet sich aus diesen Überlegungen heraus zwei konkreten Fragestellungen, die inhaltlich aufeinander aufgebaut sind: 1) Wie gestalten sich Vorstellungen religiöser Würdenträger zu gesellschaftlicher Ordnung und der Rolle der Religion in einer pluralen, auch multireligiösen Gesellschaft? Welche inhaltlichen Einstellungstypen sind feststellbar? 2) Sind jene Vorstellungen Träger von Potentialen zu gesellschaftlicher Integration oder sind sie als potentiell konfliktträchtig in einer modernen Gesellschaft zu charakterisieren? Es wird ersichtlich, dass der erste Teil der Untersuchung einen explorativen Charakter besitzt, d.h. dafür offen ist, auch bisher wenig beachtete Einstellungsmuster zu generieren, während der zweite Abschnitt theoriegeleitet-analytisch angelegt ist. Im religionssoziologischen Dreieck Religion – Politik – Bevölkerung (Pickel 2011a: 227) begibt sich der Ansatz folglich zunächst in die Perspektive der Religion, die durch die Einstellungen religiöser Würdenträger abgebildet wird. Sie vertreten ihre Religionsgemeinschaft nach außen und besitzen einen nicht zu unterschätzenden Einfluss auf Haltungen in großen Teilen der Gesellschaft.

Zur Erfassung der Einstellungstypen mit einem qualitativ-offenem Charakter wird eine in Europa noch wenig angewendete Methode der sozialwissenschaftlichen Meinungsforschung herangezogen, die sich explizit für eine explorative Fragestellung eignet, und sich auf den internen Referenzrahmen der Befragten bezieht: Die Q-Methode. Zudem können mit diesem Erhebungs- und Analyseverfahren Einstellungstypen anhand einer kleinen Anzahl von Befragten generiert werden.

Liegen nach Bearbeitung des ersten Forschungsabschnitts die Vorstellungen der religiösen Würdenträger sowie eine inhaltliche Typisierung vor, fragt das vorliegende Projekt anschließend nach den gesellschaftlichen Integrations- und Konfliktpotentialen der Einstellungsmuster. Die Bezeichnung ‚Integrations- und Konfliktpotential' (IKP) deutet darauf hin, dass nicht eingeschränkt in eine Richtung konfliktträchtige Merkmale der Einstellungen erfasst werden sollen, sondern die Dimension darauf erweitert wird, wie Religion möglicherweise zu einer Integration in einer pluralen Gesellschaft beitragen kann.

An diesem Punkt wird zunächst zwischen vier Ebenen des Integrations- und Konfliktpotentials der Einstellungen differenziert: Das a) innergemeinschaftliche IKP bezieht sich auf den abgrenzbaren Rahmen einer jeweiligen Glaubensgemeinschaft, das b) intrareligiöse fokussiert auf Verhältnisse zwischen Gruppen, die innerhalb einer generellen Religionsausrichtung agieren. Das c) interreligiöse IKP soll die Betrachtung von Potentialen im Rahmen grundsätzlich verschiedener Glaubenssysteme nachzeichnen, und das d) religiös-gesellschaftliche IKP konzentriert sich auf die Gegenüberstellungen der Einstellungen mit Strukturen und Prozessen der Modernisierung, die gegenwärtig gesellschaftliche Entwicklung in Europa kennzeichnen.

Einen abschließenden Punkt der Relevanz erhält die Studie aus der Gegenüberstellung der gesellschaftlichen Bedeutung der Zielgruppe mit der Ausrichtung der gegenwärtigen sozialwissenschaftlichen Forschung. In den letzten Jahrzehnten ist ein breites Spektrum an empirischen und theoretischen Arbeiten zu ökonomischen und politischen Eliten in den Gesellschaften Europas, auch zu Osteuropa, entstanden (Best 2009; Bozoki 2002; Higley/Lengyel 2000). Religiöse Eliten sind jedoch bis heute ein wenig bearbeitetes Feld, auch wenn Themen mit religiösen Bezügen stark an Bedeutung gewinnen. Im engeren Forschungsbereich der Religionssoziologie stehen religiöse Einstellungen in der Bevölkerung, sowie das Verhältnis von Politik und Religion im Zentrum der Aufmerksamkeit – Studien zur ‚Position der Religion' zu gesellschaftlichen Entwicklungen stellen eher Ausnahmefälle dar. So wird mit der vorliegenden Studie eine bisher vernachlässigte Perspektive auf das Verhältnis von Religion in der modernen Gesellschaft der Diskussion hinzugefügt.

Abschließend kann mit der Untersuchung auf Ebene der Theorie der allgemeinen Soziologie, sowie der Religionssoziologie, die Forschungsfrage adressiert werden, ob grundlegende Tendenzen der Modernisierung wie Individualisierung und Pluralisierung auch innerhalb der Gruppe der Autoritäten im religiösen Bereich heute eine mentale Reflexion in den gesellschaftlichen Ordnungsvorstellungen erfahren, und in welchen Formen.

1.2 Die Fallauswahl: Zur Erklärungskraft multireligiöser Gesellschaften in Südosteuropa

Die vorliegende Untersuchung verfolgt das Ziel, der vielfältigen Pluralisierung des religiösen Sektors in Europa Rechnung zu tragen, und damit das Potential der Übertragbarkeit der Befunde zu steigern. Einstellungen einer großen Bandbreite von Repräsentanten der anhängerstarken Religionskonfessionen Europas zu integrieren, und zugleich der Datenerhebung einen realisierbaren Rahmen zu geben, kann durch die Auswahl multireligiöser Gesellschaften in Südosteuropa entsprochen werden. In der Region sind bedeutende Konfessionen des Christentums (römisch-katholisch, protestantisch, orthodox, weitere), das Judentum, unterschiedliche Ausprägungen des Islam, sowie andere, kleinere Religionsgemeinschaften traditionell vertreten. Zusätzlich sind hier gegenwärtig unter der Bevölkerung neue religiöse Bewegungen aktiv, sowie nicht-religiöse Einstellungen verbreitet, sodass auch diese charakteristischen Merkmale moderner Gesellschaften das religiöse Feld der Gesellschaften der Region prägen. Demnach wurde insbesondere das westliche Südosteuropa als Raum „(...) *of an extraordinary cultural heterogeneity (...) which (...) is the world in a microcosmos.*" (Perica 2002: XI) beschrieben.

Um in dieser Studie die traditionellen Religionsgemeinschaften der Region abzubilden und zugleich diese in Mehrheits- und Minderheitenpositionen zu integrieren, wurden die Fälle Albanien (AL), Nord-Mazedonien (MK) und Slowenien (SLO) gewählt. Hier weisen in einem ersten Schritt die historischen Hintergrundvariablen ähnliche Ausprägungen vor: Gemeinsamkeiten der drei Gesellschaften in Südosteuropa sind der historische Hintergrund der Zugehörigkeit zu multiethnischen Großreichen bis zum Ende des Ersten Weltkrieges, erste eigenständige demokratische Versuche mit dominantem Hegemon (Elemente Monarchie) und Königsdiktatur bis zum Beginn des Zweiten Weltkrieges, anschließend ein Kriegsverlauf mit Besetzung durch externe Staaten, großflächigen Zerstörungen und großem menschlichen

Leid, die zudem starke ideologische Verwerfungen in der Bevölkerung verursachten, sowie die Erfahrung der Bevölkerung mit dem real existierenden Sozialismus ab den Jahren 1944/45, dessen Vertreter traditionelle Religionen und die sie vertretenden Gemeinschaften bis 1990 generell überwachten und unterdrückten.

Die härtesten Maßnahmen zur Repression von Religionsgemeinschaften traf Albanien. Dort war nicht erst seit der Ausrufung des offiziell ersten atheistischen Staates im Jahre 1967 sämtliche öffentliche Religionsbekundung verboten. In Jugoslawien, dem Slowenien und Nord-Mazedonien bis 1991 angehörten, wurden religiöse Gruppen seit 1945 stark unterdrückt, bis sich eine langsame Öffnung in den 1960er Jahren andeutete, die regional, in Bosnien-Herzegowina und Mazedonien, bis zu einer staatlich akzeptierten Neuorganisation von großen Religionsgemeinschaften führte. Die Observation, Infiltrierung und Eindämmung dieser Organisationen im Rahmen einer ‚feindlichen Trennung' der Bereiche von Religion und Politik setzte sich jedoch auch hier fort. Mit der demokratischen Wende wurden zentrale kollektive und individuelle Freiheitsrechte auch im Bereich der Religion in den drei Fällen wirksam, und das religiöse Feld erlebte einen signifikanten Aufschwung an Aufmerksamkeit und an gesellschaftlichem Einfluss. So erklären im Jahr 2008 eine Zugehörigkeit zu einem religiösen Bekenntnis 69,3% der Befragten in Albanien, 92,7% in Nord-Mazedonien, und 71% in Slowenien (73,5% für ganz Osteuropa)[3].

Wie in ganz Osteuropa bestanden in den drei Ländern im politischen Bereich auf der einen Seite die Position einer strikten Trennung beider Bereiche, auf der anderen Seite versuchten nach 1990 auch hier Teile der Politik, traditionellen Religionsgemeinschaften eine starke Stellung hinsichtlich der national-kollektiven Identitätsbildung zuzugestehen. Zusammen mit atheistischen Ansichten und religiösem Pluralismus auf Seiten der Bevölkerung stellen jene Entwicklungen traditionelle Glaubensgemeinschaften und ihre Vertreter vor ähnliche Aufgaben – u.a., gesellschaftliche Ordnungsvorstellungen zu entwickeln, die sich mit angesprochenen Prozessen auseinandersetzen und diese verarbeiten.

Neben den ähnlichen historischen Pfadabhängigkeiten und parallelen Einstellungen in der Bevölkerung ergibt sich ein weiterer Grund für die Auswahl der drei Gesellschaften aus ihren inneren religiösen Strukturen, die eine weitgehende Pluralität aufzeigen. Eine erste Einordnung des (messbaren

---

3 EVS 2016. Integrated Dataset; „*Do you belong to a religious denomination?*" (Q23).

und organisierten) religiösen Feldes wird hier anhand des in der Ökonomie angewandten Herfindahl-Index‘ aufgezeigt (Verteilung von Marktanteilen beteiligter Unternehmen). Erfolgt eine Berechnung für schematisch sechs Religionskonfessionen[4] für die gesamte Region Südosteuropa[5], ist eine hohe Differenzierung mit dem Wert 0,289 zu verzeichnen[6]. Demnach ist keine Konfession für die gesamte Region dominant prägend. Der Mittelwert für die einzelnen Staaten zeigt eine weitaus höhere Konzentration (Wert 0,533); folglich kann innerhalb der jeweiligen Gesellschaften von einer gewissen Dominanz jeweils einer Religionskonfession ausgegangen werden. Dieser Befund trifft ebenfalls auf die drei Fälle zu: Ist in Albanien der religiöse Pluralismus mit fünf großen Organisationen noch am weitesten ausgeprägt (Wert 0,382), so bilden Nord-Mazedonien (0,582) und Slowenien (0,523) die angesprochenen Strukturen der Region ab.

In der Zusammenfassung der bisherigen Begründung der Fallauswahl wurden die Hintergrundvariablen der drei Fälle (historische Pfadabhängigkeiten, plurales religiöses Feld) ähnlich gehalten. Um den Vorgaben der vergleichenden Methode weiterhin zu entsprechen (Lijphart 1975: 158/164), ist das Design der Studie so angelegt, dass die operativen, unabhängigen Variablen Varianzen aufweisen, um vermutete Zusammenhänge untersuchen zu können[7]. Folgend den Forschungsfragen der vorliegenden Studie kann so zudem analysiert werden, ob sich Meinungstypen und Integrations- und Konfliktpotentiale entlang religiöser Unterschiede (Denominationen) vollziehen. Demnach wurden die Fälle so gewählt, dass jeweils eine Religionskonfession die Mehrheit der Gesamtbevölkerung repräsentiert, die einer unterschiedlichen Denomination angehört: Dies sind in Albanien der sunnitische Islam, in Nord-Mazedonien das orthodoxe, und in Slowenien das römisch-katholische Christentum. Diese Ausrichtungen sind zugleich in Minderheitenposition in den jeweils anderen Staaten vorhanden, und ermöglichen somit eine differenzierte Aufnahme der Einstellungen in Bezugnahme zur Religionszugehörigkeit.

---

4 Römisch-katholisches, orthodoxes und protestantisches Christentum, sunnitischer und schiitischer Islam, andere Religionen und Konfessionen als eine Gruppe.

5 mit 11 Staaten: Albanien, Bosnien-Herzegowina, Bulgarien, Kroatien, Griechenland, Montenegro, Rumänien, Serbien, Slowenien, Nord-Mazedonien, Kosovo.

6 Bereich von 0,167 (gleiche Verteilung auf alle sechs Glaubensrichtungen) bis 1 (Konzentration auf eine Glaubensrichtung). Daten: European Values Survey (EVS 2008); Berechnung nach Hashimzade et.al. (2017).

7 Nach Lijphart „*... as to maximize the variance of the independent variables and to minimize the variance of the control variables.*" (Lijphart 1975: 164).

Zu Albanien existieren die letzten belastbaren Daten zu Religionszugehörigkeit in der Bevölkerung aus dem Jahr 2002[8]. Hier bekannten sich 58% zum sunnitischen Islam, weiterhin 18% zum orthodoxen, 8,8% zum römisch-katholischen, und 1,3% zum evangelisch-protestantischen Spektrum des Christentums (andere 0,6%; Inglehart et al. 2014). 12,9% der Befragten fanden sich von den Kategorien der Umfrage nicht repräsentiert; so u.a. Angehörige der Bektashi-Gemeinschaft, die dem schiitischen Islam zugerechnet wird. In der Republik Nord-Mazedonien gehörtem nach dem Zensus von 2002 64,8% der Einwohner dem christlich-orthodoxen, und 33,3% dem muslimisch-sunnitischen Bekenntnis an (Državen zavod 2002: 334)[9]. So ergibt sich beim Vergleich der beiden am häufigsten vertretenen Religionskonfessionen beider Fälle (AL, MK) ein umgekehrtes Muster der Stellung von orthodoxem Christentum und sunnitischem Islam:

Tab. 2: Stellung der Religionskonfessionen in Albanien, Nord-Mazedonien, Slowenien

	Albanien	Nord-Mazedonien	Slowenien
Römisch-Katholisches Christentum	Signifikanter Akteur	Minderheit	**Mehrheit**
Orthodoxes Christentum	Signifikanter Akteur	**Mehrheit**	Minderheit
Protestantisches Christentum	Minderheit	Minderheit	Minderheit
Sunnitischer Islam	**Mehrheit**	Signifikanter Akteur	Minderheit
Bektashi-Weltgemeinschaft	Signifikanter Akteur	Minderheit	-

Im dritten Untersuchungsfall Slowenien erklärten sich nach dem Zensus 2002[10] 57,8% der Befragten dem römisch-katholischen Christentum, 2,4% dem sunnitischen Islam, 2,3% dem orthodoxen, und 0,8% dem evangelisch-protestantischen Christentum zugehörig (Statistični urad 2002). Die beiden Gruppen der Atheisten (10,1%), sowie jener Personen, die sich keiner organisierten Religionsgemeinschaft zugehörig fühlen (26,3%), zeigen wesentliche Merkmale moderner und post-moderner Gesellschaften auch in Mittel- und Westeuropa auf.

---

8 Der Zensus 2011 wird von bedeutenden Akteuren in Albanien nicht anerkannt.

9 Der Zensus von 2011 wird hier, wie im Fall Albanien, von einigen betroffenen Gruppen nicht anerkannt.

10 Der Zensus 2011 enthielt keine Erhebung der Religionszugehörigkeit.

Zusammenfassend war und ist das Gebiet des westlichen Südosteuropa, zu dem Albanien und die Staaten des ehemaligen Jugoslawiens gezählt werden, in der Geschichte zunächst von Merkmalen einer europäischen Peripherie gekennzeichnet. Zum Gesamtbild gehört jedoch auf der anderen Seite auch, dass die Region zugleich ein historischer ‚Übergangsraum' innerhalb des Kontinentes war, auf dem konkurrierende europäische Großreiche, sowie konkurrierende Ideen der Weltanschauung und der gesellschaftlichen Organisation großen Einfluss ausübten (Ost- und Westrom; Habsburger Monarchie und Osmanisches Reich, Konstellation zwischen Warschauer Pakt und NATO bis 1990). Demnach waren die Entwicklungen in der Region seit jeher eng mit gesamteuropäischen Dynamiken verflochten – hier seien die generellen Dimensionen der Sicherheit, des ökonomischen Austauschs, der Migration, sowie unterschiedlicher kultureller Ausprägungen und Kollektividentitäten angesprochen. Mit der Abbildung der religiösen Pluralität können Resultate erarbeitet werden, die möglicherweise generelle Aussagen über das Verhältnis von Religion und moderner Gesellschaft in Europa aus der Perspektive der bedeutenden Religionen zulassen, da der Kontinent und die jeweiligen Gesellschaften zukünftig von einem höheren Niveau an religiöser Diversität gekennzeichnet sein werden.

1.3 Dimensionen der Relevanz: Ordnungsvorstellungen religiöser Eliten

In der Geschichte versahen im lokalen wie im größeren Rahmen Vertreter anerkannter Spiritualität und Religion eine große Bandbreite von Aufgaben innerhalb einer Vielzahl von Einflusssphären. Mit der Modernisierung verloren sie sukzessive ihre Stellung in der Verwaltung und Politik, in der Ökonomie, sowie im kulturellen Bereich. Wurden vor dieser Entwicklung religiöse Führer anerkannter Religionen als gesellschaftlich überaus relevante Positions- und Funktionselite charakterisiert, so findet mit dem zunehmend distanzierten Verhältnis moderner und post-moderner Gesellschaften zur Religion eine Verschiebung auf die Position einer Wertelite statt.

Die spezifische Gruppe und ihre Traditionen

Da sich der Ansatz dieser Studie in die Perspektive der Religion begibt, kann die Relevanz zunächst aus dem Blickwinkel der Zielgruppe erörtert werden. Ihre als hoch einzuschätzende Wirkung auf den Kreis der Angehörigen ihrer Glaubensgemeinschaft liegt zuerst in der Erläuterung der Inhalte des jeweiligen Glaubenssystems: Traditionelle wie neue Religionen sind allerklärend angelegt und nehmen zu Kontinuität und Kontingenz in der Beziehung zwischen Individuum und Gesellschaft zentral Stellung. Führungskräfte spiritueller Organisationen interpretieren die jeweiligen Traditionen und Doktrinen vordringlich zur Anwendung in der heutigen Zeit und stellen demnach innerhalb ihrer Gemeinschaft – auch unter den Würdenträgern selbst – bedeutende Multiplikatoren dar.

Sie sind demnach eine der wichtigsten Säulen dieser Gruppen in der Gesellschaft und üben erheblichen Einfluss auf Sichtweisen und Verhalten der dort aktiven Mitglieder aus, welche die Orte einer Religionsgemeinschaft aufsuchen, um nicht nur Lösungen für alltägliche Situationen zu finden, sondern oft auch Orientierung bei tiefgehenden und langfristig angelegten Sinn- und Identitätsfragen zu erlangen. Auseinandersetzungen um diese Fragen sind konstitutiver Bestandteil der hier angesprochenen Religionen; deren Beantwortung gehört zu ihren zentralen ‚Dienstleistungen' (Schmidtchen 2007: 251) in modernen Gesellschaften.

Hier ist anzufügen, dass religiöser Würdenträger im Bereich ihrer Gemeinschaft vielfach als authentische Verkörperung der Religion angesehen sind, die eine intensive Verehrung erfahren, und deren Vorstellungen in diesen Fällen höchste Bedeutung erhalten (wörtliche Auslegungen, nicht-reflektierte Übernahmen).

Das Feld der Religion

Gesellschaftliche Ordnungsvorstellungen der Vertreter religiöser Gemeinschaften rufen im weiteren religiösen Feld außerhalb ihrer abgrenzbaren Gruppe ebenso Reaktionen hervor. So finden ihre Äußerungen zunächst bei Glaubensgemeinschaften Gehör, die sich zum gleichen Glaubenssystem bekennen, und weiterhin bei jenen, die sich von ihnen fundamental unterscheiden. Ihre Standpunkte provozieren dort Zustimmung, Indifferenz, oder auch konträre Auslegungen.

Eine Erhebung der Einstellungen religiöser Würdenträger zur Kombination von Religion und moderner Gesellschaft ist hier relevant, da die Interpretation der Beziehungen auch innerhalb des religiösen Sektors heute in einer Vielzahl europäischer Staaten durch politische Akteure erfolgt, die damit eine externe Deutung von Religion vorlegen. Beispiele so politisierter Religion bilden die Verhältnisse in den Entitäten Bosnien-Herzegowinas, in der Russischen Föderation, der Türkei, oder auch die Aufnahme religiöser Symbole in Konstrukten der Kollektivität rechtspopulistischer Vereinigungen in Europa

(Hidalgo 2018: 169). Wie gestalten sich interreligiöse Zusammenhänge aus Perspektive der Religion? Die Bedeutung einer differenzierten Betrachtung der Akteursgruppen im Feld betont ebenso die Theologie (Gjorgjevski 2017: 8/9).

Verbindungen zu Politik und Ökonomie

In der Dimension des Verhältnisses von Religion und Umwelt repräsentieren Religionsführer ihren Glauben und ihre Organisation für den politischen Bereich, die Ökonomie, und im kulturellen Sektor. In west- und mitteleuropäischen Staaten sind sie im Bereich der Kultur als bedeutende, jedoch nicht als alleinige Akteure anzusehen: An diesem Punkt stehen sich differenzierte Betrachtungen (z.B. Religionsgemeinschaften als ein Teil der Akteurslandschaft in Kultur und Zivilgesellschaft; Pickel 2011a: 305) essentialistischen Darstellungen gegenüber, die nahezu eine Gleichsetzung der Begriffe Religion und Kultur vornehmen (Huntington 1993: 25/27).

In den Beziehungen zwischen Religion und Politik können religiöse Würdenträger auf eine Bandbreite von Mechanismen zurückgreifen, die beispielhaft durch *„Einflusskanäle von Religion auf Politik"* (Pickel 2011a: 420)[11] strukturiert wurden. Eine Vielzahl von Verbindungen zur Wahrung der Interessen steht großen religiösen Gemeinschaften ebenfalls zu ökonomischen Sphäre (insbesondere nach der Privatisierung in Osteuropa nach 1990) zur Verfügung. Angesprochene Strukturen werden durch die spezifischen Interessen religiöser Würdenträger ausgefüllt und geformt.

In Zusammenhang von ökonomischen und sozialen Betrachtungen ist zudem das Gewicht von Religionsgemeinschaften und ihrer Hilfsorganisationen im sozialen Bereich zu nennen. Diese Geltung ist für Staaten in der Region Südosteuropa mit einem im europäischen Vergleich hohen Armutsniveau unter der Bevölkerung nicht zu unterschätzen, und trägt erheblich zur Festigung von Glaubwürdigkeit und Vertrauen der dort aktiven Religionsgemeinschaften – und in Verbindung damit ihres geistlichen Personals – bei.

Religion und religiöse Würdenträger sind jedoch auch mit Strukturen und Akteuren in Politik und Ökonomie verbunden, indem von der zweiten Seite Entwicklungen ausgehen, die den religiösen Sektor und die Einstellungen

---

11 Dies sind a) persönliche Überzeugungen Politiker, b) Transport von Interessen über Parteien, c) Bereitstellung grundlegender Werte und Normen (politische Kultur), d) religiöse Akteure als Bestandteil der Zivilgesellschaft, e) Teilhabe in organisierter Interessensvermittlung, f) institutionelle Verzahnungen Staat-Kirche.

ihrer Vertreter als abhängige Variable betreffen (Stichworte pol.: nationalistische ‚Anti-Islam'-Parteien; ökon.: Steuergesetzgebung und finanzielle Unterstützung). Hier sind Religionsvertreter darauf angewiesen, auf neue Herausforderungen Antworten zu finden. Demnach ist die Perspektive der Religionsführer auf ökonomische Gegebenheiten, gerade in kapitalistisch ausgerichteten Gesellschaftsformationen, in die Betrachtungen der Einstellungen zu Ordnungsstrukturen mit einzubeziehen, soweit sie von ihnen thematisiert und als relevant erachtet werden (offene Anlage der Erhebung).

Religiöse Würdenträger und Bevölkerung

Relevanz erhält das Thema zusätzlich aus der Perspektive der Einstellungen in der Bevölkerung zur Position der Religion in der Gesellschaft und dem Einfluss dort gehegter Ordnungsvorstellungen. Im Trend für ganz Europa (siehe Tab. 1) wird religiösen Institutionen erheblich mehr Vertrauen entgegengebracht als demokratischen politischen Einrichtungen (nationales Parlament, Parteien). Mit der oben erläuterten Ausstattung an Zugängen zu unterschiedlichen gesellschaftlichen Aktionsfeldern außerhalb des religiösen Feldes und einer möglicherweise hohen Reputation und Akzeptanz in bedeutenden Teilen der Bevölkerung sind religiöse Eliten durchaus wirkmächtige und demnach aus soziologischer Perspektive eine höchst interessante Fokusgruppe. Dieser Vertrauensvorsprung, der ebenso für die religiösen Institutionen in Albanien, Nord-Mazedonien und Slowenien gilt, zeigt, dass ihnen ein gewisser Spielraum zur Verfügung steht, sich in politische Entscheidungen einzubringen. Direkt danach gefragt, wird dies jedoch auf der anderen Seite von der jeweiligen Mehrheit der Befragten in den drei hier betrachteten Staaten kritisch gesehen, wie nachfolgende Tabelle 3 aufzeigt:

Tab. 3: Einstellungen zum politischen Einfluss religiöser Führer (in v.H.)[12]

	„Religiöse Führer sollten Wähler nicht beeinflussen"			„Religiöse Führer sollten Regierung nicht beeinflussen"		
	AL	MK	SLO	AL	MK	SLO
	(2002)	(2001)	(2005)	(2002)	(2001)	(2005)
Zustimmung	70,5	75,1	69,3	67,4	67,9	65,8
Ablehnung	8,1	9,6	14,2	10,4	11,5	16

---

12 Daten nach World Values Survey (Inglehart, Haerpfer et al. 2020); ‚F103' und ‚F105'.

In jedem der drei Länder können sich zwischen 10 und 16% der Befragten durchaus einen Einfluss religiöser Führer auf die jeweilige Regierung vorstellen; die überwiegende Mehrheit steht dem ablehnend gegenüber.

Die Bedeutung der Religion in der Wissenschaft

Dominante Religionsgemeinschaften waren in der historischen Entwicklung europäischer Gesellschaften ein zentraler Träger von Bildung. Trotz voranschreitender Differenzierung und Rationalisierung in Europa und der damit einhergehenden Gegenüberstellung von rationaler Wissenschaft und spiritueller Erklärung bestehen für Religionsgemeinschaften auch in modern organisierten Gesellschaften Möglichkeiten, um Wirkungen auf Entwicklungen in der Wissenschaft, und auf sozialwissenschaftliche Disziplinen zu entfalten. Die Römisch-Katholische Kirche, sowie die Orthodoxen und Evangelischen Kirchen sind in Europa an theologischen Fakultäten staatlicher Universitäten in verschiedenen Formen beteiligt und betreiben zudem eigene Ausbildungsstätten. Aus der Ausweitung ihrer Forschung auf den soziologischen Bereich folgt – zusammen mit der Prämisse der (oft nicht erfolgten) Reflexion des Forschers über die eigene Subjektivität bei der Beschäftigung mit dem Feld[13] in der Disziplin – dass Haltungen religiöser Würdenträger durchaus auch hier Eingang finden können (Ausrichtung Forschungsvorhaben).

1.4 Forschungsstand zu Einstellungen religiöser Eliten

Der generelle Forschungsgegenstand Religion in der modernen Gesellschaft erfreut sich heute einer großen Aufmerksamkeit in den Disziplinen der Sozialwissenschaften; ein Indikator dafür ist die steigende Anzahl von Publikationen in Zusammenhang mit der Thematik, sowie die Vielzahl der in der letzten Dekade aufgebauten Veröffentlichungsplattformen[14]. In diesem Abschnitt werden empirische Forschungsarbeiten zu Einstellungen religiöser Führungskräfte thematisiert. Relevante theoretische Modelle zu Ordnungsvorstellungen religiöser Würdenträger in modernen Gesellschaften, sowie

---

13 „*The investigator tries to outguess nature (...) by interposing hypotheses between himself and the phenomenon in which he has interest, rather than by examining the phenomenon directly.*" (Brown 1980: 183).

14 international u.a. ‚*Politics and Religion*‘ (seit 2008), ‚*Oxford Journal of Law and Religion*‘ (seit 2012); national ‚*Zeitschrift für Religion, Gesellschaft und Politik*‘ (ZRGP) (seit 2017).

zu ihrem Beitrag zu gesellschaftlichem Integrations- und Konfliktpotential, finden im zweiten Kapitel Erörterung.

Sozialwissenschaftliche Forschung zum religiösen Bereich

Die sozialwissenschaftliche Forschung zum religiösen Bereich ist generell davon geprägt, den Bereich mit anderen gesellschaftlichen Feldern in Verbindung zu setzen. Exemplarisch dafür stehen die Forschungsstränge Kultur und Religion, Ökonomie und Religion, oder Politik und Religion. Hier dominierenden die Perspektiven erstgenannter Bereiche die Behandlung der Themen, wie zum Überblick über Klassifikationen zu Verbindungen von Politik und Religion unter Kapitel 2.1.3 exemplarisch nachgezeichnet wird. Weiterhin sind die sozialwissenschaftlichen Teildisziplinen der Religionssoziologie und der Religionswissenschaft vordringlich mit der Perspektive der und Reflexion über Religion beschäftigt. Drei Themen liegen über die Grenzen der genannten sozialwissenschaftlichen Fächer und (Teil-)Disziplinen hinweg in einem übergeordneten Interesse, wenn Strukturen oder Akteure aus dem religiösen Feld einen bedeutenden Teil der Forschungsagenda bilden: Dies sind a) die Verankerung und Verbreitung von religiösen Orientierungen in der Bevölkerung und ihre gesellschaftlichen Wirkungen als unabhängige Variable, b) das Verhältnis von Religion und Politik, sowie c) der Themenbereich Religion und Konflikt, in dem oftmals eindimensionale Analysemuster die Forschungslandschaft prägen. Hier wird erstens vielfach die Dimension des gesellschaftlichen Integrationspotentials vernachlässigt, sowie zweitens generalisierte Vermutungen über das religiösen Element in der (individuellen und kollektiven) Identität mit der Häufigkeit des Auftretens von gesellschaftlichem Konflikt in eine kausale Verbindung gesetzt (siehe u.a. Huntington 1996; Koopmanns 2020).

Einstellungsforschung zum und im religiösen Bereich

Die internationale religionssoziologische Forschung ist wie weitere Teilbereiche der Soziologie, die sich mit der Einstellungsforschung befassen, von quantitativen Studien geprägt. Hier stehen die Verbreitungen von religiösen Auffassungen und Zugehörigkeiten in der Bevölkerung in der Aufmerksamkeit (repräsentativ Teile der Studie des World Values Survey [WVS] [Inglehart, Haerpfer et al. 2020]; mit Interpretation aus Perspektive der Modernisierungstheorie). Weiterhin ist die Studie von Norris/Inglehart

(2004) zu nennen, welche erwähnte Daten (WVS) hinsichtlich der Verbreitung von religiösen Auffassungen in der Bevölkerung analysiert und mit grundlegenden Trends der Modernisierung abgleicht. Die Autoren kamen zum Resultat, dass trotz stark auftretender Säkularisierungstrends in entwickelten Staaten ‚die Welt' insgesamt nicht weniger religiös geworden ist, da es in absoluten Zahlen und relativ an der Weltbevölkerung mehr Menschen mit traditionellen religiösen Ansichten gebe als je zuvor (ebd.: 7). International existieren weiterhin vergleichende Studien von privaten Institutionen (u.a. Pew Research Center). Da sich in globaler Perspektive Albanien, Nord-Mazedonien und Slowenien in der Gruppe der entwickelten Staaten befinden, füllt die vorliegende Studie innerhalb der Fragestellungen die Aufgabe, mit einer qualitativ geprägten Herangehensweise den Reaktionen der religiösen Vertreter auf die Konsequenzen der hier angesprochenen Modernisierungstrends (Säkularisierung, religiöse Individualisierung und Pluralisierung) nachzugehen.

Als zweiten Bereich neben diesen umfassenden Datenerhebungen kennzeichnet die internationale Forschungslandschaft mit quantitativem Ansatz die Aufmerksamkeit für eine religiös-konfessionelle Gruppe. Demnach dominiert zu Nordamerika der Fokus auf christlich-protestantische, und zu Europa auf christlich-katholische oder protestantische Laien (Hoge 2011: 582). Exemplarisch für Deutschland steht das Gemeindebarometer der Evangelischen Kirche in Deutschland (EKD), welches seit 2013 Mitglieder über den sozio-demografischen Hintergrund und Interessen befragt (Rebenstorf/Ahrens/Wegner 2015: 65/78).

Drittens findet diese Einengung auf einen konfessionellen Teilbereich vielfach ebenso bei qualitativen Forschungen statt, wie exemplarisch die letzten Veröffentlichungen in bedeutenden Fachzeitschriften zeigen. An dieser Stelle ist zu betonen, dass in der deutschen (Religions-)Soziologie noch immer eine hohe binäre Trennung der methodischen Bereiche in ‚qualitativ' und ‚quantitativ' besteht, und eine Verbindung angemahnt, jedoch in geringem Maße umgesetzt wird. Hier stellt sich die internationale Forschung offener auf (Wulff 2019).

Im Zusammenhang mit der Messung von religiösen Auffassungen in der Bevölkerung steht vielfach der Einfluss des Faktors Religion als unabhängige Variable auf die Ausbildung von politischer Präferenzen im Fokus. Wie Rudi (2009) darlegt, wird in der Forschung mehrheitlich vereinfacht von einem starken Zusammenhang der Intensität religiöser Orientierungen, u.a. auf das Wahlverhalten, ausgegangen: *„Konkret sollten religiöse Wertorientierungen in erster Linie die Wahl von christdemokratischen und konservativen Parteien* *beeinflussen (H2)."* (ebd.: 610). Für Südosteuropa wird vielfach generalisiert von einem hohen religiösen Anteil an der Bildung der individuellen und kollektiven Identität ausgegangen, sowie einem hohen gesellschaftlichen Konfliktpotential, da religiös geprägte Einstellungen exklusive Denkmuster unterstützen würden (exemplarisch Perica 2002: V/VI).

Die vorliegende Studie kann hier den Beitrag leisten, ob und in welchen Zusammenhängen in den erhobenen gesellschaftlichen Ordnungsvorstellungen religiöser Würdenträger die angesprochenen Wertorientierungen identifiziert werden können.

Forschungen zum religiösen Bereich Südosteuropas

Entgegen den populärwissenschaftlichen Narrativen von einer historisch bedingten ‚Rückständigkeit' der Gesellschaften und Staaten Südosteuropas ist die Erstellung von Daten über religiöse Einstellungen in der Bevölkerung traditionell vorhanden. Seit dem ersten Zensus des Osmanischen Reiches (der nicht vorrangig dem Militär diente) im Jahr 1831, sowie den Bevölkerungszählungen in Österreich-Ungarn, die ab 1880 alle zehn Jahre regelmäßig durchgeführt wurden, war eine stete Datenerhebung vorhanden. Diese Tradition wurde nach 1918 in Albanien und im ersten Jugoslawien (1921, 1931) fortgesetzt. In der sozialistischen Periode fand eine Aussetzung der Erfassung religiöser Einstellungen statt (Jugoslawien ab 1953), kombiniert mit enger staatlicher Observation organisierter Religionsgemeinschaften. In Jugoslawien konnte sich durch die relative Liberalisierung eine eigenständige sozialwissenschaftliche Datenerhebung und Religionssoziologie entwickeln (Slowenien: CJMMK)[15]. Gegenwärtig werden dort die Themen der neuen religiösen Bewegungen und des Atheismus in der Bevölkerung vordringlich bearbeitet. Eine Ursache dieser Schwerpunkte ist, dass Vertreter der Sozialwissenschaften und der großen Religionsgemeinschaften in der Region heute vielfach in einem oppositionellen Verhältnis zueinander stehen, und die zweite Gruppe sich der externen sozialwissenschaftlichen Untersuchung ihrer Strukturen und Akteure entzieht.

---

15 CJMMK – Center za raziskovanje javnega mnenja in množičnih komunikacij (dt.: *‚Zentrum für Meinungsforschung und Massenkommunikation'*).

Studien anhand Q-Method im Feld der Religion

In der Forschung zu religiösen Einstellungen existiert neben den mehrheitlich quantitativ oder qualitativ angelegten Studien eine kleine Minderheit, die mit einem ‚mixed-method design‘ arbeitet. Zu letztgenannter Gruppe gehört die in der vorliegenden Untersuchung angewandte Q-Methode. In Europa findet diese noch immer wenig Anwendung[16], in Nordamerika ist das Verfahren für den Bereich Religion bereits seit den 1960er Jahren etabliert. Exemplarisch dafür stehen die Studien von Spilka/Reynolds (1965: ‚*Religion and Prejudice: A Factor-Analytic Study*‘), sowie von Gorlow/Schroeder (1968: ‚*Motives for Participating in the Religious Experience*‘), die Bedingungen und Konsequenzen von Religiosität untersuchten. Die Methodik konnte über Standardwerke (Brown 1980, 1986, 1993; McKeown/Thomas 1988; Watts/ Stenner 2012) verfeinert werden, und wird bis heute im Feld angewendet. Eine letzte Studie besteht im von Wulff (2019: 647/648) entworfenen ‚Faith Q-Sort (FQS)‘, welches die Intensität der religiösen Auffassungen in den Orientierungen von Gläubigen misst. Die Anlage des speziellen FQS wurde ebenfalls genutzt, um verbindende Elemente zwischen religiösen und politischen Einstellungen zu erforschen (siehe Lassander/Nynäs 2016).

Im Hinblick auf die Zielgruppe der vorliegenden Studie befassten sich der Gesamtschau des Forschungsfeldes bisher allein zwei Studien, welche die Q-Methode anwandten, zentral mit den Einstellungen der religiösen Elite: Die Studie von Zarns (2018: ‚*Contemporary Swedish Pentecostal Pastors*‘) zu den Wahrnehmungen von Priestern der Pfingstkirche in Schweden, sowie von Peritore (1989: ‚*Liberation Theology*‘) zur Verbreitung der Befreiungstheologie unter Priestern der Römisch-Katholischen Diözese Rio de Janeiro. Beide konnten, neben den spezifischen inhaltlichen Resultaten, eine eigenständige und differenzierte Perspektiven im des eng umgrenzten Rahmen der jeweiligen Zielgruppe erarbeiten. Es wird insgesamt sichtbar, dass länder- und religionsübergreifende Studien zu religiösen Eliten bisher wenig erarbeitet wurden. Dies kann auf die Schwerpunkte in den Sozialwissenschaften, sowie auf die relativ hohen Hürden in der Erreichbarkeit der Zielgruppe zurückgeführt werden.

---

16 „*Ohne diese Entwicklung zu ignorieren, muss jedoch angemerkt werden, dass die Q-Methode – besonders im deutschsprachigen Raum – nur selten eine Rolle im Methodenrepertoire der Sozialwissenschaften spielt. Dies zeigt sich beispielsweise darin, dass in einschlägigen Methodenlehrbüchern zur qualitativen Forschung der Q-Methode keinerlei Bedeutung zugemessen wird.*“ (Müller/Kals 2004: 5).

Religiöse Elite und ihre Einstellungen als Forschungsgegenstand

Dieser Hintergrund gilt bei der Betrachtung des Feldes der Studien zu Einstellungen religiöser Eliten (Hoge 2011: 589). Eine wegweisende Studie erarbeitete Ende der 1970er Jahre Modelle der Erwartungen an den spirituellen Dienst unter Geistlichen in großen christlichen Kirchen der Vereinigten Staaten von Amerika (USA) und Kanadas (Schuller et al. 1980). Hier zeichneten die Forscher punktuell ebenso Einstellungen zur Politik (Geburtenkontrolle; ebd.: 483) und zu säkularen Tendenzen in der Gesellschaft (u.a. zu säkularen Lebensstilen; ebd.: 194) auf. In einer anschließenden Studie Ende der 1980er Jahre wurden politische Einstellungen religiöser Führer und derer von Laien in Industriegesellschaften verglichen (Hunter 1987), mit einer Ausweitung auf Belgien, Japan, Großbritannien, und Westdeutschland. Die wichtigsten Ergebnisse waren, dass religiöse Führer liberaler ausgerichtet waren und einen höheren Grad an Politisierung aufwiesen als Laien. Die Entstehung einer politisierten, liberalen Orientierung wurde als ,*charakteristisches Merkmal religiöser Eliten in fortgeschrittenen Industriegesellschaften*' (ebd.: 370) angesehen. Weitere Resultate waren, dass religiöse Führer, die sich verstärkt auf die spirituelle Lehre konzentrierten, weniger politisch waren, junge Geistliche sich als liberaler ausgerichtet erwiesen als ältere Generationen; und die Größe des Wohnorts sich auf die Ausprägungen der Einstellungen auswirkte (ebd.: 371).

Die weitere Forschung zu religiösen Würdenträgern war in der Folge durch die zunehmenden Aktivitäten der Religionsgemeinschaften in der Untersuchung ihres Personals gekennzeichnet, die aus einer Notwendigkeit heraus entstand (Mangel geistliches Personal; Hoge 2011: 581). So war das Feld in den USA geprägt von Studien zu protestantischen und römisch-katholischen Priestern; die Themen umfassten Rekrutierung, Ausbildung, Moralvorstellungen, Arbeitsbedingungen, sowie den Wandel von Rollenbildern in einer zunehmend pluralen Gesellschaft. Ähnliche Untersuchungen folgten zu Westeuropa (ebd.: 586–588); diese erkannten eine zunehmende Differenzierung der Wertmuster und Rollenbilder.

Die Ergebnisse der angesprochenen Untersuchungen, an welche die vorliegende Studie anschließen kann, sind die vorgefundenen veränderten Rollenbilder in der Zielgruppe hinsichtlich vier übergeordneter Themen: Der Verlust von gesellschaftlicher Autorität unter den Geistlichen, der zu neuen Formen der Interaktion führe (zwischen den Geistlichen, zu den Gläubigen) (,*networks, not strong hierarchies*'), die Einführung von Frauen in spirituelle Ämter, das Thema der Akzeptanz von Homosexualität, sowie die Globalisierung. Diese Prozesse führen zu einem spezifischen Druck auf die betreffenden Akteure (ebd.: 591–593). Mit Blick auf die Ausgestaltung dieser Fragen, die aus der Perspektive der religiösen Führer bedeutend sind, kann aus der vorliegenden Studie erörtert werden, welche dieser Aspekte innerhalb der zu generierenden gesellschaftlichen Ordnungsvorstellungen bei Vertretern der drei Fälle Albanien, Nord-Mazedonien und Slowenien verarbeitet werden.

Wie die Fachliteratur betont, ist der Forschungsbereich zur Geistlichkeit anderer Religionen als die traditionellen Kirchen Westeuropas und Nordamerikas bisher unterentwickelt, so zum religiösen Personal christlich-orthodoxer Kirchen Osteuropas oder zu muslimischen Imamen (ebd.: 589/590). Ein Hauptthema, welches für eine religionssoziologische Untersuchung bedeutend ist, bleibt die Rolle des religiösen Personals in einer sich differenzierenden Gesellschaft. Die vorliegende Untersuchung liegt mit der Einbeziehung eines multi-religiösen Spektrums an Glaubensgemeinschaften, sowie der Adressierung des Themas der Ordnungsvorstellungen religiöser Eliten demnach in einem Bereich, der als bedeutend, jedoch bisher wenig bearbeitet gilt.

Religiöse Elite in Südosteuropa

Einstellungen religiöser Führer in Südosteuropa sind bisher ebenfalls in geringem Maße, und wenig systematisch vergleichend untersucht. Hier stehen kulturwissenschaftliche Studien zu einzelnen Staaten der vorliegenden Untersuchung an nächsten.

Eine erste interreligiös-vergleichende Studie zum Themenfeld stellte Endresen (2012) für Albanien vor, in der sie der Forschungsfrage nach einer Verbindung zwischen Religion und albanischer Nation nachging. Die Autorin interviewte im Jahr 2005 insgesamt 27 Religionsführer der vier großen Religionsgemeinschaften des Landes zur übergeordneten Frage, ob die Idee der nationalen Einheit unter der Schlagwort ‚Albanismus‘ die religiösen Differenzen im Land überlagere (ebd.: 5/243). Die Methodik der eher qualitativ-offenen Befragung[17] wurde in der Reflexion kritisiert[18] – aus der Anlage heraus sind die Ergebnisse weitgehend deskriptiv angelegt. Relevante Resul-

---

17 „*I did not ask everybody the same questions and did not follow any particular order. Instead, I attempted to get their comments to events or issues that were similar in character.*" (Endresen 2012: 10).

18 „*Then there is the unevenness of her data (...).*" (Trix 2014: 275).

tate waren, dass die Befragten in ihren Ordnungsvorstellungen geneigt sind, die ‚Konzepte von Nation und Religion zu vereinen', sich gegenseitig zuerst als Albaner anzuerkennen, und ein hohes Maß an interreligiöser Solidarität zu zeigen. Weiterhin zeigte sie auf, wie die vier Gemeinschaften das nationale Konzept in die eigenen Interpretationen der religiösen Doktrin einbringen, sowie, dass in diesem Punkt heterogene Ansichten über die Gemeinschaften hinweg bestehen (ebd.: 243–245). Trotz ihrer methodisch differenten Anlage steht sie der vorliegenden Untersuchung inhaltlich recht nahe: Die Verbindung zwischen Religion und Nation kann ein bedeutendes Element in den gesellschaftlichen Ordnungsvorstellungen religiöser Eliten darstellen.

An zweiter Stelle sind die Studien von Elbasani zu Albanien zu nennen, in denen sie sich mit dem Verhältnis zwischen Religionsgemeinschaften und dem Staat auseinandersetzt. Insgesamt legt sie in den Publikationen keine eigene Datenerhebung vor, sondern interpretiert Entwicklungen aus politikwissenschaftlicher Sicht anhand ausgewählter Handlungen und Aussagen der Zielgruppe. Obgleich der Begrenzungen (Albanien, selektive Daten) sind daraus folgende Ergebnisse relevant: a) Die sich verstärkende staatliche Aufsicht über und Eingriffe in die Autonomie der Religionsgemeinschaften nach 2001, insbesondere der Muslimischen Gemeinschaft (KMSh), b) das die Befürwortung einer Überlappung von muslimischer und albanischer Identität davon abhängig ist, ‚wer für den Islam spricht (staatliche Behörden, religiöse Hierarchien oder informelle Gemeinschaften'; Elbasani/Roy 2015: 457), sowie, c) dass die derzeitige Orientierung ‚des Islam' in Albanien auf eine ‚lokale, pro-demokratische, pro-europäische Ausrichtung' durch die Erfahrungen der Diktatur, sowie durch die Bedingungen der weiteren Entwicklungen in Albanien erleichtert wurde (Elbasani 2016: 253).

Allein die Studie von Endresen (2012) nimmt explizit die Perspektive der religiösen Führer in einem offenen Erhebungsverfahren auf; die weiteren Forschungen zum Themenfeld Religion und gesellschaftliche Ordnung zur Region haben als Schwerpunkt die Perspektive Politik, Säkularismus und Konzentration auf Idealtypen.

Aus dem Forschungsstand konnte gezeigt werden, dass die vorliegende Studie die Lücke der Verbindung zwischen kulturell-informierter und sozialwissenschaftlich-methodischer Forschung adressiert, und die Perspektive religiöser Führer in einem interreligiösen Forschungsprogramm einnimmt. Demnach wurde in diesem Unterkapitel nicht der Stand der Forschung zu einem Bereich nachgezeichnet, sondern breiter zu bedeutenden Teilaspekten der Untersuchung (Einstellungsforschung, religiöse Eliten, Religion und Q-Method, Area Studies: Südosteuropa) aufgezeigt.

1.5 Definitionen zentraler Begriffe

Religion

Eine sozialwissenschaftliche Definition von Religion festzulegen war bisher schwierig (Pollack 2017: 7). In der Erklärung des sozialen Phänomens stehen sich in der Soziologie kulturalistisch-essentialistische und konstruktivistische Ansätze gegenüber. Zu ersteren gehört die Annahme, der Mensch habe einen Bedarf an übernatürlichen Erklärungen, damit eine mentale Vereinigung zwischen rational nicht hinreichend erklärbaren Phänomene und der eigenen Existenz erlangt werden kann (Zitelmann 2002: 9/10).

Auf der anderen Seite standen im ausgehenden 19. Jahrhundert zunehmend die soziale Konstruktion und die Funktionen der Religion im Mittelpunkt der Erklärungen und Definitionen des Begriffes. Abseits von substantiellen Definitionselementen, die aus der Religion generiert wurden (u.a. Transzendenzbezug), lag bei Karl Marx die Konzentration auf der Funktion, hier kritisch als Einflussmittel der herrschenden Eliten auf das Volk. Die Zurückdrängung der Religion aus der Gesellschaft im Zuge der Modernisierung in westlichen Kulturen brachte die Erkenntnis, dass sich mit dem Differenzierungsprozess Religion sukzessive abgrenzend zu anderen Bereichen der Gesellschaft definierte (ebd.: 13).

Die anschließende Begründung der Sozialwissenschaft in der ersten Hälfte des 20. Jahrhunderts brachte eine Schärfung dieses Begriffes aufgrund der zentralen Stellung des Forschungsgegenstandes in der Disziplin. So zeichnet Droogers (2011) eine Geschichte der Definitionen nach, bei der Max Weber (Religion als Form des sozialen Handelns) und Emile Durkheim (als ein Element der Differenzierung der Gesellschaft Einhalt gebietenden Struktur) bedeutende Beiträge zu einer funktionalen Definition beisteuerten. In der Essenz kann bis heute in der Verbindung zwischen essentialistischen und kulturalistischen auf der einen Seite, und konstruktivistischen Ansätzen auf der anderen Seite folgende Definition für die Perspektive der Religionssoziologie als zugleich umfassend und präzise gelten: *„Religion is the field of experiencing the sacred – a field in which both believers and scholars act, each category applying the human capacity for play, within the constraints of power mechanisms, to the articulation of basic human dichotomies, thus adding an extra dimension to their construction and view of reality."* (ebd.: 277). Das ‚Hinzufügen einer zusätzlichen Dimension zur Konstruktion und Sicht der Realität' ist der Ausgangspunkt, um wissenschaftlich die Perspektive der religiösen Elite als eine eigenständige, gesonderte Sicht auf gesellschaftliche Ordnungsvorstellungen darzustellen.

Bedeutend für die Fragestellung der vorliegenden Studie bleibt die Grundausrichtung im funktionalen Bereich der Definition von Religion bei Emile Durkheim: Welche Entwürfe kann Religion (in der Gestalt religiöser Führer und ihrer Einstellungen) heute in Bezug auf Prozesse der Integration in der Gesellschaft bei sich verstärkender Differenzierung und Pluralisierung von Bereichen, sowie Individualisierung von Orientierungen erbringen?

Religiosität und religiöse Identität

Religion manifestiert sich auf der individuellen Ebene in einer spezifischen Form der Hinwendung des Individuums zu Auffassungen, die Elemente der Transzendenz in Erklärungen sozialer Phänomene aufnehmen. Die Verbreitung und Intensität dieser als ‚Religiosität' begrifflich erfassten Orientierungen wurde in qualitativen und quantitativen Studien vielfach gemessen und definiert. Wurde Religiosität bis in die 1970er Jahre allein in ihrer öffentlichen Form als ‚Kirchgangsrate' gemessen, so entstanden bis heute präzisere Modelle der Erfassung, die mehrheitlich auf dem Messinstrumentarium von Glock (1954) basieren (Pickel 2011a: 323). So wird generell zwischen den beiden Dimensionen der religiösen Zugehörigkeit (‚*religious belonging*'), die sich nach außen richtet und manifestiert, sowie der Verinnerlichung von religiösen Doktrinen unterschieden (‚*religious believing*'); Kategorien, welche eine Übereinstimmung mit den in der Psychologie verwendeten Bezeichnungen der ‚extrinsische' und ‚intrinsischen' religiösen Orientierungen (Zwingmann et al. 1994: 132) aufweisen. Weiterhin wird in der sozialwissenschaftlichen Forschung von statischen auf der einen und dynamischen Konzepten auf der anderen Seite gesprochen, wenn die Betrachtung auf Kontinuität und Wandel in der Ausprägung von Religiosität, sowie der Auswirkungen auf Identität und Handlungen des Individuums und von Kollektiven fällt (Riedel 2005: 31). Konzepte zur Religiosität werden hier nicht vertieft, da die vorliegende Studie Einstellungen der Zielgruppe zu Beziehungen zu ihrer Umwelt zum Ziel hat, d.h. zu Ordnungsstrukturen außerhalb des Rahmens individueller Spiritualität. Es wird davon ausgegangen, dass die Zielgruppe in allen derzeit erfassten Dimensionen von Religiosität hohe Ausprägungen zeigt.

Organisierte Religion / Religionsgemeinschaft

Aus diesen Überlegungen heraus sind die Begriffe organisierte Religion und Religionsgemeinschaft zu fassen: Religion ist hier, auf der Meso-Ebene der Gesellschaft, das Zusammenspiel aller formellen und informelle Vereinigungen und Zusammenschlüsse, die sich auf das Feld der Erfahrungen des Heiligen, nicht-irdischen, Transzendenten beziehen, um einen allumfassenden Sinnzusammenhang herzustellen, und ihren Anhängern eine strukturierte Anleitung zur religiösen Praxis zu bieten. Vor der Erhebung bleibt zu beachten, dass Weltreligionen und die sie vertretenen Organisationen Unterschiede in Struktur und Richtung ihrer Orientierung aufzeigen (Robertson 1987: 157): Die in diesem Projekt zentralen Religionen des Christentums und des Islams werden dort zwar beide als innerweltlich orientiert eingeordnet (Anstreben von Veränderungen im Diesseits nach einer spezifischen Doktrin), zeigen jedoch große Unterschiede in Form und Grad ihrer institutionalisierten Struktur.

In der vorliegenden Studie werden jene Religionsgemeinschaften als gesellschaftlich bedeutend definiert, die selbst organisiert sind, einen gewisse Anzahl an Mitgliedern/Anhängern, und einen identifizierbaren Organisationsgrad aufweisen, sowie in der Bevölkerung auf einem bestimmten Niveau (u.a. durch Medien) bekannt sind. Demnach wurden allein jene Religionsgemeinschaften in die Untersuchung aufgenommen, die in der Öffentlichkeit sichtbar sind.

Religiöse Elite

Der Begriff der religiösen Elite wurde in der vorliegenden Studie gewählt, um die Anwendung des Begriffs ‚religiöse Führer‘ zu vermindern (siehe Verwendung des Begriffs ‚*religious leader*‘ für die Zielgruppe in der englischsprachigen Fachliteratur). Jedoch ist auch der Begriff ‚Elite‘ zunächst problematisch, der er aus der politischen Definition heraus die Seite der Macht und Herrschaft symbolisiert: In der wissenschaftlichen Diskussion wurde der Elitenbegriff zuerst auf militärische Gegebenheiten angewandt, um ihn mit der ersten Ausbildung von Politikerbiographien am Ende des 19. Jahrhunderts für die oberste politische Ebene zu nutzen. Zuerst Max Weber (1919), später Gaetano Mosca (1950), prägten den Ausdruck und beschrieben diese neue Klasse einer zunehmend demokratisch verfassten, jedoch mit geringer sozialer Mobilität ausgestatteten Gesellschaft, in der ebenfalls eine kleine Schicht über die große Mehrheit der Gesellschaft ohne Rückkopplung herrschte. Mit der Durchsetzung des Kapitalismus als prägende Gesellschaftsformation in den Staaten Westeuropas fand der Begriff zunehmend auch für die Beschreibung eines Teils der ökonomischen Akteure Anwendung, der aufgrund der Kapitalakkumulation und Anhäufung von Vermögen ihren Einfluss auf andere Bereiche der Gesellschaft ausdehnte (Hartmann 2007: 45). In der Zusammenfassung wurde in der soziologischen Forschung eine Zuspitzung auf den Begriff der ‚Machtelite' zur Beschreibung der Position der Zielgruppe gefunden (ebd.: 12).

Die religiöse Elite ist demnach in der vorliegenden Studie jene Akteurs-gruppe innerhalb des hierarchisch strukturierten Feldes der Religion, welche eine hohe Anerkennung in der Interpretation der jeweiligen Doktrin besitzt, und ihre jeweilige Gemeinschaft, die einen zentralen, transzendenten Bezugs-punkt besitzt, nach außen repräsentiert. Weiterhin kann auf die Forschung zu politischen Eliten zurückgegriffen werden, die in differenzierten Gesellschaf-ten eine Kombination von Funktions- und Positionsaspekten für eine präzise Bestimmung der Zielgruppe entwarf: *„Small groups in strategic positions with the organizing capacity to take political decisions on a regular and substantial basis."* (Higley 2007: 13) – dies wird für die vorliegende Studie reflektiert für ihre Stellung in ihrer Religionsgemeinschaft.

Somit sind sie neben ihrer Rolle als Anhänger eines Glaubens auf Mikro-ebene ebenfalls Akteure, die bestimmte Strukturen auf Meso-Ebene in einem Bereich der Gesellschaft repräsentieren. Ein historischer Überblick über die Definitionen von und Rollenzuweisungen an religiöse Eliten lässt einige übergeordnete Strukturmerkmale erkennen (siehe Hoge 2011: 581): Mit seiner spezifischen Stellung hat der Beruf des religiösen Würdenträgers einige Gemeinsamkeiten mit anderen beruflichen Tätigkeiten (umgrenzte Gruppe Ausgebildeter, spezifisches Fachwissen, relative gesellschaftliche Autonomie, bestimmter Status und Einfluss) als auch Alleinstellungsmerkmale, die ihn von anderen abgrenzen. Hier ist ein erster Punkt ihre Expertise, die auf über-lieferte Quellen zurückgeht und nicht auf heutige Maßstäbe von Rationalität. Weiterhin werden hohe Erwartungen von außen an sie herangetragen, die sie unter konstante Beobachtung und sozialen Zwang setzen: Es wird ange-nommen, Spiritualität und nicht materiellen Nutzen solle das zentrale Motiv zur Ausübung des Berufs sein, in einigen Gemeinschaften gesteigert bis zur Erwartung der Verwirklichung eines enthaltsamen Lebensstils. Zudem ist die Mehrheit der Religionsführer in Europa direkt vom Vertrauen ihrer lokalen Anhänger (auch materiell) abhängig, von denen sie beständige Unterstützung benötigen (ebd.). Diese Merkmale wurden aus nordamerikanischen Studien zu Religion, die sich mehrheitlich auf christliche Konfessionen beschränken, extrahiert (ebd.: 582).

Zusammengefasst wird hier der Definition und Eingrenzung des Begriffs von Kornelia Sammet gefolgt, nach der Mitglieder der Zielgruppe identifiziert werden als Kreis von „(...) *Experten, die religiöse Wissensbestände verwalten und tradieren. Dies geschieht durch die Ausführung von Ritualen, durch die Systematisierung und Auslegung der religiösen Überlieferungen sowie dadurch, dass sie das religiöse Wissen bzw. die Dogmen auf die alltägliche Lebenspraxis von Laien beziehen.*" (Sammet 2018: 546). Damit ist die gegenübergestellte Gruppe im konfessionellen Bereich jene der Laien, welche in spirituellen Fragen den Hinweisen der Zielgruppe (mit unterschiedlicher Intensität) folgt. Für die vorliegende Studie ist eine weitere Kategorisierung innerhalb der religiösen Elite nötig, um vorhandene Hierarchien abbilden zu können, und daraus möglicherweise Schlüsse auf das Antwortverhalten ziehen zu können. Demnach ist die hohe religiöse Elite (hoher ‚Eliten-Status‘) repräsentiert durch die höchsten Ämter in der jeweiligen Glaubensgemeinschaft, die aus einem persönlichen Vorsitz, oder aus einem Gremium aus mehreren Personen bestehen können. Mitglieder der mittlere Eliten-Ebene werden hier nach ihrer Zugehörigkeit zum Kreis der Mediatoren zwischen oberer und Gemeindeebene gezählt, sowie durch entscheidende, autorisierte Ausbilder der religiösen Konfession ergänzt (Beispiel Professor an einer theologischen Fakultät). Die letzte Kategorie der niederen religiösen Elite sind Geistliche, die auf der Ebene einer Ortsgemeinde wirken und einen lokal einen nicht zu unterschätzenden Einfluss auf die Einstellungen und die Spiritualität der Gläubigen besitzen.

Eine Besonderheit im Bereich der religiösen Elite bildet in der Apostolischen Nuntius Römisch-Katholischen Kirche, der als Gesandter des Heiligen Stuhls bei der jeweiligen Regierung (als Repräsentant eines Staates) zugleich mit hohen spirituellen und administrativen Rechten innerhalb der Kirche ausgestattet ist. Demnach ist er als Kommunikationskanal der päpstlichen Autorität in Rom zur hohen religiösen Elite eines Landes zu zählen.

Gesellschaftliche Ordnungsvorstellungen

Der Begriff ‚gesellschaftliche Ordnungsvorstellungen‘ umfasst all jene Auffassungen, die sich mit dem Verhältnis von Individuen und Kollektiven zur gesellschaftlichen Struktur befassen. Der Begriff ‚Ordnung‘ impliziert hier, sich auf Einstellungen zu konzentrieren, welche die Verhältnissetzungen der Elemente der Gesellschaft (in horizontaler und vertikaler Perspektive) bestimmen. Da in einer modernen und sich modernisierenden Gesellschaft die Herstellung gesellschaftlicher Ordnung und die Festlegung der Verteilung von Ressourcen eine Aufgabe des politischen Bereichs ist, kann hier zudem eine treffende Eingrenzung der zur Erfassung vorgesehenen Einstellungen aus der Politikwissenschaft entlehnt werden: Alle Einstellung der Zielgruppe stehen im Fokus, die eine „(...) *Ordnungsreflexion über die gute, gerechte politische Ordnung, (...) die Bedingungen von Frieden und Sicherheit* (...)" oder „(...) *Handlungsanleitungen* (...)" darstellen, die „(...) *an der Verwirklichung der guten und gerechten Ordnung* (...)" (Schultze 2002: 603) versuchen teilzuhaben. Die Begriffe ‚gut‘ und ‚gerecht‘ werden in der vorliegenden Studie in ihrer Subjektivität betrachtet.

Gesellschaftliches Integrations- und Konfliktpotential (IKP)

Das gesellschaftliche Integrations- und Konfliktpotential (IKP) soll beschreiben, in welchen Formen sich Übereinstimmungen und/oder Differenzen zwischen den zu gewinnenden Einstellungen / Einstellungstypen, sowie zwischen diesen und real zu vernehmenden, gesellschaftlichen Entwicklungen vollziehen. Die Seite der Differenzen ergibt im in der vorliegenden Studie angewandten Konzept nicht sofort eine kausale Verbindung zu realen Auseinandersetzungen zwischen Gruppen, allein ein bestimmtes Potential für gesellschaftlichen Konflikt wird festgestellt (siehe Abb. 3 – Überblick zu Entstehungsfaktoren). Auf der anderen Seite sollen im Rahmen der Studie nicht eingeschränkt in eine Richtung konfliktträchtige Merkmale der Einstellungen erfasst werden, sondern die Erfassung wird erweitert auf die Dimension, wie Religion möglicherweise inhaltlich zu gesamtgesellschaftlicher Integration in einer (nicht nur religiös) pluralen und differenzierten Gesellschaft beiträgt. Demnach ergibt sich die Gesamtbezeichnung für diesen Untersuchungsbereich der abhängigen Variable der zweiten Forschungsfrage der etwas sperrige Begriff ‚religiös motiviertes, gesellschaftliches Integrations- und Konfliktpotential‘, welcher im folgenden Text mit Integrations- und Konfliktpotential (IKP) abgekürzt wird.

Die Studie unterscheidet zwischen vier Ebenen des Integrations- und Konfliktpotentials der Einstellungen: Dem innergemeinschaftlichen, dem intrareligiösem, dem interreligiösem und dem religiös-gesellschaftlichen. Das innergemeinschaftliche IKP bezieht sich auf Beziehungen, die im abgrenzbaren Rahmen einer jeweiligen Religionsgemeinschaft vorzufinden sind. Hier könnten Entwicklungen entstehen, die innerhalb und außerhalb der spezifischen Organisation, als auch außerhalb des religiösen Sektors

Wirkungen entfalten. Das intrareligiöse IKP fokussiert auf Verhältnisse zwischen Gruppen, die innerhalb einer Religionsausrichtung aktiv sind. In diese Kategorie fließen die beiden Ebenen der Beziehungen innerhalb einer Konfession oder auch jener zwischen Gruppen mit verschiedenen Konfessionen einer generellen Glaubensrichtung ein. Das interreligiöse IKP soll die Betrachtung der Beziehungen von Gruppen grundsätzlich verschiedener Glaubenssysteme bezeichnen.

Die letzte Ebene des religiös-gesellschaftlichen IKP konzentriert sich auf die Gegenüberstellungen der gemessenen Einstellungen mit Strukturen und Prozessen in anderen Bereichen, welche die Gesamtgesellschaft prägen: Den Verhältnissen in Politik und Ökonomie, Einstellungen in der Bevölkerung, sowie weiterhin mit Beziehungen im religiösen Sektor selbst. Eine genauere Operationalisierung wird im folgenden Abschnitt 1.6 vorgenommen.

Religiöse Führer und deren Sichtweisen sind bis heute in der vergleichenden Sozialwissenschaft ein wenig bearbeitetes Feld, auch wenn Themen mit religiösen Bezügen stark an Bedeutung gewinnen. Systematische, länderübergreifende Studien, welche die Position der Religion nicht extern bestimmen, sondern differenziert in die Befunde mit aufnehmen, stellen noch immer eher Ausnahmefälle dar.

1.6 Die Erfassung von Ordnungsvorstellungen und des Integrations- und Konfliktpotentials

Die beiden zentralen Fragestellungen der vorliegenden Studie stehen miteinander in Verbindung, weisen jedoch unterschiedliche Grundcharakter (explorativ und analytisch) auf, und sind demnach mit unterschiedlichen methodischen Zugängen zu bearbeiten. So ist dieses Unterkapitel in erstens die Erklärung der Methode der Datenerhebung, Analyse und Typisierung von Ordnungsvorstellungen, sowie zweitens die Darlegung der Messung des Integrations- und Konfliktpotentials dieser Einstellungen gegliedert.

1.6.1 Erhebung, Analyse und Typisierung von Ordnungsvorstellungen (FF1)

Die erste Forschungsfrage (FF1) dieser Studie beschäftigt sich mit den *subjektiven* Einstellungen der religiösen Elite in Albanien, Nord-Mazedonien und Slowenien zur gesellschaftlichen Ordnung, sowie zum Verhältnis Religion, Politik und Bevölkerung. Die Erforschung der Einstellungen dieser spezifischen Zielgruppe zur Ausgestaltung einer grundlegenden gesellschaftlichen Struktur erfordert einen komplexen sowie empathischen methodischen Ansatz, da die Messung in einem sensiblen (mit Emotionen behafteten) Bereich stattfindet, der zudem in den letzten Jahrzehnten in der Öffentlichkeit in Europa in eine defensive Position geraten ist. Weiterhin entstehen jene Einstellungen mit der individuellen Biografie und dem spezifischen Kontext der Befragten. Da zudem in der weiteren soziologischen Forschung Studien mit einem multireligiöser Ansatz bisher nicht durchgeführt wurden, und religiöse Würdenträger, zumal in hohen Positionen, einen kleinen Personenkreis darstellen, erscheinen qualitative Methoden geeignet, um in das Forschungsfeld vorzudringen.

Zusätzlich betrachtet das Forschungsprojekt durch seine Anlage verschiedene kulturelle Räume in Südosteuropa, welche sich vom Sozialisationsraum des Autors deutlich unterscheiden. Im Fall der Religionsforschung hinsichtlich subjektiver Einstellungen in anderen Gesellschaften als der eigenen plädiert die Religionssoziologie folglich für eine offene, qualitative Methode: „(...) *in diesen Fällen unangemessen, eine standardisierte Methode anzuwenden.*" (Knoblauch 2003: 11). Generell ist gerade in der Disziplin der Religionssoziologie ein hoher Reflexionsgrad über die Beziehung zwischen Forscher und Forschungsfeld angebracht (Droogers 2011: 267), da diese sensible, mit Emotionen verbundene, und zum Teil schwierig ausdrückbare Vorstellungen zu erfassen versucht. Der aktuelle Stand zur Forschung in der Disziplin unterscheidet hier zwischen den beiden Bezügen der Position des Wissenschaftlers zum Forschungsfeld und dessen Sicht auf die Aufgabe von Forschung – und betont, dass dieses Reflektieren häufig in zu geringem Maße nachvollzogen werde (ebd.). Der Hintergrund der vorliegenden Studie soll sich demnach einem neutralen, erkenntnisgeleiteten Standpunkt nähern, der mit dem explorativen Charakter der Fragestellung und der Wahl der Methode unterstrichen wird. Die Problemstellung wurde in der Disziplin auch im Modell des ‚insider-outsider-Problems' (Chryssides/Gregg 2019: 5) beleuchtet, bereits seit einem Jahrhundert thematisiert (u.a. bei Edmund Husserl [1859–1938]), und wird heute dahingehend beschieden, dass trotz Teilnahme des Forschers an Aktivitäten der Zielgruppe eine höchstmögliche Distanz anvisiert, eine binäre Trennung (‚insider'/subjektiv – ‚outsider'/objektiv) jedoch nicht zu erreichen sei (ebd.: 22/23).

Das Messen von Einstellungen im Zusammenhang mit der Bildung generalisierbarer Aussagen zu ihrer Verbreitung liegt zuerst bei quantitativen Verfahren. Ihre Anwendung kann mit Blick auf die Forschungsfrage jedoch zu Verzerrungen führen: Formulierungen könnten von den Untersuchungsteilnehmern falsch eingeschätzt, oder in ihren Themen als nicht wichtig erachtet werden (Cicourel 1970: 43/44). Andererseits anzunehmen, dass Diskurse, die für sie tatsächlich von Bedeutung sind, bei einer standardisierten Befragung unabsichtlich Vernachlässigung erfahren (ebd.: 48). Auch werden kulturelle Unterschiede in geringem Maße berücksichtigt; vorformulierte Fragen beschränken den Umfang der gesammelten Informationen somit auf den Rahmen der Vorstellungen und Annahmen des Forschers.

Die Auswahl der Methode zur Bearbeitung der ersten Forschungsfrage richtet sich somit zuerst nach den Vorteilen qualitativer Techniken, die nach Allen H. Barton und Paul F. Lazarsfeld mit folgenden Feldern zentral benannt werden: Zunächst besteht das Anliegen, bestimmte, in der Wissenschaft bisher nicht thematisierte Sachverhalte aufzudecken (Barton/Lazarsfeld 1979: 44), anschließend die Ergründung von neuen Indikatoren (ebd.: 48/49), die Formulierung von deskriptiven Kategorien und potentiellen Erklärungsfaktoren (Lazarsfeld 1993: 210), sowie das Erstellen von möglicherweise temporären, jedoch mit Systematik ausgestatteten Typologien von Einstellungen (Barton/Lazarsfeld 1979: 57/58). So eignen sich qualitative Studien als Vorstufe quantitativer Analysen, um die beobachteten Einstellungen in ihrer Verbreitung einer Überprüfung zuzuführen (Lazarsfeld 1993: 210).

Die Fragestellung in Zusammenhang mit der Auswahl von drei Gesellschaften, in denen jeweils eine Vielzahl von Religionsgemeinschaften präsent sind, zeigt jedoch auf der anderen Seite, dass hier eine Methode angewendet werden sollte, die nicht ausschließlich auf qualitativen Verfahren basiert, sondern zusätzlich analytische Vergleiche zulässt. Ausgehend von diesen Kriterien fiel die Entscheidung für ein mixed-method-Verfahren, welches zentrale Elemente und Vorteile von qualitativen und quantitativen sozialwissenschaftlichen Methoden berücksichtigt: Die Q-Methode (,*q-method*'). Demnach war das Forschungsdesign von Beginn an so angelegt, eine gewisse Bandbreite, mindestens 30 religiöse Würdenträger je Gesellschaft, in der Studie zu berücksichtigen, um den Strukturen der Region, als auch den inneren religiösen Verhältnissen in den jeweiligen Ländern mit dominanten und nicht-dominanten Religionsgemeinschaften zu einem gewissen Grad Rechnung tragen zu können.

Die Q-Methode ist ein Verfahren, welches sich möglichst offen den Diskussionshorizonten im gewählten Bereich nähert, und vorhandene Denk- und Diskussionsmuster der Befragten innerhalb der Datenerhebung stark berücksichtigt. Die explorative Anlage der ersten Forschungsfrage (FF1) erfordert in ihrer Bearbeitung die Überwindung allgemeiner Hindernisse bei der Erforschung von Einstellungen (Riis 2011: 233/234). Hier wird in der deutschen (Pickel/Sammet 2014: 165/166) und internationalen (Riis 2011: 241) Forschung zur Religionssoziologie angemahnt, sich stärker der Verzahnung von qualitativen und quantitativen Methoden zu widmen. Das Verfahren ermöglicht, die oben erwähnten Punkte der Subjektivität der Befragten, sowie die Vielfalt kultureller Kontexte zu berücksichtigen, und bei einer angemessenen Anzahl von Befragten (10–50, nach Forschungsfeld) verlässliche und verallgemeinerbare Aussagen über Strukturen von Einstellungen zu treffen (Müller/Kals 2004: 4).

Das Verfahren ist heute in den Sozialwissenschaften und in der Marktforschung im englischsprachigen Raum fest verankert, im kontinentalen Europa jedoch deutlich weniger verbreitet (Zabala 2014: 163). Die Ursprünge der Methode liegen in den 1930er Jahren, als eine Kombination von Erkenntnissen aus der frühen sozialwissenschaftlichen Umfrageforschung mit Erfahrungen aus Interviewsituationen in der Psychologie (Brown 1993: 93/94), die sich mit Subjektivität und Strukturierung mentaler Muster befasst, experimentelle Anwendung fand. Die ersten zusammenhängenden Beschreibungen der Methode wurden 1935 vom Psychologen William Stephenson (1902–1989) veröffentlicht, der als einer ihrer Begründer gilt. Aus seinem Umfeld heraus erzielten in der Folgezeit Sozialwissenschaftler weitere theoretische Fortschritte und Systematisierungen (so McKeown 1984, McKeown/Thomas 1988). Im aktuellen Forschungsdiskurs gelten zusätzlich die Arbeiten des Politologen und Sozialpsychologen Steven R. Brown (1980, 1986, 1993) als grundlegend (Zabala 2014: 164), der in den vergangenen Jahrzehnten zahlreiche Handlungsanweisungen verfasste, Anwendungsfelder aufzeigte, und noch immer akademisch aktiv ist (Brown 2019)[19]. Der Überblick über die heute vorliegende Zahl von empirischen Studien unter Anwendung der Q-Methode zeigt die breite Akzeptanz für das Verfahren in der internationalen Sozialwissenschaft. Zusätzlich besteht eine Vielzahl von Kooperationen, die inhaltliche und technische Innovationen unter der Vereinigung der 'International Society for the Scientific Study of Subjectivity' (ISSSS) voranbringen.

Die Beschreibung der Q-Methode beginnt in der Fachliteratur zumeist mit der Thematisierung der Ziele ihrer Anwendung: Erstens subjektive Einstellungen mit Betonung auf deren internen Konstruktionscharakter zu erfassen ('internal frame of reference'; Müller/Kals 2004: 2), und zweitens Einstellungstypen hinsichtlich der im Feld vorhandenen Diskurse zu bilden. Diese Typen sollen individuelle Denkweisen innerhalb einer bestimmten

---

19 Kent State University/Ohio; Brown unterstützte den Autor zur Übersicht von Q-Studien im Bereich Religion.

Personengruppe vorerst strukturieren (Brown 1993: 104/106); dies entspricht den vordringlichen Zielen der Anwendung qualitativer Methoden (Lazarsfeld 1993: 210). Im Gegensatz zur quantitativ ausgerichteten Verfahren, die sich mit der Untersuchung von Korrelationen zwischen vom Forscher gesetzten Faktoren befasst, beschrieb William Stephenson die Methode als *„Correlating persons instead of tests"* (Stephenson 1935: 17). Ausgehend von den 1970er Jahren fand die Methode eine erweiterte Anwendung in den Sozialwissenschaften und wurde exemplarisch beschrieben durch: *„(...) the foundation for a science of subjectivity, and was originally distinguished from R methodology, which provided and still provides the basis for a science of objectivity (...)."* (Brown 1986: 57).

Die Vorgehensweise zur Anwendung wird wie folgt beschrieben (Brown 1993, Zabala 2014): Der erste Schritt besteht aus einer umfangreichen Sammlung von Stellungnahmen von Vertretern der Zielgruppe zu einem bestimmten Thema. Basis des Schrittes ist die Beobachtung, dass bei einem Informationsaustausch zwischen Personen einer bestimmten Zielgruppe über ein Objekt oder ein spezifisches soziales Phänomen grundlegende Aussagen und Haltungen nach einem gewissen Zeitraum ausgedrückt und anschließend von ihnen wiederholt werden.

Hier ist die Anwendung einer offenen und teilnehmenden Beobachtung in einem Fokusgruppengespräch (,*concourse*'; Brown 1993: 94/95) eine bevorzugte Wahl der Datenaufnahme, es sind jedoch auch andere Formen der Sammlung von Aussagen möglich (z.B. Zitate aus Interviews und weiteren öffentlichen Verlautbarungen, Darstellungen aus der Sekundärliteratur, oder Stellungnahmen aus der direkten Umgebung der späteren Befragten)[20]. Für die vorliegende Untersuchung erschien es bereits in der Vorbereitung nicht möglich, ein Fokusgruppengespräch mit bedeutenden religiöse Würdenträgern Albaniens, Nord-Mazedoniens und Sloweniens durchzuführen. Demnach wurden Aussagen ausschließlich aus den direkten Verlautbarungen dieser aus frei zugänglichen Quellen (Medien, Internet) generiert (siehe Kapitel 5.1). So entspricht die Basis der Aussagensammlung einem ,*naturalistic sample*' (Müller/Kals 2004: 6).

Der zweite Schritt ist eine endgültige Auswahl kurzer und typischer Aussagen aus dem umfangreichen Pool aufgezeichneter Informationen, die

---

20 Müller/Kals (2004: 6) strukturieren nach drei Gruppen von Quellen: (1) ,Naturalistic Sample': Direkte Aussagen der Befragten. (2) ,Ready-made Sample': Aussagen aus empirischen Studien oder Konzepten, die die Positionen und den Kontext der Befragten reflektieren. (3) ,Standardisiertes Sample': Aussagen aus standardisierten Persönlichkeitstests.

durch Techniken zur qualitativen Inhaltsanalyse u.a. nach den Kriterien der Zentralität und Anzahl der Erwähnung (Mayring 2000: 4/5) stattfindet. Diese Zusammenstellung erbringt das sog. ‚Q-Set' der Aussagen, in dem in dieser Studie aus dem gesammelten Material 36 zentrale Positionierungen religiöser Führer bedeutender Glaubensgemeinschaften der drei Fälle zum genannten Thema Eingang fanden. Bei der Selektion der Aussagen wurde weiterhin darauf geachtet, die Berücksichtigung des religiös-konfessionellen Hintergrunds der Urheber der Aussagen den religiösen Verhältnissen in der Region ungefähr anzupassen (siehe Kapitel 5).

Insgesamt wird ersichtlich, dass dieses Verfahren mit Begriffen, sozialen Phänomen, sowie Denkweisen arbeitet, die direkt aus dem Alltagskontext und internen Referenzrahmen der Teilnehmer gewonnen werden. Dadurch wird ein ungefilterter Blick auf Einstellungen ermöglicht und der subjektive Einfluss des Forschers vermindert (Reduktion der verzerrten Wiedergabe von Einstellungen). Das Q-Set der zentralen Aussagen wird anschließend nummeriert, und die Aussagen werden einzeln auf Karten gedruckt (siehe Abb. 1). Aufgrund des interkulturellen Charakters wurden für diese Studie Kartensets in diversen Sprachen (Albanisch, Mazedonisch, Slowenisch) angefertigt, um die Ausgangsbedingungen in der Interviewdurchführung für alle Befragten ähnlich zu gestalten.

Abb. 1: Kartenbeispiele mit den Aussagen 4 und 18 zur Vorlage in der Befragung

Aussage 4 (sta_4)   Aussage 18 (sta_18)

Religions- gemeinschaften sollten vom Staat getrennt sein.	Unsere Religions- gemeinschaft ist ein Teil der Gesellschaft wie andere Organisationen, ob sie religiöse sind oder nicht.

Das Q-Set der zentralen Aussagen bildet die Basis für die dritte Phase, die Erhebung der Interviews. Hier wird zu Beginn den Befragten der Kartensatz mit den Aussagen vorgelegt und die Instruktion erteilt, die einzelnen Inhalte nach ihrer Präferenz auf einer numerischen Likert-Skala, nach dem jeweiligen Grad an Zustimmung bzw. Ablehnung, zu verorten. Es besteht somit die Möglichkeit, sich im polaren Bereich zu einem spezifischen Inhalt eindeutig zu positionieren, oder Aussagen in einem mittleren Bereich für als wenig relevant gedeutete, oder für nicht eindeutig zuordenbare Haltungen einzuordnen (siehe Abb. 2).

Dem Forscher steht es frei, den Befragten die Vorgabe einer freien (Karten können ohne Vorgabe eingeordnet werden) oder erzwungenen (unter jeder Abstufung der Präferenzskalierung bestimmte Anzahl Karten) Verteilung über den Bereich der Skala entsprechend den Forschungszielen zu erteilen (Brown 1993: 102). In der vorliegenden Studie wurden eine moderate Abstufung von (-4) (‚lehne Aussage sehr ab‘) bis (+4) (‚stimme der Aussage in hohem Maße zu‘), und eine freie Verteilung gewählt, um einen angemessenen Kompromiss zwischen der praktischen Durchführbarkeit des Interviews und der inhaltlichen Komplexität des Themas zu erreichen. Die Abstufung in neun Kategorien wurde aus der Fachliteratur als anwendbar generiert, die freie Verteilungen ergab sich aus der Durchführung der ersten Befragungen, bei der die Teilnehmer Kritik an einer gezwungenen Verteilung äußerten. Bei diesem Schritt wurde den Befragten Anonymität zugesichert.

Abb. 2: In der Studie genutzte Likert-Skala für das Q-Sort-Verfahren

Ablehnung			nicht relevant / keine eindeutige Positionierung			Zustimmung		
-4	-3	-2	-1	0	+1	+2	+3	+4
...	...	...	weitere Ablagen möglich			...	...	...

Während des Kartensortierverfahrens soll zusätzlich eine Erhebung der wörtlichen Kommentare der Befragten zur Positionierung der Aussagen stattfinden. So erzeugt jeder Teilnehmer ein individuelles, jedoch auch vergleichbares Muster seiner Meinungen und Sichtweisen zum Untersuchungsthema, das sogenannte ‚Q-Sort‘. Da die vorgelegten Aussagen nicht unabhängig voneinander bewertet werden, sondern eine relationale Aussagestruktur als Resultat vorliegt, ermöglicht sie es, a) eindeutige Präferenzen und Abneigungen zu bestimmen, b) Meinungen einzubeziehen, die nicht erwartbar waren,

c) Positionierungen zwischen binären Präferenzpolen anzuzeigen[21], als auch
d) die individuellen Muster (Q-Sorts) in der nächsten Phase des Verfahrens
zu Einstellungstypen zusammenzuziehen. Erfahrungsgemäß steigt bei dieser
Vorgehensweise die Motivation der Teilnehmer im Vergleich zu anderen
Erhebungstechniken: Statt passiv auf vorformulierte Fragen zu antworten,
erhalten sie die Möglichkeit, eigene Sichtweisen progressiv darzulegen.

Im darauffolgenden vierten Schritt des Verfahrens stehen die inhaltliche Analyse der Q-Sorts und die Erstellung von Einstellungstypen mittels
quantitativer Methoden. Die Sortierungen werden, unter Verwendung von
Software (z.B. PQ-Method[22] oder PCQ)[23], korreliert, um Gemeinsamkeiten
und Unterschiede im Antwortverhalten zu erkennen. So erfolgt mit der
Rotation und Faktorenanalyse (zu den technischen Details siehe u.a. Brown
1993: 113) die Erstellung von Einstellungstypen (sog. ‚Faktoren') anhand
inhaltlicher Antwortmuster der Befragten, die Angabe der dafür repräsentativ stehenden Interviews/Befragten, sowie deren Gegenüberstellung. Die
Anzahl der zu erstellenden Faktoren (Meinungstypen) kann zum Beginn der
Analyse, je nach Forschungsinteresse, begrenzt oder offengehalten werden
(siehe 5.1). Dieser Schritt ist eher quantitativen Verfahren nahe, ermöglicht
jedoch den innovativen Unterschied, individuelle, subjektive Einstellungen
und nicht isolierte Faktoren zueinander in Beziehung zu setzen. Auf diese
Weise gelingt es, die vorherrschenden typischen, subjektiven Positionen zur
Untersuchungsfrage zu identifizieren.

Die fünfte und letzte Phase des Verfahrens besteht aus der Beschreibung
und der Kennzeichnung der aus der Analyse gewonnenen Faktoren (‚Fakto-
reninterpretation'; Brown 1993: 117). Hier finden jene Befragungen Eingang,
welche signifikant mit den jeweiligen Einstellungstypen assoziiert werden
(auf diese ‚hoch laden'): Eine kohärente Charakterisierung beruht auf den
Inhalten der Aussagemuster und den Kommentaren dieser Befragten (ebd.:
123). Die ermittelten Meinungstypen bekommen mit dieser Vorgehensweise
auch ein charakteristisches Label. Die besondere Stärke liegt in der Möglich-

---

21 Cicourel zur Problematik des binären Abfragens: *„Die grundlegende Annahme der
strikten Alternative von wahr und falsch (...) läßt für die Überbrückung des Abgrunds
durch »vielleicht« oder »möglicherweise« keinen Raum. Jedoch ist der größere Teil unserer
Äußerungen in unserem Alltagsleben (...) nicht von dieser rigorosen Art. (...) Wir können
es als willkürlich oder gar unmöglich empfinden, exakte Grenzen in ein Kontinuum zu
setzen."* (Cicourel 1970: 54).

22 Offene Software zur Verarbeitung, unter http://schmolck.org/qmethod/#PQMet
hod (12.06.2022).

23 Übersicht über Software zur Q-Methode unter https://qmethod.org/resources/softw
are/ (12.06.2022).

keit einer systematischen Typisierung in Verbindung mit einer detailgetreuen Wiedergabe der Einstellungen.

Zusammenfassend ist durch die stringente Beachtung der Vorgaben an die Wahl der Methode, und der Richtlinien der Ausführung des Verfahrens gegeben, auch den Ansprüchen der Disziplin der ‚Mixed-Methods' an die Erfassung der Subjektivität der Einstellungen zu genügen: „*(1) The Q sample is comprised solely of things which people have said, and it is therefore indigenous to their understandings and forms of life. (2) The q sorting operation is wholly subjective in the sense that it represents ‚my point of view' (…): issues of validity consequently fade since there is no external criterion by which to sappraise a person's own perspective. (3) As a corollary, the factors which subsequently emerge (…) represent functional categories of the subjectivities at issue, i.e., categories of operant subjectivity. All of this applies to any Q sort on any topic administered to any person in any land under any condition of instruction at any time.*" (Brown 1993: 106).

Auch hier wird die Anwendungsmöglichkeit der Q-Methode in verschiedenen kulturellen Räumen betont. Das Studiendesign folgt demnach Forderungen aus der Soziologie und der Religionssoziologie, Stärken qualitativer und quantitativer Ansätze mit dem Einsatz von Mixed-Method-Verfahren zu verbinden (Riis [2011: 239/241]; Pickel [2011a: 335]).

1.6.2 Erfassung des Integrations- und Konfliktpotentials der Einstellungen (FF2)

Nach der Ermittlung der Einstellungstypen ist die zweite zentrale Frage der Untersuchung, inwiefern diese in einer pluralen, modernen Gesellschaft einen integrativen, d.h. konsensorientierten, oder eher exklusiven und damit potentiell konflikthaften Charakter besitzen. Vorangestellt steht die Feststellung, dass die erste Forschungsfrage die Erfassung einer *mentalen Konstruktion von Realität* zum Ziel hat, die zweite sich mit den inneren Verhältnisstellungen und der Kontrastierung dieser Wahrnehmungen zu *objektiven Bedingungen und Prozessen* der Modernisierung befasst. Empirische Verankerung erfährt diese Perspektive mit der Feststellung, dass in (süd-)osteuropäischen Gesellschaften die Transformation nach 1989 zunächst einen Modernisierungsschub einleitete (Genov 2010: 171/210). Die nachfolgende Darstellung der Methode der Messung des Integrations- und Konfliktpotentials der Einstellungen orientiert sich an den Schritten der Aufstellung von analytischen Forschungsentwürfen (Lazarsfeld 1993: 240–243): Die plausible Herleitung einer Konzeption über ein Phänomen, anschließend die Konzeptspezifikation, die Auswahl von Indikatoren, und die Formation eines Index.

A – Herleitung der Konzeption

Die Konzeption der Messung des Integrations- und Konfliktpotentials der zu erfassenden Einstellungen wurde aus theoretischen Überlegungen zur Modernisierung abgeleitet (siehe Kapitel 2). Das Konzept der Modernisierung stellt einen umfassenden Rahmen zu einer wissenschaftlichen Verarbeitung der wesentlichen, übergeordneten gesellschaftlichen Prozesse in den Gesellschaften Europas seit zwei Jahrhunderten dar. Es umfasst in seiner weiten Definition gesellschaftliche Entwicklungen, die durch Differenzierung und Individualisierung, Pluralisierung, Rationalisierung von Organisationen, Ausbreitung eines instrumentellen Aktivismus, und einem gewissen Grad an Universalisierung wertnormativer Systeme gekennzeichnet sind (Genov 2010: 27–36; Schroer 2017: 89/298).

Traditionelle Religionsgemeinschaften als vormals strukturprägende Akteure in Europa waren und sind von diesen Prozessen hochgradig betroffen, und bildeten deshalb ein zentrales Untersuchungsthema der klassischen Soziologie (Schroer 2017: 39/63). Nachdem in der Sozialwissenschaft lange, auch aufgrund ihrer Tradition (Durkheim 1981 [1912]), die Integrationsleistung traditioneller Religionen im Kurs der Modernisierung im Fokus stand, so rückte nach dem Ende der Konfrontation zwischen Sozialismus und demokratisch gefassten Kapitalismus das Konfliktpotential von Religionsgemeinschaften auf internationaler und nationaler Ebene schlagartig ins Zentrum der Aufmerksamkeit (Hildebrandt/Brocker 2005: 11). Hier ging die Feststellung ein, dass Religionen trotz der vorangeschrittener Säkularisierung nicht aus der Öffentlichkeit entwichen, sondern durchaus gesellschaftlichen Einfluss behalten würden (Casanova 1994).

So entfachten in dieser Periode Samuel Huntingtons Ausarbeitungen über einen möglichen „Clash of Civilizations" (Huntington 1993, 1996) eine breite Diskussion, die sich auch außerhalb der Wissenschaft entfaltete. Huntington sah nach dem Ende des Kalten Krieges neue Konfliktlinien mit globalem Charakter in der Entstehung, die sich primär aus der Zugehörigkeit vermeintlich kohärenter Kollektive zu unterschiedlichen Kulturkreisen speisen würden. Die Festlegung der Kulturkreise, bei Huntington Zivilisationen, orientiert sich an in erste Linie an der Zugehörigkeit der einfachen Mehrheit der Einwohner eines Staates zu einer Religion (Huntington 1993: 25). Dies setzte

Religion in eine zentrale Position – warum wird Religion nach diesem Konzept jedoch zentrale Konfliktursache? Nach Huntington bestimmen Religionen die wesentlichen Eigenschaften der Kulturen *in Abgrenzung* zu anderen und sind tief in den Menschen verankert ('primordial') (ebd.: 25/27). Damit geht er von 'ursprünglichen' und wenig wandelbaren Identitäten aus, die religiös begründet seien. Religion bindet das Individuum kulturell an ein Kollektiv, eine bedeutende Eigenschaft, um als gesellschaftliche Kraft wirken zu können (Pickel 2011a: 278). Durch den Druck der Globalisierung und dadurch entstehende Unsicherheiten würden die Menschen nun auf diese Identitäten zurückgreifen (Huntington 1993: 26). Konflikt entsteht, indem Religion Integrationskraft entwickelt, diese jedoch allein gruppenintern wirksam wird. Nach außen bleibt sie kulturelles Distinktionsmerkmal – in dieser Kombination steigt das Potential Konflikts, auch innergesellschaftlich mit Blick auf multireligiöse Gesellschaften.

Eine weitere Orientierung bietet das Modell von Fox (2004), der ein umfangreiches Modell zur Messung der religiösen Variable in Auseinandersetzungen innerhalb von Gesellschaften erarbeitet. Er untersuchte innerstaatliche Konflikte und verortet die primären Ursachen im politischen und ökonomischen Bereich – Religion kann nach seinen Resultaten intervenierend wirken, ist jedoch in den meisten Fällen nicht die grundlegende Quelle (ebd.: 237). Religion wirke dann konfliktverschärfend, wenn zwischen Gruppen Asymmetrien im Zugang zu politischen oder ökonomischen Ressourcen auftreten, und diese Gruppen sich ebenso bei der religiösen Zugehörigkeit unterscheiden.

Ein weiteres Konzept stellen Hildebrandt und Brocker (2005) zur Verfügung. Sie stellten gleichfalls fest, dass die Ursachen gesellschaftlicher Konflikte vielfältig und schwierig zu trennen sind (ebd.: 25). Sie betonen zudem, dass Religionen Potential zu Kooperation und Auseinandersetzung hätten. Folglich ist nach diesen Modellen potentiell ein Zusammenhang zwischen Ordnungsvorstellungen religiöser Eliten, sowie dem Integrations- und Konfliktpotential in der Gesellschaft vorhanden – die Aufmerksamkeit sollte sich jedoch ähnlich intensiv auf die Integrationsdimension richten (auch Pickel 2011a: 272).

B – Konzeptspezifikation

Aus diesen Erörterungen bietet sich als Annäherung an eine Konzeptspezifikation zum Zusammenhang zwischen Einstellungen und Integrations- und Konfliktpotential in modernen Gesellschaften das Modell von Genov

(2007: 11) an, welches sich in seinem Beispiel auf Verhältnisse zwischen ethnischen Gruppen bezieht. Er entwirft ein Koordinatensystem, bei dem auf der vertikalen Achse als Pole *strukturelle* Integration oder Separation von Gemeinschaften verzeichnet sind, auf der horizontalen *wertnormative* Universalisierung oder Vereinzelung dieser Kollektive. Das größte Kooperationspotential (in der vorliegenden Studie ,Integrationspotential') wird bei struktureller Zusammenführung und wertnormativer Universalisierung erreicht; das höchste Konfliktpotential entfaltet die Kombination von Separation und Vereinzelung von Gemeinschaften oder Gruppen (ebd.). Die horizontale Achse der wertnormativen Universalisierung kann nun auf die Frage nach der inhaltlichen Struktur der Aussagenmuster der religiösen Eliten angewandt werden; die Dimension der strukturellen Integration auf die realen Verhältnisse, z.B. im Bereich von Religion und Politik. Diese Überlegungen ordnend rezipiert die nachfolgende Verortung der unabhängigen und abhängigen Variablen somit a) die Beziehung zwischen strukturellen und normativen Mustern im Forschungsgebiet, sowie b) das Dreieck von Religion – Politik – Bevölkerung als einen zentralen Bezugsrahmen der Religionssoziologie (Murzaku 2009: 15.).

Einen Überblick über die Beziehungen zwischen den unabhängigen Variablen und dem religiös motivierten, gesellschaftlichen Integrations- und Konfliktpotential bietet Abb. 3:

Aus der umfassenden Darstellung der Ursachen religiös-gesellschaftlichen Integrations- und Konfliktpotentials wird die Stellung der in der ersten Forschungsfrage erarbeiteten Einstellungsmuster religiöser Eliten in ihrem Einfluss ersichtlich. Die Variablengruppe 1 in Abb. 3 stellt den religiösen Bereich dar. Hier sind Ordnungsvorstellungen religiöser Würdenträger (Variable 1a) bedeutend (siehe Relevanz), die gesellschaftlich-integrativ als auch entgegengesetzt angelegt sein können. In der näheren Umgebung wirken innerhalb des Bereichs Faktoren, mit denen Konvergenz oder Divergenz entstehen kann: Einstellungen und Verhalten von Angehörigen ihrer Gemeinschaft (Variable 1b); die eigene religiöse Doktrin und Tradition (Variable 1c); sowie die Beziehungen zu anderen religiösen Gruppen (Variable 1d).

Abb. 3: Genese des religiös motivierten Integrations- und Konfliktpotentials

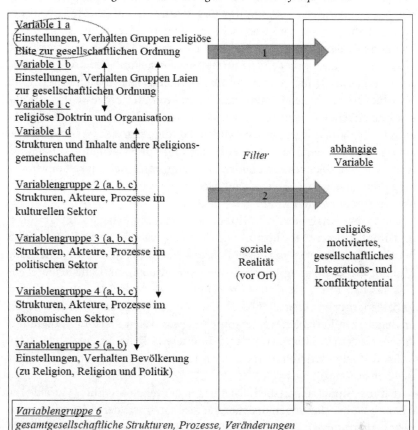

Die aktuellen rechtlichen und faktischen Gegebenheiten im Bereich Politik sind im Hinblick auf den Bereich der Zusammenwirkung mit dem religiösen Feld in ihren Strukturen, Akteuren und Prozessen in zwei Richtungen (Religion > Politik, und Politik > Religion) zu analysieren (Variablengruppe 3). Im Hinblick auf die Frage nach dem religiösen Integrations- und Konfliktpotential könnte exemplarisch die politische Interpretation und Instrumentalisierung von Religion als Ausgangspunkt von Konfliktpotentialen wirken.

Ebenso sind verschiedene Muster auch zu den Elementen in den Bereichen der Ökonomie (Variablengruppe 4) und der weiteren Kultur (Variablengruppe 2) denkbar, die mit dem religiösen Sektor interagieren, und demnach mit den Einstellungen der Fokusgruppe in einer Beziehung stehen. Während sich die Variablengruppen 1–4 mit ihren Organisationen auf der Mesoebene der Gesellschaft befinden und vergleichbare Elemente darstellen, ist die Variablengruppe 5 der Einstellungen der Bevölkerung auf Mikroebene angesiedelt. Hier sind für das vorliegende Konzept die Einstellungen zu Religion und zum Verhältnis Religion und Politik bedeutend. Den letzten Bereich der Variablengruppe 6 stellt umfassende Strukturen und Prozesse dar, die alle gesellschaftlichen Ebenen umfassen. Sie stehen in dieser Übersicht strukturell einzeln als Variablengruppe und wirken auf die religiöse Sphäre, umfassen auf der anderen Seite jedoch ebenso alle fünf vorher genannten Bereiche. Alle sechs Variablengruppen bilden Beziehungen zu den Einstellungen der religiösen Elite, und wirken sich auf deren religiös motiviertes, gesellschaftliches Integrations- und Konfliktpotential.

Die Hauptdynamiken zur Genese des hier besprochenen Integrations- und Konfliktpotentials (horizontale Pfeile in Abb. 3) liegen somit direkt bei den Einstellungen religiöser Führer (Pfeil ‚1'; Abb. 3), die eine hohe Multiplikatorenwirkung im religiösen Feld ausüben, und entstehen ebenfalls aus den Interdependenzen mit anderen als bedeutend identifizierten Variablengruppen (Pfeil ‚2'; Abb. 3). Die Wechselbeziehungen zwischen den unabhängigen Variablen werden durch die vertikalen Pfeile in Abbildung 3 angedeutet (zu Multikausalität und Interferenz siehe Mayntz [1995: 14]). Anhand dieser Beziehungen lässt sich ebenso die soziale Signifikanz der Religion aufzeigen.

In dieser Studie stehen die Einstellungen der religiösen Elite (Variable 1a), d.h. ihre Wahrnehmungen über soziale Realität, sowie deren Wirkungen im Fokus. Aufgrund der dargestellten Zusammenhänge werden die Beziehungen zwischen Religion und anderen Variablengruppen für Albanien, Nord-Mazedonien und Slowenien im dritten und vierten Kapitel dargestellt, um die anschließend im fünften Kapitel erarbeiteten Meinungstypen und ihr gesellschaftliches Integrations- und Konfliktpotential einordnen zu können.

C – Auswahl der Indikatoren, Formation Indices

Das allgemeine Integrations- und Konfliktpotential der Religion

Vor der Operationalisierung der abhängigen Variable des religiös motivierten, gesellschaftlichen Integrations- und Konfliktpotentials der Einstellungen der Zielgruppe steht die Einbeziehung der sozialen Realität vor Ort (siehe

‚Filter' in Abb. 3), die wissenschaftliche, international-vergleichenden Studien[24] vorgelegen. Dieses ist für die drei Fälle Albanien, Nord-Mazedonien und Slowenien recht heterogen: So waren gesellschaftliche Konflikte mit religiöser Komponente in Nord-Mazedonien relativ intensiv ausgeprägt (Djenovic 2009: 1; MAR 2006a; Human Rights Council 2009: 18), für Slowenien auf einem gesellschaftlich-bedeutsamen, mittleren Niveau (Smrke 2014: 132)[25] vorhanden, und entfalteten in Albanien, wenn vorhanden, nur selten gesellschaftlich relevante Wirkungen (Elbasani 2016; MAR 2006b). Hier waren trotz eines hohen Grades an religiösem Pluralismus religiöse Akteure in vielen Fällen daran beteiligt, gesellschaftliche Konflikte einzudämmen: „(...) *to learn from best practices generated by the Albanian context, especially with regard to (...) interreligious communication.*" (Human Rights Council 2018: 16). Es ist ersichtlich, dass das real vorhandene Maß religiös-gesellschaftlicher Integration und Konflikte auf qualitativen Bewertungen fußt.

Demnach ist die übergeordnete Methode der Untersuchung der zweiten Forschungsfrage die Divergenzmethode, da die operativen Variablen heterogen, der generelle Kontext jedoch weitestgehend homogen (Region Südosteuropa, historisch Peripherie, nachholende Modernisierung, Sozialismus, demokratisches System seit ca. 30 Jahren, gegenwärtig konkurrierende Weltanschauungen, religiöse Pluralisierung) gehalten wurde. Im Anschluss werden nun die Indikatoren zur Messung der Variable des religiös motivierten, gesellschaftlichen Integrations- und Konfliktpotentials *der Einstellungen* dargestellt. Die Auswahl der Indikatoren orientiert sich an der Aufgliederung des Begriffes in den Definitionen: Es erfolgt eine Messung der inneren Kohärenz der Meinungstypen (C1), ihrer Stellung zueinander (C2), sowie ihrer Positionierung hinsichtlich grundlegender Trends der Modernisierung (C3).

C1 – Innere Kohärenz

Die innere Kohärenz und die Widersprüche innerhalb der Meinungstypen werden anhand des Vergleichs der Intensität der Zustimmung zu Aussagen zu jenen der Ablehnung zu Aussagen im typischen Q-Sort der Einstellungstypen gemessen. Die Daten ergeben sich aus den Berechnungen des Programms PQ-method.

---

24 u.a. ‚Minority at Risk' (MAR) Dataset, University of Maryland; Berichte des ‚*Special Rapporteur on freedom of religion or belief*' des UN-Menschenrechtsrates (UNHRC)
25 siehe auch Kapitel 4 zu Slowenien

C2 – Stellung der Meinungstypen zueinander

Die Beziehungen zwischen den Meinungstypen bezeichnen die inhaltlichen Konvergenzen und Divergenzen der Einstellungstypen zueinander. Auch diese thematischen Distanzen werden bei der Anwendung der Q-Methode durch das Programm PQ-method erstellt, und als Korrelationen zwischen den Faktoren dargestellt. Nach dem Grad der möglichen Assoziierung der Meinungstypen mit spezifischen Glaubensrichtungen kann an dieser Stelle auf das Vorhandensein von intra- oder inter-religiösem Integrations- und Konfliktpotential geschlossen werden.

C3 – Positionierung hinsichtlich grundlegender Trends der Modernisierung

Die Messung der Positionierung hinsichtlich grundlegender Tendenzen der Modernisierung setzt die Meinungstypen mit objektiven Kriterien in Verbindung. Die im Q-Set vorgelegten 36 zentralen Aussagen (siehe Anhang 1) reflektieren die Wahrnehmungen der Zielgruppe zur Gestaltung der Beziehungen in der eigenen Sphäre und zu anderen bedeutenden Bereichen der Gesellschaft (siehe Bezug ,religionssoziologisches Dreieck'). Zusätzlich konnten die Befragten Kommentare zu diesen und zu nicht in den Aussagen vertretenen Themen abgeben, um eine breite Repräsentation von Einstellungen im Feld sicherzustellen.

Da die oben erläuterten Entwicklungen der Modernisierung auf gesellschaftliche Prozesse hinweisen, die durch Differenzierung und Individualisierung, Rationalisierung von Organisationen, Ausbreitung instrumentellen Aktivismus und einen gewissen Grad an Universalisierung wertnormativer Systeme gekennzeichnet sind (Genov 2010: 27–36), wurde nach der Gewinnung der zentralen Aussagen (nach den Kriterien der qualitativen Inhaltsanalyse) darauf geachtet, ein ausgewogenes Verhältnis zwischen Annahmen und Zurückweisungen dieser Prozesse in das Q-Set aufzunehmen. So wurden die Stellungnahmen in dieser Perspektive klassifiziert; 18 Aussagen gelten als Akzeptanz der genannten Modernisierungsprozesse, die (u.a. nach Bellah [1980]) normative Grundlagen für eine zivilgesellschaftliche Verständigung zur Verfügung stellen können, die weiteren 18 Stellungsnahmen bedeuten eine Ablehnung dieser Entwicklungen. So sind die beiden Dimensionen der Integration und jene der Konflikthaftigkeit gleichwertig abgebildet. Ein ausgewogenes Verhältnis beider Perspektiven bei der Zusammenstellung des Q-Set konnte erreicht werden, da die Q-Methode Flexibilität bei der Formulierung der Aussagen ermöglicht.

Nun ist es möglich, die Verteilung der 18 Aussagen im Q-Set, die eine Akzeptanz von Modernisierungsprozessen bedeuten, auf der Präferenzskala (in dieser Studie von [-4] bis [+4]) daraufhin zu analysieren, in welcher Intensität sie von den Befragten Zustimmung oder Ablehnung finden. Den einzelnen ‚Integrationswert' ergibt die Summe der Skalenwerte, auf denen die integrativen Aussagen gelegt wurden. Nach der Erstellung der typischen Q-Sorts der Einstellungsfaktoren ergibt sich bei der striktesten Ablehnung aller integrativen Aussagen ein Wert von (-40), bei stärkster Zustimmung von (+40).

Auch hier kann nach der Stellung zueinander gefragt werden: Eine Analyse nach der Positionierung hinsichtlich grundlegender Trends der Modernisierung umfasst auch die Betrachtung der Spannweite des Feldes der Werte. Welche Distanz oder Kohärenz weisen die Einstellungstypen hinsichtlich der Modernisierung auf?

Abb. 4: Einstellungstypen: Kohärenz und Positionierung, Wirkung auf IKP

Einstellungs-typen		Korrespondenz mit Modernisierungstrends	
		hoch	gering
Kohärenz (Stellung zueinan., zu Prozessen MOD)	hoch	hohes Integrations-potential	hohes Konflikt-potential
	gering	eher Integrationspotential	eher Konfliktpotential

Werden die Merkmale der Kohärenz der Einstellungen (Stellung zueinander, zu Prozessen der Modernisierung) mit der Korrespondenz von Modernisierungsprozessen kombiniert, so können Hypothesen über das Integrations- und Konfliktpotential (der Einstellungen (der religiösen Würdenträger) formuliert werden. Bei hoher Kohärenz und gering ausgeprägter Adaption ist ein hoher Grad an Konfliktpotential zu vermuten (siehe Abb. 4), bei hoher Kohärenz und hoher Korrespondenz mit Modernisierungstrends ein hohes Integrations-potential. Bei schwach ausgeprägter Kohärenz der Typen und geringer Korrespondenz sind Aussagen über Wirkungen auf das IKP schwerer zu treffen, es wird ein geringes Konfliktpotential vermutet. Die Einordnung der drei Fälle in diese vermuteten Zusammenhänge wäre, dass in Nord-Mazedonien das religiöse Konfliktpotential hoch ist, da die Ansichten der religiöse Elite über gesellschaftliche Ordnungsvorstellungen hoch divergent sind, in Slowenien ein ausgleichendes Niveau zwischen Kohärenz und Diskrepanz der Einstellungen der Zielgruppe herrscht und in Albanien eine hohe innere Kohärenz als auch eine gewisse akzeptierende Stellung hinsichtlich grundlegender Tendenzen der Modernisierung zu attestieren sein müsste.

Zusätzlich wurde ein Politisierungsindex aus einer induktiv gewonnenen Klassifikation der Aussagen des Q-Sets entwickelt: Hier betrafen zwölf der 36 Aussagen in ihrer hauptsächlichen Adressierung die nationale Politik oder die Beziehung zwischen Religion und Politik. Die Intensität der Politisierung wurde in den Präferenzen der Teilnehmer daran gemessen, wie stark sie ihre Zustimmung und Ablehnung zu diesen zwölf Aussagen gestalteten. Der Index wurde in einem Spektrum von 0 bis 10 standardisiert.

Abb. 5: Einstellungstypen: Wirkung von Politisierung und Positionierung

Einstellungs-typen		Korrespondenz mit Modernisierungstendenzen	
		hoch	gering
Politisierung	hoch	hohes Integrations-potential	hohes Konflikt-potential
	gering	eher Integrationspotential	-

Folgt eine Kombination von Politisierung- und Integrationsindex, so können folgende Hypothesen formuliert werden (siehe Abb. 5): Gewichten die Aussagemuster den Bereich der Politik stark und weisen eine hohe Adaption von Modernisierungstendenzen auf, deutet dies auf hohe Integrationspotentiale hin. Ist der Bereich der Politik bei Zurückweisung der Prozesse stark angesprochen, sind die Potentiale zu religiös-gesellschaftlichem Konflikt höher, als wenn sich diese weniger nach außen richten.

Als letzter Indikator zur Messung der Positionierung hinsichtlich grundlegender Trends der Modernisierung der Einstellungstypen kann nach Bellah (1980), Huntington (1993: 25/27), oder Putnam (2000) der binäre Indikator aus den Inhalten erarbeitet werden, ob diese Angelegenheiten der eigenen Gemeinschaft, oder die integrative Rolle in der Gesamtgesellschaft vordringlich adressieren (qualitatives Merkmal).

In der Reflexion mit den realen Verhältnissen ist die Hypothese aufzustellen, dass bei hohen Integrationspotentialen der Einstellungen religiöser Würdenträger und einer relativ hohen Intensität religiös-gesellschaftlicher

Konflikte andere Faktoren außerhalb des Wirkungsbereichs der Zielgruppe als Ursachen infrage kommen müssen (Pickel 2011b: 388)[26].

Zum Ende des einleitenden Teils der Studie sei hier noch einmal zusammenfassend auf die Neuerungen hingewiesen. Zunächst sind die regionale Ausrichtung und Perspektive religiöser Würdenträger auf gesamtgesellschaftliche Zusammenhänge Schwerpunkte, die in der bisherigen Forschung wenig Beachtung fanden. Anhand der hier angewandten Q-Methode wird versucht, Daten zu Einstellungen in dieser Zielgruppe hinsichtlich sozialer Ordnung in Gesellschaften Südosteuropas mit einem offenen, explorativen Zugang zu erfassen, welcher auch nicht vermutete Einstellungsmuster hervorbringen kann (Pickel 2011b: 389 ff.). Zudem findet eine Annäherung an das Integrations- und Konfliktpotential dieser Einstellungen statt.

---

26 So sind Ergebnisse der Analyse zudem in ihrer ‚Rückwirkung' auf die Variablenwahl zu interpretieren (Pickel 2011b: 388): Für die vorliegende Studie wäre es naheliegend zu fragen, ob es auf der anderen Seite möglich ist, Einstellungen religiöser Führer als Konfliktursachen in der Gesellschaft auszuschließen.

2 Theoretische Grundlagen: Religiöse Eliten, Ordnungsvorstellungen, gesellschaftlicher Konflikt und Religion

Um die Forschungsfragen adäquat theoretisch zu umfassen, gliedert sich dieses zweite Kapitel in die Unterabschnitte der Darstellung theoretischer Modelle zu gesellschaftlichen Ordnungen und der Rolle der Religion in der Gesellschaft der Moderne (Kapitel 2.1), der Erläuterung sozialwissenschaftlicher Ansätze der Entstehung von religiösem Integrations- und Konfliktpotential in einer modernen Gesellschaft (2.2), sowie der Darlegung von Modellen zu Einstellungen, Positionierung und Einfluss von religiösen Eliten (2.3). Mit diesem Rahmen sind die bedeutendsten theoretischen Bezugspunkte als Rahmenlinien der Studie angesprochen.

2.1 Sozialwissenschaftliche Ansätze zu (Religion in) gesellschaftlichen Ordnungen als Bezugsrahmen der Einstellungen

Das erste Feld des Forschungsinteresses der Ergründung von Einstellungen zur gesellschaftlichen Ordnung (FF1) stellt die zentrale Frage an theoretische Ansätze, in welcher Weise sie dazu beitragen können, Muster bereitzustellen, die Hinweise darauf geben, wie jene Ordnungsvorstellungen ausgestaltet sein könnten. Welche theoretischen Modelle bieten die Sozialwissenschaften, um die explorativ erhobenen Vorstellungen von Religionsführern zu gesellschaftlicher Ordnung einer nachvollziehbaren Einordnung, Analyse und Interpretation zuzuführen?

Theoretische Modelle dienen zunächst der Darstellung sozialer Zusammenhänge. Da in diesem ersten Forschungsbereich jedoch nicht nach der Genese von Einstellungen oder deren Wirkungen gefragt, sondern explorative Ziele der Ergründung der inhaltlichen Charakteristika der Variable verfolgt werden, bildet hier der Theoriekomplex, welcher unter dem Paradigma der Modernisierung zusammengefasst wurde Orientierung für einen theoretischen Überbau. Diese Zentralperspektive nimmt seit den 1960er Jahren eine dominante Stellung in der Soziologie ein. Dem damit inhärent aufkommenden Kritikpunkt einer christlich- oder euro-zentristischen Betrachtungsweise kann entgegnet werden, dass auch die in dieser Studie behandelten Fälle geographisch, sowie kulturell-historisch in Europa verortet sind, und die Ziele darin bestehen, zuerst Aussagen über Entwicklungen in Südosteuropa, sowie anschließend über vermutete gesamteuropäische Prozesse zu treffen.

2.1.1 Modernisierungstheorie und die Stellung von Religion und Gesellschaft

Das Gesellschaftssystem des Feudalismus als historisches Modell des Mittelalters und generelle Vorgängerstruktur heute relevanter Modelle der sozietalen Organisation in Europa (Parsons 1972: 51; Heiser 2018: 39) basierte auf dem Grundmechanismus von Knechtschaft und Lehen (Crubaugh 2011), welches die überwiegende Mehrheit der Bevölkerung in eine verarmte, stark abhängige, und durch Geburt festgelegte, sozietal stark eingebundene Stellung setzte, die soziale als auch räumliche Mobilität nicht zuließ. Auch wenn die Definitionen zum Begriff Feudalismus variieren, lag mit der im Feudalismus praktizierten Regierungsform der Monarchie als weiteres charakteristisches Merkmal eine enge Verzahnung und Überschneidung der bedeutenden gesellschaftlichen Bereiche der Politik, der Ökonomie, der Kultur, sowie der Wissenschaft vor (ebd.). Demnach geht in der Betrachtung der historischen, vormodernen Entwicklung über die Stellung von Religion in der Gesellschaft die Mehrzahl der heute relevanten theoretischen Überlegungen von einer sehr engen Verbindung auch dieser Sphäre mit den genannten Bereichen aus.

Religion war demzufolge vor dem Einsetzen wesentlicher Prozesse der Modernisierung in den Gesellschaften Europas auf der Mikro-Ebene des gemeinschaftlichen Zusammenlebens für das Individuum als Ritual in der Praxis mit vielen alltäglichen Handlungen verbunden, und bestimmte die Deutung des individuellen und kollektiven Erlebens weltlicher (und außerweltlich zugeschriebener) Phänomene. Für den Einzelnen bedeutete dies im Zusammenhang mit der starken Politisierung von Religion, und der Monopolstellung einer Religionskonfession in den verschiedenen Territorien Europas auf der anderen Seite auch einen hohen Grad an sozietaler Einbindung, Einordnung und Kontrolle (die eine Stabilisierung des feudalistischen Systems bedeuteten).

Beginnend ab einer Phase zwischen dem 4. und 8. Jahrhundert bildeten in ganz Europa auf der organisatorischen Meso-Ebene feudalistisch geprägter Staaten die von weltlicher Herrschaft anerkannten christlichen Monopolreligionen vertikal und horizontal ausgeprägte Strukturen aus (Schieffer 2013: 44/45). Deren Vertreter konkurrierten mit weltlich ausgerichteten

Akteuren um Einfluss auf politische und kulturelle Orientierungen in den jeweiligen Gemeinschaften, auf der anderen Seite standen sie vielfach in Symbiose mit diesen, oder waren gänzlich mit politischen Strukturen als Einheit verbunden. Demnach stellte das Christentum sukzessive in Europa, auch Südosteuropa, von geltenden Herrschaftsstrukturen und Interessen gefördert, mit seinen Inhalten eine allerklärende Weltanschauung für das Individuum und für Gemeinschaften in der normativen Dimension bereit. Strukturell positionierte sich Religion in den heute separat betrachteten Feldern der Politik, der Ökonomie, der Kultur, sowie der Wissenschaft (siehe Medizin) als bedeutender, vielfach zentraler Akteur.

Bedeutende Entwicklungen der Modernisierung, die Wirkungen auf den religiösen Bereich entfalteten, kamen in Mittel- und Westeuropa mit der sukzessiven Ablösung der engen Einbindung des Individuums in erwähnte feudalistische Strukturen (Knechtschaft, Lehen) auf. Der Ursprung dieses Prozesses ist für Europa auf das im 13. Jahrhundert entstehende, eng verbundene Netz von Marktplätzen und Großsiedlungen zurückzuführen, welches spätestens mit der Handelsvereinigung von Städten im nördlichen Europa zur Hanse (Cannon 2009)[27] die Ausbildung eines neuen und gesellschaftlich bedeutenden Bevölkerungsstandes, des städtischen Bürgertums, hervorbrachte. Innerhalb dieser Schicht wurde der Einfluss von monarchistischen Herrschern und traditioneller religiöser Organisation (Römisch-Katholische Kirche) auf die individuelle Lebensführung zu einem gewissen Grad zurückgedrängt, und eine erste Distanz des Individuums zu dieser Struktur und ihren Akteuren möglich (ebd.).

Auf der Meso-Ebene bildete das städtische Bürgertum ausgehend von ökonomischer Macht, Wachstum und Vernetzung eigene, autonome Strukturen der gemeinschaftlichen Organisation heraus, und etablierte neue Herrschaftsmechanismen abseits monarchistischer Modelle und traditioneller Religion. Bedeutend in diesem Zusammenhang ist für den religiösen Bereich, dass mit der Ausbildung neuer gesellschaftlicher Strukturen und Akteure eine sozial bedeutende Funktion, die zuvor ausschließlich religiösen Akteuren zukam, nun sukzessive durch nicht-religiöse Experten besetzt wurde: Die alltägliche Anwendung des Schrifttums und die damit verbundene Administration ökonomischer, politischer und administrativer Aktivitäten, welches eine schrittweise Rationalisierung des Gemeinwesens bedeutete.

---

27 „The league was a trading alliance which, at its height, included 200 towns, (…). Founded in the 13th cent., it survived until the 17th and exercised great naval and diplomatic, as well as economic, power." (Cannon 2009).

So verschob sich mit diesen Prozessen der Fokus der individuellen und kollektiven Referenzpunkte und Handlungsmotivationen (potentielle Verbesserung individueller sozio-ökonomischer Status vs. vormals hauptsächlich durch Zwang erzeugte Loyalität) von Bevölkerungsgruppen in Städten Europas – dies bedeutete in einigen Dimensionen eine Distanzierung zu organisierter traditioneller Religion (Röm.-Kath. Kirche). Genannte Prozesse waren auch mit der Etablierung der bedeutenden italienischen Stadtstaaten zu beobachten, und prägten insbesondere West-, Mittel-, und Südosteuropa. Jedoch auch hier war das städtische Bürgertum zu diesem Zeitpunkt im Vergleich zur Gesamtbevölkerung noch marginal.

Für die Zusammenhänge relevant sind entsprechende Momente beschleunigter Entwicklung wie das Wirken der Reformation ab 1517, oder die Konsequenzen der elitengetragenen Aufklärung ab 1700[28] in West- und Mitteleuropa. Diese Ereignisse förderten den übergeordneten Prozess der sukzessiven Ausdifferenzierung gesellschaftlicher Sphären. Beispielhaft lässt sich dies in der Hinwendung politisch-philosophischer Vordenker zu modernen Staatstheorien mit einer *Zentralstellung des Individuums* im 16. und 17. Jahrhundert (Thomas Hobbes [1588–1679]; John Locke [1632–1704]; Jean-Jacques Rousseau [1712–1778]) nachzeichnen. Sie entwarfen theoretische Modelle zu Herrschaft und Auffassung von Gesellschaft, die Zuständigkeiten und Funktionen von Akteuren stärker trennten.

Die genannten (politischen) Philosophen führten bezogen auf den politischen Bereich aus, religiösen Akteuren keine zentrale Position im Zugang zu kollektiv bindenden Entscheidungen mehr zuzugestehen, und stellten später die monopolartige Stellung auch in anderen gesellschaftlichen Bereichen zur Disposition (Hidalgo 2017a: 113). Real schwand der Einfluss der in West- und Mitteleuropa dominierenden Römisch-Katholischen Kirche (RKK) ab dem 16. Jahrhundert zuerst mit der Identifikation weiter Schichten der Bevölkerung mit den Zielen der Reformation, und anschließend mit der Etablierung von reformierten, von weltlichen Herrschern gegründeten Staatskirchen, die materiell und dogmatisch unabhängig von der zentralistisch organisierten RKK agierten. Der Begriff der Staatskirche verdeutlicht, dass trotz der organisatorischen Aufspaltungen innerhalb der christlichen Organisationstruktur in Europa (in zunehmend orthodox-national, römisch-katholisch, und nun protestantisch-national) Religion, präzise eine christliche Religionskonfessi-

---

28 Parsons bezieht sich in der Erörterung historischer Pfadabhängigkeiten, die zum Prozess der Modernisierung in Europa führten, ebenfalls auf diese Entwicklungen und ihre Wirkungen im religiösen Bereich (1972: 65–88).

on, damit generell noch immer eng mit gesellschaftlichen Strukturen und Bereichen, insbesondere mit politischer Herrschaft und kollektiver Deutung, verknüpft war.

Bedeutende Momente im Prozess des Auseinanderfallens von Religion und weiteren gesellschaftlichen Sphären brachten nach den Veränderungen der Ausbildung des Bürgertums, der Reformation, und der Aufklärung, in der Folgezeit die Wirkungen der französischen Revolution 1789. Ein bedeutendes Ereignis in diesem Zusammenhang war die Ausrufung des ‚Code Civil' am 21. März 1804 – die normative Orientierung der Rechtsprechung wurde hier nicht mehr aus religiöser Fundierung, sondern aus naturgegebenen Rechten abgeleitet, die für alle Individuen der Gesellschaft universell gültig seien. Die enge Bindung der großen Mehrheit der Individuen an die noch feudalistisch organisierte weltliche Herrschaft, als auch an dessen politisierter spiritueller Orientierung, brach mit dieser revolutionären Entwicklung in Frankreich erstmals auf, und breitete sich sukzessive über Mittel- und Nordeuropa auf dem ganzen Kontinent aus (siehe Anhang 3: Aufhebung der Leibeigenschaft in Europa).

Die Strukturen einer engen Bindung von Religion und Politik durch gegenseitige Legitimation wurden hier infrage gestellt und sukzessive distanziert. Der Sturz der Monarchie in Frankreich sowie die Bildung von Volksräten entzog der Römisch-Katholischen Kirche erhebliche Einflussmöglichkeiten auf politische Entscheidungsfindung im Land. Auch in der ökonomischen Perspektive erfuhr die RKK in dieser Phase erhebliche Einbußen: Bereits zuvor vereinzelt praktiziert, kam es um 1800 zu einer Welle von staatlichen Enteignungsmaßnahmen gegenüber der RKK nicht allein in Frankreich, sondern gleichsam in beeinflussten mitteleuropäischen Staaten[29]. Somit kann mit dem Zurückdrängen der Institutionen der RKK aus anderen Sphären der Gesellschaft von einer ersten Phase der Säkularisierung zu Beginn des 19. Jahrhunderts in Mitteleuropa gesprochen werden, die politisch forciert wurde, und sich auf die Meso- und Makro-Ebene der Gesellschaft konzentrierte. Der weitere Verlauf der ersten Hälfte des 19. Jahrhunderts war geprägt von der elitengesteuerten Bewegung der Restauration, welche ab 1815 nach dem Zusammenbruch des Napoleonischen Systems in Mitteleuropa das Ziel ausgab, die monarchistisch-feudalistischen Strukturen wieder herzustellen. Die bedeutendste Akteursgruppe hinter diesem Wandel war die noch immer einflussreiche Schicht des Adels, welche den zuvor verlorenen politischen

---

[29] Nationalisierung Kircheneigentum in Frankreich ab 02.11.1789, in links- und rechtsrheinischen Gebieten ab 1802

und ökonomischen Einfluss zurückerlangen wollte. Interessiert an dieser Entwicklungsrichtung, jedoch nicht immer mit dem Ausbau der Dominanz des Adels einverstanden, war die religiöse Elite innerhalb der RKK, die sich damit ebenfalls eine Wiederherstellung ihres Einfluss' genannten Bereichen versprach.

Die Revolutionen in West- und Mitteleuropa in den Jahren 1848/49 bedeuteten eine weitere Zäsur im Verhältnis zwischen Religion, Politik und Bevölkerung, da nun die dominierenden monarchistischen Herrschaftsstrukturen mit starker religiöser Komponente erneut unter Druck gerieten und sukzessive durch Legitimationsmechanismen, die politische Herrschaft an objektive Faktoren wie die Repräsentation der sie betreffenden Individuen band, ersetzt wurde. Damit befand sich die Idee der religiösen Begründung von (feudalistisch geprägten) Gesellschafts- und Herrschaftsstrukturen im Niedergang – und es kann neben der Ausdifferenzierung der politischen, ökonomischen und religiösen Sphären angenommen werden, dass auch eine Relativierung der Religion auf der Mikro-Ebene des Individuums stattfand, welche eine Zurückdrängung aus den alltäglichen Handlungen als auch aus der Deutung des Erlebten bedeutete.

Dennoch war real in den sich demokratisierenden Staaten West- und Mitteleuropas in der zweiten Hälfte des 19. Jahrhunderts die Rolle der Religion bisweilen umkämpft (und umkämpft diskutiert): So waren die christlichen (Staats-)Kirchen auch hier noch immer mit einem einflussreichen intellektuellen, kulturellen, ökonomischen und politischen Netzwerk ausgestattet, in der Bevölkerung tief verankert, und sehr nahe an weltlicher Herrschaft verortet.

Der Prozess der Säkularisierung als Zurückdrängung von Religion aus der öffentlichen Sphäre und der Politik war nun in West- und Mitteleuropa ein offen sichtbares und demzufolge schwerlich zu leugnendes Phänomen, das für traditionelle und monopolistisch angelegte Religionsgemeinschaften (christliche Kirchen) den Verlust von Einfluss auf kollektiv bindende Entscheidungen bedeutete. Der zentrale Traditionsbruch war die Umstellung der Legitimation von weltlicher Macht von einem jenseitigen Postulat ('von Gottes Gnaden') auf ein diesseitiges Subjekt – der Souverän war nun die Bevölkerung, ihre Vertreter wurden auf Zeit berufen, und vor ihr verantwortlich. Auch andere gesellschaftliche Bereiche wie Wissenschaft, Medizin, und Ökonomie wurden von den tiefgreifenden Umstellungen erfasst. So bildeten sich ab Mitte des 19. Jahrhunderts Subsysteme der Gesellschaft mit eigenen Strukturen, Akteuren, und Logiken aus; ein umfassender Prozess, der mit dem Paradigma der Modernisierung soziologisch verarbeitet wurde (Parsons 1972: 56; Genov 2010: XI). (Dagegen standen in den Regionen Südosteuropas Religion und Politik noch oft in einem Verhältnis der engen Verflechtung zueinander, da hier der Aufbau von Nationalstaaten unter Bezug zu Legitimationsmustern mit religiösen Elementen eine intensive Phase erlebte[30].)

Im Zuge der bürgerlichen Revolutionen ab 1848/49 wurden erste Schriften zur Thematik reformierter Rollen der Religion in der Gesellschaft veröffentlicht, die außerhalb der Institutionen traditioneller christlicher Organisationen oder politischer Herrschaft entstanden. Diese verorteten sich oft in einem inhaltlich grundlegenden und emotionalen *Gegensatz* zu dort vertretenen Auffassungen. Demnach wurde hier aufgrund des noch immer stark verwobenen Charakters der Religion mit bedeutenden gesellschaftlichen Bereichen ein radikaler Wechsel in der Gesellschaftsstruktur nur mit einer vollständigen Zurückdrängung der christlichen Kirchen (Organisationen, sowie Glaubenslehren als Handlungsanweisungen an den Einzelnen) als möglich angesehen. Diese Position fasste Karl Marx (1818–1883) 1844 prägnant zusammen: *„Das Fundament der irreligiösen Kritik ist: Der Mensch macht die Religion, die Religion macht nicht den Menschen. (…) Der Kampf gegen die Religion ist also mittelbar der Kampf gegen jene Welt, deren geistiges Aroma die Religion ist. (…) Sie ist das Opium des Volkes. Die Aufhebung der Religion als des illusorischen Glücks des Volkes ist die Forderung seines wirklichen Glücks. Die Forderung, die Illusionen über seinen Zustand aufzugeben, ist die Forderung, einen Zustand aufzugeben, der der Illusionen bedarf. (…) Die Kritik des Himmels verwandelt sich damit in die Kritik der Erde, die Kritik der Religion in die Kritik des Rechts, die Kritik der Theologie in die Kritik der Politik.“* (Marx 1844 [1976]: 378/379).

Vor dem Hintergrund dieser Entwicklungen kamen in dem um 1900 entstehenden Wissenschaftszweig der Soziologie Fragen auf, welche Funktion Religion in der sich modernisierenden Gesellschaft noch erfülle, und weiterhin erfüllen könne. Bedeutend waren hier zunächst die Werke Émile Durkheims (1858–1917), welcher der Religion auf der wert-normativen Dimension eine integrative Funktion für die auseinanderstrebenden Elemente der Gesellschaft zusprach, und sie demzufolge für den Zusammenhalt ihrer Grundstruktur im Gegensatz zur zuvor dargelegten Position als notwendig erachtete (Durkheim [1912] 1964: 47). Er entwickelte die Perspektive, dass in

---

30 Siehe exemplarisch die Einsetzung eines Metropoliten der Serbisch-Orthodoxen Kirche, Josif Rajačić (1785–1861), als oberste politische Leitung (‚Woiwode‘) durch die serbische Nationalversammlung am 13. Mai 1848.

modernen Gesellschaften, die sich in der Abwägung zwischen Kollektivität und Individualität fundamental von vor-modernen unterschieden, eine neue Form von Solidarität Bedeutung erlange. Sind im prämodernen Fall die Individuen in der kollektiv-orientierten Einordnung in einer Ständegesellschaft in vorbestimmten sozialen Räumen innerhalb einer ‚mechanischen' Solidarität miteinander verbunden, so stelle der Typus der modernen Gesellschaft die Individuen in einer funktionalen, ‚organischen', Solidarität in einen kollektiven Zusammenhang, und sichert so den Bestand der Gesellschaft.

Diese wurde in der strukturellen Dimension zentral getragen durch die nun verstärkt funktional gegliederte Arbeitsteilung (Pickel 2011a: 76), benötigte jedoch in der wert-normativen Dimension gemeinsam geteilte Moralvorstellungen, die in der Ausübung und Vergewisserung innerhalb einer dominanten Religion, in West- und Mitteleuropa das staatlich geprägte Christentum, Ausdruck finden würden (Durkheim [1912] 1964: 418). Demnach wurde an dieser Stelle der Religion auch in modernen Gesellschaften, nun weniger auf der strukturellen als auf der wert-normativen Dimension, eine funktionale Position eingeräumt[31]. Durkheim führte frühere Thesen zur Religion von Autoren wie Fustel de Coulanges (1830–1889) (Jones 1993: 30)[32] fort, welche sich für eine gesonderte Betrachtung der Rolle der Religion den beiden erwähnten Dimensionen (institutionell, normativ) aussprachen. Weitere Quellen seiner Ausführungen waren empirische Studien in Stammesgemeinschaften, in denen er Hinweise auf generelle Funktionen der Religion vermutete (Durkheim [1912] 1964: 4–8).

Im Überblick ergeben sich in den generellen Annahmen Durkheims Gemeinsamkeiten mit den Standpunkten von Karl Marx in jener Perspektive, dass gemeinschaftlich praktizierte Religion ein sozialer Fakt ist, und es sich somit um eine von Menschen konstruierte Sozialform handelt (ebd.: 418). Der religionssoziologisch bedeutende Gegensatz ergibt sich aus der Perspektive für traditionelle Religion in der Moderne, die im Fall von Marx keine Berechtigung hätte, zukünftig an gesellschaftlichen Prozessen mitzuwirken, jedoch aus der Sichtweise Durkheims auf der wert-normativen Dimension zum Erhalt von Kohäsion verbleiben müsste. Demnach ergab sich

---

31 Kollektividentität und Religion waren eng mit der Begründung des Faches Soziologie verbunden: *„Collective conscience, collective representations, and social facts were concepts which argued for the distinctiveness of sociology against other social sciences (notably psychology)."* (Scott / Marshall 2015).

32 Wie für Durkheim lag für ihn die Funktion der Religion in der normativen Vergemeinschaftung von Familien und Individuen: *„The duty of performing the rites of worship had been the social bond."* (Fustel de Coulanges [1864] 1889: 424).

um die Jahrhundertwende eine Polarisierung hinsichtlich der Ausgestaltung gesellschaftlicher Ordnungsstrukturen und der Verortung der Religion darin.

Mit Max Weber (1864–1920) wurde von der normativen Diskussionsgrundlage des Themas Religion in der Gesellschaft Abstand genommen, und damit ein distanzierterer Zugang möglich (Krech 1999: 9). In seinen Aufsätzen folgte er einem interdisziplinären Ansatz und kombinierte soziologische, ökonomische und kulturwissenschaftliche Befunde zur Formulierung von auch religionssoziologisch bedeutenden Erkenntnissen. So war ein Untersuchungsgegenstand, Zusammenhänge zwischen der Religionszugehörigkeit, der Lebensführung, sowie der Form der ökonomischen Aktivität darzustellen, um Rückschlüsse auf Entstehungsfaktoren neu aufkommender und progressiver Gesellschaftsstrukturen ziehen zu können (Sammet 2018: 546). Er kam zu dem Schluss, dass sich die Religionszugehörigkeit als unabhängige Variable auf die Lebensführung und daran anschließend auf die ökonomische Aktivität auswirken könne. So schrieb er diesem Faktor eine hohe Bedeutung sowohl für das Motivationspotential des Individuums, als auch zur Erklärung von verschiedenen Dynamiken und Formen von Kohäsionskräften von Gemeinschaften zu (u.a. Weber 1934). Weitere Konzepte Webers befassten sich mit den Themenfeldern Religion und Politik sowie mit religiösen Berufen, die in den jeweiligen thematischen Unterkapiteln im Anschluss erörtert werden. Demnach beschäftigten sich die klassischen Soziologen zentral mit der religiösen Variable und ihrem Wandel als gesellschaftlichem Faktor; zudem mit dem religiösen Personal.

Die Sicht auf traditionelle Religion, ihr eine integrative Rolle in modernen Gesellschaften zuzusprechen, änderte sich auf der anderen Seite nachhaltig mit der Manifestation von modernen Gegenbewegungen, die kollektivistisch ausgerichtet waren, und sich gegen liberale und individual-zentrierte Gesellschaftsmodelle wandten. An dieser Stelle ist in erster Linie die Russische Revolution von 1917 zu nennen, die auf der normativen Dimension stark von einem ‚rationalistischen Glauben' (Genov 2010: 5) angetrieben wurde. Generell könne nach diesen Auffassungen das Individuum erstmals seine eigene und die gesellschaftliche Entwicklung beeinflussen und zielgerichtet voranbringen – dies jedoch einzig in der Aufgabe seiner Individualität in einer gänzlichen Unterordnung unter die Ziele des ideologisch gefassten Kollektivs.

In allen Teilen des europäischen Kontinents entstanden nach diesen Auffassungen in der Zwischenkriegszeit moderne kollektivistische Gesellschaftsauffassungen, die sich in ihren Extremformen zu nationalistischen Herrschaftsregimen mit den Merkmalen politischer Religionen (‚Ersatzreligionen') entwickelten (Italien und Benito Mussolini ab 1922; Sowjetunion und Josef W. Stalin ab 1927, deutscher Nationalsozialismus ab 1933). Der Verfall der Reputation nationalistischer kollektivistischer Ideologien in Westeuropa erfolgte mit dem Ende des Zweiten Weltkrieges 1945 und dem anschließenden Aufbau von Demokratien in diesem Teil des Kontinents. Der allmähliche Zusammenbruch sozialistischer Gesellschaftsmodelle in Osteuropa zeigte sich ab 1968 mit den Reformen in der Tschechoslowakischen Sozialistischen Republik (ČSSR), die in der Rückschau als ein 'Signal in Richtung Individualismus' (Genov 2010: 5) in Osteuropa gedeutet wurden.

Auf der Seite der individualistisch orientierten Gesellschaftsformationen, die sich nach dem Zweiten Weltkrieg in Westeuropa etablierten, entwickelten sich in der Sozialwissenschaft erste systematische Überlegungen über Religion in der modernen Gesellschaft innerhalb der nun präzisierten Modelle der Modernisierungstheorie. An dieser Stelle kann an die Ausführungen der Systemtheorie Talcott Parsons (1902–1979) angeschlossen werden, der sich mit den bei Durkheim und Weber thematisierten grundlegenden Paradoxien der Moderne auseinandersetzt (Parsons 1982: 3/4): Dem Zusammenhalt von Gesellschaften bei fortschreitenden Prozessen der Individualisierung auf ihrer Mikroebene und der Ausdifferenzierung von Sphären auf der Mesoebene. Parsons Modelle erklärten im Anschluss an Durkheim moderne Gesellschaften aus der Perspektive der Funktionen ihrer Teilsysteme, welche die einzelnen Glieder für sich als auch für das Gesamtsystem erfüllen. So entwickelte er das 'A-G-I-L–Schema' zu Struktur und Funktionszusammenhängen in der modernen Gesellschaft, und zu den Funktionen und Verhältnissen der in ihr bestehenden Teilbereiche (ebd.: 23–28). Diese Teilsysteme besitzen nach Parsons auf der einen Seite eigene Logiken und Dynamiken, auf der anderen übernehmen sie Funktionen zum Erhalt des Gesamtsystems (ebd.).

Die Position der Religion war innerhalb des 'sozialen Systems' der Gesellschaft ebenso funktional verortet. Ihre Aufgaben bestünden in einer modernen Gesellschaft darin, auf der Mikroebene den Individuen Erklärungshorizonte für (auch unerwartete) Ereignisse bereitzustellen, institutionalisierte Erwartungen an die Individuen abzufedern, sowie Wertorientierungen zu vermitteln (Parsons 1959: 163/165). Auf der Meso- und Makroebene des Gesellschaftssystems bliebe Religion ein wichtiger Faktor auch in modernen Gesellschaften, da sie hier die Funktion der übergeordneten Wertintegration der Individuen besitze (ebd.: 165). Zum Zeitpunkt der Veröffentlichung dieses Ansatzes 1959 hätten keine 'funktionalen Alternativen' (ebd.: 167) bestanden, demnach hielt es Parsons zu diesem Zeitpunkt für bedrohlich für moderne Gesellschaften, traditionelle Religion ohne Alternativen, oder

nach ‚utopischen Orientierungen' abzubauen (ebd.). Es bleibt die Bestands-
aufnahme, dass Religion im Modell Parsons eine bedeutende Funktion in
der wert-normativen Integration von Gesellschaften besitzt, insbesondere in
ihrer Fähigkeit, Mikro- und Makroebene in dieser Dimension funktional zu
verbinden: *„From the point of view of integration of the social system, (...)
religious beliefs constitute the paramount focus of the integration of the cognitive
orientation system in its implications for action. (...) Religious beliefs then are
those which are concerned with moral problems of human action, and the
features of the human situation, (...) which are most relevant to his moral
attitudes, and value-orientation patterns."* (ebd.: 368).

In späteren Schriften geht Parsons auf die funktionalen Alternativen
von Religion ein und beschreibt exemplarisch an der Entwicklung im
medizinisch-psychologischen Bereich, wie Äquivalente zu Religion sich
allmählich in (damals noch kleinen) Räumen etablieren und einige ihrer
Funktionen übernehmen. Auf der individuellen Ebene werden hier grundle-
gende Sinnfragen diskutiert, die nun aufgrund der Individualisierung der
Lebensführung vermehrt mit dem Individuum selbst und ihrer sozialen Welt
(Parsons 1964: 295) in Verbindung gesetzt werden – und damit eine weltliche
Diskussion und Beantwortung erwarten, die medizinisch-psychologische
Methoden ermöglichen (erzeugen höheren Grad an Resonanz).

Weitere bedeutende theoretische Ausführungen innerhalb der Modernisierungstheorie zur Stellung von Religion und Gesellschaft in der Moderne
stammen von Niklas Luhmann, der Religion (und religiöse Ordnungsvorstellungen) in diesem Zusammenhang anhand der theoretischen Konstruktion
eines Dualismus' von System und Umwelt analysiert. Mit der funktionalen
Differenzierung moderner Gesellschaftssysteme nach dem Zweiten Weltkrieg entfernte sich Religion vom umfassenden Rahmen der Gesellschaft
(und anderen Subsystemen dieser), und war mit ihr immer weniger de-
ckungsgleich (Luhmann 1977: 44). Im Zuge dieser Entwicklung verging die
Symmetrie von gesellschaftlicher Ordnung und traditioneller Religion in
Europa. Traditionelle Religionen verloren zunehmend ihre Aufgaben, die
Gesellschaft als System nach außen abzugrenzen, und zentral an sinnkonsti-
tuierenden Prozessen für sie mitzuwirken, die die Umwelt erklären (ebd.:
20). So veränderte sich der Horizont und die Umwelt der Religionen mit der
Entstehung einer komplexeren internen Struktur des Gesellschaftssystems
(ebd.: 38).

Religion bildete sukzessive ein eigenes Subsystem heraus, nun mit einer
gesellschaftlich-internen Umwelt. Der Prozess wurde von der Soziologie später als umfassende Säkularisierung bezeichnet, und in verschiedene Formen

differenziert (Casanova 1994, Taylor 2007: 20). Demnach hätten sich ihre Funktionen nach Luhmann im Gegensatz zu Durkheim und Parsons weiter geändert und reduziert, da sie sich von der gesellschaftlichen Makro- auf die Meso-Ebene verlagerten: In modernen Gesellschaften werde die zentrale Aufgabe der Religion, für ihre eigene Gemeinschaft, und nicht mehr für die Gesamtgesellschaft Umwelt zu definieren, durch ein „(...) *Raster selektiver Informationsaufnahme* (...)" (Luhmann 1977: 18/19) abzubilden, und zu interpretieren. Aus diesen theoretischen Überlegungen kann mit den Worten Luhmanns gefragt werden, durch welches ‚Raster' diese Wahrnehmung heute stattfindet, d.h. mit welchen Einstellungsmustern Vertreter von Religionsgemeinschaften als Repräsentanten von Religion heute zu Strukturen und Prozessen zu ihrer gesellschaftlich-internen Umwelt, d.h. hinsichtlich gesellschaftlicher Ordnung, positioniert sind. Wie interpretieren sie als bedeutende Multiplikatoren die Verbindung von Religion und Umwelt?

In der Religionssoziologie kam parallel das Paradigma der Säkularisierung auf, welches bis heute umstritten diskutiert wird. Demnach lag in der Folgezeit Konzentration vielfach auf der Bestimmung der sozialen Signifikanz von Religion und religiösen Akteuren in der Gesamtgesellschaft, zumeist als Messung von Religiosität in der Bevölkerung. Hier entwickelten sich zwei theoretische Modelle heraus, welche die Säkularisierungsthese herausforderten: Die Individualisierungsthese (Knoblauch 2018: 329ff.), sowie die Perspektive des ‚religiösen Marktes' (Hero 2018: 567ff.). Sie gehen davon aus, dass ein primordial angelegtes Bedürfnis des Menschen nach Religiosität existiere; und kollektive Formen wesentlich durch die Angebotsstrukturen im religiösen Bereich geprägt werden (siehe auch Pickel 2011a: 178–224).

In dieser Periode kamen ebenfalls erklärende Modelle zum Wandel von Religion in modernen Gesellschaften heraus, die eine gänzlich neue Form des Verhältnisses von Individuum und Kollektiv, sowie der Definition von Religion selbst vornahmen (u.a. Bellah 1980: ‚*Varieties of Civil Religion*' / Reduzierung Transzendenz, Betonung soziale Bezüge). In der Folgezeit entwickelten sich zu Religion und moderner Gesellschaft theoretische Modelle ‚mittlerer Reichweite', und die Debatte zum Themenbereich Säkularisierung fand Fortsetzung.

Die Religionssoziologie setzt heute Religion als abhängige und unabhängige Variable, um spezifische Wirkmechanismen aufzudecken (Pickel 2011a: 393ff.). Dabei eröffnet sie aus der Perspektive der Modernisierungstheorie das Spannungsfeld von Religion, Politik und Bevölkerung, um zu differenzierten Ergebnissen zu gelangen; Religion in der modernen Gesellschaft bedürfe der Analyse der verschiedenen horizontalen und vertikalen Ebenen.

Zur Perspektive der zweiten Forschungsfrage der Studie wird den erwähnten Modellen entnommen, ob die Vorstellungen religiöser Führer eine Integration oder Zurückweisung von Entwicklungen beinhalten, die die grundlegenden Trends der Modernisierung (Säkularisierung, Differenzierung, Pluralisierung und Individualisierung) reflektieren.

Neben diesen makrosoziologischen Ausführungen zu Religion in moderner Gesellschaft prägte sich in den 1990er und 2000er Jahren ein erhöhter Reflexionsgrad in den Sozialwissenschaften aus. Es wurde deutlich, dass hinter theoretischen Modellen zwei Grundannahmen standen, die sich zu Forschungsperspektiven formulieren ließen. Demnach entwickelten sich essentialistische und konstruktivistische Sichtweisen, die auch durch ihre Herangehensweisen an den Forschungsgegenstand zu unterschiedlichen Ergebnissen kamen.

Der essentialistische Ansatz geht auf der Ebene des Individuums von primordialen Gegebenheiten aus, welche die persönliche Identität stark beeinflussen, wenn nicht konstituieren. Diese wenig wandelbaren Eigenschaften hätten einen starken Einfluss auf die Bildung von kollektiven Identitäten in Gruppen. Zu diesen Voraussetzungen gehört wesentlich u.a. auch das Merkmal der Religiosität und Religionszugehörigkeit. Auf der anderen Seite stehen die dynamischen Konzepte des Konstruktivismus, die von einer sozial konstruierten Realität (auch der Religion) ausgehen. Hier stehen die Selbstzuschreibung einer individuellen (in Abgrenzung zur kollektiven) Identität, die zudem den Wandel, die individuelle Kombination, sowie Überschneidungen in den individuellen Identitäten stärker ins Zentrum der Aufmerksamkeit rückte (Riedel 2005: 31). Dies betraf auch den Bereich des Aufbaus von staatlicher Ordnung, sowie die Rolle der Religion darin: Sollte ein gemeinsamer Nationalstaat durch eine kollektive, kulturelle Identität begründet sein, die mit der Kategorie der ‚Ethnie' stark verbunden ist (und Verteidigung erfahren sollte), oder ein politisches Nationenmodell, die alle Angehörigen des Staat in politischer, freiwilliger Zustimmung vereint?

Diese beiden sozialwissenschaftlichen Sichtweisen können auf die folgenden Felder ‚Religion und Bevölkerung', sowie ‚Religion und Politik' in der modernen Gesellschaft Anwendung finden. Im Rahmen dieser Studie zu gesellschaftlichen Ordnungsvorstellungen religiöser Eliten ist zu fragen, inwiefern die beiden Konzepte der Identität in den vorgefundenen Einstellungen adressiert werden: Wird von einem essentialistischen Konzept der kollektiven Identitätsfindung ausgegangen, oder finden sich Ansätze, die der individuellen Wahl und Kombination, sowie dem Wandel von Identitäten Raum geben?

2.1.2 Religion und Bevölkerung in der modernen Gesellschaft

Eine als bedeutend erachtete unabhängige Variable mit Einfluss auf das religiös motivierte, gesellschaftliche Integrations- und Konfliktpotential sind die Einstellungen der Bevölkerung hinsichtlich der Bereiche a) Religion und b) Religion und Politik (siehe Abb. 3). Angehörige einer großen Religionsgemeinschaft sind als signifikanter Teil der Bevölkerung vielfach direkt mit den Positionierungen der religiösen Autoritäten konfrontiert. Aus dieser Stellung zur spirituellen Führung heraus sollen in diesem Abschnitt in einem kurz gehaltenen Überblick Perspektiven zu Religiosität und deren Wirken in der Bevölkerung thematisiert werden, die sich auf die Einstellungen der Zielgruppe auswirken. Messinstrumente von Religiosität in der Bevölkerung haben sich von zuerst kirchensoziologischen Betrachtungen (Schwerpunkt Indikator Kirchgangsrate) in den letzten Dekaden auf inhaltlich diverse Dimensionen, und präzisere Instrumente der Bestimmung ausdifferenziert.

In der Bedeutung für die Religionssoziologie zentral (Pickel 2011a: 323) steht das Messinstrumentarium nach Glock (1954), welches fünf Dimensionen der Religiosität, und eine vielfältige Anzahl von Indikatoren, in die Betrachtungen einbezog: Hier standen religiöse Rituale neben den Bereichen des religiösen Wissens, der religiösen Erfahrungen, der Ideologie, sowie der religiösen Konsequenzen (zitiert nach Pickel 2011: 324). Diese fünf Dimensionen wurden in der Folgezeit zur Anwendung in quantitativen Studien (u.a. Bertelsmann Religionsmonitor) verfeinert. Die Studien konnten folgende Rückschlüsse auf theoretische Modelle zu Religion auf individueller Ebene in der modernen Gesellschaft in Europa erarbeiten: Die Säkularisierung schreitet auf dieser Ebene voran, es sind verstärkt Ausprägungen von Religiosität außerhalb der traditionellen Religion festzustellen, und es existieren synkretistische Formen von Erklärungen mit weltlichen und transzendenten Elementen.

Neben diesen direkten Analysen zur Religiosität in der Bevölkerung können weitere Indikatoren hinzugezogen werden, die in quantitativen Studien (wie dem World Values Survey) erfragt werden, und die Rückschlüsse auf theoretische Modelle zulassen. Nach Charles Taylor (2007) benötige das Individuum als Puffer zwischen sich und der Umwelt in einer modernen, differenzierten Gesellschaft an gewisses Maß an ‚Vertrauen in die eigene Selbstbestimmbarkeit des Lebens'[33] (zitiert nach Pickel 2011a: 231). Ein plau-

---

33 siehe World Values Survey, ‚Q48.- *How much freedom of choice and control*' (Inglehart, Haerpfer et al. 2020)

sibler Weg des Ausbaus ist individuelle Wissenserweiterung, und es komme in der Folge zu einer pluralen Struktur von synkretistischen Deutungsmustern auf individueller Ebene. Deshalb sei für die generelle Orientierung der modernen Gesellschaft das Paradigma der Humanismus sehr bedeutend (ebd.). Das Verhältnis des Individuums zu Religion in modernen Gesellschaften prägt *„Weder ein rein individualistisch-immanentes (...) noch ein rein christlich-religiöses Selbstverständnis (...), sondern deren wechselseitiges Bezugs- und Mischungsverhältnis.“* (ebd.: 232).

In Rahmen der vorliegenden Studie kann nun gefragt werden, inwiefern sich Bezüge in den Einstellungen der Zielgruppe zu diesen theoretischen Modellen zu individueller Religiosität wiederfinden: Neben a) der Säkularisierung sind dies b) die religiöse Pluralisierung, c) die zunehmende Ausbildung paralleler und überschneidender (immanent/transzendent) Anlagen der Deutungsmuster, sowie d) die Zuwendung zu Orientierungen innerhalb einer modernen Gesellschaft um das Paradigma des Humanismus'. Eine konstruktive Inklusion und Verarbeitung dieser Prozesse in den Einstellungen (auch der Zielgruppe der religiösen Würdenträger) steigere nach Pickel[34] das Potential dieser, zu einem erhöhten Maß an Integration in der Gesamtgesellschaft beizutragen. Auf der anderen Seite wäre eine Verschließung und Verweigerung hinsichtlich der Prozesse, sowie eine Orientierung auf die Exklusivität der eigenen (religiösen) Anschauungen, nach der Fachliteratur als konfliktträchtig einzuschätzen (siehe u.a. zur Mikro-Ebene Ferrero [2013: 356]).

Mit der Darstellung der Daten zu angesprochenen Prozessen auf der Mikro-Ebene zu Religiosität (Zugehörigkeit, Intensität), zum Vertrauen der Bevölkerung in religiöse Institutionen, und zum der Grad der religiösen Pluralisierung trägt die vorliegenden Studie für die drei Fälle dieser Hintergrundstruktur der Einstellungen im vierten Kapitel Rechnung. Hinzu kommen Einstellungen der Bevölkerung zum Thema Religion und Politik, da sich die Studie mit Ordnungsvorstellungen religiöser Eliten befasst (siehe exemplarisch Vertrauen in religiöse und politische Institutionen in Tab. 1; zur Intervention religiöser Führer in die Politik Tab. 3). Diese Zahlen deuten für die drei Fälle insgesamt auf Präferenzen für privatisierte und individualisierte Formen von Religion auf Seiten der Bevölkerung hin.

---

34 Pickel betont zum Integrationspotential von Einstellungen die Zentralität der Religionsfreiheit nach Taylor: *„So sieht er dort gerade die Religionsfreiheit als (einzig soziales Frieden gewährleistendes) Fundament für einen übergreifenden Konsens in einer pluralen Gesellschaft.“* (Pickel 2011a: 232).

2.1.3 Religion und Politik in der Moderne

In diesem Unterkapitel werden die theoretische Modelle und Klassifikationen zu Religion und Politik ausführlicher dargestellt, da sich die Forschungsfrage auf gesellschaftliche Ordnungsvorstellungen bezieht, die in der Politik ihre Abbildung und Durchsetzung als verbindliche Regeln und Normen für die Gesamtgesellschaft erfahren. Da die erste Forschungsfrage der Studie offen gestaltet ist, werden Modelle zum Themenfeld einbezogen, die eine möglichst umfassende Klassifikation von Strukturen innerhalb des Bereichs bereitstellen und auch autoritäre politische Regime sowie generell kollektivistische Gesellschaftsmodelle einbeziehen (siehe Abb. 8). Die Auswahl der in der vorliegenden Studie genutzten Klassifikationen erfolgt weiterhin nach Maßgaben der vergleichenden Sozialwissenschaft zur Qualität von Indizes, die mit adäquater Konzeptualisierung, Messung, Aggregation und Anwendungspraxis umrissen sind (Pickel/Pickel 2012: 8). Die Auswahl greift zudem auf Modelle zurück, die in der Sozialwissenschaft häufig Anwendung fanden, und minimalistische oder maximalistische Definitionen, sowie Redundanzen vermeiden.

Als eine Einführung in den Themenbereich bietet sich ein kurzer historischer Abriss an, da die Genese wissenschaftlicher Modelle vor dem Hintergrund realer Strukturen und Prozessen im Bereich Religion und Politik verlief. Diese könnten auch gegenwärtig im Vorstellungshorizont der religiösen Elite zur gesellschaftlichen Ordnung präsent sein.

Bis zur französischen Revolution war in den Staaten West- und Mitteleuropas Religion, d.h. eine konfessionelle Religionsgemeinschaft, sehr nahe an weltlicher Herrschaft verortet. Mit der Ausdifferenzierung gesellschaftlicher Sphären in den Staaten der Region beginnend im 19. Jahrhundert wurde auch traditionelle Religion von Prozessen der Distanzierung zu anderen Bereichen erfasst. Der zentrale Traditionsbruch im Bereich Religion und Politik war die sukzessive Umstellung der Legitimation weltlicher Macht von einem jenseitigen Postulat (,von Gottes Gnaden') auf ein diesseitiges Subjekt – die Bevölkerung. Der Prozess der sich allmählich durchsetzenden demokratischen Regierungsformen ab der zweiten Hälfte des 19. Jahrhunderts bedeutete in Verbindung mit Entwicklungen einer einsetzenden Säkularisierung für traditionelle und vormals monopolistisch angelegte Religionsgemeinschaften einen sukzessiven Verlust von Einfluss auf die Ausgestaltung kollektiv bindender Entscheidungen.

Es bleibt zu beachten, dass auch die nachfolgend beschriebenen Konzepte zu den Beziehungen von Religion und Politik dem empirischen Kontext Mittel- und Westeuropas, sowie Nordamerikas entnommen wurden. In dieser Region formte eine beständige Rivalität zwischen religiöser und weltlicher Macht, ein Basisthema des in diesen Ländern vorherrschenden Christentums[35], die Auseinandersetzungen um politische Herrschaft für Jahrhunderte (Robertson 1987: 153). Als Zentren von Modernisierung und Demokratisierung waren diese Regionen im 19. und 20. Jahrhundert ebenso stete mentale Orientierungspunkte der Bevölkerung, sowie der (religiösen) Eliten der in dieser Studie untersuchten Fälle Albanien, Nord-Mazedonien und Slowenien (siehe u.a. Emigration).

Erste moderne Schriften zur Thematik[36], die außerhalb von Institutionen traditioneller Religion zum Thema Religion und Politik verfasst wurden, entstanden zu Beginn des 16. Jahrhunderts mit dem Aufstieg einer kleinen, sehr wohlhabenden Schicht von Bürgern in Städten im heutigen nördlichen Italien. Sie ließen Abhandlungen über ein modernisiertes Staatswesen jenseits einflussreicher Einbindung religiöser Akteure erstellen, um über alternative Quellen der Legitimation der von ihnen organisierten politischen Regime zu verfügen. In dieser Perspektive wurde Religion mit einer eher instrumentellen denn normativen Rolle versehen: Das Modell eines „(...) neuen Fürsten (...)" könne „Mit Gelde der Kirche (...) die Heere erhalten (...), das ihm später Ehre gemacht hat." (Machiavelli [1513] 1870: 48), und dieser habe das Recht, in seinem expansionistischen Streben – „(...) sich stets der Religion bedienend (...)" (ebd.) – zu einem zu bewunderten Herrscher entwickeln.

Weitere theoretische Modelle zur Thematik Religion und Politik außerhalb der Theologie waren in Mitteleuropa während der anschließenden Phase der Reformation zu verzeichnen (Stegmann 2017: 116). Diese wiesen vor dem Hintergrund der staatlichen und christlich-konfessionellen Fragmentierung in Mitteleuropa einen Trend zur Vorrangstellung des weltlichen Herrschers über politische Macht auf, die auch die Festlegung und Ausgestaltung der Religion der Untertanen und der Beziehung zwischen Religion und Politik einschloss, jedoch vielfach auch von (christlich-)religiöser Toleranz geprägt waren (ebd.: 122). Unmittelbaren Anschluss fanden die Denkschriften der Reformationszeit in den Modellen der politischen Philosophen Jean Bodin

---

35 Unterscheidung zwischen irdischer und himmlischer Sphäre; existiere in anderen Kulturen nicht in dieser Intensität (Robertson 1987: 153)

36 Mit Verweis auf den auf die Gegenwart ausgerichteten Fokus der Studie werden frühere theoretische Ansätze zur Beziehung von Religion und Politik hier nicht thematisiert (dazu Hidalgo/Polke 2017: 23–111).

(1529/30–1596; Becker 2017: 129), Thomas Hobbes (1588–1679) (Hidalgo 2017b: 143), und John Locke (1632–1704) (Höntzsch 2017: 175), die in generellen Zügen eine weitere Distanzierung zwischen den Sphären von Religion und Politik favorisierten, sowie mit der Betonung des Individuums das Postulat der (christlichen) religiösen Toleranz jenem der Monopolkonfession gegenüberstellten.

Diesen Konzepten der Renaissance folgten jene der Periode der Aufklärung, innerhalb derer ab der ersten Hälfte des 18. Jahrhunderts eine Rationalisierung der Weltanschauung, sowie eine Konzentration auf das Individuum die Basis politisch-philosophischen Denkens bildete (Stichwort ‚Humanismus'). Den damaligen Hintergrund bildeten die kontrastreichen Entwicklungen der Ausformungen der absolutistischen Monarchien in Mitteleuropa auf der einen, und der Kampf der Siedler in Nordamerika um Unabhängigkeit von den Kolonialmächten auf der anderen Seite. Letzte Auseinandersetzung orientierte sich ebenso an den Zielen der (zentral auch religiösen) Selbstverwirklichung des Individuums wie an christlich-religiöse Toleranz; band jedoch mit diesen Orientierungen – mit dem Element der religiösen Herleitung – religiöse Doktrinen christlich-protestantischer Natur, und damit Religion eng an das präferierte politische Konzept. Aufgrund der äußerst geringen Alphabetisierung der Bevölkerung und des ausgeprägten Feudalismus in West- und Mitteleuropa im 18. Jahrhundert erreichten Übernahmen des politisch-philosophischen Denkens auch zur Zeit der Aufklärung hier nur elitäre Bevölkerungsschichten (Teile Adel, ökonomische/bürgerliche Akteure in Städten).

In der Folge der Erlangung der Unabhängigkeit und der Etablierung des amerikanischen politischen Modells der Demokratie, sowie der Französischen Revolution im Jahr 1789, kamen in der ersten Hälfte des 19. Jahrhunderts emanzipatorische Werke auf, die Modelle mit Trennung der beiden Sphären von Religion und Politik weiter konkretisierten. Im Zuge der damaligen Modernisierungsprozesse verorteten sich diese oft in einem grundlegenden und emotionalen Gegensatz zum Einfluss der christlichen Konfessionen auf die alltägliche Lebensführung, sowie in der Konsequenz für eine strikte Trennung von Religion und Politik aus. Sie betonten die für den Feudalismus charakteristische Verquickung weltlicher Macht und geistlicher Autorität, und problematisierten die enge Verbindungen öffentlich – Kritik, die nun durch die voranschreitende Alphabetisierung erstmals (im Gegensatz vorangegangenen Epochen) auch breite Schichten der Bevölkerung erreichte. Religion sei aus dieser Perspektive nicht unabhängig von Interessen der Personenkreise, die dominant in Herrschaft agieren, zu denken (Marx [1844]

1976: 378), und habe seit jeher eine primär manipulierende Funktion für die überwiegende Mehrheit der abhängigen Individuen. Sie nutze allein dem Netzwerk der herrschenden (äußerst kleinen) politischen Elite (Adel) zu Machterhalt und Unterdrückung, und sei somit selbst ein Teil des weltlichen Machtstrebens: *„Dieser Staat, diese Sozietät produzieren die Religion, ein verkehrtes Weltbewußtsein, weil sie eine verkehrte Welt sind. Die Religion ist die allgemeine Theorie dieser Welt, (…) ihre Logik in populärer Form, (…), ihre feierliche Ergänzung, ihr allgemeiner Trost- und Rechtfertigungsgrund."* (Marx [1844] 1976: 378).

Nach Veröffentlichungen von in seiner Tradition stehenden Modellen, die für eine absolute Trennung zwischen Religion und Politik, sowie die Verdrängung des Religiösen gar aus der privaten Sphäre eintraten, traten zum Gegenstand Religion und Politik im weiteren Verlauf jene frühen Konzepte auf, die im Gegensatz dazu die integrative Funktion von Religion in modernen Gesellschaften betonen. Hier stehe zuerst die Modelle Durkheims (siehe oben), welcher der (christlichen) Religion in der Gestaltung des menschlichen Zusammenleben, d.h. gerade auch in der Sphäre der Politik, als notwendig erachtete (Durkheim [1912] 1964).

Soziologisch bedeutende Beiträge zum Gegenstand sind weiterhin bei Max Weber zu finden, der sich mit den Wirkungen von Religion auf die Lebensführung und regionale Ökonomie befasste, aber auch bedeutende Ausführungen hinsichtlich des Themenfeldes Religion und Politik erarbeitete. Wie erwähnt wurde mit den Konzepten Webers von der bisher praktizierten, grundlegend normativen Diskussionsgrundlage des Themas Religion in Politik und Gesellschaft Abstand genommen, und damit ein differenzierter wissenschaftlicher Zugang möglich (Krech 1999: 9). In seinen Aufsätzen folgte er einem interdisziplinären Ansatz und kombinierte soziologische, ökonomische und kulturwissenschaftliche Erkenntnisse; auch, um die Beziehungen zwischen Religion und Politik einer Verarbeitung zuzuführen.

Weber entwarf einen Bezugsrahmen mit drei Idealtypen zur Kategorisierung von Herrschaft über Gruppen: Traditionale, charismatische und legal-rationale Herrschaft (siehe Abbildung 8). Innerhalb eines jeden Idealtypus sieht Weber eine spezifische Konstellation der Beziehung von Religion und Politik vor, welches seinen Bezugsrahmen bedeutend für eine Annäherung an das Forschungsfeld erscheinen lässt. Der erste Idealtypus der ‚traditionalen Herrschaft' steht für eine enge Verbindung von Religion und Politik und stellt den historischen Ausgangspunkt der hier untersuchten Fälle dar. Beide Sphären spenden gegenseitig Legitimation und Integration. Innerhalb dieser

Kategorie bildet Weber zwei Subtypen: Auf der einen Seite dominiert Religion irdische Herrschaft (,*Hierokratie*[37]) und kann in manchen Fällen direkt durch religiöse Würdenträger in einer ,*Theokratie*' politisch regieren; auf der anderen steht mit dem ,*Cäsaropapismus*' die Vereinigung von Religion und Politik mit einer hohen Dominanz weltlicher Mächte (Weber 1922: 780). Die Kategorie umfasst mit ihren Subtypen alle traditionellen Regime im mittelalterlichen Europa (Monarchien).

Der zweite Idealtypus der charismatischen Herrschaft schloss sich historisch an die traditionelle Form an und entwickelte ein gegensätzliches Verhältnis. Zuerst stand das persönliche Charisma von lokalen Führungspersonen in der religiösen Sphäre abseits ökonomischer Bedingungen (Charisma der Mönche; ebd.: 764), welches sich anschließend in der frühen Moderne auf weltliche, bürgerliche Akteure übertrug (ebd.: 755). In der weiteren Zuspitzung von Charisma in politischer Herrschaft wurden, parallel zu den Ausführungen Webers, zu Beginn des 20. Jahrhunderts politische Bewegungen ins Leben gerufen, die auf der einen Seite das Christentum nationalistisch umformten[38], und sich damit in gewisser Distanz zu, aber auch mit dem Mechanismus der Inkorporation hinsichtlich traditioneller Religion agierten (Bärsch 2002: 347). Auf der anderen Seite kamen neue Gruppierung mit ,neo-paganen' oder gänzlichen neuen Ideologien auf, welche das Christentum in Anlehnung an charismatische Herrschaftselemente verdrängen wollten (Schnurbein 1996: 172). Im Jahr des Erscheinens der Ausführungen Webers zu Charisma (1922) kam es zum Aufstieg der faschistischen Partei in die Regierung Italiens; dies manifestierte jenen Herrschaftstypus in der politischen Realität.

Zunächst wurden in den charismatisch geführten Regimen zu Beginn des 20. Jahrhunderts instrumentelle Kooperationen mit traditioneller Religion angestrebt (siehe u.a. Italien), um sie in anschließenden Schritten aus ihren Positionen in Politik und Gesellschaft zu verdrängen. Die religiösen Sinngebungen und Kirchen werden ersetzt durch den Aufbau einer ,neuen Weltanschauung', die einen charismatischen Führer, eine eigene Doktrin, sowie eine eigene Organisation beinhalteten. Traditionelle Religion wird hier so lange von den führenden Akteuren der neuen Weltanschauung toleriert, wie sie der charismatischen Herrschaft zur Verwirklichung ihrer politischen

---

37 Hierokratie bezeichnet dabei die Unterordnung, aber distanzierte Observation der Politik durch Religion, die Theokratie dagegen die direkte Herrschaft religiöser Würdenträger (Murvar 1967: 71; Weber 1922: 29).

38 So exemplarisch für die deutsche nationalistische Strömung Bewer (1907: ,*Der deutsche Christus*').

Ziele behilflich ist (Weber 1922: 763) (bei Einbeziehung Bevölkerung in die neuen Organisationen, öffentliche Befürwortung der Entwicklung, Legitimation neue Führung). Die charismatische Herrschaft strebe eine vollständige Auflösung traditioneller Religion an, sie selbst sei jedoch äußerst fragil (ebd.).

Die legal-rationale Herrschaft als der dritte Idealtypus steht in Distanz zu den beiden vorangegangenen Herrschaftsformen: In diesem Fall sind Religion und Politik nicht identisch oder traditionelle Religion wird durch eine politische ersetzt, ihre Handlungsfelder sind getrennt, und beide genießen relative Autonomie. Staatliche und politische Strukturen legen die Basis ihrer Legitimation und des Handelns nicht vordringlich auf religiöse oder quasi-religiöse Grundlagen, sowie eine konstante Rückkopplung mit der Bevölkerung als Quelle der Legitimation sind hier Hauptcharakteristika der politischen Mechanismen. Religionen und ihre Gemeinschaften können hier anerkannt oder (moderat) unterstützt werden. Gesellschaften in (West-)Europa entwickelten im 19. und 20. Jahrhundert in der Kategorie der legalen Herrschaft, verfasst als Demokratien, vielfältige Formen der Beziehung zwischen Religion und Staat sowie Religion und Politik. Weber setzte die drei beschriebenen Idealtypen in eine chronologische Reihenfolge, in der charismatische Herrschaft die traditionale überwirft, und später von der legalen Form abgelöst werden kann. Mit den realen Entwicklungen wurden Konzepte zur Klassifikation von Beziehungen zwischen Religion und Politik unter charismatischer und legaler Herrschaft weiter differenziert; und vielfältige Formen der Dominanz und der Distanz von Politik gegenüber der religiösen Sphäre thematisiert (Murvar 1967: 71).

An diese Ausführungen schließt die Klassifikation von Smith (1974) an, welche zunächst die unterschiedlichen Strukturen und Sichtweisen der Akteure des religiösen Sektors zu den Beziehungen zwischen Religion und Politik in den Fokus nimmt. Er klassifiziert organisierte Religion nach den beiden Variablen a) des Grades, nach dem die religiöse Tradition relativ eigenständige und identifizierbare Strukturen ausbilden konnte, sowie b) dem Niveau, nach welchem die Tradition außer[39]- oder innerweltlich[40] veranlagt ist (Smith 1974: 7; siehe Abb. 6). Bei einer außerweltlichen Orientierung, bei Smith auch ‚ahistorisch‘, besteht als grundlegende Orientierung die Ansicht, dass die Weltentwicklung unendlich und vorbestimmt sei, und in

---

[39] ‚otherworldliness‘: Betonung, die Welt in ihrer bestehenden Form weitgehend zu akzeptieren

[40] ‚innerworldliness‘: Betonung, die Welt nach den Grundsätzen der Tradition zu gestalten

ihrer bestehenden Form weitgehend akzeptiert werden sollte (Buddhismus, Hinduismus) (ebd.: 6).

Eine ‚innerweltliche' Orientierung legt die Betonung dagegen darauf, dass die Entwicklung historische Zielpunkte hätte, sowie nach den Grundsätzen der jeweiligen Tradition selbst zu gestalten sei (Christentum, Islam). Dem Christentum wird hier eine hohe Interaktionsfähigkeit mit politischen Strukturen eingeräumt, da es einen innerweltlichen Fokus besitzen würde, und im Vergleich relativ strukturierte Organisationsformen besäße (ebd.: 6/7). Einen Überblick zur Einordnung der vier behandelten Weltreligionen nach Smith (1974) bietet Abb. 6:

Abb. 6: *Struktur und Ausrichtung der Weltreligionen nach Smith (1974)*

		Ausrichtung	
		innerweltlich	*außerweltlich*
Strukturelle Ein-deutigkeit	*hoch*	Christentum	Buddhismus
	gering / diffus	Islam	Hinduismus

Der entscheidende Beitrag von Smith für diese Studie ist, dass nicht einseitig politische Faktoren, sondern wesentlich auch die Strukturen und Inhalte der Religionen die Beziehungen zwischen Religion und Politik, sowie ebenfalls die gesellschaftlichen Ordnungsvorstellungen religiöser Würdenträger in hohem Maße prägen können.

In Bezug auf die Typologie von Smith schloss Robertson seine Klassifikation der Beziehungen von Kirche und Staat (mit europäischem Fokus) an, und betrachtete hier verstärkt die politische Autorität (Robertson 1987: 157). Sein Modell konzentrierte sich auf die politischen Herrschaftsformen mit einem engen Verhältnis von Religion und Politik, die bereits Weber mit seinem Haupttypus der traditionalen Herrschaft zusammenfasste, und erstellte mit seiner Klassifikation über Formen der religiösen Legitimation des Staates einen Überblick über dieses Feld (hier eng umrissen mit den Bereichen ‚Kirche und Staat'). Er kombiniert die beiden Dimensionen a) des Grades der Autonomie der jeweiligen Kirche und b) der Trennung der beiden Sphären, und fügt der Klassifikation nach Weber einen vierten Idealtypus des ‚Eratianism' hinzu (ebd.). Dieser Typ ist charakterisiert durch die Trennung der beiden Sphären von Religion und Politik, und einen geringen Grad an Autonomie auf Seiten der Religion, welches einen charakteristischen Unterschied zu den anderen drei Subtypen ergebe[41]:

Abb. 7: Typen der religiösen Legitimation des Staates nach Robertson (1987)

		Verhältnis Kirche-Staat	
		Einheit	Trennung
Grad Autonomie Kirche	hoch	Theokratie	Hierokratie
	gering	Cäsaropapismus	Eratianismus

Die Formen der Beziehung zwischen den beiden Feldern Religion und Politik wurden durch den Charakter der Modernisierung in den Gesellschaften Europas ab der Mitte des 20. Jahrhunderts vielfältiger. So standen sich nach 1945 die beiden Weber'schen Typen der legal-rationalen und der charismatischen Herrschaft zeitgleich gegenüber, und definierten eine Konfliktlinie, die den Kontinent zwischen demokratisch-kapitalistischen und sozialistischen Regimen teilte. Um diese Pluralisierung der politischen Systeme und Beziehungen zwischen Religion und Politik zu verarbeiten, nahm Juan Josè Linz (1926–2013)[42] diese Entwicklungen in seine umfassende Typologie über Politik und Religion in politischen Systemen auf. Als Ausgangsperspektive stellte er moderne autoritäre Regime, die eine ‚politische Religion' (sog. ‚Ersatzreligion') aufbauen, und gestaltet daraufhin eine Klassifikation des Verhältnisses. Als exemplarischen Fall der ersten Kategorie nimmt er den deutschen Nationalsozialismus; nach Linz entsteht das kollektivistische Gesellschaftsmodell im Bereich der Politik, verdrängt traditionelle Religion, zeichnet sich durch eine autoritäre und umfassende Weltanschauung aus, welche auf allen Ebenen des Zusammenlebens Anspruch auf Einfluss und Wahrheit besäße (Linz 1996: 130), und „(...) impliziert die Zerstörung des Dualismus von Religion und Politik, die Verschmelzung des politischen und spirituellen Sinns (...)." (ebd.: 132).

Insgesamt erstellte Linz in dem Modell fünf Kategorien, die nach Distanz und Überlappung beider Sphären geordnet sind (siehe Abb. 8): So steht zuerst die erwähnte ‚Politische Religion' (Ersatzreligion), anschließend die beiden Kategorien der feindlich-laizistischen und der freundschaftlichen Trennung

---

41 Theokratie: Einheit Kirche-Staat und autonome Kirche / Hierokratie: Trennung Kirche-Staat und autonome Kirche / Cäsaropapismus: Einheit Kirche-Staat und geringe Autonomie Kirche.

42 Analyse totalitärer Regime; bedeutende Monografie ‚Totalitarian and Authoritarian Regimes' (2000).

mit hoher Autonomie der Religion (eher in humanistisch orientierten Gesellschaftssystemen vorkommend), Formen der politisierten Religion, sowie die fünfte Kategorie der Theokratie / des Caesaropapismus[43] (ebd.: 134).

Linz betont, dass dieses Modell die fünf Typen nicht auf einer horizontalen Dimension mit den Endpunkten der absoluten Trennung und absoluten Verquickung anordnet – das Konzept ist kreisförmig zu verstehen, innerhalb dessen die Kategorien der modernen ‚Politischen Religion' und des (historischen) ‚Caesaropapismus' (Theokratie) zwar getrennt, aufgrund der hohen Deckungsgleichheit von Staat und (Ersatz-)Religion jedoch sehr nahe beieinander verortet sind (in Abb. 8, vereinfacht auf ein lineares Kontinuum). Dementsprechend liegt das humanistische Muster, für das die Kategorien der Trennung charakteristisch ist, diesen beiden Modellen der Verquickung in Distanz gegenüber. Damit deckt sein Konzept den Dualismus von zwei Grundausrichtungen von Gesellschaftssystemen ab, der seit den Anfängen der Soziologie zentral diskutiert wurde: Einerseits stehen kollektivistische Regime, welche Religion und Politik eng miteinander verbinden, und gesellschaftliche Zielvorstellungen hinsichtlich eines ‚homogenen Kollektivs' mit mechanischer Solidarität verfolgen (‚Theokratie/Cäsaropapismus', ‚politisierte Religion', ‚Politische Religion'). Auf der anderen Seite stehen Konzepte mit eher individualistischer Orientierung, welche versuchen, die Sphären von Religion und Politik in verschiedenen Formen zu distanzieren. Hier wird der oft genutzte Begriff der ‚Trennung' nicht strikt ausgelegt, sondern als gegenseitige Gewährung eines hohen Grades an Autonomie beider Sphären verstanden (ebd.: 135).

Die Typologie von Linz ist offen für Verhältnisse, die liberale, aber auch semi- und nicht-demokratische Regime abbilden, und erscheint deshalb für eine qualitative Beschäftigung (mit Transformationsgesellschaften in Osteuropa) fruchtbar. In dieser Region kann trotz umfangreicher Wandlungsprozesse in den letzten drei Jahrzehnten vom heutigen Standpunkt nicht davon ausgegangen werden, dass sich demokratische Systeme vollständig etabliert hätten (siehe Belarus, Russland, Ungarn, Serbien, Montenegro). Das Konzept wurde demnach u.a. auf die Beziehungen von Kirche und Staat in Russland angewandt, erweitert und differenziert (Riedel 2005: 326). So hat es sich als wertvoll für die qualitative Beschäftigung mit Osteuropa herausgestellt – und ermöglicht, die Bandbreite der Einstellungen der Zielgruppe

---

43 Er sieht beide Formen in einem Typ, da bei Überlappung unerheblich ist, wer die Spitze bilde (Linz 1996: 132).

zur gesellschaftlichen Ordnung und der Rolle der Religion darin generell zu umreißen.

Nach den erläuterten theoretischen Modellen, die nach qualitativen Kriterien aufgestellt wurden, sind in die Darstellung ebenso Modelle zu integrieren, die aus quantitativen Verfahren der Messung des Verhältnisses von Religion und Politik gewonnen wurden. Bisher diskutierte Charakterisierungen sind aufgrund historischer oder theoretischer Distanz nicht ohne Modifizierungen auf heutige Strukturen anwendbar – so bieten neuere Modelle möglicherweise ebenfalls Orientierung zur Klassifikation vorgefundener mentaler Strukturmuster an.

Mit dem Zusammenbruch des Sozialismus war die demokratische Herrschaftsform mit (einem flexiblen Grad an) Trennung von Politik und Religion anfänglich für die Bevölkerung der Staaten Osteuropas ohne Alternative. Die Folge für induktiv erarbeitete Modelle zu Religion und Politik war die Entwicklung von Typologien, die sich auf die Beziehung in demokratischen Regimen konzentrierten (siehe vierte Spalte in Abb. 8). In diesem Kontext steht die Klassifikation von Chavez und Cann (1992) zu Staat und Religion, die ein dreiteiliges Kontinuum vorsieht, welches sich von a) Staatskirchentum, über b) Systeme der Kooperation, bis hin zu c) Trennungssystemen erstreckte (Chaves/Cann 1992: 280). Sie nutzten sechs Indikatoren, um einen Fall zuzuordnen[44].

In der Anwendung auf die Beziehungen in den Gesellschaften Osteuropas wurde ihr Ansatz übernommen, und leicht verändert (Pollack 2002: 18). Hier wurde sich auf die Aspekte der Integration religiöser Gemeinschaften in demokratische staatliche Institutionen konzentriert[45], und die ökonomischen Indikatoren bei Chaves/Cann zusammengefasst. Somit lag mit diesem Konzept eine Perspektive vor, die sich differenziert auf staatliche Institutionen konzentrierte, für diese jedoch eine gefestigte demokratische Struktur annahm.

---

44 a) Existenz Staatskirche; b) offizielle Anerkennung ausgewählter Religionsgemeinschaften; c) Einfluss Staat bei Auswahl religiöser Würdenträger; d) staatliche Übernahme Personalkosten einer Religionsgemeinschaft; e) Existenz Kirchensteuer; f) staatliche Investitionen in religiöse Gebäude; jeder Indikator wird mit ja/nein (0/1 Punkt) kodiert; Spektrum zwischen 0 (vollständige Trennung) und sechs (Staatskirchentum) Punkten

45 a) Staatskirche (2 Punkte), b) theo. Fakultäten staatl. Universitäten, c) staatl. finanzierter Religionsunterricht, d) Seelsorge Gefängnisse / Militär, e) staatl.-finanzielle Unterstützung Religionsgemeinschaften (Pollack 2002: 18)

Weitere Modifizierungen der Klassifikation von Chavez und Cann (1992) unter Beibehaltung der drei Kategorien des Modells wurden anschließend für westeuropäischen Demokratien vorgelegt (u.a. Minkenberg 2003: 128; Erweiterung auf acht Indikatoren). Die drei letztgenannten Konzepte zeigen keine Unterschiede im Aufbau der Kategorisierung von Beziehungen auf, sodass sie in folgender Abbildung 8 zusammengefasst sind. Insgesamt zeigt sich in diesem Konzept die Annahme von stabilen Demokratien, sowie eine Konzentration auf die Perspektive des Staates; ein weiter Kreis von Aspekten der Beziehungen zwischen Religion und Politik ist ausgeklammert.

Abb. 8: Übersicht zu Konzepten zur Beziehung von Politik und Religion

Weber (1922)	Robertson (1987)	Linz (1996)	Chaves/Cann (1992)	Fox (2008)
Hierokratie (Theokratie),	Theocracy	Theokratie / Caesaropapismus		Religious state
	Hierocracy			Active state religion
Cäsaropapismus	Caesaropapism			
Traditionale Herrschaft	Eratianism	Politisierte Religion		State-controlled religion
Charismatische Herrschaft (Phase 1)			Staatskirchentum	Cultural state religion
			Kooperationssysteme	
		Freundliche Trennung		Preferred treatment
			Trennungssysteme	General support
Legale Herrschaft		Feindl.-laizistische Trennung		Moderate separation
				Nearly or full separation
Charismatische Herrschaft (Phase 2)		Politische Religion		Hostility

Nach den ersten drei Dekaden der gesellschaftlichen Transformation im Osten des Kontinents manifestieren sich in einigen Gesellschaften der Region Entwicklungen, bei denen das Niveau demokratischer Standards politischer Herrschaft signifikant sinkt, oder sich flexibel sich in einen großen Bereich abseits dieses Modells bewegt (siehe Belarus, Bulgarien, Moldawien, Montenegro, Russland, Serbien, Ungarn). Demnach stehen auf der anderen Seite bedeutende Akteure mit Ordnungsvorstellungen bereit, die sich als Gegenpol zur Etablierung funktionierender demokratischer Systeme verstehen.

In diesem Prozess ist für die Studie interessant, dass traditionelle Religion in einigen Gesellschaften Mittel- und Osteuropas einen gewissen (vielfach ‚partei-politischen gerahmten‘) Zugang zu politischer Macht erhielt. Hier bekamen traditionelle Gemeinschaften Raum, einen wesentlichen Beitrag zur Legitimation des Staates, und der kollektiven Identität der Bürger zu leisten (Mishler/Pollack 2003: 245). Somit ist die Schlussfolgerung plausibel, dass auch religiöse Würdenträger nicht nur Konzepte mit demokratisch-pluralistischer Ausrichtung präferieren. Dort zu beobachtende Verquickungen von Religion und Politik, die über das westeuropäische Verständnis von Staatskirchentum hinausgehen, legen es (auch aufgrund der Fokussierung des vorherigen Modells) nahe, weitere Konzepte mit höherer Bandbreite und tiefergehender Klassifikation aufzunehmen.

An diesem Punkt versprach die Studie von Norris und Inglehart (2004), einen Beitrag bereitzustellen, da sich die Autoren einen globalen Bezugsrahmen einnahmen. Trotz des Titels findet sich im Kapitel zu Osteuropa (Norris/Inglehart 2004: 111–132) keine Aussage zu Klassifizierung von Religion und Politik; hier stehen sozio-ökonomische Determinanten von Religiosität (ebd.: 243–246). Die Beziehung zwischen Staat und Religion (nicht wie im Titel angedeutet Religion und Politik) wird insofern beachtet, dass die dreiteilige Klassifikation von Chaves und Cann (1992) erwähnt wird, die unter der Erweiterung auf 20 Indikatoren eine Nutzung finden soll (ebd.: 45).

Eine der aktuelleren Studien im Bereich ist der ‚World Survey of Religion and the State‘ von Jonathan Fox (2008), der dieses Modell bis heute weiter präzisierte (Fox 2019: 5). Er legt eine globale, quantitative Untersuchung vor, die auf einer sehr differenzierten Klassifikation mit neun Kategorien beruht (Fox 2008: 147; siehe Abb. 8). Sie beginnt mit der absoluten Verquickung (‚religious state‘) der beiden Sphären Religion und Politik, geht über fünf verschiedene Formen der präferierten Behandlung von Religionsgemeinschaften[46], zwei Kategorien der Trennung (freundlich und feindlich-laizistisch), um bei dem Endpunkt der Feindschaft (‚hostility‘) zu enden. Im Gegensatz zu Chavez und Cann (1992) erfasst die Kategorie der feindlichen Beziehung zwischen Religion und Politik auch die politische Religion: Fox erwähnt in diesem Zusammenhang explizit die Staaten des Kaukasus' (Fox 2008: 48), die in den letzten Jahren verstärkt in diese Richtung tendieren würden (so die Beispiele

---

46 aktive Staatsreligion, staatskontrollierte Religion, kulturelle Staatsreligion, bevorzugte Behandlung, generelle Unterstützung

Aserbaidschan, Tschetschenien). Er entwickelte die Variablen zur Messung aus der Analyse einer großen Bandbreite von Studien zur Thematik und deren Verfahren (Fox 2008: 39–45).

Fox halt zunächst fest, dass vorhergehende Analysen nur eine relative kleine Anzahl von Indikatoren beinhalten würden, und demnach jeweils nur einen Teilaspekt der Beziehungen der beiden Sphären einschließen (ebd.: 46). Daraus folgernd ist die Anlage seiner Methode, eine hohe Anzahl von Indikatoren vorhergehender Messungen zusammenzufassen, und in fünf Variablen zur strukturieren, die jeweils einen unterschiedlichen Aspekt in der Beziehung von Religion und Politik abdecken. Die fünf Variablen sind a) die offizielle Rolle der Religion im Staat, b) staatliche Einschränkungen und bevorzugte Behandlung, c) Restriktionen für Minderheitsreligionen, d) staatliche Regulation und e) staatliche Gesetzgebung. Jede dieser Variablen enthält zahlreiche Indikatoren, die einzeln erhoben und in der Addition für jede der fünf Variablen auf einer Skala von 0 bis 20 angepasst werden. Die Summe der Werte ergibt den ‚*Government-Involvement-in-Religion-Index*‘ zwischen 0 und 100 (ebd.: 62–104).

Weitere Messungen des Verhältnisses von Religion und Politik stellen die Untersuchungen des RAS (The Religion and State Project 2022), ebenfalls betrieben von Jonathan Fox, zur Verfügung. Das Projekt bildet vier Variablen ab: staatliche Regulation von Religion, staatliche Bevorzugung von Religion, soziale Regulation der Religion und religiöse Verfolgung. Dies ist ein breites Spektrum der Datenaufnahme, und bildet auch die soziale Dimension des Religiösen ab. Auf der anderen Seite dient bei dieser Dimension (ähnlich bei Norris und Inglehart [2004]) als Datenbasis einseitig der ‚*International Religious Freedom Report*‘ des Außenministeriums der USA (Department of State 2007).

Abbildung 8 versucht, alle fünf für die Erfassung der Beziehungen zwischen Religion und Politik erläuterten Modelle in eine Übersicht zu integrieren. Für diese Studie bleibt zu beachten, dass eine Klassifikation mit drei Kategorien als zu wenig differenziert und zu eng gestaltet erscheint. Diese Typologie bildet eher ein staatlich-administratives System, als die realen Beziehungen zwischen Religion und Politik ab (siehe auch Sandberg 2008: 336). Es wird ersichtlich, dass die erläuterte Klassifikation von Fox (2008: 147) eine für einen mentalen Rahmen zu gesellschaftlichen Ordnungsvorstellungen adäquate Bandbreite abdeckt, und zusätzlich eine erhöhte Anzahl von Kategorien bereithält, die es zudem ermöglichen, *Veränderungen* in den Beziehungen abzubilden. Zu diesen Typologien merkt Traunmüller (2012: 228) an, dass erhebliche Unterschiede in der Qualität zu beobachten sind, und eine Auswahl immer sehr eng mit der jeweiligen Fragestellung verknüpft ist (ebd.: 229).

In dieser Studie wird mit dem Kontext von multireligiösen Gesellschaften eine hohe Überschneidung der Sphären von Religion und Politik mit einem exklusiven Verhältnis gleichgesetzt, das potentiell konfliktfördernd wirkt. Eine Trennung lässt dagegen das religiöse Konfliktpotential aufgrund der fehlenden Verbindungen sinken, und wirkt deshalb eher potentiell inklusiv. So ergeben die Ausprägungen der Variable eine Dimension zwischen exklusiven und inklusiven politischen Rahmenbedingungen der Religion, die als Kontext Einfluss auf die zu erhebenden Einstellungen der religiösen Elite haben.

Da sich ein bedeutender Teil dieser Studie mit einem islamischen Kontext befasst, und muslimische Perspektiven auf die Beziehung zwischen Religion und Politik weniger im Zentrum der Aufmerksamkeit stehen, ist es angebracht, ein Modell zu den Beziehungen von Islam und Politik in die theoretischen Erläuterungen aufzunehmen. In diesem Kontext stehen die Konsequenzen der Französischen Revolution, der von Westeuropa ausgehende Kolonialisierungsprozess (Rippin 1993: 27), sowie der sukzessive Niedergang des Osmanischen Reiches als zentrale Punkte, mit denen sich im östlichen Mittelmeerraum Hauptvertreter modernistischer Strömungen im Islam auseinandersetzten (Kurzman 2002: 6).

Auf der Seite der ‚modernistischen‘ Reformer wurde zu Beginn des 19. Jahrhunderts der Imperialismus der westeuropäischen Kolonialmächte verurteilt (Abd al-Rahman al-Jabarti, 1753–1825), um anschließend die technischen (Ishak Efendi, 1774–1835) als auch politischen (Khayr al-Din, 1820–1890) und kulturellen (Rifa'a al-Tahtawi, 1801–1873) Innovationen als vereinbar mit dem Islam zu postulieren, und eine gegenseitige Vereinbarung anzustreben (ebd.: 6, 31) So kam nach der Meinung der Reformer auch der Islam als Glaubenssystem selbst in Gefahr und sollte auf der Basis rationaler Erwägungen modernisiert werden (Rippin 1993: 87). Die Mehrheit der genannten muslimischen Intellektuellen konnte jedoch in ihren Herkunftsländern wenig politischen Einfluss ausüben, da sie einen sehr kleinen Teil der Elite darstellten, und oft ins Exil gedrängt wurden; die Fachliteratur benennt die Hauptprotagonisten der reformorientierten Bewegung ab den späten 1870er Jahren mit den drei zentralen Personen Jamal al-Din al-Afghani, Mohammad 'Abduh und Rashid Rida (Kurzman 2002: 5).

Eine theoretische Grundlage zur Einordnung hier angerissener ideologischer Orientierungen bildet eine Strukturierung der islamischen Strömungen des 19. und 20. Jahrhunderts aus der Perspektive ihrer Reaktion auf die Moderne westeuropäischer Ausprägung. Hier kann das Modell von Shepard

(1987) einen Überblick über die verschiedenen Strömungen vermitteln. Sein Modell wird von fünf Haupttypen aufgestellt (Säkularismus, Modernismus, radikaler Islamismus, Traditionalismus und Neo-Traditionalismus). Hier wird zunächst nicht von Ideologien, sondern von ideologischen Orientierungen gesprochen, da diese Kategorien mit Blick auf den Gesamtrahmen eher eine weite Definition benötigten (Shepard 1987: 308). Sie werden anhand von Merkmalen auf zwei Dimensionen unterschieden: Islamische Totalität, und Modernität einer Orientierung. Islamische Totalität als erste Dimension beschreibt die Intensität der religiösen Durchdringung der Lebensbereiche und Ebenen der Gesellschaft (von ausschließlich privater und individueller Ausübung bis zur Richtlinie für Gesamtgesellschaft in allen Bereichen, Bildung eigener Gesellschaftsform). Die zweite Dimension der Modernität wird definiert als Tendenz, moderne soziale Organisation, staatliche Institutionen, Ideen und Technologien zu bevorzugen (ebd.).

Ohne die einzelnen Merkmale der jeweiligen Typen im Konzept von Shepard an dieser Stelle aufzuzählen, können aus dem Modell für die vorliegende Studie einige Einstellungen generiert werden, die Orientierung zu gesellschaftlichen Ordnungsvorstellungen religiöser Würdenträger bieten. Auf der Seite der geschlossenen, exklusiven Definition von Gemeinschaft und Gesellschaft, die auf konfliktträchtige Eigenschaften der Einstellungen hinweisen, stehen bei Shepard (nach Typ ‚radikaler Islamismus‘, hohe Ausprägung islamische Totalität) die Elemente: a) Die Bereitschaft zur Selbstaufopferung innerhalb einer ‚islamischen Authentizität‘, b) der Anspruch, für die Gesamtheit der Muslime zu sprechen und Einfluss auf diese auszuüben, c) die Anwendung einer Vielzahl von modernen Mitteln, um dennoch eine Zentralorientierung ihrer Mitglieder auf vermeintlich traditionell-islamische Werte zu erreichen, die diametral zu grundlegenden Tendenzen der Modernisierung (Säkularisierung) gesetzt werden, d) für diejenigen sprechen zu wollen, die nicht von der Modernisierung profitiert haben, sowie e) die selbst gestellte Aufgabe (Utopie) des Aufbaus einer neuen, von kollektiver Identität geprägten Gesellschaft unter den Maßgaben der eigenen Interpretation der religiösen Quellen (ebd.: 324/325).

Können die Merkmale dieses Modells in den Ordnungsvorstellungen religiöser Würdenträger nachvollzogen werden?

2.2 Theorien zu Religion und dem gesellschaftlichen Integrations- und Konfliktpotential

Religion und ihr Einfluss auf gesellschaftliche Integration und Auseinandersetzungen waren bereits grundlegende Themen der frühen Soziologie. So argumentierte zuerst Karl Marx, dass sie zur Sicherung der politischen Macht der Elite beitrage – und deshalb in der weiteren gesellschaftlichen Entwicklung eine Quelle gesellschaftlicher Auseinandersetzungen stelle (Hinderung der unterdrückten Masse der Bevölkerung an Verbesserung ihrer Situation). Auf der anderen Seite finden sich bei Max Weber oder Emile Durkheim Modelle, die aus verschiedenen theoretischen Überlegungen zur Modernisierung auch deren Integrationsdimension ableiten. Fällt der Blick auf die jüngste Entwicklung der soziologischen Betrachtung von Religion und gesellschaftlichem Konflikt, so wird dem Zusammenhang seit dem Ende des Kalten Krieges erneut eine hohe Aufmerksamkeit entgegengebracht (Hildebrandt und Brocker 2005: 11). Dem voraus ging in die Feststellung, dass Religionen trotz der Annahme einer dreigeteilten Säkularisierung in modernen Gesellschaften nicht aus der Öffentlichkeit verschwunden sind, sondern auch in der Moderne Einfluss auf Politik und Bevölkerung behalten würden (Casanova 1994).

So brachten Makrosoziologen und Experten speziell zur Region Osteuropa zum Ausdruck, dass die Implosion des Staatssozialismus in den betreffenden Staaten Europas zuerst die Annahme nahelegte, eine friedliche Konfliktbearbeitung hätte nun Vorrang (u.a. Genov 2010: 6). Die realen Entwicklung in Osteuropa hielten diesen Annahmen jedoch weniger stand: Gewaltsame Konflikte innerhalb und zwischen Gesellschaften brachen erneut auf (ebd.); und auch Strukturen und Akteure des religiösen Bereichs waren davon betroffen.

Anschließend kam es zu breiter Rezeption der Thesen Huntingtons (1993) (siehe oben), der nach dem Ende des Kalten Krieges neue Konfliktlinien mit globalem Charakter vermutete, die sich primär an der Zugehörigkeit zu Kulturkreisen nährten. Diese orientiert sich in erster Linie an der vorherrschenden Religion in der Bevölkerung des jeweiligen Staates (Huntington 1993: 25). Hier wird der Ansatz für die vorliegende Studie interessant: Die Verschiebung der Natur von (gewaltsamen) Konflikten auf kulturelle Ursachen setzt in diesem Modell Religion und deren Repräsentanten in eine zentrale Position – hauptsächlich in jene des reaktionären Akteurs in Abgrenzung zu Modernisierungsprozessen.

Danach definieren Religionen die wesentlichen Unterschiede in den Eigenschaften der Kulturen, grenzen sie deshalb voneinander ab, und erbringen die vordringliche Aufgabe der Förderung der Ausbildung einer kollektiven Identität nach innen. Somit sei Religion auch ein wesentlicher Teil der individuellen Identität, die an sich, und deren Quellen ebenso wenig wandelbar seien (primordiales Bedürfnis nach Religion). Durch neu entstehende Unsicherheiten (nach dem Ende des Kalten Krieges) würden die Angehörige von Kollektiven auf diese Identitäten zurückfallen. Auseinandersetzungen entstehen somit entlang der Trennungslinien zwischen den Kulturen – Religion entwickele Integrationskraft, jedoch allein in Richtung der Gemeinschaft. In dieser Dynamik steigt das Potential religiös motivierten Konflikts, gerade in multikonfessionellen Gesellschaften. Die Kritik am Konzept von Huntington ist vielfältig; einige wesentliche Punkte sind die Annahme homogener Kulturkreise, die heterogene Staaten mit vielfältigen Interessen und religiöse Strukturen enthalten, die geringe Würdigung des komplexen und höchst veränderbaren Aufbaus von individueller und kollektiver Identität, sowie die geringe Einbeziehung politischer und anderer gesellschaftlicher Akteure mit ihren Zielen in das Argumentationsmuster.

Ist das Konzept von Huntington auf globaler Ebene zu verorten, so sind weiterhin für theoretische Ansätze zu Religion und Konflikt auf gesellschaftlicher Ebene bedeutend. Hier bietet die quantitative Analyse von Fox (2004) einen Zugang (siehe oben), der aus einer Position der Kritik an den Thesen Huntingtons ein umfangreiches Konzept zur Messung des religiösen Faktors als unabhängige Variable in Konflikten erarbeitete. Er untersuchte innergesellschaftliche Konflikte und lokalisierte die primären Ursachen der von ihm untersuchten gewaltsamen Auseinandersetzungen in einer Kombination von ethnischen, sozio-ökonomischen, und politischen Bedingungen. Religion kann nach seinen Resultaten konfliktverstärkend, d.h. als intervenierende Variable wirken, ist jedoch nach seiner Analyse nicht als primärer Konfliktverursacher in der großen Mehrheit der Fälle zu identifizieren (ebd: 237). Religion wirkt explizit dann konfliktverschärfend, wenn zwischen (insbesondere ethnischen) Gruppen Unterschiede im Zugang zu politischen oder ökonomischen Ressourcen auftreten, und diese Gruppen sich zudem in der religiösen Orientierung differieren.

Ein weiteres wichtiges Konzept stellen Hildebrandt und Brocker (2005) zur Verfügung. Wie Fox (2004) stellen sie zunächst fest, dass die Ursachen Auseinandersetzungen in der und zwischen Gesellschaften multikausal veranlagt, und deshalb schwer in ihrer einzelnen Wirkung zu benennen sind (Hildebrandt/Brocker 2005: 25). Sie betonen jedoch auch, dass Religionen

Potential zu Versöhnung und Konflikt, zu Kooperation und Auseinandersetzung hätten. So ist es möglich, dass die religiösen Eliten inklusive, d.h. offene und nicht-exklusive Einstellungsmuster innerhalb des Gesamtrahmens der Gesellschaft verfolgen. Dennoch verbleiben für sie zentrale Quellen von Konflikten in der modernen Gesellschaften durchaus im Bereich der Religion verortet.

Als letztes theoretisches Modell zur Genese religiös motivierten Konfliktpotentials ist jenes von Genov (2007: 11) zur Integration von ethnischen Gruppen zu nennen, welches unter der Methodik zur zweiten Forschungsfrage (FF2) erörtert wurde. Innerhalb des Koordinatensystems wird die strukturelle Integration oder Separation (vertikale Achse) mit der wertnormative Universalisierung oder Vereinzelung (horizontale Achse) kombiniert. Ein erhöhtes Kooperationspotential zwischen Gruppen einer Gesellsscahft wird bei struktureller Integration und wertnormativer Universalisierung möglich; ein hohes Potential für Konflikt wird im Modell aus Kombination von Separation und Vereinzelung generiert (ebd.). In dieser Studie steht demnach die Dimension der wertnormativen Universalisierung oder Separation in der Aufmerksamkeit – innerhalb der Zielgruppe der religiösen Würdenträger (als Multiplikatoren), nach ihren Aussagemustern in der Befragung. Da hier gesellschaftliche Ordnungsvorstellungen erfragt werden, ist ebenso die strukturelle Dimension (als mentale Vorstellung) in die Perspektive der Studie einbezogen.

2.3 Elitentheorie und religiöse Eliten in der Moderne

Der Begriff der Elite wurde in Kapitel 1.5 unter Beachtung der historischen Genese einer funktionalen Klassifikation zwischen Macht-, Positions-, und Wertelite unterteilt. Da der allgemeine gesellschaftliche Einfluss mit der Modernisierung schwand, wird die Gruppe der religiösen Würdenträger anerkannter Religionsgemeinschaften in Europa gegenwärtig zumeist der Wertelite zugeordnet. Verschiedene theoretische Modelle versuchen, die Interaktionen zwischen diesen Akteuren und weiteren Strukturen und Akteuren der Gesellschaft in ihrer Umgebung darzustellen und zu verarbeiten. Dabei wird die Gruppe als unabhängige Variable gesetzt, um ihre Wirkungen auf andere Bereiche aufzuzeigen, oder als abhängige Variable, um Einflüsse auf die Gruppe (und ggf. auf ihre Einstellungen) abzubilden.

Auf der Seite der induktiv hervorgebrachten Zusammenhänge ist zu betonen, dass im Bereich wie erwähnt nur wenige Forschungen existieren, und dieser Bereich von empirischen Studien dominiert wird, die von den Religionsgemeinschaften selbst in Auftrag gegeben wurden. Dies ist im nationalen (Körs 2018: 633) und internationalen Rahmen gegeben (Hoge 2011: 581). Sie stehen seit Jahrzehnten unter dem Eindruck der Säkularisierung, welche zu den praktischen Problemen nicht nur des Mitgliederschwunds, sondern auch zu einer dramatischen Verringerung des Auswahlpotentials zur spirituellen Führung in ihren Organisationen geführt hat (ebd.: 582).

Davon ausgehend speisen sich die bedeutenden theoretischen Modelle im Forschungsfeld religiöse Elite erneut aus einem christlichen Hintergrund mit entsprechenden empirischen Studien (Sammet 2018: 562). Max Weber betonte in seinen Schriften die Aufgaben der religiösen Würdenträger, zentral für die Vermittlung zwischen Religion und der Lebensführung von Laien der Gemeinschaft zuständig zu sein. Sein Modell unterschied zwischen den Rollen der Priester, der Propheten, und der Zauberer, die nicht genau voneinander abgrenzbar seien (ebd.: 547). Ist der Zauberer gezwungen, dauerhaft persönliches Charisma zu entfalten; der Priester kann auf der anderen Seite als Repräsentant einer Organisation als ‚Träger von institutionalisiertem Amtscharisma‘ gelten (ebd.).

Gegenwärtig bestehen die Aufgaben eines religiösen Würdenträgers „(…) *im Wesentlichen in der Disziplinierung der Gemeindemitglieder und in der Kontrolle ihrer Lebensführung. Für Parsons folgt daraus, dass die klar festgelegte, selbständige Berufsrolle eines „geistlichen Ratgebers" gegenüber der des Geistlichen, der ‚für die ‚normale‘ Durchsetzung der Normen verantwortlich ist‘, differenziert werden müsse."* (ebd.: 551). In der weiteren Entwicklung der letzten Jahrzehnte haben sich die Aufgaben religiösen Würdenträger in Europa in Richtung des ‚geistlichen Ratgebers‘ verlagert. Dennoch bleiben für die Zielgruppe Elemente des Einflussmöglichkeiten auf eine ‚Normdurchsetzung‘ unter den Angehörigen ihrer Gemeinschaft gegeben. Für die vorliegende Studie folgt daraus, dass religiöse Eliten weiterhin Kanäle der Einfluss auf signifikante Teile der Bevölkerung – u.a. auch ihrer gesellschaftlichen Ordnungsvorstellungen – besitzen.

In der Untersuchung der Zielgruppe der religiösen Elite als abhängige Variable sind sechs Themenbereiche vorherrschend, die (bisher) nicht in einem gemeinsamen theoretischen Modell formuliert wurden. Dies sind die Rekrutierung der Angehörigen der Zielgruppe, ihre Ausbildung, die Moralansichten, der Arbeitsalltag, Untersuchungen der Rollenbilder, sowie des Wandels des Berufs an sich (Hoge 2011: 582) aufgrund externer Änderungen. Es wird für diesen Forschungsbereich betont, dass ausschließlich christliche, hier vornehmlich protestantische und römisch-katholische, Würdenträger die überwiegende Mehrheit der Untersuchungen zur Zielgruppe bildeten (ebd.: 583–587; Sammet 2018: 559).

Für die vorliegende Studie sind daraus folgende theoretische Schlussfolgerungen bedeutend: Moralvorschriften und äußere Bedingungen haben gegenwärtig negative Auswirkungen auf den Rekrutierungserfolg für geistliche Positionen, sowie, dass (aufgrund der Tatsache, dass in den meisten Organisationen allein männliche Personen für geistliche Ämter zugelassen sind,) ein höherer Grad an theologischem und politischem Konservatismus als unter der Bevölkerung herrsche (Hoge 2011: 578). Dies steht im Gegensatz

Zentral für diese Studie stehen jene Befunde zum Themenfeld, die einen extern bedingten Wandel der Stellung und Ausrichtung der Religionsgemeinschaften, und dadurch auch Änderungen der Rollen der geistlichen Würdenträger identifizierten. Hier stellten sich im Verlauf der letzten Jahrzehnte vier Fragestellungen als bedeutend heraus (ebd.: 592): Zuerst die Stellung von Religionsgemeinschaften zueinander in einer sich pluralisierenden religiösen Sphäre, und der Verlust an Autorität der geistlichen Führungsschicht, die mit einer Steigerung an Bildung auf der Seite der Laien einhergeht. Da dadurch neue Erwartung an die Zielgruppe formuliert würden, könnten sich auch neue Formen von Ordnungsvorstellungen (und geistlicher Rollenbilder) in der Zielgruppe bilden.

Der zweite Punkt betrifft das Thema der weiblichen Geistlichen, die (noch außerhalb der Römisch-Katholischen Kirche) vermehrt in die Führungsschichten religiöser Organisationen aufgenommen werden. Als dritter Punkt steht die Anerkennung, sowie die rechtliche und spirituelle Gleichstellung von homosexuellen Partnerschaften, welche von der Öffentlichkeit eine erhöhte Aufmerksamkeit insbesondere mit Blick auf die Glaubensgemeinschaften zukommt, und Druck auf diese erzeugt, sich neu zu positionieren und neue Ordnungsvorstellungen zu entwickeln. Das vierte Thema ist jenes der Globalisierung, welches einen gewissen Relativismus unter den Individuen der Gesellschaft hervorbringe (ebd.: 591–593). Dieser könnte Potential zu einem individuellen Synkretismus abseits organisierter Religion entwickeln, und fordert ebenso neue Ansätze in den Rollenbildern und Ordnungsvorstellungen religiöser Würdenträger etablierter, traditioneller Religionen.

In der Gesamtbetrachtung der Ausführungen im theoretischen Kapitel wird ersichtlich, dass zu Forschungen zur Zielgruppe der religiösen Elite als unabhängige Variable (hier in Zusammenhang mit dem religiös motiviertem, gesellschaftlichem Integrations- und Konfliktpotential) wenige theoretische Modelle als Hintergrund dienen können, die spezifisch die Wirkungen der Zielgruppe in der Gesellschaft thematisieren.

Mit ihrem empirischen Beitrag zur zweiten Forschungsfrage versucht die vorliegende Studie, diesen Bereich der Wirkungen der Zielgruppe als unabhängige Variable anzusprechen. Zur Steigerung der Vergleichbarkeit und der möglichen Übersetzung in theoretische Modelle werden dabei Erkenntnisse zu Genese gegenwärtiger Einstellungen religiöser Würdenträger einbezogen (u.a. Verlust traditioneller Autorität, Änderungen Rollen Geistliche und Gemeinschaften in einer differenzierteren Gesellschaft), sowie eine Hinwendung der Fragestellungen auf einen multi-religiösen und multi-ethnischen Kontext (Südosteuropa) geleistet, der religiösen Traditionen auch außerhalb der bisherigen Erforschung des Christentums in Westeuropa stark berücksichtigt (insbesondere die christliche Orthodoxie; islamisch-sunnitische und islamisch-schiitische Glaubensrichtungen; neue Bewegungen) (Forderung der Forschung; siehe Hoge 2011: 594; Sammet 2018: 561/562). Diese pfadabhängige und vergleichend-analytischen Anlage ist der Erstellung von Thesen zuträglich, die einen Beitrag zu einem theoretischen Modell zum Einfluss religiöser Akteure (hier Würdenträger) auf gesellschaftliche Integration und gesellschaftlichen Konflikt darstellen können.

3 Der historische Kontext: Religionen und Religions-gemeinschaften in den Gesellschaften Südosteuropas bis 1990

Individuelle Einstellungen zur Gesellschaftsstruktur und der Position der Religion sind geprägt von der subjektiven Gegenüberstellung mit gegenwärtigen realen Verhältnissen, konstituieren sich jedoch auch aus Erfahrungen mit und Interpretationen von historischen Pfadabhängigkeiten. Zudem sind die Strukturen, innerhalb derer sich die Zielgruppe der religiösen Würdenträger bewegen, durch die jeweiligen regional spezifischen, historischen Gegebenheiten geprägt, und ihre Organisationen berufen sich in besonderer Weise auf bestimmte Traditionen und in der Vergangenheit liegende Ereignisse. Jene Pfadabhängigkeiten sind, hier mit kurzen Schlagwörtern benannt, auf der Mikroebene in der individuellen Biographie einer Person und jener der Familie/Vorfahren vorhanden, und auf der Makroebene der Gesellschaft als ‚kollektives Gedächtnis' / kollektive Interpretation von Geschichte (Stefanov 2010: 223)[47] verfasst, die beide maßgeblichen Einfluss auf die Ausgestaltung der Beziehungen zwischen den Subsystemen der Gesellschaft (Meso-Ebene) ausüben.

Abb. 9: Individuum, gesellschaftliche Ebenen, und historische Pfadabhängigkeiten

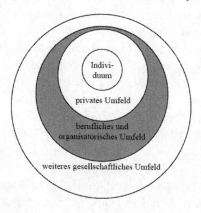

---

47 Sundhaussen (2007: 10/462) unterschied hier – unter Verweis auf Plumb (1969) – zwischen dem historischen Gedächtnis eines Kollektivs, und dem Erkenntnisinteresse der Wissenschaft, die eigene Bereiche in der modernen Gesellschaft markieren, unterschiedliche Funktionen erfüllen und in steter Spannung zueinander stünden.

Demnach manifestieren sich historische Pfadabhängigkeiten auf der organisatorischen Meso-Ebene (siehe Abb. 9, graue Fläche), d.h. in Vereinigungen und sozialen, auch beruflichen, Zusammenschlüssen. Auf dieser Ebene sind im religiösen Bereich etablierte Organisationen vorhanden, welche aus langfristigen historischen Erfahrungen heraus bestimmte Verhaltensweisen und Denkmuster in hohem Maße kodifiziert, und zur Befolgung ihren Anhängern vorgeben – so stehen religiöse Eliten unter dem Eindruck der alltäglichen Interpretation dieser in Erwartung ihrer Organisation, sie weiterzugeben und vorzuleben.

Religiöse Würdenträger verkörpern ihren Beruf und ihre Sphäre in einem besonderen Maße und werden daher auf täglicher Basis von externer Position mit ihrer jeweiligen Religionskonfession und -gemeinschaft gleichgesetzt. Aus ihrer eigenen Perspektive sind sie in ein Berufsleben eingebettet, welches ihnen einen großen zeitlichen, mentalen und auch emotionalen Aufwand abverlangt, und sie stark in die spezifischen organisatorischen Verflechtungen einbindet. Zudem kann durch die heute freie Auswahl des Berufes davon ausgegangen werden, dass die Beziehung bewusst eingegangen wurde und eine hohe persönliche Identifikation vorliegt. Diese hohe beiderseitige Resonanz und Bindung bringen die Zielgruppe in eine hohe Abhängigkeit zu ihrer Religionsgemeinschaft, sodass vermutet werden kann, dass auch dieser Faktor folglich ein bedeutendes Maß an Einfluss auf die Einstellungen der Würdenträger hinsichtlich der sozietalen Ordnung ausüben kann (Abb. 9). Zum Einfluss von historischen Pfadabhängigkeiten auf gegenwärtige Einstellungen der Zielgruppe, gerade in Südosteuropa, wird eingeordnet: „*The leaders' interpretations of religious doctrine nonetheless require persuasive intellectual sources in order for such interpretations to take hold and convince the rank and file of the lay community (...). Historical legacies, be they institutional or ideological solutions from the past, provide familiar arguments that enjoy certain legitimacy among lay believers (...). past legacies furnish institutional and ideological sources (...), and define the parameters of debate, ambition and strategies for political action' (...).*" (Elbasani 2016: 256).

War vor der beginnenden Modernisierung in Südosteuropa die Dorfgemeinschaft der zentrale Bezugspunkt der Identität des Individuums (Sundhaussen 2011: 87) und bildete nahezu alle drei sozialen Sphären in der Orientierung des Individuums ab (Abb. 9), so gliederten sich diese mit den Entwicklungen nach dem Beginn der Modernisierung in Europa ab dem 19. Jahrhundert auf (vertikale Differenzierung). Demnach haben sich auch die Rolle, der Fokus und die Bezugspunkte der religiösen Führungsschicht in ihren Lokalitäten innerhalb der letzten 150 Jahre stark geändert –

innerhalb eines Rahmens, der ebenso den Wandel der sie umgebenden Institutionen und Gegebenheiten des organisatorischen, sowie des weiteren gesellschaftlichen Umfeldes kennzeichnete. Dies gilt insbesondere für die Staaten Osteuropas, die im 20. Jahrhundert durch mehrere tiefgreifende Wandlungsprozesse der Gesellschaft gekennzeichnet waren (u.a. Hin- und Abwendung Staatssozialismus).

Die Erläuterungen der historischen Pfadabhängigkeiten ist nach einem chronologischen Ablauf in drei Teile gegliedert und soll die Genese der heutigen Verhältnisse im Bereich Religion in den drei Gesellschaften Albaniens, (Nord-)Mazedoniens und Sloweniens aufzeigen. Es empfiehlt sich eine Differenzierung in Abschnitte, die bedeutende Kontinuitäten und Brüche in der gesamten Region aufzeigen können. So gliedert sich die Betrachtung in die Unterabschnitte der gesellschaftlich-religiösen Gegebenheiten in Südosteuropa von der Antike bis zum Ende des 14. Jahrhunderts (3.1), und anschließend der Darlegung der Zugehörigkeit zu Groß-Imperien, eine Periode, die bis zum Ende des Ersten Weltkrieges andauerte (3.2). Es wird einerseits deutlich, dass die beiden Perioden durch ein enges Verhältnisses zwischen Religion und Politik gekennzeichnet waren. Auf der anderen Seite ist festzustellen, dass u.a. im Bereich ihrer gesellschaftlichen und politischen Einbettung eine große Pluralität an Mustern vorzufinden ist.

Darauf folgend liegt die Periode von 1918 bis 1939 im Fokus der Erläuterungen (3.3). Diese kurze Phase von 21 Jahren bedeutete für die drei hier betrachteten Gebiete und die dort lebende Bevölkerung zuerst eine (zuvor angestrebte) staatliche Neuorganisation außerhalb europäischer Imperien, die demokratische Elemente beinhaltete. Ab spätestens 1930 wiesen die beiden neu gegründeten Staaten Albanien und Jugoslawien jedoch verstärkt autoritäre Strukturen auf. Anschließend folgt in einem kurz gehaltenen Überblick eine Verortung des religiösen Sektors in den Entwicklungen des Zweiten Weltkrieges (3.4), um nachfolgend auf die fünfte Phase des real existierenden Sozialismus (3.5) einzugehen.

Dieses fünfte Unterkapitel soll zunächst einen allgemeinen Überblick über der Dominanz der Politik über den religiösen Sektor in Osteuropa zwischen 1945 und 1990 vermitteln, und anschließend die Länder Albanien und Jugoslawien (hier die Teilrepubliken Slowenien und Mazedonien) gesondert in den Blick nehmen. Anhand der vergleichenden Betrachtung dieser drei Fälle werden unterschiedliche Formen der Behandlung von Religion allgemein und von spezifischen Akteuren im Feld in den Staaten während des real existierenden Sozialismus deutlich. Diese Periode ist bedeutend, da Religionsgemeinschaften hier in starke Auseinandersetzungen mit politischer Herrschaft traten und erhebliche Reglementierung von dieser Seite erfuhren – und aufgrund der zeitliche Nähe davon ausgegangen werden kann, dass diese eng mit den individuellen Biografien der derzeitig in der religiösen Führungsschicht wirkenden Personen verbunden ist. Demnach könnten sie in ihrer persönlichen Haltung zur Gesellschaftsordnung eine Verarbeitung erfahren.

Der Phase des Sozialismus folgten anschließend die Prozesse der Transformation ab 1989, die zu neuen Verhältnisbestimmungen von Religion, Politik, und Gesellschaft führten. Unter dem umfassenden Begriff ‚Transformation' schlugen die Gesellschaften Osteuropas nun innerhalb souveräner und demokratisch verfasster Staaten eigene Wege der Entwicklung ein. Diese Periode des beschleunigten gesellschaftlichen Wandels nimmt eine zentrale Stellung innerhalb der Pfadabhängigkeiten ein, da hier grundlegende gesellschaftliche Richtungsentscheidungen getroffen wurden, die heute wirksam sind (siehe Abbildung 10).

In der ersten Phase der Transformation in Osteuropa, in der das sozialistische System noch gefestigt war, ist die Haltung der dominierenden Akteure (sozialistische Elite und zugehörige Organisationen) hinsichtlich ihrer Umwelt klar definiert. Bedingt durch interne und externe Krisen wird durch Druck neu aufkommender gesellschaftlicher Akteure die zweite Phase der Reformversuche initiiert (‚Entkopplung'), die durch ein verbreitertes Feld von Entscheidungsmöglichkeiten gekennzeichnet ist, welche in Osteuropa genutzt wurden:

Abb. 10: Pfadabhängigkeiten, Eliten, Entwicklungsoptionen; Osteuropa ab 1985[48]

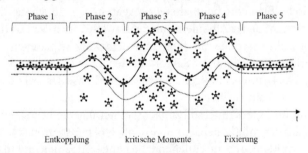

* Handlungsoptionen entscheidender (politischer) Eliten
.... Bereich realistischer Entscheidungen
—— Entscheidungsverlauf > Entwicklungsverlauf Gesellschaftsformation

---

48 Erweiterung des Modells zur Entwicklung von Organisationen nach Sydow et al. (2009: 692) (siehe Anhang 2).

Diese Phase ist in ihrem Verlauf bestimmt durch Entscheidungen, an denen neu auftretende Akteure verstärkt Einfluss erhalten. Die dritte Periode beginnt mit bedeutenden Entscheidungen, die als kritische Momente wesentliche Richtungsänderungen in der Entwicklung von Gesellschaften vornehmen. Sie mündet in diesem idealtypischen Modell in eine Verengung der Entscheidungsmöglichkeiten in der vierten Phase. An dieser Stelle ist in den Gesellschaften Osteuropas ein Konsens über wesentliche Merkmale der neuen Gesellschaftsordnung vorhanden, Basisstrukturen im Prozess des Aufbaus (Demokratisierung, ökonomische Umstellung, kulturelle Pluralisierung), und der Implementierung. Die fünfte Phase ist gekennzeichnet durch die Konsolidierung der grundlegenden Orientierungen und Mechanismen gesellschaftlicher Organisation, sowie durch eine gewisse Fixierung von Einstellungen einer relevanten Mehrheit (Sydow/Schreyögg/Koch 2009:692).

Neben den Entwicklungen auf Makro-Ebene werden demnach auf der Meso-Ebene (auch religiöse) Organisationen von den spezifischen zeitgenössischen Pfadabhängigkeiten geprägt. Durch die jüngsten Entwicklungen in Osteuropa mit einer Tendenz der Hinwendung zu kollektivistischen Organisationsmustern der Gesellschaft (Russländische Föderation, Polen, Ungarn, Serbien) kann die These erhoben werden, dass trotz gegenteiliger Annahmen in der Sozialwissenschaft bei einer Vielzahl von Gesellschaften der Region bisher keine beständige Fixierung auf eine bestimmte Gesellschaftsordnung vorliegt.

Die innere Struktur der folgenden Unterkapitel zu den jeweiligen Zeitperioden lehnt sich an das ‚religionssoziologische Dreieck‘ an (Bereiche Religion – Politik – Bevölkerung; siehe Methodik, Theorie). So werden hier an erster Stelle die grundlegenden Strukturen der politischen Herrschaft und gemeinschaftlichen Organisation dargelegt, welche für die Regionen der drei Fälle bedeutend waren. Zweitens erfolgt eine Einordnung der Bevölkerung in ihrer sozio-ökonomischen Struktur, ihrer Religionszugehörigkeit, sowie ihrer Stellung zu Religion, um grundlegende Eigenschaften von Strukturen und Wandel auf dieser Ebene festzuhalten. Als Quellengrundlage bis 1990 dienen einzig staatlich organisierte Datensammlungen (Zensus); demnach muss beachtet werden, dass diese in der Zeit der Erhebung einer spezifischen Konstruktion von kollektiver Identität als Abbild politisch gewollter Ordnung dienten (Göderle 2016: 26/193). Als dritter Punkt werden der religiöse Sektor und bedeutende Religionsgemeinschaften strukturiert beschrieben. Das dreiteilige Vorgehen ermöglicht einen Abgleich mit den erläuterten theoretischen Modellen, sowie Kompatibilität mit den drei Bereichen der Aussagen des ‚Q-Sets‘.

Zu den dargestellten geschichtlichen Verläufen ist hinzuzufügen, dass neben den dargestellten Strukturen, Akteuren und Prozessen weitere Verlaufscharakteristika für Entwicklungen sozialer Zusammenhänge bedeutsam sind: Zufall, Nichtlinearität, Interferenz und Multikausalität (Mayntz [1997]). Demnach gilt auch für religiöse Führer, dass ihnen allein ein gewisser Handlungsrahmen mit spezifischen Optionen offensteht, der sich auch unerwartet ergeben kann: *„Die historischen Umstände eröffnen Gelegenheiten, aber es kommt am Ende immer darauf an, ob es Menschen gibt, die sie nutzen."* (ebd.: 335)."

3.1 Herrschaft, Gesellschaft und Religion in Mittel- und Südosteuropa vor 1400

Einige für hier betrachtete Gesellschaften bedeutende Grundmuster und Prägungen des Verhältnisses zwischen Gesellschaft, Herrschaft und Religion wurden bereits in der Periode der Antike gelegt. Dieser historische Referenzrahmen ist sehr weitreichend, jedoch aufgrund der historischen Bezüge, die in den Befragungen durch die Interviewpartner ausgedrückt wurden und bis in die Lebenszeit bedeutender Religionsgründer zurückreichen, aufzunehmen.

Von der Regierungszeit des römischen Kaisers Augustus (27 v. Chr.–14 n. Chr.) bis in das fünfte Jahrhundert hinein war das Römische Reich das dominierende Herrschaftsgebilde im gesamten Mittelmeerraum. Im zweiten und dritten Jahrhundert hatte das Reich die größte Ausdehnung gefunden, und so gehörten auch die Gebiete der heutigen drei Staaten Albanien, Nord-Mazedonien und Slowenien zum Römischen Reich. Zudem lagen sie an wichtigen Handelsrouten, welche die politischen Zentren und ökonomischen Knotenpunkte des Imperiums verbanden. Demnach führten durch die heutigen Staaten Albanien und Nord-Mazedonien u.a. die *Via Egnatia* von Rom nach Byzantion/Konstantinopel, sowie weitere für das Militär bedeutende Strassen, wie Abzweige der *Via Militaris*. Im heutigen Slowenien existierten u.a. die *Via Gemina* im südöstlichen Alpenraum (von Aquileia nach Emona, heute Ljubljana), die *Via Flavia* zwischen Aquileia und den Siedlungen an der östlichen Adria, sowie nördlich die *Via Julia Augusta*. Zudem lag ein Startpunkt der bedeutenden *Via Militaris* in Ptuj, die nicht nur für den Handel mit Südosteuropa und angrenzenden Regionen ausgelegt war, sondern ebenso Militärbewegungen diente (sowie später den Kreuzzügen).

Die benannten Handelsverbindungen waren neben den Seewegen nicht nur die Basisinfrastruktur für den Austausch materieller Gütern und für die Mobilität des Militärs, sondern zudem für die Zirkulation von Informationen, Ideen, und Weltsichten, die sich über diese Wege ausbreiteten. Im religiösen Bereich entwickeln sich in der antiken und spät-antiken Periode bedeutende Änderungen, die auch die Bewohner der in dieser Studie angesprochenen Regionen Südosteuropas erfasste: Generell war das Römische Reich in den ersten Jahrhunderten, auch aufgrund der polytheistischen[49] Struktur der Glaubensauffassungen der führenden Eliten, von Toleranz gegenüber verschiedenen Religionen und Religionsinterpretationen in dessen Herrschaftsbereich geprägt (Ando 2018: 753). Demnach kann angenommen werden, dass aufgrund der großen Ausdehnung bis zum dritten Jahrhundert und einer gewissen Toleranz eine hohe Pluralität verschiedener Religionen bzw. Glaubensauffassungen unter der Bevölkerung insgesamt vorhanden war. Dies lässt sich anschaulich an der parallelen Entwicklung und gegenseitigen Prägung von hellenistischer und römischer Kultur und Religion nach der Integration der Stadtstaaten des Peloponnes und angrenzender Regionen in das Römische Reich im 2. und 1. Jahrhundert v. Chr. dokumentieren (Camia/Kantirea 2010: 377; Fouquet 2019: 315–324; Hoskins Walbank 2010: 354).

Diese allgemeinen Feststellungen zur praktizierten Toleranz im religiösen Bereich beziehen sich auf Gruppen (und Identitäten), die entweder zur römischen Militärelite oder zum gehobenen Bürgertum gehörten, oder von ersterer politisch als nicht relevant eingestuft wurden, da sie die Autorität des Römischen Reiches nicht beeinträchtigten. Auf der anderen Seite wurden Gemeinschaften, die sich in ihrer Identität stark auf die religiöse Alleinstellungsmerkmale beriefen und die Herrschaft des Reiches infrage stellten, ab dem Beginn des ersten Jahrhunderts zunehmend unterdrückt. Dies betraf insbesondere die peripheren Gebiete, exemplarisch die Gruppen der Juden und der (zunächst jüdischen) Christen in Palästina[50], die in den ersten drei Jahrhunderten Verfolgung und Versklavung erfuhren, und aus ihrer Heimatregion im Nahen Osten weitgehend vertrieben wurden (Link 2010: 9).

---

49 Dies beinhaltet zentral den Glauben an mehrere Götter oder an eine Vielzahl transzendenter Wesen (Scott 2015b).
50 bedeutend hier der Jüdische Krieg (66–74 n.Chr.), und der Bar-Kochba-Aufstand (132–136 n.Chr.)

3.1.1 Politik und Religion in Südosteuropa vor 1400

Durch Flucht verstreuten sich beide Gruppen über weite Teile des Römischen Reiches, auch über die südosteuropäischen Gebiete, sodass die in dieser Studie betrachteten Regionen ein Fluchtpunkt für die in die Emigration gedrängten Juden, sowie die Anhänger des neuen, noch jüdisch-christlichen Glaubens wurden. Dies zeigt sich im jüdischen Bereich in der Konstruktion einer Synagoge im heutigen Bitola (Nord-Mazedonien) bereits im ersten Jahrhundert (Jewish Community Bitola 2018), und in antiken Quellen des Christentums, in denen über die Missionierungsunternehmen der Apostel Paulus und Andreas in der Region berichtet wird (Makedonska Pravoslavna Crkva 2014). Weiterhin wurde bereits im ersten Jahrhundert, noch im Untergrund, ein Bischofssitz im damaligen Dyrrachion (heute Durrës / Albanien) gegründet, der heute in der Römisch-Katholischen Kirche als auch den orthodoxen Kirchen Osteuropas als einer der ältesten Bischofssitze anerkannt ist, und dessen erste Anhänger von den Christenverfolgungen der Römer stark betroffen waren (siehe Bischof Astius von Dyrrachion, unter Kaiser Trajan [53–117] um das Jahr 100 gefoltert und ermordet). Trotz der Verfolgung konnte sich das Christentum in der Region ausbreiten, welches an der regen Tätigkeit im Aufbau von Kirchenstrukturen (zunächst im Untergrund; Link 2010: 9–11), sowie der Bautätigkeit von christlichen Kirchen ab dem 3. und 4. Jahrhundert abzulesen ist, die sich beispielsweise in der Region um den Ohrid-See konzentrierten[51].

Im ersten und zweiten Jahrhundert wandelte sich erstmals der Charakter der im Untergrund agierenden christlichen Gemeinden. War das Christentum in seiner Anfangszeit eine Glaubensgemeinschaft mit jüdischer Anhängerschaft, so hatte in der zweiten Phase die Mehrzahl der neuen Gläubigen in der Region keinen jüdischen Hintergrund mehr vorzuweisen, da die Mission neuer Anhänger auf Gruppen anderen Glaubens ausgedehnt wurde (ebd.: 9). In dieser Periode wuchs durch einen geringen Grad an Zentralisierung des Christentums die Bedeutung der stark lokal verankerten Ortsgemeinde, die in dieser Zeit „(...) *als eigenständige rechtliche Größe (...) zugleich die gesamte Christenheit repräsentiert.*" (ebd.: 11). Auch bei den Eigenschaften religiöser Autoritäten gab es Änderungen: Im ersten Jahrhundert lag das Monopol der Religionsinterpretation noch bei Personen mit Bezügen zur konkreten Umgebung des Religionsgründers und zu Palästina. Sie bezogen Legitimation

---

51 Hier u.a. das Plaošnik-Plateau, auf dem Reste einer frühen Kirche mit Bodenmosaiken erhalten sind, welche einen Synkretismus der Verbindung von christlichen und vor-christlichen Glaubensinhalten aufweisen.

ihrer hierarchischer Stellung aus der Betonung und Verkörperung von spirituellem Charisma. Mit dem sukzessiven Aufbau von Kirchenhierarchien (Bistümer) kam es zu einer Fokussierung der Stellung innerhalb des Organisationsgefüges, um spirituelle Autorität im Christentum zu legitimieren (ebd.: 10).

Im Römischen Reich waren die Gegebenheiten und Einschränkungen der öffentlich zugelassenen Religionsfreiheit eng an die spirituellen Auffassungen der politischen Herrschaftselite gebunden. Demnach standen der generellen Toleranz auch wiederkehrende Verfolgungswellen gegen einzelne Gruppen gegenüber (Christenverfolgungen unter Valerian [200–260]; 257 bis 260), die nicht allein religiöse, sondern ebenso politische und ökonomische Motive bedienten. Die Zeit der Verfolgung von christlichen und jüdischen Gruppen fand ein Ende, als Konstantin I. (272–337), Kaiser des weströmischen Reiches, im Jahr 313 mit dem oströmischen Kaiser Licinius I. (263–325) die ‚Vereinbarung von Mailand' traf. In dieser wurde vor dem Hintergrund der Sympathie Konstantins für das Christentum offiziell die Freiheit der Ausübung der Religion des Christentums oder einer anderen Glaubensrichtung erlaubt, die anerkannten Religionen und Kulte im Reich gleichgestellt, sowie die Rechtstellung christlicher Gemeinden gegenüber staatlichen Institutionen formalisiert (ebd.: 17). Somit trat im interreligiösen Bereich eine gewisse Befriedung ein – dies galt jedoch weniger für den christlichen Glaubensbereich selbst, da Auseinandersetzungen um die Auslegung der aufstrebenden Religion begannen, die in vielen Fällen gewaltsam gelöst wurden (siehe u.a. die von Konstantin eingeleitete Verfolgung der christlichen Arianer ab 325; Todt 2004a: 157).

Mit der Alleinherrschaft über das Reich verlegte Konstantin I. im Jahr 324 seinen neuen permanenten Sitz in die vormalige Stadt Byzantion am östlichen Mittelmeer, die in Konstantinopel umbenannt (Finkel 2005: 7) und ab dem Jahr 330 ständige Residenzstadt des Kaisers wurde (Härtel/Kaufmann 1991: 12). Er berief als weltlicher Herrscher im Jahr 325 ein Treffen der höchsten christlichen Würdenträger, das Konzil von Nicäa, ein, welches als erstes christlich-ökumenisches Konzil in die (katholische und orthodoxe) Kirchengeschichte eingegangen ist. Hier versammelten sich eine große Zahl hoher Geistlicher, vor allem aus den oströmischen Gebieten, um unter der Aufsicht Kaiser Konstantins die christliche Doktrin zu kanonisieren und Abweichungen zu bestimmen. Die Förderung des Christentums ermöglichte Konstantin I., eine zweite Säule der Legitimation und Sicherung der Herrschaft neben der staatlichen aufzubauen, die über bedeutende Ressourcen wie einen hohen Grad an territorialer Abdeckung und damals seltene administrative Fachkenntnisse verfügte.

Demnach gelten die Jahre 313 und 325 als entscheidende Wegmarken für die Erklärung der anschließenden sukzessiven Ausbreitung des Christentums unter der Bevölkerung des Römischen Reiches. Die enge Verbindung zwischen politischer Herrschaft und christlicher Religion wurde in der Folge durch die Stellung der Bischöfe der beiden Hauptstädte des Reiches, Konstantinopel und Rom, deutlich, die sich bereits in dieser Periode als primäre Positionen innerhalb der Hierarchie ausbilden. Die langfristigen Konsequenzen für die christliche Religion selbst waren enge Beziehungen zur weltlicher Herrschaft unter der Dominanz der zweiten Gruppe, sowie eine zunehmende innere Bürokratisierung, mit der der Schwerpunkt religiöser Autorität des professionellen Personals endgültig von spirituellem Charisma auf die Amtsstellung überging. Weiterhin bedeutend war die Ablösung der zentralen Stellung der Ortsgemeinden (Link 2010: 11), deren Autorität mit der Formalisierung der Bistümer unter Konstantin I. Verlagerung auf übergeordnete Ebenen erfuhr.

Ein weiteres Merkmal der Ausrichtung des Christentums im Römischen Reich nach 325 war die zunehmend zentrale Stellung, welche der Kaiser einnahm. Demnach sah er sich berufen, neben der Förderung auch deren Führung und Schutz exklusiv für sich einzunehmen: *„Obwohl selbst noch kein Christ (…) sah sich Konstantin in römischer Tradition als obersten Priester (pontifex maximus) auch der Kirche. Er berief die Synoden, entschied Lehrfragen im Kontakt mit den Bischöfen, (…) und ließ zahlreiche Kirchen bauen."* (ebd.:18). So folgte der Legalisierung des Christentums 313 eine Phase der kaiserlichen Unterstützung; die Periode ab 325 gilt als Beginn der sog. ‚Symphonie' weltlicher und geistlicher Autorität (ebd.: 19) (Typ ‚Caesaropapismus'; Linz 1996: 138), die das oströmische Reich bis 1453 prägten sollte.

Unter Kaiser Theodosius I. (347–395) wurden am Ende des 4. Jahrhunderts Maßnahmen ergriffen, welche das Christentum als Staatsreligion des Reiches etablierten. So wurde im Jahr 380 das ‚Dreikaiseredikt' von Thessaloniki deklariert, welches die Religionsfreiheit offiziell beendete und ein kanonisiertes Christentum für die Bevölkerung für verbindlich erklärte. Die Entwicklung wurde mit dem ersten Konzil von Konstantinopel (zweites christlich-ökumenisches), von Kaiser Theodosius I. 381 einberufen, sowie dem Verbot nicht-anerkannter Glaubensformen 392 (Todt 2004a: 157) weiter vorangetrieben.

Mit der staatlich forcierten Monopolisierung der Religion begann spätestens ab der Regierungszeit Theodosius I. auch die Etablierung der engeren

Verbindung von Religion und Politik im sich abspaltenden Oströmischen Reich. Diese Strukturen trugen aufgrund der politischen Spaltung anschließend wesentlich zu einer Trennung der Hierarchien der christlichen Kirchen im West- und im Oströmischen Reich bei. Die oströmischen Kaiser ließen sich nach Theodosius I. vom Patriarchen in Konstantinopel krönen; so erweiterten sich auch Differenzen zwischen den theologischen Instanzen der Stadt und mit dem Papsttum in Rom.

Das Oströmische Reich etablierte sich in Südosteuropa und Vorderasien und verblieb nach den Zerstörungen Roms im fünften und sechsten Jahrhundert als einzige Großmacht im östlichen Mittelraum. Für die Verbindung von Religion und Politik wart bedeutend, dass Theodosius I. einen wesentlichen Beitrag zur Etablierung des Christentums als Staatsreligion leistete. In der Folge bekannten sich die Kaiser des Oströmischen Reiches zum christlichen Glauben byzantinischer Prägung, ein zentraler Bestandteil der Herrschaftsstruktur. Zudem beginnt mit ihm eine intensive staatliche Regulierung von Religion (Todt 2004a: 157).

Die beschriebenen Prozesse betrafen auch die in dieser Studie betrachteten Regionen und es etablierten sich lokale Gemeinschaften: In Ohrid (heute Nord-Mazedonien) wurde im 5. Jahrhundert ein Bischofssitz eingerichtet, und ebenfalls in Apollonia (heute Albanien), dessen Bischöfe am dritten christlich-ökumenischen Konzil in Ephesos (431) und dem vierten in Chalcedon (451) teilnahmen (Potter 2010). Das Gebiet des heutigen Sloweniens wurde am Beginn des 4. Jahrhunderts mit christlichen Kirchenstrukturen unter dem römisch-katholischen Papst Julius I. (280–352) abgedeckt. Hier wurde das Bistum und spätere Patriachat von Aquileia (343–1751) eingerichtet (Cheney 2019).

Die aufgebauten Strukturen im religiösen Bereichen standen in der Folge unter dem Einfluss der Schwächung beider Reiche durch nun folgenden Bürgerkriege und die ab dem 4. Jahrhundert einsetzende europäische Völkerwanderung, die zu wesentlichen Änderungen in den Gesellschaftsstrukturen führte. Es folgte eine administrative Konsolidierung Ostroms unter Kaiser Justinian I. (482–565) ab 527, der drei zentrale Ziele verfolgte: „(...) *die Wiederherstellung der zerstörten Reichseinheit, die Begründung einer starken katholischen Kirche, die wesentlich unter seinem Einfluss stehen sollte, und die Schaffung eines für das gesamte Staatsgebiet geltenden Rechts, (...).*" (Härtel/Kaufmann 1991: 17).

In diesem Herrschaftsmodell nahm Religion und Religionspolitik eine bedeutende Rolle ein (Todt 2004a: 158). Die Einheit und der Zentralismus des Imperiums sollten sich auch in den Glaubensauffassungen der Bevölkerung manifestieren, welche mit der Tradition des ersten christlichen Konzils von Nicäa 325, und dem dort praktizierten Primat des Kaisers in spirituellen Themen in Einklang gebracht werden sollten (ebd.). Als bedeutendstes Dokument der Rechtskanonisierung, welches prominent die zentrale Rolle der christlichen Religion betonte, gilt der sog. ‚Codex Iustinianus': Eine Ausarbeitung von Rechtsverfügungen, die nach einer Weisung Kaiser Justinians I. ab 529 veröffentlicht und implementiert wurde (ebd.: 21/24).

Der Codex sollte eine Harmonisierung der bisher geltenden Rechtsfestlegungen, sowie neuerer Rechtsauffassungen erbringen. Von den zwölf Bänden befasst sich bereits der erste mit der Legalität von Glaubensauffassungen und der christlichen Kirche (ebd.: 28–47). Hier wurde weniger die Organisation der Kirche, sondern die legitime christliche Doktrin und Abweichungen proklamiert, die Rechte der Kirchen im Staat dargelegt, die Behandlung von Nicht-Christen geregelt, sowie die Beziehung von persönlicher Religiosität und Rechten gegenüber dem Staat behandelt. Hier wurde die Todesstrafe bei der Anwendung von vor-christlichen Riten im Privatleben angedroht (ebd.: 42). Die herausgehobene Position der Regelung religiöser Belange im ersten Buch des Gesetzestextes unterstreicht die Bedeutung, die der Religion in der Herrschaftsausübung beigemessen wurde.

Parallel unterstützte Kaiser Justinian I. ebenfalls den Aufbau von Kirchenstrukturen. Fand zuvor oberhalb der Bistümer während der Phase des institutionellen Aufbaus eine eher lose Zuordnung zu einer jeweiligen Metropolie statt, so strukturierte er diese für das Oströmische Reich und unterstellte sie einem der Patriarchate, die das gesamte Territorium des Reiches abbilden sollten. Sie stellten die oberste Ebene in der Kirchenhierarchie dar: Die vier als antike Patriarchate bezeichneten Zentren von Alexandria, Antiochia, Jerusalem und Konstantinopel. Die Stellung der mittleren Ebene der Bistümer blieb auch nach den Reformen bedeutend – als relativ autonome Einheiten, sowie als Schnittstelle zwischen den Ortsgemeinden und der obersten Kirchenleitung: *„Den Bischöfen wurden große Rechte zugebilligt, das Kirchenvermögen für unantastbar erklärt (...)."* (ebd.: 17). Mit starker ökonomischer Bevorzugung, politisch arrangierter Monopolstellung im religiösen Bereich, und Verquickung mit weltlicher Herrschaft zwischen dem 4. und 6. Jahrhundert trat die christliche Kirche des Oströmischen Reiches in eine neue Phase der Konsolidierung ein. Ihre Hierarchien in den politischen Zentren trugen zum Erhalt der Verbindung zu weltlicher Herrschaft bei (Link 2010: 11) und wurden Mittelpunkte theologisch-geistlicher Bildung und spiritueller Autorität.

Religion als sozialer Gegenstandsbereich stand in dieser Zeitperiode in enger Verbindung mit Naturphänomenen. Die Mitte des 6. Jahrhunderts in Südosteuropa auftretende schwere Pestwelle schränkte die Versuche der Restauration durch Justinian I. erheblich ein und dezimierte die Bevölkerung der Balkanhalbinsel zwischen den Jahren 500 und 650 von ca. 5,5 auf 3,5 Millionen (Kaser 2003: 65). In der Folge kam es zur zweiten Phase der Völkerwanderung im 6. und 7. Jahrhundert in den südosteuropäischen Gebiete des Oströmischen Reiches vor (Lübke 2013: 406). Hier entstanden in der unteren Donauregion zunächst slawische Fürstentümer, bis anschließend proto-bulgarische Gruppen ab 680 unter Asparuch (641–702) ein Staatsgebilde formten (Hösch 2002: 39). Dieses konnte 681 die Anerkennung durch den byzantinischen Kaiser Konstantin IV. (650–685) erreichen (ebd.).

Die kollektiven Identitäten der multiethnischen Bevölkerung des neuen Reiches modifizierten sich sukzessive innerhalb der neuen Herrschaftsstruktur: *„Erst aus der Verschmelzung der protobulgarischen Oberschicht und der Masse der slawischen Bevölkerung ist das slawische Volk der Bulgaren entstanden."* (ebd.). Ebenfalls war der religiöse Hintergrund der Gruppen heterogen: Die Religion der Slawen war generell charakterisiert durch polytheistische Glaubensauffassungen (mit Universum von Götterwesen, Inklusion Natur und Ahnen, Kultausübung im Freien, Zukunftsdeutung) (Lübke 2013: 406). Durch weithin fehlendes Schrifttum und einen starken (auch migrationsbedingten) Wandel können Beschreibungen oft nur für eine begrenzte Regions- und Zeitkombination getroffen werden. Vor-christlichen Glaubensauffassungen der slawischen Gruppen in Südosteuropa wurden durch die sukzessive Übernahme des Christentums im Frühmittelalter nicht gänzlich verdrängt, sondern gingen in der regionalen christlichen Religion auf, oder bestanden parallel zu dieser weiter: *„Die Bekehrten gestanden anderen, mit der Natur verbundenen Phänomenen jenseits der christlichen Lehre häufig auch weiterhin eine Wirkmächtigkeit zu, was insgesamt in weiten Gebieten Osteuropas ein nahezu ein systemhaftes Nebeneinander bewirkte (...)."* (ebd.: 405).

Während des Frühmittelalters ist für die Region Südosteuropa zudem die Begründung der Religion des Islam auf der arabischen Halbinsel relevant, deren Etablierung mit dem Auszug ihres Gründers Mohammed (570–632) aus der Stadt Mekka nach Medina im Jahr 622 gleichgesetzt wird (Bobzin 2015: 95). Mit der siegreichen Schlacht der Umayyaden bei Kerbela im Jahr 680 konnte die Glaubensrichtung unter der Umayyaden-Dynastie innerhalb von 90 Jahren nach dem Tode des Religionsgründers im gesamten Mittelraum erheblich expandieren. Innerhalb dieser Zeit des Expansionsstrebens (661–750) kam es auch zum direkten Kontakt mit Konstantinopel. So willigten die Kaiser

Justinian II. (668–711), Tiberios II. (†706) und Leo III. (680–741) in Friedensschlüsse mit den Umayyaden ein (ebd.: 977).

Zur Mitte des 9. Jahrhunderts erreichte das Erste Bulgarische Reich seine größte Ausdehnung und wurde entscheidender Machtfaktor in Südosteuropa (Hösch 2002: 47). Es folgten intensive Bemühungen aus Konstantinopel, die Bevölkerung des neuen Staates zu missionieren (ebd.: 45/46). Am Ende des Jahrhunderts folgten unter Boris I. (†907) Versuche der Konsolidierung; er sah als Glaubensauffassung zur Einigung der (multiethnischen) Bevölkerung das Christentum vor. Rom als auch Konstantinopel konkurrierten um die Ausrichtung (Todt 2004b: 496), um sich einen gewissen Einfluss auch auf politische Herrschaft zu sichern. Mit seiner Taufe im Jahr 864 wandte sich Boris I. der byzantinisch-orthodoxen Kirche zu (Hösch 2002: 46); ihm nachfolgende bulgarische Herrscher übernahmen diese Praxis. In der Folgezeit wurde mit dem Aufbau slawisch geprägter Kirchenstrukturen begonnen, die zunächst dem Patriarchen in Konstantinopel unterstanden (Todt 2004b: 496). Um die Unabhängigkeit auch des religiösen Bereichs voranzutreiben, setzte Boris ab 870 einen eigenen bulgarischen Erzbischof ein, der noch unter der Aufsicht des Patriarchats von Konstantinopel stand. Sein Sohn Simeon I. (864–927) baute seit 893 ein slawisch-bulgarisches Patriachat auf (Hösch 2002: 46), und setzte ab dem Jahr 919 selbstständig (autochthone) Patriarchen der Kirche ein, die ab 927 vom Ökumenischen Patriarchen in Konstantinopel anerkannt wurden. Diese Schritte ermöglichten vorerst relativ autonome Entwicklungslinien (Todt 2004b: 497).

Extern war die Anerkennung eines unabhängigen bulgarischen Staates mit der Übernahme der Religion des Christentums und der Anerkennung einer autonomen Kirche verbunden, intern wurden materielle (Kirchenbauten) als auch immaterielle (Theologie, Personal) Ressourcen gestärkt, um der neuen Kirche eine eigenständige Basis zu verleihen und sie in der Bevölkerung als spirituelle Autorität, und Bezugspunkt gruppenbezogener Identität zu verankern. So wurde auch das panorthodoxe Universalprinzip, dass eine umfassende Kirche für alle Gläubigen zuständig sei, durch ein politisches Herrschaftsprinzip mit Territorialbindung ersetzt (Sundhaussen 2011: 88).

In der Periode der Etablierung ersten Bulgarischen Reiches unterstützte Boris I. die Versuche der im Byzantinischen Reich anerkannten christlichen Theologen Kyrill (826/827–869) und Methodius (815–885) von Saloniki in der Ausarbeitung eines ‚Kirchenslawisch‘ als Liturgiesprache bei christlichen Riten unter den Slawen Südosteuropas, welchem ein „(...) *altbulgarisches Idiom* (...)" (ebd.: 46) zugrunde lag. Diese Arbeiten wurden fortgeführt von direkten Schülern der beiden Theologen, die Boris I. im Jahr 885 in das Bulgarische

Reich einlud, um eine eigenständige Liturgie und autonome Kirchenstrukturen aufzubauen (Hösch 2002: 146). Unter ihnen waren Naum (um 830–910) und Kliment (um 840–916), die das Kirchenslawische in Richtung einer kanonisierten kyrillischen Schreibweise fortentwickelten.

Im 10. Jahrhundert gelang es Konstantinopel, weite Gebiete vom bulgarischen Reich zurückerobern. So etablierte sich unter dem bulgarischen Zar Samuil I. (958–1014) die Stadt Ohrid im heutigen Nord-Mazedonien als Hauptstadt des Bulgarischen Reiches und Sitz seines Erzbistums. Im Jahr 1018 fällt auch dieses Gebiet an Konstantinopel – davon waren ebenso die Kirchenstrukturen betroffen, die eine Neustrukturierung und Neuausrichtung, sowie in den hohen Amtspositionen eine personelle Hellenisierung erfuhren (ebd.: 51/52).

Bedeutend wurden nun Konflikte zwischen den beiden Großkirchen: Grundlegende Meinungsverschiedenheiten über Zuständigkeiten zwischen dem Patriarchen von Konstantinopel, Michael I. Kerularios (1000–1059), und dem römischen Papst Leo IX. (1002–1054)[52], der seine Autorität über alle Christen ausdehnen wollte, konnten nicht ausgeräumt werden; unter dem Versuch der Einigung trat im Jahr 1054 das sog. ,große' oder ,morgenländische' Kirchenschisma ein (Bayer 2002: 63–106). Weiterhin für Konstantinopel bedeutend war der Konflikt mit den muslimischen Seljuken in Vorderasien (Finkel 2005: 3), die ab 1071 dem Imperium bedeutende militärische Niederlagen beibrachten.

Ab diesem Zeitpunkt konnten sich Turkvölker in der Region Anatolien ansiedeln, welche die Ostgrenze des byzantinischen Reiches sukzessive in Richtung der Hauptstadt Konstantinopel verschoben. Der bedrängte byzantinische Kaiser Alexios I. Komnenos (1057–1118) rief aufgrund der Entwicklungen die weltlichen und geistlichen Führer der mittel- und westeuropäischen Staaten auf, ihm militärische Unterstützung zur Verfügung zu stellen. Als Reaktion organisierte der römisch-katholische Papst Urban II. (1035–1099) zwischen 1096 und 1099 den ersten Kreuzzug nach Jerusalem, der zwar das primäre Ziel, Muslime aus der Stadt und der Region zurückzudrängen, teilweise erreichte, auf der anderen Seite jedoch ebenfalls eine erhebliche Schwächung Konstantinopels mit sich brachte (ebd.: 4). Die enge Verzahnung

---

52 Bruno von Egisheim-Dagsburg, Adliger aus dem Elsass, Verwandter des römisch-deutschen Kaisers Heinrich III. (†1056), der ihn 1048 auf dem kaiserlichen Hoftag in Worms zum Papst wählen ließ (Bayer 2002: 72).

von Religion und Politik[53] blieb bestehen – auch die nachfolgenden[54], formal die Eroberung Jerusalems als Ziel, hinterließen als prägende Auswirkung in Südosteuropa die Verkleinerung des Machtbereichs Konstantinopels. So konnte sich durch die Schwächung im Jahr 1186 ein zweites bulgarisches Staatsgebilde gründen. Dieses, obwohl christlich, schwächte die Kreuzzüge und behauptete sich unabhängig von Konstantinopel bis zum Mongoleneinfall 1242 (Hösch 2002: 67). In dieser kurzen Periode kann von dem Versuch einer Re-Bulgarisierung/Re-Slawisierung der Kirchenstrukturen und christlichen Inhalte auf dem betroffenen Gebiet ausgegangen werden. Hier kam es zum vierten Kreuzzug, der im August 1204 mit der Einnahme und Zerstörung Konstantinopels durch römisch-katholische Kreuzfahrer und Soldaten der Republik Venedig endete. Somit wandten sich die Kreuzzüge, entgegen proklamierter Ziele, nicht allein gegen islamische Herrscher, sondern ebenso gegen christlich-orthodox geprägte Machtbereiche. Trotz Zurückeroberung der Stadt im Jahr 1261 (Finkel 2005: 3) konnte das Reich bis 1453 nicht zu vorheriger Größe aufschließen.

Der Untergang des Bulgarischen Reiches und die Schwächung Konstantinopels im 13. Jahrhundert ermöglichte die Expansion weiterer slawischer Reiche, wie dem serbischen. Dessen Herrscher waren seit dem späten 9. Jahrhundert christianisiert, und vom Bulgarischen Reich und Konstantinopel anerkannt (Hösch 2002: 57). Demnach kommt es nach einem allmählichen Aufbau im Jahr 1219 zur Gründung eines autokephalen serbischen Erzbistums unter dem serbischen König Stefan Nemanjić (1165–1228) und seinem Bruder Rastko Nemanjić (genannt Sava; 1174–1236) (ebd.: 65). Mit Blick auf die Bevölkerung der serbischen Gebiete ist davon auszugehen, dass eine Pluralität der Glaubensformen herrschte, und sich regionale Spezifika erhielten (‚Proto-Christentum‘). Die Schwäche Konstantinopels und Bulgariens führte zu einem kurzen Aufstieg Serbiens zur Großmacht in Südosteuropa unter Stefan Uroš IV. Dušan (1308–1355), das nach seinem Tod rasch zerfiel. Die serbischen Herrscher folgten in Staatsverwaltung, Hofzeremoniell, und offizieller Religion dem byzantinischen Muster.

---

53 Von der Seite der Religion diente der Aufruf als Behauptung des Primats des Papsttums der christlich-katholischen Kirche über a) die heterogene und intern zerstrittene weltliche Herrscherstrukturen und -akteure in West- und Mitteleuropa (Munro 1902: 242), sowie b) über die byzantinisch-orthodoxe Kirche in Konstantinopel. (Die antiken Patriarchate Alexandria, Antiochien und Jerusalem lagen 1095 in Gebieten islamischer Herrscher.)

54 Zweiter Kreuzzug: 1147–1149, Dritter Kreuzzug: 1189–1192, Kreuzzug Heinrichs VI.: 1197–1198.

Das Territorium Konstantinopels beschränkte sich in der ersten Hälfte des 14. Jahrhunderts noch auf Teile Thrakiens, Mazedoniens, des Peloponnes, und auf einiger Inseln. Auf dem Territorium Anatoliens etablierte sich parallel das Fürstentum unter Osman I. (1258–1326) und dessen Sohn Orhan I. (1281–1359). Sie und ihre Nachfolger erweiterten das ihr Reich bis nach Südosteuropa und konnten es dort mit der Schlacht an der Mariza (1371), der Schlacht auf dem Amselfeld (1389) und der Eroberung Konstantinopels (1453) festigen.

Im Überblick war die Identität der Bevölkerung des Oströmischen Reiches von lokalen Bezügen dominiert; in den Städten entwickelte sich zusätzlich unabhängig vom multiethnischen Hintergrund eine Identität als Angehörige des Reiches. So geht die historische Forschung in einer Zusammenfassung von Konstantinopel „(...) *als Synthese aus römischen Staatswesen, griechischer Kultur und christlich-orthodoxen Glauben (...)*" (Todt 2004a: 156) aus. In der Kernzeit des Reiches (395–1204) waren weltliche Macht und staatlich geförderte Religion eng miteinander verwoben, stellten sich gegenseitig Legitimität, und verfolgten demnach vielfach deckungsgleiche Ziele. Weiterhin war der Kaiser in einer dominanten Stellung, da er zentralen Zugriff auf die kirchliche Verwaltung, Rechtsprechung und die Besetzung von Positionen (so z.B. Patriarch von Konstantinopel) besaß (ebd.: 158). Einige Kaiser verfassten gar Verordnungen über Liturgie, Kirchenlieder, und theologische Denkschriften (Justinian I.; Maier 1973: 35/63). Diese Merkmale zeugen von einer ‚Symphonie‘ in der Beziehung von Religion und Politik, und einem ‚Caesaropapismus‘, da Religion hier keine „(...) *Herausforderung an die Macht (...)*" (Linz 1996: 138) darstelle.

Auf der anderer Seite war auch ein gewisser Grad an Autonomie der Kirche gegenüber dem Kaiser gegeben. So stellten seine theologischen Denkschriften nicht ausschließlich gesetzesähnliche Verordnungen dar; dies zeigt die auch begrenzte Reichweite des Kaisers im religiösen Bereich: „(...) *doch scheiterte er, wenn er eigenmächtig das Dogma der Kirche zu bestimmen versuchte, so daß von Caesaropapismus in B. keine Rede sein kann.*" (Todt 2004a: 158). In dieser Argumentationslinie wird von der historischen Forschung an anderer Stelle betont, „(...) *der geläufige Begriff des Cäsaropapismus ist eine ebenso unhistorische Perspektive wie die Reduktion der das Reich erschütternden Glaubensstreitigkeiten auf bloße politische Konflikte. Nach der (...) theologischen Lehre war der Kaiser nicht das mit unumschränkter Verfügungsgewalt ausgestattete Haupt der Kirche; er besaß weder priesterliche Würde noch Lehrgewalt.*" (Maier 1973: 35). So unterschied Justinian selbst zwischen Priester- und Kaisertum als unabhängige, jedoch überlappende Sphären der Gesellschaftsordnung (ebd.), die auch von den damaligen

Akteuren eher als autonome Sphären mit „(...) *untrennbarer Verflechtung* (...)"
(ebd.: 63) angesehen wurden.

3.1.2 Politik und Religion in Mitteleuropa vor 1400 (Slowenien)

Nach der größten Ausdehnung im 1. bis 3. Jahrhundert dezimierten sich
die Territorien des Römischen Reiches, und die Grenzen zu nord-östlich
gelegenen Herrschaftsgebieten anderer Stammesverbände verschob sich zu
Beginn des 5. Jahrhunderts westwärts auf die beiden Provinzen *Noricum* und
Pannonia (Superior), die auf dem Gebiet des heutigen Sloweniens lagen. Die
Autorität der Herrscher in Rom schwand, und die Sicherung der Westgrenze
unterstand dem oströmischen Imperium. In der Region verliefen bedeutende
Handelsrouten, und aufgrund der Lage wurde bereits im 3. Jahrhundert
zwischen den Julischen Alpen und Istrien an der Adria ein starkes militärisches
Verteidigungssystem mit Festungen und Wachtürmen (,*Claustra Alpium
Iuliarum*') errichtet. In den Territorien wurden ebenso die Widersprüche
innerhalb des Reich offenbar: Hier fand 394 zwischen den heutigen Städten
Ajdovščina und Vipava die Schlacht zwischen Eugenius (345–394) und dem
oströmischen Kaiser Theodosius I. statt, mit der das Christentum Staatreligion
in beiden Reichshälften wurde.

Mit der Völkerwanderung kamen im 5. und 6. Jahrhundert Gruppen in
die Region, welche grob den Langobarden zugeordnet werden. Auch diese
Stammesverbände beinhalteten Gruppen unterschiedlicher Herkunft, die sich
den Wanderungsbewegungen anschlossen. Sie stießen unter ihrem Anführer
Audoin (†565) in den Jahren 546/47 zunächst in Gebiete der heutigen Staaten
Österreich, Ungarn, und Slowenien vor und siedelten dort; sie drangen
auf Raubzügen an der östlichen Adria auch bis in Gebiete im heutigen
Albanien vor. Der Sohn Audoins, Alboin (526–572), überschritt entgegen
den Vereinbarungen mit Konstantinopel 568 die Reichsgrenze durch das
Vipava-Tal und eroberte weite Teile Norditaliens (Maier 1973: 72). Zu Beginn
der Eroberungen war Alboin nach der Aufnahme von gotischen Gruppen
und ihrer religiösen Gelehrten in seinen Stammesverband zum christlichen
Arianismus übergetreten (Sanfilippo 2014: 609). Damit band er einen Teil der
zu seinen Anhängern zählenden Goten an seine Herrschaft; möglicherweise
diente dies ebenso der bewussten Abgrenzung zum römisch-katholischen und
orthodoxen Christentum der Widersacher in Rom und Konstantinopel.

Die Verbände der Langobarden waren zuvor nicht-christlichen
Glaubensauffassungen gefolgt und wandten sich nun mit ihrem Eintritt

in Italien einer konkurrierenden Richtung des Christentums als des dort etablierten, römisch-katholischen zu. Demnach wurden die materiellen Güter der Römisch-Katholischen Kirche in den betreffenden Gebieten weitgehend geplündert und das religiöse Personal verfolgt (Middleton 2015: 539/540). An den Orten, die in der Hierarchie der Römisch-katholischen Kirche besondere Bedeutung hatten, bauten die neuen Machthaber anschließend ihre ersten eigenen christlich-religiösen Zentren auf. Ein bedeutendes Beispiel ist das nordostitalienische Aquileia, das zuvor als römisch-katholischer Bischofssitz und Patriachat nach Rom, Antiochia, Alexandria, Mailand und Pompeji eines der wichtigsten Städte des Reiches war (auch Cividale del Friuli). Die nachfolgenden Könige der Langobarden traten offiziell zur römisch-katholischen Konfession über, welches zum Ableben des Arianismus führte (Sanfilippo 2014: 609). Das Königreich in Norditalien zerfiel in konkurrierende Fürstentümer, die bis 774 in das Reich der Franken eingegliedert wurden.

In der Zeit des Übergangs von Spätantike zu Frühmittelalter etablierte sich nordwestlich der Alpen das Reich der Franken, welches unter der Dynastie der Merowinger zu einem Machtfaktor in Europa aufstieg. Bereits um das Jahr 496 ist der Übertritt des ersten Frankenkönigs Chlodwig I. (466–511) zum Christentum römisch-katholischer Prägung dokumentiert (Malaspina 2014: 563), dessen Königswürde mit diesem Schritt auch vom Bischof von Rom und damit dem Oberhaupt der Römisch-Katholischen Kirche anerkannt wurde. An dieser Stelle beginnt die sukzessive Abkehr der sich nun Päpste nennenden Bischöfe von Rom von den Kaisern in Konstantinopel und eine sukzessive Hinwendung zum erstarkenden Frankenreich, auch wenn Chlodwig I. in Anerkennung der Stellung des oströmischen Kaisers auch um dessen Legitimation rang; ein Anliegen, welches 491 unter Kaiser Anastasius I. (430–518) gelang. Nach der Übernahme des fränkischen Königtums durch die Dynastie der Karolinger in der Mitte des 8. Jahrhunderts unter Pippin III. (714–768) wurde die enge Bindung an den Papst in Rom übernommen – dieser legitimierte damit die Machtübernahme im Frankenreich durch eine andere Herrschaftsdynastie. So wandte sich der Papst in Rom in der Mitte des 8. Jahrhunderts verstärkt dem Frankenreich zu.

Der Sohn Pippins III., Karl I. (auch Karl der Große), erweiterte die Territorien des Reiches in Mitteleuropa ab dem Beginn seiner Regierungszeit 768 bedeutend, indem er gegen die Stammesverbände der Sachsen und Slawen vorging (Becher 2013: 321). Um seine Herrschaft unter der Bevölkerung in den eroberten Gebieten zu festigen, ließ er die religiösen Symbole der autochthonen Bevölkerung zerstören und setzte auf eine z.T. äußerst gewaltsame Missionierung (ebd.: 325), die mit der Taufe der Stammeshäupter und mit der Ausweitung der Kirchenstrukturen der Römisch-Katholischen Kirche einherging (siehe Gründungen Bistümer Osnabrück 772, Bremen 787, Paderborn und Verden 799, Hildesheim und Münster 800, Minden 812; Cheney 2019). Demnach wurden die Gebiete auch in das (politische, informationelle, und ökonomische) Netzwerk der Kirche eingegliedert. In der weiteren Entwicklung verdrängte er 774 die Fürstentümer der Langobarden im nördlichen Italien endgültig, gliederte Teile der Territorien dem fränkischen Herrschaftsbereich an, und überließ die weiteren Gebiete dem päpstlichen Kirchenstaat. Die Übertragung ehemaliger Gebiete der Langobarden an die päpstliche Herrschaft, sowie die Christianisierung weiter Teile Mitteleuropas bildeten den machtpolitischen Hintergrund, vor dem Karl der Große im Jahr 800 von Papst Leo III. (750–816) zum Kaiser des Heiligen Römischen Reiches erhoben wurde.

Wird auf den Raum des heutigen Sloweniens fokussiert, so wurden dieser im 6. und 7. Jahrhundert von Slawen besiedelt, die sich nach dem Untergang des Langobardenreiches 774 „(…) *insbesondere eines starken fränkischen Zugriffs aus Nordwesten (…)*" (Hösch 2002: 43) ausgesetzt sahen. Slawische Stämme im südöstlichen Alpenraum hatten sich im Herzogtum Karantanien zusammengefunden, welches nach Auseinandersetzungen mit dem Herzogtum Baiern diesem im Jahr 772 tributpflichtig wurde (ebd.). Karl I. ordnete das Herzogtum Baiern spätestens nach der Verbannung des bairischen Herzogs Tassilo III. (741–796) im Jahr 788 seinem Reich zu; ab 803 erhielt die Region die Bezeichnung ,Karantanische Grenzmark' (ebd.) Im Jahr 976 ordnete Kaiser Otto II. (955–983) die Gebiete der südöstlichen Alpen neu, und gründete hier ein eigenständiges Herzogtum Kärnten. Seit der Periode der Aufteilung des Reiches Karls des Großen unter seinen Nachfolgern im 9. und 10. Jahrhundert kann (bis 1918) davon ausgegangen werden, dass die mehrheitlich slawische Bevölkerung des Gebietes unter ostfränkischer Dominanz stand, die ab der Zeit der Ottonen eine deutschen Identität annahm, und die sich dauerhaft in der Elitenstruktur der Region (politisch, ökonomisch, religiös) zeigte.

Ausgehend vom Verständnis Karls des Großen als erstem weltlichen Herrscher in Mitteleuropa und (gewaltsamen) Missionar des christlichen, römisch-katholischen Glaubens (Becher 2013: 322) kann davon ausgegangen werden, dass unter ihm und seinen Nachfolgern die Bevölkerung der fränkischen Gebiete einer strikten Christianisierung ausgesetzt war. Für mehrheitlich slawisch besiedelte Randterritorien ist hier ein differenziertes Bild zu zeichnen (Schieffer 2013: 48): Anfänglich wurden slawische Fürsten mit eigenen Glaubensauffassungen als Lehnsherren unter den Franken noch akzeptiert. Auch wenn sie sich sukzessive dem Christentum zuwandten, so liegt für die Formen der Religiosität in der slawischen Bevölkerung (so auch im Gebiet des heutigen Sloweniens) zu Beginn des 9. Jahrhunderts die Vermutung nahe, dass in der Praxis öffentlich dem Christentum nachgegangen wurde, jedoch im Privaten auch andere Elemente genutzt wurden (Hrovatin / Štular 2002).

Dies bezeugen historische Quellen (‚*Conversio Bagoariorum et Carantanorum*‘ von 870; Wolfram 1979), die eine mühsam zu erreichende Christianisierung der Stammesverbände der Baiern und der slawischen Karantanen beklagen (Wolfram 1995: 7). Demnach kann auch im Fall der Slawen im Fürstentum Karantanien im 9. Jahrhundert nicht ausschließlich von einem ‚Nebeneinander‘ von Christentum und nicht-christlichen Glaubensauffassungen ausgegangen werden, sondern von einer gegenseitigen Verschränkung, die sich in der Praxis in synkretistischen Auffassungen spiegelte, und regionale Besonderheiten verarbeitete: So wurden christliche Elemente in ‚pagane‘ Religionsauffassungen eingebunden (Hrovatin / Štular 2002: 52); auf der anderen Seite fand das Christentum durch die Inkorporation vor-christlicher Elemente eine regional-spezifische Prägung (Rouček 1949: 905).

Religion und Politik wurden unter Karl dem Großen und seinen Nachfolgern der Karolinger-Dynastie eng verbunden. Dies galt für die lokale und die übergeordnete zentrale Administration der Kirche, um Herrschaft in den neu gewonnen Regionen zu festigen. Er baute Kirchen und Klöster, Bildungseinrichtungen für den Klerus und die Verwaltung (Ketterer 1898: 192), berief Synoden ein (Frankfurt 794; Hartmann 2015), und bestimmte generelle Richtlinien im Aufbau der Kirche (Ketterer 1898: 184/185). So wurden die hohen Kirchenämter auf das Bischofsamt zentralisiert, diese mit loyalen Gefolgsleuten besetzt (ebd.: 178), die Bistümer durch Schenkungen und Übertragungen mit großem Landbesitz ausgestattet, und damit ökonomisch abgesichert (ebd.: 205). Weiterhin ließ Karl der Große theologische Überlegungen verlautbaren, die nach seinem Empfinden im Einklang mit seiner politischen Machtstellung in Europa standen, und diese Rolle nach außen dokumentieren sollten[55].

Die Nutzung durch das Politische mündete auf der Seite der Religion in ihre ‚Verweltlichung‘: a) Nördlich der Alpen im Heiligen Römischen Reich als sog. ‚geistliches Reichsfürstentum‘ (Wünsch 2000: 270) (Einrichtung Fürstbistümer mit Bischof als weltlichem Landesherrn), sowie b) südlich der

---

55 So führte u.a. das VII. Ökumenische Konzil von Nicäa 787 zur Herausgabe von theologischen Denkschriften Karls des Großen (‚*Capitulare contra synodum*‘, ‚*Libri Carolini*‘) (Hartmann 2015).

Alpen mit der Etablierung eines Kirchenstaates, der seit der 756 bis zur Einigung Italiens 1870 große Territorien umfasste.

Seit Karl dem Großen sahen sich die Könige und Kaiser als Schutzmacht der Institutionen der Kirche, und versuchten teilweise, direkten Einfluss auf die organisatorische Führung zu nehmen (Einsetzung Päpste, Bischöfe). In den nachfolgenden Jahrhunderten wurde die Praxis insbesondere von der individuellen Herrschaftsführung geprägt und unterschied sich oft stark von den Vereinbarungen mit dem Papst. Seit Otto I. (912–973) wandelte sich das ostfränkische in das Heilige Römische Reich (HRR). Die Verschränkung des weltlich-herrschaftlichen mit dem religiösen Bereich spiegelte sich bei ihm zunächst in seinem Bruder Brun von Sachsen (925–965), der seit 940 Kanzler, und anschließend 953 bis 965 Erzbischof des politisch und ökonomisch bedeutenden Erzbistums von Köln war (Cheney 2019). Weiterhin wurden bedeutende Positionen in der Kirche mit Vertrauten besetzt, um Loyalität dieses Bereiches zu sichern (Wünsch 2000: 267) – in dieser Periode stand das Königtum formal zur Wahl (Praxis eher Bestätigung Erbfolge durch Adel), und die Stimmen des Klerus' bildeten einen wesentlichen Anteil (ab 13. Jahrhundert drei von sieben Stimmen)[56]. Weiterhin implementierte Otto I. Reformen, sodass der nahe an ihm verortete Hofklerus die Bildung der zukünftigen hohen geistlichen Würdenträger des Reiches übernahm. So setzte er auch auf den Klerus zur Machtsicherung der Dynastie (Garland/Garland 2005c).

Trotz Vollmachten durch den Papst seit 962 konnte Kaiser Otto I. nicht allein über die Besetzung der Bischofsämter befinden. Dennoch war bei der Vorauswahl der Bischofskandidaten sein hoher Einfluss spürbar, da eine strenge Selektion bei der Aufnahme in die theologischen Bildungseinrichtungen vorlag und Mitglieder des Adels bevorzugt wurden, die in naher Position zum Herrschaftshaus standen (Wünsch 2000: 267). Die Verbindungen wurden weiterhin gefestigt, da die Römisch-Katholische Kirche aus der Masse der neu eroberten Gebiete Zuwendungen wie Land, und weitgehende Rechte (Zoll, Markt) erhielt (Schieffer 2010: 292). Diese banden sie eng an den Herrscher mit den Pflichten, theologische Legitimation und materielle Güter (auch bewaffnete Truppen) zu stellen.

---

56 Seit Konrad I. (König Ostfrankenreiches seit 911) stand die Teilnahme an der Wahl allen Reichsfürsten zu. Mit der Goldenen Bulle Karls IV. (1316–78) 1356 wurde der Kreis auf sieben Kurfürsten eingegrenzt (Garland/Garland 2005a). Im Jahr 1692 fand eine Erweiterung auf neun Kurfürsten statt (Garland/Garland 2005b). Nach der Goldenen Bulle waren die sieben Kurfürsten die Erzbischöfe von Trier, Köln und Mainz, der König von Böhmen, der Pfalzgraf am Rhein, der Herzog von Sachsen-Wittenberg, sowie der Markgraf von Brandenburg (ebd.).

Dem lag das Herrschaftsverständnis zugrunde, durch persönliche Präsenz in den Regionen des Landes Autorität zu erlangen, welches durch die persönliche Rechtsprechung des Königs zum Ausdruck kam: „(...). *Herrschaft vollzog sich im Raum.*" (ebd.: 106). Hier stand Mobilität, die die Gerichtsbarkeit, das Militär, sowie die Staatsverwaltung (und deren Familien) mit sich führte (ebd.: 107). Der Regierungsstil benötigte ausreichend ausgestattete Stützpunkte: So wurden in dieser Periode Kaiserpfalzen als Ausdruck der Macht und pragmatische Niederlassungen gegründet, vielfach an Bischofssitzen der Römisch-Katholischen Kirche; oder mit neuen Bischofssitzen[57]. Aufgrund der geringen Mobilität, dem Leben in kleinen Siedlungen, und der Abwesenheit von König, Bischof, und königlichen Lehnsherren waren im Alltag der Bevölkerung einzige ‚Scharniere' zu höheren Organisationsformen die christlichen Ortsgemeinden (Sundhaussen 2011: 87), mit dem lokalen Pfarrer als Repräsentant. So spiegelten sich in den spezifischen religiösen Verhältnissen vor Ort auch oft das persönliche Verhalten und die Vernetzung der lokalen geistlichen Würdenträger.

Das System der engen Bindung von der Dynastie der Salier fortgesetzt, sodass eine relativ geordnete Beziehung zwischen weltlichem und religiösem Bereich entstand, die als sog. ‚ottonisch-salisches Reichskirchensystem' beschrieben wurde (Santifaller 1954). In der zeitgenössischen historischen Forschung werden die einzelnen Etappen dieser Epoche differenzierter betrachtet und Unterschiede zwischen Herrschaftsstilen der einzelnen Regenten betont, welche die Beziehungen zwischen weltlicher Macht und Römisch-Katholischer Kirche nicht mehr als festes System erscheinen lassen (Schieffer 2010: 293). Als Konsensstandpunkt gilt: „*Gegenüber der Karolingerzeit zeigt sich in der Zeit der Ottonen und Salier zunächst eine noch erheblich intensivierte Verwendung der Bischöfe im Reichsdienst (...). Bereits die Ottonen vollzogen eine (...) ‚Einstaatung' der Kirche. (...) Begriff ‚Reichskirchensystem' scheint brauchbar, um den Qualitätssprung (...) zu markieren.*" (Wünsch 2000: 266).

Bereits unter der Dynastie der Salier, die zwischen 1024 und 1125 die römisch-deutschen Könige stellten, kam es zu schwerwiegenden Auseinandersetzungen mit dem Papsttum um gegenseitige Dominanz im religiösen Bereich. Bezeichnend dafür war der sog. ‚Investiturstreit' (Zey 2017: 50ff.), bei dem Papst und Kaiser um das Recht der Einsetzung der Bischöfe auf dem Gebiet des Heiligen Römischen Reiches in Mitteleuropa stritten, und der

---

57 Siehe nord-östliche Grenzregionen: Neue Bistümer 946 in Halberstadt, Havelberg; 948 in Brandenburg, Schleswig; 968 in Magdeburg, Meißen, Merseburg, Zeitz; 972 in Lübeck; 992 Mecklenburg (Cheney 2019).

im Dezember 1076 in ein Treffen des römisch-deutschen Königs Heinrich IV. (1050–1106) mit Papst Gregor VII. (1015–1085) mündete (sog. ‚Gang nach Canossa‘) (ebd.: 61ff.). Hier erkannte Heinrich IV. die Hoheit des Papstes bei der Investitur (der Ausstattung) der Bischöfe an, um Jahre später, nach der Festigung seiner Machtstellung, den Papst abzusetzen, die Privilegien wieder zurückzunehmen, und sich 1084 von dem ihm selbst eingesetzten Gegenpapst Clemens III. (1029–1100) in Rom zum Kaiser krönen zu lassen (ebd.: 67/71). Der Investiturstreit wurde letztlich mit dem Wormser Konkordat von 1122 beendet, in welchem Kaiser Heinrich V. (1081–1125) sein Verzicht auf das Recht zustimmte, Bischöfe in ihr Amt einzuführen. Auf der anderen Seite wurde ihm das Recht gewährt, dass die Bischofswahlen nur in seiner Gegenwart abgehalten werden (Garland/Garland 2005d). Dieser Kompromiss befriedete und entspannte die Beziehung zwischen Papsttum und deutschen Herrschern nachhaltig (Zey 2017: 110).

Auf der Makro-Ebene der Beziehung von Herrschaft und Religion prägten in der Folgezeit die Kreuzzüge (ab 1095 erster Kreuzzug), sowie die Abnahme der Durchsetzung der Herrschaft des König- und Kaisertums (ab dem 12. Jahrhundert) die Verhältnisse. So erstarkte die Macht der Fürsten im Gefüge des Heiligen Römischen Reiches (sog. ‚Territorialisierung‘ der Herrschaft) (Jendorff 2007: 219/220, Müller-Mertens 2009: 92).

In Zusammenfassung[58] für die hier im Fokus stehenden Gebiete des heutigen Sloweniens vor 1400 ist zunächst die Gesellschaftsstruktur zu betonen, die eine durch den Feudalismus geprägtes Ständewesen aufwies, der für die überwiegende Mehrheit der Bewohner sehr geringe soziale und physische Mobilität bedeutete. Damit verbunden war ein monarchistisches Herrschaftskonzept, welches eine durch die Lehensvergabe des Königs und die territorialen Lehnsherren geprägte hierarchische Beziehung zwischen den Mitgliedern der Stände verfasste, bei denen die große Mehrheit der Bevölkerung dem untersten Stand der (rechtlosen) Bauern angehörte (Scott 2015a). Dies bedeutete in den sich in dieser Periode bildenden Herzogtümern Krain und Steiermark eine deutsche Herrschaftsdominanz bei mehrheitlich bäuerlicher slowenischer Bevölkerung.

Zentren der Herrschaft, vielfach mit Klöstern verbunden, etablierten sich auch auf dem Gebiet des heutigen Sloweniens in dieser Periode: Das

---

58 „*Die Literatur (…) ist schier überwältigend. Die Quellenlage kennzeichnet, daß kontroverse, konträre Interpretationen in einem besonderen Maße nebeneinander bestehen (…).*" (Müller-Mertens 2009: 52).

Zisterzienserkloster Kostanjevica, die Klöster Žiče und Pleterje, und Marija Pomagaj Brezje.

3.2 Religion und die Großreiche in Südosteuropa 1400–1918

Das 14. Jahrhundert bedeutete für die Bewohner der beiden im Fokus der Studie stehenden Regionen vielfältige Veränderungen, die für fünf Jahrhunderte bis zum Beginn des Ersten Weltkrieges Herrschafts- und Gesellschaftsstrukturen, sowie die Beziehungen des Religiösen prägten. In Mitteleuropa konnte das Königshaus der Habsburger das Herzogtum Krain in die ihnen unterstellten Gebiete eingliedern, in Südosteuropa war diese Periode geprägt vom Niedergang Konstantinopels und der Etablierung des Osmanischen Reiches.

3.2.1 Das Osmanische Reich und die Regionen Albaniens und (Nord-)Mazedoniens

Das Osmanische Reich geht zurück auf ein expansionistisches Fürstentum unter Osman I. Gazi (1258–1324), der heute als Gründer und erster personeller Referenzpunkt des späteren Imperiums benannt wird (Matuz 1985: 31). Osman I. Gazi traf grundlegende Maßnahmen, die eine Entwicklung des Fürstentums zur Großmacht ermöglichten: Nach internen Reformen des Gründers legten die Angehörigen seines Herrschaftsverbandes die nomadisch geprägte Lebensführung nun endgültig ab, bauten eine (proto-)staatliche Verwaltung mit strukturiertem Schrifttum auf (Matuz 1985: 31/32), und errichteten weiterhin strategisch bedeutende, feste Militärbasen, um ihr Herrschaftsterritorium abzugrenzen (Hoyland 2004: XIV). Mit der Sesshaftigkeit implementierte Osman I. Gazi das für die Gesellschaftsstrukturen bedeutende Timar-System, welches die Aufteilung von Land, und damit den sozio-ökonomischen Stand seiner Untertanen regelte (Matuz 1985: 31).

So konnte das Herrschaftsgebiet des Osmanischen Reiches in den letzten Dekaden des 13. Jahrhunderts um das Zentrum im nord-westlichen Anatolien stetig erweitert werden, bis es im Westen an das byzantinischen Reich grenzte: Erste militärische Auseinandersetzungen zwischen dem aufstrebenden Fürstentum und der Großmacht sind für 1301 dokumentiert (Finkel 2005: 5). Die Frühphase des Osmanischen Reiches war von der Konkurrenz zu anderen islamischen Fürstentümern in Anatolien und im

Nahen Osten geprägt (u.a. Karesi, Germiyan, Candar). Die Quellenlage zu diesen Auseinandersetzungen ist heute unzureichend, da vor den erwähnten Reformen am Beginn des 14. Jahrhunderts traditionell nur mündliche Vertragsschlüsse und Überlieferungen vorherrschend waren. Demnach war die Übernahme eines strukturierten Schrifttums innerhalb des Aufbaus einer organisierten Staatverwaltung auch das ‚Schreiben von Geschichte' (ebd.) durch die Osmanen für die Region.

Die Gründe für die nachfolgende erfolgreiche Expansion waren vielschichtig: Als erster Faktor ist militärische Expertise aus den zahlreichen bewaffneten Konfrontationen zu nennen. Daneben standen jedoch die nicht minder bedeutenden Punkte wie die für die damalige Zeit weitreichende Anerkennung auch von Christen und Juden in den eroberten Gebieten, und zudem die Strategie, zuerst ländliche Gebiete zu okkupieren, und hier Ressourcen und Infrastruktur zu nutzen. So konnten sie neben verbesserter Ausstattung des Militärs große Verluste bei Angriffen auf stark befestigte Siedlungen vermeiden (Matuz 1985: 30).

In der öffentlichen Identität verbanden sich die Monarchen des Osmanischen Reiches spätestens seit Osman I. Gazi zur Legitimation und Absicherung ihrer Herrschaft eng mit dem sunnitischen Islam, und der islamischen hanafitischen Rechtsschule[59] (Esposito 2003d), sowie mit den in ihrem Herrschaftsbereich definierten und ausgestalteten Regeln dieser Glaubensauffassungen. So proklamierte sich Osmans Sohn Orhan I. (1281–1362) nach der Übernahme der Herrschaft 1324 nicht nur erstmals als Sultan (muslimischer, weltlicher Fürst mit weitreichendem Territorium und islamischer Rechtsprechung), sondern zusätzlich als ‚Verteidiger und Meister des Glaubens' (Finkel 2005: 10). Diese Identitätsfestlegungen waren zu dieser Zeit in der Region weit verbreitet: Konkurrierende, islamisch geprägte Herrscher in Anatolien und angrenzenden Gebieten nahmen ebenfalls gleichnamige Titel an. Die beschleunigte Entwicklung des Fürstentums der Osmanen begründete sich in der neukonfigurierten Verbindung von Herrschaft, Gesellschafts- und Militärstruktur, islamischer Religion, sowie dem sich etablierenden Schrifttum, welches u.a. das älteste, noch erhaltene Schriftstück der Osmanen aus dem Jahr 1324 (ebd.: 325) zeigt, sowie die älteste

---

59 Benannt nach Abu Hanifah al-Numan ibn Thabit ibn Zuta (699–767), tätig in der Übergangszeit von Umayyaden zu Abbasiden-Dynastie im arabischen Raum, dessen Theologie auf eine Kombination von islamisch-traditionellen, humanistischen und weltlich-rationalen Ansätzen zielte (Esposito 2003a).

Moschee mit osmanischen Inschriften aus dem Jahr 1333 in der Stadt Iznik (Nicäa; 1330 erobert; ebd.: 7).

Die Expansion und die damit verbundenen Kriege unter Osman I. können aus heutiger Sicht nur teilweise als mit religiösen Motiven ausgestattet angesehen werden: Auf der einen Seite war der Glaube des Individuums an diesseitig wirkende, transzendente Mächte auf einem hohen Niveau, und demnach Auseinandersetzungen zwischen Gruppen unterschiedlicher, aber auch ähnlicher Glaubensauffassungen von der jeweiligen Elite mit religiöser Komponente versehen (‚Kampf um richtigen Glauben'). Auf der anderen Seite waren politische und ökonomische Gründe der Steigerung der eigenen Ressourcen in nahezu allen Fällen der Auseinandersetzung zentrale Elemente der Motivlage der Expansion (ebd.) – auch wenn überliefert ist, dass Osman I. Gazi als frommer Muslim den Glauben öffentlich in den Mittelpunkt seiner Eroberungspolitik stellte („[…] den Islam mit Waffengewalt zu verbreiten.“; ebd.: 29). Eine ähnlich differenzierte Struktur der Motivlage dürfte in der Periode des 13. und 14. Jahrhunderts ebenfalls bei anderen Mächten des südosteuropäischen Raumes im Streben um Ausweitung des Herrschaftsbereiches vorgelegen haben, so dass der homogenisierende Begriff ‚Heiliger Krieg' (damals wie aktuell prominent verwendet) allein eine Seite der Aspekte betont, und demnach aus wissenschaftlicher Sicht zur Beschreibung wenig angebracht ist.

Trotz der engen Bindungen zwischen Herrschaft und Religion nahm die Osmanen in der Expansionsphase ab dem 14. Jahrhundert hinsichtlich anderer im Koran erwähnter Glaubensauffassungen, und hinsichtlich der facettenreichen Interpretationen innerhalb des Islam selbst eine eher tolerante Haltung ein. Das Reich wurde auf Grundregelungen der Religion des Islam gegründet; die Osmanen ließen in der Praxis eine für damalige Verhältnisse breite Auslegung in der Tradition der hanafitischen Schule (Esposito 2003d) zu, die offensichtlich auch mit ihren eigenen, individuellen Präferenzen in enger Verbindung standen: *„The Ottoman Sultans who followed Orhan were invariably affiliated to one of the dervish orders: coexistence and compromise between different manifestations of religious belief and practice is one of the abiding themes of Ottoman history."* (Finkel 2005: 9). Dies bestätigt auch die Gründung zahlreicher Wohn- und Gebetsstätten islamischer Derwisch-Orden, sogenannter ‚Tekken', durch Sultan Orhan I., welche durch die strategische Aufstellung in neu eroberten Territorien auch ein Element der Expansionspolitik bildeten (ebd.: 325)[60].

An dieser Stelle kann auf den muslimischen Bektashi-Orden verwiesen werden, der bis zur ersten Hälfte des 19. Jahrhunderts eine einflussreiche Stellung in der militärischen und administrativen Struktur Osmanischen Reich einnahm. Die Religionsgemeinschaft ist ein islamischer, schiitisch geprägter Sufi-Orden, der in der Mitte des 13. Jahrhunderts von Hajji Bektash Veli (1209–1271) in Anatolien gegründet wurde. Seine theologischen Reformansätze standen unter der Betonung zweier Basiskonzepte, des Mystizismus und des Liberalismus (Rexheb 2015: 98): Er sah die Rolle der religiösen Vorsteher lediglich als Vermittler zwischen Gläubigen und transzendenter Welt, sowie eine Einheit der Worte in den heiligen Schriften, der Realitäten, und der mystischen Dimension des Daseins (Rexheb 2015: 95), welche zu einem liberalen (ebd.: 17), toleranten und eher progressiv-rationalen Handeln in Diesseits auffordern würden (Esposito 2003b; Rexheb 2015: 57/98; Aufforderung der Bildung von Frauen, Würdigung der Leistung der Wissenschaft). Der Orden konnte sich auch unter den Eliten der Osmanen durchsetzen, und wurde seit Orhan I. gefördert (Finkel 2005: 9). So war er zwischen dem 15. und 18. Jahrhundert weit verbreitet, insbesondere unter den Bewohnern der Städte, sowie innerhalb des osmanischen Militärs in Südosteuropa. Es ist überliefert, dass eine weitaus liberalere Interpretation als in den Rechtsschulen des sunnitischen Islam, ein hoher Grad an Toleranz gegenüber Nicht-Muslimen, und die Repräsentation auch in höheren Gesellschaftsschichten Elemente darstellten, die eine Konversion eines Teils der Bevölkerung in Südosteuropa zu diesen Glaubensauffassungen erleichterten (Esposito 2003b).

Der Bektashi-Orden wurde temporär auch verfolgt (so 1656; Finkel 2005: 278), und wurde ab 1826 im Zuge der Reformen Sultan Mahmuds II. (1785–1839) im Osmanischen Reich verboten, inklusive der Verfolgung und Ermordung von Ordensanhängern und der Verstaatlichung des Besitzes (ebd.: 437). Mit den Reformen nach 1839 wurde der Orden rehabilitiert und konnte Strukturen mit bedeutend weniger Ressourcen erneuern. Nach 1925 mussten die Bektashi Anatolien verlassen, da die 1923 gegründete Türkei unter dem autoritär agierenden Präsident Mustafa Kemal (genannt Atatürk; 1881–1938) allen Sufi-Orden in der Republik die Tätigkeit untersagte. So verlegten sie

---

60 Siehe Bistums- und Klostergründungen unter Karl dem Großen um 800, und in der Ottonischen Periode (10., 11. Jhdt.) im Heiligen Römischen Reich.

ihre Zentrale nach Albanien (Rexheb 2015: 18), da hier eine gewisse religiöse Infrastruktur (,Personal, Tekken') noch vorhanden war.

Aufgrund der eher liberalen theologischen Interpretationen des Gründers Hajji Bektash Veli, der Ausrichtung in dieser Tradition in der Nachfolge, sowie des pluralen (ethnischen, regionalen) Hintergrundes der Anhänger war die Glaubensströmung der Bektashi innerhalb des Islam, insbesondere von Seiten sunnitischer Religionsinterpretatoren, vielfach Kritik unterzogen, und oft als nicht-islamisch proklamiert (Esposito 2003b). Das Osmanische Reich ermöglichte durch eine Tradition der relativ toleranten Auslegung des Islam bei der Elite, als auch durch militärische Überlegungen, auf der anderen Seite eine Inklusion, und zu einem gewissen Grad autonome Entwicklung des Bektashi-Ordens. Im Vergleich lässt sich anhand dieses Beispiels ein differenziertes Bild bei der Auslegung der Richtlinien des Islam im Osmanischen Reich im Hinblick auf (religiöse, konfessionelle[61]) Minderheiten, sowie auf die Ausgestaltung der Beziehung zwischen Religion und Politik nachzeichnen.

Das Osmanische Reiches expandierte im 14. Jahrhundert in Südosteuropa in einer Situation der Auseinandersetzungen zwischen slawischen Fürstentümern, italienischen Stadtstaaten (Venedig, Genua), und dem Reich Konstantinopels. In Konstantinopel brach ein Bürgerkrieg zwischen Parteien von Konkurrenten um den Kaiserthron aus; daraufhin fiel der bulgarische Zar Michail Šišman Asen (1280–1330) 1327 in das Reich ein. Dieser unterlag 1330 gegen das erneut aufstrebende serbische Reich. Die kurzzeitige Dominanz serbischer Herrschaft auf der westlichen Balkanhalbinsel und die Schwächung Konstantinopels nutzte Orhan I. 1329 aus und eroberte östliche Herrschaftsgebiete des Konkurrenten (Finkel 2005: 13). Die Realpolitik mit wechselnden Bündnissen wurde fortgeführt, und im Zuge von Konflikten zwischen Konstantinopel und Genua nahmen Letztere 1337 ein temporäres Bündnis mit den Osmanen auf. Die Osmanen nutzen in der Folge kurzfristige Zusammenschlüsse mit regionalen Mächten, um ihr Territorium auf der südlichen Balkanhalbinsel sukzessive auszudehnen; es sind Bündnisse mit Herrschern Konstantinopels, mit slawischen Fürstentümern, und christlich-katholischen Mächten (Genua, Venedig) überliefert (ebd.: 15).

Im Jahr 1341 brach erneut ein Bürgerkrieg in Konstantinopel aus: So konnten die Osmanen weitere Territorien erobern, und nutzen die inneren Zerwürfnisse um die Herrschaftsnachfolge, um ihren Einfluss auch innerhalb der Politik Konstantinopels geltend zu machen (Matuz 1985: 33). Die anschließende

---

61 Siehe christliche Konfessionskriege in dieser Periode.

Absorbierung der islamischen Fürstentümer in Westanatolien (Finkel 2005: 557/558) bedeutete eine Dominanz des Osmanischen Reiches in dieser Region und Orhan I., sowie sein Sohn, Murad I. (1326–1389), konzentrierten ihre militärischen Aktivitäten ab der Mitte des 14. Jahrhunderts auf Südosteuropa.

Die Eroberung von Territorien verlief in erster Linie nach Kriterien des raschen Macht- und Ressourcenzuwachses, welche religiöse Konfliktlinien berührten, jedoch nicht ausschließlich stellen, wie Narrative von einem umfassenden christlich-muslimischen Gegensatz zu dieser Periode nahelegen (Sundhaussen 2007: 35). Zusammengefasst kristallisierte sich in der osmanischen Expansion ein offener Pragmatismus: *„Similar fluidity of alliances between Ottomans and Christians was characteristic of the final century of Byzantium and continued once Byzantium was no more. Just as the first Ottoman warriors formed strategic alliances regardless of religious considerations, so the mature Ottoman Empire entered coalitions with one Christian state against another as realpolitik demanded. The pervasive notion of permanent and irreconcilable division between the Muslim and Christian worlds at this time is a fiction."* (Finkel 2005: 15).

Ab 1348 trat im Mittelmeerraum eine Pestepidemie auf, und die geschätzte Zahl der Einwohner in Südosteuropa sank aufgrund von Krankheit und Kriegen zwischen 1340 und 1450 von 13 auf 9,5 Millionen (Kaser 2003: 65). Aufgrund der religiös geprägten Erklärungsmuster für Naturphänomene wurde die Krankheit mit christlichen und muslimischen Religionsauffassungen in Südosteuropa und Anatolien in Einklang gebracht (Dols 2019: 114, 240). Die Aufmerksamkeit des Individuums für die Religion brachte eine Stärkung der Verbindung mit Strukturen und Akteuren des religiösen Sektors (Kirche) mit sich, die von dieser Seite unterstützt wurde: Die damalige Herstellung der Verbindung zwischen Krankheit und Sünde sei im gesellschaftlichen größerem Rahmen bedeutend, sie veranschauliche „(...) *den Anspruch der Kirche auf diesseitige und jenseitige Kontrolle."* (Vollmer 2011: 262). Dies galt ebenfalls für islamische Institutionen (Dols 2019: 239/240).

Nach dem Abstieg des zweiten bulgarischen Reiches ab 1242 entstand in der ersten Hälfte des 14. Jahrhunderts das serbische Großreich unter Stefan Uroš IV. Dušan (1331–1355) als regionaler Faktor in Südosteuropa (Hösch 2002: 68). Die Schwächung Konstantinopels ermöglichte die Stationierung größerer Militärverbände der Osmanen an der südlichen Küste der Balkanhalbinsel (Matuz 1985: 33). Hinzu kam der Konflikt zwischen Venedig und Genua 1352 in der Region: Hier waren sie mit Genua verbündet, Konstantinopel mit Venedig (Hösch 2002: 79). So konnten die Osmanen mit der Unterstützung Genuas Konstantinopel belagern. Für die Aufgabe ihres Angriffes erhielten sie

Territorien von Konstantinopel und festigten damit ihre Stellung in der Region. Dies führte zu einer Vielzahl von Ansiedlungen, den südlichen Teil der Region Thrakien eroberte das Osmanische Reich 1362 (Finkel 2005: 16).

In diesem Jahr fand in den historischen Quellen eine erste Erwähnung Orhans I. als ‚Sultan' statt (ebd.), mit dem ein osmanischer Anspruch auf Herrschaft im gesamten Anatolien verbunden war[62]. Mit dem Aufstieg des Osmanischen Reiches einher ging die stete Bitte Konstantinopels an hohe weltliche und religiöse Akteure in Mittel- und Westeuropa, dem Reich gegen die ‚islamische Bedrohung' zur Seite zu stehen. Unterstützung blieb weitestgehend aus; und auch eine angestrebte Allianz Konstantinopels mit Serbien 1364 war nicht erfolgreich (Hösch 2002: 71). Das von Konstantinopel regierte Territorium wurde in der Folge stetig kleiner und beschränkte sich auf einige Inseln und Küstenstreifen in der Umgebung der Stadt. Bedeutende Auseinandersetzungen folgten zwischen dem Osmanischen Reich, und serbischen und bulgarischen Verbänden 1364 und 1371 am Fluss Mariza (heute Zentralbulgarien). Anschließend konnten die Osmanen weit nach Westen vordringen (Finkel 2005: 18): 1385 ereignete sich die Schlacht von Savra (heute Zentralalbanien), nach der das Osmanische Reich bis ins heutige Nordalbanien gelangte; Bulgarien und Serbien wurden tributpflichtige Vasallen.

Das Militär der Osmanen wurde mit der Expansion sukzessive heterogener. Neben dem Sultan direkt unterstellten, quasi-staatlichen Verbänden (Kavallerie der ‚Sipahi' und Infanterie der ‚Janitscharen'), die damals noch vorwiegend turkstämmig/osmanisch und islamisch geprägt waren, kämpfte auch eine erhebliche Anzahl unabhängiger Einheiten mit Angehörigen, die keinen arabischen, osmanischen, oder islamischen Hintergrund besaßen (sog. ‚Akindji') (Turnbull 2003: 6–8). Beispielhaft dafür waren die Verbände unter dem zum Islam konvertierten, serbischen Kommandanten Malkoç, dessen Familie in der Folgezeit bedeutende Positionen in der Hierarchie des Osmanischen Reiches einnehmen konnte (Finkel 2005: 19). In die Periode der zweiten Hälfte des 14. Jahrhunderts fällt zudem die Gründung der militärischen Verbände der Janitscharen, die aus zum Islam erzogenen, zwangsrekrutierten Männern der eroberten Gebiete bestanden (Turnbull 2003: 7, 48–52). Ihre Mitglieder wurden oftmals mit dem muslimischen Orden der Bektashi in Verbindung gebracht (Finkel 2005: 278).

Die Osmanen konnten 1386 Nis (Serbien) einnehmen, und sich weiterhin in Gebieten des heutigen Albaniens dauerhaft niederlassen (ebd.: 19/20). Es

---

62 Weltlicher Fürstentitel, in dieser Periode in islamisch geprägten Regionen häufig genutzte Bezeichnung (Esposito 2003i; Matuz 1985: 39).

folgte 1389 die Schlacht auf dem Amselfeld (Kosovo polje), bei der Sultan Murad I., Enkel des Gründers Osman I., und sein serbischer Widersacher, Fürst Lazar Hrebeljanović (1329–1389), starben. Es ist zu beachten, dass parallel zu den Verbänden der Osmanen auch bei jenen des serbischen Fürsten eine multi-ethnische und multi-religiöse Struktur anzutreffen war, die hier albanische, bosnische, bulgarische und serbische Adlige und ihr Gefolge umfasste (ebd.: 21). Demnach konnte die jeweilige Dominanz einer Religion (Christentum oder Islam) innerhalb der beiden Armeen und die Religionszugehörigkeit des Adels eine religiöse Dimension des Konflikts entstehen lassen, die zur Mobilisierung eines gewissen Teils der Einheiten verhalf. Die Gebiete der heutigen Staaten Albanien und Nord-Mazedonien standen nun unter der Kontrolle der neuen Großmacht, allein das Bergland Albaniens war noch umkämpft: Durch lokale Widersacher war hier ein ständiger Unruheherd für das Osmanische Reich, da sich dieses zuerst auf die Eroberung der landwirtschaftlichen Territorien konzentrierte. So vermochten lokale Feudalherren, wirksamen Widerstand gegen die Osmanen zu organisieren (siehe Gjergj Kastrioti [1405–1468], genannt ‚Skanderbeg‘), der bis 1468 aufgebrochen wurde (Hösch 2002: 85).

Ein in der religiösen Geschichte Südosteuropas bedeutendes Ereignis war die Eroberung Konstantinopels durch das Osmanische Reich 1453. Eine umfangreiche Konfrontation mit dem orthodoxen Christentum blieb jedoch aus: Das Osmanische Reich trat in den nördlichen Grenzgebieten, hier Bosnien, für die damalige Zeit weitgehend tolerant gegenüber anderen Religionen auf (Konvertierung, Beibehaltung Christentum), und sicherte sich damit die Unterstützung des lokalen Adels der Region. Ein Erlass des Sultans aus dem Jahr 1478 bestätigte nach der Eroberung des Landes gegenüber den christlichen Geistlichen die Freiheit der Ausübung des Glaubens (ebd.: 83). Demnach sind religiöse Konfliktlinien (‚Christen gegen Muslime‘) differenziert in die Betrachtungen aufzunehmen, da in der pragmatischen Vorgehensweise der damaligen Herrschaftselite Religion offiziell eine gehobene Stellung besaß, auf der machtpolitischen Ebene jedoch auch pragmatisch gesehen wurde: *„Serbia had first become an Ottoman vassal state (…) in 1389, but (…) for many Orthodox notables, Ottoman rule was preferable to that of Catholic Hungary."* (Finkel 2005: 59).

Bezüge zur Religion in der weiteren Expansion des Osmanischen Reiches in Richtung Norden sind ebenfalls anzugeben: So kam es im 15. Jahrhundert zu sieben Kriegs- und Plünderungszügen durch das Gebiet des heutigen Sloweniens (1469 bis 1483) (Toifl/Leitgeb 1991: 36). Diese wurden erst nach dem bedeutenden Selim I. (1470–1520) (Finkel 2005: 112)[63] wieder aufgenommen, als Süleyman I. (1494–1566) 1529 Wien belagerte (Toifl/Leitgeb 1991: 37). Demnach entstanden in dieser Periode auf dem Gebiet des heutigen Sloweniens (aufgrund des gewalttätigen Verbindung der autochthonen Bevölkerung mit der osmanischen Armee) eine Vielzahl von Mythen über Muslime innerhalb der slawischen und der deutsch-sprachigen Bevölkerung. Mit dem Rückzug des Osmanischen Reiches bildete die Grenze zwischen den heutigen Staaten Kroatien und Bosnien-Herzegowina bis zur zweiten Belagerung Wiens 1683 auch die Grenze zwischen zwei Großreichen in Südosteuropa (ebd.: 48).

Die militärische Expansion des Osmanischen Reiches ging mit einer Politik der Inkorporation der autochthonen Bevölkerung der eroberten Gebiete unter Beibehaltung der kulturellen Bräuche einher, sodass sich die Struktur der Gesamtbevölkerung aufgrund ihrer religiösen Pluralität von jenen der christlich dominierten Herrschaftsgebilde in Europa fundamental unterschied[64]. Durch den Bevölkerungszuwachs infolge der Eroberungen hatte das Reich einen signifikanten, in seinen südosteuropäischen Teilen dominanten, christlichen Bevölkerungsanteil (siehe Tabelle 5).

Die Gesellschaftsstruktur des Osmanischen Reiches und die Position der Religion war charakterisiert durch starke Verbindungen zwischen den Strukturen der Herrschaft und der Religion, ausgedrückt auch in den Beziehungen zwischen den bedeutenden Akteuren der Bereiche wie dem Monarchen (Sultan), den militärischen Kommandeuren, den hohen geistlichen Eliten (mit weitreichenden Rechten, ökonomischem Einfluss), sowie den Personen in den weiteren hohen juristischen und politischen Ämtern (siehe Tabelle 4).

---

63 Selim I. erhielt mit dem Sieg über die Mameluken 1517 in Ägypten die Hoheit über die im Islam heiligen Stätten Mekka, Medina (und Jerusalem) (Finkel 2005: 110). Damit übertrug er die Würde des islamischen Kalifen von Kairo nach Istanbul, reklamierte jedoch den Titel nicht für sich. Als persönliche Bezeichnung für den osmanischen Sultan lässt sie sich im 18. Jahrhundert finden, als in Reaktion auf russische Ansprüche der Titel als religiöse Autorität auch über Muslime außerhalb der Grenzen des Osmanischen Reiches formuliert wurde (ebd.: 111).
Die Mameluken übernahmen das Amt im Jahr 1260 von den Abbasiden, bei denen der Kalif eine hohe Autorität und Hoheitsgewalt als souveräne, politisch-rechtliche Instanz in der Legitimation der Herrschaft von islamischen Fürsten in der Region zwischen dem 8. und 13. Jahrhundert einnahm („[…] when Islamic rulers had had to apply to the caliph for full legitimization of their rule.“; ebd.). Bei den Mameluken war der Kalif mehr Teil des Hofzeremoniells und nicht mit unabhängigen Machtkomponenten ausgestattet.

64 Exemplarisch sei auf die Verfolgung in und den Exodus der sephardischen Juden aus Spanien ab 1492 verwiesen, welche in hoher Zahl in das Osmanischen Reich auswanderten.

Die oberste Instanz in den bedeutendsten machtpolitischen Bereichen des Staates (Militär, Gesetzgebung, Justiz, zentrale Staatsverwaltung) bildete der osmanische Sultan, der in diesen Sphären Führung weitgehend nach seinen eigenen Präferenzen gestaltete. So entzogen sich einige Sultane fast gänzlich der Regierungsführung[65], andere übten in der Gestaltung der monarchischen Aufgaben direkten Einfluss aus (Matuz 1985: 86, 316): So formulierten diese vielfach Gesetzestexte, und waren bei großen militärischen Unternehmungen zugegen, um dort persönlich einzugreifen (auch zu deren Nachteil, siehe Tod Murads I. 1389, Gefangennahme Bayezid I. bei Ankara 1402). Eine weitere Aufgabe des Sultans bestand in der Ernennung der höchsten religiösen Autorität des Islam im Osmanischen Reich, des Shaykh al-Islām[66], dessen Amt zu Beginn des 15. Jahrhunderts eingeführt wurde. Dieser verkörperte die religiöse Fundierung des Osmanischen Reiches (spendete der Monarchie Legitimation), fungierte als persönlicher religiöser Berater des Sultans, stellte als Mufti der Hauptstadt zugleich die höchste religiöse Autorität der Muslime im Reich dar[67], und leitete die bedeutenden islamischen Religionsschulen der Hauptstadt (Esposito 2003h; Repp 2012).

Die unter dem Sultan liegende Herrschaftsebene war jene des Großwesirs, der die Regierungsgeschäfte führte, sowie den weiteren Mitgliedern des von ihm persönlich kontrollierten Diwan[68], einer Art Regierung. War das erste Jahrhundert des Osmanischen Reiches nach Osman I. noch von der persönlich und direkt ausgeübten Herrschaft des Sultans geprägt, so konnten mit der territorialen Ausweitung des aufsteigenden Imperiums und der damit ansteigenden Komplexität der Verwaltungsaufgaben auf dieser Ebene im 15. und 16. Jahrhundert große Zuständigkeiten zusammengezogen werden (erweiterter Einfluss Wesire). Der weitere Militär- und Verwaltungsaufbau gestaltete sich nach territorialen Gesichtspunkten; so wurden nach den Erfolgen in Europa zwei ‚Beylerbeg' (auch ‚Beylerbey'), militärische Oberbefehlshaber, je einer für die Region Anatolien und für die südosteuropäischen Gebiete (Menage 2012), durch den Sultan eingesetzt

---

65 exemplarisch Selim II. (1524–1574), Mehmed III. (1566–1603)

66 Hier waren im 15. Jahrhundert theologische Leistungen bedeutend: „(...) *several outstanding scholars of the time (...) held it as the culmination of distinguished careers.*" (Repp 2012).

67 Formalisiert in den Reformen ab 1480: „*The Shaykh al-Islām is the chief of the 'ulamā.*" (Repp 2012).

68 Der ‚Imperiale Rat' (‚*dīwān-i humāyūn*') umfasste im 16. Jahrhundert ca. 11–12 Mitglieder: den Großwesir, zwei Heeresrichter, zwei bis drei Wesire, drei Haushaltsverwalter, den militärischen Oberbefehlshaber Rumeliens, den Flottenadmiral, sowie den Kanzler (‚*Reʾīs ül-Küttāb*'; Deny 2012). Siehe auch Anhang 4.

(Matuz 1985: 316). Auf der Ebene des Beylerbeg, dessen Funktionen mit der Zeit abnahmen (Menage 2012), firmierte für die jeweilige Region im administrativen Bereich ein ‚Wali', der nach der Auflösung der beiden Großregionen Rumeli und Anatolien und der Aufteilung in Eyalets ab dem Ende des 15. Jahrhunderts (und nach Einführung der Vilayets ab 1864) für diese Verwaltungsebene zuständig blieb:

Tab. 4: Osmanisches Reich: Territoriale Verwaltung, staatliche und islamische Autorität[69]

Administrative Territorialeinheit		staatl.-adm.-Autorität	islamische Autorität
Name	Erklärung		
Osmanisches Reich		Sultan (Kalif)	
		Großwesir, Mitglieder Diwan	Shaykh al-Islām, Ulema (Istanbul)
Beylik	14./15. Jhdt Rumeli (Gebiete in Europa) und Anatolien > sukzessive Aufteilungen	Beylerbey,	
Eyalet	Großregion 16.-19. Jhdt. (1831 drei in Südosteuropa: Rumeli, Silistre, Bosnien)	Wali	(`Ober-') Mufti im Zentrum
Vilayet	Großregion ab 1864 (1881 neun in Südosteuropa: Iskodra, Kosova, Manastir, Yanya, Selanik, Catalca, Edirne; autonome Regionen Sarki Rumeli, Bosnien)[24]		
(autonomes Beylik)	(regionale, weitgehend autonome Gebiete [terr. Ausdehnung variiert], meist Anatolien, 17. Jhdt., Rückgang 18. Jhdt.)	(Derebey)	(Mufti)
Sandchak	Bezirk, Region	Bey / Sandžakbey	Mufti[25]
(Kadiluk)	(religiös-juristisch, vielfach überlappend mit Kaza)	Kadi	
Kaza	Kreis mit städt. Ansiedlung	Kaymakan	Ober-Imam Zentrum
(Nahiye[26])	(mehrere Siedlungen)	Mütesellim	
Köy, Karye	Dorfgemeinschaft, Stadtquartier	Muhtar	Imam, Hodža
Timar- / Ciflik-Sprengel	bäuerliche Hofgemeinschaft (Varianz Größe: `ziamet'[27], `timar'; Gruppe: Familie, Angestellte, Sklaven)	Oberhaupt	-
4 Stände: (1) Adel; (2) Regierung (hohe Administration, Militär, Geistliche); (3) Reaya (Steuerzahlende: Muslime und Dhimmi [`Schutzbefohlene']); (4) Kul (Sklaven)			

---

69 Eigene Darstellung nach Esposito (2003c; 2003e-j), Findley (2012), Fodor (1994), Karpat (1985: 114; 148/150), Matuz (1985: 316), Menage (2012), Repp (2012), Tyan/Káldy-Nagy (2012), Ursinus (2004: 465).

In Südosteuropa waren die Großregionen (Eyalets/Vilayets) in Regional-bezirke ('Sandchak', 'Sandžak') unterteilt, die von einem 'Sandchakbey' verwaltet wurden (Menage 2012). Diese waren eine bedeutende Schnittstelle zwischen den Autoritäten in Istanbul und den lokalen Gegebenheiten und verzeichneten einen hohen Machtzuwachs, der in manchen Fällen Züge teil-souveräner Herrschaft hatte ('autonome Beyliks', Tabelle 4). Adminis-trativ waren die Regionalbezirke in Kreise ('Kaza') eingeteilt, geführt von einem 'Kamaykan'.

Zwischen der Bezirks- und Kreisebene bestand die juristisch-administra-tive des 'Kadiluks', dessen Vertreter ('Kadi') direkt dem Sultan unterstellt war, und der mit dieser Autorität weitgehende Kontrollrechte hinsichtlich der finanziellen Abgaben und militärischen Leistungen in den Regionen ausübte (Tyan/Káldy-Nagy 2012). Der Kadi nahm zudem die islamische Rechtsprechung für Konflikte in der muslimischen Bevölkerung des Kadiluks vor, und verkörperte eine Übersetzungsinstanz islamisch-religiöser Normen in alltägliche Handlungen. Auf der untersten administrativen Ebene stand die Dorfgemeinschaft ('Köy', 'Karye') als zentraler sozialer Orientierungspunkt der Einwohner des Osmanischen Reiches (Sundhaussen 2007: 42; Sundhaus-sen 2011) mit einem weltlichen Vorsteher (späterer Begriff für islamischen Gemeinden: 'Muhtar') an der Spitze (Findley 2012). Das soziale Zentrum der muslimischen Bewohner einer Dorfgemeinschaft (oder Stadtquartiers) war die Moschee, die von einem 'Imam'[70] oder einem 'Hodža' (religiöser Erzieher) geleitet wurde.

Die Dorfgemeinschaft selbst gliederte sich unterhalb des Vorstehers in drei Schichten: Die erste Gruppe bildeten die bei kommunalen Abstimmungen teilnahmeberechtigten Inhaber der Lehnsrechte, die in sich zwischen Solda-ten und höheren Offizieren (kleinere 'timar' und größere 'ziamet' Flächen) aufgeteilt war. Die zweite Gruppe umfasste die Angehörigen der mit dem Klan identifizierten Personen (Familie, Angestellte), die ein gewisses Maß an Rechten besaßen, und die dritte Gruppe war jene der Sklaven ('Kul') (Findley 2012). Das Land gehörte formell dem Sultan; die Inhaber der Lehnsrechte waren zur Abgabe von Steuern verpflichtet und mussten dem Sultan eine von der Fläche abhängige Unterstützung (Soldaten, sonstige Ressourcen) leisten, kontrolliert durch Kadis und Sandchakbeys (Menage 2012).

Demnach bildete das Timar-System der Landverteilung als unterste Ver-waltungsebene gleichzeitig eine weitere Verbindung zwischen Herrschafts-

---

70 *One who stands in front; a role model (...) in all its spiritual and secular undertakings."*
(Esposito 2003e).

und Gesellschaftsaufbau. Infolge der Eroberungen führte Osman I. dieses System ein, welches mit den Reformen Murads I. 1368 eine beständige Form annahm (Matuz 1985: 39). Zunächst war alles Land, welches neu erobert wurde, direkt dem Sultan unterstellt. Der große Teil der landwirtschaftlich nutzbaren Fläche wurde unter den Angehörigen des Militärs aufgeteilt, die keine Vergütung erhielten, sondern ihren Unterhalt zuerst aus Plünderungen bestritten.

Mit dem Timar-System versuchten die Sultane, unter den Angehörigen ihres Militärs Loyalität zu erzeugen und auch untere Schichten der Gesellschaft an sich zu binden. In das System wurden autochthone Bevölkerungsgruppen neu eroberter Gebiete eingebunden, insbesondere der lokale Adel, dem bei Kooperation verminderte, oder bei Übertritt zum Islam muslimische Rechte eingeräumt wurden (Zaffi 2006: 133). Demnach waren Konvertierungen zum Schutz von Eigentum und Position nicht selten, insbesondere in den Regionen Bosniens und Albaniens (Finkel 2005: 60, 69). Von Nicht-Muslimen musste zusätzlich eine Religionssteuer entrichtet werden („dschizya').

Die Bevölkerungsstruktur des Osmanischen Reiches unterlag mit der Expansion in religiöser Perspektive einem Pluralisierungsprozess, da eine immer größere Anzahl Nicht-Muslime in den Herrschaftsbereich aufgenommen wurde. So wurden auch religiöse Belange der neuen Angehörigen des Reiches Gegenstand detaillierter Regelungen basierend auf islamischen Grundsätzen. Die Vorschriften für Nicht-Muslime, deren Religion anerkannt war, waren bereits in frühen islamischen, vor-osmanischen Schriften geregelt (Ayoub 2004: 26), sodass sie als übernommenes, traditionelles Recht gelten können (dienten osmanischen Sultanen als Referenzbasis; Mansouri 2014: 56). Nicht-Muslimen wurde bei Aufgabe des Widerstandes der Status von sog. ‚dhimmi' verliehen, die unter dem Schutz des muslimischem Herrschaftssystems standen. Sie hatten eine erhöhte Steuer zu zahlen, und es wurde ihnen verboten, sich wie Muslime zu kleiden, muslimische Sklaven anzustellen, und Waffen zu tragen (ebd.: 57). Der Übertritt von Muslimen zum Christentum war verboten, Konvertierung zum Islam erlaubt (Zaffi 2006: 135). Weitere Regelungen waren die Umwidmung vorhandener Kirchen in Moscheen, sowie das Verbot des Neubaus oder der Restaurationen von Kirchen. Zudem mussten Kirchen für Muslime offenstehen und das Geläut leise halten (ebd.).

Um die Bevölkerungsgruppen des Reiches einer weitere Einteilung zuzuführen, wurde auf staatlich-administrativer Ebene die Gemeinschaft der Muslime von anderen Gruppen unterschieden, indem das sog. ‚millet'-System Anwendung fand, eingeführt ab 1453 (Zaffi 2006: 134). Hier existierten vorerst die Kategorien des muslimischen, christlichen, jüdischen, und armenischen millet; ab dem 18. und 19. Jahrhundert kamen das römisch-katholische und das protestantische hinzu. In den nicht-muslimischen millets waren religiöse Institutionen für die Verwaltung der jeweiligen Mitglieder zuständig, und anschließend dem Sultan unterstellt. Die Struktur der Einheiten der oberen Ebene der millets wurden nach Istanbul ausgerichtet und die religiöse Autorität dort zentralisiert: Christlich-orthodoxe Bistümer vormaliger Fürstentümer (Bosnien, Bulgarien, Serbien, Albanien) kamen unter Verwaltung des orthodoxen Patriachats von Konstantinopel. Die Elite der millets war jeweils von einer sprachlich-ethnischen Gruppe geprägt, so das christliche von (byzantinisch-)griechischer Tradition[71].

Neben der staatlichen und religiösen Strukturen des Osmanischen Reiches für die Muslime konnten die millets unter der Aufsicht des Sultans die inneren Angelegenheiten (wie Beziehungen zu den Mitgliedern) selbst regeln. Die begrenzte Autonomie zeigte sich darin, dass ab der Mitte des 15. Jahrhunderts die einflussreichsten Ämter der millets durch den Sultan eingesetzt wurden (Patriarch und Oberrabbiner von Konstantinopel)[72]. Durch die weitgehende Selbstverwaltung waren nach der Beseitigung der weltlichen Herrschaft durch die Osmanen in Südosteuropa die Akteure der religiösen Sphäre als einzig bedeutend für weltliche und religiöse Belange der Bevölkerung zuständig.

Insgesamt haben die Osmanen im Unterschied zu damals gängigen Methoden im restlichen Europa „(...) den Pluralismus in das Staatsgefüge eingeführt, indem sie nicht-muslimische Gruppen als geschützte Minderheiten friedlich behandelt haben." (Zaffi 2006: 132). Zudem lag generell der sozio-ökonomische Druck der Angehörigen der einfacher Bevölkerungsschichten, auch nicht-muslimischer Gruppen, im Vergleich zu weiten Gebieten in Mitteleuropa (Willkürherrschaft, Leibeigenschaft) auf einem wesentlich geringeren Niveau (Matuz 1985: 85). Diese Integrationsleistung nahm im Verlauf der Jahrhunderte ab, sodass (durch externe Einflüsse verstärkt) die mentale und physische Trennung der Angehörigen der Gemeinschaften die Grundlagen

---

71 „ (...), dass im christlichen millet (...) die sich zur griechischen Kultur Bekennenden eine führende Rolle spielten. Sie verstanden es ihre (...) privilegierte Stellung im millet so geschickt auszunutzen (...)." (Zaffi 2006: 134).

72 „Mehmed bestimmte einen einflussreichen Mann in der israelitischen Gemeinde Istanbuls zum Haupt der Juden im Reich. Dieser erhielt sogar den Titel ,Patriarch', wodurch wohl eine Analogie zum größeren millet der Christen hergestellt werden sollte." (Zaffi 2006: 136).

für ein Auseinanderfallen des Osmanischen Reiches im 19. Jahrhundert legten (Sundhaussen 2011: 88).

Im 17. und 18. Jahrhundert begannen die europäischen Großmächte, das Osmanische Reich militärisch, und von innen zu schwächen. Das Russische Reich führte 1683–97 Kriege gegen die Osmanen, die mit dem Frieden von Karlowitz 1699 endeten. Weitere Konflikte fanden 1710/11, 1736–39, und 1768–74 statt[73] (Sugar 1977: 203/204) und wurden mit dem Frieden von Kücük Kaynarca im Juli 1774 beendet, der Gebietsabtretungen der Osmanen in der Schwarzmeerregion bedeutete. Damit verbunden waren in ganz Südosteuropa Flucht und Vertreibung der muslimischen Bevölkerung, sowie die Zerstörung von als muslimisch oder osmanisch identifiziertem Kulturgut, auch durch Österreich-Ungarn[74]. Diese blieben wesentliche Merkmale des Rückzugs des Osmanischen Reiches aus der Region bis 1914.

Der Vertragstext des Friedens von Kücük Kaynarca zeigt zudem, welche die hohe Bedeutung die Großmächte der Religion auch in der internationalen Politik zuschrieben. Er enthielt (neben Regelungen zur Neuordnung der Territorien) bedeutende Formulierungen zur Ansprache des Sultans, der hier u.a. mit dem religiösen Titel ‚Kalif‘ bezeichnet wird. Die Geschichtswissenschaft reflektiert hierzu kritisch: „(…) *the treaty enshrined his spiritual authority over his erstwhile vassal subjects, recognizing him as the ‚Caliph of all Muslims‘ – a title rarely used by the Ottoman sultans (…), formalized in terms which fitted western rather than Islamic conceptions of religious authority (…).*" (Finkel 2005: 378).

Der Vertrag sollte aus russischer Perspektive das Osmanische Reich intern schwächen, indem es sich reziprok als Schutzmacht der christlich-orthodoxen Bevölkerung dort verstand und somit versuchte, die Loyalität eines Teils der Bevölkerung zum osmanischen Staat zu mindern. Hier reichte die Spannweite der Auslegung von der gesamten orthodoxen Bevölkerung im Osmanischen Reich, bis zur tatsächlichen Referenz im Dokument, die sich auf eine Russisch-Orthodoxe Kirche im Istanbuler Stadtteil Beyoglu bezog, deren zukünftiger Bau durch den Sultan versprochen wurde. Ähnliche Vereinbarungen bestanden mit Frankreich und Österreich-Ungarn als Schutzmächte der römisch-katholischen Gemeinde an diesem Ort (ebd.).

---

73 Habsburgermonarchie erobert Belgrad 1717–39 und 1789–91
74 „*In 1717 he* [Eugen Franz, Prinz von Savoyen-Carignan – Anm. d. A.] *led the Austrian army to a great victory (…) by once again expelling the Ottomans from Belgrade, and went on (…) deep into Ottoman territory, causing the populations along their route to disperse and flee in panic to Istanbul.*" (Finkel 2005: 337).

Ebenso wurde im 18. Jahrhundert eine wachsende Intoleranz im Osmanischen Reich in Richtung anderer Religionen offenbar (Sugar 1977: 223). Demnach ordneten die Sultane die Strukturen der christlichen Orthodoxie in ihren Herrschaftsgebieten neu, um den russischen Einfluss auf sezessionistische Tendenzen in den slawischen Bevölkerungsteilen zu reduzieren. Die Zentralisierungsmaßnahmen selbst wurden auch durch christlich-orthodoxe Akteure beeinflusst; insbesondere griechischen und armenischen durch die örtliche Nähe ihrer Zentren, und ihrer dominanten Stellung innerhalb der ‚millets'. Diese Elitenkreise forcierten die Unterordnung orthodoxer (slawisch geprägter) Kirchenstrukturen unter ihre Jurisdiktion. Hier bedeutend war die durch den Sultan angeordnete Auflösung des serbischen Patriarchats von Peć (autokephales Erzbistum seit 1219, Auflösung 1766) und des Erzbistums von Ohrid (Auflösung 1767), und ihre Unterstellung unter die Verwaltung des orthodoxen Patriarchats in Istanbul (ebd.). Hier manifestierte sich ein Dominanzanspruch der griechisch geprägten, christlichen Orthodoxie der Hauptstadt Istanbul über die heterogene Landschaft der christlich-orthodoxen Kirchenstrukturen der slawischsprachigen Gemeinschaften in Südosteuropa. Es bliebt festzuhalten, dass trotz der Reformen das millet-System zu einer weitgehenden Kontinuität des orthodoxen Christentums beitrug. Dies ermöglichte deren Institutionen im 19. Jahrhundert, sich zu einem zentralen Orientierungspunkt politischer Akteure in der Formung von neuen Nationalstaaten in Südosteuropa zu entwickeln (Zaffi 2006: 146).

Die Periode des Rückzugs des Osmanischen Reiches aus Südosteuropa war ebenso gekennzeichnet von Aufständen in der Region, die mit der Verminderung der Kollektivrechte von Christen einhergingen, so 1780 (Finkel 2005: 375). In der Folge war die Region von Unruhen mit sezessionistischen Zielen geprägt (Serben 1805, 1817; griechisches Streben nach Unabhängig 1821–1829). Der militärischen Schwäche und den internen zentrifugalen Bewegungen versuchten die Osmanen mit Reformen zu entgegnen. So begannen Gründungen von wissenschaftlichen Einrichtungen und Reformversuche des Militärs nach den Beispielen Frankreichs und Preußens (Finkel 2005: 370/373). Ab 1831 wurden ebenfalls Landreformen durchgeführt. Hier lag eine Aufteilung zwischen staatlichem, privatem, und geistlichem Eigentum vor; irreguläre Übertragungen in privaten Besitz waren gängige Praxis. So wurde das Timar- (Lehen) vom Ciflik-System mit dem Merkmal des Privateigentums an landwirtschaftlicher Fläche abgelöst (Sugar 1977: 214). Grundlegendes Ziel war neben der Modernisierung des Militärs, durch eine allmähliche Gleichstellung von Kollektiven und Individuen die Kohäsion in der osmanischen Gesellschaft zu erhöhen (Finkel 2005: 392/415).

Die Reformen trafen auf den Widerstand zuvor privilegierter Gruppen im Osmanischen Reich. So führten die Janitscharen 1807 in Istanbul eine Revolte gegen den Sultan an, welche mit der Absetzung und Enthauptung Selims III. endete. Der von ihnen eingesetzte Sultan Mahmud II. (1785–1839) wandte sich dennoch modernisierenden Reformen zu: Er baute parallel ein dem Sultan loyales und modernes Heer auf, und verbot 1826 die militärischen Verbände der Janitscharen (wie auch des Ordens der Bektashi). Ebenfalls betroffen waren wohlhabende Juden Istanbuls, die mit diesen in finanziell kooperiert haben sollen (ebd: 415).

In Begleitung der Reformen entwickelte die osmanische Verwaltung Erhebungen zur Bevölkerungsstruktur, die das millet-System mit damaligen europäischen Standards verbanden. Sie sollten zu einer effizienten Verwaltung und Festigung der Steuereinnahmen dienen, und entsprachen zudem Forderungen der Armee, die aufgrund der Situation zunehmend Probleme bei der Personalrekrutierung hatte (Karpat 1985: 6). Demnach wurde 1831 ein erster für die Gesamtgesellschaft aussagekräftiger Zensus durchgeführt; unter dem Eindruck von Unruhen in Südosteuropa, während derer umfängliche Fluchtbewegungen, und Entziehungen von der osmanischen Administration den Alltag prägten (Siebertz 1910: 39). So bildet er einen Teil der osmanischen Bevölkerung Südosteuropas ab (ansässig, steuerpflichtig, männlich).

Für das gesamte Osmanische Reich ist ein Anteil von 68,41% Muslimen dokumentiert, weiterhin stellten 29,67% der Bevölkerung die Gruppe der Reaya (Angehörige christlicher Gemeinschaften; Juden 0,42%; sonstige 1,5%). Diese Verhältnisse der Verbreitung des Islam und des Christentums unter der Bevölkerung ändern sich die Betrachtung der osmanisch regierten Regionen Südosteuropas (siehe Tabelle 5; Muslime 37,04%; Christen 59,46%). Die Methodik der Erhebung unterlag dem millet-System folgend einer religiösen Sichtweise, die mit aufkommenden ethnischen Kollektividentitäten kombiniert wurde: Eine Aufteilung in die fünf Gruppen Muslime, Christen, Juden, Armenier, sowie (muslimischen und christlichen) Roma[75] (Karpat 1985: 114). Jene Bevölkerungseinteilung bildete demnach die politisch gewollte Ordnung des Osmanischen Reiches ab (nach Göderle 2016: 51/52).

---

75 Armenier und Roma in Tabelle 5 in Kategorie ‚sonstige' zusammengefasst.

Tab. 5: Osmanisches Reich: Religion und Bevölkerung in Südosteuropa 1831–1914[76]

	Muslime	Reaya[77]			Juden	sonstige	total
		1831					
in Europa	487.971	783.333			10.133	36.004	1.317.441
	37,04%	59,46%			0,77%	2,73%	100%
gesamt	2.490.892	1.080.463			15.297	54.449	3.641.101
	68,41%	29,67%			0,42%	1,5%	100%
		Griechen	Bulgaren	Katholi.			
		1881/82					
in Europa	1.836.420	1.129.681	811.200	6.216	62.344	28.181	3.874.042
	47,4%	29,16%	20,94%	0,16%	1,61%	0,73%	100%
gesamt	12.587.137	2.332.197	817.801	149.786	184.006	1.295.079	17.388.604
	72,39%	13,41%	4,70%	0,86%	1,06%	7,45%	100%
		1906/07					
in Europa	2.076.047	1.241.399	752.680	6.451	85.127	75.075	4.236.779
	49%	29,3%	17,77%	0,15%	2,01%	1,77%	100%
gesamt	15.508.753	2.823.063	761.530	118.789	253.435	1.419.060	20.884.630
	74,26%	13,52%	3,65%	0,57%	1,21%	6,79%	100%
		1914					
in Europa	380.465	261.256	2.840	269	23.995	22.025	690.850
	55,07%	37,82%	0,41%	0,04%	3,47%	3,19%	100%
gesamt	15.044.846	1.729.738	14.908	130.306	187.073	1.413.145	18.520.016
	81,24%	9,34%	0,08%	0,7%	1,1%	7,63%	100%

76 Eigene Berechnungen nach Karpat (1985: 21, 108–110, 134–145, 162–169, 188/189).

77 „In the nineteenth century the term reaya came to be officially applied to Christians in general, whereas in the past it had covered all land cultivators regardless of religion; however, in practice, reaya, especially in the Balkans, meant Orthodox Christians, that is, the Greeks, Bulgarians, Serbians, and Vlahs." (Karpat 1985: 114).

Die Gruppe der ‚Reaya' war intern sehr heterogen und gliederte sich eine Vielzahl von Untergruppen, die eine hohe (konfessionelle) Pluralität aufwiesen. Sie entwickelten ihre Identität in Selbstzuschreibung hauptsächlich aus Unterschieden in der Sprache und der lokalen Traditionen des Alltags, die auch in die jeweilige Religionsausübung einflossen. Auf der anderen Seite gestalteten sich die territorialen, linguistischen und kulturell-religiösen Grenzen eher fließend, und auch religiöse Loyalitäten waren zu einem gewissen Grad Änderungen unterworfen (Opfer 2002: 157; Siebertz 1910: 118). Die sich ethnischen Kriterien hinwendende Politik der Gleichstellung im Osmanischen Reich ab 1839 bedeutete auf der anderen Seite jedoch auch die Ausbildung ethnisch-religiös geprägter kollektiver Identitäten, die einen Grund für Zerfallsprozesse darstellten. Die Periode der Reformen ab Ende der 1830er Jahre bis 1876 wurde als Phase des ‚Tanzimat' (dt. ‚Neuordnung') zusammengefasst (Finkel 2005: 447).

Als bedeutend gilt hier das im November 1839 proklamierte Edikt von Gülhane, welches die Gesellschafts- (wie Religions-) Strukturen grundlegend verändern sollte (Ersoy 2014: 333; Finkel 2005: 447/448; Matuz 1985: 225). Hierzu zählten die Abschaffung der Steuerpacht und des Sklavenhandels (1847), die Neuordnung des Finanzwesens (Finkel 2005: 453), sowie die Einführung von Zivil- und Strafrecht (1840), eines Handelsgesetzes (1850), einer Vorgängerinstitution des ersten osmanischen Parlaments von 1876 (osm.: ‚Meclis-i Maarif-i Umumiye') (1841), einer definitiven Dauer des Wehrdienstes (1843), und einer juristischen Gleichstellung der christlichen Bevölkerung (Matuz 1985: 225). Auch eine liberalere Religionspolitik war formal mit der Genehmigung des Neubaus von christlichen Kirchen ab der Mitte des 19. Jahrhunderts vorgesehen. So wurden ebenso öffentlich nicht nur in den Bereichen der Steuern und des Militärs Ungleichheiten zwischen Muslimen und Nicht-Muslimen abgemildert (Finkel 2005: 451; Matuz 1985: 225).

Die Phase der Reformen im Osmanischen Reich im 19. Jahrhundert war von Widerständen geprägt, die sich u.a. in Revolten des politisches Machtapparates und erfolgreichen Absetzungen der Sultane widerspiegelte[78]. Auf der regionalen und lokalen Ebene waren diese teilweise auch der islamisch-religiösen Führung zuzuordnen, deren Einflussbereich (Ökonomie, Justiz, Bildung) sich im Zuge der Reformen reduzierte. So wurde mit dem Reform-Edikt Sultan Abdülmecids I. von 1856 das millet-System weiter

---

78 Von sieben Sultanen des Jahrhunderts verloren fünf (Selim III., Mustafa IV., Abdülaziz, Murad V., Abdülhamid II.) vorzeitig ihre Position.

zurückgedrängt (Kayali 1995: 266), da nun allen Bürgern unabhängig vom religiösen Hintergrund Zugang zur Staatsadministration, zur staatlichen Justiz, und zu Bildungsinstitutionen eingeräumt wurde (Davison 1963: 56). So entstanden in diesen Bereichen staatliche Konkurrenzinstitutionen zu den religiösen Gemeinschaften. Hinzu kam die Abschaffung der zwangsweisen Rekrutierung christlichen Bevölkerung zum Wehrdienst, sowie die Erlaubnis freier Religionsausübung (Finkel 2005: 458). Dies brachte in den südosteuropäischen Territorien des Reiches eine verschärfte Konfliktsituation zwischen den christlichen Kirchen unterschiedlicher Konfessionen und Zugehörigkeiten mit sich, die in ihren Missionierungsbemühungen unter und Fremdzuschreibungen der slawischen Bevölkerung oft um die Zugehörigkeit gleicher Gruppen konkurrierten (siehe u.a. Finkel 2005: 460; Opfer 2002: 160).

Im Jahr 1864 fand eine weitreichende Reform der Provinzen unterhalb der Reichsebene statt (Aufspaltung Eyalets in Vilayets; siehe Tabelle 4). Dies bezog die unterste Verwaltungsebene mit der Gründung von lokalen Verwaltungsräten ein, die zwar begrenzte Befugnisse besaßen, auf der anderen Seite durch Wahl von den (stimmberechtigten) Bewohnern bestimmt wurden (Kayali 1995: 266). Deren Mitgliederstrukturen wiesen mehrheitlich einen muslimischen, aber auch einen multireligiösen Charakter auf (Finkel 2005: 464). Diese Schritte bedeuteten eine institutionelle Zurückdrängung religiöser Strukturen aus der kollektiven Entscheidungsfindung auf lokaler Ebene, dennoch behielten sie durch ihre Vertreter bedeutenden Einfluss auch in den neu aufgestellten lokalen Räten[79].

In der weiteren Folge wurde 1869 ein neues Bildungsgesetzes verabschiedet. Es legte eine einheitliche Struktur weltlicher Bildung von Grund- bis zur Hochschule bis auf die lokale Ebene fest, sodass religiöse (muslimische) Gelehrte in den Regionen und Orten – vormals dominant in dieser Sphäre – sich einer Konkurrenzsituation in diesem Lebensbereich der Bevölkerung ausgesetzt sah. Das Verhalten dieser Gruppe konnte (in Verbindung mit Aufständen, und unabhängigem Agieren regionaler Machthaber) hier oft erfolgreich verhindern, dass bestimmte Reformansätze die lokale Ebene überhaupt erreichten (ebd.: 476).

Für den religiösen Bereich bedeutend war der Erlass des Sultans von 1870, der eine Zustimmung zur Wiedererrichtung eines christlich-orthodoxen,

---

79 „Although the elective principle was introduced with these measures, religious leaders controlled the composition of the millet assemblies (...)." (Kayali 1995: 266).

bulgarischen Exarchats enthielt (Opfer 2002: 157). Zu Beginn des 19. Jahrhunderts war die Liturgie und das religiöse Personal der vormals slawischen Kirchenstrukturen nahezu gänzlich hellenisiert worden, und wurde von dort finanziell kontrolliert[80]. Der Erlass führte namentlich Orte auf, in denen das orthodoxe, bulgarische Exarchat seinen Wirkungsbereich entfalten konnte. Weiterhin fanden in slawisch geprägten Lokalitäten Befragungen der christlich-orthodoxen Bevölkerung statt, ob ihre Gemeinde das Patriarchat in Konstantinopel oder das neue bulgarische Exarchat anerkennt. So ist ab 1870 eine Welle von Übertritten von Kirchengemeinden zum bulgarischen Exarchat überliefert, welches die eigene Organisation in Ohrid und Skopje zentralisierte. Auch wenn das neue bulgarische Exarchat vom bulgarischen Fürstentum unterstützt wurde, waren diese Übertritte in einem frühen Stadium nicht zuerst mit Zugehörigkeit zu einer Nation, sondern in der spezifischen Dynamik des politisierten Konfliktes zwischen dem Patriarchat und dem neuen Akteur begründet: *„Dies betraf nicht ausschließlich ethnische Slawen. Auch manche Griechen, Aromunen und christliche Albaner traten zur exarchischen Kirche über."* (ebd.).

Der Aufbau des bulgarischen Exarchats hatte zur Folge, dass nun die Ausbildung von slawischen Würdenträgern erfolgte, die christlichen Rituale in der Sprache der autochthonen Bevölkerung ausübte. Diese Gruppe prägte demnach ebenfalls das Identitätsverständnis der betreffenden Bevölkerung. Weiterhin fand die Etablierung eines Schulwesens unter der Aufsicht des Exarchats statt, welches vom parallel entstehenden bulgarischen Staat unterstützt, und aufgrund der Reichweite als Einflussgröße auf die (ethno-religiöse) Identität der christlichen Einwohner galt. Das griechisch geprägte Patriarchat von Konstantinopel wandte sich konkret gegen diese neue Kirchenstruktur (Holden 1976: 6).

Bedingt durch Unruhen und Zerfall der südosteuropäischen Territorien, sowie dem äußeren Druck stellte sich in der zweiten Hälfte des 19. Jahrhunderts eine negative wirtschaftliche Entwicklung im Reich ein, und auch die staatlichen Einnahmen waren rückläufig. Hinzu kamen Rationalisierungsdefizite und ein globaler Zusammenbruch der Finanzmärkte 1873 (‚Börsenkrach') mit erheblichen Wirkungen auf die private Wirtschaft. Die Entwicklung kumulierte im Oktober 1875 zu der Erklärung des Staatsbankrotts des Osmanischen Reiches, der eine *„(...) internationale osmanische*

---

80 *„(...) waren sämtliche einflußreichen Kirchenämter ausschließlich an Griechen vergeben worden. (...) Die kirchenslawische Tradition war (...) in den bulgarischen Eparchien auf wenige entlegene Orte und Klöster zurückgedrängt."* (Opfer 2002: 155).

Schuldenverwaltung (...)" (Matuz 1985: 246) durch die europäischen Großmächte nach sich zog. Diese wurde mit der französisch-britisch dominierten
Organisation ‚Administration de la Dette Publique Ottomane' (ADPO) im
Jahr 1881 vollzogen. Sie konnte eigene Steuern erheben und Schulden für
ausländische Kreditgeber eintreiben (ebd.). Der Einführung folgte eine noch
stärkere Abhängigkeit von den europäischen Großmächten.

Um den Entwicklungen zu begegnen, setzte Ende Mai 1876 ein Netzwerk
einflussreicher Regierungsbeamter und Militärs (‚Jung-Osmanen'[81]) des Imperiums Sultan Abdülaziz ab und erhob dessen Neffen Murad V. (1840–1904).
Auch er wurde aufgrund erfolgloser Regierungsführung nach drei Monaten
abgelöst: Am 2. Juli 1876 begann die sog. ‚Balkankrise', in der Serbien das
Osmanische Reich angriff (ebd.: 306). Dessen Verbände konnten tief in die
südosteuropäischen Gebiete des Imperiums (Kosovo, Bosnien) vordringen;
erneut fanden Vertreibung und Ermordung großer Teile der Zivilbevölkerung statt, insbesondere an jenem muslimischen Glaubens.

In diesem Kontext kam es zur Einführung der ersten Verfassung für das
Osmanische Reich am 13. Dezember 1876 (Finkel 2005: 489/490), die allen
Einwohnern die gleichen Rechte zusicherte, als Regierungsform eine konsti-
tutionelle Monarchie vorsah, und ein Parlament einführte. Hier wurde ein
Zweikammerparlament festgeschrieben, mit einem Senat (osm.: ‚*Heyet-i
Ayan*') mit 26 vom Sultan nominierten Mitgliedern und einer Abgeordnetenkammer (osm.: ‚*Heyet-i Mebusan*') mit 130 Vertretern aus den Provinzen
(ebd.). Letztere waren nach den vorläufigen Wahlregularien vom 29. Oktober
1876 von den Provinzräten zu bestimmen (Kayali 1995: 266). Hier konnten
Provinzen mit einen bedeutenden christlichen Bevölkerungsanteil eine vergleichsweise hohe Zahl Abgeordnete entsenden[82]. So lag ein multi-ethnisches
und multi-religiöses Parlament mit 71 Muslimen, 44 Christen, und vier Juden
(Palmer 1993: 149) vor. Die erste Legislaturperiode ging von März bis Ende
Juni 1877, die zweite vom 13. Dezember 1877 bis 14. Februar 1878 (Kayali 1995:
267).

---

81 Die ‚Jung-Osmanen' (osm. ‚*Genç Osmanlılar*') waren eine durch europäischen Liberalismus und Nationalismus geprägte Strömung, die sich in Elitenzirkeln des Osmanischen Reiches zu Beginn des 19. Jahrhunderts zusammenfand. Ab 1889 traten diesem
  Ansatz folgend die ‚Jung-Türken' in Erscheinung (Esposito 2003k, l).

82 „*Foreign pressure on behalf of non-Muslim communities and the government's desire
  to appeal to these groups in an effort to defuse nationalism and separatism resulted
  in disproportionately large quotas for provinces with non-Muslim populations.*" (Kayali
  1995: 267).

So wurde mit der Einführung der Verfassung der Versuch einer politischen Integration weiter Teile der Bevölkerung des Reiches außerhalb einer muslimisch-osmanischen Kernidentität unternommen (Uyar 2013: 532/533). Sie wurde im Februar 1878 ausgesetzt; Sultan Abdülhamid II. und die ‚Jung-Osmanen' führten die Regierungsgeschäfte in einem monarchistischen Stil für 30 Jahre fort. Die Verfassung wurde von der muslimisch-religiösen Elite (als auch vom lokalen Adel und muslimischer Verwaltung) auf Reichsebene in Istanbul (Shaykh al-Islām, ulema), sowie in den regionalen und lokalen Zentren mit Misstrauen verfolgt, und als Herausforderung einer islamischen Ordnung betrachtet (Finkel 2005: 440/464).

So kamen aufgrund der Widerstände die Reformen im Alltag der osmanischen Einwohner Südosteuropas allein sukzessive an. Neben zerfallenden staatlichen Strukturen und einer desolaten Wirtschaftslage prägten den Alltag hier zunehmend slawische, informelle, quasi-militärische Einheiten[83], die unabhängig agierten und teilweise ethnisch-national orientiert waren. Diese Verbände, als ‚Chetnik' / ‚Cheta' – Gruppierungen bekannt, initiierten lokale und regionale Aufstände, und fanden auch international Gehör (siehe u.a. New York Times 1878a). Innerhalb der Gruppen existierten albanische, bulgarische, serbische oder griechische Mehrheiten, diese waren jedoch nicht primär ethnisch aufgestellt, sondern gruppierten sich eher nach der lokalen Zugehörigkeit (ebd.). Die Gruppen bekämpften die Vorherrschaft des Osmanischen Reiches auf einem regionalen Territorium, sich jedoch auch untereinander. Es ist überliefert, dass albanische Cheta-Gruppierungen aus Muslimen, Christen und Mitgliedern synkretistischer Religionsauffassungen bestanden (Siebertz 1910: 118). Zudem lag eine Vielzahl von Motiven unter den albanischen Verbänden vor: Auf der einen Seite kämpften sie für regionale Unabhängigkeit, auf der anderen mit Truppen des Osmanischen Reiches gegen slawisch geprägte Aufständische (Finkel 2005: 452). Für die slawisch geprägten Gruppen kann angenommen werden, dass durch (regionale Verankerung bedingte) Dominanz einer Richtung des orthodoxen Christentums unter ihren Angehörigen die Religionszugehörigkeit sich hier besonders zur Abgrenzung zum Osmanischen Reich eignete.

Auf der Seite der Osmanischen Armee fanden sich neben den regulären Truppen des Sultans und des lokalen Adels ebenfalls irreguläre Verbände, die sich einem Anführer verpflichtet sahen (‚Bashi-Bozuk'-Gruppen; Bowen

---

83 Zur gesellschaftlichen Bedeutung von nicht-staatlichen bewaffneten Verbänden im Osmanischen Reich siehe u.a. Esmer (2014): Economies of Violence, Banditry and Governance in the Ottoman Empire.

[2012]). Diese waren multi-ethnisch (u.a. Albaner, Kurden, Tscherkessen rekrutiert [ebd.]) und gingen gegen die erwähnten ‚Cheta'-Verbände in den Gebieten des heutigen Albaniens und Nord-Mazedoniens vor (New York Times 1878b). Die Verheerungen aller para-militärischen Einheiten verblieben im kollektiven Gedächtnis der betroffenen Bevölkerungsgruppen und dien(t)en einer negativen kollektiven Charakterisierung anderer, sowie zur eigenen Identitätskonstruktion[84].

Der Berliner Kongresses (13.06. bis 13.07.1878) beendete den Russisch-Osmanischen Krieg 1877/1878 und führte zur weiteren Aufteilung der südosteuropäischen Gebiete des Osmanischen Reiches. Hier standen die Beschlüsse der Errichtung eines bulgarischen Fürstentums, einer autonomen Provinz Ostrumelien unter osmanischer Verwaltung, der Unabhängigkeit Rumäniens, Serbiens, und Montenegros (Sundhaussen 2006: 140), sowie die verwaltungsrechtliche Angliederung Bosnien-Herzegowinas an Österreich-Ungarn. Die österreichische Verwaltung versuchte mit der Einführung von mitteleuropäisch geprägten Gesetzen die Administration des Landes zu modernisieren, und gewährte den religiösen Gemeinschaften weitgehende Rechte (Greble [2011]: 6; Kornrumpf [1984]: 24; o.A.2 [1880]: 285–347), insbesondere der muslimischen (o.A.3 [1909]: 23)[85]. Die Besetzung Bosnien-Herzegowinas führte dennoch einen längeren Widerstand der lokalen muslimischen Bevölkerung, die sich weiterhin mit Istanbul verbunden sah (Islamska Zajednica 2007).

Demnach war das vordringliche Ziel der österreichischen Administratoren in Bosnien-Herzegowina, die Bindung der ethnisch-religiösen Gemeinschaften an Autoritäten in Istanbul (oder Belgrad) zu verringern (Greble 2011: 7). Dies führte zum Istanbuler Übereinkommen von 1879 zwischen Österreich-Ungarn und dem Osmanischen Reich, das den muslimischen Bosniaken Grundrechte garantierte (Islamska Zajednica 2007). Zudem bedeutend waren das Regierungsgesetz von 1880, das Landesstatut von 1910 (o.A.3 [1909]: 20–40), sowie die staatliche Gründung der Islamischen Gemeinschaft Bosnien-Herzegowinas 1882. Der Gründung folgte die Ernennung des Großmuftis (Mustafa Hilmi Hadžiomerović [1816–1895]) durch die österreichischen Behörden (Islamska Zajednica 2007).

---

84 siehe u.a. ‚Liste der Völkermorde an den Bosniaken', unter Islamska Zajednica (2007)
85 „In die (…) erlassenen Gesetze (…) wurde eine ganze Reihe von Gesetzen, die in der türkischen Sammlung Düstür erschienen waren, in Übersetzung aufgenommen."
    (Kornrumpf 1984: 24).

Nach dem Berliner Kongress von 1878 blieben die heutigen Territorien Albaniens und Nord-Mazedoniens Teile des Osmanischen Reiches, Bulgarien und Serbien konnten sich mit ihren Ansprüchen auf die Gebiete nicht durchsetzen. So entstand im Jahr 1893 die Bewegung der Bulgarischen Makedonien-Adrianopeler Revolutionäre, ein Komitee, dass sich später in die Untergrundorganisation VMRO (*‚Vnatrešna Makedonska Revolucionerna Organizacija‘*[86]), umbenannte. Die innerhalb der Organisation agierenden Gruppierungen verfolgten heterogene Ziele, wie einerseits den Anschluss an Bulgarien, oder auch eine eigenständige Region Mazedonien innerhalb einer Föderation von Balkanstaaten (Finkel 2005: 510/511). So konkurrierte insgesamt eine Vielzahl von Akteuren um die Übernahme ihrer Interpretationen von Identität in der slawischen Bevölkerung.

Dies führt zum zweiten Zensus des Osmanischen Reiches von 1881 (Karpat 1985: 134): Mit der Anpassung an die Reformen und die osmanischen Verfassung von 1876 wurde die Erhebungsmethodik angepasst, und es fanden zunehmend ethnische Zuschreibungen Eingang. Die Kategorie ‚Reaya‘ wurde in jene der ‚Bulgaren‘, ‚Griechen‘ und ‚Katholiken‘ aufgespalten (‚Muslime‘ blieb bestehen, hier ist eine genauere Unterscheidung von Gruppen nicht möglich). Insgesamt hielt sich in der Bevölkerung primär eine lokale vor einer ethnischen Identität (Sundhaussen 2011: 94) – letztere bildete sich auf dem Gebiet des heutigen Nord-Mazedoniens zum Ende des 19. Jahrhunderts heraus[87]. In den osmanischen Territorien Südosteuropas tendierte die religiöse Struktur der Bevölkerung nun zu muslimischer Dominanz. Ein Grund ist die Fluchtbewegung von Muslimen, die aus den Gebieten der neuen Staaten Bulgarien Serbien, Montenegro vertrieben wurden (Islamska Zajednica 2007; Sundhaussen 2011: 112).

Dies betraf ebenso die jüdische Bevölkerung, die nach 1880 in einer Vielzahl von Staaten Osteuropas verfolgt wurde[88], und nach Nordamerika und in das Osmanische Reich auswanderte. Demnach zeigen sich die angesprochenen Trends im Wandel der Bevölkerungsstruktur auch für die ausgewählte Regionen, welche heute Albanien und Nord-Mazedonien abdecken (siehe Tabelle 6): Eine Abnahme der muslimischen Bevölkerung an den Grenzen

---

86 dt.: ‚Innere Mazedonische Revolutionäre Organisation‘
87 „(...) *auch serbisch-, bulgarisch-, albanisch-, rumänisch- und anderssprachige sowie bi- oder multilinguale Bevölkerungsgruppen, die sich in vielen Fällen einer eindeutigen ethnischen Zuordnung entzogen.*" (Sundhaussen 2011: 90).
88 u.a. Pogrome in Russland ab 1881 (Klier 2011), 1903 (Penkower 2004), und 1917–21 (Astashkevich 2018)

(Selanik, Kosova), und eine Zunahme in Kernregionen (Manastir, heute Bitola) bei Bestand einer generell multireligiösen Struktur.

Tab. 6: Religion und Bevölkerung, ausgewählte Vilayets, 1881/82–1906/07[89]

Vilayet	Muslime	Griechen	Bulgaren	Katholiken	Juden	sonstige	Total
Selanik							
1881/82	447.904	277.237	222.684	2.311	37.206	2.502	989.844
1906/07	419.604	263.881	155.710	31	52.395	29.738	921.359
Kosova							
1881/82	409.510	29.393	274.793	-	1.706	5.685	721.087
1906/07	379.595	13.594	272.818	3.569	1.668	409	671.653
Manastir							
1881/82	225.534	227.766	205.892	1	5.072	134	664.399
1906/07	328.551	286.001	197.088	3	5.459	7.726	824.828
Iskodra							
1881/82	78.600	5.913	-	2.797	-	62	87.372
1906/07	81.150	6.098	-	2.178	-	422	89.848
Yanya							
1881/82	225.415	286.304	-	83	3.677	998	516.477
1906/07	225.415	286.592	-	-	-	4.759	516.766

Die Gebiete des heutigen Albaniens und Nord-Mazedoniens verblieben bis zum ersten Balkankrieg 1912 Teil des Osmanischen Reiches. So verblieben in Albanien (neben der mehrheitlich muslimischen Bevölkerung) die christlich-orthodoxen Bischofssitze zum Patriarchat von Konstantinopel zugeordnet, und ein bedeutender griechischer Einfluss bestehen; auf dem Territorium Nord-Mazedoniens konnte die bulgarische orthodoxe Kirche Aktivitäten entfalten. Dies gelang zwischen 1870 und 1912 aufgrund fehlender personeller und materieller Ressourcen nur in begrenztem Umfang (Opfer 2002). Demnach konnte die bulgarische Kirche in der Region des wegen ihrer privilegierten Stellung im Osmanischen Reich eine gewisse Kirchenstruktur etablieren, jedoch nicht nachhaltig zu einer homogenen bulgarischen Identität unter der slawischen Bevölkerung beitragen (ebd.: 169).

---

89 Regionen, welche die Territorien der heutigen Staaten Albanien und Nord-Mazedonien abdecken. Kategorienbezeichnungen wie im Zensus. Eigene Berechnungen nach Karpat (1985: 134–145; 162–169).

Auf der Ebene des lokalen Alltagslebens der Bevölkerung blieb die konventionelle osmanische Gesellschaftsstruktur weiterhin maßgeblich, die sich auch architektonisch in den Städten Südosteuropas abbildete: Sie bestand aus religiös getrennten Quartieren (‚mahalas'), die (am Beispiel Sarajevos) ungefähr 40 Häuser umfassten und sich um ein religiöses Zentrum als Moschee- oder Kirchengemeinde gruppierten (Greble 2011: 4; Malcolm 1994: 109). Auch ländliche Gemeinden (‚Köy') wurden so organisiert, es existierten christliche oder muslimische Siedlungen. Die Vorteile für das Osmanische Reich waren eine hohe soziale Kontrolle und sozialer Frieden, als auch eine übersichtliche Verwaltung; diese Situation verhinderte jedoch einen funktionalen Kontakt zwischen den Angehörigen der unterschiedlichen Gemeinschaften, sowie einen daraus resultierenden Grad an Integration (Greble 2011: 5; Zaffi 2006: 152).

Die weitere Krise des Osmanischen Reiches ermöglichte im Juli 1908 den Beginn der Jungtürkischen Revolution. Diese begann als lokaler Aufstand eines osmanischen Statthalters in Mazedonien mit der Forderung der Wiedereinsetzung der Verfassung von 1876, dem sich im Sommer des Jahres immer weitere Teile osmanischer Verwalter und Militärführer in Regionen mit slawisch-sprachiger Bevölkerungsmehrheit anschlossen. Die Bewegung konnte im August 1908 die erneute Einsetzung der Verfassung erreichen (Finkel 2005: 512). Für das politische System bedeutete dieser Schritt u.a. die Wiedereinführung der konstitutionellen Monarchie, die Einsetzung des Parlaments, und die Legalisierung von politischen Parteien. Der Revolution wurde ebenfalls von den religiösen Minderheiten in den Zentren des Osmanischen Reiches positiv begegnet: *„The different communities met together in a parliamentary structure, (...) and religious tolerance was declared."* (Güçlü 2015: 157) (siehe Cohen [2014] zu jüdischen Gemeinschaften, Zborowski [2019: 397] zu osmanisch-griechischen).

Im November/Dezember 1908 kam es zur Wahl zum osmanischen Unterhaus, an dem auch Stimmberechtigte der Regionen der heutigen Staaten Albanien und Nord-Mazedonien teilnahmen. Hier waren allein zwei Parteien erfolgreich, deren Ursprünge in der jungtürkischen Bewegung lagen: Das Komitee für Einheit und Fortschritt (CUP), sowie die freiheitlich-progressiv auftretende Osmanische Ahrar-Partei (LU – Liberale Union; auch Freiheits- und Einigkeitspartei; ‚Osmanlı Ahrar Fırkası') (Meclisi Mebusan 1908) (Kayali 1995: 269/271).

Durch den (vorbereiteten) Wahlsieg der CUP entwickelte sich eine limitierte Parteienlandschaft, in der sie sich dauerhaft als stärkste Partei im

Unterhaus, und als alleinige Regierungspartei etablieren konnte. Die Statistik erfasste für die Abgeordneten 1908 ebenfalls den ethnischen Hintergrund: Demnach stellten die Mehrheit ethnische Türken, gefolgt von Arabern, Albanern, Griechen, Armeniern, und weiteren Minderheiten (Meclisi Mebusan 1908). Folglich war nach diesen Wahlen eine große Bandbreite ethno-religiöser Gruppen repräsentiert. Dies galt ebenfalls für die albanische Komponente, die mit 6,3% der Abgeordneten im Vergleich zum Anteil an der Gesamtbevölkerung überrepräsentiert war[90], sowie die im Vergleich geringe Anzahl der Mitglieder mit slawischem Hintergrund (3,2%). Eine Wahlreform der Jungtürken berücksichtigte die Religionszugehörigkeit der Abgeordneten nicht mehr: *„In contrast to the Provisional Electoral Regulations that designated Muslim and non-Muslim provincial quotas (…), the Electoral Law stipulated one deputy to every 50,000 males and eliminated any formal quota (…). The Young Turks (…) made the elimination of quotas the cornerstone of their integrationist and secular Ottomanist policies.* (Kayali 1995: 268).

Tab. 7: *Abgeordnete Unterhaus nach Parteien, ethnischer Hintergrund, 1908[91]*

	Türkisch	Arabisch	Kurdisch	Alban.	Jüdisch	Armen.	Serbisch	Griech.	Bulg.
CUP	86	6	4	4	3	2	1	1	-
LU	6	10	-	4	-	1	-	1	1
Unabh.[92]	78	36	2	10	1	4	2	14	4
ARF[93]	-	-	-	-	-	3	-	-	-
Sozialist.	-	-	-	-	-	-	-	-	1
Gesamt	*170*	*52*	*6*	*18*	*4*	*10*	*3*	*16*	*6*

Die Jungtürken setzten Sultan Abdülhamid II. im April 1909 ab und übergaben das Amt Mehmed V. (1844–1918). Nach einer Zwischenwahl 1911 wurde im Frühjahr 1912 zur Wahl der Unterhaus-Abgeordneten aufgerufen, dass am 18. April 1912 zusammentrat. Durch Manipulation war eine weitaus geringere

---

90 Nach dem Zensus 1906/07 lag der albanische Bevölkerungsanteil bei 3,8–4,8% (Karpat 1985: 169).
91 variierende Angaben; Darstellung nach Meclisi Mebusan (1908); Kayali (1995: 265ff.); Özbudun (1987: 334)
92 unabhängige Abgeordnete, Mehrheit schloss sich der CUP an
93 ARF – Armenische Revolutionäre Föderation

Vielfalt an Parteien und Unabhängigen vertreten: Von 270 Abgeordnetensitzen erhielt die CUP 264, die Opposition sechs (Özbudun 1987: 334), die CUP regierte anschließend allein (Finkel 2005: 520). Aufgrund der Nicht-Anerkennung der Resultate durch die Opposition löste Großwesir Muhtar Pasha (1839–1919) am 5. August 1912 das Unterhaus auf. Die im Oktober 1912 beginnenden Balkankriege verhinderten weitere Wahlen, die Regierung erklärte das Kriegsrecht und führte ohne Kontrolle die Regierung (ebd.).

In den beiden Balkankriegen 1912/13 verlor das Osmanische Reich weite Territorien in Südosteuropa, der Erste Weltkrieg brachte den Zusammenbruch des Osmanischen Reiches.

Um die Definition der kollektiven Identität der Bevölkerung auf den Gebieten des heutigen Albaniens und Nord-Mazedoniens konkurrierte bis dahin eine Vielzahl von Akteuren: Das griechisch geprägte Patriarchat von Konstantinopel, der bulgarische Staat mit dem bulgarischen Exarchat, Serbien und die mit ihm verbundene orthodoxe Kirche, Akteursgruppen im Osmanischen Reich mit traditionellen oder reformorientierten Identitätskonstruktionen, sowie lokale und regionale Modelle. Für die Ausbildung der Selbstzuschreibung gilt: *„Der Identitätsdiskurs einer Gruppe (...) kann jedoch nur im Zusammenspiel mit den ihn (...) beeinflussenden Diskursen verstanden werden (...)‘.“* (Zborowski 2019: 11).

Albanien und Religion im Osmanischen Reich im 19. und 20. Jahrhundert

Die Bevölkerung des Gebietes, welches das Territorium des heutigen Albanien umfasst, war in der Geschichte stets mit dem Merkmal der Stammeszugehörigkeit charakterisiert. In der Beschreibung ihrer religiösen Orientierung lag die Betonung auf der praktizierten traditionellen Spiritualität (Ausrichtung an Natur, Ahnen; Siebertz 1910: 46). Durch die geografische Lage war die Region durch christliche Missionen gekennzeichnet, die seit Jahrhunderten dazu beitrugen, unter der albanisch-sprachigen Bevölkerung eine multireligiöse Struktur mit lokal spezifischen Ausprägungen entstehen zu lassen (Young 1999: 7). Für 1423 sind durch die Ausbreitung des Osmanischen Reiches erste Übertritte zum Islam verzeichnet (ebd.), sodass neben die traditionellen Formen der Spiritualität und die christlichen Konfessionen eine weitere Komponente im religiösen Bereich hinzutrat. Diese hatte ebenfalls pluralen Charakter: Mit dem sunnitischen Staatsislam der hanafitischen Schule fanden weitere islamische Interpretationen Eingang, wie der Orden der Bektashi zeigt.

Die weltliche Herrschaft war hier zwischen zahlreichen regionalen Fürstentümer aufgeteilt, die von den Osmanen zerschlagen wurden; religiöse Organisationen wurden zentralisiert. Für die autochthone Bevölkerung war ausschlaggebend, dass sich lokale Ordnungen und religiöse Traditionen erhielten. Diese überdauerten, auch in mündlichen Überlieferungen, die Zeit der Zugehörigkeit zum Osmanischen Reich. Sie wurden mehrheitlich im 15. Jahrhundert (als Gesetze; ‚kanun‘) kodifiziert[94], und zu Beginn des 20. Jahrhunderts strukturiert verschriftlicht (Elsie 2001b: IV-VI; Fox 1989; Kastrati 1955). In diesen Regelwerken bekam der religiöse Bereich hohe Aufmerksamkeit: Im ‚Kanun des Lekë Dukagjini‘ beschäftigte sich das erste von zwölf Kapiteln mit der christlichen Kirche, und grenzte ihren Einflussbereich auf die alltägliche Lebensführung ein (Fox 1989: 1–59).

Ein Wandel in der Religionszugehörigkeit der autochthonen Bevölkerung war eher schrittweise festzustellen. Es galten die Regelungen des millet-Systems: So konvertierte zuerst der landbesitzende Adel zum Islam; im 17. und 18. Jahrhundert wechselten bedeutende Teile der Bevölkerung zu muslimischen Glaubensauffassungen (Bartl 1995: 51; Finkel 2005: 357; Popović 1986: 12). Der mehrheitlichen Übernahme des Islam bis zum 18. Jahrhundert lagen teilweise (auch ökonomischer) Zwang (Skendi 1967: 243), als auch freiwillige Ursachen zugrunde (Bartl 1995: 52) (Adaption Islam mit lokalen Gewohnheiten). Für Albanien sind zudem Aussetzungen des millet-Systems überliefert: Lokale christlich-katholische Gemeinschaften wurden zeitweise auf dem Gebiet verfolgt und vertrieben, da sie der Kollaboration mit auswärtigen Akteuren beschuldigt wurden (Bartl 1995: 52; Skendi 1967: 237/243), die hier in Konkurrenz zum Osmanischen Reich agierten (italienische Stadtstaaten). Verfolgungen trafen zeitweilig auch Teile der orthodoxen Kirche, so in den Jahren 1722 und 1748 (Yannoulatos 2000). Nach den Regelungen hatte das orthodoxe Christentum mit seiner offiziellen Anerkennung die Chance, sich als identitätsstiftendes Element in Teilen der Bevölkerung zu halten; die christlich-orthodoxen Bistümer des Gebiets des heutigen Albaniens lagen bis zum Beginn des 20. Jahrhunderts unter der Aufsicht des griechisch geprägten Patriarchats von Konstantinopel (ebd.).

Bei der Betrachtung der Verbreitung von religiösen Weltanschauungen unter der Bevölkerung sei auf den Unterschied zwischen kulturalistischen und konstruktivistischen Perspektiven hingewiesen. Historische und zeitgenössi-

---

94 Nach Fox (1989: XVI) und Elsie (2001b: VII) bestand eine Vielzahl an (inhaltlich ähnlichen) Regelwerken in den verschiedenen albanisch-sprachigen Regionen im 15. Jahrhundert.

sche Darstellungen der Verbreitung von religiösen Glaubensauffassungen und zur Religionszugehörigkeit der Bevölkerung arbeiten vielfach nach zuvor gesetzten Kategoriensystemen der kulturellen Einmalzuschreibung. Die andere Seite der Forschung betont in diesem Zusammenhang die Differenz zwischen der staatlichen Perspektive, d.h. eindimensional aufgefasster und relativ gut dokumentierter Zugehörigkeit – und privat praktizierter Religiosität, die in der Regel vielschichtig ausgestaltet war, und heute nur bedingt nachvollziehbar ist. Diese Formen waren ebenfalls in den hier betrachteten Territorien bedeutend (Stichworte Synkretismus, multi-religiöse Haushalte, Wandel[95]): *„Crypto-Christianity was manifested both in the Catholic north (…) and in the Orthodox south. The first concrete evidence (…) dates from 1610 (…). (…) the village was composed of sixteen houses, ten of which were Moslem but (…) almost all the men had Christian wives. There he was approached by a Moslem who told him that, although he professed Islam, in his heart he held the Christian faith (…).“* (Skendi 1967: 235/236).

Bemühungen zur Ausbildung einer albanischen Schriftsprache (und Identität) lagen zunächst bei christlich-katholischen Geistlichen, die versuchten, ihren Einfluss auf die Bevölkerung in Nord-Albanien aufgrund der osmanischen Eroberung zu halten. An dieser Stelle ist der Geistliche Gjon Buzuku zu nennen, der 1555 ein Gebetsbuch in einer ersten albanischen Schrift verfasste, um die Texte, bisher in Latein vorgetragen, einfacher unter der albanisch-sprachigen Bevölkerung zu verbreiten (Dalby 2014: 13). Zweitens ist die Veröffentlichung eines lateinisch-albanischen Wörterbuches 1635 bedeutend. Während der nächsten 200 Jahre waren vor allem im religiösen Bereich Bemühungen um Verschriftlichung und Standardisierung der Sprache (zum überwiegenden Zweck christlicher Mission) zu verzeichnen, mehrheitlich basierend auf nordalbanischen Dialekten.

Folglich fand in den albanischen Territorien neben dem offiziellen millet-System und der von ihm definierten Richtlinien der Koexistenz (Zaffi 2006: 152) ein höheres Maß an Integration zwischen Religionen und Religionsgemeinschaften statt. Dennoch entwickelten sich auch hier separatistische, ethno-nationale Bewegungen, die sich zu einem identitätsstiftenden und politischen Faktor entwickelten. Aufgrund der multireligiösen Struktur der Einwohner und der synkretistischen Handhabung in der religiösen Praxis (Siebertz 1910: 107), sowie der politischen Einbindung der albanisch-sprachi-

---

95 Beispielhaft zu Nord-Albanien am Ende des 19. Jahrhunderts: *„(…) daß ein ganzes Dorf ‚türkisch' wurde, weil der Pfarrer früher Messe lesen wollte, als es seinen Pfarrkindern paßte.“* (Siebertz 1910: 118).

gen Bevölkerung im Osmanischen Reich gründete sich die Idee der Nation im Fall Albanien im Gegensatz zu den Nachbarstaaten (Bulgarien, Griechenland, Montenegro, Rumänien, Serbien) am Ende des 19. Jahrhunderts auf jener der ethnisch und sprachlich geprägten Kulturnation; d.h. auf einem übergreifenden Verständnis der Gemeinschaft jenseits der Religionszugehörigkeit. Die wird illustriert durch das Spektrum der Religionszugehörigkeiten der nachfolgend aufgeführten Akteure, die in dieser Periode für die Bildung einer albanischen Nation bedeutend waren.

Im Fall von Albanien sind separatistische Tendenzen nach dem 15. am Ende des 18. Jahrhunderts zu verorten, als Regionalfürst Tepedelenli Ali Pasha von Janina (1744–1822) auf dem Gebiet des heutigen Südalbaniens (Tikkanen 2020), sowie der Bushatli-Clan in Nordalbanien, semi-unabhängige Fürstentümer etablierten, die exklusiv Steuern erhoben und sich autonom verwalteten (Bartl 1995: 73–79; Finkel 2005: 401/429). Demnach waren in dieser Phase viele vormalige Lehen nun in den Besitz von autochthonen, wirtschaftlich und politisch mächtigen Familien gelangt, die sich mit der Zentraladministration in Istanbul nicht loyal verbunden sahen, praktisch unabhängig agierten, und zur Erweiterung ihres Machtbereichs vielfach untereinander Konflikte austrugen. In dieser Periode entstanden albanisch-sprachige Arbeiten von Vangjel Meksi (1770–1821) oder Naum Panajot Bredhi (Veqilharxhi) (1797–1846) (Halili 2006a: 258). Meski war ein christlich-orthodoxer Autor, der eine erste albanische Grammatik basierend auf südalbanischen Dialekten und dem griechischem Alphabet 1814 anfertigte, sowie die erste Übersetzung des Neuen Testaments 1821 (VUSH 2020).

Den Autonomiebestrebungen wurde durch die Autoritäten in Istanbul mit oben erwähnten Reformen begegnet. Einen nachhaltigen Wendepunkt markierte das Jahr 1826, als Sultan Mahmud II. die Auflösung des Janitscharen veranlasste, die unter der albanisch-sprachigen Bevölkerung verbreitet war, und weitreichende Landreformen initiierte. Mit dem Ziel der Beschränkung der Autonomie der regionalen Machthaber trafen die Maßnahmen auf den Widerstand in der hier betrachteten Region (Bartl 1995: 80). Demnach organisierte sich 1828 ein Treffen albanisch-sprachiger Regionalfürsten in der Stadt Berat, um ein erhöhtes Maß an Autonomie von Istanbul einzufordern. Diese Zusammenkunft wird heute als Beginn einer Nationalbewegung unter den Albanern verstanden (Skendi 1967), da sich hier erstmals eine hohe Anzahl albanisch-sprachiger, lokaler Machthaber der Region freiwillig traf, um eine gemeinsame (oppositionelle) Politik (gegenüber dem Osmanischen Reich) abzustimmen. Die Autonomieforderungen wurden in den Folgejahren wiederholt, bis Sultan Mahmud II. eine große Anzahl der Wortführer im

Sommer 1830 in die Stadt Manastir (heute Bitola/Nord-Mazedonien) zu Verhandlungen einlud. Hier ließ der Sultan hunderte albanische Führer von der osmanischen Armee ermorden. Das Massaker führte zu einer Schwächung der Macht der regionalen Fürstenfamilien und legte die Grundlage für eine zunächst engere Anbindung ihrer Territorien an Istanbul. Auf der anderen Seite kam es in den 1830er Jahren zu Bauernaufständen in den albanisch bewohnten Regionen Kolonjë und Leskovik, erneut gewaltsam beantwortet wurden (Bartl 1995: 81).

Dies war der Kontext des osmanischen Zensus von 1830/31 in den Gebieten mit albanisch-sprachiger Bevölkerung[96], für die keine Aufzeichnungen vorliegen (Karpat 1985: 14/109–115). Die Forschung gibt demzufolge Schätzungen zur albanisch-sprachigen Bevölkerung für die osmanischen Provinzen in Südosteuropa an; für 1820 sind 815.000 Personen verzeichnet (ebd.: 73). Für 1831 wird eine Zahl von 1.596.000 dargestellt, die nach Religionszugehörigkeit 1.066.000 Muslime und 530.000 Christen umfassten (ebd.: 22). Ebenfalls für die 1830er zeigt eine andere Quelle 1.300.000 Personen, davon 1.000.000 Muslime und 300.000 Christen (ebd.: 23). für 1840 werden 1.500.000 angegeben (ebd.: 73). Den historischen Aufzeichnungen ist zu entnehmen, dass in dieser Phase etwa zwei Drittel als der Bevölkerung als Muslime galten, und der Rest dem christlichen Glauben zugeordnet wurde.

Tab. 8: Albanisch-sprachige Bevölkerung im Osmanischen Reich, 1820–1890[97]

Bezeichnung	Muslime	Christen	Gesamt
‚Ottoman Population in Europe, 1820‘			815.000
‚Population of Ottoman Balkan Territories, 1831‘	1.066.000	530.000	1.596.000
‚Population of Ottoman Territories in Europe, 1820–1840‘	1.000.000	300.000	1.300.000
‚Ottoman Population in Europe, 1840‘			1.500.000
‚Ottoman Population in Europe, 1870‘			1.218.000
‚Ottoman Population in the Balkans, 1876–1878‘	723.000	308.000	1.031.000
‚Muslims in European Provinces, 1860–1878‘	1.001.700	298.300	1.300.000
‚Ottoman Population in Europe, 1890‘			1.248.000

Nach den Ereignissen entsandte die Zentralgewalt in Istanbul staatliche Verwalter, um die Regionen unter ihre Kontrolle zu stellen. Diese Phase der Eindämmung der autonom orientierten Aktivitäten bedeutete nicht die

---

96 Bezirke Avlonya, Delvine, Ilbasan, Iskenderiye, Yanya, Dukagin, Alacahisar
97 Schätzungen; eigene Darstellung nach Daten aus Karpat (1985: 22, 23, 46, 56, 73)

Einstellung des Aufbaus eines albanischen Nationalbewusstseins. Dennoch schien sich die Kontrolle zu festigen, da 1839 albanische Fürsten an der Unterdrückung serbischer Aufständischer teilnahmen (Finkel 2005: 452).

Mit der Zentralisierung wurden auch neue staatliche Institutionen auf regionaler und lokaler Ebene eingeführt, welches die etablierten gesellschaftlichen Machtstrukturen gerade in den albanisch-sprachigen Gebieten gegen diese Maßnahmen aufbrachten. Demnach traten ab dem Jahr 1839 weiterhin lokale und regionale albanische aufständische Bewegungen auf, die einen höheren Grad an Autonomie für ihre jeweiligen Bezirke forderten und sukzessive erstarkten: Für die Jahre 1843/44 ist eine Reihe von größeren Erhebungen dokumentiert (u.a. der ‚Aufstand des Derwish Care'), die jedoch erneut erfolgreich von den Osmanen niedergeschlagen wurden (Bartl 1995: 81). Dies galt auch für die Rebellionen von 1845 in Mittel- und 1847 in Südalbanien (Finkel 2005: 501/502).

Daneben standen ebenfalls gewaltlose Formen der Unterstützung einer größeren Autonomie der Gebiete mit albanisch-sprachiger Mehrheit. Im kulturellen Sektor ist das Wirken von Kostandin Nelko (1827–1895) zu nennen, der 1857 ein Memorandum zur Begründung einer einheitlichen albanischen Schriftsprache publizierte (Bartl 1995: 148/149), und nach 1864 das Neue Testament in lateinischer Schrift auf Grundlage nordalbanischer Dialekte übersetzte (VUSH 2020). So waren christlichen Protestanten zwischen den 1860er und 1890er Jahren Träger der Entstehung und Verbreitung der albanischen Schrift, da ihre Missionare auch abgelegene Gebieten und kleine Städte bereisten (ebd.).

Tab. 9: Religionszugehörigkeit, Abgeordnete Unterhaus 1877, ausgewählte Vilayet[98]

Vilayet	1877 – I (19.03.-28.06.)		1877/8 – II (13.12.-14.02.)	
	Muslime	Nicht-Muslime	Muslime	Nicht-Muslime
İşkodra	2	2	2	2
Kosova	3	2	6	4
Selanik	5	6	4	4
Yanya	3	3	3	3
Gesamt	*13*	*13*	*15*	*13*

---

98 eigene Darstellung nach Kayali (1995: 265–286)

Nach der Verfassung von 1876 wurde die politische Integration der Nicht-Muslime angestrebt. Nach der Wahl 1876/77 entsandten die regionalen Räte Abgeordnete in das Unterhaus des Parlaments, zumeist Großgrundbesitzer. Es liegen keine Aufzeichnungen zum ethnischen, jedoch zum religiösen Hintergrund vor: So war von den 26 Vertretern aus den Distrikten Yanya, Kosovo, Iskodra und Selanik jeweils die Hälfte Muslime und Nicht-Muslime.

Im anschließenden Russisch-Osmanischen Krieg 1877/1878 kam es zur Stärkung der slawischen Alliierten Russlands in Südosteuropa, die sich auf Gebiete mit Mehrheit albanisch-sprachiger Gruppen drohten auszudehnen. So kam es im April 1877 zu Revolten (Gawrych 2006: 40), und anschließend zur Gründung des Albanischen Komitees von Janina im Mai 1877, in der sich eine Gruppe südalbanischer Familienoberhäupter clan-übergreifend zusammenfand, um ihre Interessen über die Zukunft ihrer Territorien auszutauschen (Halili 2006b: 348). Darauf folgte die Gründung des ‚Zentralkomitees für die Verteidigung der Albanischen Rechte' (alb.: ‚*Komiteti Qendror për Mbrojtjen e të Drejtave të Kombësisë Shqiptare*'; später ‚Albanisches Komitee von Istanbul', alb.: ‚*Komiteti Shqiptar i Stambollit*') am 18. Dezember 1877 in Istanbul von intellektuell bedeutenden Personen, die sich größerer Autonomie der albanisch-sprachigen Gebiete verschrieben. Vorsitzender wurde Abdyl Frashëri (1839–1892), ein Verfechter des multireligiösen Charakters der albanischen Nationalbewegung (ebd.: 349). Die Forderungen beliefen sich auf eine Zusammenlegung albanisch-sprachiger Gebiete zu einer Verwaltungseinheit im Osmanischen Reich, sowie eine größere Autonomie (ebd.: 348).

Der Russisch-Osmanische Krieg 1877/1878 mit dem Frieden von San Stefano am 03. März 1878 beigelegt, der einen erheblichen Anteil von Siedlungsgebieten mit albanisch-sprachiger Bevölkerung an neu entstehende Staaten in der Nachbarschaft vorsah (insbesondere Bulgarien, auch Serbien und Montenegro; Gawrych 2006: 43). Druck, der eine Vielzahl von Fluchtwellen vorwiegend albanischer Muslime in Gebiete des heutigen Albaniens und Kosovos erzeugte (Sundhaussen 2007: 137). Die Resultate veranlassten das ‚Zentralkomitee für die Verteidigung der Albanischen Rechte' in Istanbul, am 30. Mai 1878 einen Aufruf zum Widerstand gegen die dort getroffenen Entscheidungen zu verfassen. Dieser Aufruf mündete zehn Tage später im Juni 1878 in der Gründung der ‚Liga von Prizren' (Halili 2006b: 349).

Hier versammelten sich im kosovarischen Prizren am 10. Juni 1878 eine Vielzahl von albanischen Intellektuellen, Politikern und Clanoberhäuptern, deren Ziel darin bestand, für die mehrheitlich von Albanern bewohnten osmanischen Gebiete weitreichende Autonomie einzufordern, jedoch für einen

Verbleib im Osmanischen Reich zu plädieren (Gawrych 2006: 46/47). Als zu den Folgesitzungen auch die Delegation aus Shkodër mit Abdyl Frashëri hinzukam, wurde das Programm umgestaltet und weniger muslimisch ausgerichtet, sodass zu einem wichtigen Ziel beitragen konnte (Vasa 2006: 119): Zur Bildung eines damals benötigten, kohärenten Narrativs des Albanischen als Basiselement der Begründung einer staatlichen Eigenständigkeit. Hier stand interreligiöse Verständigung der Albaner zentral, aber auch der Umstand, dass sich innerhalb der Unabhängigkeitsbestrebungen der neuen Staaten in der Nachbarschaft des heutigen Albaniens eine Religionskonfession jeweils dominant manifestierte. Zudem könnten sich durch die damals vorliegenden Strukturen im religiösen Bereich (christliche Orthodoxie und Katholizismus, sunnitischer Islam) Teile der Gemeinschaften von Albanern mit externen Zentren, wie Istanbul oder Rom, identifiziert haben. Im die potentiell zentrifugalen Kräfte zwischen den albanischen Gruppen des Südens und des Nordens, den Tiefebenen und den abgelegten Bergregionen zu verringern, wurde das in dieser Hinsicht zukunftsträchtigste Modell einer Gemeinschaft entworfen: „(...) of a non-religious identity (...) (1) full tolerance among different religious groups; and (2) the insignificance of religion in the development of the Albanian national identity. (...) this supra-religious conceptualization of the nation can be viewed as a variation on the ,Ottomanist' version of citizenship introduced by the Tanzimat." (Vasa 2006: 120).

Vom 13. Juni bis 13. Juli 1878 folgte der Berliner Kongress, der die Territorien des heutigen Albaniens beim Osmanischen Reich beließ, jedoch albanisch-sprachige Gebiete auch slawischen Staaten (Bulgarien, Serbien) zuordnete. Dies und die Unzufriedenheit mit den Reformmaßnahmen im Osmanischen Reich führten während des Jahres 1878 auf dem gesamten Gebiet des heutigen Albaniens zu Unruhen (Gawrych 2006: 53). Dem folgte die ,Konvention von Dibra' vom 1. November 1878, welche die Punkte des ,Zentralkomitees für die Verteidigung der Albanischen Rechte' und der ,Liga von Prizren' wiederholte (Autonomie).

Bedeutend ist ebenfalls die Gründung der Gesellschaft zur Publikation Albanischer Schriften (alb.: ,Shoqëria e të Shtypurit Shkronja Shqip') in Istanbul am 12. Oktober 1879 mit den Zielen der Standardisierung und Etablierung einer einheitlichen albanischen Schriftsprache, sowie der Entwicklung eines albanischen Nationalbewusstseins bei der jungen Generation (ebd.: 59). Hier wurde die Abkehr von religiösen Bezügen zur Konstruktion dieser Identität, und von den Autoritäten in Istanbul offenbar. " ,The priests and the hodjas have deceived you / To divide you and keep you poor (...) And not look to church or mosque / the religion of the Albanians is Albanianism!'. Although Albani-

anism was clearly a vague concept, (...) recognizing Islam as the official religion of Albanians risked having fatal consequences for the country's viability after the fall of the Ottoman Empire." (Ypi 2007: 670/671).

Weitere Revolten in Regionen mit albanisch-sprachiger Mehrheit folgten (Gawrych 2006: 61); die osmanische Regierung reagierte darauf im Frühjahr 1881 mit der Entsendung von militärischen Verbänden und ließ Mitglieder der Liga verhaften. In diesem Kontext fand der Zensus 1881/82 statt. Nach den oben zitierten Schätzungen brachte er eine genauere Erhebung, und zudem präzisere Messung der Verbreitung von religiösen Weltsichten unter der albanisch-sprachigen Bevölkerung (Karpat 1985: 14). Ethnische Verhältnisse lassen sich aus der Statistik nur begrenzt entnehmen, da sich die albanisch-sprachige Bevölkerung auf die dort an gegebenen ethno-religiösen Kategorien verteilte: Es gab eine für ,Muslime' (Albaner, Slawen, Türken), und christlich-orthodoxe Albaner wurden abseits ihrer Selbstidentifikation der Kategorie ,Griechen' zugeordnet. Mit Daten für nur einen Kreis im Vilayet Kosova bildet sich in der Erhebung die verminderte Kontrolle der Osmanen in dieser Region ab.

In den ausgewählten Distrikten zeigt der Zensus von 1881/82 insgesamt 577.660 Personen, davon 60,63% in der Kategorie ,Muslime', 32,12% ,Griechen', 7,03% ,Katholiken', und 0,22% Angehörige weiterer Religionsgemeinschaften. Es befinden sich keine Eintragungen für ,Bulgaren', die Kategorie ,Serben' existiert nicht. Im Vergleich zu 1831 ist die Gruppe der Christen detaillierter aufgeschlüsselt und unterschied zwischen ,Griechen' (Christlich-Orthodoxe), ,Armenier', ,Bulgaren', ,Katholiken' und ,Protestanten'. Die multireligiöse Struktur der Bevölkerung, wenn auch durch muslimische Dominanz geprägt, zeigte Varianzen: So existierten Kreise mit mehrheitlich muslimischer Bevölkerung (Akcahisar, Tiran, Lusne, Lume), ausgeglichene muslimisch-christliche Kreise (Korca, Gjirokastër), Kreise mit vorherrschend christlich-orthodoxer (Delvine, Leshovik, Pogon), oder christlich-katholischer (Kesriye) Bevölkerung (siehe Tab. 10). Die Dominanz des Islam wurde verstärkt durch die Ansiedelung von vertriebenen Muslimen aus dem Kosovo und Südserbien.

Tab. 10: Ethno-religiöse Struktur der Bevölkerung, albanisch-sprachige
Distrikte 1881[99]

Vilayet / Sandchak	Kaza	Mus-lime	Grie-chen	Bul-garen	Katho-liken	Juden	sons-tige	Total
Vilayet Iskodra								
Iskodra	Akcahisar	12.396	-	-	1.796	-	-	14.192
Drac / Dirac / Durres	Drac CK	3.017	1.514	-	201	-	48	4.780
	Tiran	31.526	887	-	50	-	8	32.471
	Kuvaya	16.895	2.751	-	-	-	6	19.652
	Sirak	14.766	761	-	750	-	-	16.277
Vilayet Kosova								
Prizren	Lume	7.011	-	-	-	-	-	7.011
Vilayet Manastir								
Görice (Korca)	Görice CK	32.759	30.475	-	2.134	-	-	65.368
	Kesriye	13.113	11.425	-	35.588	774	-	60.900
	Istrova	21.106	3.028	-	-	-	-	24.134
	Kolonya	9.511	5.814	-	-	-	-	15.325
Vilayet Yanya								
Yanya	Leshovik	4.747	13.561	-	-	3	-	18.311
	Pogon	953	20.103	-	-	16	-	21.072
	Permedi	18.461	10.411	-	-	4	-	28.876
Ergiri (Gjirokastër)	Ergiri CK	11.791	18.897	-	-	1	1	30.689
	Delvine	5.885	13.725	-	-	-	380	19.991
	Tepedelen	19.667	6.248	-	-	-	-	25.915
	Kurveles	10.536	5.168	-	-	-	-	15.704
Berat	Berat CK	72.152	35.686	-	-	5	-	107.843
	Gosince	7.551	264	-	-	-	-	7.815
	Avlonya	24.990	4.511	-	83	31	-	29.615
	Lusne	11.400	319	-	-	-	-	11.719
Gesamt	absolut	350.233	185.548	0	40.602	834	443	577.660
	in v.H.	60,63	32,12	0,00	7,03	0,14	0,08	100,00

---

99 Zusammenstellung nach Daten aus Karpat (1985: 134–148); CK = ‚Central Kaza'
(zentraler Kreis)

Auch wenn die Daten des osmanischen Zensus 1906/07 für die Territorien lückenhaft sind (Karpat 1985: 166–169), lässt sich ablesen, dass Muslime weiterhin ca. zwei Drittel der Bevölkerung stellten, und ‚Griechen' ca. ein Drittel (weitere zusammen 3,2%).

Intellektuelle initiierten ab dem Jahr 1883 in Istanbul die Herausgabe einer ersten Zeitschrift in albanischer Sprache (‚Drita'), in der sie Konturen einer albanischen Identität skizzierten (Kondo 1972: 10). Aufgrund der Verfolgung durch die Osmanen arbeiteten sie im Untergrund; nach dem Wechsel nach Bukarest 1886 folgte die Gründung einer gleichnamigen Organisation (ebd.: 17). Hinzu kamen lokale para-militärische Verbände: Ab 1890 sind albanisch-sprachige ‚Kachak-Banden' dokumentiert, die zwei Jahrzehnte später bedeutend wurden, als eine konkrete staatliche Lösung für die albanisch-sprachige Bevölkerung in Südosteuropa getroffen wurde. Jene Gruppen sahen einem Aufschwung entgegen, als in Istanbul die Opposition erstarkte: Exemplarisch dafür war die Gründung der Bande von Çerçiz Topulli (1880–1915) 1906 – in der Folge ein Machtfaktor für das Land (Lange 1976a: 81).

Tab. 11: Ethno-religiöse Struktur der Bevölkerung, albanisch-sprachige Distrikte 1906[100]

Vilayet	Sandcak	Muslime	Griechen	Bulgaren	Katholiken	Juden	sonstige	Gesamt
Iskodra	Drac	81.150	6.098	-	2.178	-	350	89.848
Manastir	Ilbasan	38.056	-	818	-	-	-	38.874
	Görice	85.908	82.025	10.704	-	876	4.057	183.570
Yanya	Ergiri	67.293	74.852	-	-	21	318	142.547
	Berat	116.091	40.770	-	84	36	-	156.981
Gesamt	absolut	388.498	203.745	11.522	2.262	933	4.725	611.820
	in v.H.	63,5	33,3	1,88	0,37	0,15	0,77	100

Die Verbände konnten erfolgreich Auseinandersetzungen gegen das osmanische Militär bestreiten (1907, 1908; Lange 1976a: 81). Sie bekamen zudem Bedeutung in den Balkankriegen 1912/1913, als sie Territorien mit mehrheitlich albanisch-sprachiger Bevölkerung gegen griechisches Militär verteidigten. Am 25. Februar 1908 ermordete die Gruppe um Topulli den osmanischen

---

100 Zusammenstellung nach Daten aus Karpat (1985: 166–169).

Oberstleutnant Gjirokastërs (Bartl 1995: 109). Es folgte ein lokaler Aufstand der osmanischen Jungtürken in Mazedonien und Albanien im Juli 1908 (Lange 1976a: 81), der sich zu einem überregionalen Loyalitätsverlust des osmanischen Militärs zu in Istanbul entwickelte. Unter dem Druck ging Sultan Abdülhamid II. auf deren Forderungen nach Wiedereinsetzung der Verfassung ein – die sog. ‚Jungtürkische Revolution'. Eine Vielzahl an albanischen Familienclans nahm am Aufstand der Jungtürken teil. Die Jungtürken sahen sich der Ausbildung einer modernen osmanischen Identität im Reich verpflichtet, andererseits hoben sie das Verbot albanisch-sprachiger Schulen und Publikationen auf (Bartl 1995: 114). So traf sich im November 1908 in Manastir (heute Bitola/Nord-Mazedonien) albanische Intellektuelle, um die albanische Schrift zu standardisieren (lat. Alphabet, leichte Modifikation; ebd.: 116/117).

Andererseits ergab die Gesamtsituation eine hohe Auswanderung der albanisch-sprachigen Bevölkerung, insbesondere nach Westeuropa und Nordamerika (Bartl 1995: 149). Für den religiösen Bereich bedeutend waren albanische Intellektuelle in Nordamerika um den Literaten und Politiker Theofan Stilian Noli (auch Fan Noli) (1882–1965). So kam es 1908 in Boston zu einer Auseinandersetzung innerhalb der orthodoxen Gemeinde zwischen dem griechisch geprägten Klerus, der die albanische Sprache ablehnte, und Teilen der Gemeinde, die albanisch-sprachigen Hintergrund vorwiesen, und die Rituale in dieser Sprache durchführen wollten (Kaleshi 1979: 335). In der Folge gründete eine Gruppe um Noli eine unabhängige, albanisch-orthodoxe Kirche in der Stadt. Noli erhielt anschließend kirchliche Weihen durch Platon (Porphyri Roshdestwenski) (1866–1934), Erzbischof der Russisch-Orthodoxen Kirche auf den Aleuten und in Nordamerika (ebd.). Somit wurde Noli im März 1908 der erste Geistliche einer neuen, orthodoxen, albanisch geprägten Kirche, die dem griechischen Einfluss weitestgehend entzogen war (Übersetzung Liturgie) (Yannoulatos 2000).

Durch den Kongress von Manastir vom November 1908 war in den albanisch-sprachigen Gebieten Aufbruchsstimmung entwickelt – das Regime der Jungtürken wandelte sich jedoch bereits im Lauf des Jahres 1909, als es die liberalen Maßnahmen zurücknahm und damit begann, die autonom orientierten Gruppen in Südosteuropa zu verbieten. Der Absetzung Abdülhamids II. im April 1909 folgten Vereinsverbote und Steuererhebungen, welche die Kontrolle der staatlichen Autoritäten über die Regionen in Südosteuropa erhöhen sollten. Dies betraf insbesondere die albanisch-sprachigen Einwohner, deren Identität nun negiert und erneut über eine islamische Solidarität an den osmanischen Staat gebunden werden sollte (Finkel 2005:

520). Hier nutzte der Staat auch die religiösen Institutionen. Die Mehrheit der albanischen Familienclans lehnte dies ab und so begann im April 1910 ein erneuter Aufstand.

Trotz der Unterstützung des serbischen Königreichs (Bartl 1995: 123) konnten die Osmanen die Aufständischen zwei Monate später zurückdrängen. Es kam zu Strafmaßnahmen gegen die albanisch-sprachige Bevölkerung: Vertreibungen, Zerstörungen von Dörfern, Reformrücknahme, Schließung von erst eingerichteten Schulen, Verbot von Veröffentlichungen in albanischer Sprache, Verfolgung der Führungsschicht. Es folgte ein weiterer Aufstand von März bis August 1911 in Nordalbanien (ebd.: 125). Gerade in diesem Randgebiet des Osmanischen Reiches war die Bevölkerung drei Konfliktrichtungen ausgesetzt: Auseinandersetzungen a) mit osmanischen Autoritäten, b) mit expandierenden, slawisch geprägten Staaten (Serbien, Montenegro), sowie c) Konflikte mit anderen albanischen Familienclans, welche die regionale teilweise in eine religiöse Konfliktlinie übersetzten[101].

Die vierte Wahl zum Unterhaus des Parlaments fand im Frühjahr 1912 statt (Kayali 1995: 273), auch in Verwaltungsregionen wie Shkodër oder Kosovo. In der Wahlkampfphase zwischen Januar und März 1912 entstanden zwei oppositionelle Blöcke: die etablierte CUP und eine Koalition aus Parteien und Unabhängigen, deren Führung einen recht ähnlichen Hintergrund wie das CUP-Personal (jungtürkische Bewegung, ähnliche inhaltliche Positionen, auch zu ‚Islam und Politik') aufwies. Zentraler Unterschied war, dass die CUP eher zentralistische, und die Entente regionale Gruppen ansprach (ebd.). Insgesamt ein limitierter politischer Pluralismus, doch bedeutete die Wahlkampfphase einen Schub in der Demokratisierung: „(...) *a landmark in the ‚development of a culture of mobilization' (...). Electioneering occurred both on public platforms and in the press. Campaigning went (...) to large mass rallies. (...) The number of petitions from individuals and local groups arriving in various government agencies increased dramatically.*" (Kayali 1995: 273).

Trotz des zentralen Unterschieds hinsichtlich der Position von Zentralismus/Regionalismus des Staates verteilten sich die ethnischen Gruppen (wie 1908) auf beide Ausrichtungen; dies kann als Indikator einer Differenzierung auch innerhalb der ethnischen Gemeinschaften dienen: „*Allegiances of ethnic groups continued to cut across party lines despite the obvious appeal of the Entente's decentralist program to these groups.*" (ebd.). Dieses Ergebnis galt auch für die hier relevanten Stimmbezirke mit albanisch-sprachiger

---

101 Die Bergregion Nordalbaniens war mehrheitlich christlich-katholisch geprägt, die südlich angrenzende Tiefebene um Shkodër muslimisch-sunnitisch.

Bevölkerung, in der sich eine Diversität an politischen Positionen und Identitäten ausbildete:

Tab. 12: Abgeordnete Unterhaus, ethn. Hintergrund, Parteien, 1912,
ausgewählte Vilayet[102]

Vilayet	Albaner	Türken	Bul-garen	Serben	Grie-chen	Juden	Gesamt
İşkodra	3	-	-	-	-	-	3
Kosova/Üsküb	7	1	1	1	-	-	10
Manastır	4	2	1	2	2	-	11
Selanik	-	7	4	-	1	1	13
Yanya	3	-	-	-	3	-	6
Parteien							
CPU	3	8	-	1	-	1	13
(CPU) Unab.[103]	10	2	5	2	5	-	24
LU	4	-	1	-	1	-	6
Gesamt	17	10	6	3	6	1	

Zeitgleich begann im Januar 1912 die ‚Albanische Revolte von 1912' (alb.: ‚Kryengritja e vitit 1912'). So dürften in Gebieten mit mehrheitlich albanischsprachiger Bevölkerung nur jene Teile an den Wahlen 1912 teilgenommen haben, die aufgrund der Umstände überhaupt eine staatliche Infrastruktur erreichen konnten, und dem Reich noch loyal gegenüberstanden.

Aufgrund des fragwürdig errungenen Sieges der CUP und des Protests der Opposition wurde dieses Parlament bereits am 5. August 1912 wieder aufgelöst und Neuwahlen angesetzt, die nicht mehr stattfanden (Kayali 1995: 277). Die Einführung des Parlaments gilt demnach als ein Element im Modernisierungsprozess des politischen Systems des Reiches, jedoch war der Wahlmodus mit der Vorselektion von Wahlmännern begünstigend für die Weiterführung bestehender Patronage-Netzwerke des regionalen Adels, die eine Repräsentation der breiten Bevölkerung eher verhinderte (ebd.: 269).

---

102 Wahlmodus und Abgeordnete Kayali (1995: 265–286) und Meclis Mebusan (1912).
103 Auf der Liste der CUP zur Wahl 1912 antretende, nach der Wahl jedoch zunehmend unabhängig agierende Mitglieder des Parlaments: „(...) electoral landslides in 1908 and 1912 did not automatically ensure smooth control of the parliament by the CUP. Both parliaments proved less obedient than expected, and opposition against the CUP developed within its own ranks." (Özbudun 1987: 335).

Die Albanische Revolte endete am 4. September 1912 mit der Zustimmung der osmanischen Autoritäten zur Einrichtung eines albanischen Vilayets mit autonomen Rechten wie einem Verwaltungs- und Justizsystem, albanischsprachigen Beamten, einem albanischen Schulwesen, und religiöser Ausbildung in dieser Sprache (Bartl 1995: 132/133). Die Zugeständnisse fanden vor dem außenpolitischen Druck Serbiens, Montenegros, Griechenlands und Bulgariens statt, die sich im Frühjahr 1912 zum Balkanbund zusammenschlossen und Offensiven androhten. Diese wurden mit der Kriegserklärung des serbischen Königs Peter I. Karadjordjević (1844–1921) an das Osmanische Reich am 18. Oktober 1912 realisiert, dem Beginn des Ersten Balkankrieges. Die Erklärung (Titel ‚An das serbische Volk') adressierte eine Zukunft von Serben und Albanern außerhalb des Osmanischen Reiches (Hösch 1979: 444) und sollte die Loyalität der Albaner zu Letzterem abschwächen. Zudem engagierten sich christlich-orthodoxe Kleriker aus Serbien und Bulgarien bei Aufrufen zum Krieg (Price 1912: 1). Die Osmanen waren ebenfalls bestrebt, die albanisch-sprachige Bevölkerung zu adressieren. Neben der Zusage zur Erfüllung der Mehrheit ihrer Forderungen wurde auch die religiöse Motivation herangezogen: Am 8. November 1912 rief Mehmet Cemaleddin Efendi (1848–1917), Shaykh al-Islām des Osmanischen Reiches, die Muslime – und damit ebenfalls die Mehrheit der Albaner – zum ‚Heiligen Krieg' gegen die ‚christlichen Aggressoren' auf (ebd.).

In der zweiten Jahreshälfte 1912 trafen vermehrt serbische und albanische Verbände in Nordalbanien aufeinander, und das rasche Zusammenbrechen des osmanischen Militärs in den ersten Wochen des Krieges trug zu einem hohen Druck auf die Befürworter eines unabhängigen albanischen Nationalstaates bei, da die Armeen der expandierenden Nachbarstaaten im November 1912 weite Teile des zukünftigen Staatsgebietes besetzen konnten (Bartl 1995: 134). Demnach erfolgte am 28. November 1912 ein Treffen (‚All-Albanischer Kongress' [alb.: *Kongresi Gjithë Shqipëtar'*]) albanischer Politiker, Intellektueller und Führer von Familien in Vlora, der einzigen noch nicht besetzten größeren Stadt, um eine albanische Versammlung mit 37 Mitgliedern aus allen Landesteilen zu begründen, die die Unabhängigkeit des Staates Albanien proklamierte, sowie eine Regierung (‚Hoher Rat') bildete (ebd.).

Die Beendigung des Ersten Balkankriegs mit dem Vertrag von London am 30. Mai 1913 besiegelte nach der Unabhängigkeitserklärung auch außenpolitisch die Unabhängigkeit Albaniens; auch der Zweite Balkankrieg vom 29. Juni 1913 bis 10. August 1913 brachte keine Änderungen hervor (Bestätigung durch die Protokolle von Florenz und Korfu).

Zur Einordnung der Beziehungen zwischen Politik und Religion lag für Albanien am Anfang des 20. Jahrhunderts im Konzept von Max Weber (1922) der Typ einer traditionalen Herrschaft vor (Clanherrschaft), die mit Elementen der legalen und charismatischen Herrschaft angereichert wurde (lokale und nationale Mitbestimmung nach Reformen). Folgt man dem Modell von Linz (1996), so befand sich der Fall in der Kategorie der ‚Politisierten Religion'.

(Vardar-) Mazedonien im Osmanischen Reich

Die Herrschaftsverhältnisse und sozio-ökonomischen Strukturen der Bevölkerung in der Region, die dem heutigen Staat Nord-Mazedonien entspricht, waren ähnlichen denen in Albanien. So wird die Darstellung hier verkürzt und auf essentielle Punkte, die für das Verhältnis von Religion und Gesellschaft bedeutend sind. Formal kannte das Osmanische Reich die religiöse Segmentation in millets, sowie die sozio-ökonomische Strukturierung anhand des timar-Systems. Die religiöse Zugehörigkeit der Bevölkerung auf dem Gebiet war jedoch grundsätzlich unterschiedlich: Hier stand religiöse Vielfalt unter christlich-orthodoxer Dominanz. So reflektiert der Fall die Politisierung und Bildung von kollektiven Identitäten im 19. und zu Beginn des 20. Jahrhunderts aus christlich-orthodoxer Perspektive.

Auf der obersten Verwaltungsebene war das Gebiet des heutigen Nord-Mazedoniens zu Beginn des 19. Jahrhunderts auf die beiden Eyalet ‚Rumeli' und ‚Silistre' aufgeteilt. Zum Zensus von 1831 wurden statistische Zählbezirke eingerichtet, mit denen sich das Territorium des heutigen Staates eingrenzen lässt. Hier war die Gruppe der Christen (‚Reaya') mit 64,89% in der absoluten Mehrheit.

Tab. 13: Religionszugehörigkeit, Gebiet heutiges Nord-Mazedonien, 1831[104]

EYALET	Bezirk	Muslime	Reaya	Roma	Juden	Total
	Manastir (N)	497	4.747			5.244
	Manastir	6.723	24.550	705	1.163	33.141
Rumeli	Tikves	4.454	6.104			10.558
	Petric	3.893	3.869			7.762
	Radoviste	3.504	4.907			8.411

104 Daten nach Karpat (1985: 21, 109/110)

	Ustrumca	3.674	5.344	546		9.564
	Toyran (Dojran)	4.631	3.076	334		8.041
	Kratova	4.749	21.068	627		26.444
	Köprülü (Veles)	4.767	12.718	390		17.875
	Perlepe	3.683	14.489	450		18.622
	Istip	6.920	9.826			16.746
	Kocana	3.374	6.112			9.486
	Kumanova	2.276	10.819			13.095
	Üsküp	9.660	11.700	900		22.260
Silistre	Kalkandelen	11.766	8.043	472		20.281
	Kircova	2.286	5.154	88		7.528
Gesamt	*absolut*	76.857	152.526	4.512	1.163	235.058
	in v.H.	32,7	64,89	1,92	0,49	100

Nach der Gründung des Bulgarisch-Orthodoxen Exarchats 1870 (Opfer 2002: 157) bekannten sich Vertreter orthodoxer Kirchenstrukturen mit multi-ethnischem Hintergrund auf dem Gebiet des heutigen Nord-Mazedoniens in bewusster Abgrenzung zum Patriarchat in Konstantinopel zu dieser Institution. Bereits zuvor kamen aufgrund der Unzufriedenheit mit dem griechisch geprägten oberen Klerus in der Region beim lokalen neue Loyalitäten auf (1860 gründete sich mithilfe französischer Missionare die Bulgarisch-Katholische Kirche, die ebenfalls der bulgarischen Nationalbewegung nahestand) (ebd.). Die Einsetzung des Bulgarisch-Orthodoxen Exarchats stärkte das religiöse Element in Versuchen der ‚Bulgarisierung‘ der Identität der slawischen Bevölkerung auf dem Gebiet, da damit ebenfalls ein so ausgerichteter Bildungsbereich aufgebaut wurde. Eine Opposition zum islamisch geprägten Osmanischen Reich war ebenso gegeben wie zum Patriachat in Konstantinopel.

Noch Teil des Osmanischen Reiches in der zweiten Hälfte des 19. Jahrhunderts, formierten sich zunehmend Ansprüche der Nachbarstaaten Serbien, Griechenland und Bulgarien auf das Territorium. Parallel kam es 1876 zur Gründung revolutionärer Gruppen, die in Opposition zum Osmanischen Reich standen, bei denen intern jedoch eine Vielzahl von Interessen bestand; eine entscheidende war die ‚Innere Mazedonische Revolutionäre Organisation‘ (maz.: *Vnatrešna Makedonska Revolucionerna Organizacija'* – VMRO), (Finkel 2005: 510/520). Die Unruhen in Südosteuropa führten hier zum von der slawischen Bevölkerung getragenen Ilinden-Aufstand von 1903, und der

Ausrufung der Republik von Krusevo durch slawische Verbände, die von Serbien und Griechenland nicht unterstützt wurde. Bereits hier zeigte sich der bulgarisch-griechisch-serbische-regionalmazedonische Gegensatz in der Region, der ab 1912 zu den Balkankriegen führte. Abseits heutiger ‚kohärenter Narrative' bleibt festzuhalten, dass sich innerhalb dieser aufständischen Gruppen ebenfalls (slawisch-) regionale und lokale Identitäten manifestierten.

Die Ansprüche der genannten Staaten zeigten sich ebenfalls in faktischer Politik: Nach der Ausweitung der Aktivitäten der VMRO nach 1903 entsandten Griechenland und Serbien (Skopje, Ohrid, Vardar-Tal) 1905 bewaffnete Verbände, um die Region für den eigenen Staat zu sichern. Demnach terrorisierten und vertrieben serbische Einheiten nach der Einnahme von Skopje die muslimischen und albanischen Bewohner, auch der weiteren Umgebung (Palmer 1993: 198). Noch kurz vor der von externen Interessen geleiteten kollektiven ethnischen (Um-)Gruppierung weiter Teile der Bevölkerung (‚Serbisierung' oder Vertreibung) galt gerade für diese Stadt ein multi-religiöser Charakter in der Bevölkerung, so 1910: *„The (…) religious map of the whole area was remarkably variegated. In Üsküb, for example, where the ulema remained powerful and there was a Serbian Orthodox bishopric, the town's first theatre was opened by two Roman Catholic merchants, one an Italian and the other, (…), a fez-wearing Albanian married to a Serb."* (ebd.).

In diesem Umfeld fanden in den Jahren 1881/82 und 1906/07 weitere Bevölkerungszählungen auch auf diesem Territorium statt. Demnach stieg der Anteil der Muslime zum Zensus 1881/82 in den hier aufgeführten Zähldistrikten (von 32,7%) auf 39,11% an, welches die Fluchtbewegung von Muslimen aus nördlichen Territorien abbilden könnte.

Tab. 14: Religionszugehörigkeit, Gebiet heutiges Nord-Mazedonien, 1881/82[105]

Sancak	Kaza	Mus-lime	Grie-chen	Bul-garen	Katho-liken	Juden	sons-tige	total
Vilayet Selanik								
Selanik	Toyran	19.423	1.591	5.605	376	167	8	27.170
	Usturmca	15.760	13.726	2.965	-	573	-	33.024
	Köprülü	18.093	420	32.843	-	-	-	51.356
	Tikves	19.909	260	21.319	-	27	5	41.520
	Gevgili	17.063	14.558	5.784	1.402	-	-	38.807

105 Daten nach Karpat (1985): 134–148

Vilayet Kosova								
Üsküp	Üsküp CK	40.256	6.655	22.497	-	724	38	70.170
	Istip	24.166		17.575	-	510	-	42.251
	Karatova	4.332	35	19.618	-	-	-	23.985
	Radoviste	10.519		7.364	-	-	97	17.980
	Kumanova	12.268	87	29.478	-	-	8	41.841
	Planka	2.078	388	18.196	-	-	-	20.662
	Kacana	22.239	83	33.120	-	-	-	55.442
Prizren	Kalkandelen	29.212	4.990	9.830	-	-	-	44.032
Vilayet Manastir								
Manastir	Manastir CK	30.517	41.077	-	61.494	4.274	91	137.453
	Pirlepe	14.270	1.248	-	43.763	-	46	59.327
Gesamt	absolut	309.747	85.201	226.194	161.220	6.275	297	791.934
	in v.H.	39,11	10,76	28,56	20,36	0,79	0,04	100

Die Unterschiede in den Angaben für den Kreis Manastir zwischen 1881/82 (keine ‚Bulgaren‘) und 1906 (Mehrheit ‚Bulgaren‘) zeigt die Volatilität der Daten des osmanischen Zensus' für das Gebiet. Die territoriale Einschränkung des Zensus von 1906/07 zeichnet die Schrumpfung des Osmanischen Reiches nach; die nördlichen Teile des heutigen Staates Nord-Mazedonien wurden ab 1905 von Serbien besetzt, und der Ilinden-Aufstand ab 1903 bedeutete eine Herausforderung für die osmanische Administration auf dem verbliebenen Gebiet.

Die Auflösung des millet-Systems und eine ‚osmanische' Integration der ethnisch-religiösen Gruppen fruchtete im Osmanischen Reich verspätet und allein in städtischen Umgebungen, da dort eine erhöhte Dynamik an der Ausbildung von pluralen Identitäten zu verzeichnen war. Dies zeigte sich im Zensus von 1906/07 (Karpat 1985: 162).

Tab. 15: Religionszugehörigkeit, Gebiet heutiges Nord-Mazedonien, 1906/07[106]

admin. district		Mus-lime	Grie-chen	Bul-garen	Katho-liken	Juden	sons-tige	Total
Manastir	Manastir	95.191	85.729	171.618	∓	4.559	1.220	358.317
	Debre	32.526	-	10.555	-	-		43.081
Gesamt	absolut	127.717	85.729	182.173	-	4.559	1.220	401.398
	in v.H.	31,82	21,36	45,38	-	1,14	0,30	100,00

Das umkämpfte Gebiet des heutigen Nord-Mazedoniens kam auch nach den Balkankriegen 1912/13 an das Königreich Serbien. Gegen diese Entscheidung standen albanische, sowie anders orientierte, slawische Bevölkerungsgruppen: In der ersten Jahreshälfte wuchsen albanische Gruppen durch Desertieren aus der osmanischen Armee stark an und bedrängten das serbische Militär in Skopje. Im Juni 1913 fand der ‚Aufstand von Tikvesh‘ unter Organisation der VMRO statt, eine Erhebung slawischer Gruppen in der Region gegen die neue Staatsmacht. Dieser wurde gefolgt von der ‚Erhebung von Ohrid und Debar‘ im September 1913. Auch innerhalb der neuen serbischen Staatmacht gab es Verwerfungen hinsichtlich der Politik in den neu besetzten Gebieten: Hier standen sich Fraktionen von Armee und Regierung gegenüber, die sich auch gewaltsam bekämpften (Bakić 2017: 194).

Auf dem Gebiet des heutigen Nord-Mazedoniens wurden nun religiöse Gemeinschaften von staatlicher Seite als zentraler Bestandteil der kollektiven Identitätskonstruktion genutzt. Für die faktisch entwickelten Identitäten gilt „Mainstream research on Islam in the Balkans, similarly to that concerning other denominations, is permeated by an (...) assumption that religion serves to shape and demarcate clear national/ethnic boundaries. (...) the scholarly privileging of ethno-national identities, at the expense of local identities and localized forms of knowledge and practice, represents an ‚example of Balkanism par excellence‘ (...)." (Elbasani/Roy 2015: 458/459).

---

106 Territorien, die noch zum Osmanischen Reich gehörten und in denen das Osmanische Reich eine Zählung durchführen konnte; Zusammenstellung aus Karpat (1985: 166–169)

3.2.2 Die Habsburger Monarchie und das Herzogtum Krain (Slowenien)

Das Territorium, welches heute die Republik Slowenien markiert, verblieb bis 1918 unter der Herrschaft der Habsburger und eines deutsch-sprachigen Adels. Dies bedeutete für die Bevölkerung die Zugehörigkeit zu einem Personenverbandsstaat fränkisch-deutscher Prägung innerhalb eines feuda-listischen Ständesystems. Für den Bereich von Politik und Religion waren seit der Herrschaft der Ottonen im 10./11. Jahrhundert Strukturen etabliert, die sich mit den Begriffen der ‚*Einstaatung der Kirche*‘ (Wünsch 2000: 266) und ‚*Reichskirchensystem*(-en)‘ (Santifaller 1954) umschreiben lassen, und bereits zuvor beschrieben wurden.

Demnach sollen in diesem Abschnitt Entwicklungen im Mittelpunkt stehen, welche die Beziehungen hinsichtlich des religiösen Bereichs in der angesprochenen Region von 1400 bis 1918 charakterisierten. Die dominante Religionsgemeinschaft, der nahezu die gesamte deutsch- und slowenisch-sprachige Bevölkerung des Territoriums des heutigen Sloweniens formal angehörte, war die Römisch-Katholische Kirche. Bedeutsam in diesem Kon-text war zunächst ihr Konzil von Konstanz (1414–1418), ein Versuch, das Große Abendländische Schisma zu beenden. Hier hatten zuvor drei Päpste zeitgleich alleinige Autorität innerhalb der Kirche beansprucht, die mit Absicherung weltlicher Herrschaft agierten. Auf dem Konzil konnte erreicht werden, dass die konkurrierenden Päpste zurücktraten und mit Martin V. (1368–1431) ein unter der Mehrheit der Herrscher Westeuropas anerkannter Papst das Amt bekleidete (Cheney 2019). Ein weiterer Punkt war die Lösung des Konfliktes zwischen Deutschem Orden und Polnisch-Litauischer Union in der Gründung des Bistums Žemaičiai 1417 (Cheney 2019).

1414 markierte auch für die slawischen Slowenen einen historischen Wen-depunkt, da für dieses Jahr die letzte Einsetzung eines Fürsten nach traditio-nellem karantanischen Brauch bezeugt ist (Moritsch 2004: 637). Am 18. März 1414 ließ sich Ernst I. von Habsburg (1377–1424) auf dem Fürstenstein in Karnburg (slow.: ‚*Krnski grad*‘) in slowenischer Sprache als Herzog von Kärnten und Krain verkünden, und erhob sich zum Erzherzog. Damit wurden die angesprochenen Gebiete ein integraler Bestandteil der Kronländer der Habsburger.

Die Struktur des Verhältnisses zwischen Politik und Religion im HRR und in den Kronländern Österreichs war am Ende des Mittelalters gekennzeich-net von einer engen Verflechtung zwischen weltlicher Herrschaft und der Römisch-Katholischen Kirche. Andere Religionen, mit denen die Bevölke-rung Krains in Kontakt kam, waren zunächst christliche Minderheiten, jüdische Gruppen, sowie später Muslime. Juden siedelten bereits seit dem 5. Jahrhundert auf dem Territorium, waren jedoch umfassenden Restriktionen unterworfen. Demnach war es ihnen in Krain und der Steiermark auferlegt, in jüdischen Ghettos zu leben. Auch ist überliefert, dass Slowenen und Juden friedlich nebeneinander lebten, so in Maribor (Frank 2010: 99). Mit den Pestwellen am Ende des 14. und zu Beginn des 15. Jahrhunderts, die auch Mitteleuropa trafen, begannen religiös begründete Anschuldigung gegen bestimmte Gruppen, insbesondere der Juden. Demnach sind für das Gebiet Judenpogrome im ausgehenden Mittelalter überliefert, so 1397 die Zerstörung jüdischer Quartiere in den Städten Radgorna und Ptuj (Frank 2010: 100). Ein weiteres Ereignis war die Verfügung Maximilian von Habsburgs (1459–1519) vom 18. März 1496, die alle Juden aus Österreich verbannte. Hier waren nicht allein religiöse Motive, sondern auch der Druck der Handwerker ausschlaggebend (ebd.).

Mit der Religion des Islam kam die slowenische Bevölkerungsgruppe ab dem Jahr 1470 in Kontakt, als das osmanische Militär gegen die Republik Venedig vorging und in diese Region vordrang. Nach dem Frieden mit Venedig wandten sich die Osmanen danach verstärkt Plünderungszügen in südliche Territorien Österreichs zu, welches die Gebiete des heutigen Sloweniens einschließt (Finkel 2005: 69). Demnach kam es zu insgesamt sieben größeren Plünderungszügen, davon zwei direkt in das Herzogtum Krain (heutiges Slowenien; 1469, 1471) (Toifl/Leitgeb 1991: 6), und fünf weitere durch das Herzogtum als Transitgebiet, die bis nach Kärnten führten (1473, 1476, 1478, 1480, 1483). 1529 führte in Vorbereitung der ersten Belagerung Wiens erneut ein Zug durch diese Gebiete (ebd.: 36/37). So kam ab dieser Periode dem Territorium des heutigen Sloweniens als Randgebiet Österreich-Ungarns zum expandierenden Osmanischen Reich eine übergeordnete Bedeutung zu.

Eine weitere Entwicklung im Bereich der Religion im Herzogtum Krain war die Ausbreitung des christlichen Protestantismus ab 1540. Im Zentrum des Prozesses standen der Reformator Primož Trubar (dt.: Primus Truber), sowie die protestantischen Prediger Adam Bohorič und Jurij Dalmatin aus der Stadt Krško (Kluge 2011: 69). Diese festigten mit ihren Übersetzungen christlicher Werke und eigenen Dichtungen die slowenische Literatursprache, und hatten damit Anteil an der Ausbildung einer eigenständigen slowenischen Identität. Die Vertreter besaßen Kontakte in deutsch-sprachige Gebiete des Protestantismus, und gingen mit der 1550 einsetzenden Gegenreformation in Österreich dort ins Exil (ebd: 74).

Die generelle Staatskirchenpolitik änderte sich erst während der Reformen des österreichischen Kaisers Josephs II. in den 1780er Jahren (Josephinismus).

Um die verschiedenen Kulturen, Ethnien und Religionen im expandierenden Staatgebiet stärker in das Staatsgefüge zu integrieren, wurde am 13. Oktober 1781 der orthodoxen Kirche in Siebenbürgen, der Serbisch-Orthodoxen Kirche, sowie protestantischen Kirchen (Lutheraner und Reformierte) die Religionsausübung und kollektive Organisation wieder erlaubt. Dies galt für das Gebiet Krains für die Evangelische Kirche des Augsburger Bekenntnisses.

Eine weitere Änderung der Stellung der Religionen im Herzogtum Krain erfolgte mit der Besetzung durch napoleonische Truppen zwischen 1809 und 1814. Hier wurde der Entwicklung der slowenischen Sprache, Kultur, und einer slowenischen Identität Raum zur Entfaltung gegeben, der sich ebenfalls im religiösen Sektor reflektierte. Demnach wurden staatliche Diskriminierungen (insbesondere der Juden) zurückgenommen, waren jedoch von 1815 bis zur Verkündung der Verfassung 1867 in Österreich wieder in Kraft (Frank 2010: 100).

Die Dominanz der deutsch-sprachigen Minderheit über die slowenisch-sprachige Mehrheit setzte sich in dem Gebiet des Herzogtums Krain in den Führungspositionen auch nach der Einführung der Verfassung 1867 weiterhin durch. Demnach waren bis 1898 alle von Wien bestellten Statthalter, oberste politische Instanz des Herzogtums, deutsch-sprachige Adlige:

Tab. 16: Die Habsburger Statthalter des Herzogtums Krain 1849–1898[107]

Regierungszeit	Name
1849–1860	Gustav Ignaz Graf Chorinsky
1860–1862	Karl Ullepitsch
1862–1864	Johann Freiherr von Schloißnigg
1867–1870	Sigmund Conrad von Eybesfeld
1871	Karl von Wurzbach
1872/73	Alexander Graf Auersperg
1874–1877	Bohuslav Ritter von Widmann
1878/79	Franz Ritter von Kallina
1880–1892	Andreas Freiherr von Winkler
1892–1898	Victor Freiherr von Hein

Das Regierungssystem Österreich-Ungarn sah nach 1867 ein nationales Parlament, sowie regional neben den Statthaltern ein Landtag (des Kronlandes)

---

107 eigene Zusammenstellung aus den Landesgesetzblättern des Herzogthums Krain (1849–1898)

vor. So drückte sich die Vorherrschaft im politischen Bereich ebenso im regionalen Parlament, hier dem Krainer Landtag, aus. Durch staatliche Regelungen waren im Landtag in den Legislaturperioden zwischen 1861 und 1908 von insgesamt 37 Abgeordnetensitzen zehn dem Großgrundbesitz vorbehalten, acht den Städten und Märkten, sowie sechzehn den Landgemeinden (siehe Tabelle 17). Durch die Stellung in diesen die Wählerklassen vermochte es die deutsch-sprachige Minderheit, weiterhin in einer vorangestellten Position zu verbleiben.

Tab. 17: Wahlgruppen im Krainer Landtag 1861–1908[108]

	Wahlgruppe	Stimmen im Landtag	durch Bevölkerung wählbar
A	Virilstimme	1	
B	Großgrundbesitz	10	
C	Städte und Märkte	8	x
D	Handels- und Gewerbekammer	2	
E	Landgemeinden der Gerichtsbezirke	16	x
	Gesamt	<u>37</u>	

Die ‚Virilstimme' war einem Vertreter der Römisch-Katholischen Kirche vorbehalten. Die 37 Vertreter standen zusätzlich für sich ausbildende politische Vereinigungen (später Parteien), die zunächst für drei politische Hauptorientierungen standen: Slowenisch ausgerichtet (‚slowenisch-national'), gesamt-österreichisch (‚verfassungstreu'), sowie ab 1867 ‚deutschfortschrittlich' (siehe Tabelle 18). Hier stellte die slowenisch-nationale Fraktion zwischen 1861 und 1889 die Mehrheit, danach spaltete sie sich in die ‚katholisch-nationale' und eher säkulare ‚nationalfortschrittliche' Bewegungen auf. Mit der Referenz der stärksten politischen Strömung der slowenischen Mehrheit zur Römisch-Katholischen Kirche ist hier ein hoher Grad an Politisierung von Religion zu erkennen.

---

108 eigene Darstellung nach Daten aus Pfeifer (1902: 5)

Tab. 18: Parteiensystem im Krainer Landtag 1861–1901[109]

Landtagsperiode Partei (-orientierung)	1848	1861–66	1867	1867–70	1870–71	1871–77	1877–83	1883–89	1889–95	1895–1901
verfassungstreu		10	10	10	10	10	10	10	10	10
slowenischnational		25	21	21	23	16	25	25		
katholischnational									16	16
nationalfortschrittlich									9	9
deutschfortschrittlich			5	5	3	10	1	1	1	1
parteilos		2	1	1	1	1	1	1	1	1
Gesamt	37	37	37	37	37	37	37	37	37	37

Die geringe soziale Mobilität und die Geschlossenheit von Elitenkreisen trotz eines gewissen Schrittes in Richtung Demokratisierung nach 1867 ist zudem an der Sozialstruktur der Abgeordneten abzulesen; der untere Stand der Bauern, und die stark zunehmende Schicht der Arbeiter waren bis 1914 nicht im Landtag vertreten:

Tab. 19: Sozialstruktur des Krainer Landtags 1848–1914[110]

	1848	1861 –66	1867	1867 –70	1870 –71	1871 –77	1877 –83	1883 –89	1889 –95	1895 = 1901	1901 –08	1908 –14
Großgrundbesitzer	15	9	9	9	7	8	6	5	7	7	7	12
hoher Klerus	1	1	1	1	1	1	1	1	1	1	1	1
mittl., nied. Klerus	1	1	5	5	5	5	1	2	2	6	2	6
Handel, Gewerbe	3	3	2	-	1	2	3	3	6	5	4	5
Bildungsbürger	7	1	3	3	3	5	7	9	6	5	8	14
Beamte	3	12	8	8	11	8	10	10	6	2	3	3
Realitätenbesitzer	15	10	9	11	9	8	9	7	9	11	12	9
Bauern, Arbeiter	-	-	-	-	-	-	-	-	-	-	-	-
Gesamt	45	37	37	37	37	37	37	37	37	37	37	50

Auf der anderen Seite war der hohe, mittlere, und niedere Klerus im Landtag mit einer bedeutenden Anzahl von Abgeordneten vertreten. Der soziale Hintergrund des Bildungsbürger- und Großgrundbesitzertums blieben bis

---

109 eigene Darstellung nach Daten aus Pfeifer (1902: 5–42)
110 eigene Darstellung nach Daten aus Rahten (2000: 1739–1768) und Pfeifer (1902: 5–42)

zur Auflösung des Krainer Landtags im Jahr 1914 bestimmende Merkmale der Mehrheit der Abgeordneten (siehe Tabelle 19). Die Mehrheitsverhältnisse im Landtag bestimmten zudem die Zusammensetzung des Krainer Landesausschuss, der Regierung des Herzogtums, welches zusammen mit den k.k. Statthalter die Regierungsgeschäfte führte:

Tab. 20: Der Krainer Landesausschuss (Landesregierung) 1867–1913[111]

Landtagsperiode Partei	1867	1871	1877	1883	1895	1908	1913
slowenisch-national	3	3	2	4			
katholisch-national					2	4	4
national-fortschrittlich					2	1	1
deutsch	2	2	3	1	1	1	1
Gesamt	5	5	5	5	5	6	6

Die beschriebenen politischen Verhältnisse in Krain übertrugen sich zudem auf die Vertreter des Kronlandes in den nationalen politischen Institutionen Österreich-Ungarns. Hier vermochten es höhere staatliche Beamte, in jeder der verzeichneten Legislaturperioden die Mehrheit aller Abgeordneten zu stellen. Die entsandten Abgeordneten aus Krain waren ebenfalls überproportional mit der deutsch-sprachigen Minderheit aus dem Kronland besetzt.

Tab. 21: Sozialstruktur der Vertreter aus Krain im Wiener Abgeordnetenhaus 1848–1914[112]

Legislaturperiode	1848 /49	1861 -65	1867 -70	1870 -97	1897– 1900	1901 -07	1907 -11	1911– 1914
Großgrundbesitzer	-	-	1		2	2	2	-
Realitätenbesitzer	1	-	-		1	-	1	-
Bauern, Arbeiter	1	-	-		-	-	-	-
Klerus	-	-	1	k.A.	-	1	-	2
Handel, Gewerbe	1	-	-		1	-	-	1
Beamte	4	5	3		4	6	7	8
Bildungsbürger	2	1	1		2	2	2	1
Gesamt	9	6	6		10	11	12	12

---

111 Daten nach Rahten (2002: 1745)
112 nach Daten aus (o.A.1) (1862–1914) (Stenographische Protokolle)

Auf der nationalen Ebene der politischen Positionen waren auch hier die untersten Schichten der Gesellschaft wie Arbeiter, Bauern, oder Realitätenbesitzer im Vergleich zu ihrem Bevölkerungsanteil stark unterrepräsentiert. Der römisch-katholische Klerus konnte in dieser Institution ebenfalls geringeren Einfluss ausüben. In der Monarchie Österreich-Ungarn war seit dem ‚Ausgleich' zwischen Österreich und Ungarn 1867 die Religionspolitik näher definiert. Das Reich verstand sich als Monarchie der christlich-katholischen Traditionen. Das Kronland Krain war Grenzland zum Osmanischem Reich und zu dem nach Unabhängigkeit strebenden Kroatien, und blieb eng an das Herrschaftshaus der Habsburger gebunden. In den neu hinzugewonnenen Territorien des bis 1914 expandierenden Reiches existierte eine Vielzahl weiterer Religionsgemeinschaften: Demnach wurden zunächst andere christliche Konfessionen, so protestantische und orthodoxe Kirchen, im Land anerkannt (siehe Exil der Serbisch-Orthodoxen Kirche in Österreich seit 1699).

Zum Verhältnis des Staates zu anderen auf dem Territorium existierenden Religionen als dem Christentum lassen sich für das Kronland Krain zwei Entwicklungslinien identifizieren: Die Beziehungen zur Gruppe der Juden und jene zu denen der Muslime. Das Verhältnis zur ersten Gruppe war geprägt durch Haltungen in den deutsch-sprachigen Gebieten Europas, in denen in der zweiten Hälfte des 19. Jahrhunderts große Integrationsbemühungen in der jeweiligen jüdischen Bevölkerung in Politik und Gesellschaft einem erstarkendem Antisemitismus und rassistischem Nationalismus gegenüberstanden. Die jüdische Minderheit im Deutschen Reich (und in Westeuropa) drückte sich am Ende des 19. und zu Beginn des 20. Jahrhunderts in ihrer Bürgerlichkeit und Gruppenstruktur zunehmend in Bezug auf die jeweilige Nation (Motadel 2009: 107) aus. So gab es vielfältige Versuche der Integration von jüdischer Seite, die in der Monarchie Österreich-Ungarn in einigen Bereichen auch erfolgreich waren (Bereiche Wissenschaft, Kunst, Wirtschaft), jedoch am allgemeinen Antisemitismus, der in der Gesellschaft und ihrer Führungsschicht erstarkte, ebenfalls vielfach scheiterten.

Diese antisemitischen Strömungen in Österreich-Ungarn erreichten ebenfalls die slowenisch-sprachige Bevölkerung in den vier Kronländern Krain, Steiermark, Kärnten und Küstenland. Diese kamen im Deutschen Reich auf und brachten eine bedeutende organisatorische Infrastruktur des Antisemitismus hervor. Zwar existierten dort zwischen 1871 und 1933 Gesetze und Regelungen zum Schutz von religiösen und sonstigen Minderheiten, sie wurden jedoch nicht oder nur sehr unzureichend zum Schutz der jüdischen Mitbürger angewandt (Hofmann 2017: 17). So konnten sich zur Jahrhundertwende im Deutschen Reich 69 spirituell ausgerichtete, völkisch-antisemitische Organisationen (Schnurbein 1996: 172) verbreiten, die Einfluss auch auf die Bevölkerung in Österreich besaß.

Das Verhältnis der Bevölkerung in Österreich, auch der slowenisch-sprachigen, hinsichtlich der Muslime war bis zum 19. Jahrhundert aufgrund der nahezu ausschließlich militärischen (und marginal wirtschaftlichen) Kontakte hauptsächlich durch Exotisierung und Mystifizierung in Verbindung mit der Expansion des Osmanischen Reiches verknüpft (Kahleyss 2014: 34)[113]. Daran anschließend kam auf der Seite der deutsch-sprachigen Adels die instrumentelle Dimension hinzu, muslimische Soldaten käuflich zu erwerben und aufgrund im Krieg für sich einzusetzen. Demnach lebten innerhalb Österreichs bis dahin nur sehr wenige Muslime, und auch die aufkommende Modernisierung führte zu keinem erhöhten Kontakt insbesondere der slowenisch-sprachigen Bevölkerung zu dieser Gruppe, da diese eher im ländlichen Raum lebte und nur in geringem Maße an der erhöhten Mobilität teilnahm.

Demnach bestand vor der Annexion Bosnien-Herzegowinas durch Österreich-Ungarn 1908 nur eine kleine Gruppe von Muslimen in der Doppelmonarchie, die hauptsächlich Diplomaten, Kaufleute und wohlhabende Studenten umfasste. Dies änderte sich dies mit der Übernahme der Region, die bereits seit 1878 unter österreichischer Administration stand. Mit der Annexion- gegen die sich führende muslimische Religionsführer in Bosnien-Herzegowina verwehrten – wurde die Struktur der Bevölkerung des Großreichs in der Mitte Europas nun in ethnischer, kultureller, und auch religiöser Hinsicht pluraler. Österreich versuchte, die multiethnische Bevölkerung in Bosnien-Herzegowina in den Staat zu integrieren und baute in den Jahren vor dem Ersten Weltkrieg die politischen, staatlich-administrativen, als auch religiösen Institutionen um, um die Orientierung der Bevölkerung auf andere Zentren (wie Belgrad bei Serben, Istanbul bei Muslimen) zu verringern.

Im politischen Bereich zeigte sich dies an der Einführung eines ,*Landes-status für Bosnien und die Hercegovina*' am 17.02.1910 (o.A.3 1909: 21–29), welche die Etablierung von verfassungsmäßigen Einrichtungen vorsah, so u.a. die Einrichtung eines Landtags von Bosnien-Herzegowina (eingesetzt 1910, aufgelöst 1915) (ebd.: 24). Dessen 92 Mitglieder wurden durch ein Klassenwahlsystem bestimmt, von denen 20 Virilstimmen (,verliehene Stimmen') auf Vertreter ausgewählter Organisationen, und 72 auf gewählte Abgeordnete entfielen. Die Vertreter ausgewählter Organisationen waren mehrheitlich

---

113 Siehe für Slowenien u.a. Schulbücher zur Jahrhundertwende, die von „(...) *zügellosen Türkenhorden* (...)." (Svoboda 1899: 5), oder „(...) *mächtig heranwogende Osmanenflut* (...)." (ebd.: 16) sprachen.

jene religiöser Gemeinschaften, die damit in das politische System integriert wurden: Fünf der zwanzig Stimmen wurden der Islamischen Gemeinschaft zugeteilt (Reis-ul-Ulema, Vakuf-Direktor, Muftis von Sarajevo und Mostar, ältester Mufti), weitere fünf der Serbisch-Orthodoxen Kirche (vier serbisch-orthodoxe Metropoliten, Vizepräsident des Obersten Verwaltungsrats), fünf der Römisch-Katholischen Kirche (Erzbischof von Sarajevo, zwei Diözesanbischöfe, zwei provinziale Franziskaner), sowie eine Stimme der Jüdischen Gemeinschaft (sephardischer Oberrabbiner von Sarajevo). Die letzten vier der zwanzig Virilstimmen im Landtag waren für den Präsidenten des Obergerichts, den Präsidenten der Advokatenkammer, der Bürgermeister Sarajevos, sowie den Präsidenten der Handelskammer reserviert (ebd.: 25).

Weiterhin versuchte der Staat, durch die Gründung von religiösen Organisationen die Loyalität von auswärtigen Akteuren abzubauen, so mit der Gründung der Islamischen Gemeinschaft und der Bestellung eines Reis-ul-Ulema für Bosnien-Herzegowina nach der Übernahme der Administration 1881 (Islamska Zajednica 2007; o.A.3: 1909). Es folgten zudem Arrangements mit der Serbisch-Orthodoxen Kirche. Die Integration in die staatlichen Institutionen betrafen weiterhin das Militär; im Ersten Weltkrieg kämpften ab 1914 auf der Seite der österreichisch-ungarischen Armee muslimische Einheiten, die mit eigenen Militärimamen ausgestattet waren (Klieber 2010: 167). So wurde auf dem Gebiet des heutigen Sloweniens während der Auseinandersetzungen (im Hochgebirge der südlichen Alpen) in Log pod Mangartom eine erste Moschee gebaut (Žalta 2005: 102). Demnach kam Österreich mit der Gruppe der Muslime bis zum Ersten Weltkrieg zu Integrationserfahrungen.

Die Bevölkerung der gesamten österreichischen Reichshälfte (auch Cisleithanien genannt), der das Herzogtum Krain zugeordnet war, war nach der sprachlichen Struktur heterogen (siehe Tabelle 22). In den Bevölkerungszählungen zwischen 1880 und 1910 war die deutsch-sprachige Gruppe mit ca. 36% an der Gesamtbevölkerung am größten, gefolgt von der tschechischen mit ca. 23%, der polnischen (14,9%-17,8%), der ruthenischen (12,6%-13,2%), und den weiteren Ethnien. Darunter war die slowenisch-sprachige Gruppe, deren Anteil an der Bevölkerung Cisleithaniens 1880 5,2% betrug, und 1910 trotz absolutem Wachstum 4,5%.

Tab. 22: *Bevölkerung nach Sprache, österreichische Reichshälfte, 1880–1910*[114]

	1880		1890		1900		1910	
	absolut	*%*	*absolut*	*%*	*absolut*	*%*	*absolut*	*%*
Deutsche	8.009.000	36,8	8.462.000	36,1	9.172.000	35,8	9.950.000	35,6
Tschechen	5.181.000	23,8	5.473.000	23,3	5.955.000	23,2	6.463.000	23
Polen	3.239.000	14,9	3.719.000	15,8	4.252.000	16,6	4.968.000	17,8
Ruthenen	2.793.000	12,8	3.105.000	13,2	3.382.000	13,2	3.519.000	12,6
Slowenen	1.141.000	5,2	1.177.000	5	1.193.000	4,6	1.253.000	4,5
Serbokroaten	563.000	2,6	645.000	2,8	711.000	2,8	783.000	2,8
Italiener	669.000	3,1	675.000	2,9	727.000	2,8	768.000	2,7
Rumänen	191.000	0,9	209.000	0,9	231.000	0,9	275.000	1
Gesamt	21.786.000	100	23.465.000	100	25.623.000	100	27.979.000	100

Die slowenisch-sprachige Bevölkerung konzentrierte sich in der österreichischen Reichshälfte, und hier auf die Kronländer Kärnten, Krain, Küstenland und Steiermark. So waren für das Jahr 1900 von insgesamt 1.193.000 Personen der Gruppe im Gesamtzensus (Tabelle 22) 1.188.306 Personen (99,6%) in diesen vier Regionen zu verzeichnen (siehe Tabelle 23). Es wird weiterhin ersichtlich, dass nach der Bevölkerungszählung von 1900 die slowenisch-sprachige Bevölkerung im Herzogtum Krain die absolute Mehrheit von 93,54% der Bevölkerung stellte, in den anderen drei betrug ihr Anteil zwischen 24,64% und 30,19%:

Tab. 23: *Bevölkerung nach Sprache; Kärnten, Krain, Küstenland, Steiermark; 1900*[115]

	Einwohner	davon Slowenen	
	absolut	*absolut*	*in v.H.*
Krain	508.150	475.302	93,54
Steiermark	1.356.494	409.531	30,19
Kärnten	367.324	90.495	24,64
Küstenland	756.546	212.978	28,15
Gesamt	2.988.514	1.188.306	39,76

---

114 eigene Darstellung nach Daten aus Dippold/Seewann (1997: 143–145).

115 Daten nach K. K. Statistische Zentralkommission (1904: 300); K. K. Statistische Zentralkommission (1905a: 130); K. K. Statistische Zentralkommission (1905b: 178); K. K. Statistische Zentralkommission (1906: 92)

Da sich die vorliegende Studie auf Slowenien konzentriert, steht in den folgenden Ausführungen das Herzogtum Krain im Fokus der Betrachtungen; die hier nahezu homogene ethnische Struktur lässt Aussagen über religiöse Verhältnisse unter dieser Gruppe zu.

Tab. 24: *Bevölkerung nach Religion, Sprache; Krain, Küstenland, Steiermark; 1900*[116]

Land/Bezirk	Konfession				gesamt	Sprache[117]		
	Chr.-Kathol.	Chr.-Evang.	Juden	andere		deutsch	slowen.	andere
Krain								
Stadt mit eigenem Statut								
Ljubljana	36.172	236	95	44	36.547	5.423	29.733	444
Bezirke								
Postojna	41.892	10	6	4	41.912	123	41.659	32
Kocevje	42.281	16	9	-	42.306	14.314	27.150	40
Krsko	53.368	15	-	10	53.393	251	52.694	43
Kranj	53.027	41	-	5	53.073	855	52.045	38
Ljubljana	59.791	21	14	2	59.828	879	58.744	33
Litija	35.932	26	7	4	35.969	427	35.354	8
Logatec	40.379	3	-	2	40.384	202	40.005	32
Radovlica	29.414	24	1	9	29.448	1.135	27.996	80
Novo mesto	48.941	12	13	4	48.970	3.325	45.324	30
Kamnik	40.013	7	-	-	40.020	317	39.614	31
Crnomelj	26.064	2	-	234	26.300	926	24.984	42
Steiermark								
Stadt mit eigenem Statut								
Celje	6.521	162	23	7	6.713	4.940	1.450	15
Maribor	24.183	326	62	30	24.601	19.298	4.062	88
Ptuj	4.009	105	37	72	4.223	2.916	540	6

116 K. K. Statistische Zentralkommission (1904: 300); K. K. Statistische Zentralkommission (1905a: 130); K. K. Statistische Zentralkommission (1905b: 178); K. K. Statistische Zentralkommission (1906: 92). Kategorienbezeichnungen nach Angaben in den Quellen

117 in Quellen Kategoriebeschreibung „*Umgangssprache der einheimischen Bevölkerung*"

Bezirke								
Celje	134.019	47	9	5	134.080	3.962	129.368	46
Ljutomer	26.773	12	7		26.792	1.290	24.512	6
Maribor	89.678	35	3	2	89.718	10.199	78.888	42
Ptuj	79.700	17	25		79.742	2.229	75.873	5
Brezice	47.944	15	7	1	47.967	1.062	46.110	17
Slo. Gradec	43.941	61	9		44.011	6.353	37.398	20
Landesübersicht Küstenland								
Bezirk								
Koper	79.722	0	0	92	79.814	318	29.466	48.436
Gesamt	1.043.7 64	1.193	327	527	1.045.81 1	80.744	902.969	49.534
in v.H.	99,8	0,11	0,03	0,05	100	7,72	86,34	4,74

Der österreichische Zensus von 1900 zeigt Daten für den religiösen sowie den muttersprachlichen Bereich auf. Zunächst kann aus der Zusammenstellung des Zensus mit Daten zur Bezirksebene (siehe Tabelle 24) das Gebiet des heutigen Sloweniens auch in dieser Zählung nachgezeichnet werden. Hier zeigte sich eine Bevölkerungsmehrheit von 86,34%, die der slowenisch-sprachigen Gruppe zugerechnet wurde (7,72% deutsch-sprachig, 4,74% andere). Weiterhin waren beide Gruppen der Römisch-Katholischen Kirche nahe, da im religiösen Bereich 99,8% der Bevölkerung des hier umrissenen Gebietes als christlich-katholisch galt (siehe ebenfalls Tabelle 24). Die Römisch-Katholische Kirche war somit in der gesamten Gesellschaft über sprachliche Grenzen hinweg präsent. Dies drückte sich zudem in den politischen Parteien im Landtag aus (,katholisch-national'; siehe Tabelle 20). Der Zensus war eindimensional angelegt und erfasst keine multiplen Identitäten. So war die Zählung wie im Fall des Osmanischen Reiches Ausdruck der gewollten politischen Ordnung, welche Formen individueller Orientierung wenig berücksichtigte: *„BürgerInnen, Verwaltung und Wissenschaft begegneten sich in einem Formular."* (Göderle 2016: 54).

Nicht nur in den politischen Institutionen (Adel, Statthalter, Landtag) und ökonomischen Strukturen (Großgrundbesitz, Handel), sondern auch in der Hierarchie der im religiösen Bereich dominierenden Römisch-Katholischen Kirche zeigte sich die Dominanz der deutsch-sprachigen Minderheit über die slowenisch-sprachige Mehrheit in den angesprochenen Kronländern. Zwischen 1228 und 1900 waren in den Bistümern Ljubljana und Maribor von

insgesamt 65 Bischöfen allein 54 deutsch-sprachige, und zehn slowenisch-
sprachige Personen zu verzeichnen (siehe Tabelle 26). Sieben von diesen zehn
wirkten maßgeblich in der zweiten Hälfte des 19. Jahrhunderts, welches auf
einen steigenden Bildungsstand in dieser Gruppe und eine erhöhte (ethnische) Pluralisierung in der Kirche hinweist.

Tab. 25: Religiöse Führungsschicht, Römisch-Katholische Kirche, 1228–1900[118]

Ljubljana			Maribor		Triest		
(Gründung 1461)			(Gründung 1228)		(Gründung 6. Jahrhundert)		
dt.	slow.	ital.	dt.	slow.	dt.	slow.	ital.
20	7[119]	1	34	3[120]	4	5	26

Insgesamt bleibt festzuhalten, dass die politischen Verhältnisse im Kronland
Krain aufgrund der Zugehörigkeit zur Österreich-Ungarn zunächst mit einer
Monarchie beschrieben werden können, die im 19. Jahrhundert zunehmend
demokratische Elemente aufwies (Landesverfassung, Landtag, Teilnahme
Reichstag, Parteien in der Entstehung). Die gesellschaftlichen Verhältnisse
wurden geprägt von einer verspäteten Modernisierung, die von den Feudalismus prägenden Elitengruppen wie dem Adel und dem Großgrundbesitz,
und zunehmend dem Beamtentum vorangetrieben wurde – eine Schicht,
die sich wie die religiöse Elite vorwiegend aus der deutsch-sprachigen
Minderheit zusammensetzte.

Die Bevölkerung, abseits sprachlich-ethnischer Unterschiede, war nahezu
gänzlich der Römisch-Katholischen Kirche zugehörig (mit Ausnahme eines
kleinen Teils von Protestanten). Das Spannungsfeld von Religion und Politik
war von den gesellschaftlichen Änderungen des 19. Jahrhunderts betroffen:
In die traditionale Herrschaft nach Weber (1922) wurden Elemente der
legalen Herrschaft inkludiert. Dies führte dazu, dass nach Linz (1996: 137)
von einem caesaropapistischen Konzept der Beziehung abgewichen, und
eine Form der politisierten Religion entworfen wurde, die flexibler war,
und auch andere kulturelle Gemeinschaften in die politischen Institutionen
des Reiches integrierte (siehe Parteien in Slowenien; Ausgestaltung Landtag
Bosnien-Herzegowina 1910). So war für Österreich-Ungarn in der letzten

---

118 Aufstellung nach Daten aus (Cheney 2019)
119 vier davon in der zweiten Hälfte des 19. Jahrhunderts
120 alle in der zweiten Hälfte des 19. Jahrhunderts

Phase ein Staatskirchentum zu attestieren, das der Kategorie der kulturellen Staatsreligion mit Zulassung von Minderheiten entspricht (Fox 2008: 147).

Demnach sind die gesellschaftlichen Gegebenheiten in den hier betrachteten Regionen zu Beginn des Ersten Weltkriegs in ihren Gemeinsamkeiten und Unterschieden zu behandeln.

Die Regionen des heutigen Albaniens und Nord-Mazedoniens partizipierten im 19. Jahrhundert nicht wesentlich an der Modernisierung: Zwar wurde 1876 auch im Osmanischen Reich eine Verfassung eingesetzt. Sie traf in der Praxis jedoch auf Widerstände auf lokaler Ebene. Die Oppositionsgruppen zum Staat gruppierten sich – eine Gemeinsamkeit mit Österreich – entlang sezessionistischer, ethnisch orientierter Leitlinien – als Unterschied kann jedoch attestiert werden, dass dies auf dem Gebiet des heutigen Sloweniens (und Albaniens) aufgrund der Gemeinsamkeiten im religiösen Bereich (römisch-katholisch; muslimisch) mehrheitlich entlang sprachlich-ethnischer oder politischer Leitorientierungen geschah, im heutigen Nord-Mazedonien zusätzlich mit starken Bezügen zu lokal und regionalen, sowie ethno-religiösen Auffassungen.

3.3 Die Periode der Zwischenkriegszeit 1918–1939

Der Ersten Weltkrieg brachte für die in dieser Studie betrachteten Regionen Südosteuropas große Zerstörungen mit sich. Dies gilt für den Raum Slowenien für die Front am Isonzo (slo.: ,Soča'), bei der im Hochgebirge ein Stellungskrieg und insgesamt 14 große Auseinandersetzungen zwischen Italien und Österreich-Ungarn zwischen 1915 und 1918 stattfanden, als auch für die Gebiete Albaniens und Nord-Mazedoniens, die von militärischen Verbänden unterschiedlicher Nachbarstaaten besetzt wurden (Bulgarien, Griechenland, Italien, Serbien) und deren Bevölkerung Vertreibung oder Umschreibung der kollektiven Identität erlebte. Die anschließenden Entwicklungen für die drei Regionen, sowie die Rolle der Religion in der Gesellschaft, werden in den einzelnen Unterkapiteln beschrieben. An dieser Stelle soll verdeutlicht werden, dass die Staaten Südosteuropas von den Ergebnissen der Balkankriege und des Ersten Weltkrieges profitierten, und ihr jeweiliges Nationskonzept nun auf einem erweiterten Territorium etablieren konnten (siehe Tabelle 26) – die Gruppen in der Bevölkerung wiesen jedoch in ihren diversen Identitätskonstruktionen und Kollektivzugehörigkeiten einen hohen Grad an Pluralität auf.

Tab. 26: Die Expansion der südosteuropäischen Nationalstaaten 1870–1920[121]

	Albanien	Bulgarien	Griechenland	Rumänien	Serbien / SHS
Territorium (in km²)					
1870	-	-	~ 51.400	~ 123.335	38.000
1880	-	~ 62.400	~ 51.400	~ 129.550	48.000
1910	-	96.346	63.211	130.177	59.618
1920	28.748	103.146	129.281	295.049	247.542
Bevölkerung (absolut)					
1910	-	4.338.000	2.648.000	7.026.000	3.162.000
1920	~ 1.000.000	4.847.000	5.017.000	15.635.000	11.985.000

So wurde der Staat Albanien im Jahr 1912 gegründet, das Gebiet des heutigen Nord-Mazedoniens kam trotz zwischenzeitlicher bulgarischer Besatzung wieder an Serbien. Das um Vardar-Mazedonien vergrößerte Königreich Serbien bildete mit Bosnien-Herzegowina, Kroatien, Montenegro und Slowenien das Königreich der Serben, Kroaten und Slowenen (Königreich SHS). Hier stand das serbische Königshaus zentral im politischen System der konstitutionellen Monarchie – trotz der demokratischen Anlage waren wie im Fall Albanien autoritäre Strukturen gegeben, die sich (mit der Einführung einer Königsdiktatur 1929) innerhalb eines Jahrzehnts durchsetzen konnten.

Diese Phase der Nationalisierung von Staat, Gesellschaft, und kollektiver Identität nach dem Ersten Weltkrieg betraf ebenfalls die Religionsgemeinschaften, die sich an den Leitlinien der neuen Staaten orientierten und zu orientieren hatten. Im Hinblick auf die orthodoxen Kirchen wurde beschrieben, „(...) *die Transformation des panorthodoxen Konzepts der Territorialin das moderne Konzept der Nationalkirchen, bzw. die Ethnisierung / Nationalisierung / Profanisierung der Glaubensgemeinschaften*" (Sundhaussen 2011: 88) sei mit der Etablierung einer Vielzahl südosteuropäischer Nationalstaaten nach dem Ersten Weltkrieg in einer fortgeschrittenen Phase angelangt.

3.3.1 Albanien 1912–1939

Im Zuge des Zurückdrängens des Osmanischen Reiches aus der Region des heutigen Albaniens mit dem Beginn der Balkankriege am 08. Oktober 1912

---

121 eigene Darstellung nach Daten aus Bartl (1995: 229); Sundhaussen (2006: 139); Lampe/Jackson (1982: 323)

erklärte eine Versammlung eines breiten Spektrums führender Vertreter der Nationalbewegung am 28. November 1912 in Vlora das Land für unabhängig. Die auf albanischer Seite ergriffenen Maßnahmen sahen sich einem hohen Zeitdruck ausgesetzt, da seit dem Beginn der Auseinandersetzungen große Teile der für das Land proklamierten Gebiete unter der Besatzung der expandierenden Staaten Griechenland (Südalbanien), Montenegro (Nordalbanien) und Serbien (Ost- und Mittelalbanien) kamen (Bartl 1995: 135), und diese die territoriale Integrität Albaniens bedrohten (Gawrych 2006: 199). Nach mehreren Versuchen der Einigung zwischen dem Osmanischen Reich, den europäischen Großmächten, und den aufstrebenden Kontrahenten in Südosteuropa wurden die Unabhängigkeit und die Grenzen Albaniens mit den Verträgen der Konferenz von London am 30. Mai 1913 unter der Führung der sechs europäischen Großmächte festgelegt (Bartl 1995: 137). Hier stand ein Ausgleich der divergierenden Interessen von Österreich-Ungarn und Russland in der Region im Vordergrund (Hösch 2002: 185/186), und ein Kompromiss zwischen den Ansprüchen der Befürworter eines Groß-Albaniens einerseits, sowie andererseits jener der expandierenden Staaten Griechenland, Montenegro und Serbien.

Das Ringen um den konkreten Verlauf der Grenzen, die Staatsform und die Person an der Spitze des Staates fand in dieser Periode nicht nur zwischen internationalen Akteuren statt, sondern auch mit instrumenteller Einbeziehung der albanischen Nationalbewegung, sowie der Repräsentanten der Nachbarstaaten. Demnach organisierte Österreich-Ungarn im Februar und März 1913 den ‚Albanischen Kongress von Triest' (alb.: ‚*Kongresi Shqiptar i Triestës*'), der bedeutende albanische Politiker und Intellektuelle versammelte (Gostentschnigg 2018: 676–681). Hier schlug sich u.a. Franz Nopcsa von Felső-Szilvás (1877–1933), ein österreichisch-ungarischer Adliger und Albanologe, als Kandidat für den Thron Albaniens vor (ebd.).

Das Ende des Ersten Balkankrieges bedeutete nicht die Einstellung der bewaffneten Feindseligkeiten; vielmehr bekämpften sich im Zweiten Balkankrieg zwischen Ende Juli und Anfang August 1913 (regional betrachtet) im heutigen Südalbanien griechische Nationalisten und albanische Milizionäre (Gruppen um Mihal Grameno und Çerçiz Topulli; siehe oben). Am 10. August 1913 endete der Zweite Balkankrieg mit dem Vertrag von Bukarest, der u.a. die weitestgehend bis heute gültigen Grenzen Albaniens festlegte. Bestätigung fand die internationale Anerkennung des neuen Fürstentums Albanien durch die Protokolle von Florenz Ende des Jahres 1913, sowie durch die Einsetzung Prinz Wilhelm zu Wieds (1876–1945), ein deutscher Adliger, als Fürst des Landes am 21. Februar 1914 durch die europäischen Großmächte.

Diese Entscheidung erhielt aufgrund des außenpolitischen Drucks Bestätigung durch die ‚Versammlung von Vlora' (seit November 1912 Vertretung der Albaner) (ebd.: 408).

Wilhelm zu Wied hatte wenig Motivation und Kenntnis über das Land. Nach Anregung durch die Großmächte erreichte er am 7. März 1914 mit dem Schiff die albanische Hafenstadt Durrës, die er als vorläufigen Regierungssitz nutzte (Bartl 1995: 159). Hier baute er unter dem Schutz einer internationalen Polizeieinheit unter niederländischer Aufsicht staatliche Institutionen auf, deren Reichweite jedoch aufgrund der Zersplitterung des Landes mit regionalen Machtzentren und geringer Loyalität der internen Kooperationspartner äußerst begrenzt war (ebd.: 177–179). Am 17. März erfolgte die Einsetzung eines Ministerrats mit acht Personen als erste Regierung Albaniens (ebd.: 159), der bedeutende Teile des autochthonen Adels umfasste. Diese waren zuvor teilweise politischen Positionen im Osmanischen Reich aktiv (Ministerpräsident Turhan Përmeti [1839–1927][122], Innen- und Verteidigungsminister Esad Toptani [1863–1920][123]) (ebd.: 160)[124]. Der Rat reflektierte einerseits recht homogen die osmanischen Pfadabhängigkeiten (Mehrheit Muslime, Großgrundbesitzer), andererseits auch unterschiedliche regionale Interessen, und besaß einen multireligiösen Charakter (auch Bektashi, orthodoxe, katholische Christen waren eingebunden).

Am 10. April 1914 verkündeten Wilhelm zu Wied und dieser Rat eine Verfassung, die maßgeblich von den sechs europäischen Großmächten formuliert wurde (Schmidt-Neke 2009: 22/23). Dieses ‚Organische Statut von Albanien' (alb.: ‚*Statuti Organik i Shqipërisë*') setzte Albanien als konstitutionelles Fürstentum unter Garantie der internationalen Akteure fest (ebd.: 88; Art. 1). Wilhelm zu Wied wurde als Fürst, seine männlichen Nachkommen als Nachfolger bestimmt (Art. 7). Der Monarch galt als unantastbar und juristisch nicht verantwortlich (Art. 20). Die Definition der albanischen Staatsbürgerschaft legte fest, dass Personen, die vor dem 28. November 1912 auf dem Gebiet Albaniens geboren wurden, dort wohnten, und vorher eine os-

---

122 Im Osmanischen Reich 1877–1880 Botschafter in Italien, 1886–1894 in Spanien, 1895/96 Gouverneur von Kreta, 1904–1908 Minister für Vakuf, 1908 Vorsitzender Staatsrat, 1908–1914 Botschafter in Russland (Verli 2013: 290).

123 Offizier in der osmanischen Armee, ab 1908 Mitglied im Unterhaus des osmanischen Parlaments. Ernannte sich am 12. Oktober 1914 mit Unterstützung der serbischen Besatzungsmacht zum Präsidenten (Bartl 1981a: 341).

124 weiterhin Aziz Vrioni (1859–1919), 1908 Mitglied im osm. Parlament (Kaleshi 1979b: 426); Prenk Bib Doda (1860–1919), Teilnehmer ‚Liga von Prizren', Vermittler zwischen Osm. Reich und Montenegro (Bartl 1995: 140)

manische Staatsbürgerschaft besaßen, als albanische Staatsbürger anerkannt waren (Art. 22). Weiterhin galten Meinungs- (Art. 36) und Vereinigungsfreiheit (Art. 38) (ebd.: 90/91).

Tab. 27: Das politische System Albaniens in den Verfassungen 1914–1945[125]

Titel (Datum Verabschiedung)	bedeutende Artikel betreff. Religion
Organisches Statut von Albanien (10.04.1914) (17 Kapitel; 216 Artikel)	Art. 1: konstitutionelles Fürstentum, Garantie sechs Großmächte Art. 7: Fürst Wilhelm von Wied / Art. 20: Immunität („heilig') Art. 22: albanische Staatsbürgerschaft Art. 36: Meinungsfreiheit / Art. 38: Vereinigungsfreiheit Art. 95 – 102: territoriale Verwaltung ähnlich im Osmanischen Reich Art. 159: Justizbehörden: Ältestenrat, Friedensrichter, Gerichte, Beruf.-g.
Statut von Lushnja (31.01.1920) (6 Artikel)	neue Herrschaftsordnung: Art. 1/6: Regierung („Hoher Rat'; 4 Mitglieder) ersetzt temporär Fürsten / Art. 1 – 3: Kontrolle Regierung durch Parlament (37 Mitglieder) / Art. 4: bei Konflikt Generalversammlung
Erweitertes Statut v on Lushnja (08.12.1922) (4 Kapitel; 129 Artikel)	Art. 1: Monarch durch Hohen Rat temporär ersetzt Art. 2: Gesetzgebungsbefugnis bei Parlament Art. 3: Exekutivgewalt nur Hoher Rat, Ausübung durch Kabinett Art. 41: Parlament kontrolliert Regierung Art. 45: Hoher Rat: 4 Mitglieder, vom Parlament für 3 Jahre gewählt Art. 66: Hoher Rat wählt, ernennt Premierminister; mit Votum Parlament Art. 92: Albanien erkennt keine Adelstitel an Art. 110/111: alle Bürger vor Gesetz gleich, gleiche bürgerl., pol. Rechte Art. 125: „(…) *jeder Sklave frei, sobald er albanischen Boden betritt.*"
Grundstatut der Republik Albanien (07.03.1925) (4 Kapitel; 142 Artikel)	Art. 1: AL parlamentarische Republik unter Vorsitz Präsident Art. 7: gesetzgebende Gewalt bei Senat der Abgeordnetenkammer Art. 8: Exekutivgewalt bei Präsident der Republik (auf 7 Jahre gewählt) Art. 108: Albanien erkennt keine Adelstitel an Art. 124 – 139: Bürgerrechte; nur Staatsbürger dürfen Immobilien besitzen, Zeitungen herausgeben
Grundstatut des Königreichs Albanien (01.12.1928) (10 Kapitel; 234 Artikel)	Art. 1: AL ‚demokratische, parlamentarische', erbliche Monarchie Art. 50: König der Albaner Zog I, aus alb. Familie der Zogu Art. 51: Nachfolger ältester Sohn / ‚von Generation zu Generation'

---

125 Eigene Darstellung nach Asamblesë Kushtetuese (1928); Botti (2019); Kuvendi Kushtetues (1925); Schmidt-Neke (2004: 806/807; und 2009: 17–40).

Grundstatut des Königsreichs Albanien (03./04.06.1939) (7 Kapitel; 54 Artikel)	Art. 1: konstitutionelle monarchische Regierung; König Viktor Emanuel III., König von Italien, Personalunion; Art. 13: König Staatsoberhaupt Art. 5: gesetzgebende Gewalt König und Oberster Faschistischer Korporationsrat (OFK) Art. 16: Gesetzentwürfe nur bei König und OFK Art. 26 – 39: OFK nach König nominell zentrale Regierungsinstitution

Wie die Biographien der politischen Führungsschicht waren in der neuen Verfassung Pfadabhängigkeiten zum Osmanischen Reich zu erkennen, die bewusst in diesem Text Berücksichtigung durch die Großmächte fanden, um regionalen Präferenzen zu entsprechen (Schmidt-Neke 2009: 24/25). So gestaltete sich die territoriale Gliederung ähnlich (Art. 95–102; unterhalb der nationalen Ebene Sandchak [Bezirk], Kaza [Kreis], lokale Gemeinde) (ebd.: 96/97)[126], und die Justizbehörden waren nach einer Hierarchie gestaltet, die zuerst einen Ältestenrat, dann Friedensrichter, Gerichte, und letztlich Berufungsgerichte zur Streitschlichtung vorsahen (Art. 159) (ebd.: 103). Den Reformen des Justiz- und Verwaltungswesens folgte die Neuordnung der großen religiösen Organisationen in Albanien, die sich noch mehrheitlich an ihren spirituellen Zentren außerhalb des Landes orientierten. Diese Beziehungen sollten sich nachhaltig nach dem Ersten Weltkrieg ändern, um die Konstruktion einer einheitlichen albanischen Identität zu unterstützen.

Die politischen Entwicklungen bedeuteten Veränderungen auf der Makro- und Meso-Ebene der Gesellschaft – auf der anderen Seite war die lokale Lebenswelt der Einwohner mit der Unabhängigkeit und der Einführung einer neuen Verfassung einer eher geringfügigen Änderung unterworfen: Die sozio-ökonomische Grundlage der Bevölkerung charakterisierte sich (auch in den Städten) über die Merkmale von Clanzugehörigkeit, dem System des Großgrundbesitzes, sowie der weitgehenden Subsistenzwirtschaft. Die Ordnungs- und Sicherheitsstrukturen definierten lokale Herrscher, sowie gewaltsame Auseinandersetzungen zwischen ihnen. Die Balkankriege 1912/13 hatten das Potential, Spaltungen entlang religiöser Unterschiede in der Bevölkerung hervorzuheben, da Symbole des Osmanischen Reiches und muslimische Andachtsorte durch das Militär Griechenlands, Montenegros und Serbiens gezielter Zerstörung ausgesetzt waren (Finkel 2005: 520).

Das Organische Statut vom 10. April 1914 ging in einer Vielzahl von Abschnitten auf den Bereich der Religion ein, um einen Ausgleich zwischen

---

126 „Auch die Gesetze und Ordnungen der Osmanen in Bezug auf Wälder blieben (…) in Kraft." (Schmidt-Neke 2009: 96/97).

den Religionsgemeinschaften, sowie zwischen ihnen und dem Staat, und dadurch eine Stabilisierung des Landes zu erreichen. So legte Artikel 32 des Statuts generell fest, dass das Fürstentum Albanien keine Staatsreligion kenne, die Ausübung aller Glaubensrichtungen gewährleiste, und auf individueller Ebene ein Religionswechsel keine Folgen für bürgerliche oder politische Rechte hätte. Die Mitglieder der Nationalversammlung konstituierten sich aus drei Gruppen: Mitglieder aufgrund Gesetz, von der Bevölkerung gewählt, und vom Fürsten ernannt. In der ersten Gruppe war nach dem Statut jeweils ein religiöser Vertreter der sunnitischen Muslime, der katholischen und orthodoxen Christen, sowie der Bektashi vorgesehen (Art. 42). Im Justizministerium wurde eine eigene Abteilung für religiöse Kulte angelegt (Art. 80).

Zudem enthielt der Text mit dem elften Kapitel (von 17) einen eigenen Abschnitt zu ‚Kulten‘: Hier wurden bestehende Religionsgemeinschaften (‚auch muslimische Sekten‘) vom Staat anerkannt, ihnen Autonomie der Organisation (Art. 175) und des spirituellen Dogmas zugesichert (Art. 170), bisherige Steuervorteile erhalten (Art. 172/173), sowie staatliche finanzielle Zuwendungen versprochen, um sie zu erhalten (Art. 177). Die Punkte zeigen die staatliche Anerkennung der Bedeutung der Gruppen in Albanien zum damaligen Zeitpunkt. Restriktionen waren, bei der Bildung neuer Religionsgemeinschaften Rechte dieser gesondert zu definieren (Art. 174), und theologische Schulen mit Gesetzen zu reglementieren (Art. 181). Der Text enthielt weiterhin Aussagen zu den ökonomischen Aktivitäten der Gemeinschaften: So wurde das System zur Wohlfahrt der islamisch-sunnitischen Gemeinschaft (‚Vakuf-System‘) der Regelung durch ein neues Gesetz zugewiesen, und staatlicher Kontrolle unterstellt (Art. 6), auch wenn Art. 171 den Erhalt des Vermögens versprach. Die Stellung der Passage zu Beginn Textes des Statuts verdeutlicht das Gewicht, das dem System beigemessen wurde.

Die Bestimmungen des Statuts bewirkten eine Oppositionshaltung im Land zur Ausgestaltung des Regierungssystems (auswärtige Autorität), als auch der Eingriff in den religiös-ökonomischen Bereich. Demnach war die Regentschaft Wilhelm zu Wieds im Frühjahr und Sommer 1914 begleitet von lokalen Erhebungen, und zu einer Bewegung erwuchsen (‚Muslimischer Aufstand‘) (Bartl 1995:177). Durch die Reformen sahen sich große Teile der muslimischen Elite und Bevölkerung des Landes in ihrem Status bedroht, und forderten die Abschaffung des neues Regimes, Amnestie für albanische Aufständische, sowie die Rückkehr unter die Verwaltung des Osmanischen Reiches (Bartl 1981a: 341; Gjuraj 2013: 95).

Das Jahr 1914 rückte Südosteuropa ins Zentrum der internationalen Aufmerksamkeit, als am 28. Juni Erzherzog Franz Ferdinand von Österreich (1863–1914), Thronfolger der Monarchie, in Sarajevo ermordet wurde. Der Ausbruch des Ersten Weltkriegs mit der Kriegserklärung Österreich-Ungarns an Serbien am 28. Juli 1914 bedeutete eine Bedrohung der staatlichen Integrität Albaniens; zudem veranlassten die Unruhen Wilhelm von Wied, am 3. September 1914 das Land zu verlassen. Mit dieser Entwicklung war auch die Gültigkeit des Organischen Statuts erloschen (Bartl 1995: 177). Die Folge war eine kurzzeitige Zersplitterung des Landes in regionale Machtbereiche; exemplarisch der ‚Muslimische Staat Zentralalbanien' des Haxhi Qamili mit der Hauptstadt Tirana (Gjuraj 2013: 95). Im weiteren Verlauf der zweiten Jahreshälfte 1914 besetzten trotz Neutralität Albaniens die Nachbarstaaten Griechenland, Serbien und Italien weite Teile des Landes, teilweise in Kooperation mit albanischen Clan-Führungen (Bartl 1995: 181). In dieser Phase zwischen 1914 und 1916 kam es in Albanien zu weitreichenden Zerstörungen von religiösen (vorwiegend islamischen) Objekten, welche als Symbole des Osmanischen Reiches galten, sowie zu systematischen Verfolgungen des islamischen Klerus' durch das griechische und serbische Militär – mit der Konsequenz der Verbreitung substantieller Armut unter weiten Bevölkerungsteilen[127].

Im weiteren Verlauf des Ersten Weltkrieges ist für Albanien der geheime Vertrag der Entente von London vom 26. April 1915 bedeutend, der einen Kriegseintritt Italiens auf Seiten der Militärallianz besiegelte, und Albanien in Einflusssphären dieser Bündnismächte aufteilte. Frankreich und Großbritannien wollten eine Auflösung des Staates und Besatzung durch die Nachbarstaaten verhindern (Bartl 1995: 184). Italien hatte das Ziel, seine Kolonialsphäre im Mittelmeerraum auszubauen und setzte dies im Süden und an der Küste ab Dezember 1915 um. Auf diesen Schritt reagierte Österreich-Ungarn im Januar 1916 und entsandte Militär nach Albanien, welches zwei Drittel des Landes besetzte. Zudem stationierte Frankreich im Herbst 1916 Truppen im Südosten, um griechische Verbände zu verdrängen (ebd.: 182–186).

---

127 „*Greek soldiers burned Bektashi tekkes—fully 80 percent of the tekkes were damaged or destroyed between 1913 and 1916 because they had been known as places that supported Albanian political aspirations (...). They also burned Muslim villages in places like Kurvelesh and did much damage in Gjirokastra as well. Many people became very poor. There were no jobs for Muslims. All those who had worked for the Ottoman administration were out of work. Some of the homeless villagers came to Gjirokastra, but there was nothing for them there. Others went toward the coast to the city of Vlora, but again there was little for them. Baba Ahmed Turani, whose Bektashi tekke in Tepelena had been burned, went with the people to Vlora, where he set up a soup kitchen in the olive groves outside the town for those who were destitute.*" (Trix 2011: 60).

Die Besatzung hielt für die Dauer des Ersten Weltkrieges an; zur gleichen Zeit formierten sich bewaffnete albanische Gruppen im Untergrund, um die Unabhängigkeit nach dem Krieg zu erhalten. Im Zusammenbruch Österreich-Ungarns gründeten Exilanten aus dem Kosovo im November 1918 in Shkodër ein Komitee für die nationale Verteidigung des Kosovo (alb.: *Komitetii Mbrojtes Kombëtare së Kosovës*'), welches die Region innerhalb Albaniens sah (Lange 1974: 344/345). Das Weltkriegsende brachte ein Besatzungsregime durch Italien, Griechenland und Serbien, von denen Ersteres gewillt war, seinen Einfluss langfristig zu halten. In Grundlinien der Kolonialpolitik führte Italien vom 25. bis 27. Dezember 1918 im Kongress von Durrës albanische Politiker zur Bildung einer neuen Regierung zusammen, welche italienische Interessen unterstützen würde (ab 01.01.1919) (Kaleshi 1979b: 426).

So gelang es erst ein Jahr später, eine autochthon organisierte Nationalversammlung mit dem Kongress von Lushnja abzuhalten (28.–31.01.1920). Hier wurde am 31. Januar das Statut von Lushnja (alb.: ‚*Statuti i Lushnjës*') verabschiedet (Tab. 27), der erste eigenständig erstellte Verfassungstext Albaniens (Schmidt-Neke 2009: 27). Die sechs Artikel des Statuts (Titel ‚Grundlagen des Gesetzes des Hohen Rates') ordnen einzig das politische Regime neu: So wurde eine 4-köpfige Regierung (Hoher Rat) gebildet, die der Kontrolle des Parlamentes (‚*Senat*') unterlag (Art. 1–3). Bei Konflikten sollte eine Generalversammlung entscheiden (Art. 4), der Hohe Rat war ‚temporärer Ersatz' des Fürsten (Art. 6) (ebd.: 110). Das Fürstentum wurde nicht abgeschafft, um dem extern bedrohten Staat die Unterstützung der Großmächte zu sichern. Als stabilisierender Faktor umfasste der Hohe Rat jeweils einen Vertreter der vier großen Religionsgemeinschaften (u.a. röm.-kath. Bischof Luigj Bumçi) (Bartl 1995: 191).

Das Parlament hatte 37 Abgeordnete, die zunächst von den Teilnehmern des Kongresses von Lushnja bestimmt wurden (ebd.), um die Regionen des Landes abzubilden. Die erste parlamentarische Periode fand von März bis Dezember 1920 statt, in der der grundlegende Aufbau staatlicher Institutionen erfolgte (Kuvendi i Shqipërisë 2020), und der Abzug des italienischen Militärs lag. Erschwert wurde der Abzug durch die Weigerung einiger italienischer Verbände im Juni 1920; im ‚Krieg von Vlora' (alb.: ‚*Lufta e Vlorës*') bis zum 5. August wurde er dennoch realisiert (Bartl 1995: 193). Bewaffnete Konflikte ereigneten sich auch im Süden mit Griechenland und im Norden mit Serbien. Die Ergebnisse der Kämpfe hatten erheblichen Einfluss auf die Unabhängigkeit, und die Grenzen des Territoriums des Landes in einer Phase, als die auf den Pariser Konferenzen ausgehandelten Grenzen von den Nachbarstaaten infrage gestellt wurden (ebd.).

Von Januar bis April 1921 fanden Parlamentswahlen für den Nationalrat Albaniens (alb.: *Këshilli Kombëtar i Shqipërisë*) statt (ebd.: 196), der am 21. April 1921 erstmalig tagte. Die 78 Abgeordneten verhandelten (unter dem Eindruck von Unruhen[128] und sechs Regierungswechseln 1921) anderthalb Jahre, um über die Ausgestaltung einer umfassenden Verfassung für Albanien zu entscheiden, die am 8. Dezember 1922 als Erweitertes Statut von Lushnja (alb.: *Statuti i Lushnjës i Zgjeruar*) verabschiedet wurde (siehe Tab. 27). Hier verankerten die Abgeordneten einen Parlamentarismus westlicher Prägung im politischen System – mit der Bildung von Parteien, die um differente Lösungen rangen, entwickelte dieser in Konturen inhaltliche Substanz (Kuvendi 2020). Auf der anderen Seite standen die Interessen der Abgeordneten, die mehrheitlich wenig reformbereit orientiert waren[129] (Bartl 1995: 196).

Das Erweiterte Statut von Lushnja ersetzte weiterhin den Fürsten vorübergehend durch einen 'Hohen Rat' (Art. 1), die Gesetzgebungsbefugnis lag beim Parlament (Art. 2), das den Hohen Rat kontrollierte (Art. 41). Die Bürger des Landes waren unabhängig von ihrer Weltanschauung vor dem Gesetz (Art. 110) und in ihren Rechten gleich (Art. 111). Der Text stellte somit den Übergang von Monarchie zu Republik dar. Ein Bruch mit Traditionen war Artikel 125, der es verbot,,(...)jemanden zu verkaufen; jeder Sklave ist frei (...).'[130].

Tab. 28: Politik und Religion in den Verfassungen Albaniens 1914–1939[131]

Titel (Datum Verabschiedung)	bedeutende Artikel betreff. Religion
Organisches Statut von Albanien (10.04.1914)	Art. 6: Waqf-Vermögenswerte unterliegen Regelung neues Gesetz Art. 32: keine Staatsreligion / Freiheit, öffentl. Ausübung aller Kulte / Religionswechsel kein Ausschluss bürgerl., pol. Rechte Art. 42: Nationalvers.: Mitglieder Muslime, Katholiken, Orthodoxe, Bektashi Art. 80: Justizministerium drei Abteilungen: Recht; religiöse Kulte; Bildung Art. 170: bestehende RGs anerkannt / keine Hindernisse Organisation, Dogma

---

128 siehe Revolten 1920/1921 unter Bajram Curri (1862–1925) oder Elez Isufi (1861–1924) (Lange 1974: 345)

129 Das Wahlgesetz (Dezember 1920) gewährte männlichen Albanern mit Lese- und Schreibfähigkeit passives Wahlrecht. So waren einzig Großgrundbesitzer, Religionsvertreter, und in geringem Maß Bürgerliche wählbar.

130 Übers. d. A. nach Botti (2019)

131 eigene Darstellung nach Asamblesë Kushtetuese (1928); Botti (2019); Kuvendi Kushtetues (1925); Schmidt-Neke (2004: 806/807; 2009: 17–40); RG – Religionsgemeinschaft

	Art. 171: RGs Erhalt Vermögen / Art. 172: erhalten weiterhin Schutz Behörden Art. 173: Gebäude für Kulte, Bildung, gemeinnützige Arbeiten steuerfrei Art. 174: bei Bildung neue RGs behält sich Staat vor, Rechte anzuerkennen Art. 175: Geistliche anerkannter RGs erhalten Status von eigener Hierarchie Art. 176: Regelung Beziehungen: Vereinbarungen alb. Regierung und Führern Art. 177: Staat finanzielle Maßnahmen, um Kulte, Klerus, zu erhalten Art. 181: Betrieb theologische Schulen: besonderen Gesetzen
Statut von Lushnja [30.01.1920)	(neue Herrschaftsordnung > weltlich verantwortlicher Hoher Rat ersetzt temporär ‚heiligen' Monarchen)
Erweitertes Statut von Lushnja (08.12.1922)	Art. 93: AL keine offizielle Religion / Freiheit Ausübung / Religion keine rechtliche Barriere / Religion kann nicht für pol. Zwecke genutzt werden
Grundstatut d. Republik Albanien (07.03.1925)	Art. 5: AL keine offizielle Religion / Freiheit Ausübung / Religion keine rechtliche Barriere / Religion kann nicht für pol. Zwecke genutzt werden
Grundstatut des Königreichs Albanien (01.12.1928)	Art. 5: AL keine offizielle Religion / Freiheit Ausübung / Religion keine rechtliche Barriere / Religion kann nicht für pol. Zwecke genutzt werden
Grundstatut des Königsreichs Albanien (03.06.1939)	(Verfassung der italienischen Besatzung) Art. 4: Freiheit Ausübung aller Religionen

Das Erweiterte Statut nahm keinen umfassenden Bezug zu Religion oder zu Religionsgemeinschaften (siehe Tab. 28). Hier legte allein Artikel 93 fest, dass Albanien keine offizielle Religion kenne, die Religionsfreiheit garantiert sei, Religionszugehörigkeit keine rechtlichen Nachteile hätte, und nicht politisch angewendet werden dürfe. So wurde ein Artikel des Statuts von 1914 hier modifiziert aufgenommen, die restlichen Regelungen des Vorgängertextes mit Bezug zu Religion nicht (einfache Gesetze 1922/1923). Das Statut von 1922 bedeutete die erste Verfassung für Albanien, die durch autochthone Vertreter formuliert wurde. Ihre Inhalte konnten sich aufgrund der Konflikte zwischen Gruppen im Land und des noch immer wenig ausgeprägten Staatswesens nicht substantiell durchsetzen, und hatten im Alltag der Bevölkerung im Vergleich zu lokal-traditionellen Normen zweitrangige Bedeutung.

Nach dem Kabinett Ypi (25.12.1921–02.12.1922), in dessen Amtszeit die Ausarbeitung des Erweiterten Statuts von Lushnja lag, wurde Ahmet Zogolli (1895–1961) Ministerpräsident (04.12.1922–25.02.1924), dessen Amtsbeginn von der Verabschiedung der Verfassung gekennzeichnet war. Zogolli, genannt ‚Zogu', entstammte dem niederen albanischen Adel Zentralalbaniens, deren Mitglieder zuvor auf regionaler Ebene für das Osmanische Reich tätig waren (Bartl 1981b: 498). Zogolli war zuvor (Mai bis November 1920) Innenminister, und konnte seitdem seinen politischen Einfluss mit den Mitteln der familiären Netzwerke, und offen ausgeübter Gewalt gegen politische Gegner stetig ausbauen (ebd.).

In der ersten Regierungsperiode Ahmet Zogollis kam es zur Einführung zweier Gesetze zur Regelung der Beziehungen zwischen Staat und Gluabensgemeinschaften. Zuerst wurde das ‚Gesetz über die Religionsgemeinschaften' (alb.: ‚*Ligja për mbi komunitetet fetare*') (Këshilli i Ministrave 1922) Ende 1922 vom Ministerrat verabschiedet, welches in 27 Artikel die inneren Angelegenheiten der Religionsgemeinschaften adressierte. So wurden die Religionsfreiheit anerkannter Gruppen (Art.I), sowie jene des Einzelnen (Art.II) betont (ebd.). Eingriffe in den religiösen Bereich erfolgen mit der Definition anerkannter Richtungen (‚Katholizismus', ‚Orthodoxie', ‚Muslimismus' und ‚Bektaschismus'; Art.V), deren jeweilige geistliche Führung nur in Abstimmung mit dem Staat ernannt werden durfte (Art.VI). Ein weiteres Ziel des Gesetzes folgte in Art.VII: Die Lösung der in Albanien agierenden Religionsgemeinschaften von auswärtigen Zentren des Glaubens. Dieser ließ Beziehungen zwischen in- und ausländischen Organisationseinheiten allein für spirituelle Angelegenheiten zu.

Der weitere Text des Gesetzes stand ebenfalls unter dem Eindruck der Bemühungen um einem dem Staat angepassten, von externen Akteuren unabhängigen Organisationsgefüge im religiösen Bereich. So beschäftigten sie sich vordringlich mit der inneren Organisation dieser (Art. 9 und 10), mit deren Rekrutierung und Zuständigkeiten des Führungspersonals (Art. 11 bis 16), deren Bildungseinrichtungen (Art. 17), und Finanzen (Art. 18 bis 20). Weiterhin waren die Vertreter der Religionsgemeinschaften dazu aufgerufen (Strafandrohung), politische Propaganda zu unterbinden (Art. 21). Bedeutend im Kontext der staatlichen Bemühungen erscheint die Vorschrift, für die obere Geistlichkeit aller Religionsgemeinschaften den Nachweis von zwei Generationen der albanischen Nationalität zu verlangen (Art. 12).

Als zweite Regelung wurde am 3. Juni 1923 das Gesetz über die ‚Rechtlichen Statuten der Religionsgemeinschaften' (alb.: ‚*Statuti legal i komiteteve fetare*') mit sieben Artikeln unter der Regierung Zogolli verabschiedet. Davon betonten die ersten beiden Artikel erneut die individuelle und kollektive Religionsfreiheit, um anschließend die Auswahl und die Aktivitäten der Führung anerkannter Gemeinschaften zu reglementieren: Die Geistlichen der obersten beiden Ebenen der Hierarchie sollten Inhaber der albanischen Staatsbürgerschaft und bürgerlicher Rechte sein, die albanische Sprache beherrschen, sowie von ‚albanischer Abstammung' sein (nun drei Generationen; Art. 3). Abschießend erkannte der Staat religiöse Gebäude an (Moschee, Tekke, Kirche, Kloster), deklarierte sie im Eigentum und unter Verwaltung der Religionsgemeinschaften, sowie, dass ein Kontrollrecht über die Verwaltung dieses Eigentums ausgeübt werde (Art. 4) (Këshilli i Ministrave 1923). In der Zusammenfassung legten beide Gesetze (1922 und 1923) die Basis zur Einflussnahme in und Kontrolle des Staates über den religiösen Bereich in der Folgezeit.

Dies führt zur Perspektive der Religionsgemeinschaften in Albanien auf die Entwicklungen. Die Formulierung der Erwartungen des politischen Bereichs an sie ab 1912, eine vorwiegend nationale Ausrichtung zu entwickeln, folgten Gründungen national ausgerichteter Religionsgemeinschaften. Die sunnitisch-muslimische Gemeinschaft, derer sich ca. 45–50% der Bevölkerung zugehörig sahen (Elsie 2001a: 27), erklärte 1921 aufgrund des Drucks, sowie des Bedeutungsverlustes des Kalifats und des Scheich al-Islam in Istanbul die Trennung von diesen Institutionen (Komuniteti Mysliman 2020). Vom 24. Februar bis 12. März 1923 fand ein Albanischer Muslimischer Kongress in Tirana mit 36 Delegierten statt, der die Gründung der Albanischen Muslimischen Gemeinschaft (alb.: ‚*Komuniteti Mysliman Shqipëtarë*' [KMSH]) verkündete (Zaimi 2013). Zudem begann die religiös-islamische Bildung in albanischer Sprache (Komuniteti Mysliman 2020). Demnach wurde hier der organisatorische Bruch mit Institutionen in Istanbul erreicht, und eine nationale Organisation aufgebaut. So stellt der Kongress für die Muslimische Gemeinschaft Albaniens auch heute ‚*(…) ein wichtiges Ereignis (…) auch für das nationale politische Leben in unserer Nation dar.*' (ebd.)[132].

Die reformierte religiös-islamische Bildung bedeutete den Aufbau von Einrichtungen für die Ausbildung des religiösen Personals, die Übersetzung und Entwicklung von Predigten, sowie islamisch-religiösen Publikationen in albanischer Sprache (‚*Zani i Naltë*' ab Oktober 1923). Albanisch wurde zudem in der Verwaltung der KMSh durchgesetzt. Durch die Publikationen war die Gemeinschaft nicht nur im religiösen Bereich aktiv, sondern nahm auch an politischen Diskursen teil. So entstand 1924 eine öffentliche Auseinandersetzung über die Kleidungsvorschriften für muslimische Frauen, bei der sich die modernistische Fraktion der KMSH, zu der auch die Autoren des Magazins Zani i Naltë, sowie einige muslimische Parlamentsabgeordnete zählten, gegen Verschleierung und Kopftuch aussprachen (Merdani 2013: 46).

---

132 Übers. d. A. nach Komuniteti Mysliman (2020).

Das erste Statut der muslimischen Gemeinschaft wurde am 26. Juli 1925 auf einem Kongress in Tirana von hohen albanischen Vertretern beschlossen (Kongresi Mysliman 1925). Die Versammlung stand unter dem Eindruck a) des Zentralismus des Präsidenten Ahmet Zogolli in Albanien, und b) der Entwicklungen um die Ausrufung der Türkei als Republik durch Mustafa Kemal (genannt ‚Atatürk‘; 1881–1938) am 29. Oktober 1923, sowie der Abdankung Abdülhamids II. als Kalif im März 1924 (Kaya 2018: 28). Dort wurden seit 1920 alle Religionsgemeinschaften einer staatlichen Behörde unterstellt – verstärkt seit März 1924 – womit die Geistlichen der sunnitischen Muslime dort, bis zu diesem Zeitpunkt spiritueller Orientierungspunkt der albanischen Muslime, faktisch türkische Beamte wurden (ebd.: 50/51). Somit kristallisierte sich in der sunnitisch-muslimischen Religionsgemeinschaft Albaniens nach dem Ersten Weltkrieg die Aufgabe, erste Schritte der Unabhängigkeit des Staates in einem unruhigen Umfeld in Südosteuropa mit den jeweiligen religiösen Traditionen und einer neuen organisatorischen Struktur in Einklang zu setzen.

Der Inhalt der 58 Artikel des Statuts reflektiert diese Entwicklung (Kongresi Mysliman 1925): In den ersten Abschnitten wurden die Organisation der Muslimischen Gemeinschaft in Albanien mit einem ‚Hauptmufti‘ (alb.: *Myfti i përgjithshëm*‘; Art. 5) an der Spitze festgelegt, sowie im Anschluss die Finanzierung strukturiert (Art. 27–40). Für den Zusammenhang von Religion und Politik bedeutend waren die Aufgaben der Gemeinschaft, den Glaubensunterricht, die Predigten und Publikationen in Landessprache zu gewährleisten (Art. 12ë). Zusätzlich sollte die oberste Führungsschicht (Muftis und Stellvertreter) eine albanische Staatsbürgerschaft und ‚Rasse‘ (alb.: ‚*rracës shqiptare*‘) vorwiesen können (Art. 15), und zur ‚Stärkung der Einheit unter den Albanern‘ beitragen (Art. 26c) (ebd.). Zudem wurde die Gründung von Institutionen der höheren religiösen Bildung (alb.: *Medrese e Naltë*‘) angesprochen, an der die Betonung der Pluralität der Sprachen und die Nationalgeschichte bedeutend sein sollten (Art. 44).

Auch die Gemeinschaft der Bektashi, der um 1900 ungefähr 15% der Bevölkerung angehörten (Elsie 2001a: 27), reformierte sich stark. Die Motive dafür lagen nicht allein in staatlichem Druck; vielmehr war das Überleben der Gemeinschaft durch externe Ereignisse bedroht: Hier standen die Erfahrungen der temporären Verfolgungen im Osmanischen Reich im 19. Jahrhundert, aber auch die Bedrohung des Ordens nach der Revolution der Jungtürken 1908. Hinzu kamen die Zerstörungen in ihren Kernregionen in Südalbanien während des Ersten Weltkrieges durch die Besatzungspolitik Griechenlands

(1913–1916), die einen hohen wirtschaftlichen (Armut) und kulturellen Schaden verursachten (Trix 2011: 61).

Nach dem Abzug Italiens aus Albanien 1920 organisierten Vertreter bedeutender Bektashi-Tekken aus den albanisch-sprachigen Gebieten mehrere formelle Zusammenkünfte, von denen jene vom 4. bis 17. Januar 1921 in Prishtina/Kosovo bedeutend ist. Der Kongress gab den Bektashi der Region mit dem ‚Statut des Hauptkongresses der Obersten Vertreter der Bektashi in Albanien' (alb.: *‚Statuti i Kongresit Përgjithshme Zëvendës-Prindëria Bektashijne ne Shqipëri'*) erstmals eine autonom geführte Organisation und damit Distanz zu vorherigen Autoritäten (im Osmanischen Reich) vor. Die 29 Artikel beinhalteten die Verwaltung der spirituellen Orte und Distrikte in den albanisch-sprachigen Gebieten, sowie des Klerus' unter einem ‚Väterlichen Rat' (alb.: *‚Këshillës Atnore'*) mit sieben Vertretern großer Bektashi-Tekken der Region (u.a. Gjirokastër, Elbasan, Prishtina, Korça) (Lidhja Bektashijane 1921; Art. 1). Der Kongress warb um staatlichen Schutz der Gemeinschaft seitens der Regierung, und wies ihre Kleriker an, für den albanischen Staat zu beten (Art.II/4). Religiöse Rituale sollten in albanischer Sprache praktiziert werden (Art.II/5).

Formal wurde die Unabhängigkeit von den Strukturen des Ordens in Anatolien im Januar 1922 erklärt (Elsie 2001a: 28), und die Annahme eines neuen Statuts der Gemeinschaft mit 72 Artikeln folgte am 9. Juli 1924 auf einer Versammlung in Gjirokastër (Komuniteti Bektashian 1924). Nach der internen Organisation (Art. 1–58) befasste sich der letzte Abschnitt mit dem Verhältnis zwischen Religion und Politik. Zu den 1921 erwähnten Regelungen kamen das Zeigen der Nationalflagge bei religiösen Zeremonien neben spirituellen Symbolen (Art. 63), Albanisch als Sprache des Ordens (Art. 64), ein Gebet ‚für die Erweiterung des Heimatlandes' (Art. 65), sowie die Bitte um Unterstützung der Regierung zur Ermöglichung der Verwaltung der Bektashi-Tekken in Mazedonien und Griechenland hinzu (Art. 69) (ebd.). Die Formulierungen entstanden vor dem Hintergrund des Verbots der mystischen Orden in der Türkei 1925 (Kaya 2018: 28) und des staatlich geförderten Christentums in den Nachbarstaaten.

Die Einrichtung der Königsdiktatur am 1. September 1928 veranlassten die Vertreter des Ordens, auf einer Konferenz am 26. September 1929 in Korça (Komuniteti Bektashian 1929) ein neues Statut zu beschließen, welches den Orden nochmals enger an den Staat band. Stellvertretend dafür stand Art. 55, der in jeder religiösen Zeremonie Gebete für den König, die albanische Nation und die Armee verlangte (ebd.). Das Statut wurde durch eine staatliche Regelung vom 26. Februar 1930 (Kryetari i Kongresit 1930) ergänzt, welches dem König weitere Mitspracherechte einräumte (siehe unten). Mit diesen Vereinbarungen konnte auch der höchste Geistliche des Ordens, Sali Niazi Dede (1876–1941; seit 1916 Weltführer der Bektashi), seinen Sitz 1931 nach Tirana verlegen (Kryegjyshata Botërore Bektashiane 2020). Seine Publikationen trugen dazu bei, dass der Orden als loyal zum albanischen Staat galt (Kordha 2007: 182/183), der insgesamt bedeutende Persönlichkeiten hervorbrachte, die an der Entwicklung des albanischen Nationalbewusstseins teilhatten (u.a. Naim Frashëri [1846–1900]) (Kaleshi 1974: 535–546).

Bei der orthodoxen Kirche in Albanien deutete sich ebenfalls eine Lösung vom externen spirituellen Zentrum an, in diesem Fall vom griechisch dominierten Patriachat von Konstantinopel. Theofan Stiljan Noli hatte 1908 in den USA Versuche der Eigenständigkeit unternommen. Er kehrte nach der Unabhängigkeit 1912 nach Albanien zurück und hielt im Beisein von Wilhelm von Wied am 10. März 1914, drei Tage nach dessen Ankunft, in Durrës eine christlich-orthodoxe Messe auf Albanisch (Kaleshi 1979a: 335). Noli wurde am 24. März 1918 Administrator der albanischen orthodoxen Mission in Amerika, und am 27. Juli 1919 Bischof der albanischen orthodoxen Kirche in Amerika (ebd.: 336) – ein erster Schritt in Richtung einer von Konstantinopel unabhängigen Kirchenstruktur Elsie 2001a: 198). (Zugleich war er Vertreter Albaniens auf den Nachkonferenzen des Ersten Weltkrieges, in denen der Erhalt der Grenzen, die Aufnahme in den Völkerbund (1920), und damit internationale Anerkennung des Staates erreicht wurden [Kaleshi 1979a: 336]). Die folgenden Jahre waren geprägt von Konflikten innerhalb der Kirche zwischen Gruppen mit einerseits zum Patriachat von Konstantinopel loyalen, und andererseits albanisch-unabhängigen Orientierungen, bis 1922 die Bischöfe der Bistümer von Berat, Durrës, Gjirokastër und Korça, die sich zu Konstantinopel bekannten, vom Staat des Landes verwiesen wurden (Elsie 2001a: 197/198).

Unterstützt durch den Staat wurde vom 10. bis 12. September 1922 ein Kongress albanisch-sprachiger, christlich-orthodoxer Würdenträger nach Berat einberufen, um die Albanisch-Orthodoxe Kirche zu begründen, für autokephal[133] zu erklären (Yannoulatos 2000), und mit einem neuen Statut (Kisha Orthodhokse 1922) diesen Schritt zu bestätigen (Art. 1). Weiter wurden Kirchenstrukturen reformiert (Art. 3), und die albanische Sprache zur Liturgie festgelegt (Art. 10) (ebd). Diese Maßnahmen der Unabhängigkeit und

---

133 Kurzerläuterung: ‚unabhängig von und auf gleicher Ebene zu anderen christlich-orthodoxen Kirchen'

Nationalisierung[134] wurden von der Serbisch-Orthodoxen Kirche unterstützt (Elsie 2001a: 198), fanden jedoch zunächst keine Anerkennung vom Patriachat von Konstantinopel. Die Konflikte in der orthodoxen Kirche Albaniens erhielten sich trotz staatlicher und innerkirchlicher Maßnahmen bis zur Anerkennung der Autokephalie durch Konstantinopel 1937 (Clewing 2000: 314).

Noli und der Kleriker Visarion Xhuvani (1890–1965) nahmen führende Rollen bei der Bildung der neuen, Albanisch-Orthodoxen Kirche ein und bekleideten die obersten Positionen innerhalb der Hierarchie. So erhielt Noli am 21. November 1923 die Weihe zum Bischof von Korça und Metropoliten von Durrës (Kaleshi 1979a: 336), und war zudem in der zweiten Jahreshälfte 1924 Premierminister, bis er im Dezember des Jahres aus Albanien flüchten musste (ebd.). Xhuvani war von 1919 bis 1924 Abgeordneter in der Nationalversammlung, ab 1919 Erzbischof von Elbasan und Tirana (Xhuvani/Haxhillazi 2007: 4), ab 1925 Metropolit von Durres (ebd.: 5), und wirkte zwischen 1922 und 1937 als Primat der Albanisch-Orthodoxen Kirche (Elsie 2001a: 198). Demnach kristallisiert sich in den Personen Theofan Stiljan Noli und Visarion Xhuvani beispielhaft, wie innerhalb einer kleinen, intellektuellen Schicht der albanischen Gesellschaft die enge personelle Verbindung zwischen dem Aufbau von Nationsbewusstsein, staatlichen Institutionen, und sich neu etablierenden Strukturen im religiösen Bereich verlief (siehe Beispiel Frashëri bei der Bektashi-Gemeinschaft).

Die Römisch-Katholische Kirche (RKK) repräsentierte damals ca. 10% der Bevölkerung und war zwischen 1920 und 1939 von einem zurückhaltenden Verständnis geprägt, da die RKK als Kooperationspartner Italiens galt (Merdani 2013: 39). Ihre Aktivitäten weiteten sich aus, als Italien im Frühjahr 1939 begann, das Land erneut unter seine Kontrolle zu stellen. So ist für die RKK die Neugründung der Apostolischen Administration von Südalbanien am 11. November 1939 verzeichnet (Cheney 2019), die damit ihre Strukturen in diesen muslimisch und orthodox geprägten Teilen des Landes ausdehnte. Auf der anderen Seite gab es auch bei dieser Kirche, wie bei den anderen drei bedeutenden Religionsgemeinschaften des Landes, personelle Überschneidungen hoher Kleriker und Verfechter der albanischen Unabhängigkeit: So waren Mitglieder der albanischen Delegation zu den Pariser Friedenskonferenzen der römisch-katholische Bischof Luigj Bumçi (siehe oben), sowie der

---

134 Name 1922 ‚Nationale Autokephale Orthodoxe Kirche von Albanien' (alb.: ‚Kishës Orthodhokse Autoqefale Kombëtare të Shqipërisë').

Franziskanerpater Gjergj Fishta (1871–1940) (Merdani 2013: 39), der heute als ein Nationaldichter Albaniens gilt.

Nach den Erläuterungen zu Politik und Religion und zu den Religionsgemeinschaften ist weiterhin die Verbreitung von Glaubensauffassungen in der Bevölkerung bedeutend. Im Herbst 1923 wurde der erste Zensus im unabhängigen Albanien[135] durchgeführt (Kosinski 1971: 280). Dieser erfasste die acht auf dem Gebiet Albaniens gebildeten Präfekturen sowie die Präfektur Kosovo, die zwar im Nachbarstaat, dem Königsreich der Serben, Kroaten und Slowenen (SHS) lag, auf die jedoch von Befürwortern eines Groß-Albaniens Anspruch erhoben wurde. So waren in den acht Präfekturen des offiziellen Staatsgebietes (ohne Kosovo) 65,43% der Bevölkerung Muslime und 34,57% Christen (siehe Tab. 29).

Tab. 29: Bevölkerung Albaniens nach dem Zensus von 1923[136]

Nr	Präfektur	Muslime	orth. Christen	kath. Christen	Gesamt
1	Berat	81.125	29.410	-	110.535
2	Dibra	83.759	1.497	8.740	93.996
3	Durrës	71.998	5.231	3.837	81.066
4	Elbasan	77.444	6.183	-	83.627
5	Gjirokastër	58.963	60.023	33 (,Israeliten')	119.019
6	Korcë	65.083	49.176	-	114.259
7	Shkodër	28.571	1.896	80.402	110.869
8	Vlorë	27.595	14.799	51	42.445
Gesamt	*absolut*	494.538	168.215	93.063	755.816
	in v.H.	65,43	22,26	12,31	100

Die innenpolitische Entwicklung war von der Regierung Ahmet Zogollis (4.12.1922–25.02.1924) geprägt, auf die die Kabinette Vërlaci (03.03.–27.05.1924) und Vrioni (31.05.–10.06.1924) folgten (Schmidt-Neke 1987: 105–121). Ein Aufstand der Landbevölkerung gegen die Regierung Vrioni erlangte im Juni 1924 die Kontrolle über die Hauptstadt Tirana, Ahmet Zogolli floh in das Königreich SHS (Kaleshi 1979a: 336). Dies ermöglichte am 17. Juni die Bildung einer Regierung unter Theofan Noli, der ein Programm der Moder-

---

135 Erste Bevölkerungszählungen wurden 1917/18 durch die Besatzungsmächte Frankreich, Italien und Österreich-Ungarn in ihren Einflusszonen gesondert durchgeführt (Kosinski 1971: 285).

136 nach Daten aus Lika (2013: 289) und Selenica (1923: 7)

nisierung verkündete, dass aufgrund der innen- und außenpolitischen Gegebenheiten schwer umzusetzen war: Eine Regierungsführung, die sich an Westeuropa und Nordamerika orientierte, die Abschaffung der feudal geprägten gesellschaftlichen Strukturen, sowie Widerstand gegen den italienischen Einfluss (Schmidt-Neke 1987: 122). Weiterhin ging er auf Forderungen der Landbevölkerung ein und versprach Kompetenzausweitungen der lokalen Räte, sowie Unterstützung bei Technik, Gesundheit und Bildung. Der Rückhalt für ihn und die Reformen schwächte sich bei seinen politischen Partnern bald ab, da der Umfang der Ansätze sowie der drohende Machtverlust ihre Interessen wenig reflektierten (ebd.).

Währenddessen organsierte Ahmet Zogolli im Königreich SHS mit dessen Unterstützung Milizverbände, um die politische Macht in Albanien erneut zu übernehmen. Die Operation begann am 13. Dezember 1924; elf Tage später konnte er in die Hauptstadt Tirana einziehen, die Noli zuvor in Richtung Italien verließ (Bartl 1981b: 499). Zogolli bildete zum 15. Januar 1925 ein neues Kabinett, berief am 21. Januar eine Versammlung ein, um einen Tag später den Staat Albanien als Republik (alb.: ‚*Republika Shqiptare*‘) zu proklamieren, und sich am 31. Januar 1925 von der Versammlung zum Staatspräsidenten ernennen zu lassen (ebd.).

Am 7. März 1925 verabschiedete eine Verfassungsversammlung (alb.: ‚*Kuvendi Kushtetues*‘) mit dem Grundstatut der Republik Albanien (alb: ‚*Statuti themeltar i Republikës Shqiptare*‘) einen neuen Verfassungstext mit 142 Artikeln. Hier wurde Albanien als parlamentarische Republik mit einem Präsidialsystem festgeschrieben (Art. 1), die gesetzgebende Gewalt lag beim Parlament (Art. 7), und die Exekutivgewalt beim Staatspräsidenten (Art. 8) (Kuvendi Kushtetues 1925). Das Parlament bestand aus zwei Kammern, dem Senat mit gesondert bestimmten Mitgliedern, sowie dem Abgeordnetenhaus mit aus Wahlen hervorgegangenen Vertretern (Art. 10). Nach den Aufgaben der Abgeordnetenkammer (Art. 10–48) und den Bürgerrechten (Art. 124–139) lag eine demokratische Ausrichtung nahe, auf der anderen Seite standen Elemente des präsidialen Zentralismus: Ernennung und Entlassung von Ministern und Verwaltungspositionen (Art. 75), Vorschlagsrecht in der Gesetzgebung (Art. 80), Nominierung eines Drittes des Senats (Art. 49). Bezüge zu Religion blieben identisch zu jenen des Erweiterten Statuts von 1922 (Art. 5; keine Staatsreligion; Religions- und Glaubensfreiheit garantiert; Verbot, Religion für politische Zwecke einzusetzen).

So wandelte sich das politische System nachhaltig: Der Einfluss externer Akteure wurde verringert (Abschaffung Fürstentum), die politische Legitimität formal an die Bürger gebunden, und das neue Amt des Staatspräsidenten als Machtzentrum definiert. Die Regelungen dienten der Sicherung der Position Zogollis – Zustimmung sicherte er sich außer- und innerparlamentarisch, indem er Netzwerke und gewaltsame Aktivitäten gegen die Opposition richtete. Demnach besaß er Kontrolle über die nationale Regierung, die Verfassungsversammlung, und das im Mai neu gewählte Parlament (Bartl 1995: 207).

Die Verfassungen Albaniens konnten in der Folgezeit aufgrund der wenig ausgeprägten Zentralgewalt, der noch feudalistisch geprägten Gesellschaftsstrukturen (mit einem geringem Bildungsniveau), und der Zersplitterung des Landes entlang von Familienclans wenig Durchsetzungskraft unter breiten Schichten der Bevölkerung entfalten. Durch das zunehmend diktatorische Regime Ahmet Zogollis waren Verfassungsinhalte und -wirklichkeit durch eine hohe Distanz geprägt. Weiterhin baute Italien seinen Einfluss in Albanien nach 1925 aus, wie der Zweite Tirana-Pakt von 22. November 1927 zeigte (Bartl 1981b: 500).

Ahmet Zogolli ließ sich am 1. September 1928 mit der Unterstützung Italiens als ‚König der Albaner‘ ausrufen; auch die europäischen Großmächte widersprachen nicht. Die Nationalversammlung beschloss eine neue Verfassung am 1. Dezember 1928 mit dem ‚Grundstatut des Königsreichs Albanien‘ (alb.: ‚*Statuti themeltar i Mbretërisë Shqiptare*‘) (Asamblesë Kushtetuese 1928). Die 234 Artikel definierten Albanien als parlamentarische und erbliche Monarchie (Art. 1), mit dem ‚König der Albaner, Zog I., aus der albanischen Familie der Zogu‘ als Staatsoberhaupt (Art. 50). Das Ein-Kammer-Parlament besaß nur begrenzte legislative Autorität (Art. 8). Die weiteren Rechte des Königs nahmen einen großen Teil ein (Art. 50–98); er war mit Immunität ausgestattet (Art. 72), ernannte die Regierung (Art. 75), repräsentierte das Land (Art. 81), und konnte in die Parlamentsarbeit eingreifen (Art. 8; 90–96). Die Bezüge zu Religion im Text von 1925 blieben im Grundstatut von 1928 erhalten (Art. 5); die Freiheit des Glaubens wurde zusätzlich betont, die öffentliche Äußerung müsse jedoch im Einklang mit dem Gesetz stehen (Art. 203). Der Verfassungstext stand sekundär zu den persönlichen Interessen Zogollis, sowie den Anliegen Italiens in Albanien.

Aus der Perspektive von Politik und Religion ist weiterhin das von der Regierung am 09. Juli 1929 erlassene ‚Gesetz über die Bildung von Religionsgemeinschaften‘ (alb.: ‚*Ligje mbi formimin e komuniteteve fetare*‘) mit 33 Artikeln (Këshilli i Ministrave 1929) bedeutend. Hier wurde der religiöse Bereich auf die Diktatur ausgerichtet und eine Nationalisierung der Religionsgemeinschaften vorangetrieben. Die ersten zwei Artikel betonten religiöse Freiheiten, anschließend folgten Restriktionen: Religionsgemeinschaften besäßen diese Rechte nur, wenn ihr Statut vom Ministerrat gebilligt wurde (Art. 4), und ihre Finanzen standen unter Kontrolle des Justizministeriums (Art. 10). Personen der religiösen Führung mussten die albanische Staatsbürgerschaft haben, durften keine anti-nationalen Interessen vertreten (Art. 7), wurden unter den Regeln der Gemeinschaften gewählt und durch Dekret des König ernannt (Art. 8), und konnten vom Justizministerium entlassen werden (Art. 15). Zudem galten die Verbote religiöser Bekleidung ohne staatliche Erlaubnis (Art. 26), und die Annahme von Unterstützung aus dem Ausland (Art. 20). In Predigten waren ‚patriotische Gefühle der Gläubigen zu entwickeln' (Art. 25). So stand das Gesetz für eine hohe Kontrolle des religiösen Bereichs.

Nach den Reformen und Gesetzen folgte eine zweite Welle der Formulierung von Statuten seitens der Religionsgemeinschaften. Die Albanische Muslimische Gemeinschaft KMSH gab sich am 1. August 1929 ein neues Statut (Komuniteti Mysliman 1929), das Konformität mit den staatlichen Regelungen herstellte, wie die Vorgabe der albanischen Amtssprache der Gemeinschaft (Art. 4). Ihr Präsident (alb.: ‚Kryetar') wurde vom Generalrat der KMSH gewählt, die Amtseinführung galt aber nur mit Dekret des Königs und Vereidigung vor ihm als legal (Art. 9). Der Eid vor dem König beinhaltete die Formel, „(...) beim Namen Gottes und beim albanischen Glauben (...) dem König der Albaner, der Heimat und dem Statut des Staates immer treu (...)" zu bleiben (Art. 11) (ebd.). Die Regelungen galten auch für weitere verantwortliche Positionen der KMSH (Art. 18, Bestätigung König; Art. 26, Eid auf König und Staat). Neben der starken Bindung an Staat und König bleibt der Begriff des ‚albanischen Glaubens' für den Bereich Politik und Religion beachtenswert.

Ebenso fanden Regeln für die mittleren Ebene der Kleriker Eingang: Neben spirituellen Tätigkeiten waren Beiträge zur ‚Stärkung der nationalen Brüderlichkeit', ‚Wiederbelebung nationaler Gefühle', ‚Anpassung an die moderne Entwicklung und Zivilisation', und ‚Annahme des staatsbürgerlichen Fortschritts' zu leisten (Art. 30). Weiterhin konnten nur Kleriker religiöse Kleidung tragen (Art. 68), und sie hatten ‚jeden Freitag Gebete für den Staat, den König, die Nation und die Armee auf Albanisch' zu halten (Art. 69). Finanzielle Zuwendungen aus dem Ausland waren verboten (Art. 52), die Finanzen unterlagen der Kontrolle des Staates (Art. 64). Konträr zu den Statuten der Bektashi-Gemeinschaft (1924, 1929) stand Art. 1, der der KMSH die Aufsicht über alle Muslime Albaniens, auch jene der ‚islamischen Sekten', zuwies (ebd.).

Die Ausrichtung auf den König stand ebenfalls im Zentrum des am
26. September 1929 in Korça erlassenen Statuts der Bektashi-Gemeinschaft
(Komuniteti Bektashian 1929). Es definierte sie als unabhängig (Art. 1), erlaubte nur Albanern den Zugang zum Klerus (Art. 6), und Wahl und Abwahl
des Oberhaupts wurden durch den König bestätigt (Art. 14, Art. 37ç). Ebenso
galt der Eid auf König und Staat bei Amtseinführung (Art. 15), und Gebete
für den König, die albanische Nation, und die Armee wurden verlangt
(Art. 55) (ebd.). Dieses Statut wurde mit der anschließend erlassenen ‚Regelung über die Bektashi Albaniens' des Königs vom 26. Februar 1930 (Kryetari
i Kongresit 1930) modifiziert, um seine Eingriffsmöglichkeiten zu erhöhen.
Bedeutend war zudem die Streichung des ersten Artikels (Unabhängigkeit),
womit die Gemeinschaft formal der KMSH unterstand (Bartl 1995: 217). Das
Statut durfte nicht ohne Genehmigung der Regierung geändert werden
(Art. 50) (Kryetari i Kongresit 1930).

Die Albanisch-Orthodoxe Kirche (AOK) verabschiedete ein neues Statut
am 29. Juni 1929 in Korça (Kisha Orthodhokse 1929). Auch hier war die
Amtssprache der Kirche mit Albanisch festgelegt (Art. 3), die Personen der
höheren Kirchenhierarchie sollten albanische Staatsbürger sein (Art. 16), und
der König hatte Mitspracherecht bei deren Ernennung (Art. 15) und Entlassung (Art. 21c). Nahezu wortgleich fanden Verpflichtungen Eingang, einen
Eid vor dem König abzulegen und Loyalität zu bezeugen, Verantwortlichkeit
für Kleriker unter der jeweiligen Aufsicht zu übernehmen (Art. 18), sowie den
Einschluss des Königs, der Nation, und der Armee in die Gebete jeder Messe
(Art. 54). Die Kirche mussten ihre Finanzen dem Staat offenlegen (Art. 43–
45), sowie ohne ausländische Unterstützung auskommen (Art. 55). Am
12. April 1937 folgte die Anerkennung der Autokephalie der Kirche durch das
Ökumenische Patriarchat von Konstantinopel, die die Unabhängigkeit und
Gleichstellung innerhalb der orthodoxen Kirchen bedeutete (Veniamin
1937). Die Aufwertung erfolgte nach langjährigen Konflikten im Patriarchat
(Elsie 2001a: 198), und führte zur Festigung der Identität der Kirche.

Im Mai 1930 fand die zweite Bevölkerungszählung (Kosinski 1971: 280)
Albaniens statt. Diese ermittelte 1.003.097 Einwohner, von denen 696.393
Personen Muslime (69,4%,) 200.720 (20%) orthodoxe, und 105.653 (10,5%)
katholische Christen waren. Minderheiten mit zusammen weniger als 0,1%
der Gesamtbevölkerung waren Juden (204 Personen), Protestanten (72),
Sonstige (85) und Konfessionslose (24) (Schmidt-Neke 1987: 220). Im Vergleich zu 1923 nahm die relative Zahl orthodoxer und katholischer Christen
leicht ab (jeweils ca. 2%), während die der Muslime um ca. 4% anstieg.

Die Regierung Zogolli sah sich 1934/35 Aufständen gegenüber, die ihre Position schwächten. So konnte in der Folge auch eine größere Unabhängigkeit von Italien nicht erreicht werden. Der Zustand des politischen Systems wurde am 15. April 1939 beendet, als Albanien durch Italien besetzt wurde (Bartl 1981b: 501). Dies bedeutete die Einsetzung einer neuen Verfassung (Viktor Emanuel 1939) durch Italien, die eine konstitutionelle Monarchie unter Viktor Emanuel III. (König Italiens) als Staatsoberhaupt vorsah (in Personalunion; Art. 1 und 13). Die gesetzgebende Gewalt lag beim König und dem ‚Obersten Faschistischen Korporationsrat' (OFK) (Art. 5), der von Albanern mit Loyalität zu Italien besetzt wurde. Gesetzentwürfe konnten nur vom König und vom OFK vorgeschlagen werden (Art. 16), und der OFK war nach dem König zentrale Regierungsinstitution (Art. 26–39). Diese formalen Regelungen unterstanden den Interessen des autoritären Systems Mussolinis.

In der Zusammenfassung der Entwicklungen im Bereich Politik und Religion in Albanien von 1912 bis 1939 sind zuerst Versuche des Aufbaus einer demokratischen Regierungsform zu vernehmen. Weiterhin waren die außenpolitischen Bedingungen wenig unterstützend. Den Kriegen (1912–1918) folgten innenpolitisch instabile Zustände, bis ab 1925 Ahmet Zogolli eine Diktatur aufbaute. Die Gegebenheiten führten letztendlich in eine völlige Abhängigkeit von Italien. Die regionale und lokale Ebene war weiterhin durch relativ autonom agierende Familienclans geprägt. Hier galt das alte System der ‚Politik der Notablen' (Großgrundbesitzer) in seinen Grundzügen weiter (siehe Parallelen zu Regionen, die sich in der gleichen Periode aus dem Osmanischen Reich lösten, wie Bosnien-Herzegowina, Palästina). Die Mehrheit der Bevölkerung verblieb abseits der Städte in einer spezifischen Form des Feudalismus, die sich in relativer Armut und Subsistenzwirtschaft äußerte. Demnach waren 1930 ca. 80% der Bevölkerung Albaniens von der Landwirtschaft abhängig; der damals höchste für Europa gemessene Wert (Lampe/Jackson 1982: 334/335; Kirk 1967: 200). So konnte sich der religiöse Faktor in der Bevölkerung wie zuvor in einer lokal angepassten, und national pluralistischen Struktur erhalten.

Der religiöse Sektor war von einer tiergreifenden Neuordnung geprägt, bei der sich die Organisationen von den auswärtigen Autoritäten lösten, und sich den Gegebenheiten des Staates anpassten (siehe Statuten). So waren sie bis 1925 im politischen System mit Repräsentanten auf höchsten Ebenen vertreten, anschließend erfolgte die Phase der Anpassung und Kontrolle bis 1939. So treffen im Bereich Religion und Politik für Albanien für diese Phase die Kategorien der politisierten Religion nach Linz (1996: 137), und der staatskontrollierten Religion nach Fox (2008: 147) zu.

3.3.2 Das Königreich der Serben, Kroaten und Slowenen
(Slowenien, Mazedonien)

„Nach dem Ersten Weltkrieg galt auf der Grundlage der Deklaration von Korfu vom 20. Juli 1917 für das ‚Königreich der Serben, Kroaten und Slowenen' (...) die politische Gleichberechtigung, Gleichstellung von katholischem, orthodoxem und muslimischem Glauben (...). Weithin ergab sich eine relativ friedliche Koexistenz." (Döpmann 2005: 47). In dieser Form fassen historische Darstellungen die generelle Situation der Religion im Ersten Jugoslawien 1918–1941 zusammen. So entstand das Narrativ von einem dreifachen ethno-religiösen Gegensatz innerhalb des Landes, in denen die muslimische Gemeinschaft mit der Römisch-Katholischen und der Serbisch-Orthodoxen Kirche um Gleichberechtigung rang (Ramet 1989a: 9). Für eine differenzierte Darstellung gilt es, innere Positionen und Dynamiken der Religionen und Glaubensgemeinschaften, sowie Minderheiten einzubeziehen.

Auf der Konferenz von Korfu (20.07.1917) wurde die Gründung des Königreiches der Serben, Kroaten und Slowenen (Königreich SHS; serb.: ‚*Kraljevina Srba, Hrvata i Slovenaca*') nach dem Ersten Weltkrieg beschlossen. Dem folgte am 1. Dezember 1918 die Ausrufung des Königreichs durch eine provisorische Versammlung, die sich aus Vertretern der Regionen des neue geschaffenen Staates zusammensetzte. Nach Korfu war die Regierungsform als eine konstitutionelle, parlamentarische Monarchie angelegt, innerhalb derer der serbische König (Peter I. Karadjordjević; 1844–1921) die zentrale politische Institution war. Die Deklaration garantierte Religionsfreiheit und die Gleichstellung der Religionen (Ramet 2006: 42).

Die Nachkriegsordnung für Südosteuropa wurde durch die Pariser Friedensverträge nach dem Ersten Weltkrieg festgelegt. Für das Königreich SHS bedeutend waren die Verträge von Saint-Germain (10.09.1919), mit dem Österreich die Krain, die südliche Steiermark (heutiges Slowenien) und Bosnien-Herzegowina an den neuen Staat abtrat, der Vertrag von Neuilly-sur-Seine mit Bulgarien (27.11.1919), der zuvor annektierte Gebiete (heutiges Nord-Mazedonien) übertrug, sowie der Vertrag von Trianon mit Ungarn (04.06.1920), der die Vojvodina, das westliche Banat, die Region Prekmurje (heutiges Slowenien), und Kroatien im Königreich SHS verortete (Suppan 2019: 133). Die außenpolitischen Konflikte des Königreichs wurden weiterhin mit dem Vertrag von Rapallo mit Italien (12.11.1920) befriedet (ebd.: 89), sowie mit der Kärntner Volksabstimmung (10.10.1920), in der sich 59,04% der Stimmberechtigten für einen Verbleib der Region in Österreich aussprachen (ebd.: 115–122).

Am 18. November 1920 fanden Wahlen zur verfassungsgebenden Versammlung für das Königreich statt (Franke/Ziemer 1969: 764), die am 12. Dezember zusammentrat. Sie umfasste 419 Abgeordnete aus 17 Parteien, die in 55 Wahlbezirken ermittelt wurden; davon lagen drei auf dem Gebiet des heutigen Sloweniens und sieben auf dem des heutigen Nord-Mazedoniens. Die bedeutendsten waren die gesamtstaatlich orientierte Jugoslawische Demokratische Partei (JDS) (92 Abgeordnete), die serbische Radikale Volkspartei (NRS) (91), die Kommunistische Partei (KPJ) (58; 1921 verboten), und die Kroatische Bauernpartei (HSS) (50) (ebd.: 783).

Für die Minderheiten standen die Jugoslawische Muslimische Organisation (JMO) (24 Abgeordnete), welche die Interessen der Muslime Bosnien-Herzegowinas vertrat, die Partei Džemijet[137] (8 Abgeordnete) der Muslime mit albanischem Hintergrund aus dem Kosovo und Südserbien (Opfer 2002: 162), sowie die Slowenische Volkspartei (SLS) mit 14 Vertretern. Weiter bedeutend war der Bauernverband mit einer slowenischen Fraktion[138] (39 Abgeordnete) (Franke/Ziemer 1969: 783). Eine Partei der slawischen Mazedonier war nicht zur Wahl zugelassen, da in der damaligen Region ‚Südserbien' eine Serbisierung der kulturellen Identität der slawischen Bevölkerung seit der Eroberung 1912/13 von staatlicher Seite betrieben wurde (Opfer 2002: 162; Sundhaussen 2007: 255; auch orthodoxe Kirchenstrukturen). Insgesamt lag trotz der ethnischen Segmentation des Parteiensystems ebenfalls eine hohe Unterstützung für gesamtjugoslawische Parteien vor (zusammen 206 von 419 Abgeordneten).

Die Versammlung entwarf eine Verfassung, die am 28. Juni 1921 im Namen des Königs ausgerufen wurde (Ministar Pripreme 1921). In der Abstimmung votierten 233 Abgeordnete für den Text, 35 dagegen, und 151 (hauptsächlich kroatische Befürworter eines erweiterten Föderalismus) blieben dem Votum fern. So konnten sich Zentralisten gegenüber Föderalisten in der Ausgestaltung des politischen Systems durchsetzen (Franke/Ziemer 1969: 764), auch wenn nur etwas mehr als die Hälfte der Versammlung dies unterstützte. Das Regierungssystem des Königreichs SHS war als eine konstitutionelle, parlamentarische und erbliche Monarchie ausgestaltet (Art. 1). Hier nahm der König eine zentrale Stellung ein, da er Gesetze bestätigte, Staatsbeamte ernannte (Art. 49; auch der Regionen, Art. 95), das Königreich nach außen vertrat, Krieg und Frieden erklärte (Art. 51), die Nationalversammlung einberief und auflöste (Art. 52), und Immunität besaß (Art. 55). Die serbische Dynastie Ka-

---

137 ‚Gesellschaft' / auch ‚Gesellschaft für den Erhalt Muslimischer Rechte'
138 Unabhängige Landwirtschaftspartei (slow.: *Samostojna kmetijska stranka*' – SKS)

radjordjević stellte die Könige des Königreiches SHS (Art. 56) (Ministar Pripreme 1921).

Die Bürgerrechte enthielten neben allgemeinen Bestimmungen die Einführung einer ‚serbokroatisch-slowenischen' Sprache (Art. 3) und Staatsbürgerschaft (Art. 4; Art. 19), und die Betonung der Chancengleichheit der Bürger (Art. 22). Eine Besonderheit war die Stellungnahme, Feudalbeziehungen rechtlich aufzulösen, und die Umwandlung solcher in abhängige, private Beziehungen zu verbieten (Art. 42) (ebd.) Die Glaubens- und Gewissensfreiheit waren garantiert, anerkannte Religionen vor dem Gesetz gleichgestellt, und Bürgerrechte von der Religionszugehörigkeit getrennt. Die Glaubensgemeinschaften konnten ihre religiösen und finanziellen Angelegenheiten unabhängig verwalten, ihre Vertreter durften ihre Autorität nicht für politische Zwecke nutzen (Art. 12) (ebd.). Nicht enthalten sind Aussagen zur Trennung von Staat und Religion oder zu einer bestimmten Gemeinschaft.

Aufgrund der damaligen Verbindung von Religion und Bildung war bedeutsam, dass alle Bildungseinrichtungen unter staatliche Aufsicht gestellt wurden, und ein ‚Bewusstsein im Geiste der nationalen Einheit und der religiösen Toleranz' zu entwickeln hatten. Religionsunterricht wurde nur auf Nachfrage zusätzlich erteilt (Art. 16). Eine letzte Referenz zu Religion ist im Abschnitt zur Rechtsprechung zu finden, der für Muslime Ausnahmen (Familien-/ Erbschaftskontext) mit ‚staatlichen Scharia-Richtern' vorsah (Art. 109) (ebd.).

Der Verfassungstext sah Gleichberechtigung zwischen den drei konstituierenden Gruppen des Staates vor, und mit der Einrichtung einer Nationalversammlung einen Mechanismus der Konfliktbeilegung. Auf der anderen Seite fußte das politische System auf der serbischen Monarchie (1882–1918); so existierten neben dem Königshaus weitere Kontinuitätslinien auch in den Bereichen Verwaltung, Polizei, Militär, Bildung und Kultur im neuen Staat (Džaja 2002: 46; Sundhaussen 2007: 251). Katholische Bildungseinrichtungen in Kroatien wurden vielfach geschlossen. Bedeutende Minderheiten wie bosnische Muslime oder Albaner blieben insgesamt benachteiligt und waren in hohen Positionen der staatlichen Administration, der Armee, oder der Diplomatie nicht vertreten (Balić 1968: 119). Aufgrund von Konflikten zwischen zentralistischen (serbischen) und föderalen (im Norden und Süden des Landes) Interessen erwiesen sich die politischen Institutionen des Königreichs als nur bedingt arbeitsfähig. Dies traf ebenfalls auf das Parlament zu, in dem ethnisch orientierte Parteien die Konfrontation suchten (Ramet 2006: 44): Hier stand zentral der Konflikt zwischen serbischer NRS und kroatischer HSS (siehe u.a. HSS-Boykott der Verfassungsabstimmung).

Aufgrund der serbischen Dominanz im politischen System schwand in der Folgezeit auch bei kroatischen und slowenischen Gruppierungen die Unterstützung für den Staat (Džaja 2002: 17). Dies traf zudem auf die weiteren ethnischen und religiösen Gruppen zu, die nicht zu den drei konstitutiven Nationen des Staates zählten: Muslimische Bosnier wurden in ihrer Religionszugehörigkeit anerkannt, jedoch ethnisch als Serbo-Kroaten eingeordnet, slawische Mazedonier (abseits der Selbstzuschreibung) als Serben behandelt, Ungarn und Deutsche (zusammen 8,12% der Bevölkerung) zu wenig Mitsprache berechtigt.

Die Minderheit der Juden war zusätzlich starker Diskriminierung ausgesetzt: Brutal durchgeführte Deportationen aus dem Land fanden bereits 1918 statt, da die serbische Elite ihnen kollektiv misstraute (Frank 2010: 69). Diskriminierung existierte weiterhin bei muslimischen Albanern im Kosovo und in Südserbien, von denen Teile für einen Anschluss an Albanien kämpften (regional; ,Kachak'-Banden). Hier drückte sich die serbische Dominanz in Landreformen aus, welche die muslimische Bevölkerung systematisch benachteiligten und die für sie „(...) *starke materielle Einbußen.*" (Balić 1968: 119) bedeuteten.

Der erste Zensus im Königreich SHS fand im Januar 1921 statt (Kosinski 1971: 282) und erfasste die Einwohner auf Basis der Muttersprache und der Religionszugehörigkeit. Abweichend von der in der Verfassung definierten Sprache ,Serbokroatisch-Slowenisch' fand eine Unterscheidung zwischen ,Serbo-Kroatisch' und ,Slowenisch' (und weiteren Sprachen) statt. Von den ca. 12 Millionen im Zensus erfassten Personen sprachen 74,36% Serbokroatisch, 8,51% Slowenisch, 4,22% Deutsch, und 3,67% Albanisch (andere 9,24%):

Tab. 30a: Bevölkerung in Jugoslawien nach Muttersprache; 1921/1931[139]

	Serbo-kroatisch	Slowe-nisch	Deutsch	Unga-risch	Albanisch	andere	Gesamt
1921	8.911.509	1.019.997	505.790	467.658	439.657	640.300	11.984.911
1931	10.730.82 3	1.135.410	499.969	468.185	508.259	591.392	13.934.038

Nach dem Zensus von 1921 gab das Statistikamt 1929 Daten zur religiösen, beruflichen und ethnischen der Struktur der Bevölkerung heraus: Hier waren 83% ,Jugoslawen'; allein Minderheiten wie Deutsche, Ungarn oder Albaner

---

139 nach Daten aus Džaja (2002: 22)

wurden gesondert aufgeführt (Zentral-Pressbureau 1930: V). Den Daten lag
der Zensus von 1921 zugrunde; die Anlage der Kategorien stellte die politisch
gewollte jugoslawische Identität dar (nach Göderle 2016: 53/55). Dies stand
im Gesamtkontext der Entwicklungen, die neben den Kroaten und Slowenen
auch die Minderheiten (slawischen Mazedonier, Albaner, Muslime) als ‚Serbisierung' wahrnahmen. Für die Muslime in Bosnien-Herzegowina bedeutete
dies eine besondere Herausforderung, ihre „(...) politische Identität (...) wurde zum Zankapfel der serbisch-kroatischen Beziehungen (...)." (Džaja 2002:
31). So wurden sie von beiden Richtungen ausschließlich religiös und nicht
als gleichberechtigte (ethnische) Nation definiert, um jeweils ‚historische Linien' zur eigenen Gemeinschaft zu ziehen (Bougarel/Rashid 1997: 535). Die
Muslime hatten nach 1918 jedoch das Interesse, eine eigenständige Identität
im Staat zu erhalten (Džaja 2002: 11).

Der Zensus 1921 zeigte für die Religionszugehörigkeit, dass ein Anteil
von 46,7% der Bevölkerung serbisch-orthodox orientiert war, 39,6% katholisch, 11,22% muslimisch, und 1,92% christlich-protestantisch. Zum Zensus
1931 wurden die Muslime unterteilt in jene mit serbokroatischer Sprache
(908.167 Personen; mehrheitlich aus Bosnien-Herzegowina, Sandchak), und
Angehörige albanisch- und türkisch-sprachiger Gruppen (652.999 Personen;
mehrheitlich aus dem Kosovo und dem Vardar-Bezirk) (ebd.: 43).

Tab. 30b: Bevölkerung in Jugoslawien nach Religionszugehörigkeit;
1921/1931[140]

	serbisch-orthodox	katho-lisch[141]	evange-lisch	musli-misch	jüdisch[142]	andere	Summe
1921	5.593.057	4.748.995	229.517	1.345.271	64.746	3.325	11.984.911
1931	6.785.501	5.262.455	175.279	1.561.166	68.405	81.232	13.934.038

Die politische Entwicklung war von regionalen Unruhen, Nationalismus,
und Instabilität der politischen Institutionen geprägt. So kam es von 1918
bis 1941 zu 19 Regierungen, in denen divergierende Kräfte teilweise gleichzeitig auftraten (Töpfer 2012: 178). Instabilität herrschte ebenfalls im Parlament,
welches sich aufgrund der Unfähigkeit der Parteien zum Konsens (Ramet

---

140 nach Daten aus Džaja (2002: 43)
141 1921 und 1931 zusammen ‚römisch-katholisch' und ‚griechisch-katholisch'
142 1921 Bezeichnung ‚israelitisch'; 1931 zusammen ‚jüd.-sephardisch', ‚jüd.-aschkena-
sisch', ‚jüd.-orthodox'

2006: 44) selbst blockierte, und bis 1931 alle zwei Jahre neu gewählt wurde (März 1923, Februar 1925, September 1927; Franke 1969: 783).

Auch außerparlamentarisch entstanden politische Bewegungen, die die divergierenden Dynamiken reflektierten: Diese waren auf der einen Seite national-jugoslawisch, auf der anderen Seite gab es regionale, und ethno-religiös ausgerichtete Organisationen. Zur ersten Gruppe gehörten die Organisation Jugoslawischer Nationalisten und die Sokol-Bewegung. Die Organisation Jugoslawischer Nationalisten (ORJUNA) wurde im März 1921 in Split gegründet und existierte bis zur Errichtung der Königsdiktatur 1929 (Džaja 2002: 37). Sie engagierte sich für eine jugoslawische Identität, einen korporatistischen, autoritären Staat, wandte sich gegen (kroatischen und serbischen) Separatismus und gegen die KPJ, und war antisemitisch (ebd.).

Am 28. Juni 1919 wurde aus regionalen, slawisch-emanzipatorischen Turnverbänden, die teilweise seit der zweiten Hälfte des 19. Jahrhunderts bestanden, ein gesamtjugoslawischer Sokol-Verband der Serben, Kroaten und Slowenen (serb.-kroat.: ‚*Sokolski savez Srba, Hrvata i Slovenaca*') gegründet (ebd.: 33). Die Sokol-Bewegung stand zunächst für Jugoslawismus, und wurde von König Aleksandar I. unterstützt, da er in der Organisation ein Instrument zur Erhöhung nationaler Kohäsion sah (Jovanović 2013: 45). Der Verband stand unter Kontrolle des Kriegsministeriums, dass ihn als Rekrutierungsforum für die jugoslawische Armee strukturierte (ebd.: 47). Nach dem Austritt der kroatischen Fraktion 1922 (Džaja 2002: 33) vertrat der Verband zunehmend einen Jugoslawismus serbischer Prägung (Jovanović 2013: 53).

In der Banschaft Drau (heutiges Slowenien) war die stärkste politische Partei die Slowenische Volkspartei (SLS), die im nationalen Parlament vertreten war und ihren Ursprung in der Katholischen Nationalpartei im Krainer Landtag hatte (Hloušek/Kopeček 2010: 141). Sie war aufgrund der aggressiven italienischen Politik jugoslawisch orientiert, und stützte den serbisch dominierten Zentralstaat. Andererseits ging ihre Gründung auf die slowenische nationale und sprachliche Gleichstellung, sowie auf die Dogmen der Römisch-Katholischen Kirche zurück (ebd.); eine Orientierung, die sie stark vom Jugoslawismus abgrenzte. Neben der SLS agierte in Slowenien die ‚Slowenische Katholische Aktion' im politischen Raum (Lukšič 2012: 699), die an der Schnittstelle von (ethnischer) Politik und Religion aktiv war. Ihr Programm zeigte Gemeinsamkeiten und Unterschiede zu anderen nationalistischen Organisationen auf: „(...) *similar concepts of authority (...) opposed liberalism, (...) and communism. (...) Racial anti-Semitism, radical nationalism and militarization are significant features of (most) totalitarian movements, but not the Catholic Right.*" (Mithans 2011: 128).

In Kroatien war neben der Kroatischen Bauernpartei (HSS) der kroatische Sokol-Verband politisch aktiv. Zusätzlich etablierten sich radikalere Verbände, die eine Sezession und einen ethnischen nationalsozialistischen Staat anstrebten. Hier ist die kroatische Ustascha (kroat.: *'Ustaša – Hrvatska revolucionarna organizacija'*) zu nennen, gegründet von Ante Pavelić (1889–1959) 1929/1930 im Exil in Italien (Bartulin 2013: 144/154). Die Organisation stand für ein faschistisches unabhängiges Kroatien nach italienischem Vorbild (McCormick 2014: 6ff). Die Ideologie der Ustascha, 1942 in einem Programm in 17 Punkten zusammengefasst (Crljen 1942: 5–113), basierte neben der italienischen zunehmend auf der völkischen Ideologie der deutschen NSDAP. Es verband die Kernthemen Rassenideologie und Antisemitismus mit Territorialanspruch – und formulierte daraus radikale Positionen (ebd.).

Rassenideologie und Antisemitismus dienten der NSDAP, um generellen Unmut in der Bevölkerung anzusprechen, und ihn in einer fanatischen Logik innerhalb eines globalen ,Überlebenskampfes der Rassen' darzustellen. Hinsichtlich der Religion sollten christliche Kirchen zunächst (aufgrund der Verankerung) eine Instrumentalisierung in einer Übergangsphase erfahren (Shirer 1960: 280); anschließend war deren Zersetzung und die Etablierung einer „(...) *völkischen Weltanschauung (...)*" (Bärsch 2002: 271) anvisiert. Zur Reichweite des Erhalts der Kirchen forderte der NS-Ideologe Alfred Rosenberg unter den zentralen Kategorien ,Rasse', ,Volk', ,Reich', ,Führer' (ebd.: 53) die Neukonstruktion einer ,nordisch-christlichen Kirche' aus einer Symbiose germanischer Mythen und umgedeuteter Dogmen des Christentums[143] (Rosenberg 1934: 654ff); eine neue Politische Religion (Bärsch 2002: 224; Linz 1996: 136). Aufgrund von wachsenden Überschneidungen der Evangelischen Kirche mit der völkischen Bewegung kam sie für die NS-Ideologen dafür eher in Betracht (Lächele 1996: 149/152). In der ethnisch-exklusiven Umdeutung einer christlichen Konfession sind Parallelen zur Ustascha erkennbar.

Die deutsche Rassenideologie kategorisierte neben Juden und Slawen ebenfalls Muslime als untergeordnete Gruppe (Hitler 1943: 747). Einerseits zeigte sich Bewunderung für deren vermeintlich konflikthaften Charakter in Verbindung mit dem Narrativ des ,Überlebenskampfes' (ebd.: 721), andererseits galt der Islam als Bedrohung für das eigene Expansionsstreben, da er Unterdrückte im „(...) *fanatischen Geiste Mohammeds* (...)" (ebd.: 724) gegen Kolonialmächte aufbringe. Insgesamt stimmten die Punkte der Ustascha (Crljen 1942: 9–113) mit der deutschen NS-Ideologie weitgehend überein

---

143 Exemplarisch: „*Wie Christus zu seinem deutschen Blute zurückgekehrt ist, hat das Christentum den Weg zu seiner deutschen Heimat gefunden.*" (Bewer 1907: 31).

(Antisemitismus, religions-ähnlicher Führerkult, Sakralisierung der Arbeit als Gemeinschaftsdienst) (Shirer 1960: 263).

Im serbischen Landesteil entstanden außerparlamentarische Gruppen, die ihre Interessen mit der Schaffung des Königreiches SHS bestätigt sahen (Sundhaussen 2007: 251), und eine Ausdehnung der serbischen Dominanz im Staat forderten. Auch hier fanden (aus serbischer Perspektive) teilweise Rassentheorien Verwendung (ebd.: 190), welche u.a. die bosnischen Muslime als ethnische Serben sahen (Bartulin 2013: 80). Bedeutend waren in diesem Zusammenhang gewaltsame Tschetnik-Verbände (Sundhaussen 2007: 285ff), welche vielfach ohne staatlichen Strafen gegen albanische und bosnische Muslime vorgingen (Džaja 2002: 40). Ihre Ideologie wurde durch die Expansion Serbiens ab 1882 genährt.

Wie die anderen Gruppen des Landes war auch jene der Muslime nach ihrer Stellung zum neuen Staat gespalten: So existierten Befürworter des Königreiches, Anhänger einer größeren Autonomie bis hin zur staatlichen Eigenständigkeit, sowie Unterstützer pan-islamischer Ideen (vielfach Überschneidungen; Popović 2006: 213). Im nationalen Parlament zählte die 1919 in Sarajevo gegründete Jugoslawische Muslimische Organisation (JMO) zu den ethnisch ausgerichteten Parteien. Sie setzte sich für eine weitgehende Autonomie Bosniens, und die Interessen muslimischer Großgrundbesitzer ein (Džaja 2002: 18).

Tab. 31: Muslimische Parteien in der verfassungsgebenden Versammlung 1920[144]

Name	Stimmen	St.-anteil	Mandate
Jugoslawische Muslimische Organisation (BiH)	110.895	6,9%	24
Džemijet (MK, KV)	30.029	1,9%	8
Unabhängige Muslimische Partei (BiH)	449	0,0%	-
Muslimische Volkspartei (BiH)	306	0,0%	-
Gesamt	141.679	9,8%	32 (419)
Anteil an Gesamtzahl Mandate			7,64%

Albanische und türkische Muslime im Kosovo und in Südserbien gründeten nach dem Vorbild der JMO die Partei ‚Vereinigung' (serb.-kroat.: ‚*Džemijet*'; alb.: ‚*Xhemijeti*')[145], die aufgrund der unterschiedlichen Zielgruppen keine

---

144   Daten nach Džaja (2002: 19)
145   auch ‚Islamische Vereinigung zur Verteidigung des Rechts'

Konkurrenz für die JMO bedeutete. Im Vergleich zur absoluten Größe der Gruppen der Muslime (Džaja 2002: 43) ergibt sich eine höhere Verankerung der JMO in der von ihr angesprochenen Gemeinschaft. Andere muslimische Parteien konnten nur marginale Stimmenanteile erreichen.

Die JMO verlor in den Folgejahren Unterstützung, da sich die Muslime Bosnien-Herzegowinas trotz mehrmaliger Regierungsbeteiligung der Partei hoher politischer und ökonomischer Ausgrenzung konfrontiert sahen (Landreform, Angriffe serbischer Tschetniks). Auch im Vergleich zum vorherigen System der Interessenvertretung in Österreich-Ungarn wähnten sie sich in Jugoslawien strukturell benachteiligt (Motadel 2013: 1011). Die relative Stärke der Parteien ohne ethnische oder konfessionelle Bindung ist ein Indikator dafür, dass sich auch ein bedeutender Anteil der Muslime im Königreich SHS für eine politische Identität jenseits des Programms der JMO entschied (säkular).

Auf der Seite muslimischen politischen Bewegungen standen neben autonom Orientierten und Säkularen weiterhin Unterstützer pan-islamischer Ideen, meist muslimische Würdenträger mit Orientierung am Shaykh al-Islām, der Ulema, und dem Kalifen in Istanbul. Mit der Auflösung dieser Institutionen 1922–24 richteten sie sich u.a. an pan-islamischen Bewegungen des Nahen Osten aus (Bougarel/Rashid 1997: 535), wie die Teilnahme einer Delegation aus dem Königreich am Islamischen Weltkongress im Dezember 1931 in Jerusalem zeigte (Nafi 1996: 265). Hier wurde der Islam als politisches und gesellschaftliches Programm für die eigene Gemeinschaft entworfen (Bougarel/Rashid 1997: 535).

Auf der Seite albanischen und türkischen Bevölkerung waren für das Gebiet des heutigen Nord-Mazedoniens (auch Kosovo, Sandchak) ‚Kachak-Banden' bedeutend. Durch die Unterdrückung der beiden Gruppen im Königreich und die serbische Dominanz traten sie für einen Anschluss der Gebiete an Albanien ein. Den Banden gelang es, die Unterstützung weiter Teile ihrer Zielgruppe zu erhalten (Bartl 1995: 194), und riefen im Mai 1919 zu einem Aufstand in den Gebieten auf. Einige Akteure traten 1921 in die Regierung Albaniens ein (Hoxhë Kadriu, Bajram Curri); die Unruhen wurden 1924 niedergeschlagen (Dobruna 2018: 181).

Auf dem Gebiet des heutigen Nord-Mazedoniens existierten nach 1918 keine offiziellen politischen Parteien, die eine slawisch-mazedonische Identität oder Autonomie des Gebietes verfolgten. Nach der Eroberung durch Serbien 1912/13 und der erneuten Angliederung 1918 wurde für die Gebiete, auch in der Serbisch-Orthodoxen Kirche, der Begriff ‚Südserbien' eingeführt (Opfer 2002: 162). Die Verwaltungsreform 1922 teilte das Territorium in drei aus Belgrad kontrollierte Bezirke (Bitola, Skopje, Štip) auf. Informell agierte unter der slawischen Bevölkerung der Region die ‚Innere Mazedonische Revolutionäre Organisation' (VMRO), die im Osmanischen Reich 1893 entstand. Innerhalb der VMRO wurden heterogene Ziele verfolgt, vom Anschluss an Bulgarien bis hin zu einem eigenständigen Mazedonien in einer Föderation aus Balkanstaaten (Finkel 2005: 510/511). Das einende Ziel dieser Akteure war der Widerstand gegen die Kampagne der ‚Serbisierung'. In diesem Kontext stand auch ihre Beteiligung am Attentat auf Aleksandar I. am 09. Oktober 1934 in Marseille (Sundhaussen 2007: 269).

Politische Organisationen, die das Interesse einer höheren Autonomie oder Expansion des von ihrer Zielgruppe bewohnten Territoriums verfolgten (oder einen selbstständigen Staat favorisierten), verbunden sich vielfach mit religiösen Organisationen, da dieses Merkmal der Abgrenzung zum serbisch dominierten Königreich SHS (und der Serbisch-Orthodoxen Kirche) dienen konnte. Demnach wurden von jenen Akteuren Religion und Konfession als Identitätsmarker genutzt, um Kohäsion der eigenen Identitätskonstruktion zu erreichen.

Die instabilen politischen Verhältnisse nach den Wahlen 1927[146] und sein Machtstreben veranlassten König Aleksandar I. am 6. Januar 1929, die Verfassung des Königreichs SHS auszusetzen (ebd.: 263). Die demokratische Entwicklung seit 1918 wurde beendet, und die serbische Dominanz im Staat manifestiert: Dies bedeutete die Auflösung des Parlaments, Zentralisierungsmaßnahmen, sowie das Verbot politischer Parteien und Verbände. Es folgen Verhaftungen von Oppositionspolitikern, und 3. Oktober 1929 die Umbenennung des Königreichs SHS in Königreich Jugoslawien (Džaja 2002: 27).

Am 3. September 1931 wurde eine Verfassung mit zentralistischem Staatsaufbau vom König erlassen (Aleksandar 1931). Hauptsächlich diente sie der formellen Legitimierung der Umwandlung der konstitutionellen, parlamentarischen (Ministar Pripreme 1921) in eine konstitutionelle Monarchie (Art. 1; Aleksandar 1931: 2). Als weitere Änderungen wurden ein Großteil der sozialen Bestimmungen gestrichen, sowie ein Zwei-Kammer-Parlament eingeführt, das aus einer gewählten Nationalversammlung und einem Senat bestand (Art. 26). Der König ernannte die Hälfte der Senatoren (Art. 50) (ebd.: 3), übte Einfluss auf die Auswahl der weiteren Senatoren und Abgeordneten

---

146 Eine Parlamentsarbeit war immer weniger möglich; am 20. Juni 1928 wurde auf den Vorsitzenden der Kroatischen Bauernpartei HSS, Stjepan Radić (1871–1928) und auf vier weitere Abgeordnete der Partei in einer Sitzung ein tödliches Attentat verübt (Džaja 2002: 26).

der Nationalversammlung durch das Verbot von Parteien aus, und ernannte die Regierung (Art. 27; Art. 77). Weiterhin konnte er das Parlament einberufen und auflösen (Art. 32), Gesetzesvorschläge einbringen (Art. 63) oder blockieren (Art. 64), sowie die oberen Verwaltungsbeamten der Banschaften ernennen (Art. 86) (ebd.: 3/4).

Zum Bereich Religion wurden die Formulierungen von 1921 übernommen, die die Glaubens- und Gewissensfreiheit garantierten, anerkannte Religionen gleichstellten, religiösen Würdenträgern politische Tätigkeit untersagten (Art. 11) (ebd.: 2), und Auseinandersetzungen von Muslimen zu Familie und Erbschaft staatlichen Scharia-Gerichten zuwiesen (Art. 100) (ebd: 4). Neu war, dass Gemeinschaften anerkannt werden mussten, um religiöse und finanzielle Angelegenheiten selbst zu verwalten, und Förderung zu erhalten (ebd.: 2).

Am 8. November 1931 fanden Wahlen zur Nationalversammlung statt, die nicht demokratisch verliefen: Zugelassen waren vier Listen[147], von denen die Liste der Regierung alle gültigen Stimmen, und 305 Sitze der Nationalversammlung erhielt (Franke 1969: 784). Auch die nachfolgenden Wahlen am Mai 1935 und Dezember 1938 waren ähnlich gestaltet, sodass Individualkandidaten keinen, und die Liste der Vereinigten Opposition ein Fünftel der Abgeordneten stellen konnte (jeweils 67 Abgeordnete) (ebd.). Dem Verbot politischer Parteien folgten Repressionen gegen zivilgesellschaftliche Verbände. So wurden am 5. Januar 1930 der mitgliederstarke Sportverband Sokol, seine Gliederungen, sowie der slowenisch-katholische Verein Orel (Lukšič 2012: 699) aufgelöst (SNKJ, Nr. 5-I, 09.01.1930: 3). Am 13. Januar (SNKJ, Nr. 8, 13.01.1930: 1) und 15. Februar (SNKJ, Nr. 36-XIII, 15.02.1930: 315–320) 1930 folgten Gesetze über die Neuorganisation des Sokol, die die staatliche Kontrolle ausweiteten.

Die Verschärfung der Unterdrückung hin zur Diktatur traf nicht nur Parteien oder Verbände, sondern zeigte sich auch in der Gesetzgebung: Im Jahr 1938 wurden auf Initiative des Königs Rassengesetze vom Parlament verabschiedet, die auf die Exklusion von Juden und Roma aus der Gesellschaft abzielten (Frank 2010: 96). Die Verabschiedung veranlassten den bedeuten-

---

147 Liste der Regierung, Liste der Vereinigten Opposition, Liste Dimitrije Ljotić, Liste Boi Maksimović

den jüdischen Oberrabbiner des Königreichs und Senator Isak Alkalaj (1882–1979) (Spasojević 2011: 12)[148], das Parlament zu verlassen (Frank 2010: 96).

Die Beziehungen zwischen den ethnischen Bevölkerungsgruppen verschärften sich weiter. Die bosnischen Muslime verzeichneten am 26. August 1939 erneut eine Diskriminierung ihrer Interessen: Die Regierung veranlasste eine Neugliederung der Verwaltungsbezirke, welche eine Inkorporation großer Gebiete Bosnien-Herzegowinas mit muslimscher Bevölkerung in die neu geschaffene ,Kroatische Banschaft' bedeutete.

Nach den Ereignissen in Europa mit der Besatzung Albaniens durch Italien ab April 1939 und dem Beginn des Zweiten Weltkrieges am 1. September 1939 unterzeichnete Prinzregent Paul am 25. März 1941 in Wien den Beitritt zum Dreimächtepakt. Am 27. März putschte das Militär, unter Zustimmung großer Teile der Bevölkerung, gegen Pauls Regierung in Belgrad (Sundhaussen 2007: 306). Es folgte der deutsche Überfall auf Jugoslawien am 6. April 1941, die jugoslawische Armee kapitulierte am 17. April in Sarajevo (ebd.: 310).

Im Königreich SHS / Jugoslawien bestand ein sozio-ökonomisches Gefälle zwischen dem Norden und dem Süden. Zudem lebte die überwiegende Mehrheit der Bevölkerung in einer Form der Subsistenzwirtschaft. Die Differenzen innerhalb des Staates zeigt nachstehende Tabelle, welche den Anteil der von der Landwirtschaft direkt abhängigen Bevölkerung in zwölf Staaten Europas im Jahr 1930 in einem Überblick zusammenfasst. Die Zeit der Diktatur von 1929 bis 1941 war zusätzlich geprägt von der Weltwirtschaftskrise, die auch im Königreich starke Wirkungen entfaltete[149] (gesellschaftlicher Stagnation, hohe Auswanderung). Bei der großen Mehrheit der Bevölkerung blieben die Religionsgemeinschaften fest im sozialen System (tägliche Ordnung und weltanschauliche Orientierung) verankert, da sie Kontinuität der Orientierung in instabilen Verhältnissen versprachen, und sich in der schwierigen sozio-ökonomischen Situation oft einzig gegen schwere soziale Not (ebd.: 270–281) wandten.

---

148 ab 1911 Oberrabbiner Serbiens, 1919 Gründer Vereinigung Jüdischer Religionsgemeinschaften, ab 1923 Oberrabbiner Königreich SHS, ab 1932 Senator, Vertreter auf dem ersten Jüdischen Weltkongress in Genf 1936

149 umfangreiche Maßnahmen der Regierung zur Linderung (Službene Novine Kraljevine Jugoslavije 1929–1934)

Tab. 32: Von der Landwirtschaft abhängige Bevölkerung in Europa, 1930[150]

Land / Region	Albanien	Jugoslawien	Bulgarien	Mazedonien	Rumänien
Anteil in v.H.	80	76	75	74	72
Land / Region	Slowenien	Estland	Ungarn	Griechenland	Italien
Anteil in v.H.	60	56	51	50	44
Land / Region	Tschechosl.	Dänemark	Deutschland	Österreich	England
Anteil in v.H.	33	30	30	26	5

Während der demokratischen Phase 1920 bis 1929 fand eine geringe staatliche Regelung des religiösen Sektors statt – eine Trennung zwischen Staat und Religion war nicht in der Verfassung verankert, und durch die Nähe des Königshauses und serbischen Parteien zur Serbisch-Orthodoxen Kirche, sowie Vertretern kroatischer und slowenischer Parteien zur Römisch-Katholischen Kirche faktisch nicht gegeben (Novaković 2012: 940). Der Bereich der Religion wurde mit der Errichtung der Diktatur stärker reguliert. In der Folgezeit erhielt der Staat eine beträchtliche Kontrolle über die großen Religionsgemeinschaften, die es auf der anderen Seite so weit wie möglich vermieden, ihre Autonomie zu verlieren (ebd.: 963).

Die Religionsgemeinschaften richteten sich nach 1918 nach den neuen politischen Rahmenbedingungen aus. So war die Serbisch-Orthodoxe Kirche durch die serbisch geprägte Monarchie faktisch Staatskirche und expandierte in die nördlichen und südlichen Landesteile Jugoslawiens: 1930 wurde in Zagreb ein Bistum eingerichtet, serbisch-orthodoxe Kirchengebäude in slowenischen Städten errichtet, und versucht, die SPC auf dem Gebiet des heutigen Nord-Mazedoniens zu etablieren (Härtel 1981: 387). Letzteres verlief aufgrund innerer Schwierigkeiten (fehlendes Personal, Infrastruktur) und dem Ruf der Kirche in der Region für diese wenig zufriedenstellend (Opfer 2002: 169). Weiterhin ordnete die Römisch-Katholische Kirche als zweitgrößte Religionsgemeinschaft Jugoslawiens ihre internen Strukturen neu, erhob am 29. Oktober 1924 das Bistum der Hauptstadt Belgrad zum Erzbistum, und stufte das Erzbistum Skopje zum Bistum herab (Cheney 2019). Die Muslime des Königreichs rangen zu Beginn um die Neuorganisation, bis sich eine zweiteilige Struktur herausbildete: Eine Gemeinschaft sunnitischer Muslime in Bosnien-Herzegowina (Zentrum Sarajevo), und eine im Süden Jugoslawiens (Kosovo, Südserbien; Zentrum Skopje).

---

150 Anteil in v.H. der Gesamtbevölkerung; Daten nach Kirk (1967: 200), Lampe/Jackson (1982: 334/335)

Nach der Einführung der Königsdiktatur im Januar 1929 fand eine umfangreiche staatliche Regulierung des religiösen Sektors statt (siehe nachstehende Tabelle). So erfolgten Gesetze zur Serbisch-Orthodoxen Kirche (SPC) (09.11.1929), zur Gemeinschaft der Juden (14.12.1929), über den Religionsunterricht an Schulen (14.01.1930), zur Islamischen Gemeinschaft (31.01.1930), über die Wahl des Patriarchen der SPC (06.04.1930), sowie über die Evangelische (EHC) und die Reformierte Christliche Kirche (RHC) (16.04.1930). Abschließend erfolgte das Gesetz über die Wahl des Reis-Ul-Ulema, der Mitglieder der Ulema-Meclis, und der Muftis der Islamischen Gemeinschaft (04.06.1930); so wurde innerhalb von wenigen Monaten organisierte Religion staatlicher Kontrolle untergeordnet. Zur Römisch-Katholischen Kirche als zweitgrößte Glaubensgemeinschaft lag kein Gesetz vor. Die Auseinandersetzungen um die Themen der Agrarreform und den Entzug ihrer Bildungsinstitutionen in der Vojvodina (und Zuweisung an die SPC) (Džaja 2002: 48–50) steigerten sich und führten bis 1935 zur Konfrontation gegenüber dem Staat.

Im Gesetz über die Serbisch-Orthodoxe Kirche (09.11.1929) waren bedeutende Punkte die Anerkennung der SPC als orthodoxes autokephales Patriarchat (Art. 1), die unabhängige Regelung der religiösen (Art. 2) und finanziellen Belange unter Aufsicht des Staates (Art. 4), und eine Finanzierung auch mit staatlichen Beihilfen (Art. 9). Die Wahl des Oberhauptes der Kirche (Patriarch) benötigte Bestätigung durch den König (Art. 7/8). Zudem sollte eine neue Kirchenverfassung ausgearbeitet werden, die Justizminister und König anerkennen mussten (Art. 24) (SNKJ, Nr. 269-CIX, 16.11.1929: 2011/2012).

Im Anschluss folgte das Gesetz über die religiöse Gemeinschaft der Juden (serb.: ,*Verska Zajednici Jevreja*' – VZJ) (14.12.1929). Hier wurden alle Gemeinden des Judentums, mit Ausnahme der orthodoxen, der VZJ zugewiesen, und die interne Organisation der Gemeinschaft überlassen, die vom Justizminister bestätigt werden musste (Art. 1/2). Ähnlich wurde mit der Kontrolle der Finanzen (Art. 4), sowie der Gründung neuer Gemeinden (Art. 5) verfahren. Die Finanzierung konnte auch aus staatlichen Beihilfen bestehen (Art. 9), das Oberhaupt der VZJ war der Oberster Rabbiner von Belgrad, der aus einer von der VZJ erstellten Liste vom König ausgewählt wurde (Art. 13). Die VZJ hatte ebenfalls innerhalb von drei Monaten dem Justizminister neue interne Regeln zur Bestätigung vorzulegen (Art. 27) (SNKJ, Nr. 301-CXXVII, 24.12.1929: 2283–2286).

Tab. 33: Staatliche Regelungen zu Religion, Königreich SHS/Jugoslawien, 1921–1941[151]

Name	Datum[152]	bedeutende Punkte
Verfassung des Königreichs SHS	28.06.1921	Art. 12 Religionsfreiheit, RGs unabhängig, unpolitisch, anerkannte RGs gleichgestellt / Art. 16 Religionsunterricht / Art. 109 Scharia-Gerichte
Verfassung d. Königreichs Jugoslawien	03.09.1931	Art. 11 wie Art. 12 – 1921, neu: keine polit. Agitation / Art. 13 Verbot religiöse Vereine zu pol. Zwecken / Art. 100 Scharia-Gerichte
Regeln für serbisch-orthodo-xe Seminare[153]	(02/1922)	Art. 1 staatl. Beihilfen; Art. 4 staatl. Hilfe Gebührenerhebung (Polizei); Art. 11 – 70 Arbeits- und Aufsichtsregeln
Gesetz über die Serbisch-Orthodoxe Kirche (SPC)[154]	09.11.1929	Art. 1 SPC Patriarchat, autokephal / Art. 2 religiöse Belange unabh. Art. 4/9/21 Finanzierung unab., auch staatl. Beihilfen, Aufsicht Staat Art. 7/8 Wahl Patriarch, Bischöfe nach Kirchenverf. > König bestätigt Art. 24 Kirchenverfassung von Bischofssynode, König bestätigt
Gesetz ü. d. religiö-se Gemeinschaft der Juden (VZJ)[155]	14.12.1929	Art. 2/Art. 27 interne Organisation unabh., Justizminister (JM) bestätigt Art. 4 Finanzkontrolle JM / Art. 9 Finanzierung u.a. aus staatl. Beihilfen Art. 5 Änderung Gemeinden bestätigt Justizminister Art. 13 Oberhaupt: von IVJ drei Kandidaten, König ernennt
Regelungen ü. d. Religionsunterricht[156]	14.01.1930	(in staatl., privaten Schulen); § 11 Inhalte bestätigt Bildungsminister
Gesetz über die Islamische Gemein-schaft (IVZ)[157]	31.01.1930	§ 4 Reis-ul-Ulema, Ulema-Räte, Muftis: vom König ernannt (§ 21) § 5 Finanzkontrolle durch JM / § 12 Finanzierung auch staatl. Beihilfen § 22 Verfassung IVZ durch Gremien IVZ, König legalisiert § 24 Erhebung und Ausgaben islam. Zusatzsteuer in BiH wie bisher
Verordnung z. IVZ[158]	05.02.1930	- Bestimmungen zur Wahl der Mitglieder der Ulema-Räte

---

151 nach Daten aus Botti (2019); Novaković (2012: 939–960); Službene Novine Kraljevine Srba, Hrvata i Slovenaca; Službene Novine Kraljevine Jugoslavije (SNKJ; 1929–1941); Srpske Novine (SN)
152 Datum der Beschlussfassung
153 Srpske novine, Nr. 39, 21.02.1922: 2–4
154 SNKJ, Nr. 269-CIX, 16.11.1929: 2011–2013
155 SNKJ, Nr. 301-CXXVII, 24.12.1929: 2283–2286
156 SNKJ Nr. 10-III, 15.01.1930: 13–15
157 SNKJ, Nr. 29-X, 07.02.1930: 105–107
158 SNKJ, Nr. 29-X, 07.02.1930: 108–109

Verordnung Scharia-Gerichte[159]	12.02.1930	- Erlass JM: ‚Verordnung über territoriale Zuständigkeit der Bezirks-Scheriat-Gerichte im Bereich des Obersten Scheriat-Gerichts Sarajevo'
Verordnung staatl. Beihilfe VZJ[160]	29.03.1930	- zur jährlichen staatl. Beihilfe, Festlegung Ausgaben aus Beihilfen
Gesetz ü. d. Wahl des Patriarchen der SPC[161]	06.04.1930	§ 2 Wahlversammlung SPC > Liste mit 3 Kandidaten > JM bestätigt Liste > König wählt aus Liste und ernennt Patriarch
Gesetz ü. d. Evang. Chr. Kirche (EHC) und die Reformierte Chr. Kirche (RHC)[162]	16.04.1930	§1 EHC hat slowakische und deutsche Kirche; RHC Calvinisten § 3 religiöse Belange, Eigentum unabhängig, Aufsicht Staat § 6 auch staatl. Beihilfen / §11 Korrespondenz in Muttersprache §16 unab. Wahl Leitung, § 28 neue Verfassung, König bestätigt beides
Regelung z. Verf. IVZ[163]	26.05.1930	- ‚Geschäftsordnung für die Annahme der Verfassung der islamischen Religionsgemeinschaft'
Gesetz über Wahl Reis-Ul-Ulema, Ulema-Räte, Muftis der IVZ[164]	04.06.1930	Art. 2: Wahl Reis-ul-Ulema: durch IVZ, Justizministerium, Minister Art. 3/4 Wahl Ulema-Räte, Muftis mit Staat / Art. 5: König bestätigt Art. 14: IVZ-Zentrum Sitz in Belgrad
Verordnung staatl. Beihilfe IVZ[165]	(03/1931)	- siehe ‚Verordnung über staatl. Beihilfe VZJ'
Verordnung staatl. Beihilfe EHC, RHC[166]	30.03.1931	- siehe ‚Verordnung über staatl. Beihilfe VZJ'
Gesetz über den Religionsunterricht[167]	23.09.1933	- Inhalte staatlich kontrolliert, weitere Einschränkungen für Religionsgemeinschaften
Gesetze zur IVZ[168]	28.02.1936	- Vorbereitung JMO-Regierungsbeteiligung: Gesetze von 1930 ungültig; Autonomie, Verlegung Sitz Reis-ul-Ulema nach Sarajevo
Dekrete über Islam-Schulen in Sarajevo[169]	30.03.1937	- über das Scharia-Gymnasium und die höhere islamische Scharia-Theologische Schule in Sarajevo: u.a. Ausgaben; Auswahl Personal

---

159 SNKJ Nr. 64-XXIII, 20.03.1930: 549
160 SNKJ, Nr. 95-XXXVII, 28.04.1930: 741/742
161 SNKJ, Nr. 79-XXX, 06.04.1930: 693–694
162 SNKJ, Nr. 95-XXXVII, 28.04.1930: 738–741
163 SNKJ, Nr. 120-XLIV, 30.05.1930: 836
164 SNKJ, Nr. 125-XLVIII, 05.06.1930: 1177–1178
165 SNKJ, 13.03.1931; zitiert nach Verfassung der IVZ vom 24.10.1936, § 191
166 SNKJ, Nr. 134-XLIII, 17.06.1931: 949/950
167 SNKJ, Nr. 237-LXIX, 17.10.1933: 1233/1234
168 Im Statut der IVZ (24.10.1936) werden Gesetze ‚über die Islamische Religionsgemeinschaft' vom 28.02. und 25.03.1936 (§ 222) erwähnt, die im Amtsblatt nicht aufgezeichnet sind. Inhalt aus Jahić (2008: 95–105).
169 SNKJ, Nr. 72A, 31.03.1937: 1–4

Am 31. Januar 1930 folgte das Gesetz über die Islamische Gemeinschaft (IVZ), das gegen den Widerstand ihrer Vertreter eingeführt wurde (Islamska Zajednica 2015). Parallel zu den Gesetzen zur SPC und VZJ wurden die Gemeinden unter der IVZ zentralisiert (§ 1). Ihr Oberhaupt (Reis-ul-Ulema) hatte seinen Sitz in Belgrad, und es existierten als obere Organe zwei Ulema-Räte (in Sarajevo und in Skopje) mit je vier Mitgliedern (§ 4). Diese sowie die neun Muftis der IVZ konnten nach den eigenen Regeln bestimmt, und mussten vom König bestätigt werden (§ 21). Die Finanzkontrolle erfolgte durch den Justizminister (§ 5), die Finanzierung umfasste auch staatliche Beihilfen (§ 12, § 23), die Erhebung und die Ausgaben der islamischen Zusatzsteuer in Bosnien-Herzegowina durfte durch die IVZ weitergeführt werden (§ 24). Die IVZ sollte ebenfalls eine neue Verfassung ausarbeiten (§ 22) (SNKJ, Nr. 29-X, 07.02.1930: 105–107). Anschließend wurden zwei Verordnungen über die IVZ erlassen: ‚Über die vorübergehende Organisation der Regierung und Angelegenheiten' (05.02.1930), welche Bestimmungen zur Wahl der Ulema-Räte (Sarajevo, Skopje) vornahm, sowie ‚über territoriale Zuständigkeit der Bezirks-Scheriat-Gerichte' (12.02.1930) (siehe Tab. 33).

Am 6. April 1930 kam es zum Gesetz über die Wahl des Patriarchen der SPC (SNKJ, Nr. 79-XXX, 06.04.1930: 693/694); nun hatte eine kirchliche Versammlung eine Liste mit drei Kandidaten zu erstellen, die der Justizminister zu bestätigen hatte, und aus der der König anschließend den Patriarchen auswählte (§ 2). Zusammen mit dem Gesetz über die SPC (09.11.1929) war es möglich, von politischer Seite Einfluss auf die Besetzung der Kirchenführung zu nehmen und loyale Personen einzusetzen. Die Kirche kam den Vorgaben am 10. und 11. April 1930 mit den kircheninternen Wahlen für die Liste nach; am 12. April wurde der neue Patriarch Petar Rosić (1880–1937) geweiht (Härtel 1981: 387).

Das Gesetz über die Evangelische Christliche Kirche (EHC) und die Reformierte Christliche Kirche (RHC) (16.04.1930) zentralisierte die Strukturen im Bereich der protestantischen Kirchen. Es definierte die EHC als eine aus zwei getrennten (slowakische und deutsche) Teilen bestehenden Kirche, die Calvinisten bildeten die RHC (§1). Parallele Ausführungen gab es zur unabhängigen Regelung religiöser und finanzieller Belange unter Aufsicht des Staates (§ 3) zu staatlichen Beihilfen (§ 6), zur Wahl der Kirchenleitung mit Bestätigung des König (§16), sowie zu neuen Verfassungen der Kirchen (§ 28). Unterschiede zu den Gesetzen zu anderen Religionsgemeinschaften waren die Bestimmungen zur Sprache (auch ausländisch), sowie zu den Feiertagen (§11, § 21) (SNKJ, Nr. 95-XXXVII, 28.04.1930: 738–741).

Es folgten die Regelung zur Organisation der IVZ (26.05.1930) (SNKJ, Nr. 120-XLIV, 30.05.1930: 836), und das Gesetz über die Wahl der obersten Führung der Organisation (04.06.1930) (SNKJ, Nr. 125-XLVIII, 05.06.1930: 1177–1178). Hier wurde festgelegt, dass die Wahl der Führung (Reis-ul-Ulema) durch eine Versammlung islamischer Würdenträger erfolgen sollte, an der auch Referenten des Justizministeriums und alle Minister teilnahmen (Art. 2), und die durch den König bestätigt wurde (Art. 5). Auch die Mitglieder der Ulema-Räte, sowie die neun Muftis wurden unter staatlichem Einfluss ausgewählt (Art. 3, Art. 4), und für den Sitz des Zentrums der IVZ Belgrad vorgesehen (Art. 14) (ebd.).

Zudem erließ der Justizminister für die jüdische Gemeinschaft VZJ (29.03.1930) (SNKJ, Nr. 95-XXXVII, 28.04.1930: 741/742), für die islamische Gemeinschaft IVZ (13.03.1931) (SNKJ 13.03.1931), und für die protestantischen Kirchen EHC und RHC (30.03.1931) (SNKJ, Nr. 134-XLIII, 17.06.1931: 949/950) Verordnungen über staatliche Beihilfen (nicht für RKK, SPC). Hier wurden Ausgaben definiert, die aus staatlichen Beihilfen bestritten werden durften. In den Folgejahren ließ die Regelungsintensität des Staates nach. Es folgten Verordnungen über den Religionsunterricht (23.09.1933) (SNKJ, Nr. 237-LXIX, 17.10.1933: 1233/1234), sowie über das islamische Gymnasium und die islamische theologische Schule in Sarajevo (30.03.1937) (SNKJ, Nr. 72A, 31.03.1937: 1–4). Bedeutend waren die Gesetze über die IVZ von 1936 (28.02. und 25.03.), die u.a. den Sitz des Reis-ul-Ulema nach Sarajevo verlegten, die restriktiveren Regelungen von 1930 für ungültig erklärten, und damit der Islamischen Gemeinschaft etwas Eigenständigkeit verliehen. Die Reformen geschahen vor dem Hintergrund der Verhandlungen um den Eintritt von Vertretern der bosnisch-muslimischen Partei JMO in die jugoslawische Regierung unter Ministerpräsident Milan Stojadinović (1888–1961) (Jahić 2008: 95), und belegen ebenfalls den damalig hohen Grad an Politisierung der anerkannten Glaubensgemeinschaften. Diesen Regelungen von Seiten der Politik standen die (administrativen) Reaktionen der Religionsgemeinschaften gegenüber.

Tab. 34: Statuten der Religionsgemeinschaften, Königreich Jugoslawien 1930–36[170]

Name	Datum	Inhalt
Verfassung der Islamischen Gemeinschaft[171]	09.07.1930	§ 1 alle Muslime Staat bilden unabhängige IVZ, Leitung Reis-ul-Ulema § 11 Organe: Muftis, Reis-ul-Ulema (Belgrad), Ulema-Räte und Vakuf-Räte (Sarajevo und Skopje) (§ 34) § 35 Vakuf-Räte: Vorschlag IVZ, JM ernennt § 46 neun Muftis: IVZ wählt, König ernannt § 66 Reis-ul-Ulema vom Staat 16.000 Dinar/Monat + Ausstattung § 78 Finanzierung IVZ u.a. aus staatl. Beihilfen § 118 Änderung Verfassung: König bestätigt
Verfassung der Deutschen Evang.-Christl. Kirche (A.B.)[172]	19.11.1930	§ 3 Religionsfreiheit / § 4 regelt kirchl. Belange autonom § 5 Finanzierung u.a. aus staatl. Beihilfen § 13 Teile EHC: Gemeinden, ‚Seniorat‘, Kirche § 53 ‚Seniorat‘ höchstes Organ Gemeinde, Mitglieder jug. Staatsangeh. § 78 Synode höchstes Organ der Kirche § 87 kann frei über Eigentum verfügen, Überprüfung JM
Verfassung der Serbisch-Orthodoxen Kirche[173]	16.11.1931	Art. 1–3 SPC unteilbar, autokephale Würde Patriarchat, selbstverwaltet Art. 9 Organe u.a.: Patriarch (oberster Würdenträger), Bischofssynode, Patriarchalische Rat, Erzbischöfe / 21 Diözesen in Jugoslawien (Art. 12) Art. 31 SPC regelt religiöse Belange, verwaltet Güter, Finanzen Art. 32 Finanzierung auch staatl. Hilfen: nach Bedarf, im staatl. Budget Art. 48 Patriarch vom Staat 35.000 Dinar/Monat, Auto, Gelder, Gebäude Art. 51 Patriarchal. Rat, Synod auch außerordentl. Mitglieder (König) Art. 99 Wahl Bischöfe nur durch Erlass König
Verf. d. Slowa. Ev. Kirche A.B.[174]	24.06.1932	*- siehe Verfassung der Deutschen Evangelisch-Christlichen Kirche Augsburger Bekenntnis*
Ver. Reformierte Christl. Kirche[175]	11.05.1933	*- siehe Verfassung der Deutschen Evangelisch-Christlichen Kirche Augsburger Bekenntnis*
Konkordat zwischen Heiligem Stuhl und Regierung Jugoslawiens	25.07.1935 (SNKJ -) (Juli 1937)	Art. 1 Religionsfreiheit / Art. 2 fünf Kirchenprovinzen in Jugoslawien Art. 3 Bischöfe jug. Bürger / vor Ernennung vertrauliche Befragung Regierung, ob politische Einwände Art. 4 Erzbischof, Bischöfe Eid vor und auf König Art. 5 Gebete für König in Landessprache Art. 17 Finanzierung auch durch Staat / Art. 18 finanz. Gleichbehandlung

---

170 nach Daten aus Botti (2019); Novaković (2012: 939–960); Službene Novine Kraljevine Jugoslavije (SNKJ)
171 SNKJ, Nr. 167-LXIII, 25.07.1930: 1589–1599
172 SNKJ, Nr. 293-CI, 22.12.1930: 2285–2292
173 SNKJ, Nr. 275-LXXXVI, 24.11.1931: 1725–1749
174 SNKJ, Nr. 161-LXXII, 16.07.1932: 769–778
175 SNKJ, Nr. 126-XXXVI, 08.06.1933: 713–720

		Art. 22 Entschädigung durch Agrarreform Art. 25 Regierung behält bestehende theologischen Fakultäten bei Art. 26 wöchentl. nicht weniger als zwei Stunden Religionsunterricht
Verfassung der Islamischen Gemeinschaft[176]	24.10.1936	§ 1 alle Muslime bilden unabhängige IVZ, Leitung Reis-ul-ulema § 23 neu: Tekken sind Vakuf-Güter > Verwaltung IVZ / Verbot Riten, Lehren, die Reis-ul-ulema als nicht-islamisch erklärt § 35 neu: IVZ Recht, von Staat Verbot der Nutzung der Attribute ‚Islamisch' und ‚Muslimisch' zu beantragen (Publikationen, Vereine) § 38 Organe IVZ: neu: Reis-ul-ulema in Sarajevo; Muftis gestrichen § 73 neu: Aufgaben Imam u.a.: unterdrückt antiislamische Propaganda, berichtet Ober-Imam jeden Versuch, ‚alle schlechten Gewohnheiten' § 90 neu: Sitz Reis-ul-ulema in Sarajevo § 201 neu: staatl. Finanzierung theol. Schule, Scharia-Gymnasium in Sarajevo, Madrasa ‚König Aleksandar I.' in Skopje

So setzte zuerst die IVZ (09.07.1930) eine neue Verfassung ein, die durch Justizminister und König bestätigt wurde (SNKJ, Nr. 167-LXIII, 25.07.1930: 1589–1599). Sie enthielt jene Bestimmungen, die von staatlicher Seite zuvor getroffen wurden (Gesetz 31.01.1930), so die bedeutenden Organe (Muftis, Ulema-Räte; höchste Älteste und Reis-ul-ulema in Belgrad) (§ 11), sowie die Rechte von Justizminister und König bei ihrer Wahl und Abberufung (§ 35; § 46). Die territoriale Struktur wurde in neun Muftiate aufgeteilt, von denen sich zwei auf dem Gebiet des heutigen Nord-Mazedoniens (Bitola, Skopje; § 50) befanden. Die Finanzierung benannte neben der gängigen Formel (eigene Mittel, staatliche Beihilfen; § 78) zudem die staatliche Vergütung des Reis-ul-Ulema (16.000 Dinar/Monat, Wohnung, Fahrzeuge; § 66). Verfassungsänderungen benötigten die Bestätigung des Königs (§ 118).

Der Einführung der Verfassung und der Gesetze zur IVZ gingen Auseinandersetzungen zwischen ihr und der jugoslawischen Regierung seit 1919 voraus. Dabei zielten die Vertreter der IVZ, so ihr Reis-ul-Ulema, Mehmed Džemaludin Čaušević (1870–1938), auf eine Gleichbehandlung der Religionsgemeinschaften und Kontinuität ihrer Autonomie (Islamska Zajednica 2015), die seit der Zeit der Verwaltung Bosnien-Herzegowinas durch Österreich (1878–1918) bestand. Die Regierung antwortete mit Druck auf Čaušević, der im Mai 1930 in den Ruhestand ging. Es folgte das Gesetz über die Wahl des neuen Reis-ul-Ulema (04.06.1930), ebenfalls ohne Zustimmung der Vertreter der IVZ (ebd.). Die Ernennung des neuen Reis-ul-Ulema, Hafiz Ibrahim Maglajlić (1861–1936), erfolgte nach Vorschlag des Justizministers durch den König am 19. Juni 1930. Die Einführung fand am 31. Oktober 1930 in

---

176 SNKJ, Nr. 256-LXIV, 05.11.1936; zitiert nach Botti (2019)

Anwesenheit von König und Regierung in der Bajrakli-Moschee in Belgrad statt (Rijaset 2016).

Diesem Muster folgte die Verfassung der Deutschen Evangelisch-Christlichen Kirche (A.B.) vom 19. November 1930 (SNKJ, Nr. 293-CI, 22.12.1930: 2285–2292), einer Gliedkirche der EHC. Die bedeutenden Organe der Kirche waren die Gemeinde, der ‚Seniorat' als ihr höchstes Organ (§ 13), dessen Mitglieder jugoslawische Staatsangehörige sein sollten (§ 53), und die Synode, die nationale Versammlung der Vertreter der lokalen Gemeinden als höchstes Organ (§ 78). Die Finanzierung erfolgte durch die Mitglieder und aus staatlichen Beihilfen (§ 5), das Eigentum wurde durch den Justizminister kontrolliert (§ 87). Die Regelungen trafen auch die zweite Gliedkirche der EHC, die Slowakische Evangelisch-Christliche Kirche A.B. (24.06.1932) (SNKJ, Nr. 161-LXXII, 16.07.1932: 769–778), sowie die Reformierte Kirche (RHC) (11.05.1933) (SNKJ, Nr. 126-XXXVI, 08.06.1933: 713–720) in ihren Statuten.

Bedeutend für die Gesamtbeurteilung der Beziehung zwischen Politik und Religion nach der Einführung der Königsdiktatur 1929 war die neue Verfassung der größten Glaubensgemeinschaft, der Serbisch-Orthodoxen Kirche, vom 16. November 1931 (SNKJ, Nr. 275-LXXXVI, 24.11.1931: 1725–1749). Die wesentlichen Punkte des umfangreichen Textes (280 Artikel) waren, dass die SPC unteilbar, ein autokephales Patriarchat, und selbstverwaltet sei (Art. 1–3). Hinweise auf Unterdrückung von Zugehörigkeiten zu anderen christlich-orthodoxen Strukturen in Jugoslawien bietet die Formulierung, dass ‚keine Ausnahmen kirchlicher Selbstverwaltung' (Art. 8) existieren könnten; die Zielrichtung lag hier auf albanisch, bulgarisch, griechisch, oder mazedonisch orientierten Akteuren im Süden. Die wichtigsten Organe (Art. 9) waren Patriarch und Bischöfe (vom König bestätigt; Art. 99), sowie Bischofssynode und Patriarchalischer Rat mit vom König ernannten Mitgliedern (Art. 51).

Die Diözesen der SPC erstreckten sich über das gesamte Königreich, drei davon auf dem Gebiet des heutigen Nord-Mazedoniens (Ohrid-Bitola, Skopje, Zletovo-Strumica) (Art. 12). Jene von Montenegro-Primorje, Skopje, Dabro-Bosnien und Zagreb hatten den Status von Metropolien, zudem zählte ein Vikariat mit Sitz in Shkodra (Albanien) dazu. Die Finanzierung wich von der anderer Religionsgemeinschaften ab: Die neben eigenen Mitteln gezahlten staatlichen Beihilfen legte sie nach ihrem Bedarf fest, mit einem gesonderten Posten im staatlichen Haushalt (Art. 32). Zudem war für den Patriarchen eine staatliche Entschädigung (35.000 Dinar/Monat, Administrations- und Wohngebäude, Fahrzeuge) erhalten (Art. 48), und es folgten Artikel zu unter ihrer Verwaltung stehendem Eigentum (Art. 252–258). Mit dem Statut wurde der gehobene Status der SPC im Königreich Jugoslawien deutlich.

Die Römisch-Katholische Kirche stand in einem steten Spannungsverhältnis mit dem Staat. Am 25. Juli 1935 schloss der Heilige Stuhl ein Konkordat mit dem Königreich Jugoslawien ab (Pacelli/Auer 1935), welches nach großem Widerstand der Serbisch-Orthodoxen Kirche und ihrem Einfluss im nationalen Parlament erst Mitte Juli 1937 von der Nationalversammlung ratifiziert wurde (Härtel 1981: 387). Es behandelte die Struktur der Kirche mit sechs Kirchenprovinzen (Bar, Belgrad, Ljubljana, Split, Vhrbosna, Zagreb) (Art. 2). Für die Bischöfe galt die jugoslawische Staatsbürgerschaft, vor deren Ernennung erfolgte eine vertrauliche Befragung der Regierung, ob politische Einwände vorliegen (Art. 3), und sie hatten einen Eid auf Staat und König zu leisten (Art. 4). Weiterhin waren Gebete für den Monarchen in Landessprache zu halten (Art. 5), und ein Botschafter des Heiligen Stuhls (Nuntius) wurde beim König angesiedelt (Art. 9). Die Bischöfe konnten Pfarreien modifizieren und Priester ernennen (Art. 10). Es wurde eine eigene Finanzierung mit staatlichen Beihilfen festgelegt (Art. 17), und eine finanzielle Gleichbehandlung der Religionsgemeinschaften verankert (Art. 18). Besonderheiten im Vergleich zu anderen Statuten waren die staatlichen Garantien, eine angemessene Entschädigung der Enteignungen der RKK während der Agrarreform zu leisten (Art. 22), bestehende theologischen Fakultäten beizubehalten (Art. 25), und in Schulen wöchentlich nicht weniger als zwei Stunden Religionsunterricht anzubieten (Art. 26) (Pacelli/Auer 1935). Das Konkordat konnte nicht dazu beitragen, die Beziehungen zwischen RKK und Staat verbessern – eine Konstellation mit hohem Instrumentalisierungspotential, die sich als verstärkendes Element der Trennung der ethno-religiösen Gruppen des Landes erwies.

Zuletzt gab sich die Islamische Gemeinschaft IVZ am 24. Oktober 1936 (SNKJ, Nr. 256-LXIV, 05.11.1936) eine neue Verfassung. Diese war die Reaktion auf das Gesetz vom 28.02.1936, welches die Regierungsbeteiligung der bosnisch-muslimischen JMO begleitete. Hier wurde als Neuerung eine stärkere Eingliederung der muslimischen Minderheiten (u.a. Bektashi-Orden) und ihres Vermögens in die IVZ betont: So wurden ihre spirituellen Orte (u.a. Tekken) und ihr Eigentum als Vakuf-Güter eingeschätzt und unter ihre Verwaltung gestellt, sowie auch die dortigen Lehren und religiösen Würdenträger. Dies beinhaltete ein Verbot Riten und Lehren, die der Reis-ul-Ulema der IVZ als gegen den Islam verstoßend ansah (§ 23). Weiterhin konnte die Gemeinschaft bei staatlichen Behörden das Verbot der Nutzung der Attribute ‚Islamisch' und ‚Muslimisch' beantragen (u.a. für Publikationen, Vereine) (§ 35).

Ebenso bei der Neugestaltung der internen Strukturen wurden folgend den Gesetzen vom Februar 1936 die Muftis gestrichen (§ 38), und der Sitz des Reis-ul-Ulema nach Sarajevo (zurück)verlegt (§ 90). Weiterhin definierte die Verfassung auf der untersten Ebene der Hierarchie der Gemeinschaft eine hohe soziale Kontrollfunktion des Imams gegenüber den Gläubigen, da seine Aufgaben neben den spirituellen Angelegenheiten ausdrücklich in der Unterdrückung ‚antiislamischer Propaganda' (berichtet Ober-Imam), des ‚außerehelichen Lebens', sowie ‚aller schlechten Gewohnheiten' lagen (§ 73). Unter erstem Punkt konnte eine vom Reis-ul-Ulema abweichende Orientierung des Islam vorliegen, wie bei muslimischen Minderheiten. Im Bildungsbereich sollten die theologische Schule, höchstes Institut für Würdenträger der IVZ und das Scharia-Gymnasium in Sarajevo, sowie die Madrasa ‚König Aleksandar I.' in Skopje vom Staat finanziert werden (§ 201) (Islamska Verska Zajednica 1936). Reis-ul-Ulema Maglajlić ging kurz vor der Verabschiedung des Textes im März 1936 in den Ruhestand (ebd.); sein Nachfolger wurde im April 1938 Fehim Spaho (1877–1942), Bruder des Vorsitzenden der bosnisch-muslimischen Partei JMO, Mehmed Spaho (1883–1939). Formal wie in der Praxis zeigte sich bei der IVZ eine Verschränkung von Politik und Religion.

Vor dem Ersten Weltkrieg unterstanden die Einwohner Jugoslawiens unterschiedlichen Herrschafts- und Rechtssystemen, die in spezifische Gesellschaftsstrukturen eingebettet waren. Gemeinsam mit der ethnischen und religiösen Vielfalt führte dies dazu, dass die Gründung des Staates 1918 als konstitutionelle Monarchie unter Dominanz Serbiens (serbische Königsfamilie) nur unter großen Vorbehalten der weiteren im Staat zusammengefassten Gruppen gelang, so der staatstragenden Nationen der Kroaten und Slowenen, aber auch der Minderheiten wie der muslimischen Bevölkerung in der Mitte und im Süden des Landes. Diese von Differenzen geprägten Charakteristika hinterließen ihren Einfluss auf die Beziehungen zwischen Religion, Politik und Bevölkerung im Königreich SHS.

Die Religionsgemeinschaften konkretisierten ihre Beziehungen zum Staat durch Gesetze und Verfassungen; durch die Nähe der SPC zur Monarchie, ihre herausgehobene Stellung, sowie die politische Einbindung weiterer bedeutender Religionsgemeinschaften waren starke Verbindungen von Religion und Staat gegeben (Novaković 2012: 963). Diese Situation verstärkte sich nach den Einführung der Königsdiktatur ab Januar 1929, welche die bedeutenden Gemeinschaften unter staatliche Kontrolle stellte. Sie nutzen dje Situation teilweise, um ihren Einfluss zu erhöhen: Dies zeigte sich exemplarisch an der Verfassung der IVZ von 1936, mit der sie ihren Geltungsbereich ausbauen wollte (siehe muslimische Minderheiten). So waren die Beziehungen zwischen Religion und Politik von starker staatlicher Aufsicht charakterisiert, die in einem strukturellen Rahmen einer (informellen) Staatskirche (SPC), sowie fünf weiterer anerkannter und gleichberechtigter Religionsgemeinschaften (IVZ, VZJ, EHC, RHC, RKK) verlief (ebd.). Die protestantischen Kirchen waren mit der staatlichen Anerkennung formal legalisiert, jedoch aufgrund der geringen Anhängerzahl und der Orientierung am deutsch-sprachigen Raum nach dem Ersten Weltkrieg im Staat marginalisiert.

Jene Religionsgemeinschaften, die als traditionell anerkannt waren, konnten ihren Einfluss unter der Bevölkerung festigen, da der religiöse Sektor eine Politisierung erfuhr und eine politische Repräsentation auch über das Charakteristikum der Religionszugehörigkeit erfolgte. Demnach wird gefolgert, dass die Verhältnisse in Jugoslawien 1918 bis 1941 in Modellen zum Verhältnis Religion und Politik mit dem Typus einer ‚politisierten Religion' mit hoher Verflechtung beider Bereiche und Dominanz der Politik beschrieben sind (Linz 1996: 134), oder als kulturelle Staatsreligion(en) mit hoher staatlicher Kontrolle (Fox 2008: 147).

Das Spektrum der Orientierungen in der Bevölkerung zu dieser Thematik reichte von säkularen Ansichten (KPJ, Liberale), über Befürworter einer moderaten oder starken politischen Einbindung des Religiösen (Konservative) bis hin zur Präferenz für eine Symbiose innerhalb eines jeweiligen regionalen ‚Religio-Nationalismus' (Freas 2012: 23). Dieser bildete sich fast ausschließlich über die Differenz zu Gruppen und Wertsystemen der Nachbarschaft, sowie gegenüber der jüdischen Gruppe (ebd.). Mit Ausnahme der kroatisch- und serbisch-nationalistischen Orientierungen war allen anderen Gruppen klar, dass eine Konstellation ohne Jugoslawien aufgrund des aggressiven Verhaltens der Nachbarstaaten (u.a. Bulgarien, Italien) ihre Position bedrohte.

3.4 Der Zweite Weltkrieg in Albanien, Mazedonien und Slowenien

Mit dem Beginn des Zweiten Weltkrieges in Albanien (1939) und Jugoslawien (1941) versuchten nun externe Akteure, mit gewaltsamen Mitteln ihre Ideologien unter den Bevölkerungen der Staaten zu verbreiten. Ihre Orientierungen waren, wie im vorherigen Kapitel erläutert, vielfältig aufgestellt.

3.4.1 Religion und der Zweite Weltkrieg in Albanien

Bereits fünf Monate vor dem Beginn des Zweiten Weltkrieges führte das faschistisch regierte Italien unter Benito Mussolini (1883–1945) ab 7. April 1939 eine Eroberungsmission in das von diesem Land sehr abhängige Albanien durch. Das hochgerüstete und professionelle Militär Italiens konnte ausgehend von der Hafenstadt Durres schnell in das Landesinnere vordringen, da die albanische Armee klein war und ebenfalls unter Kontrolle der Italiener stand. Die Maßnahmen zwangen König Zogu ins Exil nach Frankreich, und die Besatzungsmacht ließ am 12. April 1939 eine neue verfassungsgebende Versammlung zusammenkommen, die mehrheitlich Großgrundbesitzer und zu Italien loyal stehende Profiteure des Systems Zogu umfasste (Bartl 1995: 224). Anschließend folgte am 23. April 1939 die Gründung der Faschistischen Partei (PFSH; alb.: ‚*Partia Fashiste e Shqipërisë*‘) nach italienischem Vorbild, aus der später die Mitglieder des Obersten Faschistischen Korporationsrates (OFK; alb.: ‚*Këshillin e Epërm Fashist Korporativ*‘; siehe auch Tab. 27), neben dem italienischen König nominelle Regierung Albaniens, hervorgingen (Frank 2010: 97; Bartl 1995: 224).

Der italienische König Viktor Emanuel III. (1869–1947) erließ am 3. Juni 1939 eine neue Verfassung für Albanien (Grundstatut des Königsreichs Albanien; alb.: ‚*Statuti Themeltar i Mbretnisë së Shqipnisë*‘) (Viktor 1939; siehe Tab. 27). Das im Vergleich kurze Dokument mit 54 Artikeln bedeutete einen staatsrechtlichen Anschluss an Italien (Bartl 1995: 225): Das Grundstatut legte Albanien als konstitutionelle Monarchie unter der Dynastie des italienischen Königs fest (Art. 1), und sah ihn als Staatsoberhaupt des Landes vor (Art. 13) (Viktor 1939). Die Gesetzgebung lag ausschließlich beim König und dem Obersten Faschistischen Korporationsrat (OFK) (Art. 5; Art. 16); diese Rechte waren jedoch für den OFK mit Restriktionen verbunden, da Gesetze, welche die Verfassung berühren oder finanzielle Kosten verursachen würden, nur vom König vorgeschlagen werden konnten (Art. 16) (ebd.). Nach dem Grundstatut war der OFK nominell Regierungsinstitution nach dem König (Art. 26–39), führte jedoch in der Praxis lediglich Weisungen des italienischen Besatzungsregimes aus.

Auf den Bereich der Religion ging die Verfassung im vierten Artikel ein, der traditionelle Religionen formal anerkannte und Religionsfreiheit garantierte (ebd.). Die Praxis des Besatzungsregimes wies jedoch Distanz zu diesen Rechten auf; Glaubensgemeinschaften wurden unterschiedlich behandelt. Dies geschah in Anlehnung an die Rechtsnormen der damaligen Verfassung Italiens (‚*Statuto Albertino*‘), in dem die Römisch-Katholische Kirche im ersten Artikel als italienische Staatsreligion festgelegt war (Carlo Alberto 1848). Sie erfuhr demnach auch in Albanien eine Förderung durch Italien.

Das neue Regime zielte ebenso auf eine Gleichschaltung der Muslimischen Gemeinschaft (KMSH), indem es auf der einen Seite versuchte, Angehörige der Gemeinschaft in ihre Organisationen einzubinden (Pearson 2005: 111), andererseits Repressalien gegen nicht loyale Mitglieder ausführte. Demnach wurden das gesellschaftlich einflussreiche Magazin der KMSH, *„Zani i Nalte'*, 1939 geschlossen (Komuniteti Mysliman 2020), und muslimische Würdenträger, die sich für eine albanische Unabhängigkeit aussprachen, umgehend verfolgt. Die Orthodoxe Kirche Albaniens und ihre Angehörigen waren ab April 1939 intensiven kollektiven Verfolgungen ausgesetzt, da Italien hinter dieser Glaubensgemeinschaft die Förderung durch den Kriegsgegner Griechenland vermutete. So waren die christlich-orthodoxen Würdenträger in der Mehrheit gezwungen, in Richtung Griechenland auszuwandern (Pearson 2005: 81). Auch die Gemeinschaft der Bektashi, im Besonderen an einen unabhängigen albanischen Staat gebunden, wurde zunehmend Ziel von Übergriffen: Das prominenteste Beispiel war die Ermordung des geistlichen Oberhauptes und Weltführers des Ordens, Sali Niazi Dede, im Januar 1942 in Tirana durch italienische Polizisten (ebd.: 175).

Die Religionsgemeinschaften Albaniens waren während des Zweiten Weltkrieges zunehmend auch Angriffspunkte anderer Konfliktparteien, da die entstehenden albanischen Unabhängigkeitsgruppen ebenfalls wenig inhaltliche Nähe zu diesen zeigten. Hier stand an erster Stelle die Kommunistische Partei Albaniens (alb.: *„Partia Komuniste e Shqipërisë'* – PKSH), die zunächst in kleinen Verbänden operierte und deren Gründung am 8. November 1941 unter der Mitorganisation der Kommunisten Jugoslawiens erfolgte (Fevziu 2016: 41). Im September 1941 intensivierte sich die Kommunikation zwischen albanischen Kommunisten und der Leitung der Kommunisten Jugoslawiens (Pearson 2005: 158/159). Parteisekretär Enver Hoxha nahm ab diesem Zeitpunkt eine führende Rolle in ihrer Organisation ein, um mit Unterstützung der Partisanen Jugoslawiens eine Parteiorganisation nach dem Vorbild der stalinistischen kommunistischen Partei der Sowjetunion aufzubauen (Lange 1976b: 187). Nach dieser Ausrichtung sollte den Religionsgemeinschaften in einer neuen Gesellschaftsordnung wenig Raum zugestanden werden.

Mit dem Hintergrund der Verbindungen der PKSH zu anderen kommunistischen Parteien in Osteuropa erfolgte am 15./16. September 1942 in Albanien die Gründung der Nationalen Befreiungsbewegung (alb.: *„Levicija Nacional Çlirimtare'* – LNÇ) unter der Führung der PKSH unter Enver Hoxha (Pearson 2005: 204). Sie sollte albanische Gruppierungen verbinden und erhielt bis zum Ende des Zweiten Weltkrieges Direktiven von den kommunistischen Partisanen Jugoslawiens (ebd.: 205). Im Mai 1939 hatte sich die albanisch-nationalistische Gruppe Balli Kombëtar („Nationale Front') gegründet. Sie stand zunächst loyal zu den italienischen Besatzern (Fischer 1991: 24); im Oktober und November 1942 erfolgte jedoch eine bewaffnete Erhebung dieser gegen die Besatzung in Abgrenzung zur kommunistisch dominierten Nationalen Befreiungsfront (Pearson 2005: 209). Als deren Gegenpol verfolgte die Balli Kombëtar in ihren Programmen die nationale Einheit und Unabhängigkeit, und sprach in keinem der Punkte ihrer Doktrin Religion oder Glaubensgemeinschaften an. Demnach standen anfänglich beide Gruppen, LNÇ und Balli Kombëtar, für die Bevölkerung abseits des religiösen Hintergrundes offen, soweit sie deren (säkulare) Auffassungen teilten (ebd.).

Für die Verbreitung der Glaubensauffassungen unter der Bevölkerung waren mit dem Zweiten Weltkrieg in Albanien nur wenige Änderungen zu verzeichnen. Daten der italienischen Verwaltung von 1942 zur Religionszugehörigkeit beinhalteten eine Gesamtbevölkerung von 1.128.143 Einwohnern, davon 69,1% Muslime (779.417 Personen; alle islamischen Glaubensrichtungen), 20,6% orthodoxe Christen (232.320 Personen), und 10,3% Angehörige der Römisch-Katholischen Kirche (116.259 Personen) (andere, ohne Zugehörigkeit insgesamt 147 Personen; Bartl 1993: 587). Anschließende Bevölkerungszählungen unter dem Regime der Kommunistischen Partei Albaniens zwischen 1945 und 1990 erhoben das Merkmal der Religionszugehörigkeit nicht, sondern gaben diese teilweise als Hochrechnung der prozentualen Verteilung von 1942 an (u.a. Kosinski 1971: 280). So waren dies die letzten Daten zur Verbreitung von religiösen Auffassungen unter der Bevölkerung bis 1991.

Die zwei konträren politischen Bewegungen Balli Kombëtar und LNÇ fanden zwischenzeitlich unter dem Ziel der Unabhängigkeit auch zusammen. Stellvertretend dafür stand die Konferenz von Mukje (01.-03.08.1943), auf der die Vereinbarung geschlossen wurde, gemeinsam gegen das italienische Besatzungsregime vorzugehen. Sie hielt jedoch nicht den Realitäten stand – Enver Hoxha und die LNÇ bezeichneten dieses bereits am 9. August 1943 als Kapitulation ihrer Seite vor der Balli Kombëtar (Pearson 2005: 265), und kündigten es auf. Mit der Kapitulation Italiens gegenüber den alliierten Großmächten im September 1943 besetzte die deutsche Wehrmacht Albanien. Damit vertiefte sich die Spaltung der autochthonen Gruppen im Land, da sich von nun an die Mitgliederzahl der kommunistischen Partisanen erhöhte, jedoch auch jener Gruppen, die mit dem deutschen Besatzungsregime kooperierten. Demnach gründete ein führendes Mitglied der Balli Kombëtar, Xhafer Deva[177] (1904–1978), am 11. September 1943 die ‚Zweite Liga von Prizren' in der gleichnamigen kosovarischen Stadt, die mit der Wehrmacht kooperierte, um das Ziel des Anschluss' des Kosovo an Albanien zu erreichen. Aufgrund ihrer Nähe zur deutschen Wehrmacht standen die Gruppen der Juden und Serben kollektiv im Fokus ihrer Verfolgungen; muslimisch-sunnitische Teile der Liga riefen einen ‚Heiligen Krieg' gegen Slawen, Juden und Roma aus (Frank 2010: 97). Dieser Aufruf wurde von Amin al-Husseini (1897–1974), ehemaliger Mufti von Jerusalem und zu dieser Zeit im Exil im nationalsozialistischen Deutschland, unterstützt, da dieser ebenfalls einen ‚Heiligen Krieg' gegen die Kriegsgegner des nationalsozialistischen Deutschlands propagierte, auch vor Muslimen in Südosteuropa (Töpfer/Bergmann 2019: 120/121).

Bis November 1944 zog sich die deutsche Wehrmacht aus Albanien zurück und die LNÇ unter Dominanz der PKSH konnte aufgrund der erfolgreichen Unterdrückung der weiteren Unabhängigkeitsbewegungen in weiten Landesteilen die politische Herrschaft übernehmen. Wie ihre Aktionen während des Krieges war auch diese Machtübernahme geprägt von der offenen Verfolgung von Religionsgemeinschaften und ihrer Angehörigen, die in der Mehrheit mit Anschuldigungen der Kollaboration begründet wurden. Ein prägnantes Beispiel war die Machtübernahme im nordalbanischen Shkodër am 28. Januar 1945, die mit Widerstand in der (mehrheitlich römisch-katholisch geprägten) Bevölkerung der Stadt verbunden war. Als Reaktion der PKSH wurde die Römisch-Katholische Kirche öffentlich der faschistischen und reaktionären Tendenzen bezichtigt, und deren Vertretern schärfste Verfolgung angedroht (Pearsons 2005: 425), die in der Praxis bereits in existierte.

Die Religionsgemeinschaften passten sich den restriktiven Bedingungen an, huldigten aufgrund des staatlichen Drucks Parteiführer Enver Hoxha (ebd.: 453/454), und schlossen Personal aus, dass von dem neuen Regime der Kollaboration bezichtigt wurde. Exemplarisch dafür steht der christlich-orthodoxe Bischof von Gjirokastër, Kristo Kotoko (1890–1969), der am 1. Juli 1945 von der Autokephalen Orthodoxen Kirche von seinen Ämtern aufgrund der vermeintlichen Zusammenarbeit mit nationalistischen Griechen enthoben wurde (ebd.: 451). Am 29. August 1945 folgte das Gesetz der PKSH zur Landreform, welches einen ersten umfassenden Schritt in Richtung der Enteignung und De-Sozialisierung der Religionsgemeinschaften bedeutete. Die

---

177 September 1943 bis Dezember 1944 Innenminister des besetzten Albaniens (Dezhgiu 2010: 70)

harte Verfolgung von Angehörigen aller traditioneller Glaubensrichtungen, insbesondere der spirituellen Würdenträger, hielt auch nach dem Ende des Krieges im Mai 1945 in Albanien unvermindert an.

3.4.2 Religion und der Zweite Weltkrieg in Jugoslawien

Mit dem Beginn des Zweiten Weltkrieges am 1. September 1939 wurde Jugoslawien von einem Angriff durch die deutsche Wehrmacht oder durch deren europäische Verbündete zunächst verschont. Das Land wurde in den deutschen Kriegsplanungen bedeutend, als in Vorbereitung auf den Überfall auf die Sowjetunion Jugoslawien den westlichen Alliierten nicht als möglicher Brückenkopf in Europa dienen sollte (Shirer 1960: 823). Anfangs wurde Jugoslawien von den Achsenmächten dem Königreich Italien unter Mussolini zugesprochen; nach dessen gescheiterten Angriff auf Griechenland im Oktober / November 1940 rückte es in den Fokus des NS-Regimes. Dessen Akteure erhöhten in der Folge den Druck auf die jugoslawische Regierung, sich den Achsenmächten anzuschließen, und konnten am 25. März 1941 in Wien den Eintritt Jugoslawiens in den Dreimächtepakt, unterzeichnet von der Regierung des jugoslawischen Prinzregenten Paul, erreichen. Der Schritt wurde jedoch von entscheidenden Bevölkerungsteilen und Organisationen in Jugoslawien, insbesondere von den demokratischen Jugoslawen (JDS), der kommunistischen Partei (KPJ), serbischen Nationalisten (NRS, Armee, Tschetnik-Verbände), bedeutender Teile des Königshauses inklusive Petar I. (SNKJ, Nr. 1, 19.08.1941: 1), sowie weiteren Regionalakteuren nicht akzeptiert, und es fanden am Folgetag zahlreiche Proteste in großen Städten des Landes gegen den Beitritt statt (Pavlowitch 2008: 11/12). Der anschließende Rücktritt Pauls, die Annahme des jugoslawischen Throns durch den Gegner der Vereinbarung, Petar I., der Regierungswechsel am 27. März 1941 (SNKJ, Nr. 1, 19.08.1941: 1), und die Mobilisierung der jugoslawischen Armee ließen begründete Fragen am Bestand der Kooperation von deutscher Seite aufkommen; ab dem 28. März konkretisierten sich Pläne zur Besetzung des Landes (Shirer 1960: 825). Am 6. April 1941 griff die deutsche Wehrmacht Jugoslawien und Griechenland an und konnte große Teile beider Länder innerhalb von zwei Wochen unter ihre Kontrolle bringen. Am 13. April wurde Belgrad besetzt, die jugoslawische Armee kapitulierte am 17. April in Sarajevo (ebd.: 826). Es fanden noch Kämpfe in Bosnien-Herzegowina statt, bis Adolf Hitler am 30. April 1941 die Eroberung Jugoslawiens verkündete (ebd.: 830).

Das deutsche Besatzungsregime sah eine Aufteilung des Staatsgebietes vor, bei dem die Gebiete Sloweniens anteilig vom Deutschen Reich, Italien und Ungarn annektiert wurden, der größte Teil der Territorien des heutigen Nord-Mazedoniens von Bulgarien, sowie dem groß-albanischen Staat unter dem Königreich Italien (im Westen und Norden). Für die Gebiete der heutigen Staaten Kroatien und Bosnien-Herzegowina riefen die Achsenmächte bereits am 10. April 1941 einen vom NS-Regime abhängigen, ,Unabhängigen Staat Kroatien' (kroat.: ,*Nezavisna Država Hrvatska*' – NDH) aus, der am 15. April 1941 durch das Deutsche Reich und das Königreich Italien anerkannt wurde. Mit dem NDH wurde ein Ein-Parteien-Staat errichtet, der sich zentral an einem sog. ,Führer' (kroat.: ,*Poglavnik*'), in diesem Falle dem Gründer der Ustascha, Ante Pavelić, ausrichtete (McCormick 2014: 63). Pavelić und die Ustascha verhandelten bereits vor dem Beginn des Krieges mit dem Deutschen Reich und Italien über die Errichtung des Quasi-Staates, der sich ideologisch (siehe oben; Crljen 1942) und in der Praxis nahezu gänzlich am Terrorregime des Deutschen Reiches ausrichtete. Der NDH umfasste eine multiethnische und multireligiöse Bevölkerung, die von Pavelić zur Loyalität gegenüber dem neuen Staat aufgefordert wurde (Džaja 2002: 29): Im Jahr 1941 lebten hier insgesamt ca. 6.300.000 Einwohner, davon etwa 52,4% Kroaten, 30,6% Serben, 11,1% Muslime, 2,4% Deutsche, 0,6% Juden, und 2,8% andere Bevölkerungsgruppen (Ungarn, Slowaken, Slowenen, Italiener) (nach Džaja 2002: 68; Greble 2011: 58).

Die nationalistisch-rassistischen Grundsätze der Ustascha wiesen starke Parallelen zu den Doktrinen der italienischen Faschisten und der deutschen Nationalsozialisten auf (Crljen 1942). Dies war neben dem politischen System der Diktatur mit zentralem Führerkult auch die rassistische Segmentierung der Gesellschaft mit der Unterdrückung, Verfolgung und Ermordung von Angehörigen von als minderwertig angesehenen Gruppen, hier insbesondere der Juden, Roma und Serben. Ein bedeutender Unterschied zwischen den Systemen zeigte sich in der religiösen Dimension, die folgend der deutschen NS-Ideologie umfassend neugestaltet werden sollte; im NDH versuchte die Ustascha ihre Doktrin mit dem traditionellen Glaubenssystem, hier der Römisch-Katholischen Kirche, zu verknüpfen (Ognyanova 2009: 158f.). Durch den engen propagandistischen und teilweise personellen Bezug zur Römisch-Katholischen Kirche im NDH fand für das ideologische System der Ustascha in der Fachliteratur der prägende Begriff des ,Klerikalfaschismus' (ebd.: 162) Verwendung; dieser gilt heute als Streitfall, da dies von der Seite der Akteure der Römisch-Katholischen Kirche ebenso eine umfassende, kollektive Hinwendung zur (Ideologie der) Ustascha und den staatlichen

Strukturen des NDH bedeutet hätte, die unter differenzierter Betrachtung in diesem Umfang nicht stattgefunden hat (siehe unten). Zudem finden sich in den 17 Punkten der Ustascha sehr wenige Referenzen zu christlichen Deutungsschemen; die Römisch-Katholische Kirche selbst wurde in ihrem Programm von 1942 nicht erwähnt (Crljen 1942: 9–113).

Das deutsche Besatzungsregime umfasste die größten Teile des heutigen Staates Slowenien, die an das Deutsche Reich angegliedert wurden, sowie die Gebiete Serbiens, in denen unter einem deutschen ‚Militärbefehlshaber in Serbien' eine dem NS-Regime loyale Regierung installiert wurde (unter Milan Nedić [1878–1946]; 01.09.1941–04.10.1944) (Sundhaussen 2007: 311). Unter der Aufsicht der deutschen Militärverwaltung wurde ebenfalls hier die Praxis der ethnischen Separation, Verfolgung und Ermordung insbesondere der Serben, Juden, Roma, und weiterer Gruppen veranlasst (ebd.: 313). Der Umgang mit Muslimen war in der NS-Ideologie bereits zuvor definiert: Sie wurden in NS-Deutschland als Minderheit ausgegrenzt und verließen in der Mehrheit nach den Gesetzen von Nürnberg 1938 Deutschland (Motadel 2009: 106; Steinke 2015: 57). Demnach waren die Einstellungen der deutschen Besatzungsmacht gegenüber Muslimen in Südosteuropa ebenso vom Punkt des ‚Überlebenskampfes der Rassen' geprägt; sie wurden nach der NS-Terminologie als ‚minderwertig' betrachtet (Fischer-Weth 1943: 12), und einer hohen Kontrolle ausgesetzt.

Der NDH unter der Ustascha umfasste die Territorien Kroatiens und Bosniens. Mit der Errichtung einer Regierung in Zagreb am 10. April 1941 wurden große Teile der multiethnischen Bevölkerung des Gebietes kollektiv gewaltsam verfolgt (Jugoslawen, Serben, Juden, Roma; Demokraten, Kommunisten, Freimaurer) (Sundhaussen 2007: 315–320). Bereits in den ersten Tagen brach eine Gewaltwelle gegen Angehörige dieser Gruppen los; im Mai erfolgten erste Internierungswellen gegen diese im NDH-Staat, in dem Brutalität Alltag war (McCormick 2014: 75). Das Ziel der Ustascha der Bildung eines ethnisch und religiös ‚homogenen Staates' wurde systematisch betrieben: ‚Wir lebten in Karlovac. (...) Bereits am 11. April begannen sie, Menschen zu verhaften, zuerst die Priester, dann Lehrer, Angestellte, Notare und Verwaltungsangestellte. Ziel war es, die Intellektuellen zuerst auszuschalten oder zu töten, um leichter mit den Bürgern umgehen zu können.' (Kostić 2017; Übers. d. A.).

Weiterhin erhielt die Römisch-Katholische Kirche in der Praxis der Ustascha eine zentrale Position. Die Errichtung eines ethnisch und religiös ‚homogenen Staates' äußerte sich in der von ihr präferierten Beziehung zwischen Politik und Religion darin, dass sie einer spezifischen ‚ethnisch-katholischen Ideologie' an den Grenzen des Katholizismus in Südosteuropa folgte (Ognyanova 2009: 158), welche gespeist von rassistischen Bezügen des ‚Überlebenskampfes' von Gemeinschaften in einer Vielzahl von Dimensionen Differenzen zwischen den Gemeinschaften konstruierte – zentral in der religiösen: *„Und alle anderen sollten einfach ausgerottet werden. Ein Beispiel sind die Geistlichen der Alt-Katholischen Kirche (...). Sie alle starben in Jasenovac[178]."* (Kostić 2017; Übers. d. A.).

Dieser Ausrichtung folgten rechtliche Regelungen – neben alltäglicher Willkür in Enteignung, Verfolgung und Ermordung, welche die Ustascha im NDH vollzog. Sie erließ am 30. April 1941 Bestimmungen über die Staatangehörigkeit (NN[179], Nr. 16, 30.04.1941: 107/108), über die ‚Rassenzugehörigkeit' (*,o rasnoj pripadnosti'*; ebd.: 109–112), sowie ‚über den Schutz des arischen Blutes und die Ehre des kroatischen Volkes' (ebd.: 113–115). Damit galten Juden und Roma als ‚nicht-arisch', und ihnen wurden die bürgerlichen Rechte entzogen – hinzu kamen ihre formale Enteignung durch Gesetze vom 7. Mai und 4. Juni 1941 (NN, Nr. 43, 04.06.1941: 51–78), und die beginnenden Deportationen (Greble 2011: 105). In Richtung der Verdrängung der Serben und der christlichen Orthodoxie erließ die Ustascha am 25. April 1941 das Verbot der kyrillischen Schrift (NN, Nr. 11, 25.04.1941: 60), und am 3. Mai 1941 Bestimmungen über den Wechsel der Religion (NN, Nr. 19, 05.05.1941: 157), denen eine zwangsweise ‚Katholisierung' der serbischen Bevölkerung folgte (Kostić 2017: 22:24). Zudem kam es am 18. Juli 1941 zur Neubezeichnung ihrer Konfession und Kirche, die nun ‚griechisch-östlicher Glauben' (kroat.: *,grčko-istočna vjera'*) heißen sollte; der Begriff ‚serbisch-orthodox' wurde verboten (NN, Nr. 80, 19.07.1941: 207).

Im ideologisch-rassistischen Weltbild der Ustascha nahmen die Muslime Bosnien-Herzegowinas eine gesonderte Stellung ein. Sie wurden als ‚muslimische Kroaten' tituliert, und nach dem ‚Gesetz zur Rassenzugehörigkeit' vom 30. April 1941 als ‚arisch' definiert[180]. Weiterhin wurde der Versuch unternommen, ihre Loyalität zum NDH zu gewinnen: Auf der ideologischen

---

178 größtes Konzentrationslager in Jugoslawien; unter Ustascha August 1941–April 1945 (Sundhaussen 2003)

179 Narodne Novine, Nezavisna Država Hrvatska (offizielles Amtsblatt des NDH April 1941 bis April 1945)

180 *„Ein Arier ist eine Person, die von Vorfahren abstammt (...). Mitgliedern der Islamischen Religionsgemeinschaft, die nicht in der Lage sind, die genannten Dokumente beizutragen, ist ein schriftliches Zeugnis von zwei Zeugen, die ihre Vorfahren kannten, erforderlich, dass sich unter ihnen keine Personen nicht-arischer Herkunft befinden."* (NN, Nr. 16, 30.04.1941: 109; Übers. d. A.).

Ebene erklärte die Ustascha den Islam zur zweiten Staatsreligion nach dem Römisch-Katholischen Christentum (Motadel 2013: 1012), und Ante Pavelić pflegte offiziell gute Beziehungen zur Islamischen Gemeinde in Zagreb. Auch konnte die Islamische Gemeinschaft zumindest formal ihr internes Gerichtssystem, die religiösen Schulen, und ihr Finanzsystem ('vakuf') erhalten (ebd.), wie u.a. das Gesetz über die Festlegung der neuen Scharia-Gerichte in Bosnien-Herzegowina vom 2. Juli 1941 (NN, Nr. 68, 05.07.1941: 73/74) zeigte. Weiterhin band die Ustascha Repräsentanten der Gruppe, die ihrer rassistischen Ideologie nahestanden, in hohe Positionen des Staates ein (u.a. Osman Kulenović [1889–1947], stellv. Ministerpräsident NDH November 1941; Ismet Muftić [1876–1945], Mufti von Zagreb) (Cetin 2010: 75). Zudem begann sie 1941 die Errichtung einer sog. ,Führer-Moschee' (kroat.: ,*Poglavnikova džamija*') im Stadtzentrum von Zagreb, die im August 1944 eingeweiht wurde[181], und richtete im Oktober 1942 einen Imam bei der obersten Staats- und Militärführung ein (Akif Handžić [1912–1945]; Mujadžević 2018: 134). Der Bau der Moschee durch die Ustascha und die damit verbundene Interpretation des Islam lassen insgesamt auf ein instrumentelles Religionsverständnis schließen, wie die Namensgebung mit einem nicht-muslimischen, militärischen Diktator, sowie die Architektur des Gebäudes im kolossalen Stil der 1930er Jahre[182] veranschaulichen. Mit dieser Form der Inkorporation, die den Muslimen Aufmerksamkeit versprach, sie jedoch als Kroaten mit muslimischem Glauben behandelte, standen diese im NDH faktisch unter umfassender Kontrolle durch die Institutionen der Ustascha, an der ihre Identität und Organisation ideologisch ausgerichtet werden sollten.

Dieser Positionierung durch die Ustascha standen die heterogenen Ansichten in der Gruppe der Muslime Jugoslawiens gegenüber. Hier existierte anfänglich in vielen Teilen eine Akzeptanz des NDH-Staates, auch unter Teilen der bosnisch-muslimischen Partei JMO. Spätestens nach dem Erlass von ,Rassegesetzen' im April und Mai 1941, mit der zunehmenden Gewalt, der Verschlechterung ihrer eigenen Sicherheitslage, sowie der nicht gewährten Autonomie durch das NDH-Regime wuchs in der muslimischen Bevölkerung die Distanz enorm (Töpfer/Bergmann 2019: 147). So verwehrten sich (ent-

---

181 „*The ISC government donated an already existing building in the city centre, previously used as a centre for artists, for a mosque and erected three large minarets around it. The mosque was opened in August 1944 (…). The leadership of Bosnian ulama (…) largely boycotted the opening ceremony. (…) and in December the government of ISC created the Pious Foundation of Poglavnik's mosque (Vakuf Poglavnikove džamije) by endowing a huge amount of money and the building of the mosque.*" (Mujadžević 2018: 134).

182 entgegen der islamischen Architekturtradition in Südosteuropa

gegen der Ideologie der Ustascha) bereits während des Jahres 1941 immer weitere Teile der Muslime dem Regime und verfolgten mehrheitlich eine Strategie der politischen, kulturellen und religiösen Autonomie (Greble 2011: 54, 119). Das Spektrum der muslimischen Interessengruppen gliederte sich hinter diesem Punkt inhaltlich auf: Islamisch-konservative Vereine wie El-Hidaje verfassten ab September 1941 Veröffentlichungen mit der Verurteilung von Gewalt durch Autoritäten des NDH-Staates (Cetin 2010: 78). Auf der anderen Seite nahmen bedeutende Vertreter der JMO an der ersten Versammlung des kommunistisch geführten Befreiungsrates AVNOJ[183] am 26./27. November 1942 im bosnischen Bihać teil (Pavlowitch 2008: 131). Die Region, mehrheitlich muslimisch bewohnt, stand zuerst unter der Kontrolle der kommunistischen Partisanen, da die dortige Bevölkerung ab 1942 vermehrt zu diesen überlief (ebd.: 138).

Mit den Veröffentlichungen hoher islamischer Würdenträger gegen Gewalt im Oktober 1941 wurden auch die Autonomiebestrebungen der Muslime in Bosnien-Herzegowina erneut lauter (Hoare 2013: 27). Sie beklagten insbesondere Angriffe durch serbische Tschetniks ohne den Schutz des NDH-Staates, dessen Verbände selbst gegen Muslime vorgingen (ebd.: 51), und verfolgten demnach zunehmend das Ziel, eigene Verteidigungseinheiten aufzustellen. Auf dieser Seite wandten sich einige Wortführer am 1. November 1942 in einem Brief an Adolf Hitler, in dem sie um Schutz und Unterstützung baten, sowie erklärten, ihn als ‚absoluten Führer‘ anzuerkennen (ebd.: 52). Insgesamt waren heterogene Interessen der im NDH-Staat lebenden Muslime zu vernehmen, zudem existierten zahlreiche sich ändernde Motivlagen innerhalb dieser Gruppe. Zwei pragmatisch gelegene Gemeinsamkeiten waren das Interesse an einer Verbesserung der schlechten Sicherheitslage und die generelle Unzufriedenheit mit ihrer politischen Position im Vergleich zu ihrem Status in Österreich-Ungarn, und im Königreich Jugoslawien (Motadel 2013: 1011).

Der weitere Verlauf des Krieges bestimmte im instrumentellen Sinne die Beziehungen zwischen den deutschen Besatzern und Autoritäten des NDH in Jugoslawien auf der einen Seite, sowie den Religionsgemeinschaften auf der anderen. Zunächst fanden in der Praxis keine Änderungen statt: Die Römisch-Katholische Kirche und die christlich-protestantischen Kirchen wurden als kollektive Akteure instrumentalisiert, die christlich-orthodoxen Kirchen, die jüdischen Gemeinschaften, sowie Organisationen weiterer reli-

---

183 Antifaschistischer Rat der Nationalen Befreiung Jugoslawiens (kroat.: ‚*Antifašističko vijeće narodnog oslobođenja Jugoslavije*‘ – AVNOJ)

giöser Minderheiten enteignet und aufgelöst; ihre Vertreter und Anhänger verfolgt, interniert und ermordet.

Aus Sicht des NS-Besatzungsregimes blieben die Beziehungen zu Muslimen und deren Organisationen in Jugoslawien im Verlauf des Krieges ambivalent: Zuerst wurde im Sommer 1940 eine Kooperation im Krieg durch das Auswärtige Amt abgelehnt, das für die sog. ,Islampolitik' des Deutschen Reiches war (Höpp 1994: 438). Im Sommer 1941 übernahm die SS unter Heinrich Himmler die Aufgabe (ebd.: 439) – dies bedeutete eine Verschiebung vom diplomatischen zum militärischen Bereich: Hier begannen Versuche des NS-Regimes, islamische Glaubenslehren und Elemente der NS-Doktrin in Verbindung zu bringen, um größere muslimische Bevölkerungsteile (nicht nur in Jugoslawien) für loyale Militärverbände rekrutieren zu können. So bemühten sich NS-Ideologen mit der Ankunft des ehemaligen Großmufti von Jerusalem, Mohammed Amin al-Husseini[184] (1893–1974), in Berlin am 6. November 1941 verstärkt um eine Annäherung. Die Kooperation sollte auf ideologisch-religiöser Ebene eine Rechtfertigung erfahren, mit dem Ziel, muslimische Gruppen in umkämpften Regionen anzusprechen („Der Koran als ,*Geheime Reichssache*'"; Höpp 1994). Demnach änderte sich auf der Seite des NS-Regimes im Verlauf des Jahres 1941 die Einordnung des Islam und der Muslime in der Doktrin: Nun wurde propagiert, dass „(...) *auch der arische Geist seinen charakteristischen Beitrag zur islamischen Kultur (...)*." (Fischer-Weth 1943: 17) geleistet hätte; Muslime gehörten von nun an zu sog. „(...) *rassisch wertvollen Völkern (...)*" (Mallmann/Cüppers 2011: 226).

Die Intensivierung der Bemühungen um muslimische Bevölkerungsteile in den Gebieten Jugoslawiens ist vor dem Hintergrund des Kriegsverlaufs in Osteuropa zu sehen, bei dem die deutsche Wehrmacht in eine Phase der Stagnation geriet. Demnach wurde für Osteuropa am 15. November 1941 beschlossen, Kriegsgefangene aus muslimisch bewohnten Regionen zu rekrutieren. Anschließend erfolgte die Weisung zur Gründung von Verbänden aus sowjetischen Kriegsgefangenen muslimischen Glaubens, und am 13. Januar 1942 die Aufstellung von zwei Einheiten in der Wehrmacht, der ,Turkestanischen Legion' und der ,Kaukasisch-Mohammedanischen Legion', deren Soldaten hauptsächlich osteuropäische Muslime waren (Steinke 2017: 170). Den Rekruten wurde die Ausrichtung vorgegeben, sich auf der Seite des NS-Re-

---

184 nationalistisch-antisemitischer, palästinensischer Politiker; von der britischen Mandatsmacht in Palästina ernannter Großmufti von Jerusalem 1921–1937 (Töpfer/Bergmann 2019: 68/72)

gimes gegen das kommunistische System zu engagieren, um den islamischen Glauben zu verteidigen[185].

Auch im NDH verlor die Ustascha sukzessive die Kontrolle über Teilgebiete, sodass zu Beginn des Jahres 1942 Wehrmacht und SS eingriffen. Ihre Einheiten fehlten anschließend an anderen Fronten (Motadel 2013: 1014), demnach wurden Rekrutierungen für neue militärische Verbände verstärkt bei der einheimischen Bevölkerung durchgeführt[186] – gegen den Widerstand der Ustascha und Italiens (Sundhaussen 1971: 193). Im Frühjahr 1942 begann die SS mit der Bildung einer ersten militärischen Einheit, die später die Bezeichnung ‚7. SS-Freiwilligen-Gebirgs-Division' (auch ‚SS-Division Prinz Eugen') erhielt. Die SS zielte auf Angehörige der deutschen Volksgruppe im Banat und in Serbien, führte die Rekrutierung flächendeckend und entgegen der Namensgebung zwangsweise durch, und konnte bis Ende November 1942 6.529 Personen für die Einheit einziehen (ebd.: 188/189). Die deutsche Propaganda warb mit dem Schutz ihrer Dörfer; tatsächlich galten die Einsätze ab dem Sommer 1942 der Bekämpfung kommunistischer Partisanen, vielfach auf dem Gebiet des NDH (Reitlinger 1957: 199). Der Herbst 1942 war von Aufständen in Bosnien-Herzegowina gekennzeichnet (Motadel 2013: 1014), und der Beginn des Jahres 1943 markierte die endgültige Wende im Kriegsverlauf (u.a. Sturz Benito Mussolinis am 25. Juli 1943). Aufgrund des Personalmangels im Militär wurde vom NS-Regime für Südosteuropa am 10. Februar 1943 entschieden, eine weitere SS-Division „(...) *aus kroatischen Wehrfähigen* (...)" (Sundhaussen 1971: 192) aufzustellen. Nach der neu entworfenen Islampolitik Heinrich Himmlers waren „(...) *Bosniaken mohammedanischer Religion* (...)" (ebd.) als Soldaten der Einheit vorgesehen.

Die Rekrutierung für diese SS-Division (‚13. Waffen-Gebirgs-Division'; auch ‚SS-Division Handschar'), verlief im Gegensatz zur ‚7. SS-Freiwilligen-Gebirgs-Division' weitgehend freiwillig (ebd.). Ihr wurden muslimisch-religiöse Vorsteher (Imame für Bataillone; Mullahs für Regimenter) zugeteilt, die nach Richtlinien der SS eine Ausbildung erhielten, die weniger spirituelle Inhalte zeigte, sondern in der der Imam „(...) *als vorbildlicher Kämpfer zur Fanatisierung der Soldaten* (...)" (Gensicke 1988: 290) erzogen wurde. Dieser Vor-

---

185 Siehe die parallel stattfindende instrumentelle Strategie Stalins: „(...) *Moscow's wartime propaganda that portrayed communism as the only hope for Islam.*" (Motadel 2013: 1037).

186 Ein Anwerbebüro der Waffen-SS existierte im NDH seit dem 18. April 1941, war jedoch wenig erfolgreich. Die Rekrutierung fokussierte auf die deutsche Minderheit in Jugoslawien; im Juli 1941 wurden die ersten sog. ‚Deutschen Mannschaften' der SS aufgestellt (Sundhaussen 1971: 178/179).

gang war einmalig, da in der SS Militärgeistliche generell nicht vorgesehen waren – sie galt als Nukleus zum Aufbau einer neuen (,Quasi-')Religion. Grundlegend war hier der Erlass Heinrich Himmlers vom 19. Mai 1943 über die Erziehung der Imame, welcher die neue NS-,Islampolitik' prägend wiedergab: „(...) *der Nationalsozialismus die politische Weltanschauung der Deutschen, der Islam die Weltanschauung der arabischen Welt ist; Bosnien, völkisch-rassisch gesehen (...) gehört zur germanischen Welt, weltanschaulich geistig gesehen aber zur arabischen Welt. Durch die Aufstellung einer muselmanischen SS-Division dürfte hierdurch erstmalig eine Verbindung zwischen Islam und Nationalsozialismus (...) gegeben sein, (...)."* (zitiert nach Bernwald 2012: 50).

In diesem Kontext wurde für Amin al-Husseini zwischen dem 1. und 11. April 1943 eine Propagandareise in den NDH organisiert, um Muslime und islamische Würdenträger in öffentlichen Ansprachen von Parallelen zwischen der NS-Doktrin und dem Islam zu überzeugen, und für den Beitritt zur SS zu werben (Mallmann/Cüppers 2011: 119). Aufgrund des modifizierten Islammodells erfuhren die Ausführungen bei der Mehrheit der bosnischen islamischen Würdenträger Ablehnung (Mujadžević 2018: 134). Dies stand im Gegensatz zur deutschen Propaganda, die die Reise als Erfolg einschätzte (Motadel 2013: 1020). Die 13. Waffen-Gebirgs-Division der SS war im Herbst 1943 auf den Truppenübungsplatz Neuhammer in Schlesien und erhielten Besuch von al-Husseini und Himmler. Hier wurden durch Himmler die instrumentellen Gründe für die ,neue NS-Islampolitik' wiederholt: *„Ich muss sagen, ich habe gegen den Islam gar nichts, denn er erzieht mir in dieser Division seine Menschen und verspricht ihnen den Himmel, wenn sie gekämpft haben und im Kampf gefallen sind. Eine für Soldaten praktische und sympathische Religion."* (zitiert nach Billstein 2015: 43:51).

Unter den muslimischen Soldaten überwog die Ablehnung kommunistischer Partisanen und serbischer Tschetniks; ihr Ziel war der Schutz ihrer Siedlungen. So waren für sie weniger vermeintliche ideologische Parallelen zwischen Islam und Nationalsozialismus für den Beitritt zur SS-Division entscheidend: *„Die Ideologie und die Gemeinsamkeiten waren ihnen völlig egal."* (Bernwald 2011: 02:30). Den Aufrufen folgten in Bosnien-Herzegowina 1943 weitaus weniger Muslime als erwartet[187]: Ende 1943 zählten 21.065 Soldaten zur Division (Sundhaussen 1971: 193), von denen 15% christlich-katholisch waren, und die Rekrutierung erfolgte zunehmend zwangsweise

---

187 Himmler erwartete bis September 1943 eine Divisionsgröße von 46.000 Soldaten (Sundhaussen 1971: 193).

(Bauknecht 2001: 81). Demnach kann die Politik des NS-Regimes gegenüber Muslimen in Südosteuropa als (wenig erfolgreiche[188]) (Wildangel 2012: 543) *„Funktionalisierung des Islam"* (Höpp 1994: 437) charakterisiert werden, bei der auf der anderen Seite eine kollektive Kooperation der Muslime Jugoslawiens ausblieb.

Die Beziehungen des NS-Regimes und der Ustascha zur Römisch-Katholischen Kirche (RKK) in Jugoslawien entstanden aus der Konfliktsituation zwischen dem jugoslawischen Staat und der RKK zwischen 1918 und 1941 (siehe oben, Konkordat 1935/37). Hier sah sich die RKK mit Vertretern einer größeren kroatischen Autonomie verbunden. Die Proklamation des NDH wurde demnach zunächst von einer Vielzahl katholischer Würdenträger in Publikationen und Ansprachen[189] begrüßt, um später in eine ähnlich distanzierte Haltung wie jene der Muslime zu gelangen, da die Wirklichkeit den Erwartungen nicht entsprach: ‚(...) *als sie (...) rassistische Gesetze verabschiedeten, wurde uns sofort klar, dass dies eine große Enttäuschung sein würde. Dann kam die Proklamation. (...) Kein Franziskaner darf der Ustascha-Bewegung (...) beitreten. Es war strengstens verboten. Niemand darf etwas nehmen, was die Ustascha von den orthodoxen Christen beschlagnahmt haben (...).*‘ (Kostić, 2017: 26:21; Übers. d. A.).

Dennoch unterstützte eine Vielzahl von lokalen und regionalen Vertretern der Kirche zu Beginn das Regime. Im Verlauf des Krieges wurden die Facetten der Beziehungen zum NS-Regime vielfältiger: ‚*Auf der einen Seite schlossen sich ungefähr 140 katholische Priester den Partisanen an. (...) Aber (...) die meisten untergeordneten Priester in Kroatien und Bosnien (...) nahmen aktiv an der Ustascha-Bewegung teil. Einige besetzten sogar relevante Funktionen.*‘ (ebd.: 27:21; Übers. d. A.). Zudem gab es passiven Widerstand römisch-katholischer Gruppen, die nicht unter direkter Kontrolle des Regimes standen. Die Situation dieser Organisationen und ihr Einfluss auf die Handlungen einzelner Mitglieder zeigt sich beispielhaft an einem Konflikt im Franziskaner-Orden: ‚*Während des Massakers der Ustascha am 6. Februar 1942 in der Nähe von Banja Luka gab es einen Franziskanerpriester namens Filipovic, der gegen den Willen des Ordens als Militärpfarrer fungierte (...). Im April wurde er aus dem Franziskanerorden ausgeschlossen, weil er nach dem Kirchengesetz Komplize des Verbrechens war. Nun sagen einige Franziskaner, dass er nie-*

---

188 Die Neuzuordnungen im Rassenkonzept hatten zudem die Konsequenz, das die NS-Doktrin ‚elastischer‘ (Reitlinger 1957: 201) wurde, und demnach für die eigenen Anhänger unglaubwürdiger.

189 So wurde u.a. am 20. April 1941 in katholischen Gottesdiensten im NDH vielfach Hitlers Geburtstag gedacht (Kostić, 2017: 28:01).

manden getötet hat. Natürlich hat er das nicht. Er zeigte ‚nur' auf die serbischen Häuser im Dorf.' (ebd.: 29:08; Übers. d. A.).

Diese Situation mit ambivalenten Verhalten der RKK zwischen Kooperation, Schweigen und Ablehnung lässt sich ebenfalls anhand des Erzbischofs von Zagreb, Alojzije Stepinac (1898–1960), verdeutlichen. Zunächst begrüßte er im April 1941 den Aufbau des NDH und hatte als Militärvikar für die Ustascha-Verbände (Gitman 2015: 491) Kenntnis von Enteignungen, Deportationen und Ermordung. Ab August 1941 sprach er sich in Briefen an Diktator Ante Pavelić gegen die ethnischen Säuberungen, vor allem gegen Juden und Serben, aus (ebd.: 493). Etablierung fand jedoch nicht nur extern (zu Politik und Öffentlichkeit), sondern auch intern, ein Mechanismus des Schweigens: *‚Auf der einen Seite gab es Dutzende von Priestern, die sich der Ustascha-Bewegung widersetzten und von der Ustascha getötet wurden, während Stepinac schwieg. Auf der anderen Seite nahmen Hunderte von Ustaschi-Priestern am Völkermord teil, und Stepinac schwieg ebenso.'* (Kostić, 2017: 30:44; Übers. d. A.). Demnach waren insgesamt er selbst und die Institution Kirche in gewissem Maße in die Verbrechen involviert: *‚Er war ihr Priester. Wer waren sie? Massenmörder. (…) es ist wahr, dass er einige Juden gerettet hat, aber das ändert nichts an der Tatsache, dass er die Messe gehalten hat, er hat die Beichte von Leuten genommen hat, die für die Ermordung von Hunderttausenden unschuldiger Menschen verantwortlich sind.'* (ebd.: 32:43).

Aus der Perspektive der Ustascha waren die Bezüge zur RKK (neben einer möglichen individuellen Religiosität einzelner Akteure) von starken instrumentellen Gründen geprägt, da die kroatische Bevölkerung ihr zu einer überwiegenden Mehrheit angehörte und südliche Grenzregionen Mehrheitsbevölkerungen mit anderen Glaubensauffassungen aufwiesen. Der Bezug zur RKK war hier im Vergleich zu Westeuropa ein „*(…) typical ‚local distinguishing feature'* of the East European extreme nationalism (...)" (Ognyanova 2009: 160). Die Ideologie und Praxis der Ustascha im NDH-Staat in der Beziehung von Politik und Religion erfüllte im Modell von Linz (1996) – trotz postulierter (Staatsreligion) und tatsächlicher Nähe zur RKK – aufgrund der Ausgestaltung als Terrorregime im Gegensatz zu christlichen Traditionen vielfältig Merkmale der Politischen (Ersatz-)Religion.

Religion im Zweiten Weltkrieg auf dem Gebiet Nord-Mazedoniens

Mit dem Überfall auf Jugoslawien im April 1941 besetzte Bulgarien das damalige Südserbien, welches das Gebiet der heutigen Republik Nord-Mazedonien umreißt. Ein kleiner, westlicher Teil mit überwiegend albanisch-sprachiger

Bevölkerung wurde an Albanien unter der Herrschaft Italiens angeschlossen. Die Periode des ersten Jugoslawiens 1918–1941 bedeutete für die slawischen Bewohner der Territorien eine ‚Serbisierung‘ ihrer Identität, die von Belgrad strikt verfolgt wurde (Sundhaussen 2007: 255). Die anschließende Annexion durch Bulgarien 1941 wurde, wie während des Ersten Weltkrieges, von einer Kampagne der ‚Bulgarisierung‘ begleitet, bei der sich diese Identitäten nun am bulgarischen Staat, und kulturell an der Bulgarisch-Orthodoxen Kirche zu orientieren hatten (Opfer 2002: 157).

Bedeutende Vertreter der Untergrundorganisation ‚Innere Mazedonische Revolutionäre Organisation‘ (VMRO) zeigten Sympathien für die bulgarische Annexion, wie ihr damaliger Vorsitzender Iwan Mihailow (1896–1990) (Bilyarski 1998: 91–114). Daneben existierten bei der slawischen Bevölkerung mazedonische, serbische, und regionale/lokale Identitäten; Selbstzuschreibungen, die sich in unterschiedlichen Variationen überlappten, wie Publikationen seit 1924 zeigen (u.a. mazedonisch-bulgarische Zeitschrift ‚*Makedonski Pregled*‘). Die Mehrheitsreligion der slawischen Bevölkerung, das orthodoxe Christentum, fiel mit der Infrastruktur unter die Aufsicht der Bulgarisch-Orthodoxen Kirche, die wie zur Zeit der Besatzung im Ersten Weltkrieg Probleme hatte, geeignetes Personal für diese Aufgabe zu finden (Opfer 2002: 157). Der muslimischen Gemeinschaft wurde (ähnlich den Verhältnissen im NDH) eine anerkannte und untergeordnete Rolle zugewiesen, innerhalb derer große Teile der ethnisch türkischen Einwohner zur Immigration in die Türkei gezwungen wurden.

Die RKK wurde instrumentalisiert – andere Religionsgemeinschaften verfolgt, wie die Situation der jüdischen Gemeinschaft exemplarisch zeigte. Ausgehend von den Revolten von 1903 im Osmanischen Reich floh die Mehrheit der Juden Vardar-Mazedoniens nach Thessaloniki, Palästina, oder nach Nordamerika (Frank 2010: 80). Vor dem Zweiten Weltkrieg befanden sich hier noch 7.800 Juden, davon 3.800 in Skopje, 3.300 in Bitola, und 550 Stip. Mit der bulgarischen Annexion wurde brutal gegen sie vorgegangen; am 11. März 1943 nahezu alle Angehörigen (7.341 Personen) eingesperrt, und anschließend in das Konzentrationslager Treblinka deportiert und getötet (ebd.: 81). Am 9. September 1944 kapitulierte die dem NS-Regime loyale bulgarische Regierung, und im November erfolgte der Rückzug der letzten deutschen Soldaten aus Mazedonien (ebd.: 82).

Während des Zweiten Weltkrieges wurden auf Seiten der kommunistischen Partisanen gesetzliche Regelungen ausgearbeitet, welche auch die Religionsgemeinschaften betrafen. Die Partisanen waren seit 1943 unter dem

Dachverband des Antifaschistischen Rates der Nationalen Befreiung Jugoslawiens (AVNOJ) organisiert, lokal in allen Regionen Jugoslawiens verankert, und konnten sich (auch mit auswärtiger Unterstützung) als dominanter Akteur des Widerstandes im Land herausbilden. Am 21. November 1944 beschloss der AVNOJ eine Regelung ‚über die Übertragung von feindlichem Eigentum in staatliches Eigentum'[190] (SLDFJ[191], Nr. 2, 06.02.1945: 13/14), welches die bedeutenden Religionsgemeinschaften auf dem gesamten Gebiet Jugoslawiens, auch in Mazedonien und Slowenien, zunächst generell unter Kollaborationsverdacht stellte, und damit den Einzug ihres Eigentums veranlasste. Die Vertreter des AVNOJ waren neben der generellen Ächtung traditioneller Religion darauf bedacht, durch Anerkennung der und Ausgleich zwischen den Bevölkerungsteilen mit unterschiedlichen ethnischen, nationalen und religiösen Identitäten auf dem Gebiet Jugoslawiens einen gewissen Grad an nationaler Kohäsion zu schaffen. In diesem Kontext kam es am 3. Februar 1945 in Mazedonien zur Kontaktaufnahme eines Kreises christlich-orthodoxer Geistlicher[192], welche das Ziel der Schaffung einer eigenständigen Mazedonisch-Orthodoxen Kirche hatten, zur mazedonischen Teilorganisation des AVNOJ, dem Antifaschistischen Rat der Volksbefreiung Mazedoniens (ASNOM[193]).

Religion und Zweiter Weltkrieg in Slowenien

Nach der Kapitulation Jugoslawiens wurde das Territorium des heutigen Sloweniens in drei Zonen aufgeteilt: Italien besetzte die westlichen Gebiete mit der Hauptstadt Ljubljana, das Deutsche Reich den zentralen Teil, und Ungarn Gebiete im Osten (Region Prekmurje). In einigen Städten wie Maribor wurden das deutsche Militär von der deutsch-sprachigen Bevölkerung mehrheitlich begrüßt (Krainer 1981: 24), da diese nach 1918 ihren Status (inklusive der Schicht der deutsch-österreichischen Eliten) in Krain und in der südlichen Steiermark verloren hatte, und sich in Jugoslawien vielfach benachteiligt sah. Mit der Skepsis der verbliebenen deutsch-sprachigen Bevölkerung gegenüber dem jugoslawischen Staat sah ein bedeutender Teil

---

190 ‚Odluka o prelazu u državnu svojinu neprijateljske imovine, o državnoj upravi nad imovinom neprisutnih lica i o sekvestru nad imovinom koju su okupatorske vlasti prisilno otudjele' (SLDFJ, Nr. 2, 06.02.1945: 13/14)

191 Službeni list Demokratske federativne Jugoslavije (Amtsblatt Demokratische Föderation Jugoslawien 1945)

192 ‚Iniciativen odbor za organiziranie na Pravoslavnata Crkva vo Makedonia'

193 ‚Antifašisko sobranie na narodnoto osloboduene na Makedonija' – ASNOM

dieser die Besatzung im April 1941 als ‚Befreiung' (Reul 2013: 172). Die rasche Einnahme des Gebietes durch die Wehrmacht war zudem möglich, da das jugoslawische Militär hier zerfiel, und die Loyalitäten in ihrer Führung stark divergierten: *„Bezeichnend (...) war (...), daß General Lukic erschossen wurde, als er sich einer kroatischen Militär-Revolte anschloß; Oberst Mamula soll sich bei den Partisanen betätigt haben; Major Novak war zeitweise Führer der königstreuen Heimwehr (...) in Unterkrain."* (Krainer 1981: 24).

Die slowenische Mehrheitsbevölkerung lehnte die Besatzung mehrheitlich ab, da sich die Situation der slowenischen Minderheit in Österreich mit dem Anschluss an das Deutsche Reich 1938 deutlich verschlechterte, und die drei Besatzungsmächte rigoros und brutal gegen die Zivilbevölkerung und deren Repräsentanten vorgingen. Dies galt ebenso für die slowenisch-sprachige, römisch-katholische Priesterschaft[194] (Stichwort ‚Germanisierung'; Griesser Pečar 2008: 72/73). So wurde in Erwartung der Besatzung Ende März 1941 im Untergrund ein 11-köpfiger slowenischer Nationalrat (slo.: ‚*Slovenski Narodni Svet*') gegründet, der jeweils fünf Mitglieder der katholischen Volkspartei SLS und der liberalen Partei, sowie ein Mitglied der sozialistischen Partei umfasste; die Kommunisten wurden ausgeschlossen. Der Rat schlug (erfolglos) nach der Besatzung die Schaffung eines unabhängigen Sloweniens nach dem Vorbild des NDH vor (Krainer 1981: 25).

Am 26. April 1941 organisierte sich in Ljubljana die ‚Befreiungsfront des slowenischen Volkes' (OF[195]) als Widerstand, in der die Kommunistische Partei Sloweniens (KPS) in den Folgemonaten Dominanz gewinnen konnte. Die OF nahm an der Gründung der gesamtjugoslawischen kommunistischen AVNOJ am 22. Juni 1941 in Jajce (Bosnien-Herzegowina) teil. Im Spätherbst 1941 formierte sie in Zentralslowenien vier Partisanen-Verbände (ebd.: 26). Der AVNOJ setzte am 16. September 1942 den Exekutivrat zur Befreiung Sloweniens ein, der die ‚Nationale Befreiungsarmee' (NOV), sowie eigene Polizei- (VOS[196]) und Geheimdiensteinheiten (OZNA[197]) umfasste.

Im Begriffsschema der NS-Ideologie sollte die slowenisch-sprachige Bevölkerung ‚germanisiert' werden, oder es waren Vertreibung und Umsiedlung vorgesehen (Rutar 2017: 2). Zuerst unterwarf das NS-Regime die Gruppe einer vollständige Kontrolle, rekrutierte unter Zwang wehrfähige Personen

---

194 *„Immediately after the invasion (...), the Gestapo arrested most of the Slovene priests (...). As a result of negotiations between the Bishop's office and the Gestapo, most (...) were released by 28 April 1941."* (Griesser Pečar 2008: 73).

195 slo.: ‚*Osvobodilna fronta slovenskega naroda*' – OF

196 slo.: ‚*Varnostno-obveščevalna služba*' – VOS

197 slo.: ‚*Oddelek za zaščito naroda*' – OZNA

für das Militär, und deportierte ca. 10% der Bevölkerung zur Zwangsarbeit in Deutschland. Dies betraf im Laufe des Zweiten Weltkriegs aus den von der Wehrmacht besetzten Gebieten ca. 80.300 Slowenen. Zudem wurden ca. 40.000 Slowenen als politische Häftlinge inhaftiert, und davon 3.000 als sog. ‚Sühnegeiseln' erschossen, und weitere 15.000 in Konzentrationslager interniert (Rutar 2014: 280). Die Ressourcen der besetzten Gebiete wurden vom NS-Regime ausgebeutet, demnach mussten Slowenen auch innerhalb des Landes Zwangsarbeit leisten. Exemplarisch dafür stand der Verzicht auf die Deportation der Arbeiter der Minen von Trbovlje nach einem Erlass Himmlers vom 18. April 1941, die das NS-Regime ebenso rigoros ausbeutete: *„Diese Gebiete sind gewissermaßen wie ein großes Konzentrationslager zu betrachten, (...)."* (zitiert nach Rutar 2017: 7).

Die Position der Religionsgemeinschaften auf dem Gebiet des heutigen Sloweniens war zwischen 1941 und 1945 ähnlich jener im NDH: Die Minderheitsreligionen wurden unterdrückt und verfolgt; die Römisch-Katholische Kirche, der hier mehr als 90% der Einwohner angehörten, als Instrument der Machtsicherung von der Seite der Besatzer vorgesehen[198]. Auch das Agieren der Akteure der RKK besaß Parallelen zum NDH: Auf der Ebene der hohen Führungsschicht herrschte Verschwiegenheit, und auf lokaler Ebene ein vielfältiges Muster von Unterstützung bis hin zu Widerstand (Bank/Gevers 2016: 263). In diesem Kontext stand die Gründung der Weißen Garde im Sommer 1942 von anti-kommunistisch eingestellten Bauern, deren Gliederungen oft von Geistlichen geführt wurden, und die mit den Besatzern vielfach kooperierten[199] (Krainer 1981: 29/30). Trotz des vielfältigen Musters an Einstellungen in der slowenisch-sprachigen Bevölkerung setzte das NS-Regime die Politik der kollektiven Vertreibung, Verfolgung und ‚Germanisierung' fort, wie die systematische Deportation slowenischer Intellektueller, katholischer Priester und Lehrer in Konzentrationslager zeigte (Pirjevec 2008: 29).

Die Gesamteinschätzung der Beziehungen zwischen Religion, Politik und Bevölkerung im Zweiten Weltkrieg in Albanien, Mazedonien und Slowenien ist demnach differenziert vorzunehmen. Die politischen Systeme des NS-Regimes und des Königreichs Italien unter Benito Mussolini sind nach Weber (1922) dem Typus der ‚charismatischen Herrschaft' zuzuordnen.

---

198 parallel zur Praxis in Polen, in denen nach Himmler die katholischen Priester die primäre Funktion hätten, die Bevölkerung ‚unwissend und ruhig zu halten' (Shirer 1960: 938)

199 siehe auch die slowenische Heimwehr (‚*domobranci'*), die mit dem NS-Regime kooperierte (Ramet 2008: 31)

In der fünfteiligen Typologie von Linz (1996) sind die Phänomene als Politische Religion dargestellt, die bestehende Religion instrumentalisiert und manipuliert. So wurde nach dem Konzept von Fox (2008) der Typus der staats-kontrollierten Religion abgelöst von jenem der aktiven Staatsreligion, welche als Übergangsperioden dienten, die durch das NS-Rassenkonzept ersetzt wurden (Feindschaft). Diese Entwicklungen wirkten sich auf die Religionsgemeinschaften selbst, als auch auf ihre Beziehung zur Bevölkerung aus. Durch ihre Politisierung und der teilweisen Involvierung in die gewaltsamen Regime im Krieg nahmen große Teile der Bevölkerung große Distanz bereits während des Krieges zu ihnen ein.

3.5 Religion und Sozialismus in Südosteuropa

Die Machtübernahme der aus Moskau unterstützten kommunistischen Parteien in den Staaten Osteuropas im Jahr 1945 bedeutete für die Religionsgemeinschaften in der Region einen starken Wandel ihrer sozialen, politischen und ökonomischen Bedeutung. Waren sie vor dem Krieg auch in den aufstrebenden Staaten Südosteuropas bedeutende Akteure der Gesellschaft, so brachten die Entwicklungen zwischen 1939 und 1945 (politische) Instrumentalisierung, sowie auf der anderen Seite willkürliche, kollektive Verfolgungen ihrer Angehörigen. Unter den stalinistisch ausgerichteten Systemen Osteuropas nach 1945 waren die Stichworte Verfolgung, Zersetzung und Instrumentalisierung Begriffe, welche die gesellschaftliche Situation der Gemeinschaften charakterisierte (Ramet 1989a: 26; siehe ‚Religion in Communist Lands‘ ab 1973).

3.5.1 Das Regime Enver Hoxhas und Religion in Albanien

Im Oktober 1944 wurde es der Nationalen Befreiungsfront unter Dominanz der Kommunistischen Partei Albaniens (PKSH) möglich, durch den Rückzug der deutschen Wehrmacht und mit ihnen verbündeten militärischen Verbänden aus Albanien auch andere bewaffnete Oppositionsgruppen zu verdrängen (siehe Balli Kombetar). Während dieser Phase begannen die albanischen kommunistischen Partisanen, ein Regime nach dem Vorbild der Sowjetunion mit einer systematischen Kontrolle der Bevölkerung und einer harschen Verfolgung oppositioneller und vermeintlich oppositioneller Gruppen aufzubauen. Dies betraf im Fall Albanien insbesondere die religiösen Gemeinschaften, denen der Generalsekretär der PKSH, Enver Hoxha, sehr misstrauisch gegenüberstand (Fevziu 2016: 183). Aufgrund dieser Situation setzte sich das hohe Emigrationsniveau Albaniens[200] fort.

Vor dem Hintergrund der während des Krieges beginnenden willkürlichen Verfolgungen von religiösen Würdenträgern waren die Ziele der Religionsgemeinschaften die Neuorganisation, sowie Distanzierung zum System Ahmet Zogollis, und zu den ehemaligen Besatzungsmächten Bulgarien, Italien und Deutschland zu betonen. In dieser Dynamik beschloss zuerst die Bektashi-Gemeinschaft am 5. Mai 1945 ein geändertes Statut mit 33 Artikeln (Kryegjyshata Botnore 1945). Die Bestimmungen zur Unabhängigkeit des Ordens (Art. 4) und zur internen Organisation (Art. 5–22) wurden beibehalten, die Bezüge zum Staat wesentlich verringert: So wurde der Inhalt des vorherigen Art. 6 gestrichen, der eine albanische Herkunft des Klerus' vorsah, die Ältestenräte benötigten nicht mehr die Bestätigung der Regierung, und es gab keinen Eid auf den König. Weiterhin entfielen Gebete für den König und für die Armee, sowie die zuvor detaillierte Beschreibung der Verantwortlichkeiten innerhalb des Ordens. Das Statut wurde am 25. Juni 1945 vom Ministerrat Albaniens unter Premierminister Enver Hoxha bestätigt (Këshilli Ministerial 1946a).

Die Muslimische Gemeinschaft Albaniens (KMSH) gab sich am 20. Mai 1945 ein neues Statut (Bartl 1993: 592), welches die Löschung einiger Bezüge zum König vornahm (Këshilli i Përhershëm 1945): So wurde der Eid auf ihn, sowie seine Befugnisse bei Ernennung und Entlassung von religiösem Personal gestrichen (ebd.). Dennoch erhielt sich ein nationale und staatliche Orientierung, da die Amtssprache Albanisch blieb (Art. 4), die Ernennung des Vorsitzenden durch den Präsidenten bestätigt werden musste (Art. 9), vor dem ein Schwur auf den Staat vorgesehen war (Art. 11), und das Statut vom Ministerrat bestätigt werden musste (Këshilli Ministerial 1946b). An anderen Stellen wurden die Rechte des Königs zu jenen des Staatspräsidenten, so beim Entlassungsrecht des Oberhauptes (Art. 14), oder in der Verpflichtung des Klerus, ,jeden Freitag für Staat, Präsidenten und Nationalarmee in albanischer Sprache zu beten' (Art. 62). Der Klerus hatte zusätzlich zur ,Stärkung der nationalen Brüderlichkeit und Gefühle' beizutragen, die Gläubigen zu unterstützen, ,sich an die moderne Zivilisation anzupassen', sowie ,die ein-

---

200 Diese waren insbesondere nach den albanischen Aufständen 1909–1911 (Bartl 1995: 127), der Erklärung der Königsdiktatur 1928 (ebd.: 218), sowie zu Beginn des Zweiten Weltkriegs 1939 (ebd.: 234) zu verzeichnen.

gestellten Mitarbeiter zu überwachen' (Art. 27) (Këshilli i Përhershëm 1945); damit blieben bedeutende Bestandteile der nationalen und politisierten Orientierung unverändert. Bestehen blieb der Anspruch der KMSH, für alle Muslime im Land zuständig zu sein (Art. 1) (ebd.), der mit jenem der Bektashi-Gemeinschaft auf Unabhängigkeit kollidierte (Kryegjyshata Botnore 1945).

Ausgehend vom politischen Bereich strebten die Vertreter des neuen Regimes eine rasche Kontrolle und Eindämmung der Aktivitäten religiöser Gemeinschaften an, da sie als ein Hauptgegner einer sozialistischen Gesellschaftsordnung in der Interpretation des Vorsitzenden Enver Hoxha [1908–1985] galten (Lange 1976b: 187). Ein Grundpfeiler zur Errichtung einer neuen Gesellschaftsordnung bildeten in dieser Periode (in ganz Osteuropa) Änderungen der Besitzverhältnisse an Grund und Boden, die in Albanien noch vor der Verkündung einer neuen Verfassung im März 1946 durchgeführt wurden. Demnach proklamierte der Vorsitz des Antifaschistischen Rates unter Enver Hoxha (ebd.), der provisorischen Übergangsregierung bis 1946, am 29. August 1945 ein Gesetz zur Agrarreform (Kryesija e Këshillit 1945) mit Ausrichtung auf land- und forstwirtschaftliche Flächen. Dieses betraf die großen Religionsgemeinschaften stark, welche bis dahin für ihren eigenen Bedarf und für den lokalen Austausch Landwirtschaft betrieben.

Die Agrarreform legte fest, dass alle privaten landwirtschaftlichen Flächen über 40 Hektar oder jene, die nicht persönlich bewirtschaftet wurden, zur Enteignung und Verteilung an die Dorfbewohner vorgesehen waren, insbesondere Grund religiöser Organisationen (Art. 1). Für einen Haushalt sollten 40 Hektar zur eigenen Bewirtschaftung verbleiben, für enteignete Religionsgemeinschaften galt ein Maß von 20 Hektar pro Dorf, von denen nicht mehr als 15 Hektar bearbeitet werden durften (Art. 2). Bei Abwanderung der Eigentümer fielen die Flächen dem Staat zu (Art. 11), und eine Entschädigung war nur vorgesehen, wenn die verbliebene Fläche zur eigenen Bewirtschaftung kleiner als die erwähnten 20 bzw. 40 Hektar ausfiel (Art. 19) (alle ebd.). Demnach verloren die vier großen Religionsgemeinschaften Albaniens mit diesen Maßnahmen nicht nur einen bedeutenden Teil ihrer ökonomischen Ressourcen, sondern zudem den Status als sozialer Akteur, da sie u.a. als Arbeitgeber, und als Verpächter in der Land- und Forstwirtschaft nicht mehr zur Verfügung standen.

Am 2. Dezember 1945 folgte auf nationaler Ebene die Wahl zur konstituierenden Versammlung, zu der einzig die von der KPSH dominierte Liste der Demokratischen Front antrat, die anschließend alle 82 Sitze belegte. Die Versammlung rief am 11. Januar 1946 Albanien als Volksrepublik aus (Bartl 1995:

244); weiterhin erging am 14. März 1946 die Einführung einer an der stalinistischen Sowjetunion orientierten Verfassung (ebd.) (alb.: *Statuti i Republikës Popullore të Shqipërisë*), welche die Staatsform ‚Volksrepublik' bestätigte (Art. 1) (Asambleja Kushtetonjëse 1946). Das Ziel des Verfassungstextes war die Umgestaltung des Staates, seiner Institutionen, sowie der Gesellschaft zu sozialistischen Regierungs- und Wirtschaftsformen, wie die Einsetzung von Volksräten und ihre ideologische Überhöhung (u.a. in Art. 2[201]) exemplarisch zeigten. In der Ökonomie galten Verstaatlichung von Produktionsmitteln (Art. 7) und Priorisierung des ‚Eigentums des Volkes in den Händen des Staates' (Art. 5, Art. 8), sowie staatliche Steuerung durch die Einsetzung der Planwirtschaft (Art. 6), auch wenn Privatwirtschaft formal noch erlaubt war (Art. 9) (ebd.).

Auf den Bereich der Religion und die Beziehung von Politik und Religion ging der Text der Verfassung in drei von 96 Artikeln ein. Es wurde garantiert, die Bürger des Staates unabhängig von ihrer Nationalität, Rasse oder Religion gleich zu behandeln, und jede Handlung, die Auseinandersetzungen zwischen Nationalitäten, Rassen und Religionen initiiert, stand unter Strafe (Art. 13). Allen Bürgern unabhängig von Geschlecht, Nationalität, Rasse, Religion, oder kulturellem Hintergrund wurde das aktive und passive Wahlrecht zugesprochen (Art. 14). Zentral adressierte den Bereich Art. 16, der (wie die Verfassungen 1922 und 1925) allen Bürgern Gewissens- und Religionsfreiheit garantierte, Religion[202] und Staat trennte, den Religionsgemeinschaften ihre Theologien und religiösen Praxen freistellte, sowie das Verbot aussprach, Religion für politische Zwecke zu verwenden. Neu kam war die Aussage, ‚politische Organisationen mit religiöser Basis' zu verbieten (ebd.).

Detaillierte Bestimmungen zum religiösen Bereich führte das Gesetz ‚Über die Religionsgemeinschaften' vom 26. November 1949 auf (Presidiumi i Kuvendit 1949). Hier wurden formal die Rechte kollektiver und individueller Religionsfreiheit aus der Verfassung wiederholt (Art. 1–Art. 6). Weiterhin folgten restriktive Vorgaben, wie die Aufforderung an die Religionsgemeinschaften, sich innerhalb von drei Monaten Statuten zu geben, die die interne Organisation und Finanzierung definierten, und die vom Ministerrat bestätigt werden mussten, um als Gemeinschaft einen rechtlichen Status zu erhalten (Art. 7, Art. 8). Zudem wurde von Seiten des Staates dem Bektashi-Orden

---

201 „(…)*Volksräte (…), die im nationalen Befreiungskrieg gegen Faschismus und Reaktion geboren wurden und den größten Sieg (…) des albanischen Volkes darstellen.*" (Asambleja Kushtetonjëse 1946; Übers. d. A.).

202 im Verfassungstext: ‚Kirche' (alb.: ‚*kisha*').

Unabhängigkeit von der Muslimischen Gemeinschaft KMSH zuerkannt (Art. 8). Auch die weiteren Inhalte des Gesetzes reflektierten die zentralistischen Maßnahmen der kommunistischen Führung nach 1945. Demnach war der Vorsitzende des Ministerrates (Enver Hoxha) für die Beziehungen zwischen religiösen Gemeinschaften und dem Staat zuständig (Art. 9), religiöse Zeremonien mussten staatliche Verwaltungsvorschriften beachten (Art. 10, Art. 11), und Glaubensgemeinschaften sollten unter ihren Angehörigen ‚das Gefühl der Loyalität gegenüber der Macht des Volkes und der Volksrepublik Albanien entwickeln und die nationale Einheit stärken' (Art. 12; Übers. d. A.).

Die anschließenden Punkte griffen in die Organisation der Gemeinschaften ein: Es wurde verlangt, dass die religiöse Führung und alle dort angestellten Personen ‚loyale' und ‚ehrliche' albanische Staatsbürger mit allen Bürgerrechten sein mussten, und die oberste Führungsschicht (und ihre Mitarbeiter) nach ihrer Wahl in die jeweiligen Positionen eine Genehmigung durch den Ministerrat benötigte (Art. 13). Zudem unterlagen die Beziehungen der Religionsgemeinschaften in andere Länder der Kontrolle des Ministerrats (Art. 13), jeder Kleriker konnte bei ‚antidemokratischer' Aktivität durch den Vorsitzenden des Ministerrates entlassen werden (Art. 15), die Finanzpläne waren der Kontrolle der Regierung unterworfen (Art. 16), und die Eröffnung von Schulen (Art. 17)[203] und Krankenhäusern (Art. 24) wurde Religionsgemeinschaften untersagt. Bedeutende Punkte waren weiterhin die Festlegung der religiösen Zentren durch das Präsidium der Volksversammlung (Art. 30), die Androhung hoher Strafen bei politischer Tätigkeit (Art. 33) oder bei Verletzung dieses Gesetzes (Art. 34), sowie eine Frist von zwei Monaten zur Vorlage einer Liste aller Kleriker der jeweiligen Religionsgemeinschaft in Albanien beim Ministerrat (Art. 36). Demnach waren die Zentralaspekte stalinistischer Herrschaftsausübung mit Verstaatlichung, Zentralisierung, Kontrolle und starker Repression (bei nationaler Abschottung) der Religionsgemeinschaften in Albanien ebenfalls (formal) gegeben.

Der Regelung des Gesetzes, innerhalb von drei Monaten dem Ministerrat neue Statuten vorzulegen, kamen die vier bedeutenden Gemeinschaften Albaniens im Frühjahr 1950 nach. Für die Muslimische Gemeinschaft, den Orden der Bektashi, sowie für die Autokephale Orthodoxe Kirche Albaniens wurden diese vom Präsidium der Volksversammlung am 4. Mai 1950 bestätigt (Presidiumi i Kuvendit 1950a, 1950b, 1950c), jenes der Katholischen Kirche am 30. Juli 1951 (Presidiumi i Kuvendit 1951). Die religiösen Gemein-

---

203 Die Ausbildung des eigenen Klerus hatte in Abstimmung mit dem Ministerrat zu erfolgen (Art. 17).

schaften versuchten mit diesem Schritt, die staatliche Unterdrückung abzumildern, die zusammen mit willkürlichen gewaltsamen Aktionen gegen ihr Personal und ihre Anhänger bestand – beides bestimmte den Alltag religiöser Würdenträger in dieser Periode in Albanien (Bartl 1993: 592–607).

Am 28. Mai 1950 fanden Parlamentswahlen statt, zu denen erneut allein die von der Kommunistischen Partei Albaniens dominierte ‚Demokratische Front' zugelassen war. Sie erhielt alle 121 Abgeordnetensitze und richtete die Politik nach den Vorstellungen Enver Hoxhas aus, der in Albanien bereits nach dem Vorbild Stalins eine als kommunistisch titulierte Willkür- und Terrorherrschaft, und einen Personenkult um ihn etabliert hatte (Bartl 1995: 248). Innenpolitisch bedeutend waren zu diesem Zeitpunkt Spannungen zwischen Jugoslawien und der Sowjetunion unter Josef Stalin (1878–1953), die am 28. Juni 1948 zu einem Ausschluss Jugoslawiens aus dem Informationsbüro der Kommunistischen und Arbeiter-Parteien (Koninform) führten. Hier entschied sich die von Enver Hoxha kontrollierte albanische Partei für den Kurs Stalins[204] und gegen Jugoslawien. Dem folgten symbolische Schritte wie die Umbenennung der Kommunistischen Partei Albaniens in ‚Partei der Arbeit Albaniens' (alb.: *Partia e Punës e Shqipërisë* – PPSH) am 22. November 1948, als auch eine neue Verfassung (alb.: *Kushtetuta e Republikës Popullore të Shqipërisë*), die bereits einen Monat nach den Wahlen (am 04.07.1950) von der Volksversammlung verabschiedet wurde. Sie stellte eine leichte Modifikation des Statuts von 1946 dar (Schmidt-Neke 2009: 45, 182), und sollte mit symbolischen Begriffsänderungen die neue Distanzierung zu Jugoslawien dokumentieren (Presidiumi i Kuvendit 1950d). Im Bereich von Politik und Religion übernahm die Verfassung von 1950 die Ausführungen des Art. 16 im Statut von 1946 in ihren Text (hier Art. 18; Gewissens- und Religionsfreiheit; Trennung Religion und Staat; Verbote, Religion für politische Zwecke zu nutzen) (Presidiumi i Kuvendit 1950d).

Die realen Bedingungen organisierter Religion in Albanien standen im Gegensatz zu den in der Verfassung und den Gesetzen garantierten Rechten: Bereits während des Zweiten Weltkriegs kam es zu Verfolgungen der Religionsgemeinschaften und ihrer Vertreter, denen nach Beendigung des Krieges Schauprozesse gegen Kleriker folgten, da diese Gruppen als potentielle Opposition mit hoher Reichweite ausgemacht waren (Fevzui 2016: 183). In Anlehnung an die Politik Stalins wurden religiöse Würdenträger zentrales Ziel

---

204 „Stalin blieb bis zu Enver Hoxhas Tod eine unangefochtene Leitfigur der albanischen Politik. In Albanien galt er weiterhin als Klassiker des Marxismus-Leninismus, als in der Sowjetunion (…) schon längst die Entstalinisierung begonnen hatte." (Bartl 1995: 248).

von Verfolgung und Ermordung, sodass ein Jahrzehnt später nur noch wenige Kleriker im Land lebten: Die Römisch-Katholische Kirche zählte 1955 in Albanien 14 Priester (Bartl 1995: 243), deren Zahl 1939 203 betragen hatte (Tönnes 1982: 251). Auch die oberste Schicht der vier bedeutenden Religionsgemeinschaften, welche teilweise als zentrale Akteure der albanischen Nationalbewegung galt, blieb nicht verschont: Der römisch-katholische Bischof Luigj Bumçi starb nach der Folter durch kommunistische Partisanen am 01. März 1945; der Politiker und Erzbischof der Autokephalen Orthodoxen Kirche Albaniens, Theofan Noli, sowie der hohe Würdenträger des Bektashi-Ordens, Baba Rexheb, wanderten in die USA aus. Letztere trafen sich 1954 in Detroit, um die Situation der Religion in Albanien zu erörtern (Trix 2011: 142).

Außenpolitisch folgte ab 1955 eine Abwendung von der Sowjetunion. In dieser Dynamik führten die Autarkiebestrebungen und die Furcht Enver Hoxhas, von den Kommunisten Jugoslawiens vereinnahmt zu werden (Bartl 1995: 250/251), dazu, Albanien ab 1960 ideologisch und ökonomisch verstärkt an China auszurichten. Diese Konstellation hatte nachdrückliche Wirkungen auf die Gesellschaft Albaniens, wie auf die (hauptsächlich im Untergrund agierenden) Glaubensgemeinschaften: Die Kommunistische Partei Chinas (KPC) unter Mao Zedong (1893–1976) führte ab August 1966 die sog. ‚Kulturrevolution' durch, unter der jegliche (tatsächliche und vermeintliche) Opposition – und somit ebenfalls Religionsgemeinschaften und ihre Vertreter – einem höchstmöglichen Verfolgungsdruck ausgesetzt waren (Leese 2016: 50). Parallel wurde ein quasi-religiöser Führerkult um Mao Zedong propagiert, der Religion und andere Weltanschauungen ersetzen sollte[205].

Weitreichende Elemente der totalitären Herrschaft mit quasi-religiösem Führer- und Ideologiekult waren bis dahin unter Enver Hoxha in Albanien bereits etabliert. Dem folgten nun umfassende Verschärfung, Formalisierung und Legalisierung der Unterdrückung religiöser Weltanschauungen. Die erste Maßnahme war die Änderung des Gesetzes ‚Über die Religionsgemeinschaften' von 1949 am 04. April 1963 (Presidiumi i Kuvendit 1963), in der die

---

205 „*Mao war überzeugt, dass in der Sowjetunion «zu wenige Menschen Lenin gesehen hatten» und dass die persönliche Begegnung mit revolutionären Führern den mit der Kulturrevolution angestrebten Bewusstseinswandel massiv befördern könne. Aus diesem Grund organisierte die verbliebene Führungsspitze am 18. August 1966 erstmals eine Massenaudienz auf dem Platz des Himmlischen Friedens. Mao erschien zu den feierlichen Klängen (...) bei Sonnenaufgang (...) auf dem Tor des Himmlischen Friedens und ließ sich von den Massen frenetisch bejubeln. (...) Die entrückte Präsenz des Vorsitzenden machte ihn zur Projektionsfläche unterschiedlichster Emotionen (...). Der exzessive (...) Führerkult wurde zu einem Kennzeichen der Kulturrevolution (...).*" (Leese 2016: 48/49).

Rechte des Präsidiums der Volksversammlung gegenüber den Gemeinschaften auf den Ministerrat übertragen wurden (Art. 7, Art. 30).

Am 11. April 1967 beschloss das Präsidium der Volksversammlung das De-kret ‚Zur Verstaatlichung des unbeweglichen Eigentums der Religionsge-meinschaften', mit dem ihre Grundstücke verstaatlicht wurden (Presidiumi i Kuvendit 1967a). Es folgte am gleichen Tag ein Dekret ‚Über die Verstaatli-chung von Räumlichkeiten für Handel, Industrie, Handwerk oder Beruf, für Büros oder Lagerhäuser, die Privateigentum sind, sowie über die Verstaatli-chung von unbeweglichem Vermögen von Religionsgemeinschaften' (Presi-diumi i Kuvendit 1967b), welches auf die Verstaatlichung der Immobilien und sonstigen Sachwerte der religiösen Gruppen zielte, und das Überleben der Institutionen insgesamt infrage stellte. Einen vorerst letzten Schritt der For-malisierung der Verfolgung stellte das Dekret ‚Über die Entwicklung der Ver-ordnungen' vom 13. November 1967 dar (Presidiumi i Kuvendit 1967c). Die-ses annullierte in einem Artikel das Gesetz zu den Religionsgemeinschaften vom 26. November 1949, sowie die Dekrete zu den Genehmigungen der Sta-tuten der KMSH, der Orthodoxen Autokephalen Kirche, des Bektashi-Or-dens und der Römisch-Katholischen Kirche (04.05.1950 und 30.07.1951) (ebd.) – und bedeutete ein vollständiges Verbot von religiösen Gemeinschaf-ten. Albanien sollte nun als ‚atheistischer Staat' gelten, in dem jegliche Reli-gion zur Verwirklichung der von Enver Hoxha und der PPSH verordneten Ideologie zu weichen hatte (siehe auch die anschließend zitierte Präambel der Verfassung von 1976).

In der Praxis der Religionsfreiheit hatte die Politik Enver Hoxhas bereits vor dem Jahr 1967 so weit geführt, dass organisierte Religion und religiöse Weltanschauungen öffentlich nahezu nicht mehr präsent waren, auch wenn sie im privaten Rahmen weiter praktiziert wurden, wie auch Hoxha bewusst war (Fevzui 2016: 182). Nach den staatlichen Regelungen vom April 1967 wurden sämtliche verbliebenen Kultstätten und Andachtsorte der Glaubens-gemeinschaften, wenn sie nicht bereits anderen Zwecken zugeführt wurden, ohne rechtliche Regelung geschlossen: Dies betraf 740 islamische Moscheen, 530 Einrichtungen des Bektashi-Ordens (Tekken und Türben), sowie 608 orthodoxe und 157 katholische Kirchen und Klöster (Bartl 1993: 608/609). Demnach galt die Verfolgung der Religion in ihrer Intensität im Vergleich mit damaligen sozialistischen Regimen in Osteuropa als sehr hoch, wie Zeitzeugen der Situation darlegen: „*In addition to the brutal persecution of the clergy, numerous places of worship were closed down or demolished (...). (...) The church of Vau i Dejës, the oldest one in the country, was blown up with dynamite, in spite of the fact that it was among the top ten on the list of historical buildings protected by the state. Countless religious artefacts (...), including icons and holy books, were hurled onto bonfires (...) Thousands of priests and imams were arrested (...). Many imams and dervishes of the Bektashi sect had their beards shaved off in public by the ,red guards' of the Communist Youth, in a bid to emulate the Chinese Cultural Revolution. (...) macabre scenes on TV of people vandalising the graves of Bektashi holy men and flinging their bones into the river."* (Fevzui 2016: 183).

An dieser Stelle ließen sich unzählige Beispiele der Enteignung und Zerstörung, sowie der Verfolgung von Angehörigen religiöser Gemeinschaften anfügen. Die konfiszierten und in vielen Fällen historisch wertvollen religiösen Güter waren anschließend Ziel von gezielten Zerstörungen, oder erhielten eine zweckgebundene Verwendung mit hohem Destruktionsgrad (Landwirtschaft, Militär). Da der Grad der Bürokratisierung im damaligen Albanien bei den involvierten Akteuren (Staat, Religionsgemeinschaften) im Vergleich gering war, und seit ihrer Anwendung große Willkür bei den Maßnahmen herrschte, sind systematische Übersichten über die Konsequenzen hinsichtlich des religiösen Personals lückenhaft: *„The exact number of clergymen who were executed or tortured to death, or who perished in prison, is unknown. Given that Muslims and Bektashis did not keep accurate lists of their members (...)."* (ebd.).

Zur Einschätzung können Daten aus dem Literaturmagazin ,Nëntori' von 1967 herangezogen werden: Innerhalb einiger weniger Monate des Jahres 1967 seien in Albanien 2.169 religiöse Gebäude (Kirchen und Klöster, Moscheen, Tekken) teilweise oder gänzlich zerstört worden, davon 327 römisch-katholische Kirchen (Fevzui 2016: 183) (ähnlich Daten bei Bartl 1993: 608/609). Für den Niedergang des spirituellen Personals der Religionsgemeinschaften zeigen Aufzeichnungen für das Frühjahr 1971 dass die Mehrheit dieser über alle Religionen hinweg ,liquidiert' war; die Römisch-Katholische Kirche hatte noch 14 Priester[206] im Land, von denen zwölf in Lagern inhaftiert und zwei im Untergrund waren (Tönnes 1975: 5). Diese Dimensionen galten ebenso für die anderen Religionen, auch wenn die Römisch-Katholische Kirche aufgrund ihrer Verbindungen nach Westeuropa, insbesondere in den Vatikan und nach Italien, ein primäres Ziel anti-religiöser Verfolgung blieb (Broun 1976: 106). Demnach postulierte Enver Hoxha Albanien als ,ersten

---

206 Es liegt im Vergleich zu anderen Religionsgemeinschaften eine bessere Datenlage für die Römisch-Katholische Kirche in Albanien vor, da diese einen höheren Grad an Aufmerksamkeit in den westlichen Ländern erhielt. Siehe u.a. den Fokus des 1973–1991 im Bereich führenden Journals *„Religion in Communist Lands"*.

atheistischen Staat', auch wenn in der Bevölkerung Religion im Privaten weiterhin ausgeübt wurde (Tönnes 1975: 7).

Die kämpferisch-antireligiöse Ausrichtung fand sich in der neuen Verfassung wieder, die am 28. Dezember 1976 vom Präsidium der Volksversammlung veröffentlicht wurde (Presidiumi i Kuvendit 1976). Neben der Namensänderung ‚Sozialistische Republik Albanien' enthielt sie eine umfangreiche Präambel, die historische Ereignisse der albanischen Unabhängigkeitsgeschichte bemühte, um eine lineare und kohärente Entwicklung der Gesellschaftsordnung hin zu einer kommunistischen zu konstruieren. Hier dienten Referenzen zum religiösen Bereich ausschließlich als negative Abgrenzungspunkte mit dem Ziel der Konstruktion der eigenen Weltsicht: *,Die Grundlagen der religiösen Dunkelheit wurden zerstört.'* (ebd.), und würden ersetzt durch die *,proletarische Ideologie'*, denn *,Das albanische Volk hat eine konstante Inspiration in der großen Doktrin des Marxismus-Leninismus gefunden (...).'* (ebd.; Übers. d. A.).

Weiterhin erkannte laut neuer Verfassung der Staat keine Religionen an, und erhob das Ziel, bei den Bürgern eine *,wissenschaftliche, materialistische Weltsicht'* zu etablieren (Art. 37). Auf Religion und Religionsfreiheit wurde weiterhin in Art. 55 eingegangen, der es verbot, *,jegliche faschistische, antidemokratische, religiöse und antisoziale Organisation zu gründen'*, *,Faschistische, antidemokratische, kriegerische Propaganda'* zu betreiben, sowie *,National- und Rassenhass'* zu fördern (ebd.; Übers. d. A.). Insgesamt sollte die Verfassung den Staat weiter zentralisieren, sowie die albanische Version des sozialistischen Kollektivismus mit Führerkult stärken; inklusive einer absoluten Negativstellung des Religiösen. Die Trennung vom kommunistisch geführten China erfolgte im Jahr 1978; nach drei Jahrzehnten der absoluten Verdrängung der Religion aus der albanischen Gesellschaft durch die PPSh unter Enver Hoxha blieb: „(...) *by 1967 organized religion had been eliminated in Albania. However, during the past decade a campaign has been launched to suppress more than organized religion: this operation has sought to eradicate all religious thought (...) and „backward customs" (...) pursued with a rhetorical intensity unique by contemporary East European standards."* (Bowers 1978: 148).

Exemplarisch[207] für die weitere Unterdrückung religiöser Gemeinschaften stand der römisch-katholische Bischof von Schkodër, Ernest Maria Çoba (1913–1980), der in einem Arbeitslager nahe Elbasan im April 1979 Ostern feierte, anschließend zur Strafe gefoltert wurde, und daraufhin starb (Sinishta

---

207 weitere Bestandsaufnahmen u.a. bei Tönnes (1982) und Bartl (1993: 611)

1980: 1/2). Als am 11. April 1985 Enver Hoxha starb, war organisierte Religion in Albanien aus der Öffentlichkeit verbannt. Nur wenige religiöse Stätten in großen Städten wurden aufgrund der internationalen kulturellen Bedeutung erhalten (Hodges 1986: 268); in den Kleinstädten und Dörfern blieben sämtliche religiösen Stätten weiterhin zerstört (ebd.: 271). Auch bei der Unterdrückung religiöser Würdenträger fanden bis 1990 nur wenige Erleichterungen statt. Seit der Machtübernahme am 13. April 1985 führte der neue Präsident Albaniens, Ramiz Alia (1925–2011), den Personenkult um Enver Hoxha, den rigiden Autoritarismus, und die internationale Isolierung des Landes zunächst fort. Erst spät versuchten die Regierungen Albaniens bis 1990, in vorsichtigen Schritten das Regime zu liberalisieren (Bartl 1995: 271) – religiöse Würdenträger wurden weiterhin für die Abhaltung religiöser Zeremonien verurteilt (Hodges 1986: 272).

In den Jahren 1989/1990 konnte sich – gefördert durch die Ereignisse in den Reformstaaten Osteuropas, sowie der desolaten Lage der Wirtschaft und der Bevölkerung Albaniens – auch die PPSH politischen Veränderungen nicht mehr verschließen. Eine Lockerung erfuhren die strengen Gesetze zum religiösen Bereich im Jahr 1990, als in der Mehrheit der Staaten Osteuropas bereits bedeutende Schritte in Richtung einer demokratischen Regierungsform und einer Liberalisierung der Gesellschaft initiiert worden waren. So wurde vom albanischen Parlament am 9. Mai 1990 die Gesetze zum Religionsverbot aus dem Jahr 1967 aufgehoben und auch praktisch fand ab diesem Zeitpunkt keine Verfolgung von Religion statt (Bartl 1993: 612). Im Jahr 1991 fanden in Albanien mit den ersten freien Wahlen bedeutende Schritte in Richtung Demokratisierung statt. Die Konsequenzen der Verstaatlichung und Verfolgung zwischen 1944 und 1990 stellten in der anschließenden Periode Faktoren für das Aufkommen von Problemen im Bereich Politik und Religion dar.

Zur Einordnung der Rolle der Religion im staatssozialistischen System Albaniens zwischen 1945 und 1991 bleibt festzuhalten, dass Enver Hoxha als bedeutendster Akteur des politischen Systems ein kollektivistisches Gesellschaftssystem mit totaler Kontrolle, Unterdrückung, und Personenkult entwickelte, welches in seiner Intensität im europäischen Vergleich intensiv ausgeprägt war. Demnach war nach Weber (1922) der Typ einer charismatischen Herrschaft gegeben, die sich in der Beziehung zwischen Religion und Politik nach Linz (1996: 136) in einer Politischen Religion ausdrückte. Diese Form der Beziehung ist in dem Konzept von Fox (2008: 147) mit der Kategorie einer Feindschaft zwischen Politik und traditioneller Religion charakterisiert. Vor diesem Hintergrund wurde das Ende des Regimes von den Religionsgemeinschaften gefördert. Dies zeigt der Besuch von Anjezë Gonxhe Bojaxhiu (1910–1997) in Tirana 1990: „(...) *Mother Teresa (...) asked to be taken to the grave of the man who had tormented her and her family (...); and she placed a bunch of flowers on his grave. Her message of pity and forgiveness (...).*" (Fevzui 2016: 184).

3.5.2 Religion im sozialistischen Jugoslawien 1945–1990

„By May 1945, (...) Communists introduced brutal repression which included summary executions or long imprisonments of real or not-so-real collaborators (...). In Croatia, as well as Bosnia, many imams and other men of religion were executed or imprisoned. (...) Several other influential members (...) fled the country." (Mujadžević 2018: 134/135).

Wie in Albanien stand nach der Befreiung Jugoslawiens der Aufbau einer Gesellschaftsordnung nach dem Vorbild der Sowjetunion unter Stalin als Ziel der kommunistischen Führung. Dies wurde nach den vorherigen Erfahrungen im Königreich Jugoslawien mit einer Föderalisierung des Staatsaufbaus verbunden (siehe Anhang 5). Auch hier wurde eine sozialistisch-atheistische Doktrin mit ausgeprägten Führerkult verfolgt – in diesem Fall um Josip Broz (genannt ‚Tito'; 1892–1980). Dies nahm Einfluss auf die gesellschaftliche Position traditioneller Religionen, in Slowenien insbesondere der Römisch-Katholischen Kirche (RKK), die stark eingeschränkt wurde. Bereits während der Machtübernahme während des zweiten Halbjahres 1944 und den ersten Monaten 1945 begann eine erste Phase der Enteignung des Besitzes, sowie von Maßnahmen der Verfolgung und vollständigen Kontrolle der Religionsgemeinschaften. Diese zielten insbesondere auf die RKK[208], da ein Teil der Akteure der Kirche mit den Besatzungsmächten zusammengearbeitete (Črnič/Lesjak 2003: 357; Ognyanova 2009: 171), die oberste Kirchenführung zum Terrorregime öffentlich schwieg, und aufgrund der persönlichen Involvierung einiger Würdenträger in Strukturen des faschistischen NDH-Regimes 1941–1944 (Greble 2011: 56), die innerhalb der Römisch-Katholischen Kirche kritisch gesehen wurde.

---

[208] *„Repression was concentrated in Slovenia and Croatia, followed by Bosnia-Herzegovina. In Serbia, punishment was comparatively weak. The Muslim clergy were punished seldom, with the exception of Macedonia.*" (Buchenau 2005: 565).

Dieser Politik entsprach das dem Kriegsende vorausgehende Enteignungs-dekret (,Entscheidung über die Übertragung des feindlichen Eigentums in staatliches Eigentum') vom 21. November 1944 (SLDFJ[209], Nr. 2, 06.02.1945: 13/14), eine erste umfassende Welle der Verstaatlichung von privatem Eigen-tum bedeutete. Betroffen waren auch die bedeutenden Religionsgemein-schaften Jugoslawiens, die kollektiv der Kollaboration verdächtigt wurden, und deren Eigentum bereits während des Krieges Ziel von Konfiszierung oder gezielter Zerstörung durch verschiedene bewaffnete Verbände, auch der kommunistischen Partisanen, war (Krainer 1981: 31). Dem folgte am 18. Mai 1945 ein Erlass ,über die Entfernung von Militärfriedhöfen und Gräbern von Okkupatoren und Volksfeinden in Slowenien' (Geiger 2016: 46), welcher be-reits durchgeführte willkürliche Zerstörungen legalisierte und die Religions-gemeinschaften, insbesondere die RKK, unter hohen Konformitätsdruck setzte. Zusätzlich zum Enteignungsgesetz von 1944 wurde am 9. Juni 1945 das ,Gesetz über die Einziehung von Eigentum und die Vollstreckung der Ein-ziehung' (SLDFJ, Nr. 40, 12.06.1945: 345–348) beschlossen (präzisiert am 01.10.1946; Botti 2019), und Enteignungen der Religionsgemeinschaften wei-ter legalisiert[210]. Kollektivstrafen (Enteignung, Vertreibung) trafen neben den Religionsgemeinschaften insbesondere die deutsche Minderheit, unter der eine Vielfalt an Haltungen zum NS-Regime bestand (Krainer 1981: 24).

Dem folgte das ,Gesetz über das Verbot der Provokation von nationalem, rassischem und religiösem Hass und Zwietracht' vom 24. Mai 1945 (SLDFJ, Nr. 36, 29.05.1945: 298) (leicht geändert mit ULFNRJ[211], Nr. 56, 12.07.1946: 646). Dieses verbot die Einschränkung von Rechten aufgrund von Unter-schieden in Nationalität, Rasse und Religion (Art. 1), und belegte die Veröf-fentlichung von Publikationen, die darauf abzielen, nationalen oder rassisti-schen Hass oder Zwietracht zu provozieren (Art. 2), mit einer Freiheitsstrafe von bis zu fünf Jahren (Art. 3). Wenn Handlungen dieser Form in ,schwer-wiegende Konsequenzen' (d.h. Unruhen) münden, war eine Freiheitsstrafe von bis zu 15 Jahren vorgesehen, sowie die Beschlagnahme von Eigentum und der Verlust politischer Rechte (Art. 4). Die Bildung von religiösen Hass wurde gesondert betont und mit ähnlichen Strafen belegt; erschwerend war, wenn Religionsvertreter religiösen Hass anregten. Wissenschaftliche Kritik an Re-

---

209 SLDFJ – Službeni List Demokratske Federativne Jugoslavije (offizielles Amtsblatt des ,Demokratischen Föderalen Jugoslawien'; 01.02.–28.11.1945).

210 Einen Überblick zu den Enteignungsgesetzen in Jugoslawien 1944–1990 bietet Uprava za zajedničke (2020).

211 ULFNRJ – Uradni List Federativne Narodne Republike Jugoslavije (offizielles Amts-blatt der ,Föderalen Volksrepublik Jugoslawien'; November 1945 bis April 1963).

ligion, sowie Kritik an religiösen Vertretern wurde ausdrücklich ausgenommen (Art. 5) (ebd.). Das Gesetz war grundlegend in der Repression der Religionsgemeinschaften in Jugoslawien bis 1990.

In den ersten Nachkriegsmonaten mit der grundlegenden Umgestaltung des Gesellschaftssystems war weiterhin das ‚Gesetz über die Agrarreform und Kolonialisierung' bedeutend, beschlossen am 23. August 1945 (SLDFJ, Nr. 64, 28.08.1945: 621–624). Dieses sah die Verstaatlichung größeren Eigentums an landwirtschaftlichen Flächen von Privatpersonen und Organisationen vor, bei der für den privaten Gebrauch drei bis fünf Hektar verbleiben durften (Art. 3) (ebd.). Das Gesetz hatte nachhaltige Wirkung auf die Religionsgemeinschaften, da sie z.T. ihre Hierarchie, und gerade ihre lokalen Gemeinschaften (wie Klöster) aus Einnahmen aus diesen Quellen finanzierten (Buchenau 2004: 223). Zudem brach mit der Enteignung von Agrarland das sozio-ökonomische Element der gesellschaftlichen Verankerung der Religionsgemeinschaften weitgehend weg, damit keine Arbeitgeber im landwirtschaftlichen Bereich sein zu können. So war die RKK in Slowenien in diesem Bereich zuvor dominanter Akteur.

Am 29. November 1945 folgte mit der ‚Deklaration der Verkündung der Föderalen Volksrepublik Jugoslawien' (‚*Federativne Narodne Republike Jugoslavije*' – FNRJ) die Umbenennung des Staates (Arhiv Jugoslavije 2008) und am 31. Januar 1946 die Proklamation einer neuen Verfassung (ULFNRJ, Nr. 10, 01.02.1946: 73–94), die nach stalinistischem Vorbild angelegt war (Roggemann 1979: 21). Sie garantierte die grundlegenden Bürgerechte; die Verfassungswirklichkeit war jedoch geprägt vom Aufbau einer sozialistischen Diktatur. Aufgrund der Differenzen zwischen Serben und Kroaten 1918–1941 war der Staat mit sechs Teilrepubliken föderal gestaltet, die eigene Verfassungen verabschiedeten (siehe Anhang 5), und sah einen Ausgleich zwischen den Gruppen des Landes vor (Töpfer 2012: 193).

Die Verfassung garantierte den Bürgern Gleichbehandlung unabhängig von der religiösen Zugehörigkeit (Art. 23), und verbot die Verbreitung von nationalem, rassistischem oder religiösem Hass (Art. 21). Weiterhin wurden Religionsfreiheit garantiert, ‚Kirche' und Staat getrennt, sowie jenen Gemeinschaften, deren Lehren nicht gegen die Verfassung verstoßen, Religionsfreiheit zugesichert. Diese konnten unter staatlicher Aufsicht religiöse Schulen betreiben, und der Staat sagte ihnen materielle Unterstützung zu[212]. Der Artikel verbot zudem den Missbrauch von Religion zu politischen Zwecken,

---

212 Buchenau (2004: 223) verweist darauf, dass damit die 1918–41 gewährte staatliche Unterstützung entfiel.

sowie politische Organisationen mit religiösem Hintergrund (Art. 25) (ULFNRJ, Nr. 10, 01.02.1946: 77/78). Zur Kontrolle der Religionsgemeinschaften erfolgte weiterhin die Gründung der Bundeskommission für religiöse Angelegenheiten (Arhiv Jugoslavije 2008; Samardžić 1981: 39).

Für die Beziehungen zwischen Politik und Religion in Jugoslawien waren in dieser Phase direkt nach dem Zweiten Weltkrieg generelles Misstrauen, Verfolgung und Kontrolle durch einen Ein-Parteien-Staat charakterisierend. Stellvertretend dafür stand der Prozess gegen den bedeutenden römisch-katholischen Erzbischof von Zagreb, Alojzije Stepinac, 1946 (siehe Religion im Zweiten Weltkrieg). Er blieb bis 1952 in Haft, und wurde anschließend unter Hausarrest gestellt (Ramet 2006: 197) – jene Erfahrungen prägten insgesamt die ablehnende Beziehung zwischen Römisch-Katholischer Kirche und dem jugoslawischen Staat in der Nachkriegszeit: *„(...) Stepinac received a summons from the district court (...). His letter refusing to obey the summons was angry and bitter (...). (...) Stepinac seized on this as an opportunity for telling the authorities exactly what he thought of them."* (Alexander 1978: 85).

Demnach verweigerte sich die RKK weitgehend der Kommunikation mit staatlichen Institutionen in dieser Phase (ebd.: 86) und erhob Stepinac am 29. November 1952 zum Kardinal (Ramet 2006: 197). Die anderen Religionsgemeinschaften waren aufgrund der staatlichen Repression bemüht, sich mit den Gegebenheiten zu arrangieren. Für die weitere Entwicklung im Bereich Politik und Religion bedeutend war nun die Außenpolitik, wie der Bruch mit der internationalen Organisation der kommunistischen Parteien (‚Kominform') unter Stalin am 28. Juni 1948 (Roggemann 1979: 20). Hier wurden jegliche wirtschaftlichen Kontakte abgebrochen (Ministry of Foreign Affairs 1951: 480); ebenfalls erfolgte eine verstärkte Propaganda mit dem Versuch der ethnischen und religiösen Separation aus benachbarten sozialistischen Staaten (ebd.: 477/478). Auf der anderen Seite wurden gegen die Einflussnahme religiöse Würdenträger in Jugoslawien als Spione Moskaus verfolgt (ebd.: 121). Demnach fand in dieser Phase in der Behandlung der Religionsgemeinschaften unter dem Eindruck außenpolitischer Verunsicherung der staatlichen Führungsschicht[213] eine starke Kontrolle und Unterdrückung statt. Die faktische Politik ging in Richtung einer Verstetigung der Maßnahmen; dies zeigte die Praxis der jugoslawischen Staatssicherheit (UDB[214]) unter Aleksandar Ranković (1909–1983) bis 1966 (siehe u.a. Sekulić 1989).

---

213 Siehe auch die Konzentration militärischer Einheiten Bulgariens, Rumäniens und Ungarns an den Grenzen Jugoslawiens im Sommer 1951 (Ramet 2006: 181).

214 serb.: *‚Uprava državne bezbednosti'* – UDB

Ein erster Schritt genereller innenpolitischer De-Zentralisierung war das Verfassungsgesetz vom 13. Januar 1953, welches die Verfassung von 1946 in Richtung einer ideologischen Distanzierung von den sowjetisch kontrollierten Staaten Osteuropas änderte. Hier wurde Jugoslawien als sozialistisch-demokratischer Bundesstaat souveräner und gleichberechtigter Völker definiert. Die bedeutendste Reform betraf den ökonomischen Bereich, welche unter den Rahmenbedingungen des jugoslawischen Sozialismus die Kategorien des sozialen Eigentums an Produktionsmitteln, sowie der Selbstverwaltung der Produktionseinheiten in der Verfassung verankerte (Arhiv Jugoslavije 2008; Roggemann 1979: 22). Nach der Annahme des Verfassungsgesetzes wurde Josip Broz am 14. Januar 1953 in das ebenfalls neu geschaffene Amt des Staatspräsidenten gewählt.

Maßnahmen der Kontrolle und der vorsichtigen staatlichen Öffnung in Richtung der Religionsgemeinschaften fanden rechtliche Verankerung durch das am 27. Mai 1953 erlassene ‚Gesetz über den legalen Status der Religionsgemeinschaften' (ULFNRJ, Nr. 22, 27.05.1953: 209/210). Hier wurden Religionsfreiheit, sowie staatliche Anerkennung und Rechte von Glaubensgemeinschaften festgelegt; Formulierungen, die in der Praxis (wie insgesamt in den sozialistischen Staaten Osteuropas) eingeschränkte Gültigkeit besaßen. Dennoch versuchte die Römisch-Katholischen Kirche, ihre Position mit diesen Maßstäben abzugleichen, welches in der Staatsspitze auf verbaler Ebene durchaus Wirkung entfaltete: *„The Church began to take heart and even occasionally to stand on its rights (...). Tito made a widely reported speech at Ruma in 1953 in which he deplored violence against priests: ‚excesses have taken place which ought not to happen in a socialist country like ours – this is illegal and we demand that the law be respected in our country"*. (Alexander 1978: 85).

Die faktische Religionspolitik änderte sich im Gegensatz zu diesen Verlautbarungen nur in geringem Maße. Die Praxis der staatlichen Kontrolle und Unterdrückung der Religionsgemeinschaften blieb zunächst bestehen (Buchenau 2005: 565; Ramet 2006: 196)[215]. Eine Liberalisierung entstand sukzessive unter dem Eindruck außenpolitischer Entwicklungen mit der

---

215 *„In 1953, Yugoslavia counted 11,786 clerics (...). Up to that time in total 1,403 clerics had been sentenced to imprisonment. In 1954, there were still 158 clerics in prison, out of which 124 were Catholics (1.7% of the Catholic clergy), 32 Orthodox (1.25% of the Orthodox clergy) and two Protestant priests. The contrast looks much sharper if irregularities are included, such as (...) performance of religious rituals outside the church walls, tax fraud, etc. Before repression faded in 1960, every year about 25% of the Catholic priests were sentenced to fines or imprisonment. For the Serbian priests there are comparable data (...)."* (Buchenau 2005: 565).

Abwendung Jugoslawiens von den sowjetisch dominierten Staaten Osteuropas: Dies führte 1955 zur Gründung der Bewegung der Blockfreien Staaten durch 30 mehrheitlich asiatische und afrikanische Staaten, die sich nicht einem der beiden dominierenden Machtblöcke anschlossen, darunter Ägypten, Indien, Indonesien und Jugoslawien (Lüthi 2016: 99). Diese etablierte anschließend in der UNO ein bedeutendes Gegengewicht zu den beiden anderen Machtblöcken. Die Teilnehmer verabschiedeten 1955 mehrere Resolutionen gegen Kolonialismus und Rassismus, sowie für die Aufwertung ehemaliger Kolonien in den internationalen Beziehungen (Unabhängigkeit; ebd.: 138). Die unterschiedlichen Interessen der Teilnahmestaaten ließen in der Folgezeit das Bündnis auf internationaler Ebene wenig einheitlich agieren. Mit Blick auf den religiösen Bereich veranlasste die Teilnahme von Staaten mit Bevölkerungen, die ein breites Spektrum unterschiedlicher religiöser Traditionen repräsentierten, oder vielfach islamisch geprägt waren, die Autoritäten Jugoslawiens, die Unterdrückung der Religionsgemeinschaften der stalinistischen Periode zu lockern, insbesondere hinsichtlich der Islamischen Gemeinschaft. Diese Vorgehensweise galt in der Folgezeit auch für die Behandlung der Römisch-Katholischen Kirche unter den Vorzeichen der Annäherung Jugoslawiens an die Staaten Westeuropas (Ramet 2006: 201).

Am 7. April 1963 folgte die Verabschiedung einer neuen Verfassung (Roggemann 1979: 22), welche die Formulierungen der Verfassungsänderung, insbesondere über die Konstituierung des ‚Selbstverwaltungssozialismus‘ und der Arbeiterselbstverwaltung[216], der Umstellung der Wirtschaft, und Neuordnung der Beziehungen zwischen Bund und Teilrepubliken präzisierte (ebd.). Zudem wurde der Staatsnamen in Sozialistische Föderative Republik Jugoslawien (SFRJ) geändert. Der Textumfang verdoppelte sich im Vergleich zu 1946 mit der Inklusion umfangreicher Aspekte zu den genannten Themen auf 259 Artikel.

Die Regelungen zur Religion blieben leicht modifiziert bestehen: Alle Bürger waren unabhängig von der Religionszugehörigkeit staatlich gleichgestellt (Art. 33), die bürgerlichen Freiheiten und Rechte durften nicht genutzt werden, um nationalen, rassistischen, oder religiösen Hass und Intoleranz zu verbreiten (Art. 40/41), und eine Zuständigkeit des Bundes bei der Festlegung

---

216 Das jugoslawische Wirtschaftssystem mit den Elementen Arbeiterselbstverwaltung und Dezentralisierung innerhalb einer sozialistischen Planwirtschaft wurde in den 1960er und 1970er Jahren in global als innovatives Konzept der Wirtschaftsform angesehen, welches einen Mittelweg zwischen Kapitalismus und stalinistisch-sozialistischer Planwirtschaft versuchte (siehe u.a. Garaudy 1975: 33; Lydall 1984: 290; Roggemann 1979: 12).

des rechtlichen Status der Religionsgemeinschaften wurde neu festgelegt (Art. 161). Der Wortlaut der Bestimmungen des Artikels zur Religionsfreiheit und Trennung von Staat und Religion von 1946 (dort Art. 25) wurden hier in Art. 46 wiederholt.

Tab. 35: Religion in der Verfassungsentwicklung Jugoslawiens 1943–1988[217]

Art	Datum	bedeutende Regelungen zu Politik und Politik-Religion
Deklaration	29.11.1943	AVNOJ vorläufig oberste Legislative und Exekutive; Entzug Rechte Exilregierung, König; Aufbau föderales Jugoslawien
Deklaration	29.11.1945	Verkündung Föderale Volksrepublik Jugoslawien (FNRJ)
Verfassung (139 Artikel)	31.01.1946	Art. 21 Bürger unabh. Religion gleich; Verbreitung reli. Hass verboten / Art. 23 Bürger unabh. Religion Wahlrecht Art. 25 RF garantiert / Kirche und Staat getrennt / RGs, deren Lehre nicht gegen Verfassung, in reli. Belangen frei / reli. Schulen Aufsicht Staat / Missbrauch Religion zu pol. Zwecken, pol. Organisationen mit reli. Basis verboten / Staat kann materiell helfen
Verf.-gesetz	13.01.1953	- Beziehungen Bund – Republiken / Arbeiterselbstverwaltung
Verfassung (259 Artikel)	07.04.1963	Art. 33 alle Bürger unabh. Religion gleich Art. 40/41 u.a. Vereinigungs-, Meinungsfreiheit > verboten, mit diesen religiösen Hass, Intoleranz zu verbreiten Art. 46 = Art. 25/1946 Art. 161 Zuständigkeit Föderation, u.a. bei rechtlichem Status RGs
V.-änderungen	18.04.1967	Schwächung Position föderale Bundesinstitutionen
V.-änderungen	26.12.1968	Autonome Provinzen Statuserhöhung (Verfassung, Territorium)
V.-änderungen	30.06.1971	Bund u.a. in Gesetzgebung limitiert / Organe Bund Parität / Territorialverteidigung eingeführt > faktische Dezentralisierung
Verfassung (406 Artikel)	21.02.1974	Art. 154 (> siehe Art. 33/1963) Art. 170 (> siehe Art. 41/1963) Bürger frei, nat. Kultur auszudrücken Art. 174 (> siehe Art. 46/1963) / Art. 203 (> siehe Art. 40/1963)
V.-änderungen	03.07.1981	höhere Entscheidungsfindung bei Einheiten Selbstverwaltung
V.-änderungen	25.11.1988	> ökon. Situation > Binnenmarkt, Rechte Bund erhöht

Die Neuregelung der Beziehungen zwischen Bund und föderalen Einheiten brachten eine Dezentralisierung des politischen Systems, die immer stärker mit einer Liberalisierung der Innenpolitik verbunden wurden. Diese Vorgänge hatten große Bedeutung für die Religionsgemeinschaften, da im Rahmen umfassenderer staatlicher Reformen (einschließlich wirtschaftlicher Liberalisierung und Verwaltungs- und Geheimdienstreformen; Mirescu 2009: 69) die Politik der harten Repressionen geändert wurde. Zeitgleich formte auf

---

217 nach Daten aus Arhiv Jugoslavije (2008), Roggemann (1979: 18–25); RF – Religionsfreiheit; RG – Religionsgemeinschaft

der Seite der Religionsgemeinschaften mit einem ideologischen und personellen Wechsel eine neue Generation die Beziehungen zum Staat: *„Stepinac's dogmatic faith, which made it natural for him (…) to think of the Orthodox as schismatics (…) was soon to be left behind by a Church moving, with the Second Vatican Council, into a new age. And (…) for Yugoslavia its rulers were (…) discarding their Stalinist past and taking the first, hesitating steps towards decentralization, liberalization and a loosening of the old rigidities."* (Alexander 1978: 87).

Nach 1963 wurden drei Verfassungsänderungen (1967, 1968, 1971) beschlossen, die sich nicht auf Religion bezogen. Sie standen für Änderungen in den Beziehungen zwischen den Institutionen des Bundes und der föderalen Einheiten, und vertieften die Föderalisierung des Staates (siehe Tab. 35). Eine erhöhte Kooperationsbereitschaft von Seiten der Kommunisten Jugoslawiens in Richtung der Religionsgemeinschaften lässt sich in dieser Periode an der Gestaltung der Beziehungen zur Römisch-Katholischen Kirche ablesen: Zum Heiligen Stuhl wurden diese durch ein gemeinsames Protokoll vom 25. Juni 1966 normalisiert (Akmadža 2004: 497; siehe Tab. 39). Die Aufnahme diplomatischer Beziehungen folgte am 12. November 1970 mit der Akkreditierung eines Botschafters beim Heiligen Stuhl (Črnič/Lesjak 2003: 356), anschließend empfing Papst Paul VI. (1897–1978) am 29. März 1971 Josip Broz in einer Audienz im Vatikan – als erstes Oberhaupt eines sozialistischen Staates (Paul VI. 1971)[218].

Bereits drei Jahre nach den letzten Änderungen wurde am 21. Februar 1974 eine neue Verfassung proklamiert (SLSFRJ[219], Nr. 9, 21.02.1974: 209–263). Diese präzisierte die Änderungen der Jahre zuvor und versuchte, den Ausgleich zwischen großen und kleinen Gemeinschaften im Staat, sowie zwischen zentralen und dezentralen Interessen zu organisieren. Aufgrund detaillierter Bestimmungen zur Wirtschaftsweise, sowie zu den Beziehungen zwischen den Bundesorganen und den Teilrepubliken enthielt der Text 406 Artikel: *„An Umfang, Originalität, aber auch an die Praktikabilität in Frage stellender Kompliziertheit und föderativ-pluralistischer Offenheit übertrifft die geltende Verfassungsurkunde alle Vorgänger."* (Roggemann 1979: 23). Zusammengefasst sahen die ersten Artikel der Verfassung von 1974 nicht allein die sechs Teilrepubliken, sondern zusätzlich zwei autonome Gebietskörper-

---

218 Paul VI. hielt fest, ‚(…), dass (…) eine Annäherung zwischen dem jugoslawischen Staat und dem Heiligen Stuhl stattgefunden hat. (…), die verspricht, noch positivere Ergebnisse zu erzielen.' (Paul VI. 1971; Übers. d. A.).

219 Službeni List Socijalističke Federativne Republike Jugoslavije – SLSFRJ (Amtsblatt SFRJ 1963–1991)

schaften innerhalb Serbiens, Kosovo und Vojvodina, als konstitutionelle Bestandteile der Föderation an (SLSFRJ, Nr. 9, 21.02.1974: 209/210). Unter den Prämissen der spezifischen jugoslawisch-sozialistischen Doktrin (Ein-Parteien-Staat, Dezentralisierung, Arbeiterselbstverwaltung) hatten sie das Recht, eigene Verfassungen auszuarbeiten. So entstand sukzessive eine eigene Verfassungsgebung in allen Föderationssubjekten, so seit 1947 ebenfalls in den Teilrepubliken Mazedonien und Slowenien (siehe Anhang 5).

Die Regelungen der Beziehungen zwischen Politik und Religion, sowie zur Religionsfreiheit glichen jenen der Verfassungen zuvor (siehe Tab. 35) (ebd.: 235/236). Die Formulierungen wurden ergänzt, um dem gestiegenen Grad an Autonomie der Teilrepubliken und Provinzen, sowie der dort dominierenden (ethnischen) Gruppen Rechnung zu tragen. Demnach wurde in Art. 170 neben dem Verbot zur Anstiftung von nationalem, rassistischem oder religiösem Hass den Bürgern die Freiheit zugestanden, ihre ,ethnische oder nationale Zugehörigkeit zu externalisieren, ihre nationale Kultur auszudrücken, und ihre eigene Sprache in mündlicher und schriftlicher Form zu verwenden' (ebd.: 236). So war es unter dem Begriff der nationalen Kultur formal nun möglich, politische, ethnische und religiöse Identitäten öffentlich auszudrücken. Dieser Raum eröffnete sich ebenfalls den Religionsgemeinschaften.

Nach der Verabschiedung der Verfassung wurde ab dem Jahr 1976 für Glaubensorganisationen die Möglichkeit geschaffen, sich auf Ebene der Teilrepubliken in ein staatliches Register einzutragen, und damit einen rechtlichen Status zu erlangen (für Slowenien siehe UVS 2020). Für die Religionsgemeinschaften bedeutete dies, neben der politischen und rechtlichen auch öffentliche Anerkennung zu erhöhen, und verstärkt aus dem Raum der Privatsphäre heraustreten zu können. Innerhalb dieses ersten Jahres wurden in der Teilrepublik Slowenien neun Religionsgemeinschaften (einschließlich RKK, SPC, Islamische Gemeinschaft), davon acht christliche, in das Register aufgenommen (ebd.). Andererseits stießen religiöse Organisationen bei der politischen Elite noch immer generell auf Misstrauen, und wurden weiterhin intensiv beobachtet. Insgesamt zeigte der Vergleich zwischen den Ländern Osteuropas, dass in Jugoslawien nach den Reformen der 1960er und 1970er Jahre eine tolerantere Politik gegenüber der traditionellen Religion verfolgt wurde, insbesondere in den Teilrepubliken Slowenien und Mazedonien (Buchenau 2005: 547; Ramet 1989: 327).

Mit der in den 1970er Jahren sich ausweitenden wirtschaftlichen Krise in Jugoslawien nahmen die Spannungen zwischen den Vertretern der Teilrepubliken innerhalb der Institutionen des Bundesstaates (Präsidium, Versammlung) und im Bund der Kommunisten Jugoslawiens (SKJ) stetig zu – die Politik wurde verstärkt von nationalistischen Diskursen bestimmt. Ein Versuch, die Föderation zu retten, war in den Verfassungsänderungen vom 03. Juli 1981 (SLSFRJ, Nr. 38, 10.07.1981: 981–983) angelegt, die erneut eine höhere Entscheidungsfindung bei der Selbstverwaltung der Unternehmen formulierten, und in jenen vom 25. November 1988 (SLSFRJ, Nr. 70, 26.11.1988: 1793–1806), die sich zentral mit der Wirtschaftssituation in Jugoslawien befassten. Neben den wirtschaftlicher Liberalisierung gestatteten die letztgenannten Verfassungsreformen den Teilrepubliken die Organisation von freien Wahlen für die Versammlungen der Republiken (ebd.: 1804/1805) – diese wirkten einer Auflösung des jugoslawischen Staates nicht entgegen, sondern beschleunigten die Entwicklung.

Ein außerordentlicher Kongress des SKJ vom 20. bis 22. Januar 1990 in Belgrad sollte die Differenzen über Zentralisierung oder Dezentralisierung Jugoslawiens klären – doch verließen die Vertreter Sloweniens und Kroatiens frühzeitig das Treffen, und verweigerten fortan jede Mitarbeit in bundesstaatlichen Institutionen, da sie die weitere Demokratisierung, die sie favorisierten, gefährdet sahen. Jene Mazedoniens traten für den Erhalt Jugoslawiens ein; eine Auflösung war nicht in deren Interesse (Reuter 1993: 88), da die Teilrepublik in hohem Maße von der Integration profitierte (relative Autonomie, Sicherheit, Finanzausgleich, Anbindung der Ökonomie an Märkte) (Reuter 1993: 86; Töpfer 2012: 198; Zakar 2014: 306). Im Gegensatz zu Slowenien, und Kroatien verblieben die Vertreter Mazedoniens in den Bundesorganen und beteiligten sich an der Ausarbeitung von Reformen mit dem Ziel des Erhalts Jugoslawiens. Exemplarisch für die divergierenden Interessen der Teilrepubliken standen die ökonomischen Reformen des letzten Ministerpräsidenten Jugoslawiens, Ante Marković (1924–2011) ab Dezember 1989[220], die anhand einer umfassenden Privatisierung den Wirtschaftsbereich umstellten, um der ökonomischen Krise des Landes zu begegnen: Sie fanden in der Teilrepublik Mazedonien Anwendung, während sie in Slowenien faktisch nicht mehr implementiert wurden, um eine spätere Privatisierung bei staatlicher Unabhängigkeit durchzuführen (Töpfer 2012: 340).

Der Zerfall Jugoslawiens ist den drei Hauptfaktoren der divergierenden Interessen der politischen Elite, den daraus resultierenden schwachen Bun-

---

220 Hier insbesondere die Gesetze ‚zur Veräußerung von Sozialkapital, zur Insolvenz und Liquidation von Banken und anderen Finanzorganisationen‘, ‚zum Schutz der sozial gefährdeten Bevölkerung‘, sowie ‚zur Zwangsabwicklung, Insolvenz und Liquidation von Unternehmen‘ (SLSFRJ, NR.84, 22.12.1989: 2043–2051).

desinstitutionen, sowie der schweren ökonomischen Krise zuzuordnen. Der Faktor Religion hatte in den Konflikten um die Desintegration des Staates in den 1980er Jahren eine eher marginale Rolle inne. Diese sollte sich mit den anschließenden gewaltsamen Konflikten in den Nachfolgestaaten Jugoslawiens ändern, in denen von Seiten politischer Akteure den Religionsgemeinschaften die Rolle von Symbolen nationaler und ethnischer Identität zugesprochen wurde (Bremer 2007: 252).

Die Beziehungen von Politik und Religion verliefen vor dem Hintergrund einer multiethnischen und multireligiösen Struktur der Bevölkerung in Jugoslawien. In den Bevölkerungszählungen nach 1945 wurden die Kategorien der ethnischen Zugehörigkeit, entsprechend den politischen Auffassungen, erweitert: So wurden nun neben der noch immer dominanten Gruppe der Serben (1991: 36,2% der Gesamtbevölkerung) Mazedonier (5,8%) und Montenegriner (2,3%) unterschieden. Weitere bedeutende Bevölkerungsgruppen waren Kroaten (19,7%), Slowenen (7,5%), bosnische Muslime (10%) und Albaner (9,3%). Der Anteil der Jugoslawen an der Gesamtbevölkerung lag 1981 bei 5,4%. Zwischen 1948 und 1991 sank der relative Anteil der Kroaten und Serben an der Gesamtbevölkerung um jeweils fünf Prozentpunkte, während sich jener der Muslime (in BiH) und der Albaner verdoppelte.

Tab. 36: Ethnische, religiöse Struktur der Bevölkerung Jugoslawiens 1948–1991[221]

	1948	1953	1961	1971	1981	1991
nach Ethnie						
Serben	41,5	41,7	42,1	39,7	36,3	36,2
Kroaten	24,0	23,5	23,1	22,1	19,8	19,7
Slowenen	9,0	8,8	8,6	8,2	7,8	7,5
Mazedonier	5,1	5,3	5,6	5,8	6,0	5,8
Muslime in Bosnien-H.	5,1	5,9	5,2	8,4	8,9	10,0
Albaner	4,8	4,5	4,9	6,4	7,7	9,3
Montenegriner	2,7	2,8	2,8	2,5	2,6	2,3
Roma	0,5	0,5	0,2	0,4	0,7	-
Jugoslawen	-	-	1,7	1,3	5,4	3,0

---

221 in v. H.; Daten nach Dippold/Seewann (1997: 861–945) und Samardžić (1981: 17/18); Religionszugehörigkeit im staatlichen Zensus bis 1953 erfasst (Demographic Research Center 1974: 40)

Andere	7,3	7,0	5,8	5,2	4,8	6,2
nach Religionszugehörigkeit						
christlich-orthodox	49,5	41,2				
christlich-katholisch	36,7	31,7				
christlich-protestantisch	k.A.	0,9				
islamisch	12,5	12,3				
andere Religion	1,2	1,6				
ohne Religion	0,8	12,3	*(29,7; 1964)*	*(61,0; 1968)*		

Ein plurales Muster zeigten ebenso die religiösen Verhältnisse in der Bevölkerung (siehe Tab. 36), die sich mehrheitlich entlang der ethnischen Zugehörigkeiten verteilten. Nach der Zählung von 1948 lag der christlich-orthodoxe Bevölkerungsanteil, der vornehmlich ethnische Serben, slawische Mazedonier und Montenegriner beinhaltete, bei 49,5%. Anhänger des christlich-katholischen Glaubens stellten etwas mehr als ein Drittel der Gesamtbevölkerung, die mehrheitlich Kroaten und Slowenen umfassten. Die Muslime hatten 1948 einen Anteil von 12,5%, die sich hauptsächlich auf die Muslime Bosnien-Herzegowinas, sowie Albaner und Türken im Kosovo und in Mazedonien aufteilten (dazu Minderheiten muslimischer Roma und Slawen). Nach den offiziellen Zählungen – Abbild der politisch gewollten Ordnung – hatten alle Religionsgruppen, abgeschwächt die Muslime, ebenfalls nach absoluten Zahlen Verluste in der Zugehörigkeit zu verzeichnen, da bereits fünf Jahre später (1953) 12,3% der Befragten angaben, ohne Religionszugehörigkeit zu sein (siehe Tab. 36). Indikatoren zur Integration der ethnischen Gruppen bieten die Kategorie der ‚Jugoslawen‘, sowie Angaben über interethnische Eheschließungen in Jugoslawien. Diese vollzogen sich mehrheitlich entlang religiös-konfessioneller Gemeinsamkeiten (Serben-Montenegriner, Slowenen-Kroaten), wurden jedoch auch über diese Grenzen hinweg geschlossen. Erheblich geringer fallen die Zahlen für die Muslime, und insbesondere für die Gruppe der Albaner aus:

Tab. 37: Interethnische Ehen in Jugoslawien 1965 und 1976[222]

	Ehen		davon interethn. Ehen		Anteil in v.H.	
	1965	1976	1965	1976	1965	1976
Serben	72.262	69.229	6.222	7.130	8,6	10,3
Kroaten	41.293	35.166	6.796	5.352	16,5	15,2
Slowenen	14.946	14.416	1.509	1.497	10,1	10,4
Mazedonier	10.134	11.162	1.214	1.202	12,0	10,8
Muslime	9.563	17.261	660	1.059	6,9	6,1
Albaner	7.912	10.775	312	260	3,9	2,4
Montenegriner	4.215	4.119	1.003	1.025	23,8	24,9

Der sozialistischen Doktrin folgend lag der Fokus im Bereich Religion neben der Erhebung der Zugehörigkeit ebenfalls auf der Messung der Verbreitung von nicht-religiösen Auffassungen unter der Bevölkerung. Hier zeigten sich unterschiedliche Ergebnisse; nach einer staatlichen Darstellung fiel der Anteil der Gläubigen unter der Bevölkerung innerhalb von 20 Jahren von 99,2% (1948) auf 39,0% (1968) (Samardžić 1981: 18; siehe Tab. 36). Auch wenn diese Daten der sozialistischen Doktrin entsprachen (und als Ausdruck der gewollten Ordnung zu gelten haben), denen nicht unmittelbar zu folgen ist, war in der Gesellschaft Jugoslawiens eine starke Tendenz zu weltlichen Wertorientierungen zu vernehmen. Innerhalb dieser Entwicklung existierten Unterschiede zwischen hoch und gering entwickelten Regionen des Landes (ebd.). Dies kann anhand des Indikators der Alphabetisierungsrate in der Bevölkerung nachvollzogen werden, die in den Jahrzehnten nach dem Zweiten Weltkrieg für Jugoslawien insgesamt stark erhöht werden konnte (Savezni Zavod 1986: 198) – doch auch 1981 lag die Alphabetisierung in den südlichen und zentralen Gebieten auf erheblich geringem Niveau (Bosnien-Herzegowina 85,5%) als in den nördlichen (siehe Slowenien 99,2%).

Tab. 38: Analphabetenrate in Jugoslawien 1948, 1981[223]

	Jugoslawien	Bosnien-H.	Mazedonien	Slowenien
1948	25,4	44,9	40,3	2,4
1981	9,5	14,5	10,9	0,8

---

222 Daten nach Kiefer (1980: 163)
223 in v.H. der Gesamtbevölkerung; Daten nach Savezni Zavod (1986: 198)

Im Bereich der religiösen Organisationen waren 1981 in Jugoslawien insgesamt 16 größere und 24 kleine Glaubensgemeinschaften eingetragen (Samardžić 1981: 40–48). Die Vertreter der nach Anhängern größten Gemeinschaft, der Serbisch-Orthodoxen Kirche, standen dem sozialistischen System Jugoslawiens skeptisch bis ablehnend gegenüber. Demnach erfolgten bereits zu Beginn der sozialistischen Herrschaft Prozesse, Verbote und Enteignungen, welche die SPC in vielen Aspekten der gesellschaftlichen Verankerung entzog. Dennoch blieb sie relativ autonom; so verabschiedete die Bischofskonferenz der Kirche am 19. Juli 1947 ein neues Statut (Sveti arhijerejski sinod 1947), welches die weltliche Ausrichtung der Kirche den neuen Gegebenheiten anpasste. Nach dem Statut blieb sie bei der Regelung ihrer inneren Belange, sowie der Verwaltung ihres (verbliebenen) Vermögens weitgehend autonom (Art. 6–8), und schrieb den Status einer juristischen Person für ihre Organe, auch der unteren Kirchenhierarchie, fest (Art. 5). Die SPC umfasste nun 28 Diözesen (Art. 13); ihre Anzahl erweiterte sich zu 1931 um drei mit Aufgliederungen in Bosnien-Herzegowina, Montenegro und Serbien (Art. 14). Ihre Strukturen in Mazedonien mit drei Diözesen blieben unverändert[224].

Weiterhin war eine Trennung zwischen Kirche und Staat dokumentiert, da die Kirche autonom bei der Errichtung von Diözesen und Gemeinden war (Art. 16; Art. 24), die Mitglieder von Kirchengremien allein einen Eid auf die Kirche ablegten (Art. 39), und die Wahl des Patriarchen ohne staatlichen Einfluss erfolgten sollte (Art. 42–44). So war nach dem Statut von 1947 die Autonomie der Kirche formal höher als zwischen 1918 und 1941 – die Praxis zeigte jedoch eine intensive Kontrolle der größten Religionsgemeinschaft des Landes durch den Staat. Neben der Anwendung des ‚Gesetzes über das Verbot der Provokation von nationalem, rassischem und religiösem Hass‘ (24.05.1945) stand hier – entgegen dem Statut – der direkte Einfluss auf die Auswahl des Personals hoher Kirchengremien (Buchenau 2004: 253–263). Dies zeigte sich in der Durchsetzung des vom SKJ favorisierten Kandidaten, Vitomir Prodanov (Vikentije II.; 1890–1958), als Patriarch am 14. Juli 1950 (Ramet 2006: 198).

---

224 Siehe hier Konflikte um die Gründung der Mazedonisch-Orthodoxen Kirche ab 1944, sowie durch das Vikariat Shkodra/Albanien (Art. 15), welches sich mit Strukturen der Albanisch-Orthodoxen Kirche überlagerte.

Tab. 39: *Statuten bedeutender Religionsgemeinschaften Jugoslawiens 1947–1990[225]*

Dokument	bedeutende Inhalte zu Religion – Politik
Verfassung der Serbisch-Ortho-doxen Kirche (19.07.1947)	Art. 1 SPC unteilbar, autokephal; freie Verwaltung kirchliche Belange Art. 2 SPC Patriarchat / Art. 4 Amtssprache Serbisch Art. 5 juristische Personen u.a.: Patriarchat, Diözese, Pfarrei Art. 6 verwaltet unabh. Vermögen Art. 7–10 Selbstverwaltung aufgrund eigener Regeln Art. 13 Patriarch Oberhaupt SPC / Wahl durch Kirchengremien (Art. 42–44) Art. 14 28 Diözesen (Aufgliederung Bosnien, Montenegro, Serbien) Art. 16/24 Errichtung Diözesen und Gemeinden nach Kirchengremien Art. 33 Gebäude SPC von öffentl. Pflichten befreit Art. 40 Finanzierung u.a.: Eigentum, Kirchensteuern, freiwillige Beiträge
Verfassungen der Islamischen Gemeinschaft (26.08.1947 / 13.07.1959 / 05.11.1969 / 12.04.1990)	hier 1969: Art. 1 IZ alle Mitglieder des islamischen Glaubens Art. 3 IZ frei in Glaube, Lehre, Riten Art. 8 Verbot, ohne Zustimmung IZ islamischen Gottesdienst abzuhalten Art. 14 Finanzierung u.a. auch aus staatl. Beihilfen Art. 26 Versammlungen in 4 Regionen: Sarajevo für BiH, HR, SLO; Pristina (SRB); Skopje (MK), Titograd (CG); von Mitgliedern IZ gewählt Art. 33 Oberste Versammlung höchstes Organ / Mitglieder aus Regionen Art. 41 Oberste Islamische Älteste in Sarajevo Exekutivorgan Art. 45 Reis-ul-Ulema Oberhaupt Art. 49 Teile IZ Auflösung, wenn gegen Islam, Volk oder Staat
Protokoll Regierung Jugoslawien – Heiliger Stuhl (25.06.1966)	I.: Grundsätze Trennung Kirche-Staat; Gleichheit und Freiheit RGs, Bürgerrechte unabh. Glauben; Glaubensfreiheit / freie Durchführung reli. Belange / bereit, Fälle zu erörtern, die Heiliger Stuhl aufwirft / erkennt Heiligen Stuhl bei Zuständigkeit für RKK im Land bei reli. Fragen an II.: Tätigkeit Priester nicht politisch / Reg. kann mit Hl. Stuhl Fälle erörtern III.: Bereitschaft, in Zukunft zuerst zu beraten / IV. Austausch Diplomaten
Verfassung der Maze-donisch-Orthodoxen Kirche (29.10.1974)	*(18.06.1967 Erklärung Autokephalie; Dimevski 1989: 1078ff)* -

Die Finanzierung der SPC wurde modifiziert: Religiöse Gebäude waren von Steuern befreit (Art. 33), und sie bestritt ihre Aktivitäten aus ihrem Eigentum, Kirchensteuern, und freiwilligen Beiträgen (Art. 40) (Sveti arhijerejski sinod 1947). Demnach besaß sie auch in diesem Punkt formal eine höhere Autonomie als in der Periode zuvor, die Praxis war jedoch auch in diesem Punkt von politischer Kontrolle geprägt (Buchenau 2004: 124–130).

---

225 Quellen siehe Text

Kontrolle und Einfluss aus dem politischen Bereich zeigten sich ebenso in den Gründungen neuer christlich-orthodoxer Kirchen. Noch während des Krieges 1944 organisierte sich unter den Vorzeichen einer Machtübernahme durch den AVNOJ ein aus Klerikern und Laien bestehender ‚Initiativausschuss für die Organisation der Orthodoxen Kirche in Mazedonien', der ab Februar 1945 mit der Vertretern ASNOM in Mazedonien über die Gründung einer eigenständigen christlich-orthodoxen Kirche in der ebenfalls in Gründung stehenden mazedonischen Teilrepublik verhandelte (Makedonska Pravoslavna Crkva 2014). Der Ausschuss hielt am 4./5. März 1945 in Skopje eine Versammlung von Geistlichen und Laien ab, die eine Resolution zur Gründung einer unabhängigen Mazedonisch-Orthodoxen Kirche verfasste (u.a. in Referenz auf vormalige unabhängige Kirchenstrukturen dort) (ebd.).

Die Resolution wurde an die Heilige Synode der Serbisch-Orthodoxen Kirche gesandt, die nach 1918 mit Zustimmung des Ökumenischen Patriachats von Konstantinopel für das Gebiet Zuständigkeit hielt. Die SPC wies die Resolution zurück, sodass der Initiativausschuss in Mazedonien nicht mehr die Unabhängigkeit (Autokephalie), sondern eine Autonomie der Kirche unter Zugehörigkeit zur SPC forderte, welches die Bischofssynode der SPC ebenfalls ablehnte. In der Folge organisierte der Ausschuss vom 4.bis 6. Oktober 1958 – in einer Periode der Schwächung der Führung der SPC (Buchenau 2004: 258) – in Ohrid eine zweite Versammlung orthodoxer Geistlicher aus der mazedonischen Teilrepublik, welche einen ersten Erzbischof (Dimitrija Stojkovski, ‚Dositej II.'; 1906–1981) der Mazedonisch-Orthodoxen Kirche – Erzbistum von Ohrid (MPC-OA)[226], wählte (ebd.: 217). Die Vertreter der SPC waren sich über die Anerkennung der Entwicklungen in Mazedonien nicht einig; Patriarch Vikentije II. starb am 5. Juli 1958 direkt nach jener Sitzung der Bischofssynode der SPC, bei der die Versammlung der Gründung einer separaten Mazedonisch-Orthodoxen Kirche widersprach. Der nachfolgende Patriarch der SPC, German (ebd.: 217/259), ebenfalls unter dem Einfluss des Regimes gewählt, drang auf einer erneuten Synode am 6. Juni 1959 erfolgreich auf eine Anerkennung der Beschlüsse des zweiten mazedonischen Kirchenversammlung, und erreichte eine Aussetzung der Verfassung der SPC für die drei Diözesen in der Teilrepublik (ebd.: 218). Im Juli 1959 besuchte eine hohe Abordnung der SPC die neu gewählten hohen Vertreter der MPC und weihte diese – ein Ereignis, das heute als Anerkennung durch die SPC von Seiten der MPC angeführt werden (Makedonska Pravoslavna Crkva 2014). In der Serbisch-Orthodoxen Kirche wurden die

---

226 ‚*Makedonska Pravoslavna Crkva – Ohridska Arhiepiskopija*' – MPC-OA

Entwicklungen nicht eindeutig als Schritte in Richtung Eigenständigkeit interpretiert; in ihrer Hierarchie bestanden größtenteils Widerspruch, aber auch differenzierte Einstellungen. Auf der anderen Seite war auch unter den Vertretern des sozialistischen Regimes keine Einigkeit vorhanden: Zentralisten befürworteten eine christlich-orthodoxe, serbische Kirche in Jugoslawien, Föderalisten (aus Slowenien, Mazedonien) setzten sich für eine unabhängige MPC ein, und Laizisten sahen keinen Bedarf, Einfluss auf innere Angelegenheiten der Kirchen auszuüben (Buchenau 2004: 222).

Nach erneuten Ablehnungen der serbischen Bischofssynode im Herbst 1966 beschloss eine Versammlung von Klerikern und Laien am 18. Juli 1967 in Ohrid die Ausrufung der Autokephalie der Mazedonisch-Orthodoxen Kirche – Erzbistum von Ohrid (MPC-OA) (Makedonska Pravoslavna Crkva 2014) – eine Entscheidung, die nun auch durch die politischen Eliten weitgehend Unterstützung fand (Buchenau 2004: 222). Demnach drängten diese in der Folgezeit die SPC zur Anerkennung der Entscheidung, was nicht gelang, und die Beziehungen zwischen Staat und Serbisch-Orthodoxer Kirche langfristig stark belastete. Eine große Mehrheit der slawischen Bevölkerung der Teilrepublik Mazedonien identifizierte sich seit den Ereignissen mit der unabhängig agierenden MPC, sodass von einer ‚inneren Legitimität' der Kirche gesprochen werden kann. Die generelle Praxis der politischen Kontrolle des religiösen Bereichs (Buchenau 2004: 124–130) ließ sich demnach ebenso an den Beziehungen zwischen SPC und Staat ablesen: *„When in 1967 the federal government backed demands of the Macedonian clergy for autocephaly, (…). Only superficially did both sides soon return to ‚cordial relations' — the church remained dependent on the state and could not allow itself too much openness."* (Buchenau 2005: 557).

Die Römisch-Katholische Kirche (RKK) als zweitgrößte Glaubensgemeinschaft Jugoslawiens wurde vom Regime nach 1945 als große Opposition zur neuen Gesellschaftsauffassung angesehen (Ramet 2006: 199). So standen die Bezüge von Vertretern der Kirche während und nach[227] dem Zweiten Weltkrieg zum NS-Regime und zur Ustascha, und diese sahen in Jugoslawien

---

227 Netzwerke in der Römisch-Katholischen Kirche verhalfen ab Frühjahr 1945 gesuchten Kriegsverbrechern des NS-Regimes und der Ustascha, sich der strafrechtlichen Verfolgung zu entziehen. Unter ihnen u.a. der kroatische Diktator Ante Pavelić, der sich lange in Italien aufhielt und über Verbindungen im Vatikan nach Südamerika gelangte (Kirby 2011: 108–110). *„As of 1947, a number of prominent Ustaše were living in Rome, benefiting from the protection of the Church. (…) Eventually, with the help of the Vatican, most of the Ustaše, who had eluded capture by Tito's forces, succeeded in emigrating to South America."* (Ramet 2006: 187).

einem hohen staatlichen Verfolgungsdruck entgegen, welcher den Verantwortlichen zunehmend entglitt[228]. Nach der Wende in der Außenpolitik
Jugoslawiens nach 1948 versuchte die jugoslawische Regierung, ihre Politik
gegenüber der RKK zu ändern und schränkte die stark repressive Politik ein;
weiterhin waren bis zum Tod Stepinac' im Februar 1960 jedoch Kontrolle
und Schwächung der Kirche maßgeblich. Mit dem Wechsel in der Kirchenhierarchie und in der Außenpolitik Jugoslawiens (Besserung Beziehungen zu
Staaten Westeuropas) fand ebenfalls eine Hinwendung zum Heiligen Stuhl
statt. Die Bischofskonferenz der RKK in Jugoslawien reagierte positiv auf die
Bemühungen und sandte im September 1960 eine Note an die Regierung,
in der sie betonte, dass sie – unter der Autorität des Heiligen Stuhls –
zur Verbesserung der Beziehungen zwischen Kirche und Staat beitragen
wolle (Akmadža 2004: 503). Dies wurde durch den informellen Austausch
von Vertretern bis 1964 bekräftigt – erleichtert durch die Beschlüsse des
Zweiten Vatikanischen Konzils (1962–1965), welches zeitgleich u.a. neue
Regelungen der RKK in ihren Beziehungen zu verschiedenen politischen
Systemen formulierte.

Offizielle Verhandlungen zwischen dem Heiligen Stuhl und Jugoslawien
folgten von Juni 1964 bis April 1966[229], bei denen bei einigen Punkten Einigkeit erreicht wurde, als auch Dissens blieb, sodass im abschließenden Protokoll Kompromisse enthalten waren. Die jugoslawischen Bischöfe waren zunächst mehrheitlich gegen die Unterzeichnung; dennoch gelang es dem Heiligen Stuhl, diese von der Vereinbarung zu überzeugen (ebd.), und ein offizielles Protokoll wurde am 25. Juni 1966 zwischen dem Vatikan und Jugoslawien unterzeichnet (The Holy See and Yugoslavia 1966: 862–866). Es steht
hier als Äquivalent zu den Verfassungen der anderen Gemeinschaften, da
inhaltlich ähnliche Themen angesprochen werden, und die RKK in dieser
Periode kein anderes Dokument als Statut verfasste.

Das Protokoll nahm Formulierungen der Verfassung Jugoslawiens von
1963 zur Religionsfreiheit, sowie zum Verhältnis zwischen Religion und

---

228 *„The constant drum beating by the regime press about the allegedly (…) reactionary (…)
      clergy of all three faiths brought a sector of the population to a state of anti-religious
      frenzy, and many clergymen were beaten up by mobs. (…) The situation was clearly
      getting out of hand, and besides, the anti-religious pogroms made for bad press for the
      Yugoslav communist regime in Western capitals (…).“* (Ramet 2006: 199).

229 *„(…) hielten Vertreter der Regierung (…) Jugoslawien und des Heiligen Stuhls vom
      26. Juni bis 7. Juli 1964 in Rom Gespräche ab, vom 15. bis 23. Januar und vom 29. Mai
      bis 8. Juni 1965 in Belgrad, und vom 18. bis 25. April 1966 in Rom.“* (The Holy See and
      Yugoslavia 1966: 862; Übers. d. A.).

Staat auf. Dazu wurden hier erneut die Trennung der Kirche vom Staat, die Gleichbehandlung der Religionsgemeinschaften, die Gewährung von Bürgerrechten unabhängig vom Glauben, sowie die Anerkennung von Religionsgemeinschaften als juristische Personen festgehalten (ebd.: 862). Die außenpolitische Dimension in der Regelung von Konflikten zwischen Staat und RKK wurde verstärkt, indem die Regierung den Heiligen Stuhl zur Klärung von Fragen innerhalb der Kirche im Land anerkannte, und den Bischöfen Jugoslawiens Kontakte zum Heiligen Stuhl garantierte. Die weiteren Regelungen betrafen die Bereitschaft, in Zukunft zu Streitfragen zunächst zu beraten, die gegenseitige Entsendung von Diplomaten (Apostolischer Nuntius des Heiligen Stuhls nach Jugoslawien, Vertreter Jugoslawiens beim Heiligen Stuhl) (ebd.: 863–866).

Wenige Tage nach den Vereinbarungen erließ Slowenien am 1. Juli 1966 eine Regelung zur Integration Priester der Römisch-Katholischen Kirche in das staatliche Sozialsystem (ULSRS, Nr. 26, 04.08.1966: 236–238). Schritte der Legalisierung wurden auch auf den kulturellen Bereich ausgedehnt; staatliche Stellen initiierten zudem den ‚christlich-marxistischen Dialog‘ (S.A. 1973: 35) zwischen Sozialwissenschaftlern und katholischen Theologen, den Zeitzeugen als ‚beachtenswert aktiv‘ bezeichneten (ebd.).

Die Kirche behielt ihre innere Organisation nach 1945 weitgehend bei, und deckte wie die Serbisch-Orthodoxe Kirche das gesamte Gebiet Jugoslawiens mit einer ähnlich hohen Anzahl von administrativen Einheiten ab (RKK 23 Diözesen; SPC 24 Diözesen). Sie war mit einer hohen Zahl an Bistümern in Regionen präsent, in denen sie historisch die dominante Religionsgemeinschaft war (Kroatien, Slowenien: 15 von 23 Diözesen). Ein bedeutender Unterschied zu anderen Religionsgemeinschaften ist die Position des Apostolischen Nuntius, eines Diplomaten gesandt vom Heiligen Stuhl bei der jugoslawischen Regierung, der auch heute ein Alleinstellungsmerkmal in der RKK in den Beziehungen zum Staat darstellt.

Nach der Unterzeichnung des Protokolls 1966 konnte die RKK ihre gesellschaftliche Reichweite in einigen Feldern ausdehnen. So war es ihr neben eigenen Bildungseinrichtungen möglich, ein eigenes Verlagswesen zu betreiben (Zagreb, Ljubljana). Nach stetem Wachstum wurden hier 1980 zahlreiche katholische Wochen- und Monatszeitschriften publiziert, deren Auflage zusammen ca. 700.000 ‚Stück pro Nummer‘ (Samardžić 1981: 40) betrug. Die am weitesten verbreitete römisch-katholische Publikation war 1980 die slowenische Wochenzeitschrift ‚Družina‘ (Auflage ca. 105.000) (ebd.). Die Publikationen sprachen mehrheitlich religiöse Themen an; innerhalb eines gewissen Rahmens konnte hier indirekte Kritik am politischen System im weiteren Verlauf der 1980er Jahre formuliert werden.

Abb. 11: *Struktur der Römisch-Katholischen Kirche in Jugoslawien (1990)*[230]

Bischofskonferenz von Jugoslawien
- Sitz in Zagreb
- Vorsitzender Erzbischof von Zagreb (Franjo Kuharić 1970-1993)
- 8 Erzbischöfe, 15 Bischöfe, weitere Weihbischöfe und Pensionierte
- *offizielle Tagesordnung in Abstimmung mit Bund der Kommunisten Jugoslawiens*

Repräsentation

Apostolischer Nuntius

Erzbistum Zagreb (1093) [1.819.550 / 489 / 551]	Erzbistum Split-Makarska (3. Jhdt.) [473.726 / 177 / 188]	Erzbistum Belgrad (9. Jhdt.) [12.400 / 15 / 12]	Erzbistum Vrhbosna (Sarajevo) (7. Jhdt.) [527.610 / 138 / 135]
Bistum Djakovo (4./11. Jhdt.) [514.000 / 173 / 198]	Bistum Dubrovnik (990) [71.754 / 61 / 58]	Bistum Subotica (1968) [363.920 / 116 / 103]	Bistum Banja Luka (1881) [91.664 / 50 / 28]
Erzbistum Zadar (3. Jhdt.) [145.000 / 206 / 167]	Bistum Hvar (12. Jhdt.) [21.570 / 46 / 38]	Bistum Zrenjanin (1986) [99.589 / 43 / 23]	Bistum Mostar-Duvno (6. Jhdt.) [208.000 / 77 / 62]
Erzbistum Rijeka-Senj (1925) [299.000 / 169 / 100]	Bistum Kotor (10. Jhdt.) [12.550 / 29 / 16]	Erzbistum Ljubljana (1461) [718.966 / 300 / 359]	Bistum Skopje-Prizren (4. Jhdt.) [66.500 / 25 / 40]
Bistum Krk (900) [28.618 / 50 / 48]	Bistum Šibenik (1298) [141.783 / 72 / 31]	Bistum Koper (1977) [207.017 / 206 / 167]	*Apostolischer Visitator für Mazedonien*
Bistum Poreč-Pula (3. Jhdt.) [139.628 / 137 / 88]	Erzbistum Bar (9. Jhdt.) [17.230 / 19 / 6]	Bistum Maribor (1228) [718.660 / 285 / 317]	Bistum Križevci (1777) [k.A.]

6.698.735 Mitglieder, 2.883 Gemeinden, 2.735 Priester (1990) – 2 Theologische Fakultäten, 7 Hochschulen, 19 Mittelschulen (1981)

Zusammengefasst ergab sich in den Beziehungen zwischen der RKK und dem Staat zuerst eine hohe Distanz, die durch Absprachen in den 1960ern verringert wurde, sich jedoch zusammen mit der Ausweitung der gesellschaftlichen Reichweite der RKK in den 1970er und 1980er Jahren wieder merklich erhöhte: „*On the one hand, the régime (…) poses as the guarantor of freedom of religion (…) as the ,private affair' of the individual, but denying the Church any right to engage in social issues (…). On the other hand, the Church (…) has persisted in efforts to expand its legitimate sphere of activity, even seeking (…) to gain entry into the organs of policy-making. (…) the Catholic Church today constitutes a powerful bulwark for Croatian exclusivists and confronts the regime as the principal disintegrative institutional force in the developed northern republics of Yugoslavia.*" (Ramet 1982: 256).

Ähnlich den Kirchen waren auch die große Islamische Gemeinschaft (IZ) in Jugoslawien von den Maßnahmen des sozialistischen Regimes betroffen (Ramet 2006: 198). Zuerst stand die Periode der kollektiven Verfolgung von

---

230 Daten nach Adrianyi (1992: 195–198); Cheney (2019); Samardžić (1981: 40); Beogradska Nadbiskupija (2016). Daten unterhalb des Bistums: (*Jahr der Gründung des Bistums*) [*Zahl Mitglieder / Gemeinden / Priester*]. Die hohen Mitgliederzahlen deuten auf Eigenangaben der RKK (Slowenien: im Zensus von 1991 1.913.355 Einwohner und 1.644.643 Kirchenangehörige, entspräche 85,96% der Gesamtbevölkerung).

muslimischen Würdenträgern und Enteignung der religiösen Stätten direkt nach dem Krieg (siehe Zitat zu Kapitelbeginn). Demnach wurde der gesellschaftliche Einfluss der Gemeinschaft eingedämmt, und am 5. März 1946 die Scharia-Gerichte geschlossen (Hoare 2013: 373). Die IZ gab sich am 26. August 1947 eine neue Verfassung (siehe Tab. 39), die Anpassungen an die neue Orientierung des Staates enthielt. Zur anstehenden Wahl ihres neuen Oberhauptes (Reis-ul-Ulema) drang das Regime auf eine säkular ausgerichtete Person (ebd.), dem mit der Wahl des Muftis von Mostar, Ibrahim Fejić (1879–1962), entsprochen wurde. Er sprach bald darauf das Thema der Emanzipation von Frauen an (Ablegen des Schleiers), und unterstützte öffentlich das neue Regime[231], trotz Verfolgung von islamischen Würdenträgern (ebd.). So konnte sich der politische Einfluss auf die Wahl des Reis-ul-Ulema der Islamischen Gemeinschaft durchsetzen (Ramet 2006: 198).

Dieser Periode folgte ab 1952 eine zweite Phase der Unterdrückung und Zentralisierung, bei der die kleineren islamischen Orden geschlossen und ihre religiösen Stätten (wie Tekken) aufgelöst wurden. An dieser Stelle gab es keinen Widerstand der Autoritäten der größten islamischen Glaubensgemeinschaft IZ, die selbst unter dem Eindruck staatlicher Repression standen (ebd.). Wie oben erwähnt fand eine Tendenz in Richtung Normalisierung der Beziehungen zwischen dem Staat und der IZ zu Beginn der 1960er Jahre vor dem außenpolitischen Hintergrund um die Gründung der Bewegung der Blockfreien Staaten statt. Demnach wurden die Würdenträger der IZ mit einem Gesetz vom 4. Februar 1964 (SLSFRJ, Nr. 11, 11.03.1964) in die staatliche Sozial- und Rentenversicherung aufgenommen, und es erfolgte am 5. November 1969 erneut (nach 1947, 1959; Tab. 39) die Verabschiedung einer Verfassung der IZ (Islamska Zajednica 2008).

Bedeutende Punkte waren Bekenntnisse zur Religionsfreiheit, zur freien Regelung der religiösen Belange der IZ (Art. 3), sowie, dass jede Teilorganisation ihrer Hierarchie eine juristische Person darstellt (Art. 5). Zur Autonomie gehörten weiterhin die Herausgabe einer religiösen Zeitschrift (Art. 11), die Finanzierung aus eigenen Einkünften (Art. 14; eingeschränktes Vakuf-System), sowie die formal freie Auswahl der Würdenträger ohne Einfluss des Staates (Versammlungen Art. 26; Muftis Art. 27; Reis-ul-Ulema Art. 46) (ebd.).

---

231 Beispielhaft in einem offenen Brief an Josip Broz nach seiner Wahl, veröffentlicht in der Parteizeitung ‚Borba': *Noch nie haben wir hierzulande in Bezug auf die Ausübung des Islam und die Ausübung von Gottesdiensten so viel Freiheit genossen wie in diesem, unserem neuen Staat.'* (zitiert nach Hoare 2013: 373; Übers. d. A.).

Eine Neuordnung ihrer Struktur erfolgte mit der Aufteilung in nun vier ‚Obere Versammlungen': In Sarajevo (für BIH, HR, SLO) mit 30 Mitgliedern, in Priština (29), in Skopje (20), und in Titograd (16) (Art. 26), welches den föderalen Aufbau des Landes mit sechs Teilrepubliken nachzeichnete. Darüber war die ‚Oberste Versammlung der IZ' in Sarajevo als höchstes Organ angesiedelt (Art. 36), deren 35 Mitglieder aus den vier regionalen Versammlungen nach Mitgliederstärke entsandt wurden (Art. 33). Ebenfalls in Sarajevo angesiedelt waren der siebenköpfige ‚Oberste Islamische Ältestenrat der IZ', ihr Exekutivorgan (Art. 41), der die Vielfalt der Muslime Jugoslawiens reflektieren sollte (Art. 42). Den territorialen Anpassungen und der Zentralisierung in Sarajevo folgte die Disziplinierung ihrer Vertreter mit Abberufung, wenn diese den Vorschriften des Islam, den Interessen der IZ, oder den Regelungen des Staates widersprachen (Art. 49) (Islamska Zajednica 2008).

Die Verfassung drückte neben der Anpassung an den Staat ebenso den Willen einer Förderung durch ihn aus. Sie erwähnte eine zusätzliche Finanzierung aus staatlichen Beihilfen (Art. 14), eine Sonderstellung unter den Religionsgemeinschaften des Landes. Zudem sollte der Staat helfen, der IZ zur Durchsetzung einer Hegemonie im islamischen Bereich zu verhelfen: Sie vereine alle jugoslawischen Bürger islamischen Glaubens (Art. 1) und habe das Recht, über Verbote islamischer Riten in Jugoslawien zu entscheiden (Art. 8). Dies betraf insbesondere kleinere Orden, die damit den Restriktionen der IZ unterworfen gewesen wären. Die Durchsetzung des Anspruchs gelang nicht umfassend, wie die Anordnung der IZ zur Auflösung des 1974 gegründeten Alia Derwisch-Ordens zeigte, der sich nicht als Religionsgemeinschaft, sondern als zivilgesellschaftliche Organisation registrierte (Ramet 1990: 233).

Die staatliche Liberalisierung des religiösen Sektors schritt in den 1970er Jahren voran, sodass die IZ 1980 ein eigenes Verlagswesen, eine theologische Fakultät in Sarajevo, zwei mittlere Religionsschulen, sowie ca. 3.000 Moscheen betreiben konnte (Samardžić 1981: 43). Davon wurden zwischen 1945 und 1985 allein in Bosnien-Herzegowina 400 neu gebaut und 380 renoviert (Ramet 1990: 232)[232] – ein beachtliches Bauprogramm im osteuropäischen Vergleich[233] – und eine Ausweitung der öffentlichen Sichtbarkeit der Religionsgemeinschaft. In den Grundschulen der islamisch geprägten Regionen Jugoslawiens erhielten im Jahr 1980 zudem ca. 120.000 Schüler

---

232 Nach Ramet (1990: 226) beteiligten sich arabische Staaten an der Finanzierung des Moscheebauprogramms der IZ in Bosnien-Herzegowina seit den 1970er Jahren.

233 So betrug die Gesamtzahl der Kirchen in der DDR zum Ende der 1980er Jahre ca. 10.000, von denen ab 173 staatlich zugelassen 107 evangelische und 54 katholische Kirchen neu gebaut wurden (Maser 2000: 11).

islamischen Religionsunterricht (ebd.: 229). Die politischen Entwicklungen beeinflussten ebenfalls die Einstellungsmuster in der IZ: Hier differenzierten sich Sichtweisen nach Befürwortern und Gegnern einer weiteren Föderalisierung des Staates, sowie säkularistische, islamisch-modernistische, und traditionalistische Haltungen (ebd.: 235).

Die Wiedererrichtung islamischer Symbole im gesellschaftlichen Raum mit Unterstützung des Auslands[234] wurde von Vertretern anderer Gruppen mit ethno-religiösem Konzept in Jugoslawien misstrauisch beobachtet, da jede Veränderung im gesamtgesellschaftlichen Gefüge die staatlich organisierten und fragilen Konfigurationen des Ausgleichs neu aufbrach. Mit der verstärkten öffentlichen Sichtbarkeit von Religion fassten Zeitzeugen die Stimmungen in den 1980er Jahren zu den Beziehungen von Religionszugehörigkeit, kollektiver Identität und staatlicher Organisation zusammen: „*Bosnian Muslims have repeatedly talked of wanting Bosnia declared a ‚Muslim republic‘, while Serbs and Croats have (...) hinted that Bosnia might best be divided between Serbia and Croatia. Within Sarajevo, one hears people declare for a united Yugoslavia, (...) any attempt at dividing it up (...) would stir up inter-communal violence in this divided republic.*“ (ebd.: 227).

Spezifische Entwicklungen im Bereich Religion in Mazedonien

Die Gründung der Volksrepublik Mazedonien als Teilrepublik Jugoslawiens wurde mit der Verfassung der Teilrepublik vom 31. Dezember 1946 (SVNRM[235], Nr. 1, 01.01.1947: 1–11) bestätigt. Zusammen mit der Grundsatzerklärung des AVNOJ von 1943, der Verfassung der Föderalen Volksrepublik Jugoslawien von 1946, und dem ersten jugoslawischen Zensus nach dem Zweiten Weltkrieg im Jahr 1948 besaß die Gruppe der slawischen Mazedonier den Status von einer der sechs konstitutiven Nationen des Staates. Sie stellte ca. 2/3 der Bevölkerung der Teilrepublik und war mehrheitlich christlich-orthodox. Aufgrund der Erfahrungen um stetig wechselnde ‚Bulgarisierung‘ und ‚Serbisierung‘ nach dem Ende des Osmanischen Reiches stand die Gruppe in ihrer Identität mehrheitlich hinter der Gründung der Teilrepublik, als

---

234 Neben dem Bauprogramm erhielt ein Teil der islamischen Kleriker der IZ zu dieser Zeit ihre Ausbildung in arabischen Staaten. Beide Punkte wurden von ethno-nationalistischen Politikern anderer Gruppen des Landes in der Folge übertrieben dargestellt (Ramet 1990: 226/227).

235 Služben vesnik na Narodna Republika Makedonija (Amtsblatt Volksrepublik Mazedonien 1946–1963).

auch der Mazedonisch-Orthodoxen Kirche (MPC-OA), die zunächst durch den Staat toleriert, und anschließend unterstützt wurde (Buchenau 2004: 222). Zur staatlichen Anerkennung und gesellschaftlichen Inklusion der MPC-OA trugen zudem gesetzliche Regelungen auf nationaler Ebene (Inklusion der Kleriker der MPC-OA in die staatliche Sozialversicherung; SLS-FRJ, Nr. 31, 03.08.1966), sowie auf Ebene der Teilrepublik bei, wie das ‚Gesetz über Beiträge und Steuern der Bürger' (SVSRM[236], Nr. 37, 17.11.1967: 689–704), welches die Befreiung von Steuern auf Landwirtschaftserzeugnisse von Höfen religiöser Anlagen (Kirchen, Tempel, Moscheen) (Art. 8) (ebd.: 689), sowie auf für Riten genutzte Gebäude religiöser Organisationen vorsah (Art. 57) (ebd: 694). Ein weiteres Beispiel stellt die ‚Vereinbarung über die Pensions- und Invalidenversicherung der Priester der Mazedonisch-Orthodoxen Kirche' vom 13. Oktober 1975 (SVSRM, Nr. 43, 10.12.1975: 800–803) dar, welches ihren Klerus in das staatliche Rentensystem integrierte. Demnach existierte eine staatliche Anerkennung der Mazedonisch-Orthodoxen Kirche vor und nach ihrer Erklärung der Autokephalie 1967.

Konträre Entwicklungen im Bereich Religion am Beispiel Slowenien

Slowenien wurde in der Verfassung Jugoslawiens von 1946 ebenfalls als Teilrepublik des föderalen Staates definiert, und erhielt am 16. Januar 1947 eine eigene Verfassung (ULLRS[237], Nr. 4A, 24.01.1947). Ihre Bestimmungen hinsichtlich der Religion glichen jenen der Verfassung des Föderalstaates (alle Bürger unabhängig Religion vor dem Gesetz gleich, Wahlrecht, Art. 20–22; Religionsfreiheit garantiert, Kirche und Staat getrennt, Gemeinschaften religiöse Autonomie, Ausbildung kontrolliert Staat, Gebrauch von Religion zu politischen Zwecken verboten, Art. 24) (ebd.:15/16).

Die erste Phase nach dem Zweiten Weltkrieg war geprägt von Verfolgung und Unterdrückung der großen Religionsgemeinschaften; hier insbesondere der Römisch-Katholischen Kirche (Ramet 2006: 197). Neben der willkürlichen Verfolgung und Ermordung eines Teils ihres Personals im und direkt nach dem Krieg (Mikola 2008: 165), die bis heute kontrovers geführte Debatten in Slowenien auslösen, standen offizielle Gerichtsverfahren, die vielfach auf Anklagen wegen Kollaboration basierten, rechtsstaatlichen Standards nicht genügten, und vielfach hohe Strafen zur Folge hatten (Ramet 2006: 197).

---

236 Služben vesnik na Socijalisticka Republika Makedonija (Amtsblatt Sozialistische Republik Mazedonien 1963–1991).

237 Uradni list Ljudske Republike Slovenije (Amtsblatt Volksrepublik Slowenien 1946–1963).

Mit der Normalisierung der Beziehungen zwischen dem Heiligen Stuhl und der Regierung Jugoslawiens, sowie der Verlagerung von Kompetenzen zum religiösen Bereich auf die Ebene der Teilrepubliken 1971 (Pacek 2020: 103) konnte sich auch die RKK sukzessive eine relative Autonomie und Freiheit in einigen gesellschaftlichen Feldern Sloweniens erarbeiten, wie die limitierte Ausweitung des Verlagswesens und der religiösen Erziehung zeigten (Samardžić 1981: 41). In den 1980er Jahren weitete sich diese im Rahmen der Sezessionstendenzen Sloweniens von Belgrad.

Eine Besonderheit für Slowenien war die frühe sozialwissenschaftliche Beobachtung von Einstellungen in der Gesellschaft, die 1966 mit der Gründung des Zentrums für Meinungsforschung und Massenkommunikation (CJMMK) begann. In diesem Rahmen wurden Haltungen zu organisierter Religion und Religiosität in der Bevölkerung gemessen, die einen genaueren Blick auf die Verhältnisse innerhalb der slowenischen (Teil-)Gesellschaft zulassen. Im Hinblick auf die Religiosität in der Bevölkerung war für ganz Jugoslawien eine steigende Distanz zur religiösen Vorstellungen gegeben ('ohne Religion': von 0,8% [1948] auf 61% [1968] (siehe Tab. 36). Für die Bevlkerung Sloweniens ergibt sich für 1968 aufgrund der Daten des CJMMK ein differenziertes Bild, innerhalb dessen nicht-religiöse Einstellungen 29,6% der Befragten vertraten, und 32% sich als religiös bezeichneten, und regelmäßig religiöse Zeremonien besuchten (siehe Tab. 40). Ein weiteres Drittel der Bevölkerung (35,8%) ordnete sich ebenfalls als religiös ein, jedoch mit Distanz zu den großen Religionsgemeinschaften:

Tab. 40: Religiosität in Slowenien 1968[238]

Aussage	Zustimmung
Ich bin religiös, besuche regelmäßig (jeden Sonntag) religiöse Zeremonien.	21,7
Ich bin religiös, besuche mindestens einmal im Monat religiöse Zeremonien.	10,3
Ich bin religiös, besuche nur an wichtigen Feiertagen / besonderen Anlässen religiöse Zeremonien.	23,2
Ich bin religiös, besuche keine religiösen Zeremonien.	12,6
Ich bin nicht religiös, aber manchmal besuche ich religiöse Zeremonien.	3,7
Ich bin nicht religiös, besuche keine religiösen Zeremonien.	25,9
Ich kann die Frage nicht beantworten.	2,6

---

238 Daten nach Toš (1968: 19); Zustimmung in v. H.

Es kann davon ausgegangen werden, dass die Werte ebenfalls für andere Teilrepubliken Jugoslawiens zutrafen, insbesondere für die Bevölkerung mit christlichem Hintergrund in Kroatien, Mazedonien, Montenegro oder Serbien. Die Datenerhebung hält umfangreiche Daten zu Fragestellungen, die den religiösen Bereich betreffen. An dieser Stelle soll aufgrund der Zielgruppe der Studie die Sicht der Bevölkerung auf die religiösen Elite im Vergleich zu anderen Berufsgruppen dargestellt werden. Erstens zeigten die Daten zu obersten politischen Führungen, dass die Reputation des Papstes Paul VI. (24,8%), für den Weltfrieden zu arbeiten, bie deen Befragten Zustimmung auf mittlerem Niveau erreichte (nach John F. Kennedy (43,1%), vor Charles de Gaulle (4,5%) und Nikita Chruschtschow (3,9%) (Toš 1968: 13)[239].

Demnach blieb die Römisch-Katholische Kirche, auch aufgrund der Politik des Papstes, mit einer gewissen Reputation unter der Bevölkerung Sloweniens ausgestattet. Diese Einstellungen können dem generellen Rahmen der Entspannung zwischen dem jugoslawischen Staat und der RKK in dieser Phase zugerechnet werden, hier insbesondere dem Zweiten Vatikanischen Konzil, sowie dem Protokoll Jugoslawiens mit dem Heiligen Stuhl 1966. Dieser Befund lässt sich auf die nationale Ebene übertragen, da auch hier die Reputation der religiösen Elite 1968 – in Slowenien mehrheitlich bezogen auf Vertreter der RKK – im Vergleich zu anderen Berufsgruppen relativ hoch war:

Tab. 41: Reputation von Berufsgruppen in Slowenien 1968 (Toš 1968: 16)

Beruf	sehr hoch	gut	mittel	gering	sehr gering	weiß nicht
ungelernter Arbeitnehmer	0,3	2,7	40,1	36,1	15,1	5,7
hochquali. Arbeitnehmer	1,3	26,8	59,7	5,9	0,6	5,7
Lehrer	5,3	43,8	42,6	3,9	0,6	3,7
Landwirt	1,1	7,7	46,3	30,3	10,1	4,6
Handwerker	1,7	18,9	60,6	11,6	1,2	5,9
Ingenieur	15,1	58,2	18,9	0,8	0,2	6,8
Direktor größ. Unternehmen	31,6	42,7	14,9	1,9	0,6	8,3
Angestellter	1,4	12,0	62,4	15,5	2,1	6,6
Arzt	43,5	44,8	7,8	0,4	0,1	3,3
Geistlicher	16,6	28,5	37,1	6,9	2,9	8,0

---

239 *„Welche dieser Staatenführer haben Ihrer Meinung nach das meiste für den Weltfrieden und die gleichberechtigten Beziehungen zwischen den Nationen getan?" (zwei Antworten möglich; hier Summe A1+A2)"*

Univ.-professor	34,0	40,2	9,9	0,6	0,1	15,1
Milizsoldat	3,1	20,0	52,3	14,3	5,1	5,2
Offizier	5,5	32,6	42,8	5,9	1,5	11,6

Danach waren Geistliche in Slowenien im Sozialismus aufgrund ihrer Reputation (45,1% sehr hoch oder gut; 9,8% gering oder sehr gering) gesellschaftlich nicht isoliert.

In der Zusammenfassung der Entwicklung der politischen Herrschaft und der Rolle der Religion in der Gesellschaft zwischen 1944 und 1991 sind im Hinblick auf Albanien und Jugoslawien bedeutende Gemeinsamkeiten als auch Unterschiede zu erkennen. Im Bereich von Politik und Religion war in beiden Staaten während der Phase unmittelbar nach dem Zweiten Weltkrieg der Aufbau eines sozialistischen Gesellschaftssystems nach dem Vorbild der Sowjetunion unter Stalin tragend, bei dem eine willkürliche Verfolgung der Anhänger und Vertreter von Religionsgemeinschaften, sowie ihrer Symbole einschloss.

Diese Politik der Verfolgung wurde in Albanien mit dem Regime unter Enver Hoxha kontinuierlich ausgebaut. Einen weiteren Höhepunkt der Verfolgungen bedeutete die Durchführung einer sog. ‚Kulturrevolution‘ nach dem Vorbild Chinas 1966, die in einem gesellschaftlichen Raum stattfand, in dem das Religiöse ohnehin bereits vollständig ins Private verdrängt war – so wurde 1967 der ‚atheistische Staat‘ verkündet. Auch nach dem Tod Hoxhas 1985 blieb die starke Unterdrückung bestehen, sodass in den Beziehungen zwischen Politik und Religion in Albanien nach Max Weber (1922) zunächst die Kategorie einer charismatischen Herrschaft angestrebt wurde. Diese Form wird bei Linz (1996) mit der Verwirklichung einer ‚Politischen Religion‘ gleichgesetzt (mit feindlich-laizistischer Trennung). Im Modell von Fox (2008: 147) ist der Fall dem Typ der Feindschaft zugeordnet, die von der Politik ausging.

In Jugoslawien entspannte sich ab 1960 Jahren das Verhältnis zwischen Politik und großen Religionsgemeinschaften. Die Islamische Gemeinschaft, die Serbisch-Orthodoxe Kirche, als auch die Römisch-Katholische Kirche[240] konnten eine erhöhte staatliche Anerkennung erreichen, mussten jedoch auf der anderen Seite staatlichen Eingriff in ihre Belange hinnehmen. Aufgrund der Ausrichtung der Staatsideologie und dem ausgeprägten Kult um

---

240 Zu Unterschieden und Gemeinsamkeiten in der staatlichen Behandlung der Serbisch-Orthodoxen Kirche und der Römisch-Katholischen Kirche in Jugoslawien 1945–1991 siehe zusätzlich Buchenau (2004).

Präsident Josip Broz ist auch dieser Fall nach Weber (1922) zunächst dem charismatischen Typ zuzuordnen. Nach Linz zu attestieren, dass in eine ‚Politische Religion' aufgebaut wurde, die sich mit Blick auf die Teilrepubliken in die Typen der ‚feindlich-laizistischen Trennung' (Slowenien), und der ‚freundlichen Trennung' differenzierte (siehe Mazedonisch-Orthodoxe Kirche). Symbolisch steht das Jahr 1967, in dem Albanien den ‚atheistischen Staat' ausrief, und in Mazedonien die Autokephalie der Mazedonisch-Orthodoxen Kirche proklamiert wurde.

Zur Verankerung von religiösen Orientierungen unter der Bevölkerung herrscht für die drei Fälle Albanien, Mazedonien und Slowenien für 1945–1990 eine geringe Datenlage. Ausgehend von Slowenien, kann der Schluss gezogen werden, dass sich bei einem Drittel der Bevölkerung nicht-religiöse Zugehörigkeiten in der Identität gefestigt hatten, ein weiteres Drittel folgte einer ‚kulturellen Religiosität', und ein Drittel war traditionell religiös.

3.6 Religion und Politik in Albanien, Nord-Mazedonien und Slowenien bis 1990

„(...) as Germans and French even today remember World War One differently, so too do we find that Slovenes, Croats, Serbs, Bosniaks, and Albanians of Kosova have different recollections of their common past, emphasizing different things, interpreting the same events and figures in different ways, forgetting or ignoring those events which are either irrelevant or uncomfortable for their particular self-identity, and (...) endeavoring to remember the past in such a way as to remember one's own nation in a favorable light." (Ramet 2008: 29/30).

Übergeordnete Entwicklungen in Südosteuropa sind heute gut erforscht und objektiv wissenschaftlich verarbeitet. Die Einbeziehung genauerer Umstände in kleineren Regionen im eng eingegrenzten Bereich der Religion, muss sich jedoch aufgrund der Quellenlage auch an Punkten orientieren, die nicht ausschließlich in den historischen Fakten, sondern ebenso dem Bereich des ‚historischen Gedächtnisses' (Sundhaussen 2007: 10/11; 462/463) der Geschichtserzählung einer Nation liegen, wie u.a. Bevölkerungszählungen (Göderle 2016).

Im Bereich Religion und Politik steht als Desiderat, dass bis zum Beginn des 20. Jahrhunderts unter dem Osmanischen Reich, wie unter Österreich-Ungarn, eine allmähliche Modernisierung der Gesellschaften und Ausdifferenzierung von gesellschaftlichen Bereichen einsetzte, und diese Prozesse in den großen Städten zum Tragen kamen. Insgesamt herrschten Formen der traditionalen Herrschaft (Weber 1922) bis zum Ersten Weltkrieg vor. Anschließend konnte sich in Albanien ein System der Herrschaft des Groß-grundbesitzes in der Gesellschaftsstruktur erhalten, in Nord-Mazedonien (,Serbisierung') und in Slowenien (,Entgermanisierung') wurde diese Konfi-gurationen nach dem Ersten Weltkrieg neu arrangiert. Albanien und Jugosla-wien prägte in der Zwischenkriegszeit eine erste Phase der Demokratisierung, die von einer zweiten der Etablierung einer autoritären Königsdiktatur abgelöst wurde. Diese Prozesse wurden ebenfalls im Bereich von Religion, und in den Beziehungen von Politik und Religion nachvollzogen: Hier entfalteten anerkannte Religionsgemeinschaften in einem staatlich gesetzten Rahmen eine Handlungsbreite, die nach Fox (2008: 147) eine ,kulturellen Staatsreligion' war. Diese Autonomie ging in der zweiten Phase mit der Eingliederung in autoritäre Herrschaftsstruktur verloren, sodass hier von einer ,staats-kontrollierten Religion' (ebd.) ausgegangen werden kann.

Mit dem Zweiten Weltkrieg wurde die Etablierung charismatischer Herr-schaft (Weber 1922) angestrebt (siehe NDH) – mit der Instrumentalisierung und Unterdrückung der Religionsgemeinschaften zeigten sie sich als Politi-sche (Ersatz-) Religionen (Linz 1996: 137).

Für den Bereich Politik und Religion gilt dies ebenfalls für die Entwicklun-gen während der sozialistischen Zeit, in der in Albanien wie Jugoslawien in einer ersten Phase Religionsgemeinschaften, ihre Repräsentanten und Symbole, der stark verfolgt wurden. In Jugoslawien wurde diese nach den 1960er weiterhin stark überwacht und an der öffentlichen Wirksamkeit gehindert, auf der anderen Seite wurde ihnen ein gewisser Spielraum zuge-standen, in der Gesellschaft präsent zu sein. Dies war in Albanien nicht gegeben – hier steigerte sich die Unterdrückung bis zu nahezu vollständiger Vernichtung von traditioneller Religion in der Kampagne 1967. Aufgrund des Personenkultes wird für Albanien und Jugoslawien nach Linz (ebd.) generell der Typ einer ,Politischen Religion' angenommen; der bei Fox (2008: 147) eine Feindschaft zwischen Religion und Politik bedeutete. In der weiteren Entwicklung differenzierten sich in Jugoslawien feindliche und freundliche Muster der Trennung heraus.

Mit dem Zusammenbruch des Sozialismus in Albanien und Jugoslawien kamen Gesellschaftsentwürfe auf, welche die individuelle Identität, Differen-zierung gesellschaftlicher Bereiche, sowie die Demokratisierung des politi-schen Systems achteten. Auf der Seite der Bevölkerungen ist das Bild zu erken-nen, dass mit dem zunehmenden Grad an individueller Selbstbestimmung die Religiosität nach 1990 zunächst stieg, um heute (wie in Gesellschaften

Westeuropas) an Bedeutung zu verlieren. Da die Zielgruppe dieser Studie, die religiöse Elite Albaniens, Nord-Mazedoniens, und Sloweniens, an diesen Prozesse partizipierte, oder diese als direkte Vorgängermodelle im subjektiven Bezugsrahmen von gesellschaftlichen Ordnungsvorstellungen präsent sind, wird darauf geachtet, inwiefern die dargelegten historischen Konfigurationen in den erhobenen Einstellungstypen zur Geltung kommen.

4 Entwicklungen im religiösen Bereich in Südosteuropa nach 1990

Dem Ende des real existierenden Sozialismus in Osteuropa in den Jahren 1989 (Proteste in der DDR ab Mai, teilweise freie Wahlen in Polen im Juni, Fall der Berliner Mauer) bis 1991 (Aufspaltung Jugoslawiens und der Sowjetunion) ging ab März 1985 entscheidend der Faktor der Politik des Generalsekretärs des Zentralkomitees der Kommunistischen Partei der Sowjetunion, Michail Gorbatschow (1931–2022), voraus. Sie beinhaltete eine neue Außenpolitik, die den sog. ‚Satellitenstaaten' in Osteuropa eine größere Autonomie zugestand, sowie eine Öffnung der Innenpolitik. Albanien, außenpolitisch geprägt durch eine spezifische Autarkie, und Jugoslawien, durch den Ausbau eines eigenen internationalen Bündnissystems gekennzeichnet, waren zwar von der Sowjetunion in vielen Punkten unabhängig. Aufgrund der internationalen Lage, sowie des Zuschnitts der Staatsideologie, die wie in nahezu allen Staaten Osteuropas auf eine jeden Lebensbereich durchdringende ‚Führungsgestalt' ausgerichtet war, waren mit dem Tod Enver Hoxhas († 11.04.1985) in Albanien und Josip Broz († 04.05.1980) in Jugoslawien auch Kohäsion und Legitimation der jeweiligen Staats- und Regierungssysteme bedroht. Begleitet von ökonomischen Krisen sanken Reputation und Durchsetzungskraft der anschließenden Generation der politischen Elite, die teilweise nicht mehr direkt am Zweiten Weltkrieg teilgenommen hatte, ab Mitte der 1980er Jahre erheblich. Innenpolitische Legitimationsverluste der regierenden kommunistischen Parteien und des dazugehörigen Personals, ökonomische Krisen mit hohen sozialen Folgen (Verelendung in Albanien, hohe Arbeitslosigkeit in Jugoslawien), sowie ein sich stark veränderndes außenpolitisches Klima markierten insgesamt den Rahmen, innerhalb dessen der Beginn der Transformation in Albanien und den Nachfolgestaaten Jugoslawiens verlief. Die Situation der Religionsgemeinschaften besaß 1990 unterschiedliche Charakteristika: Während jenen in Jugoslawien bereits zuvor Bestand, sowie etwas Autonomie und gesellschaftlicher Einfluss möglich wurde, konnten sie in Albanien erst ab Mai 1990 an die Öffentlichkeit treten.

4.1 Albanien: Die gesellschaftliche Position des Religiösen nach 1990

Albanien umfasst heute ein Territorium vom 28.748 km², und ist in zwölf staatlich-administrative Regionen (alb.: ‚Qarks') unterteilt, innerhalb derer 65 Stadtgemeinden und 308 Verwaltungskommunen organisiert sind (Instituti i Statistikave 2014: 13). Die seit Jahrzehnten bestehende Situation, neben der Ukraine, Moldawien und dem Kosovo als eines der ärmsten Länder Europas (World Bank 2020) zu gelten, wirkt sich auf nahezu jeden Bereich der Gesellschaft aus, auch auf das Feld der Religion. Aus diesem Grund ist Albanien zuerst von massenhafter Emigration gekennzeichnet (King/Vullnetari 2009: 385)[241], und die Bevölkerung Albaniens, 2.889.168 Personen (2015) (Instituti i Statistikave 2016: 8), ging in den vergangenen Jahrzehnten zurück. Die ethnische Struktur ist nach dem Zensus von 2011 mit einem Anteil von 82,6% Albanern an der Gesamtbevölkerung weitgehend homogen (Instituti i Statistikave 2012)[242]. Innerhalb der Mehrheitsethnie werden die beiden Hauptgruppen der Gegen im Norden und der Tosken im Süden des Landes unterschieden, welche die beiden großen Dialekte bilden. Die Minderheiten wie Griechen oder Mazedonier siedeln hauptsächlich in den Grenzregionen zu den entsprechenden Ländern (Ausnahme Roma). Im Gegensatz zur weitgehenden ethnischen Homogenität besteht Pluralität im religiösen Bereich, eine spirituell eher offene Ausrichtung der Bevölkerung (Verbreitung interreligiöser Ehen), sowie eine weit verbreitete Nicht-Religiosität (siehe Kapitel 3).

Das Land ist ein interessantes Forschungsfeld für empirische Untersuchungen der Religionssoziologie, da in diesem Fall eine Verbindung von multireligiöser Struktur der Bevölkerung, einem dominanten muslimisch-sunnitischen Anteil, und einer europäischen Einbettung vorliegt. Neben der multireligiösen Struktur existiert ein bedeutender nicht-religiöser Anteil, der die Bedeutung des Falls für ganz Europa illustriert, da tiefgreifende Pluralisierungsprozesse im religiösen Bereich die überwiegende Mehrheit der Gesellschaften des Kontinents betreffen. Als grundlegende Kontextfaktoren für Albanien müssen stets das niedrige sozio-ökonomische Entwicklungsniveau, damit verbundene die weite Verbreitung von Armut und informellem Sektor (Arsovska 2015: 225), sowie die Korruptionsanfälligkeit staatlicher Behörden beachtet werden, die sich auch auf den hier untersuchten Bereich der Religion

---

241 2010 lebten ca. 1 Million Albaner im Ausland (Koinova 2011: 338/353)

242 Griechen 0,87%, Roma 0,3%, andere 0,72%, ohne Angabe 15,54% (Instituti i Statistikave 2012)

(und religiösen Würdenträger), auswirken[243]. So war nach einem Zeitzeugen die Bevölkerung in der ersten Phase der Transformation „(...) *völlig verarmt, hoffnungslos und bereit (...), zu Hunderttausenden auszuwandern (...).*" (Klosi 1993: 163).

Politik und Religion

Gefördert durch die Ereignisse in Osteuropa und durch inneren Druck konnte sich Ende der 1980er Jahre auch die albanische kommunistische Elite politischen Veränderungen nicht mehr verschließen. So wurde im 8. Mai 1990 das Verbot der individuellen Religionsausübung aufgehoben (Bartl 1993: 587), und im November jenes kollektiver und öffentlicher Durchführung (Elbasani 2016: 258). Im Jahr 1991 erfolgte in Albanien mit den ersten freien Wahlen ein bedeutender Schritt in Richtung Demokratisierung. Die Forderungen danach wurden von allen Religionsgemeinschaften bekräftigt; insbesondere die Gemeinschaft der Muslime Albaniens (KMSH) als traditionell größte Organisation war hier aktiv, und eröffnete zuvor einen Rahmen für Proteste für einen friedlichen Wandel in Richtung Demokratie[244]. Diese grundsätzliche Befürwortung einer demokratischen Gesellschaft ist bis heute unter weiten Teilen ihrer Anhänger und Würdenträger zu vernehmen[245].

Im Gegensatz zu den Nachfolgestaaten des ehemaligen Jugoslawiens war das Land anschließend nur peripher in gewaltsame Auseinandersetzungen involviert[246]. Im politischen Bereich herrschte als Gemeinsamkeit fortan eine durch zwei oppositionellen Machtblöcke geprägte Instabilität: Die ersten demokratischen Wahlen am 31. März 1991 zur verfassungsgebenden Versammlung gewann die post-kommunistische Sozialistische Partei Albaniens (*„Partia Socialiste e Shqipërisë"* – PSSh), die zweite demokratische Wahl zum 140 Sitze umfassenden Parlament (*„Kuvendi"*) im März 1992 die neu formierte Demokratische Partei Albaniens (*„Partia Demokratike e Shqipërisë"* – PDSh)

---

243 Das schließt Wirkungen auf die Datenerhebung der vorliegenden Studie ein.

244 „*The religious ceremonies (...) often evolved into well-attended events, demonstrating the widespread public dissatisfaction (...). Mobilisation (...) sparked further rebellion (...) against (...) dictatorship. The first massive protests that took over the major cities in December 1990 occurred in exactly those urban Sunni strongholds, (...) where the celebration of religious rituals had initiated the previous month.*" (Elbasani 2016: 258).

245 „*Albania's Muslim majority (...) has embraced the broad democratic ideals of the post-communist polity and continues to be actively engaged with evolving processes of democratic transformation.*" (Elbasani 2016: 254).

246 Im Kosovo-Krieg 1999 nahm Albanien Geflüchtete auf, und galt als Rückzugsraum kosovarischer Rebellen.

(siehe Tab. 42). In der Folge kam es zu einer dualen Spaltung des Parteiensystems, die, gefördert durch davon abhängige Familien- und Patronage-Netzwerke, tief in die Gesellschaft hineinwirkte.

Die neue Übergangsverfassung, als ,Gesetz über die wichtigsten Verfassungsbestimmungen' formuliert und am 29. April 1991 proklamiert (Schmidt-Neke 2009: 245), äußerte sich geringfügig zu Religion und Religionsfreiheit. Hier bestätigte Art. 4, dass der Staat die fundamentalen Menschenrechte und Freiheiten garantiere, wie sie in internationalen Dokumenten hinterlegt seien. Zudem legte Art. 7 fest, das der Staat säkular sei, und ,die Religionsfreiheit überwacht und Bedingungen zu ihrer Ausübung schafft' (ebd.: 247).

Die politische Konkurrenz der beiden dominierenden Parteien des Landes mit ihren Verbindungen in den informellen Sektor vertiefte sich während der 1990er Jahre (Arsovska 2015: 225) und wuchs zu einem offenen Zerwürfnis, dass sich auch auf andere gesellschaftliche Bereiche wie den ökonomischen oder den religiösen Sektor auswirkte. Armut, Korruption und Patronage-Netzwerke aus Politik, Ökonomie und Kriminalität führten unter der Demokratischen Partei (ebd.: 29) zu Stagnation in der gesamtgesellschaftlichen Entwicklung. Im Februar 1997 verschärfte sich die Situation durch den Zusammenbruch von Pyramidensystemen im Finanzsektor, bei dem ein großer Teil der Einwohner ihre finanziellen Rücklagen verlor (Hockstader 1997: 29). In der Folge trat durch landesweite Unruhen eine Implosion staatlicher Strukturen ein: Während des ,Lotterieraufstands' hatten insbesondere in Südalbanien zwischen März und August 1997 bewaffnete Banden die faktische Kontrolle und das Gewaltmonopol inne, Kasernen und Waffenarsenale[247] wurden geplündert (Cody 1997: 12), der Staat erklärte den Ausnahmezustand (o.A.4 1997: 15), und europäische Staaten intervenierten. Von dieser Situation waren ebenfalls die Religionsgemeinschaften betroffen.

Die gesellschaftlichen Zerwürfnisse, sowie die Reputationsverluste auf Seiten des Staates und insbesondere der regierenden PDSh führten zu vorgezogenen Parlamentswahlen am 29. Juni und 6. Juli 1997, welche die seit 1992 oppositionelle, post-kommunistische PSSh gewann (Cody 1997: 12; Tab. 42). Anschließend trat Präsident Sali Berisha (PDSh) am 23. Juli 1997 unter dem Druck der Ereignisse und unter Korruptionsvorwürfen zurück (Schmidt-

---

247 „ (...) in March 1997 (...), at least 38,000 handguns, 226,000 Kalashnikov rifles, 25,000 machine guns, (...), 3.5 million hand grenades, and 3,600 tons of explosives disappeared." (Arsovska 2015: 216/217).

Neke 2004: 810). Die Polarisierung des politischen Systems zeigte sich im anschließenden Boykott des Parlamentes durch die nun oppositionelle PDSh.

Tab. 42: Parlamentswahlen 1992–2021, Zweitstimmenergebnisse PSSh, PDSh (in v.H.)[248]

	1991	1992	1996	1997	2001	2005	2009	2013	2017	2021
PSSh	56,2	25,7	20,4	52,7	41,5	8,9	40,9	41,4	48,3	48,7
PDSh	38,7	62,1	55,5	25,8	36,8	7,7	40,2	30,6	28,9	39,4

Nach in den Vorjahren gescheiterten Versuchen der Verabschiedung einer neuen Verfassung (Schmidt-Neke 2009: 272–294) wurde in der Folge der Parlamentswahlen 1997 ein neuer Text ausgearbeitet, der das Übergangdokument von 1991 ablösen sollte. Ziel war nach den bisherigen Erfahrungen, nach denen Präsident Sali Berisha zwischen 1992 und 1997 sukzessive mehr Machtkompetenzen an sich zog (Cody 1997: 12)[249], die politische Machtteilung und -kontrolle neu zu justieren. Aufgrund des langen Parlamentsboykotts der oppositionellen PDSh stimmte die Versammlung der Republik Albanien am 21. Oktober 1998[250] für einen neuen Entwurf. Dieser wurde am 22. November 1998 in einem landesweiten Referendum bestätigt, an dem unter Einfluss der PDSh geringe 50,6% der Stimmberechtigten teilnahmen, von denen 93,5% zustimmten (Schmidt-Neke 2004: 808). Die Verfassung trat am 28. November 1998 in Kraft (Schmidt-Neke 2009: 295). Das Ziel der Stärkung demokratischer Institutionen wurde in diesem neuen Dokument hinterlegt; die Alltagspraxis und Verfassungsnovellen (2007–2016[251]) zeigten hingegen Rückschritte in der Demokratisierung.

Die Verfassung von 1998 (mit Änderungen) enthält im Gegensatz zu jener von 1991 vielfach Aussagen zu Religion. So wird hier zwischen den zwei Regelungsbereichen der Beziehung von Politik und Religion, sowie der (individuellen und kollektiven) Religionsfreiheit unterschieden. Politik und Religion sind zunächst in der Präambel zu finden; der Inhalt des Textes sei ‚im Glauben an Gott und/oder anderen universellen Werten‘, und ‚im Geiste der

---

248 Daten nach Komisioni Qendror i Zgjedhjeve (2022), Nordsieck (2022), Schmidt-Neke (2004: 815).
249 „(...) a professed democrat who had run Albania with an increasingly authoritarian hand (...)" (Cody 1997: 12).
250 Kuvendi i Republikës së Shqipërisë, Ligj Nr. 8417, 21.10.1998.
251 Gesetze Nr. 9675 (FZ, 2/14.01.2007: 39); Nr. 9904 (FZ, 61/07.05.2008: 2728); Nr. 88/2012 (FZ, 132/11.10.2012: 7618); Nr. 137/2015 (FZ, 219/21.12.2015: 14419); und Nr. 76/2016 (FZ, 138/27.07.2016: 11131).

religiösen Koexistenz und Toleranz' (Schmidt-Neke 2009: 296) verfasst. Weiterhin legt das erste Kapitel (Grundprinzipien Staat) religiöse Koexistenz als Basiswert des Staates fest (Art. 3), und untersagt politischen Parteien, mit ihren Aktivitäten religiösen oder ethnischen Hass zu unterstützen (Art. 9). Im Verhältnis von Staat und Religion hat Ersterer keine offizielle Religion und ist in religiösen Angelegenheiten neutral, Religionsgemeinschaften sind vor dem Staat gleich, und beide unabhängig (Art. 10) (ebd.: 298).

Zum zweiten Bereich wird allen Bürgern und Gemeinschaften Religionsfreiheit garantiert, sowie der Zwang, an einer Religion teilzunehmen oder sie zu veröffentlichen, verboten (Art. 24). Mit Blick auf die Neutralität des Staates wird darauf verwiesen, dass niemand aufgrund der Religion diskriminiert werden dürfe (Art. 18). Diese individuellen und kollektiven Rechte in der Ausübung der Religionsfreiheit gelten explizit auch für die nationalen Minderheiten (Art. 20) (ebd: 299–303; siehe auch Tab. 43).

Weitere Gesetze und Regelungen zum Feld der Religion betrafen seit 1990 mehrheitlich die Regelung der Beziehungen zwischen dem Staat und den fünf mit staatlichen Abkommen ausgestatteten Religionsgemeinschaften (siehe unten)[252]. Demnach wurde nach der formalen Zulassung der Religionsfreiheit im Mai und November 1990 im Jahr 1992 die Einrichtung einer staatlichen Verbindungsinstitution zu den Religionsgemeinschaften von der Regierung beschlossen: Das Staatssekretariat für Religion (alb.: *Sekretariati Shtetëror për Fenë*), welches dem Kulturministerium zugeordnet war (Komiteti Shtetëror për Kultet 2014). Es umfasste vier vom Premierminister ernannte Mitglieder, drei davon für jeweils eine anerkannte Religionsgemeinschaft (Islamische Gemeinschaft [KMSh], Orthodoxe und Römisch-Katholische Kirche). Die Leitung war bei der Kontaktperson zur KMSh, Bardhyl Fico (1932–2015), angesiedelt, der zusammen mit dem ersten Großmufti des demokratischen Albaniens, Hafiz Sabri Koçi (1921–2004), nach 1990 das islamisch-religiöse Leben im Land wiederbelebte und prägte. Fico wirkte gesellschaftlich integrativ – die personelle Konstellation brachte jedoch ebenso Nähe zwischen einer Religionsgemeinschaft und der damaligen Regierungspartei PDSh zum Ausdruck. Mit einem Beschluss der Regierung (PSSh) vom 23. September 1999 wurde das Sekretariat in das Staatliche Komitee für Kulte (alb: *Komiteti Shtetëror për Kultet* – KSHK) umgewandelt (ebd.)[253]. Es hat seitdem die Aufgaben der Koordination des Dialoges staatlicher Institutionen

---

252 Gesetze zur Finanzierung und Restitution in Albanien werden später thematisiert.
253 Këshilli i Ministrave, Vendim Nr. 459, 23.09.1999 (FZ, 27/10.1999: 1044)

mit den Religionsgemeinschaften, deren Registrierung[254], sowie die Überwachung der Ausgaben staatlicher Förderung im Bereich. Dem Komitee gehören heute neben dem Präsidenten fünf Mitglieder an (ebd.).

Der Staat verlangte zunächst keine Registrierung von den Religionsgemeinschaften als nichtstaatliche Organisationen. Um den Status einer juristischen Person zu erhalten, und damit staatliche Anerkennung, sowie Grund- und Eigentumsrechte, müssen sie sich heute nach dem Gesetz zur Regelung nichtstaatlicher Organisationen vom 29. Juli 1994 (geändert u.a. 2001)[255], bei einem Bezirksgericht registrieren. Die Anerkennung erfolgte in der Regel innerhalb von 3–4 Tagen; bisher existieren keine Berichte über eine Verweigerung (Department of State 2017: 3). Ihre Gemeinnützigkeit kann nach Gesetzen vom 07. Mai 2001[256] festgestellt werden, die den Organisationen weitere Regeln zu Aufbau, Finanzierung auferlegen.

Die weiteren staatlichen Verordnungen verdeutlichen die Vorrangstellung der vier traditionell anerkannten Religionsgemeinschaften KMSh, Orthodoxe und Römisch-Katholische Kirche, sowie Bektashi-Weltgemeinschaft in ihrer Beziehung zum Staat. Als erste Maßnahme ist hier das Dekret der PSSh-Regierung vom 2. September 1997 zu sehen, welches die Ausgabe diplomatischer Pässe an die Vorsitzenden der vier angesprochenen Gruppen vorsah[257]. (Die Entscheidung wurde mit dem Dekret der Regierung Sali Berisha (PDSh) vom 14.01.2009[258] auf die Stellvertreter und Generalsekretäre der vier Gruppen ausgeweitet.)

Nach 1997 sah die neue Regierungspartei PSSh zunächst einen höheren Grad an Trennung zwischen Staat und Religionsgemeinschaften vor, insbesondere im Hinblick auf die KMSH. Ihr politischer Einfluss wurde mit Gesetzen begegnet, die „(…) *reversed the tight connections between politics and Islam that had marked Albania's initial transition.*" (Elbasani 2016: 263). Die Verringerung war zudem mit einer Umbenennung des Sekretariats für Religion in das Staatliche Komitee für Kulte (KSHK) am 23. September 1999 und

---

254 Das Register der KSHK, sowie Kriterien der Aufnahme wurden auf Anfrage nicht mitgeteilt. Nach Department of State (2007: 1) betrug die Gesamtzahl der registrierten religiösen Gruppen 2006 in Albanien 249, davon vier traditionelle Gemeinschaften, 189 christlich-protestantische Gruppen, und 34 islamische Organisationen.

255 Bürgerliches Gesetzbuch (Gesetz Nr. 7850; 29.07.1994); bedeutend für Religionsgemeinschaften Änderungen Art. 39–42 von 2001 (Gesetz Nr. 8781; FZ, 24/13.05.2001: 753–757)

256 Gesetze Nr.8788 und Nr. 8789 (FZ, 28/04.06.2001: 857–882)

257 Këshilli i Ministrave, Vendim Nr. 226 (FZ, 13/05.2000: 618)

258 Këshilli i Ministrave, Vendim Nr. 49 (FZ, 04/26.01.2009: 58)

ihrer interreligiösen Neuausrichtung verbunden. Diese Politik ging mit einer starken Verzögerung der Restitution von Eigentum in Albanien einher, und fand parallel mit Maßnahmen zur Verständigung mit anderen Religionsgemeinschaften (neben der KMSH) statt. Es folgte das Gesetz zum Steuersystem[259] vom 12. Dezember 2002, dass den Religionsgemeinschaften lokale Steuern auf ihre Gebäude erließ (Art. 11; auch gespendete Immobilien, Art. 18).

Die traditionellen Religionsgemeinschaften drängten neben diesen allgemeinen Gesetzen auf einzelne Verträge mit dem Staat. Sie hatten im Vergleich zu modernen Nichtregierungsorganisationen spezifische Merkmale (regelmäßige Spenden; nicht-kommerzielle, soziale Aktivitäten; Erhalt historisch bedeutender Gebäude; Wiederaufbau traditioneller Strukturen), die sie bisher nicht ausreichend berücksichtigt sahen. So folgte als erstes Abkommen des Staates[260] die Vereinbarung mit dem Heiligen Stuhl vom 23. Mai 2002[261], in der die Strukturen der Römisch-Katholischen Kirche im Land als rechtsfähig anerkannt wurden (Art. 2–6), und der RKK den Betrieb von Schulen und karitativen Einrichtungen erlaubte (Art. 7). Weiterhin wurden die Mission (Art. 1), sowie eine Autonome Kommunikation der Kirche zugelassen (Art. 3/4), und eine friedliche Streitbeilegung beschlossen (Art. 9/10).

Der Vereinbarung folgte am 31. März 2005 das Gesetz zur rechtlichen Stellung juristischer Personen der Römisch-Katholischen Kirche[262], und am 30.10.2006 das Abkommen mit der katholischen Glaubensgemeinschaft Sant'Egidio über ihre Aktivitäten in Albanien[263], deren humanitäre Güter von der Zolleinfuhr befreit wurden (Art. 6). Weiterhin bekam sie eine gewisse rechtliche Immunität eingeräumt (Art. 4) und konnte Steuersachverhalte regeln. Das letzte Abkommen des Staates mit der RKK war das Abkommen mit Heiligem Stuhl über wirtschaftliche und steuerliche Fragen[264] vom 31. Januar 2008, welches die Befreiung von Steuern auf in- und ausländische Spenden, sowie ihre Gebäude garantierte (Art. 2/Art. 3; insofern diese nicht kommerziell genutzt werden), und vom Beitrag zur Sozial- und Krankenversicherung für das religiöse Personal absah (Art. 7).

---

259 Gesetz Nr. 8982 (FZ, 82/12.2002: 2373–2381)
260 eine begrenzte Vereinbarung war jene der Regierung mit der RKK im Jahr 2000 über den Bau eines Krankenhauses in Tirana (Gesetz Nr. 8608, FZ, 13/05.2000: 573–576)
261 Gesetz Nr. 8902 (FZ, 26/06.2002: 836–838)
262 Gesetz Nr. 9365 (FZ, 29/03.05.2005: 1115–1117)
263 Gesetz Nr. 9628 (FZ, 122/24.11.2006: 4862–4865)
264 Gesetz Nr. 9865 (FZ, 17/18.02.2008: 612–615)

Tab. 43: Albanien: Staatliche Regelungen zu Religion und Abkommen seit 1990[265]

Bezeichnung	Datum	Inhalt / Besonderheiten
Gesetz	08.05.1990	Abschaffung Verbot Religionsausübung
Verfassungs-gesetz	29.04.1991	Art. 4 Staat garantiert Menschenrechte und Freiheiten Art. 7 Staat säkular; schafft Bedingungen Religionsfreiheit
Abkommen Regierung	07.09.1991	Wiederaufnahme diplomatischer Beziehungen mit Heiligem Stuhl, Apostolischer Nuntius ab 28.10.1991
Dekret Regierung	1992	Einrichtung Staatl. Sekretariat für Religion (alb. ‚Sekretariati Shtetëror për Fenë'): 4 Mitglieder; Verbindungen zu PDSh, KMSh
Gesetz	29.07.1994	Nr. 7850; nichtstaatl. Organisationen: Registrierung > jurist. Person
Dekret PM	02.09.1997	Nr. 335, diplomatische Pässe Vorsitzende vier anerkannte RGs
Verfassung	28.11.1998	Präambel: Text ‚im Glauben an Gott, and. universellen Werten' / ‚im Geiste reli. Koexistenz und Toleranz' (Art. 3 Basiswerte Staat) Art. 9 Verbot pol. Parteien, die reli. Hass initiieren, unterstützen Art. 10 Staat keine offizielle Religion, neutral, Gleichheit RGs, gegenseitige Unabhängigkeit, Abkommen mit RGs, Rechtsstatus Art. 18 Bürger vor Gesetz gleich / Art. 24 RF garantiert Art. 20 Rechte gelten explizit für nationale Minderheiten
Dekret PM	23.09.1999	Nr. 459; Einrichtung Staatliches Komitee für Kulte (‚Komiteti Shtetëror për Kultet'): 5 Mitglieder; keine Angaben zu Registrierung
Gesetz	27.04.2000	Nr. 8608, Abkommen mit RKK: Bau Krankenhaus in Tirana
Gesetz	07.05.2001	Nr. 8788, 8789; Registrierung, Gemeinnützigkeit von Organisationen
Gesetz (Abkommen)	23.05.2002	Nr. 8902; ‚Abkommen mit Heiligem Stuhl zur Regelung gegenseitiger Beziehungen' (RgB): – allg. zu RF und Autonomie
Gesetz	12.12.2002	Nr. 8982; über das lokale Steuersystem: Immobilien RGs befreit
Gesetz	31.03.2005	Nr. 9365; Stellung juristische Personen der Katholischen Kirche
Gesetz (Abkommen)	30.10.2006	Nr. 9628; mit Sant'Egidio über Aktivität in Albanien: Befreiung von Zoll, Steuern für humanitäre Aktionen
Gesetz (Abkommen)	31.01.2008	Nr. 9865; mit Heiligem Stuhl über wirtschaftliche und steuerliche Fragen: Befreiung Steuern auf in- und ausländische Spenden
Dekret PM	14.01.2009	Nr. 49, Ausweitung diplomatische Pässe auf Stellv., Generalsekretäre

---

265 Quellen siehe Text; weitere Angaben aus Fletorja Zyrtare (1991–2011), Komiteti Shtetëror për Kultet (2014), Schmidt-Neke (2009: 219–338), The Holy See (2022)

Gesetz (Abkommen)	22.01.2009	Nr. 10056; mit KMSH: theolog. Ausrichtung, Extremismus / staatl. Kooperation umfassend (Steuern, Bildung, Bau, Restitution, Touris.)
Gesetz (Abkommen)	22.01.2009	Nr. 10057; mit Autokephaler Orthodoxer Kirche: religiöse Bildung mit Staat; Restitution; Schutz religiöses Kulturerbe mit Staat
Gesetz (Abkommen)	22.01.2009	Nr. 10058; mit Bektashi-Weltgemeinschaft: Anerkennung als Weltzentrale, Teil nationale Kultur > enge nationale Bindung
Gesetz	15.05.2009	Nr. 10140; Unterstützung aus staatl. Haushalt: RGs mit Abkommen
Gesetz (Abkommen)	10.03.2011	Nr. 10394; mit Evangelischem Bund VUSH: > ähnlich anderen, aber keine Aussagen zu nationaler Kultur, staatlicher Unterstützung

Die vier Abkommen des Staates mit der RKK haben im Vergleich zu den Vereinbarungen mit den anderen großen Religionsgemeinschaften folgende Spezifika: Es finden sich hier keine Aussagen, ob die Kirche eigene Bildungseinrichtung vom Staat zertifizieren lässt, ob sie zum ‚nationalen Kulturgut‘ zählt, und inwiefern sie staatliche Unterstützung erhalten kann. Zudem wird die Restitution im Text nicht angesprochen.

Den Vereinbarungen des Staates mit der Römisch-Katholischen Kirche folgten Abkommen mit weiteren bedeutenden Glaubensgemeinschaften, so zuerst mit der Muslimischen Gemeinschaft KMSH zur Regelung der gegenseitigen Beziehungen vom 22.01.2009[266]. Die Vereinbarung stellt der KMSH staatliche Unterstützung in Aussicht, und kann zusammen mit dem Staat Lehrpläne für religiöse Schulen erstellen, sowie ihre Pädagogen staatlich zertifizieren lassen (Art. 17). Der Punkt der Restitution wird im Vergleich detailliert angesprochen: Hier soll der Staat dem Prinzip der Rückgabe vor Entschädigung entsprechen (Art. 22), und bei Legalisierungsprozessen von religiösen Gebäuden unterstützend tätig werden (Art. 21). Der Staat unterstützt zudem Restaurierung und Bau ihrer Kultstätten, und beteiligt sich an ihrer touristischen Vermarktung (Art. 23). Weiter werden umfangreiche Befreiungen und Ermäßigungen von Steuern für die Gemeinschaft und ihr Personal erwähnt (Art. 15)[267]. Im Unterschied zu Abkommen mit anderen Religionsgemeinschaften wird von staatlicher Seite die Theologie der KMSH mit einer

---

266 Gesetz Nr. 10056 (FZ, 07/04.02.2009: 130–138)

267 Steuerbefreiung KMSH: finanzielle, materielle Spenden für religiöse Zwecke; Bau von neuen Gebäuden und für bestehende Gebäude für religiöse und karitative Zwecke; Ausbildung Geistliche; religiöses und säkulares Personal; Erbschaft, Übertragung Eigentum an KMSH; religiöse, humanitäre internationale Aktivitäten (Art. 15)

bestimmten islamisch-sunnitischen Rechtsschule bestätigt (Hanafi, Art. 2), und dem führenden Personal auferlegt, Handlungen gegen ,extremistische Trends und Verformungen des Glaubens' (Art. 3) vorzunehmen.

Das Abkommen mit der Autokephalen Orthodoxen Kirche Albaniens (AOK) zur Regelung der gegenseitigen Beziehungen[268] vom gleichen Tag ist im Vergleich ebenfalls recht umfangreich und enthält alle in der KMSH-Vereinbarung genannten Regelungen zur Steuern, Restitution und Bildung. Ähnlich verhält es sich mit jenem mit der Bektashi-Weltgemeinschaft[269], in dem einzig die Aussagen zur Bildung in eigenen Einrichtungen fehlen. In letzterer Vereinbarung sind einige Besonderheiten festzustellen: So wird ihr eine herausgehobene Stellung in Albanien zuerkannt, ihr Sitz in Tirana vom Staat als Weltzentrale akzeptiert (Art. 7), und das moralische und materielle Erbe des Ordens im Land gewürdigt (Art. 23)[270]. Zudem wird von der Gemeinschaft gefordert, ihre kollektiven Rituale in albanischer Sprache durchzuführen, ihre Leitungspositionen im Land mit Personen zu besetzen, die albanischer Staatsangehörigkeit und ,patriotischer Moral' seien (Art. 9), sowie die religiöse Toleranz nicht zu verletzen (Art. 20).

Der bisher letzte Vertrag des Staates mit einer Religionsgemeinschaft ist das Abkommen mit der Evangelischen Bruderschaft Albaniens (,Vëllazëria Ungjillore e Shqipërisë' – VUSH) vom 10. März 2011[271]. Die Gemeinschaft drängte darauf, da auch sie sich als traditionelle religiöse Gruppe des Landes sieht (seit dem 19. Jahrhundert aktiv), und sich bei bedeutenden Sachverhalten (Besteuerung, Restitution, finanzielle Beihilfen) im Vergleich zu den anderen vier Verbänden benachteiligt sah. Mit zwei Jahren Verzögerung gelang ihr der Abschluss; trotz der weitgehenden Parallelen in den Dokumenten (Besteuerung, Restitution) besteht hier die Ausnahme, dass die staatliche finanzielle Unterstützung unerwähnt bleibt[272].

Zusammenfassend profitieren alle fünf Religionsgemeinschaften durch den Abschluss der Abkommen von steuerlichen Vorteilen. Weiterhin wird in allen Texten (Ausnahme RKK) die Restitution angesprochen. Die Verträge mit der KMSH, der AOK und dem Bektashi-Orden enthalten die Erwähnung finanzieller Unterstützung. Zusätzlich erklärt sich der Staat bei der KMSH

---

268 Gesetz Nr. 10057 (FZ, 07/04.02.2009: 138–146)
269 Gesetz Nr. 10058 (FZ, 07/04.02.2009: 146–154)
270 Aufgrund dessen wird die Bektashi-Gemeinschaft im Gesetz zur Finanzierung religiöser Gemeinschaften aus dem staatlichen Haushalt (15.05.2009) als besonders förderungsfähig genannt (FZ, 87/12.06.2009: 3823).
271 Gesetz Nr. 10394 (FZ, 34/07.04.2011: 1191–1198)
272 Die VUSH erhält auch de facto keine staatliche Unterstützung (siehe Tab. 44).

und der AOK bereit, konfessionelle Bildung gemeinsam zu organisieren. Allein das Dokument zur KMSH enthält Aussagen zur theologischen Ausrichtung der Organisation und zur weitergehenden staatlichen Unterstützung (Bau Gebetsstätten, Unterstützung touristische Vermarktung). So werden Unterschiede innerhalb der fünf Gemeinschaften sichtbar, die ein Abkommen mit dem Staat geschlossen haben.

Den Abschluss der Darlegung der staatlichen Regelungen bildet das Gesetz ‚zur Finanzierung religiöser Gemeinschaften aus dem staatlichen Haushaltsplan, die Vereinbarungen mit dem Ministerrat unterzeichnet haben'[273] (15.05.2009), dass die genannten Abkommen komplementiert. Dort wird festgelegt, dass nur jene Religionsgemeinschaften mit Vereinbarung mit der Regierung (KMSH, AOK, RKK, Bektashi-Weltgemeinschaft) finanzielle Unterstützung erhalten (Art. 1). Weiterhin fördert der Staat Erhalt und Wiederaufbau ihrer Kultstätten (Art. 2), erlässt ihnen Teilbeiträge zur Sozialversicherung (Art. 3), und stellt die Gehälter für ihre konfessionellen Lehrer auf allen Bildungsebenen (Art. 4) (ebd.). Jene staatlichen Zuwendungen sind bis heute nur vier Gemeinschaften (ohne VUSH) vorbehalten – sie bekamen nach der Einführung des Gesetzes einen bestimmten Betrag zugeteilt (mehrheitlich für Personalkosten und Kultstätten) (siehe Tab. 44). Ein zusätzlicher Aspekt der finanziellen Unterstützung ist die Stellung des Staatlichen Komitees für Kulte (KSHK), bei dem zu fördernde Vorhaben zu beantragt sind und welches das Vorschlagsrecht für Projekte zur potentiellen Förderung bei der Regierung besitzt (Art. 6). Das Komitee ist ebenfalls zuständig für die Überwachung der Verwendung der staatlichen Beihilfen (Art. 10).

Wie nachstehende Tabelle 44 aufzeigt, sind die staatlichen Zuwendungen auf nationaler Ebene mit exemplarischen 25.740.000 Lekë (~202.921 Euro) für 2019 für die Autokephale Orthodoxe Kirche eher gering, um allein die Teilaufgabe des Erhalts von Kirchengebäuden als nationale Kulturdenkmäler (neben den religiösen oder karitativen Zielen) zu gewährleisten. So ergibt sich aus der Betrachtung der staatlichen Regelungen der ambivalente Befund, religiöse Freiheit und Harmonie als nationale Kultur einerseits generell fördern zu wollen, durch die Unterstützung der als traditionell anerkannten Religionen, gerade der KMSH (Steuern, Bildung, Bau, Restitution, Tourismus) findet andererseits eine staatliche Bevorzugung statt.

---

273   Gesetz Nr. 10140 (FZ, 87/12.06.2009: 3822–3824)

Tab. 44: Albanien: Staatliche Beihilfen 2010–19, vier große Gemeinschaften (in Tsd. Lekë)[274]

	2010	2011	2012	2013	2014/15	2016/17	2018	2019
KMSH	28.000	30.478	28.160	30.492	31.416	31.416	31.680	31.824
AOK	24.000	26.159	24.370	24.948	25.872	25.872	25.776	25.740
RKK	24.000	25.817	24.720	24.948	25.872	25.872	25.776	25.740
Bektashi	24.000	17.547	21.993	24.774	25.740	25.840	25.768	25.696
Gesamt	100.000	100.000	99.243	105.162	108.900	109.000	109.000	109.000

Gesellschaft und Religion

Bei der Bestimmung der Verbreitung von religiösen Glaubensauffassungen in der Bevölkerung Albaniens eröffnet sich bei einer genauen Betrachtung eine komplexe Realität im Feld. Quantitative Studien (hier der World Values Survey – WVS; Inglehart/Haerpfer et al. 2020) zeigen, dass in der Selbsteinschätzung der Religiosität in den letzten 20 Jahren eine Hinwendung zur Religion zu beobachten ist: Betrachtete sich 1998 noch eine Mehrheit von 52,7% der Befragten als nicht religiös (siehe Tab. 44), so lag vier Jahre später der Anteil der Religiösen bei 65,2%, und 2018 stieg der Wert auf 79%.

Im Alltag ist für die Religiosität der Bevölkerung auf der anderen Seite eine gewisse Distanz aufzufinden, wenn Formen von Religionszugehörigkeit differenziert betrachtet werden[275]. Zudem existieren vielfach nicht-exklusive Muster und Überschneidungen auf der individuellen Ebene, da als bedeutende Faktoren interreligiöse Ehen in Albanien weit verbreitet sind und Religion im Alltag der Bevölkerung eher eine untergeordnete Bedeutung[276] einnimmt.

---

274 Daten nach Regierungsangaben (VKM Nr. 278, 28.04.2010; VKM Nr. 160, 02.03.2011) sowie Komiteti Shtetëror për Kultet (2020). Daten für 2014/15 und 2016/17 Betrag pro Jahr.
275 Differenzierung u.a. in spirituelle, kulturelle, familiäre Religionszugehörigkeiten
276 Siehe im Vergleich die Bedeutung anderer Sinninhalte des Lebens wie Familie, Freundschaft, Beruf, Freizeit (Klages 2001: 9), die unter der Bevölkerung einen höheren Stellenwert besitzen; Inglehart/Haerpfer et al. (2020).

Tab. 45: *Subjektive Religiosität in der Bevölkerung Albaniens 1998–2018*[277]

	Religiosität				Bedeutung der Religion im Leben				
Jahr	religiös	nicht religiös	Atheist	w.n./ k.A.	hoch	eher	nicht sehr	gar nicht	w.n./ k.A.
1998	43,4	47,8	4,9	3,8	24,2	34,5	28,2	10,7	2,3
2002	65,2	25	5,3	4,5	27,5	31,2	25,2	14,2	1,9
2018	79	16,7	2,4	1,9	24,4	48,7	15,7	10,8	0,4

Die Zugehörigkeit zu Religionen und Konfessionen in Albanien wird vor diesem Hintergrund vom Anteil der sunnitischen Muslime dominiert: Im Zensus von 2011 gaben 56,7% der Befragten an, dieser Gruppe anzugehören (siehe Tab. 46). Weitgehend den Muslimen zuzuordnen sind auch die Anhänger des Bektashi-Ordens, welche nach diesen Angaben 2,09% der Bevölkerung repräsentieren (und nach einer Umfrage des Jahres 2018 5,3%). Die nach dem Zensus 2011 zweitgrößte Religionsgemeinschaft mit 10,03% stellen die Anhänger der Römisch-Katholischen Kirche; ein Wert, der sich aus historischen Daten ableiten lässt. Die nach den sunnitischen Muslimen traditionell zweitgrößte Gruppe war jene der orthodoxen Christen, welche im 20. Jahrhundert ca. 20% der Bevölkerung repräsentierte (siehe Tab. 46). Der Zensus 2011 erbrachte einen beachtlich geringen Wert von 6,75% der Befragten; diese Ergebnisse wurden im Gegenzug von der Orthodoxen Autokephalen Kirche Albaniens mit Verweis auf historische Daten abgelehnt (Kisha Orthodhokse Autoqefale 2012). Jedoch zeigen auch Ergebnisse anderer Erhebungen (wie des WVS; Inglehart/Haerpfer et al. 2020) eine abnehmende Verankerung in der Bevölkerung für diese Religionskonfession. Andere Glaubensrichtungen vereinen annähernd 6% der Bevölkerung auf sich, unter ihnen zahlreiche christlich-protestantische Gemeinschaften. Weiterhin gaben im Zensus 2,5% an, keine Religion zu verfolgen; und 16,22% der Befragten gaben keine Antwort; im europäischen Vergleich ein hoher Wert. Nachfolgende Tab. 46 stellt neben den Resultaten aktueller Umfragen den historischen Verlauf der Ergebnisse von Volkszählungen im 20. Jahrhundert für Albanien dar, um die Daten des Zensus von 2011 und soeben aufgeführte Einwände gegen die Resultate einordnen zu können.

---

277 Daten nach Inglehart/Haerpfer et al. (2020)

Tab. 46: Religiöse Zugehörigkeiten der Bevölkerung Albaniens 1923–2018[278]

	Zensus				WVS		EVS	WVS
	1923	1938	1942	2011	1998	2002	2008	2018
Muslimisch	65,43	69	-	-	70,7	58	-	-
M.-Sunni	-	-	54,17	56,7	-	-	52	71,7
M.-Bektashi	-	-	14,73	2,09	-	-	-	5,3
Chr.-Orthodox	22,26	20,7	20,6	6,75	20,4	18	7,8	5,4
Chr.-Katholisch	12,31	10,3	10,3	10,03	7	8,8	8,6	10,5
Chr.-Protestant.	-	-	-	0,14	0,4	1,3	-	0,4
Sonstige	-	-	-	5,58	0,2	0,6	0,3	0,6
keine Religion	-	-	-	2,5	1,2	12,9	-	6
keine Antwort	-	-	-	16,22	0,1	0,4	31,3	0,1
Gesamt	100	100	100	100	100	100	100	100

Entgegen dieser Ergebnisse, die einen Trend in Richtung der verstärkten Annahme traditioneller Glaubensauffassungen in der Bevölkerung aufzeigen, ist die institutionell gebundene Religiosität weit weniger ausgeprägt: Die Daten zeigen für den Zeitraum von 1998 bis 2018, dass der Besuch von kollektiven religiösen Riten (u.a. Gottesdienste) der Religionsgemeinschaften von einem Teil der Bevölkerung nur noch an speziellen Feiertagen (2018:37,8%) wahrgenommen wird, oder diese Angebote gar nicht in Betracht kommen (2018: 41,3%; siehe Tab. 47). Diese Einstellungen reflektieren sich auch im Vertrauen der Bevölkerung in die Religionsgemeinschaften, welches in diesem Zeitrahmen gering blieb: Demnach gaben für 2018 46% der Befragten an, nicht sehr viel, oder gar kein Vertrauen in sie zu besitzen:

Tab. 47: Bindung an Glaubensgemeinschaften in Albanien[279]

Besuch von Gottesdiensten								
	mehr-mals / Woche	einmal / Woche	einmal / Monat	spezielle Feierta-ge	einmal / Jahr	weniger	nie	weiß nicht
1998	1,7	16,2	17,3	40	9,1	8,5	7	0,1
2002	3,8	16,5	9,1	32,4	5	9,9	23,3	-

---

278 Daten nach Bartl (1993: 587); Inglehart/Haerpfer et al. (2020); Instituti i Statistikave (2012); Selenica (1923: 7); Tönnes (1975: 4)
279 Daten nach WVS; Inglehart/Haerpfer et al. (2020).

| 2018 | 2,2 | 6,8 | 5,8 | 37,8 | 2,8 | 2,6 | 41,3 | 0,7 |

Vertrauen in Kirchen, Moscheen, ...

	viel	ziemlich viel	nicht sehr viel	gar nicht	w.n. / k.A.
1998	19,3	33,7	34,2	11,6	1,1
2002	31,9	33,5	17,9	15,1	1,6
2018	18,7	34,0	29,1	16,9	1,3

Trotz des zwischen 1945 und 1990 staatlich verordneten Atheismus und der gegenwärtig eher geringen Besuchsrate kollektiver religiöser Riten von Seiten der Bevölkerung in Albanien besteht keine allgemeine Abneigung gegen Religion, eine Konfession, oder eine spezifische Gemeinschaft. Der Grad der sozial ordnenden Rolle der Religion in der Gesellschaft ist demnach eher gering. Auf der individuellen Ebene hat Religion eine integrative Position gefunden, und es ist gängige Alltagspraxis, Festlichkeiten anderer Religionen anzuerkennen, sowie interreligiöse Ehen einzugehen: *„Weddings are often celebrated according to both Muslim and Christian rites."* (Young 1999: 6). Demnach ist hier ein distanziertes Verhältnis zu exklusiven Vorstellungen von Religion vorhanden, welches in Teilen des religiösen Sektors, der Politik, sowie der Sozialwissenschaft als dominante Strukturcharakteristik gilt.

Tab. 48: *Einstellungen zu zentralen Konzepten großer Religionen in Albanien[280]*

	Glaube an ...								
	Gott			Leben nach dem Tod			Hölle		
	1998	2002	2018	1998	2002	2018	1998	2002	2018
ja	90,8	87,6	96,4	23,1	36,5	22,7	28,7	29,3	22,6
nein	6,1	7,9	2,9	50,7	40,8	57,9	45	42,1	57,6
w.n.	3,1	4,5	0,7	26,2	22,7	19,4	26,2	28,6	19,3

Diese Feststellungen finden Reflexion in den Daten zur Identifikation mit zentralen Konzepten der bedeutenden Religionen. Demnach bezeichneten sich 79% der Befragten als religiös (2018; siehe Tab. 45) und 96,4% stimmen zu, dass ein ‚Gott' existiere – weitere Zentralthemen der Theologien der großen Gemeinschaften wie der Glauben an ein Leben nach dem Tod (2018: 22,7%

---

280 Daten nach WVS; Inglehart/Haerpfer et al. (2020)

Zustimmung) oder die Existenz einer ,Hölle' (2018:22,6% Zustimmung) lehnte jedoch die große Mehrheit der Befragten ab (siehe Tab. 48).

Religionsgemeinschaften

Nach der kommunistischen Diktatur standen die Religionsgemeinschaften in Albanien vor einem Neuaufbau: Die Mehrheit der Kultstätten war zerstört oder in weiterer Verwendung, religiöses Personal und Ausbildungsstätten nahezu nicht existent, historische und theologische Schriften vielfach nicht mehr vorhanden (Bartl 1993: 613/614; Elbasani 2016: 254), und es lag keine wirtschaftliche Grundlage vor. Demnach organisierten die fünf bedeutendsten Religionsgemeinschaften des Landes (KMSH, AOK, RKK, Bektashi-Gemeinschaft, VUSH) auch mit internationaler Unterstützung den Aufbau ihrer Organisationen und Kultstätten. Das organisierte religiöse Feld entwickelte sich in der Folgezeit in pluralen Strukturen, welche vordringlich durch die traditionellen Gemeinschaften, aber auch durch neue religiöse Bewegungen geprägt wurde. So waren 249 religiösen Gruppen in Albanien registriert (2006); darunter neben den angesprochenen Gemeinschaften 189 christlich-protestantische (vielfach mit VUSH assoziiert), und 34 islamische Organisationen (Department of State 2007: 1).

Die Muslimische Gemeinschaft KMSH als größte religiöse Organisation konnte ab 1990 einen starken Zuspruch in der Bevölkerung erreichen, auch, da sie ein treibender Faktor der Demokratisierung war. Am 16. November 1990 wurde das erste öffentliche Gebet in Shkodër durchgeführt, das hohe Besucherzahlen erreichte, und auf dem die Wiedererrichtung der KMSH deklariert wurde (Jazexhi 2018: 56/57). Anschließend folgten ihr erster Kongress am 14. Februar 1991 in Tirana, und die Verabschiedung eines neuen Statuts. Trotz der Hürden (geringe finanzielle Mittel, religiöse Literatur, religiöse Identität in Albanien allgemein) (ebd.) baute sie sukzessive ihre Strukturen auf, und deckt mit gegenwärtig 33 Muftiaten das Territorium des Landes ab (Komuniteti Mysliman 2019). Zudem betreibt die Gemeinschaft heute sieben Medressen und seit 2011 eine Hochschule (,Universiteti Hëna e Plotë'), und bietet so alle Ebenen der Bildung an – Institutionen, die mehrheitlich mithilfe internationaler Geldgeber (Türkei, arabische Staaten) errichtet wurden (u.a. Jazexhi 2018: 58).

Die bedeutendsten Gremien der KMSH sind nach ihrem derzeitigen Statut (Komuniteti Mysliman i Shqipërisë 2005; Art. 13) erstens der Oberste Rat (,Këshilli i Përgjithshëm'), mit eigenen Kommissionen und Präsidium, dessen Mitglieder aus den Muftiaten entsandt werden; zweitens das Präsidium

(‚*Kryesia*‘), Exekutivorgan der Gemeinschaft mit 14 Mitgliedern; drittens der Rat der Muftis (‚*Këshillat e Myftinive*‘); sowie viertens der Präsident (‚*Kryetar*‘), der für eine Amtszeit von fünf Jahren vom Obersten Rat bestimmt wird (ebd.; Art. 26). Dieser muss von Geburt an albanischer Staatsbürger und mindestens 40 Jahre alt sein, sowie über eine führende Erfahrung in der KMSH für 10 Jahre verfügen (ebd.).

Bis 2004 bekleidete Hafiz Sabri Koçi (siehe oben) das Amt des Präsidenten, der während der Diktatur Hoxhas zwanzig Jahre im Gefängnis saß. Seine Handlungen waren im gesamtgesellschaftlichen Rahmen ambivalent, da er einerseits die KMSH aufbaute und vielfach mit der Unterstützung von Initiativen der interreligiösen Verständigung in der albanischen Gesellschaft integrativ wirkte. Auf der anderen Seite politisierte er die KMSH, da er 1992–1996 mit dem zunehmend autoritär agierenden Staatspräsidenten Sali Berisha öffentlich auftrat, und dabei dessen politische Gegner der PSSh als ‚Ungläubige‘ verunglimpfte (Jazexhi 2018: 58).

Die Amtszeit des Nachfolgers Selim Muça (1937–2016) 2004–2014 war geprägt von größerem Misstrauen des Staates gegenüber der Gemeinschaft nach dem 11. September 2001 und staatlichem Druck, die in den arabischen Ländern ausgebildeten albanischen Kleriker von entscheidenden Positionen der KMSH zu verdrängen (ebd.: 62), und die Theologie einzuhegen[281]. Mit Skënder Bruçaj (*1976) kam 2014–2019 eine neue Generation auf diese Position, in deren Biographie die Diktatur 1945–1991 zunehmend in den Hintergrund rückte.

Die ebenfalls dem muslimischen Spektrum zuzurechnende Glaubensgruppe der Bektashi ist ein schiitischer Sufi-Orden, der im Osmanischen Reich im 13. Jahrhundert entstand und von Anhängern des Predigers Haji Bektash Veli (1209–1271) gegründet wurde. Er breitete sich ab der Zeit seiner Gründung mit der Wanderung des Sarı Saltık Dede ab 1263 in Südosteuropa aus (Kissling 1981: 82), war mit dem osmanischen Militär eng verbunden – und wurde von osmanisch-sunnitischen Rechtsgelehrten in der Region ab Ende des 18. Jahrhunderts misstrauisch betrachtet. 1826 verbot Sultan Mahmud II. den Orden, der sich nach 1831 während der Tanzimat-Reformen erholte, bis er durch Mustafa Kemal 1925 in der Türkei erneut verboten wurde. So baute der Orden sein Weltzentrum anschließend in Tirana auf.

---

281 Die politische und religiöse Führung Albaniens stand in dieser Periode unter hohem Einfluss der Folgen des 11. September 2001 und der amerikanischen Politik des sog. ‚Anti-Terror-Kampfes‘ (Jazexhi 2018: 62). So verstärkte sich die staatliche Aufsicht: „(...) *the state maintained the prerogative to intervene – ulamas were domesticated, religious ideas were tamed, and scholarship was corrected.*“ (Elbasani/Tošić 2017: 502).

Der Orden ist mit seiner Verwaltungsaufteilung in sechs ‚Großvaterschaften',
und der Verbreitung der klosterähnlichen Kultstätten (‚Tekken') im gesamte
Gebiet Albaniens vertreten (Kryegjyshata Botërore 2020). Zusätzlich existieren
drei Großvaterschaften im Ausland (Detroit/USA; Tetovo/Nord-Mazedoni-
en; Gjakova/Kosovo) unter der Aufsicht Tiranas. Das heute gültige Statut der
Gemeinschaft (Kryegjyshata Botërore 2009) geht vor dem Hintergrund der
Geschichte des Ordens verstärkt auf die Verbindung mit dem albanischen Staat,
die Restitution, und die eigenen landesexternen Strukturen ein: Der Orden
respektiert Säkularismus und Gesetze des Staates (Art. 1), ist unparteiisch und
kooperativ mit dem gesamten politischen Spektrum, strebt keine politischen
Tätigkeiten an, und fördert die Hingabe zu Patriotismus (Art. 4) (ebd.).
Weiterhin wird im Feld von Religion und Politik auf die Formulierungen der
Verfassung verwiesen (Art. 42). In der Gesellschaft will die Gemeinschaft durch
die Förderung der Entwicklung von Patriotismus, Moral, Wissen und Brüderlichkeit unabhängig von religiöser, ethnischer, politischer oder sozialer
Zugehörigkeit wirken (Art. 4) (siehe Tab. 49).

Heute sieht die Glaubensgemeinschaft trotz der staatlichen Anerkennung
und Förderung Schwierigkeiten entgegen: Es fällt schwer, die Anzahl ihrer
Anhänger adäquat einzuschätzen (siehe Tab. 46), die Restitution ist vielfach
nicht abgeschlossen, und eine Vielzahl von Kultstätten verfällt, da sie aufgrund
mangelnder personeller und finanzieller Ressourcen nicht erhalten werden
können (Kryegjyshata Botërore 2020). Der Orden der Bektashi besitzt im
In- und Ausland aufgrund der Förderung des interreligiösen Dialogs auf
lokaler (Qendra Ndërfetare 2019), nationaler, und europäischer Ebene hohe
Reputation (Selia e Shenjtë 2020).

Auch die Autokephale Orthodoxe Kirche in Albanien (AOK), im Süden und
Osten des Landes traditionell präsent, ist mit ihren acht Kirchendistrikten
(zwei Bischofssitze, sechs Metropolien) in allen Landesteilen Albaniens
vertreten. Ihr Oberhaupt, Erzbischof Anastasios Yannoulatos (*1929) von
Tirana, Durres und ganz Albanien, wurde im Juli 1991 von Ökumenischen
Patriachat in Konstantinopel (ÖPK) entsandt, um die christlich-orthodoxe
Kirche in Albanien in einer Periode der Ressourcenarmut wieder aufzubauen
(Bartl 1993: 613). Am 2. August 1992 zum Erzbischof geweiht, erhielt er aufgrund
seiner griechischen Herkunft Anfeindungen nationalistischer Kreise (ebd.);
allgemein ist er eine hoch angesehene und integrativ wirkende Persönlichkeit.
Die generelle Ausrichtung der AOK ist an hand ihres Statuts (Kisha Orthodhokse
2006) nachzuvollziehen: Sie beruft sich auf die Verfassung und Vereinbarungen
mit dem Staat (Art. 4 und Art. 5), tritt für einen ‚Fortschritt der albanischen
Gesellschaft' (Art. 51) ein, und orientiert sich in theologischen und weiteren

Angelegenheiten am Ökumenischen Patriachat von Konstantinopel (Vielzahl Artikel).

Die Römisch-Katholische Kirche (RKK) als vierte große Religionsgemeinschaft war durch den griechisch-orthodoxen Einfluss im Süden des Landes traditionell im Norden und Westen Albaniens aktiv. Dies bildet auch ihre seit 2003 bestehende Struktur von sechs Kirchendistrikten[282] im Land ab, die sich auf diese Regionen konzentrieren. Die RKK konnte nach dem Ende der Diktatur in Albanien aufgrund der Unterstützung ihrer internationalen Strukturen ihre Organisation rasch wiederbeleben. So nahmen am 7. September 1991 der Staat Albanien und der Heilige Stuhl diplomatische Beziehungen auf, und im November 1991 erfolgte die erste Publikation einer katholischen Zeitschrift seit Jahrzehnten (Bartl 1993: 613). Die Bischofskonferenz der RKK in Albanien ließ am 10. Februar 2003 ein neues Statut registrieren (Konferenca Ipeshkvnore 2003), welches die interne Organisation regelte, und nicht auf das gesellschaftliche Umfeld wie Politik und Ökonomie einging (siehe Tab. 49). Hier wurde allein die Aufgabe definiert, den Aufbau von ‚Werten‘, insbesondere ‚der Familie‘, zu unterstützen (Art. 6) (ebd.). Zudem wurde ein Hauptaufgabenfeld der Kirche bei der humanitären Hilfe gesehen, eine besondere Beziehung zum Staat wurde nicht hinterlegt.

Der Vergleich der geltenden Statuten der großen Religionsgemeinschaften Albaniens in fünf (neben der internen Organisation) dort hauptsächlich thematisierten Inhaltskategorien (Theologie, Bezüge zu Staat und Politik, auswärtige Orientierung, ökonomische Aspekte, Wirken in der Gesellschaft) verdeutlicht die angesprochenen Unterschiede in der formellen Ausrichtung. Diese wirken sich auf die Ordnungsvorstellungen ihres Führungspersonals aus.

Tab. 49: Albanien: Statuten großer Religionsgemeinschaften[283]

	RKK (2003)	KMSH (2005)	AOK (2006)	Bektashi (2009)	VUSH (2011)
theologische Festlegungen	(unspezifische Formulierungen: ‚Kirche‘, ‚kano-nisches Recht‘)	Art. 2 Hanafi-Schule Art. 12 Feiertage	Art. 1 untrennbar mit ÖPK verbunden Art. 4 Tomos ÖPK (Autokephal. 1937)	Art. 1 Bektashismus Art. 2 Koran, Interpretation Ali, al-Bayt, Bektash Veli	Präambel, Art. 8 Lausanner Verpflichtung 1974 (WEA)

---

282 Erzdiözesen Shkodra, Tirana-Durres; Diözesen Lezha, Sapa, Rreshen; Apostol. Administration Südalbanien

283 Daten nach Kisha Orthodhokse (2006), Komuniteti Mysliman i Shqipërisë (2005), Konferenca Ipeshkvnore (2003), Kryegjyshata Botërore (2009), Vëllazëria Ungjillore (2011)

Bezug zum Staat / Politik	-	Art. 1 staatlich unabhängig, unpolitisch Art. 28 Patriotismus Muslime stärken Art. 56 religiöse Vertreter keine pol., staatl. Aktivitäten	Art. 4/5 Verfassung Art. 5 Vereinbar-ungen mit Staat Art. 22 Kooperation mit Staat bei Katastrophen	Art. 1 respektiert Säkularismus, Gesetze Staat Art. 4 unparteiisch, kooperativ; keine politische Tätigkeit; Patriotismus Art. 42 Verfassung	Präambel: Verfassung; ‚trägt nationale Werte Gründer' Art. 8 staatl. unabh. Art. 29 Annahme staatl. Förderung
auswärtige Orientierung	-	Art. 8 wirtschaftliche Aktivität auch im Ausland	Art. 1/4/17/22/63 Ökumenisches Patriarchat von Konstantinopel Orientierung und Hilfestellung	Art. 1 Eigentums-rechte außerhalb Art. 9 Weltzentrum Art. 11 global; KV, MK, USA, TRK Art. 19 Gebot Bektashi außerhalb, Statut umzusetzen	Art. 1 Mitglied European und World Evangelical Alliance (EEA und WEA)
ökonomische Aspekte	(Art. 8 Verbot persönlicher finanzieller Nutzen aus Kirche)	Art. 8 wirt. Aktivität Art. 51 alle Moscheen gebaut von Organisationen islamischen Glaubens gehen in Eigentum KMSH über	Art. 53 eigene Unternehmen Art. 58 bei Emigration Orthodoxe bleiben Kirchen Eigentum AOK Art. 60: mater. Hilfe In- und Ausland	Art. 1 Eigentums-rechte in- und außerhalb AL wiederherstellen	Art. 28 Unterstützung für illegale Zwecke, aus illegalen Quellen verboten Art. 30 eigene wirt. Aktivität
Wirken in Gesellschaft	Art. 6 Propaganda der Werte, insbesondere der Familie	Art. 2 Loyalität und Liebe für Heimatland, albanisches Volk stärken	Art. 51 für allg. Fortschritt albanische Gesellschaft	Art. 4 Patriotismus, Moral, Wissen, Brüderlichkeit entwickeln, unabh. von Religion	Art. 7 säkularer und religiöser Unterricht; humanitäre Hilfe ohne Unterschied

Die hier letztgenannte Organisation, die Evangelische Bruderschaft Albaniens (VUSH), ist eine Dachorganisation einer Vielzahl christlich-evangelischer Gemeinden im Land. Sie sieht ihre Wurzeln in Albanien beim Beginn der Arbeit ausländischer Missionare ab 1873, die das albanische Schrifttum und die Alphabetisierung der Bevölkerung unterstützten, und sich am 14. November 1892 zu einer Vereinigung zusammenschlossen (Vëllazëria Ungjillore 2020). Sie vertritt zahlenmäßig keinen bedeutenden Bevölkerungsanteil (zwischen 0,4% und 1,3%; Tab. 46), ist jedoch mit ihrer Verbreitung unter Intellektuellen und in Städten, und ihrer breiten humanitären und medialen Präsenz ein nicht zu unterschätzender gesellschaftlicher Faktor.

Das gültige Statut der Bruderschaft (Vëllazëria Ungjillore 2011) beruft sich auf die nationalen Werte der Gründer (Präambel), sowie ihre staatliche Unabhängigkeit (Art. 8). In die Gesellschaft will sie wirken, indem Angebote von säkularem und religiösem Unterricht, und humanitäre Hilfe ohne religiöse Unterschiede anbietet (Art. 7). Die im Statut erwähnte auswärtige Orientierung liegt bei den protestantischen Dachverbänden der European (EEA), und der World Evangelical Alliance (WEA) (Präambel; Art. 1; Art. 8).

Interreligiöse Verständigung

Das Verhältnis der Religionsgemeinschaften untereinander ist generell von Verständigung geprägt; auf der organisatorischen Ebene entstanden in der Vergangenheit zudem zahlreiche konkrete Projekte. So gründeten die Vorsitzenden der vier großen Gemeinschaften am 22. Oktober 2009 in Tirana den Interreligiösen Rat Albaniens (Jazexhi 2012: 11). Zusätzlich sorgen regelmäßige Treffen auf nationaler Ebene sowie selbst organisierte, regionale Foren[284] in der Öffentlichkeit eine Wahrnehmung als kooperative Partner. Dissonanzen im religiösen Feld ergeben sich mehrheitlich, wenn politische Parteien oder der Staat hier Deutungsansprüche erheben, ausländische Organisationen versuchen, einen erhöhten Einfluss zu erlangen, oder innerhalb von Konfessionen oder Gemeinschaften Kontroversen geführt werden. Die bisherigen Darlegungen folgten den Resultaten wissenschaftlicher Beobachtung interreligiöser Beziehungen in der Republik Albanien, die eine hohe Harmoniebereitschaft, einen regen Austausch, sowie eine gewisse Konkurrenzsituation betonen (Endresen 2012: 241).

Problemfelder im Bereich Religion in Albanien

Die Problemfelder im Bereich der Religion gestalten sich in Albanien ähnlich jenen in ganz Ost- und Südosteuropa nach dem Ende der sozialistischen Ordnung: (1) Der Wiederaufbau religiöser Gebäude und Infrastruktur, der in diesem Fall aufgrund umfassender Zerstörungen und geringer Ressourcen tiefgreifend ist, (2) die damit verbundene Frage nach Restitution von Eigentum, (3) die staatliche Ungleichbehandlung der Religionsgemeinschaften, (4) politische Interpretation und Instrumentalisierung von Religion, (5) weit verbreitete atheistische Einstellungen in der Bevölkerung, die zu Schwierig-

---

284   siehe u.a. das Interreligiöse Zentrum Elbasan (QBNFE) (Qendra Ndërfetare 2019)

keiten bei der Rekrutierung von Personal für die Gemeinschaften führen, und (6) verbreitete Armut, die Abhängigkeiten zu ausländischen Akteuren hebt.

(1) Der Wiederaufbau der Infrastruktur der Gemeinschaften ist aufgrund ihrer geringen Ressourcen nicht abgeschlossen und wurde zu einem großen Teil von ausländischen Investoren unterstützt. Für die größte Religionsgemeinschaft KMSH entstanden zwischen 1992 und 1998 durch arabische Geberländer 500 neue Moscheen in Albanien (Elbasani: 261). Symbolhaft für die Situation stehen die spirituellen Zentren der vier größten Gemeinschaften in der Hauptstadt Tirana – die Namazgjah Moschee der KMSH (Finanzierung aus der Türkei; Elbasani/Roy 2015: 465), die christlich-orthodoxe Auferstehungskathedrale ‚Ngjallja e Krishtit‘ der AOK (Aufbau unterstützt aus Westeuropa), die Kathedrale ‚Shën Pali‘ der RKK, sowie das Weltzentrum der Bektashi (internationale Geldgeber und eigene Gemeinschaft in Nordamerika)[285]. Den Erhalt und Bau von religiösen Kultstätten der vier Gemeinschaften förderte der Staat zwischen 2010 und 2019 jährlich mit 15.000.000 Lekë (ca. 120.100 Euro) (Komiteti Shtetëror për Kultet 2020). Insgesamt stellen die Beihilfen einen geringen Teil der tatsächlichen Aufwendungen dar.

(2) Die zweite Problematik der Restitution von Eigentum betrifft vornehmlich die großen Gemeinschaften. Sie ist von dem Stichwort der ‚administrativen Verschleppung‘ in der Gesetzgebung, der Umsetzung, sowie der juristischen Kontrolle, eingebettet in eine mangelhafte personelle und materielle Ausstattung der zuständigen Behörden, charakterisiert (tg 2012). Zunächst wurde im Zuge der Demokratisierung und der Einführung der Marktwirtschaft zum 3. April 1991 mit einem Dekret der sozialistischen Regierung das Komitee für die Re-Organisation der Ökonomie (GZ 03/03.1991: 137) geschaffen; ein Schritt, der während der Wahlen zur verfassungsgebenden Versammlung (31.03./07.04.1991) stattfand, und die Handlungsfähigkeit der Partei unter Beweis stellen sollte. Nach den Parlamentswahlen (22./29.03.1992) wurde von der Regierung am 17. Oktober 1992 die Umstrukturierung landwirtschaftlicher Betriebe (Beschluss Nr. 452, FZ 10/31.12.1992: 1–2) beschlossen. Diese sahen für die vormaligen Eigentümer landwirtschaftlicher Flächen (auch Religionsgemeinschaften) Entschädigung vor Rückgabe, und zur Bewirtschaftung neue Betriebsformen auf Basis der früheren Genossenschaften vor (Art. 1, 2; ebd.). Weiterhin bedeutend für Religionsgemeinschaften war die Gesetzgebung des Parlaments zur Registrierung von

---

285 Informationen aus Interviews mit hohen Vertretern der vier großen Religionsgemeinschaften KMSH, AOK, RKK und der Bektashi-Gemeinschaft.

Immobilien vom 13. Juli 1994 (Gesetz Nr. 7843, FZ 10/26.08.1994: 1–13), das Restitutionen oder Entschädigungen vorbereiten sollte. Hinzu kam am 12. Oktober 1994 ein Gesetz zum Schutz von beweglichem und unbeweglichem Kulturgut (Gesetz Nr. 7867, FZ 15/10.11.1994: 1–6), welches die Eigentümer verpflichtete, Bedingungen für den Erhalt zu schaffen (Art. 9), sowie dem Staat das Recht gab, diese zu enteignen, wenn sie von besonderer kultureller und historischer Bedeutung sind und nicht geschützt werden (Art. 19) (ebd.). So stand das Gesetz im Widerspruch zu den vorhandenen Ressourcen der Gemeinschaften.

Die staatlichen Einrichtungen arbeiteten mit Verzögerungen, sodass auch Jahrzehnte später die Eigentumsverhältnisse an religiösen Objekten vielfach nicht geklärt ist. Aufgrund dessen wurde vielfach der juristische Weg beschritten, um Streitfragen um Immobilien und Grundstücke zu klären. In einige Sachlagen involviert waren auch Religionsgemeinschaften; an dieser Stelle sollen drei Fälle angeführt werden, die die nationale Ebene erreichten. So urteilte das Verfassungsgericht (07.03.2002[286]; 25.01.2010[287]) zu Klagen von Privatpersonen gegen die KMSH und die AOK, bei denen Eigentumsfragen an Grundstücken in der Hauptstadt Tirana geklärt wurden. Die Entscheidung des Obersten Gerichtshofs vom 30. März 2005 (FZ, 55/04.07.2005: 1–6) beschäftigte sich mit der Klage von Privatpersonen gegen die RKK um ein Grundstück in Tirana, die abgewiesen wurde. Insgesamt fand keine Bevorzugung oder Diskriminierung von betroffenen Religionsgemeinschaften statt.

Der langsame Fortschritt und intransparente Mechanismen bei der Herbeiführung von Entscheidungen zur Privatisierung brachten verstärkt in- und ausländische Akteure dazu, eine Verbesserung der Situation zu fordern (European Commission 2016: 19). So wurde im Zuge der Implementierung von neuen, umfangreichen Gesetzen zur Privatisierung 2015 (FZ, 255/31.12.2015: 18035–18047), die unter der Beratung ausländischer Akteure entstanden, eine Agentur für Immobilienbehandlung (ATP)[288] gegründet, und bürokratische Hürden abgebaut (so u.a. Nachweis ursprünglicher Eigentumsrechte auf Seiten der Religionsgemeinschaften (Hoti 2016). Nach Auskunft ausländischer Beobachter ist im Bereich nun eine positive Entwicklung vorzufinden, da in letzten Jahren eine Beschleunigung bei der Rückgabe von Grundstücken,

---

286 Gjykata Kushtetuese e Republikës së Shqipërisë, Vendim Nr. 37, 07.03.2002 (FZ, 06/19.03.2002: 133–135)

287 Gjykata Kushtetuese e Republikës së Shqipërisë, Vendim Nr. 01, 25.01.2010 (FZ, 07/10.02.2010: 236–241)

288 Agjencia e Trajtimit të Pronave – ATP, http://www.atp.gov.al/ (01.08.2022)

sowie bei der Legalisierungen von Moscheen (2015: 6; 2016: 137) stattfand, die während der 1990er Jahre errichtet wurden (Department of State 2017: 4). Für eine positive Bescheinigung verlangte die Regierung eine Bestätigung der Zugehörigkeit der Moscheegemeinde zur KMSH – dies zeigt spezifische Verbindungen zwischen Politik und Religion, welche sich durch die Problematik der Restitution auf die Beziehungen zwischen den Glaubensgemeinschaften niederschlägt. Auch die AOK bemerkt seit 2016 eine verbesserte Kooperation auf Seiten des Staates bei der Restitution von Immobilien (Mlloja 2017), jedoch konnten noch nicht alle Differenzen zwischen ihr und der RKK auf der einen Seite, und dem Staat auf der anderen, um historische Archive gelöst werden (Department of State 2017: 4/5).

In der Gesamtbetrachtung besitzen alle vier großen Religionsgemeinschaften substantielle Ansprüche, die bisher partiell vom Staat behandelt wurden. Die Mehrheit der Fälle ist bis heute ungeklärt; bei Entscheidungen wurde vordringlich Entschädigung vor Rückgabe angewandt (ebd.). Die Restitution wird auch in Zukunft eines der bedeutenden Themen in den Beziehungen zwischen Glaubensgemeinschaften und Staat bleiben.

(3) Das dritte Problemfeld der staatlichen Ungleichbehandlung bezieht sich auf die Bereiche Rechtsvorgaben und Praxis. Der rechtliche Status der fünf Religionsgemeinschaften, die eine Vereinbarungen mit dem Staat geschlossen haben, gewährt ihnen konstitutionell verankerte (Verfassung Art. 10) Vorrechte, die in der Praxis Konsequenzen für die Religionsfreiheit im Land bedeuten (Elbasani 2016: 263). Erstens unterstützt der Staat sie finanziell (Ausnahme VUSH), im internationalen Vergleich gering; die Steuervorteile waren jedoch für die Finanzierung des Personals der Gemeinschaften bedeutend. Die Vertragswerke regeln zudem staatlich lizensierte Schulen der AOK, KMSH, und RKK. Demnach eröffnen die Abkommen Vorrechte, die de facto eine staatliche Förderung ausgewählter Gemeinschaften bedeuten. Ebenso wird staatliche Hilfe bei der Restitution mit diesen fünf Gruppen besonders hervorgehoben; die Lizensierung von Bauten wird für die KMSH gesondert geregelt. Die Förderung trägt einen limitiert-pluralen Charakter, der historische Entwicklungen des Landes einbezieht. Andererseits haben weitere religiöse Gruppen, auch traditionell in Albanien aktive, bisher kein Abkommen abschließen können, und erhalten somit keine Beihilfen des Staates[289].

---

[289] so u.a. die Methodistische Kirche, seit dem 19. Jahrhundert in Albanien aktiv (World Methodist Council 2019)

Differenzen sind ebenso zwischen den fünf Gemeinschaften mit einem Abkommen erkennbar: Neben staatlicher Förderung (ohne VUSH) sind dies Probleme für die VUSH, Eigentumsrechte an Immobilien zu erlangen, die zur Religionsausübung vorgesehen sind[290]. So ist die KMSH innerhalb der Abkommen-Gruppe mit der engsten politischen Bindung, der größten staatlichen Unterstützung, aber auch der erhöhten Kontrolle durch den Staat ausgestattet. So entstanden nach 1990 in Albanien weitere kleinere muslimische Gemeinschaften, jedoch keine Staatsbeihilfen bekommen. In wenigen Fällen gingen diese juristisch gegen die Ungleichbehandlung vor, was bisher scheiterte (Elbasani 2016: 266).

(4) Das vierte Problemfeld der politischen Interpretation und Instrumentalisierung von Religion geht auf eine enge Bindung zwischen politischen Fraktionen und Religionsgemeinschaften, und ihre Rolle zum Beginn der Transformation zurück. Nach 1990 entstanden aufgrund der bipolaren politischen Blocksituation zwischen ‚Post-Kommunisten' und ‚Oppositionellen' hohe inhaltliche und personelle Verflechtungen zwischen der neu gegründeten Partei PDSh und der KMSH (siehe oben). Zudem entstanden aus islamischen Freitagsgottesdiensten Demonstrationen für politischen Pluralismus, an denen religiöse Würdenträger teilnahmen, die offen zur Wahl der PDSh aufriefen (Elbasani 2016: 259/260). In den ersten Jahren wirkte sich dies positiv auf das politische und religiöse Leben aus – langfristig ist die Verbindung kritisch einzuschätzen, da der religiöse Sektor bis heute politisiert ist, welches sich in Meinungsäußerungen der religiösen Führung, in bevorzugenden Regelungen zur KMSH, und in personeller Verflechtung äußert (Jazexhi 2012: 12).

Mit der höheren staatlichen Kontrolle der KMSH nach 2001 stieg auch die Erwartung an ihre Religionsführer, einen ‚politisch korrekten Islam' zu predigen (Elbasani 2016: 257). In diesem Zuge entstanden kulturell-religiöse Organisationen wie ‚Kultura Islame', die von Akteuren der PDSh u.a. mit dem Motiv der Kontrolle des islamischen Bereichs gegründet wurden, und in denen Personen mit Hintergrund in staatlichen Sicherheitsdiensten in der Führung wirkten (ebd.: 260). So entstand eine Form der *„government sponsored religion"* (ebd.: 262), die eng mit dem Nationskonzept verbunden wurde (siehe auch Statut KMSH). Versuche der politischen Mobilisierung im

---

290 „VUSH (...) continued to rent existing buildings to use as places of worship, and reported continued difficulties in acquiring land on which to construct their own buildings due to local government tax assessments and regulations." (Department of State 2017: 5; ebenfalls in den Interviews zur Studie geäußert).

religiösen Raum fielen in der Folgezeit insgesamt auf wenig fruchtbaren Boden (Misha 2012: 31)[291]. Den Einfluss der Politik zeigte ebenfalls der Fall von Erzbischof Anastasios Yannoulatos (AOK), der wegen seiner griechischen Herkunft von einem Teil der Politik öffentlich kritisiert wurde (Department of State 2007: 3; Department of State 2017: 6), und erst 14 Jahre nach der Antragstellung die Staatsbürgerschaft erhielt (2017).

Bei der Politisierung von Religion sei zudem die integrative politische Instrumentalisierung angesprochen: Die Hervorhebung einer authentischen religiösen Harmonie, die ebenfalls als prägendes Merkmal der Gesellschaft präsentiert wird (ebd.: 7).

(5) Das fünfte Problemfeld ist die weitgehende Distanz der Bevölkerung zu den Religionsgemeinschaften (siehe oben), die u.a. zu Schwierigkeiten bei der Rekrutierung geeigneten Personals für ihre Führungspositionen führt. Jene Einstellungen werden zudem politisch instrumentalisiert, wenn durch Vertreter der PSSh anti-religiöse Stimmungen gefördert werden. Dabei artikuliert sich ein politischer Atheismus, der sich vielfach offen gegen Religionsgemeinschaften wendet (Elbasani 2016: 264).

(6) Das sechste und letzte Problemfeld der weit verbreiteten Armut in Albanien ist zuerst kein religiöses, hat jedoch Konsequenzen für das Wirken religiöser Organisationen (Chancen und Restriktionen). Auf der einen Seite ist es ihnen möglich, durch humanitäre Aktionen Aufmerksamkeit zu generieren, damit Reputation zu erlangen, und ihre Anhängerschaft auch ideell zu festigen. Auf der anderen Seite ist es ihnen deshalb in weitaus geringem Maße als in anderen Staaten Europas möglich, finanzielle Ressourcen von ihren Mitgliedern zu generieren, um spirituelle, humanitäre und kulturelle (historische Objekte) Aufgaben wahrzunehmen. Dadurch stieg in der Vergangenheit die Abhängigkeit zu ausländischen Akteuren: Bei der RKK für Hilfsprojekte fast ausschließlich über ihr internationales Netzwerk, bei der AOK über christliche Dachorganisationen in Europa, und bei der KMSH Akteure aus arabischen Staaten (Kuwait, Katar, Vereinigte Arabische Emirate), die seit den 1990er Jahren durch großzügige Spenden auffielen (Elbasani/Roy 2015: 463). Der finanzielle Einfluss bedeutete zugleich eine gewisse theologische Wirkung (ebd.) – so konnte in diesem Jahrzehnt das Entstehen einer spezifischen, rigiden Form des Islam in Albanien unter

---

291 *„Das Versprechen, Kulteinrichtungen zu bauen oder Eigentum zurückzugeben wurde von Politikern beider Seiten genutzt, doch diese Bemühungen sind begrenzt geblieben, obwohl (...) Versuche unternommen wurden, Parteien mit klaren religiösen Ansichten zu schaffen, (...) Wähler für sich zu mobilisieren."* (Misha 2012: 31).

Leitlinien dieser ausländischen Geldgeber beobachtet werden, der in neu errichteten Moscheen gepredigt wurde.

Dies verstärkte sich durch die Ausbildung einer (benötigten) neuen Generation von islamischen Würdenträgern in Albanien, die aufgrund fehlender Strukturen nicht im Land selbst, sondern in den genannten Geberstaaten ausgebildet wurden. Diese Ausbildung stand im Zeichen eines konservativ-sunnitischen, monarchisch geprägten Staats-Islam. Die Situation führte zu inhaltlich-theologischen Meinungsverschiedenheiten zwischen neuen und alten (albanische islamische Tradition; Patriotismus, religiöse Toleranz) Würdenträgern. Im weiteren Verlauf kam es nach 1997 zu einer neuen Ausrichtung der KMSh auf ein nationales Konzept, dass sich von dem arabischen Einfluss distanzierte, jedoch als verstärkt staatsüberwacht galt (Elbasani 2016: 263). Der Wandel in der Ausrichtung wurde nach den Terroranschlägen vom 11. September 2001 von politischer Seite forciert (Schmidt-Neke 2004: 842; siehe oben) und brachte 2004 eine neue Führung mit sich: Personen in leitenden Positionen mit Ausbildung in den arabischen Ländern wurden mit jenen ersetzt, die diese in der Türkei abschlossen hatten, und eine nationale Orientierung aufwiesen (Elbasani 2016: 264/265). Symbolhaft für den Einfluss der Türkei steht die Finanzierung der neuen großen Moschee im Zentrum von Tirana.

Durch die vom eigenen niedrigen Entwicklungsniveau bedingten Abhängigkeiten von ausländischen Akteuren sind innerhalb der KMSH drei Fraktionen entstanden (nationale Traditionalisten, in Türkei und arab. Ländern Ausgebildete). Dies ermöglicht politischen und ausländischen Akteuren, erhöhten Einfluss auszuüben. Auch existieren Formen des (gewaltbereiten) Islamismus in Albanien: So attackierten Islamisten zwischen 1998 und 2004 Vertreter der KMSH verbal und physisch (ebd.: 264). Nach dem 11. September 2001 reagierte der Staat (siehe oben) und ließ einige muslimische Prediger verhaften. Zwischen 2012 und 2016 reisten mindestens 107 Albaner nach Syrien, um für den sog. ‚Islamischen Staat' zu kämpfen – auch hier folgte eine Erhöhung der staatlichen Kontrolle der KMSH (Ristic 2016: 8).

Zusammenfassend ist festzuhalten, dass die Republik Albanien alle bedeutenden internationalen Verträge zum Schutz der Menschenrechte, demnach auch der Religionsfreiheit, unterzeichnet hat (Human Rights Library 2018), und die Regierungen des Landes bemühten sich bisher um deren Umsetzung. Diese rechtlichen Garantien treffen auf Realitäten, die von Pluralität und inter-religiöser Verständigung, aber auch schwierigen wirtschaftlichen Verhältnissen auf der Seite des Staates, auf der Ebenen der nicht-staatlichen Organisationen, und der Bevölkerung gekennzeichnet ist. Trotz der Harmonie zwischen den Religionsgemeinschaften und deren Anhängern stehen problematische Felder im Bereich Politik, Religion und Religionsfreiheit (Restitution, bevorzugte Behandlung, Finanzierung, bei denen die KMSh die Rolle einer staatlich unterstützten Religion einnimmt; Elbasani 2016: 257).

So wird in international vergleichenden Untersuchungen für Albanien ein moderater staatlichen Eingriff in den religiösen Bereich, al auch bei der Diskriminierung religiöser Minderheiten attestiert (ARDA 2022). Die Einordnung des Falles Albanien nach 1990 in Konzepte zur Beziehung von Politik und Religion ergibt bei Weber (1922: 760ff.) den Typus einer ‚legalen Herrschaft' mit genereller Trennung zwischen Politik und Religion. Aus Robertson (1987: 157) ist der Typ der abgeschwächten Hierokratie (Autonomie dominante Gemeinschaft) festzustellen. Nach dem Konzept von Linz (1996: 134) bestand demnach in der Periode des demokratischen Umbruchs nach 1990 eine politisierte Religion; heute hat sich die Form zu einer freundlichen Trennung gewandelt (ebd.: 135–137). Die Klassifikation von Chaves/Cann (1992: 280) ist aufgrund der geringen Zahl von drei Kategorien unpräzise: Nach dem Abgleich mit den fünf Merkmalen sei nicht ein Kooperationssystem, sondern ein Trennungssystem vorhanden. Bei Fox (2008: 147) ist dieser Bereich zwischen Kooperation und Trennung mit drei Kategorien (bevorzugte Behandlung, generelle Unterstützung, moderate Trennung) differenzierter abgedeckt, hier trifft für Albanien die bevorzugte Behandlung zu.

4.2 Religion, Politik und Gesellschaft in (Nord-)Mazedonien nach 1990

Die Republik Nord-Mazedonien (1991–2018: Republik Mazedonien) hat eine territoriale Ausdehnung von 25.713 km^2 und ist in 80 staatlich-administrative Regionen unterteilt (Državen zavod 2020: 7). Das Land gehört ebenfalls zu den schwächsten Ökonomien in Europa (World Bank 2020), mit Wirkungen auf den Bereich der Religion. Durch die ineffiziente Privatisierung nach 1989 sind die begrenzten ökonomischen Ressourcen sehr ungleich verteilt (Gini-Koeffizient/Einkommen 2009 bei Wert 44,1; UNDP 2016: 209), und die Arbeitslosigkeit ist hoch (ebd.: 241), sodass ein bedeutender Anteil der 2.076.255 Personen umfassenden Bevölkerung (2019) in Armut, oder im Ausland lebt (Državen zavod 2020: 9).

Die ethnische Struktur ist mit 64,18% slawischen Mazedoniern, 25,17% Albanern, 3,85% Türken, 2,66% Roma, 1,78% Serben, und 2,36% anderen Ethnien (Vlachen, Bosnier, Goranci) (Daten für 2002; Državen zavod 2002:

62) recht heterogen. Diese Struktur bestimmt auch die Verteilung von religiösen Zugehörigkeiten: Slawische Mazedonier und Serben sind mehrheitlich christlich-orthodox, Albaner und Türken mehrheitlich muslimisch-sunnitisch. Ein bedeutender Teil der Bevölkerung verfolgt keine traditionellen Glaubensauffassungen (siehe unten). Die multireligiöse Struktur bedingt im Zusammenwirken mit der Überlappung eine Schließung der ethnischen Gemeinschaften auch entlang religiöser Differenz (Cacanoska 2015: 121) (interethnische Ehen zwischen Mazedoniern und Albanern bei 0,46% aller Ehen 2019; Državen zavod 2020: 15). Dies ist ein gewichtiger Unterschied zu Albanien; Gemeinsamkeiten sind die historischen Pfadabhängigkeiten (Osmanisches Reiches, Nationsfindungsprozesse, Sozialismus), sowie derzeitige Entwicklungen (politische Spaltung der Gesellschaft, Armut). In Nord-Mazedonien ist ebenfalls eine multireligiöse Struktur vorhanden, innerhalb derer das orthodoxe Christentum und der sunnitische Islam (in einem umgekehrten Verhältnis wie in Albanien) dominieren (mit Vielzahl kleiner Gruppen).

Politik und Religion

Die Republik Nord-Mazedonien wurde eher unfreiwillig und maßgeblich durch externe Entwicklungen im Jahr 1991 in die Unabhängigkeit gedrängt. Mit der wirtschaftlichen Krise in Jugoslawien, die sich in der zweiten Hälfte der 1980er Jahre verschärfte, nahmen die Spannungen zwischen den Vertretern der Teilrepubliken zu (siehe oben); nationalistische Einstellungen bekamen vermehrt Raum in öffentlich-politischen Diskursen. Ein Versuch, die Föderation zu retten, kann in den Verfassungsänderungen auf Bundesebene vom November 1988 gesehen werden, die erneut den Gestaltungsraum der Teilrepubliken erweiterten (so u.a. die Möglichkeit der Organisation von freien Wahlen). Anschließende Reformen der Verfassung der Teilrepublik Mazedonien 1989 (33 Verfassungsänderungen; SVSRM, 16/15.04.1989: 277–290) und 1990 (24 Änderungen; SVSRM, 28/21.09.1990: 505–512) sollten grundlegende Bedingungen für die Ausbildung demokratischer und marktwirtschaftlicher Strukturen legen. Für den religiösen Bereich bedeutend beinhalteten die Reformen zudem Einschränkungen der Minderheitenrechte, da (muslimische) Albaner und Türken als konstituierende ethnische Gemeinschaften der Teilrepublik aus der Verfassung gestrichen (SVSRM, 29/26.07.1989: 530), und Mazedonien nun als Republik allein der mazedonischen Nation galt: *„Dies betraf vor allem den Gebrauch der Minderheitensprachen im (...) öffentlichen Bereich, in dem die Verwendung des*

Makedonischen nun auch in Gemeinden, in denen nationale Minderheiten die Mehrheit stellen, vorgeschrieben wurde." (Willemsen 2004: 773).

Auf jugoslawischer Ebene steigerten sich die Differenzen zwischen den oppositionellen Fraktionen, und nach dem 14. Kongress des Bundes der Kommunisten (20.–22.01.1990) in Belgrad verweigerten Vertreter der Teilrepubliken Slowenien und Kroatien fortan jede Mitarbeit in bundesstaatlichen Institutionen, und breiteten die Unabhängigkeit vor, da sie den von ihnen favorisierten Weg Dezentralisierung und Demokratisierung gefährdet sahen. Die Vertreter Mazedoniens traten für den Erhalt des Staates ein – eine Auflösung war nicht in ihrem Interesse, da Mazedonien von der Integration in Jugoslawien in hohem Maße profitierte (Sicherheit, Ökonomie) (Reuter 1993: 86/88; Zakar 2014: 306). Demnach wirkten ihre Vertreter an Reformen mit (Marković-Reformen zur Privatisierung, die in Mazedonien Anwendung fanden). Sie befanden sich in der Situation, für den Erhalt des Staates mit einem zwischen den nationalen Interessen ausbalancierten Charakter einzutreten, in dem sich jedoch mit der Abkehr Sloweniens und Kroatiens eine serbische Dominanz und Zentralisierungsbestrebungen nicht verhindern ließen (Rüb 2007: 334).

In Mazedonien wurden am 11./25. November 1990 (nach Slowenien und Kroatien im April/Mai) erstmals freie Wahlen zu einer Versammlung der Teilrepublik (*Sobranie*) durchgeführt. Die Ergebnisse brachten eine Pattsituation zwischen den politischen Lagern: Die am 17. Juni 1990 neu gegründete, konservative und ethnisch-mazedonisch ausgerichtete VMRO-DPMNE errang 38 von 120 Abgeordnetenmandaten, der post-kommunistische SDSM 31, die im April 1990 neu gegründete Partei der Albaner (Partei für Demokratische Prosperität – PDP) 22 (Willemsen 2004: 788). Hier rekrutierte sich ein bedeutender Anteil der Abgeordneten aller Parteien aus der ehemaligen Nomenklatur des sozialistischen Systems (Töpfer 2012: 237). In einer der ersten Sitzungen der Versammlung am 25. Januar 1991 entschieden die Abgeordneten in einer Deklaration, die Frage der staatlichen Unabhängigkeit in einem Referendum entscheiden zu lassen (SVSRM, 05/01.02.1991: 45; Hoffmeister/Weckbecker 1997: 84; Reuter 1993: 87). Hier sprach sich die VMRO-DPMNE für die Trennung von Jugoslawien aus (VMRO-DPMNE 2020). Am 20. März 1991 wurde eine Expertenregierung unter Nikola Klujsev (1927–2008) von der Versammlung gewählt, die Vorbereitungen für die Unabhängigkeit des Landes traf (Willemsen 2004: 782).

Tab. 50: *Abgeordnete Nationalversammlung; SDSM, VMRO-DPMNE, 1990–2020*[292]

	1990	1994	1998	2002	2006	2008	2011	2014	2016	2020
SDSM	31	59	27	60	32	27	42	34	49	46
VMRO-DPMNE	38	-[293]	49	33	45	63	56	61	51	44

Nach Entwicklungen in Slowenien und Kroatien in Richtung staatlicher Unabhängigkeit 1990/91 konnte sich auch Mazedonien dieser Frage nicht mehr verschließen; die Europäische Gemeinschaft erwartete zudem eine Entscheidung bis zum 23. Dezember 1991 (ebd.: 769). Demnach wurde am 8. September 1991 ein Referendum durchgeführt, dessen Ergebnis[294] die Sobranie am 17. September 1991 veranlasste, die Republik Mazedonien als unabhängig zu erklären (SVRM, 42/18.09.1991: 687; Willemsen 2004: 769). In der Folge wurde die erste Verfassung der Republik am 17. November 1991 von der Nationalversammlung verabschiedet (SVRM, 52/22.11.1991: 805–815). Hier stimmten 92 der 120 Abgeordneten für die Annahme; Vertreter albanischer Parteien votierten mehrheitlich dagegen (Sobranie 1991: 4/5).

Die Basis der hier begründeten staatlichen Souveränität legten Entwicklungen direkt nach dem Zweiten Weltkrieg: Der föderale Charakter Jugoslawiens sah nach der Verfassung von 1946 Teilrepubliken vor, die zwischen 1946 und 1990 sukzessive mehr Eigenständigkeit innerhalb des Föderalstaates erreichen konnten. Unter den Prämissen der spezifischen jugoslawisch-sozialistischen Doktrin (Ein-Parteien-Staat mit Dezentralisierung, Arbeiterselbstverwaltung) hatten sie das Recht, eigene Verfassungen auszuarbeiten. So entstand bereits vor 1991 auch in der Teilrepublik Mazedonien sukzessive eine eigene Verfassungsgebung (Roggemann 1999: 46). (Auch durch die personelle Spitze des politischen Systems Mazedonien zog sich bis in die Unabhängigkeit diese Pfadabhängigkeit: Der erste demokratisch gewählte Präsident, Kiro Gligorov (1917–2012), 1991 und 1994 mit großen Mehrheiten gewählt und international respektiert (Willemsen 2004: 778), war Mitgründer des ASNOM 1944.) Aus diesen Gründen bildet der ASNOM, neben früheren Ereignissen wie Erhebungen während des Rückzugs des Osmanischen Reiches und die Republik von Kruševo 1903, einen Grundpfeiler

---

292 Daten nach Nordsieck (2020); Willemsen (2004: 782); Gesamtzahl der Sitze 120
293 zweiter Wahlgang durch VMRO-DPMNE boykottiert
294 95,26% der gültigen Stimmen befürworteten einen unabhängigen Staat, bei einer Wahlbeteiligung von 75,75%. Die großen albanischen Parteien riefen zum Boykott des Referendums auf (Hoffmeister/Weckbecker 1997: 85).

der historischen Verankerung staatlicher Souveränität in der Präambel der Verfassung (SVRM, 52/22.11.1991: 805).

Die Erklärung der Unabhängigkeit, die Verabschiedung der neuen Verfassung im November 1991, sowie die Beantragung der internationalen Anerkennung des Staates (SVRM, 57/24.12.1991: 901) lösten Widerstand Griechenlands aus, in der sich konservative Akteure gegen die Etablierung richteten. Die Republik Mazedonien rang in der Folgezeit unter griechischem Einfluss um internationale Anerkennung (Reuter 1993: 83)[295]; zusätzlich verhängte Griechenland von Februar 1994 bis Oktober 1995 ein Handelsembargo (Südgrenze), zeitgleich mit dem UN-Wirtschaftsembargo gegen Jugoslawien (Nordgrenze). Während in bilateralen Beziehungen die Mehrheit der Staaten der Vereinten Nationen (UNO) sukzessive das Land unter dem konstitutionellen Namen anerkannte, gelang der Zugang zu internationalen Organisationen unter dem Provisorium ‚Former Yugoslav Republic of Macedonia‘. Unter dem Druck der Nicht-Anerkennung durch die Mehrheit der EG-Staaten beschloss die Sobranie am 6. Januar 1992 zwei Verfassungszusätze (Verzicht territoriale Ansprüche gegenüber Nachbarstaaten [Art. 3]; Beachtung ihrer Souveränität [Art. 49]) (SVRM, 01/10.01.1992: 1).

Nach der Verfassung von 1991 ist die Republik (Nord-)Mazedonien eine Demokratie (Art. 1) mit bürgerlichen Grundrechten (Art. 8–60) und einer demokratischen politischen Struktur mit gegenseitigen Kontrollmechanismen der Institutionen (Art. 61–113) (SVRM, 52/22.11.1991: 805–815). Der Bereich der Religion wird zunächst in allgemeinen Formulierungen angesprochen: Grundwerte der Verfassungsordnung sind Humanismus, soziale Gerechtigkeit und Solidarität (Art. 8), Meinungs- und Gewissensfreiheit (Art. 16), Vereinigungsfreiheit (Art. 20), sowie die freie Meinungsäußerung (Art. 21) (ebd.: 806/807).

Religion und religiöse Vorstellungen werden direkt in drei Artikeln angesprochen: Bei der Zusicherung gleicher Bürgerrechte ohne religiöse Diskriminierung (Art. 9), der staatlichen Aufgabe des Schutzes der ethnischen und religiösen Identität aller Gemeinschaften (Art. 48), sowie bei der Garantie der Religionsfreiheit (Art. 19). Der letzte Artikel schreibt eine Trennung von Religionsgemeinschaften und Staat vor, und erlaubt Ersteren, Schulen und karitative Einrichtungen zu unterhalten (ebd.: 806). Der Artikel benannte 1991 explizit die Mazedonisch-Orthodoxe Kirche (und daneben ‚andere religiöse Gemeinschaften und Gruppen‘).

---

295 Bis Februar 1993 hatten zehn Staaten diplomatische Beziehungen mit der Republik Mazedonien aufgenommen, darunter ein Nachbarstaat (Bulgarien) (Reuter 1993: 98).

So wandte sich die Verfassung von 1991 trotz des vorhandenen ethnischen und religiösen Pluralismus im Land stark der Mehrheitsgruppe der slawischen Mazedonier zu. Spannungen mit der Minderheit der Albaner schlugen bis 2001 in Gewalt um, und internationale Akteure vermittelten einen Friedensprozess, der erneut zu Verfassungsänderungen führte. Diese 15 Änderungen (SVRM, 91/20.11.2001: 5019–5021) befassten sich mit bürgerlichen Rechten, den Beziehungen von Legislative und Exekutive (Töpfer 2016: 328), und dem religiösen Bereich. Bei Letzteren wurde Art. 19 (Abs. 3/4) ergänzt, da sich insbesondere die albanisch geprägte Islamische Glaubensgemeinschaft (BFI) im Verfassungstext diskriminiert sah. Seitdem werden hier fünf Gemeinschaften genannt, neben der MPC-OA, der BFI die Römisch-Katholische Kirche, die Evangelisch-Methodistische Kirche, sowie die Jüdische Gemeinde (SVRM, 91/20.11.2001: 5020).

Tab. 51: Gesetzliche Regelungen zu Religion in (Nord-)Mazedonien seit 1977[296]

Bezeichnung	Datum	bedeutende Inhalte
Gesetz	28.10.1977	‚zur rechtlichen Stellung der Religionsgemeinschaften'
Verfassungs-änderung[297]	19.07.1989	SR Mazedonien Nationalstaat, Gemeinschaft des mazedon. Volkes und anderer Nationen; gestrichen: albanische, türkische Nationalität
Verfassung	17.11.1991	Präambel: Erbe mazedonisches Volk; MK Nationalstaat maz. Volk, Albaner, Türken, Vlachen, Roma, and. Nationalitäten volle Gleichheit Art. 9 Bürger gleiche Freiheiten und Rechte, unabhängig Religion Art. 16 Meinungs- und Gewissensfreiheit Art. 19 indivi. und koll. Religionsfreiheit; MPC und andere RGs vom Staat getrennt, vor Gesetz gleich; frei; Bildungs- und Wohlfahrtsorgan. Art. 20 Vereine dürfen nicht religiösem Hass / Intoleranz dienen Art. 48 Staat garantiert Schutz reli. Identität aller Gemeinschaften Art. 54 Ausnahmezustand: Restriktionen der Religion verboten
Abkommen[298]	21.12.1994	Regierung: Aufnahme diplomatische Beziehungen mit Heiligem Stuhl, Apostolischer Nuntius ab 26.07.1995
Gesetz	16.07.1997	‚über Glaubensgemeinschaften und religiöse Gruppen'; restriktive Registrierung (Art. 3, Art. 9), Strafen (Art. 28 – 34), Erhalt KOVZRG

---

296 Quellen (SVSRM / SVRM) siehe Text
297 SVSRM, 29/26.07.1989: 530
298 Cheney (2019), The Holy See (2022)

Verfassungs-änderungen	16.11.2001	Nr.VII (Art. 19): neben MPC Nennung Islamische Gemeinschaft, Katholische Kirche, Evangelisch-Methodistische Kirche, Jüdische Gemeinde, andere Gemeinschaften und Gruppen Nr.VIII (Art. 48): Zusatz ‚Symbole ihrer Gemeinschaft zu verwenden'
Gesetz	05.09.2007	rechtliche Stellung der Religionsgemeinschaften (zum 01.05.2008)
Regelwerk[299]	28.05.2008	Justizminister: für Register für Religionsgemeinschaften bei Gerichten

Neben diesen direkten Bestimmungen wird in der Verfassung Religion zudem peripher angesprochen, etwa in Verbindung mit Vereinsgründungen (Verbot Aufruf zu religiösem Hass; Art. 20) oder mit Freiheitsrechten, die nicht aufgrund religiöser Zugehörigkeiten beschränkt werden dürfen (Art. 54) (SVRM, 52/22.11.1991: 809).

Die grundlegenden Probleme des Verfassungstextes zeigen Verbindungen zum religiösen Bereich auf. Demnach ist erstens die Auffassung des Staatsbürgertums im Text in erster Linie eine ethnische, so in der Präambel, die zudem der slawisch-mazedonischen Identität in der Fassung von 1991 Vorrang in der Legitimation des Staates gab. Mit Änderungen der Verfassung 2001 (Präambel, 16 Artikel) wurden weitere Gemeinschaften (Albaner, Türken, Walachen, Serben, Roma, Bosnier) der Mehrheitsgruppe gleichgestellt; damit verstärkte sich die Betonung der ethnischen Identität der Staatsbürger. Die ethnischen Gruppen bewegen sich vielfach in homogenen lokalen Gemeinschaften, und die Konstruktion der jeweiligen ethnischen Identität steht in einem starken Zusammenhang mit der Zugehörigkeit zu unterschiedlichen Religionen, sowie zu Auslegungen innerhalb der Konfessionen[300]. So sind politische und (auch inner-)ethnische Konflikte vielfach mit dem religiösen Bereich verbunden.

Das zweite Problemfeld kann als Spannung zwischen den Normen der Verfassung und der faktischen politischen Kultur umrissen werden, die einer Blockadepolitik der jeweiligen Opposition glich (u.a. Boykott Referendum 1991 durch albanische Parteien, Wahlen 1994 durch VMRO-DPMNE). Die Verhaltensweisen übertrugen politische Konflikte aus dem parlamentarischen Raum auf andere Ebenen und ermöglichten eine Politisierung weiter Teile der Gesellschaft, so auch der Anhänger religiöser Organisationen, denen

---

299 SVRM, 68/03.06.2008: 7–12
300 So im orthodoxen Christentum bulgarische, mazedonische und serbische Ausrichtungen, und im sunnitischen Islam albanische, bosnische, türkische (und weitere) Prägungen.

Positionierung in einer Atmosphäre der Polarisierung abverlangt wurde. Ein Indikator ist das Feld der zivilgesellschaftlichen Organisationen, das 2006–2016 (Regierung VMRO-DPMNE) durch politische Manipulation (Bildung imitierter Nichtregierungsorganisationen[301]) und Restriktion (Verhaftungen, Einschüchterungen) von staatlicher Seite stark eingeengt wurde. Eine hohe Intensität von Konflikten zeigte sich ebenfalls innerhalb der Gruppe der Albaner: Hier war zunächst die im April 1990 gegründete PDP dominierend. 1994 spaltete sich ein radikaler Flügel ab (ab 1997 PDSh/DPA), die ab 1998 stärkste albanische Partei wurde (mit Regierungsbeteiligung). In der Folge gewann die Demokratische Union für Integration (BDI) an Bedeutung (Regierungsbeteiligungen 2002–2006, 2008–2016), die in Auseinandersetzungen mit der PDSh/DPA stand (in Wahlkämpfen vielfach gewaltsam ausgetragen).

Nach der Einführung der neuen Verfassung im November 1991 waren vorherige gesetzliche Regelungen hinsichtlich des religiösen Feldes vorerst weiterhin gültig. Dies betraf das Gesetz zur rechtlichen Stellung der Religionsgemeinschaften vom 28. Oktober 1977 (SVSRM, 39/14.11.1977: 859–862), sowie die staatliche Kommission für Beziehungen mit Glaubensgemeinschaften und religiösen Gruppen (KOVZRG), die im Zuge der Reformen nach 1974 eingerichtet wurde und für die Registrierung zuständig war. Die Kommission ist heute der Regierung unterstellt, überwacht das religiöse Feld, initiiert interreligiöse Treffen, und registriert Religionsgemeinschaften (KOVZRG 2020). Hier kategorisiert sie diese nach den Kategorien ‚Kirchen‘, ‚Glaubensgemeinschaften‘, und ‚religiöse Gruppen‘ (KOVZRG 2018).

Eine Reform der staatlichen Regelungen zum religiösen Bereich war das Gesetz ‚über Glaubensgemeinschaften und religiöse Gruppen‘, vom 16. Juli 1997, welches den Status der Organisationen festlegte (Art. 1–9), eine restriktive Registrierung religiöser Gemeinschaften vorsah (Art. 3, Art. 9), und rechtliche Konsequenzen bei Nichteinhaltung bereithielt (Art. 28–34) (SVRM, 35/23.07.1997: 1426–1429). Die Nationalversammlung verabschiedete als Ersatz am 5. September 2007 eines neues Gesetz ‚zur rechtlichen Stellung der Religionsgemeinschaften‘ (SVRM, 113/20.09.2007: 1–7). Die Mehrheit der restriktiven Formulierungen wurde übernommen; eine Registrierung, Voraussetzung für einen Rechtsstatus (Art. 9), konnte zudem aufgrund von Interpretationen beschränkt werden, bei denen ‚*der Name und die*

---

301 Zur Diskreditierung bestehender Vereine werden von ost- und südosteuropäischen Regierungen mit autoritärer Tendenz u.a. Imitate von Organisationen im Bereich gegründet, sog. ‚GONGOs‘ (*Government-Organized Non-Governmental Organizations*) (siehe u.a. Hasmath/Hildebrandt/Hsu 2019: 268/269).

offiziellen Marken jeder neuen Kirche (...) von denen (...) der bereits regis-trierten Kirchen (...) unterschieden werden sollen.' (Art. 10; Übers. d. A.) (ebd.: 2). Weiterhin klassifizierte die KOVZRG die Gemeinschaften in die drei Ka-tegorien – die Zuordnung unterstreicht die staatliche Perspektive mit einer christlich-orthodoxen Kirche (MPC) und einer islamisch-sunnitischen Ge-meinschaft (BFI):

Tab. 52: Nord-Mazedonien: Registrierte religiöse Organisationen[302]

reli. Ausrichtung / staatl. Klassifizierung	Kirchen	Glaubensge-meinschaften	religiöse Gruppen
christlich-orthodox	1 (MPC)	1	-
christlich-katholisch	1 (RKK)	-	-
christlich-evangelisch/reformiert	12	1	2
christlich-sonstige	4	2	3
islamisch-sunnitisch	-	1 (BFI)	2
islamisch-andere (Bektashi/Sufi)	-	2	2
sonstige	-	2	2

Die Vorgaben schlossen die Registrierung der Serbisch-Orthodoxen Kirche aus (KOVZRG 2004), die ihren Geltungsbereich ebenfalls in Nord-Mazedo-nien sah, 2002 auf dem Gebiet ein Erzbistum gründete (Pavle 2003), und die MPC nicht anerkannte (siehe unten). Das Oberhaupt des neuen Erzbistums der SPC, Erzbischof Zoran Vraniškovski (*1966), war zunächst Repräsentant der MPC und wurde von ihr 2003 exkommuniziert. Da er die von ihm genutz-ten Immobilien als der SPC zugehörig deklarierte, verurteilten ihn staatliche Behörden 2004 wegen Verstoßes gegen Eigentumsrechte zu zweieinhalb Jahren Haft, und ihm wurde die Einreise ins Land verwehrt. Die Ereignisse führten zu Deklarationen politischer Institutionen von der nationalen (Na-tionalversammlung; SVRM, 04/02.02.2004: 3) bis zur lokalen Ebene (Sovet na Opština Aerodrom 2005) zur Unterstützung der Autokephalie der MPC, welches die Nähe eines Teils der Politik und ihr verdeutlicht. Staat und Kirche hatten zu dieser Zeit die Gemeinsamkeit eines geringen Grades an Anerkennung der Nachbarstaaten, jedoch eines hohen Maßes an Akzeptanz in der Bevölkerung. Im Gegensatz zur SPC konnten orthodoxe Albaner

---

302 Daten und Klassifizierung nach KOVZRG (2018); eigene Aufstellung nach Konfessi-onszugehörigkeit

eine staatliche Registrierung erreichen, jedoch nicht als Kirche, sondern als ‚Glaubensgemeinschaft der Orthodoxen Albaner' (siehe Tab. 52).

Über Verbindungen zwischen den Bereichen von Politik und Religion gibt weiterhin die staatliche finanzielle Unterstützung der Religionsgemeinschaften Aufschluss. Formal werden nach dem Gesetz von 2007 über den rechtlichen Status der Gemeinschaften Einnahmen aus eigener Finanzierung, Spenden, und andere Quellen erzielt (Art. 32) (SVRM, 113/20.09.2007: 4). Die Mittel werden unabhängig verwaltet; die Finanzierung richtet sich insgesamt nach den Vorschriften für gemeinnützige Organisationen (Art. 33) (ebd.), die weniger steuerlichen Pflichten unterliegen. Nach dem Gesetz hat eine einmal registrierte religiöse Organisation den gleichen Status und die gleichen Rechte wie die fünf in der Verfassung genannten Religionsgemeinschaften (Eigentumsrückerstattung, Teilnahme staatliche finanzierte Projekte, Baugenehmigungen für Kult- und Kulturstätten).

Die tatsächlichen Zuwendungen sind im Unterschied zu Albanien für Nord-Mazedonien nicht öffentlich, auch seit dem Gesetz über den freien Zugang zu öffentlichen Informationen (SVRM, 13/01.02.2006: 3–14; Reform 2016). Es ist zu vermuten, dass die MPC aufgrund ihrer geringen eigenen finanziellen Ressourcen (wenig internationale Unterstützung, geringe Beiträge von Mitgliedern) im Vergleich zu ihrer Aufgabenstellung (Personal, Erhalt Stätten von nationaler Bedeutung) maßgebliche staatliche Unterstützung erhielt. In der Gesamtbetrachtung fällt auf, dass im Vergleich zu Albanien die gesetzlichen Regelungen nicht mit bilateralen Abkommen zwischen dem Staat und einzelnen Religionsgemeinschaften ergänzt wurden. In (Nord-)Mazedonien liegt aufgrund der spezifischen Entwicklung eine Kontinuitätslinie staatlicher Regelungen vor, die bis 1974 zurückreicht (siehe staatliche Religionsbehörde).

Der Blick auf den internationalen Rahmen zeigt, dass die Republik Nord-Mazedonien alle bedeutenden Verträge zum Schutz der Menschenrechte unterzeichnet hat (Human Rights Library 2018). Diese rechtlichen Garantien treffen auf eine Alltagssituation, bei der in den Bereichen Meinungs- und Religionsfreiheit Defizite vorliegen, die internationale Beachtung finden (UNHRC 2014). (Restitution Eigentum, Finanzierung staatlich anerkannte Gemeinschaften, externe Politisierung MPC).

Gesellschaft und Religion

In der Bevölkerung zeigen sich plurale Strukturen der Religiosität und Zugehörigkeit: So bekannten sich nach dem Zensus von 2002 64,8% der

Befragten zur Kategorie der Christlich-Orthodoxen, 33,3% bezeichneten sich als Muslime, 0,35% als Katholiken, 0,03% als Protestanten, und 1,52% als Angehörige anderen Glaubens. Differenzen ergeben sich zu anderen repräsentativen Umfragen, in denen ein hohes Maß an indifferenten Einstellungen zur religiösen Zugehörigkeit gemessen wurde (siehe EVS und WVS). Da der Zensus nicht die Kategorien ‚keine Religion‘ (oder ‚weiß nicht/keine Zuordnung‘) enthielt, und alle Einwohner einer der dort aufgeführten Glaubensrichtungen zugeordnet wurden, ist anzunehmen, dass diese Werte Ausdruck staatlicher Perspektive waren (nach Göderle 2016: 26/193).

Tab. 53: Nord-Mazedonien: Religiöse Zugehörigkeit der Bevölkerung 1994–2019[303]

	Zensus		WVS		EVS	WVS
	1994	2002	1998	2001	2008	2019
Muslimisch	30,04	33,33	24	25,3	-	31,5
M.-Sunnitisch	-	-	-	-	17,7	-
M.-Schiitisch	-	-	-	-	-	-
Chr.-Orthodox	66,34	64,78	45,9	59,4	73,8	59,1
Chr.-Katholisch	0,38	0,35	0,7	0,3	0,4	0,6
Chr.-Protestant.	0,06	0,03	0,1	0,4	0,1	0,3
Sonstige	1,61	1,52	0,3	0,3	0,3	0,2
keine Religion	0,29	-	-	-	-	8,0
keine Antwort	1,27	-	28,9	14,4	7,8	0,4
Gesamt	100	100	100	100	100	100

Nach der Umfrage des WVS aus dem Jahr 2019 betrachteten sich 77,3% der Befragten als religiös, ein Wert, der seit 1998 stark anstieg (siehe Tab. 54). Dies gilt auch für den Besuch von kollektiven religiösen Riten, die 1998 von 17,6% der Befragten regelmäßig mindestens einmal im Monat besuchten, und 2019 bereits 40,1% (Tab. 55). Weiterhin befanden 32,9% im Jahr 1998 Religion als nicht oder nicht sehr wichtig; auch dieser Wert verringerte sich bis 2019 auf 16,2% der Befragten (Tab. 54). Die Zugehörigkeit zu religiösen Gemeinschaften oder Bekenntnissen folgt in der Regel der jeweiligen Mitgliedschaft in einer ethnischen Gemeinschaft. So wird das orthodoxe Christentum in der

---

303 Daten nach Courbage (2003: 432) für Zensus 1994; Državen zavod (2002: 334) für Zensus 2002; EVS (2016); Inglehart/Haerpfer et al. (2020) für WVS 1998, 2001 und 2019.

überwiegenden Mehrheit von slawischen Mazedoniern und Serben verfolgt, der mehrheitlich sunnitisch geprägte Islam ist zentral unter Albanern, Türken und Bosniern verbreitet. Der gemessenen hohen Identifizierung mit einer jeweiligen Religionskonfession in quantitativen Erhebungen stehen qualitative Studien zur Religiosität in der Region gegenüber, die auf das hohe Maß an Gleichgültigkeit gegenüber dem Thema im Alltag der Bevölkerung hinweisen (Cacanoska 2003; Črnič/Lesjak 2003: 351/352; Smrke 2017). Dies entspricht ebenso der Wahrnehmung religiöser Würdenträger des Landes (in Interviews geäußert), sowie theoretischen Überlegungen zu Trends der Modernisierung (Differenzierung, Individualisierung, Säkularisierung).

Tab. 54: Nord-Mazedonien: Subjektive Religiosität in der Bevölkerung 1998–2019[304]

	Religiosität				Bedeutung der Religion im Leben				
	religiös	nicht religiös	Atheist	w.n./ k.A.	hoch	eher	nicht sehr	gar nicht	w.n./ k.A.
1998	53,7	25,8	1,3	19,2	33,8	29,2	20,6	12,3	4,1
2001	82,3	15,2	0,4	2,1	47,0	30,2	15,2	6,2	1,3
2019	77,3	10,0	3,0	9,7	53,7	28,5	10,1	6,1	1,7

Demnach sind Messungen von Religionszugehörigkeiten in der Gesellschaft Nord-Mazedoniens generell zu reflektieren, und lassen trotz leicht steigenden Werten zum Besuch von kollektiven religiösen Riten (Gottesdienste, Freitagsgebete) wenig Schlüsse über die Tragweite der Religionszugehörigkeit in der Identitätskonstruktion der Einwohner zu. Es ist zu vermuten, dass es sich um einen Trend zur kulturellen und weniger spirituellen Religiosität handelt, bei der die ethnische Zugehörigkeit die religiöse in gewisser Weise festlegt (Smrke 2017: 7–9). So steht der steigende Wert für den regelmäßigen Besuch von kollektiven Riten zwischen 1998 (17,6%) und 2019 (40,1%) im World Values Survey (WVS) im Widerspruch zu Angaben autochthoner Experten, sowie des Personals der Religionsgemeinschaften, die in den Interviews zu dieser Studie auf eine geringe Teilnehmerzahl verwiesen.

---

304 Daten nach Inglehart/Haerpfer et al. (2020)

Tab. 55: Nord-Mazedonien: Besuch von kollektiven religiösen Riten[305]

	mehrmals wöchentlich	einmal / Woche	einmal / Monat	spezielle Feiertage	einmal / Jahr	weniger	nie	weiß nicht
1998	3,4	7,5	6,7	46,6	6,8	14,7	14,2	-
2001	10,2	11,3	11,3	42,0	5,1	13,0	7,0	-
2019	11,7	13,0	15,4	33,2	3,4	12,6	8,0	2,8

Die ambivalenten Befunde zur Identifikation mit religiösen Glaubensauffassungen lassen sich zudem anhand der Einstellungen zu zentralen Konzepten großer Religionen in Nord-Mazedonien wie jenen des Christentums oder des Islam aufzeigen: Während die überwiegende Mehrheit der Befragten der ‚Existenz eines Gottes' zustimmt (2019: 89,7%), so erhalten weitere bedeutende Inhalte wie ein ‚Leben nach dem Tod' oder die ‚Existenz einer Hölle' die Akzeptanz der Hälfte der Befragten (noch immer hohe Werte). In diesen Aspekten ist ebenfalls ein Anstieg der Werte während der letzten zwanzig Jahre festzustellen:

Tab. 56: Nord-Mazedonien: Einstellungen zu Konzepten großer Religionen[306]

	Gott			Leben nach dem Tod			Hölle		
	1998	2001	2019	1998	2001	2019	1998	2001	2019
ja	75,1	88,2	89,7	31,6	42,6	52,3	32,6	42,2	47,5
nein	14,5	9,3	7,3	48,0	47,8	33,9	48,3	48,5	38,2
w.n./ k.A.	10,5	2,5	3,1	20,4	9,6	13,9	19,1	9,3	14,3

Daten zum Vertrauen der Bevölkerung und der Anhänger in die Glaubensgemeinschaften als Repräsentanten von Religion und Interpreten dieser Glaubensauffassungen lassen auf eine relativ hohe Verankerung der Organisationen schließen. Nach einer repräsentative Studie vom Juli 2020 haben 50% der orthodoxen Christen des Landes großes, und 20% ein gewisses Vertrauen in die Mazedonisch-Orthodoxe Kirche; 15% vertrauen ihr wenig, und 13% überhaupt nicht (Božinovski/Nikolovski 2020: 10). Die Werte für Islamische Gemeinschaft (BFI) sind ähnlich strukturiert: 35% der befragten Muslime des Landes haben großes, 32% ein gewisses Vertrauen in diese

---

305 Daten nach Inglehart/Haerpfer et al. (2020)
306 Daten nach Inglehart/Haerpfer et al. (2020)

Religionsgemeinschaft, 18% vertrauen ihr wenig, und 12% der muslimischen Gläubigen gar nicht (ebd.).

Die Religionsgemeinschaften insgesamt waren einer gewissen Politisierung ausgesetzt: Zur Frage, ob Religion im Wahlkampf von den Parteien vor den Parlamentswahlen vom 15. Juli 2020 eingesetzt wurde, um mehr Stimmen zu erhalten, stimmten 17% der Befragten definitiv zu, 19% glaubten an einen gewissen Grad der Verwendung, 15% an einen geringen Grad, und 34%, dass Religion überhaupt nicht Verwendung fand (ebd.). Demnach liegen hier große Wahrnehmungsunterschiede unter den Befragten vor.

Für die Gesamtbetrachtung der Verankerung religiöser Glaubensauffassungen in der Bevölkerung Nord-Mazedoniens wird festgehalten, dass ethnische und politische Spaltungen, die sich zu gesellschaftlichen Konfliktlinien verfestigt haben, ebenfalls in den religiösen Bereich hineinwirken.

Religionsgemeinschaften

Im Feld der Glaubensgemeinschaften verzeichnet die KOVZRG eine Zahl von 38 registrierten Organisationen in Nord-Mazedoniens, davon (nach ihrer Klassifizierung) 18 Kirchen, neun Glaubensgemeinschaften, und elf religiöse Gruppen (KOVZRG 2018). Die überwiegende Mehrheit stellen kleine christliche Gruppen (25, siehe Tab. 52), und 23 haben ihren Sitz in der Hauptstadt Skopje, zudem das religiöse Zentrum der bedeutenden Religionsgemeinschaften des Landes. Nach der Zahl der Anhänger ist die größte die Mazedonisch-Orthodoxe Kirche – Erzbistum von Ohrid („*Makedonska Pravoslavna Crkva – Ohridska Arhiepiskopija*,' – MPC-OA), die Islamische Religionsgemeinschaft in Nord-Mazedonien (BFI), und die Römisch-Katholische Kirche. Die weiteren 35 Religionsgemeinschaften, auch wenn wie die Jüdische Gemeinde oder die Evangelisch-Methodistische Kirche in der Verfassung genannt, repräsentierten nach dem Zensus von 2002 zusammen 1,55% der Bevölkerung (Tab. 53); eine hohe Fragmentierung der Minderheiten.

Die Mazedonisch-Orthodoxe Kirche sah sich zu Beginn der Unabhängigkeit des Landes eines verstärkten Drucks von Seiten der Serbisch-Orthodoxen Kirche (SPC) ausgesetzt. Nach der Erklärung der Autokephalie der MPC 1967 war die SPC in den folgenden Jahren intern durch Ambivalenz hinsichtlich einer Stellungnahme zu dieser Entscheidung gekennzeichnet. Obwohl ein bedeutender Teil der Bischofssynode der SPC einer Autonomie der MPC unter ihrer Aufsicht wohlwollend gegenüberstand, fand eine vollständige Unabhängigkeit keine Mehrheit in ihren Gremien: „*In den folgenden Jahren schob der Synod das angekündigte Verfahren auf die lange Bank, so dass die makedonischen Bischöfe nicht vor ein serbisches Kirchengericht zitiert wurden."* (Buchenau 2004: 222). Die Beziehungen zwischen beiden Kirchen, in den 1970er und 1980er vom System Jugoslawiens mit Unterdrückung religiöser Konflikte und Distanz zwischen Politik und Religion geprägt, änderten sich mit dem politischen Klima des Zerfallsprozesses Jugoslawiens: *„Erst in der Milošević-Ära versuchte die SOK wieder, ihren Standpunkt in praktische Politik umzusetzen. 1992 beschloss der Sabor die Errichtung einer serbischen Parallelhierarchie, 1993 wurden die entsprechenden Bischöfe geweiht. Im Mai 1994 folgte ein Ultimatum an die MOK, innerhalb von drei Monaten zur Ordnung vor 1967 zurückzukehren; andernfalls würde ein Strafverfahren eingeleitet."* (ebd.).

Verhandlungen führten am 17. Mai 2002 zu einem Entwurf für ein Abkommen zwischen beiden Kirchen (Abkommen von Niš), der eine kirchliche Vereinigung zwischen ihnen, den Verzicht der MPC auf Autokephalie, sowie eine Autonomie der MPC innerhalb der Strukturen der SPC beinhaltete (European Court 2017: 2). Dieser Entwurf wurde am 25. Mai 2002 durch die Synode der MPC abgelehnt. Unterstützer des Abkommens innerhalb der MPC um Bischof Vraniškovski trieben eine Vereinigung der Kirchen dennoch weiter voran. Am 5. Juli 2002 entließ die Synode der MPC Vraniškovski – am 23. September 2002 erfolgte seine Ernennung von Seiten der SPC zum ‚Exarchen für alle Eparchien der Erzdiözese Ohrid' (ebd.), und später seine Verhaftung in Mazedonien. Diese Entwicklungen zeigen den damalig hohen Grad an Politisierung beider Kirchen in den externen Beziehungen an, die teilweise bis heute anhält[307]. Seitdem waren keine Fortschritte in den Beziehungen zwischen MPC und SPC zu erkennen (ebd.), bis im Frühjahr 2022 der neue Patriarch der SPC, Porfirije Perić, einen Versöhnungsprozess und die Anerkennung der MPC durch die SPC einleitete. Dem voraus gingen zustimmende Entscheidungen des ÖKP hinsichtlich der Autokephalie der MPC.

Die Mazedonisch-Orthodoxe Kirche deklarierte nach der Unabhängigkeit des Staates am 1. November 1994 ein Statut (siehe Tab. 57) (Makedonska

---

[307] *„North Macedonia's Prime Minister (...) wrote on Tuesday to Patriarch Bartholomew of Constantinople (...), urging him to grant the Orthodox Church in the country autocephaly. (...) Just two days ago, North Macedonia's President, Stevo Pendarovski, also sent a letter (...) Serbian politicians (...) have criticised the letters (...). Serbian Foreign Minister (...) warned North Macedonia not to seek ‚shortcuts' (...)."* (Marušić 2020).

Pravoslavna Crkva 1994)[308]. Hier wurde die MPC als autokephales Erzbistum definiert (Art. 1 und 2), das von einem Erzbischof geleitet wird (Art. 54), und in zehn Eparchien unterteilt war. Diese wurden auf heute zwölf Eparchien erweitert, von denen acht das Land abdecken, und vier außerhalb liegen: Amerika-Kanada, Europa, Australien-Neuseeland, und Australien-Sydney (Makedonska Pravoslavna Crkva 2022). Demnach folgte sie der Migrationsbewegung aus dem Land. Das Zentrum der Kirche ist mit dem Sitz des Erzbischofs (Art. 8), weiteren Kirchengremien, sowie einer theologischen Fakultät (‚St. Kliment Ohridski') in Skopje angesiedelt. Derzeit sind in der Kirche etwa 600 Priester aktiv, die 500 Pfarreien betreuen, und sie betreibt nach Eigenangaben 20 aktive Klöster (ebd.). Zum Verständnis der Stellung der MPC innerhalb der anerkannten christlich-orthodoxen Kirchen des Osten und der Änderung dient folgende Abbildung 12.

Abb. 12: Stellung der MPC innerhalb der orthodoxen Kirchen des Ostens[309]

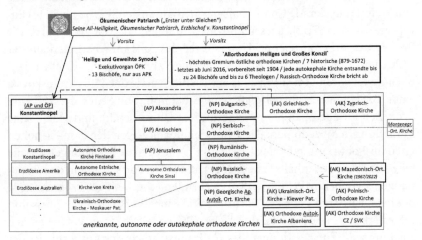

Aus der Abbildung wird ersichtlich, dass sich mit den Veränderungen im Frühjahr/Sommer 2022 in den Beziehungen zum Ökumenischen Patriarchat von Konstantinopel und zur Serbisch-Orthodoxen Kirche die Anerkennung der MPC so weit vorangeschritten ist, dass der Prozess der externen Anerkennung der Autokephalie der Kirche kurz vor dem Abschluss steht.

---

308 Zum Zeitpunkt des Verfassens der Studie arbeitete die MPC-OA an einem neuen Statut.

309 nach https://ec-patr.org (01.08.2022); AP – Antikes Patriarchat; ÖP – Ökumenisches Patriarchat, NP – Nationales Patriarchat, AK – Autokephale Kirche

Das Statut der Mazedonisch-Orthodoxen Kirche von 1994 reflektiert in ihren Inhalten die besondere Beziehung zum Staat und die angesprochenen externen Herausforderungen in den bedeutenden Dimensionen der religionssoziologischen Betrachtung (theologische Festlegungen, ökonomische Aspekte, Staat und Politik, Wirken in Gesellschaft, auswärtige Orientierung). Die theologischen Festlegungen sahen trotz der damaligen Ablehnung durch die orthodoxen Kirchen Osteuropas die Kirche mit deren Organisationen und Dogmen verbunden (Art. 1 und Art. 6), und sie in der Pflicht, ‚fehlerhafte Lehren zu beseitigen' (Art. 24). Im Feld der Beziehungen zu Staat und Politik ist der Eid des Erzbischofs darauf gerichtet, seine und die Aktivitäten der Kirche auf die Interessen des Landes abzustimmen (Art. 53). In der konfessionellen Bildung wurde eine Kooperation mit dem Staat festgelegt, und dieser bei der Finanzierung der eigenen Bildungsinstitutionen (Art. 170), sowie der gesamten Organisation (Art. 174) eingebunden. Dies deckt sich mit den Feststellungen zur staatlichen Finanzierung der Glaubensgemeinschaften. Beachtenswert ist zudem die auswärtige Orientierung, welche sich neben dem Bezug auf die ‚ökumenische orthodoxe Kirche' (Art. 1), und den Einsatz für Verständigung zwischen orthodoxen Kirchen (Art. 24) auf die Diaspora bezieht (Art. 7).

Die Islamische Gemeinschaft Nord-Mazedoniens (BFI) hatte als zweite bedeutende religiöse Organisation in Mazedonien innerhalb der Sezessionsentwicklungen Jugoslawiens weniger externe Hemmnisse zu bewältigen. Auch sie gab sich im Jahr 1994 ein neues Statut, welches die organisatorische Loslösung von der bosnisch dominierten Islamischen Gemeinschaft Jugoslawiens formell dokumentierte und eine unabhängige, (den ethnischen Proportionen der Muslime des Landes entsprechend) albanisch geprägte Organisation schuf. Das aktuelle Statut vom 24. Juli 2008 (Botti 2019) erläutert hauptsächlich die interne Organisation, so die Aufteilung in 13 Muftiate (Art. 46) (Bashkësia Fetare Islame 2020) und die Führung unter einem Reis-ul-Ulema (Art. 38). Besonderheiten in den Inhalten der wesentlichen Dimensionen einer (religions-)soziologischen Betrachtung des Statuts fallen in den theologischen Festlegungen auf, die sich allgemein an den Regeln des Koran, der Sunnah, und der Scharia orientieren (Art. 1, Art. 9, Art. 36, Art. 55), deren endgültige Interpretation für Mitglieder der Gemeinschaft dem Reis-ul-Ulema obliegt (Art. 44).

Tab. 57: Nord-Mazedonien: Statuten großer Religionsgemeinschaften[310]

	Mazedonisch-Orthodoxe Kirche (MPC-OA) (01.11.1994)	Islamische Glaubensgemeinschaft (BFI) (24.07.2008)
theologische Festlegungen	Präambel: Bibel, Kirchengeschichte in MK Art. 1 Dogmen Ökumenische orthod. Kirche Art. 6 Texte, Tradition, apostolische Regeln der ökumenische Konzile und Synoden Art. 24 Synode interpretiert Lehren	Art. 1 Koran, Sunnah Art. 7 ‚Förderung Gutes, Bekämpfung Böses' Art. 9, Art. 36, Art. 55 Scharia Art. 44 Reis-ul-Ulema: entscheidet, ob gegen islamische Grundsätze verstoßen wird
ökonomische Aspekte	Art. 174 Finanzierung aus eigenen Einnahmen und staatlicher Unterstützung Art. 184 MPC auch ökonomische Aktivität	Art. 11 Finanzierung aus eigenen Einnahmen Art. 52, Art. 53 BFI wirtschaftliche und finanzielle Aktivitäten
Bezug zu Staat und Politik	Art. 53 Eid Erzbischof ‚MPC und Land treu', ‚Agieren im Einklang Interessen Land' Art. 166 Kooperation mit Bildungsminister-ium bei Religionsunterricht Art. 170 Staat unterstützt Bildungsinstitutionen MPC finanziell Art. 195 Gesetze des Staates achten	Art. 7 Zusammenarbeit mit Staat Art. 11 Staat kann unterstützen
Wirken in Gesellschaft	Art. 24 Verbreitung orthodoxer Glauben Art. 107 Mitglieder verpflichtet, Religion der orthodoxen Kirche zu verbreiten	Präambel, Art. 1 einzige islamische RG unabh. ethnischer und nat. Zugehörigkeit Art. 7 Museen, Bildung, gemeinnützige Ein-richtungen, Kooperation mit RGs, NGOs
auswärtige Orientierung	Art. 1 autokephal und Teil der einen apostolischen Kirche Art. 7 Diözesen: 1/3 im Ausland, Bindung Art. 24 Bemühen Einheit orthodoxer Kirchen	Art. 7, Art. 35 Zusammenarbeit mit islamischen Gemeinschaften der Welt

Die BFI sieht sich als alleiniger Repräsentant der Muslime im Land[311], und ist als einzige muslimisch-sunnitische Gruppierung als ‚Religionsgemeinschaft' im staatlichen Register eingetragen. Trotz dieses Alleinvertretungsanspruchs

---

310 Angaben nach Botti (2019)

311 Nach der Präambel ihres Statuts ist die BFI ‚*der einzige Zusammenschluss der Muslime im Land unabhängig ihrer ethnischen und nationalen Zugehörigkeit*', sowie ‚*der einzige Erbe aller historischen Aktivitäten und der einzige Eigentümer, der bewegliches und unbewegliches Vermögen von den islamischen Religionsgemeinschaften erbt, die in diesen Ländern tätig waren.*' (zitiert nach Botti 2019; Übers. d. A.).

der BFI bilden andere ethnische Gruppen jenseits der albanischen (bosnische, türkische) eigene Moscheegemeinden, die nur zu einem kleinen Teil, und allein in der Kategorie ‚religiöse Gruppen' beim Staat registriert sind (siehe Tab. 52). Einen weiteren Teil des islamischen Bereichs stellen unterschiedliche Sufi-Orden, von denen vier Gemeinschaften im staatlichen Register verzeichnet sind. In der Vergangenheit wurden Konfliktpotentiale im islamischen Bereich zwischen den Gemeinschaften in der Deutungshoheit über die Auslegung der islamischen Lehren, sowie über Eigentumsfragen über historische Kultstätten[312] geführt. Die intensivsten Auseinandersetzungen in jüngerer Vergangenheit fanden innerhalb der BFI statt, bei denen oppositionelle Fraktionen auch öffentlich gewaltsam gegeneinander vorgingen[313]. Diese Situation reflektierte sich teilweise während der Durchführung der Interviews (Zugang und Befragung kompliziert, in einem Fall Waffen sichtbar.)

Die Römisch-Katholische Kirche war während der jugoslawischen Periode mit 23 Bistümern und der Bischofskonferenz von Jugoslawien organisiert (siehe Abb. 11). Hier besaß die Diözese Skopje-Prizren die Zuständigkeit für die Teilrepublik Mazedonien und für das Kosovo, und es existierte ein Apostolischer Visitator für Mazedonien (Adrianyi 1992: 197). Die Diözese hatte nach Eigenangaben 1990 66.500 Mitglieder in 25 Gemeinden, die von 40 Pastoren betreut wurden (ebd.). Auf die Auflösung Jugoslawiens reagierte die RKK, indem der Heilige Stuhl mit den Staaten Kroatien und Slowenien am 8. Februar 1992 diplomatische Beziehungen aufnahm, mit der Republik Mazedonien am 21. Dezember 1994 (Holy See 2020). Zudem änderte sie ihre Strukturen: Im Mai 1993 erfolgte die Etablierung der Bischofskonferenzen von Slowenien und Kroatien; nachfolgend zuständig für Mazedonien war die 2000 gegründete Internationale Bischofskonferenz der Heiligen Kyrill und Method (CEICEM), die gegenwärtig ihre Diözesen im Kosovo, in Montenegro, in Nord-Mazedonien, und in Serbien umfasst.

In der Republik Nord-Mazedonien ist die RKK gegenwärtig mit einer Doppelstruktur vertreten: Es existiert die Diözese von Skopje für das gesamte Land, die Teil der Kirchenprovinz Vrhbosna mit Sitz in Sarajevo ist. Zudem ist eine katholische Eparchie des byzantinisch-orthodoxen Ritus für das Land

---

312 Siehe exemplarisch die von der BFI und anderen islamischen Religionsgemeinschaften beanspruchte und zum nationalen Kulturerbe zählende Arabati Baba Tekke in Tetovo.

313 So u.a. im Mai 2015: „*Rund 50 Bewaffnete haben in der mazedonischen Hauptstadt Skopje das Zentrum der Islamischen Gemeinschaft (...) besetzt.*" (DPA, 04.05.2015; o.A.6 [2015]).

mit Sitz in Strumica vorhanden, deren Oberhaupt (Bischof Kiro Stojanov) ebenfalls Bischof der erstgenannten, römisch-katholischen Diözese ist – eine einmalige Doppelfunktion. Da beide zusammen etwa 20.000 Mitglieder angeben (2006; davon 15.000 orthodoxer, 5.000 römisch-katholischer Ritus) (Stojanov 2006), und im Zensus 2002 7.008 Personen des christlich-katholischen Glaubens gezählt wurden (Državen zavod 2002: 334), ist davon auszugehen, das die Mehrheit im Zensus einer anderen Kategorie zugeteilt wurde, oder (wie im Fall Slowenien) die Eigenangaben der Kirche wesentlich höher ausfallen als die in repräsentativen Studien gemessenen Werte.

Letzte Anmerkungen zum Feld organisierter Religion soll kurz die Strukturen der christlich-evangelischen und reformatorischen Gemeinschaften erläutern: Das staatliche Register beinhaltet für dieses Feld zwölf Kirchen, eine Glaubensgemeinschaft und zwei religiöse Gruppen (siehe Tab. 52). Wie in Albanien und Slowenien sind die Gemeinschaften von einer sehr geringen Anhängerzahl geprägt: Nach Eigenangaben waren dies zusammen 7.000 Mitglieder (Cacanoska 2018: 2); der Zensus 2002 zählte 2.712 Personen (Državen zavod 2002: 334). Neben der Minderposition und der Fragmentierung sind weitere Parallelen zu Albanien und Slowenien, dass sie aufgrund ihrer Eigendarstellung als relativ offene Gemeinschaften mit vielfältigem karitativen Engagement eine hohe gesellschaftliche Reputation besitzen, und mediale Präsenz zeigen. Die Geschichte dieser Gemeinschaften geht, ähnlich wie in Albanien, auf Missionsbewegungen aus dem englischsprachigen Raum zurück, die in der zweiten Hälfte des 19. Jahrhunderts in der Region aktiv wurden.

Zu nennen ist hier die Evangelisch-Methodistische Kirche, die 1784 in den Vereinigten Staaten von Amerika gegründet wurde. Sie ist auf dem Gebiet seit ca. 1870 aktiv, und stellte seitdem neben ihrer Mission die Bildung von Frauen in den Mittelpunkt. Sie hat gegenwärtig zwischen 1.300 (Cacanoska 2018: 5) und 4.000 Mitglieder (ebd.: 17; Eigenangaben), verfügt über 13 Kirchen im Land, und betätigt sich in karitativen Aufgaben der Hilfe armer Teile der Bevölkerung (so der Roma; UMC 2022). Die Kirche hat insgesamt eine globale Orientierung, wird (als eine von fünf Religionsgemeinschaften) in der Verfassung genannt, und pflegt gute Beziehungen zu christlichen, jüdischen und muslimischen Gruppen (ebd.). Die Gemeinden der Kirche in Nord-Mazedonien sind mit jenen in Albanien in einer Diözese zusammengefasst.

Das Verhältnis aller Religionsgemeinschaften untereinander ist teilweise durch Einigkeit, in anderen Bereichen durch Misstrauen geprägt. Trotz der Trennung von Religion und Staat in der Verfassung des Staates ist die MPC in anderen staatlichen Regelungen und in der Praxis – auch aufgrund des von ihr verwalteten kulturellen Erbes – faktisch bevorzugt und erhält Aufmerksamkeit aus dem politischen Bereich. Neben der mehrheitlichen Anhängerschaft zu dieser Kirche besteht gegenwärtig in der Bevölkerung (wie seit Jahrhunderten) ein religiöser Pluralismus, der, verstärkt durch ethnische und sozio-ökonomische Separation, sich stark durch Abgrenzung definiert. Zudem bleiben Tendenzen der Säkularisierung bedeutend, trotz politischer Instrumentalisierung von Religion. Hier wurde die MPC nach 1990 neben der legitimen Auffassung als Teil des nationalen kulturellen Erbes ebenso als Faktor in der Konstruktion einer ethnisch und auf Abstammung basierenden, kollektiven Identität politisch genutzt (Cacanoska 2015: 146). Gegenwärtig ist auf lokaler Ebene eine hohe Anzahl von Initiativen zur Förderung interreligiöser Zusammenarbeit existent (Mojzes 2007: 799), auf der anderen Seite besteht Skepsis der Glaubensgemeinschaften gegenüber staatlich organisierten Foren, da diese in der Vergangenheit politischen Zielen dienten (Pajaziti 2016: 205).

In der Zusammenfassung ist Nord-Mazedonien formal ein Staat mit einem demokratischen Regierungssystem, welches in der Praxis Defizite zeigte (auch bei individueller Freiheit). Somit wird das politische System insgesamt als ‚teilweise frei' oder ‚hybrid' betrachtet (Freedom House 2020.). Das gesellschaftliche Entwicklungsniveau ist im europäischen Vergleich niedrig (UNDP 2020), und die hohe Arbeitslosigkeit zwingt insbesondere junge Bevölkerungsteile zur Emigration.

Die politischen Gegebenheiten zeigen Auswirkungen auf die staatliche Regulierung des religiösen Bereichs. Aus global vergleichender Perspektive liegt für Nord-Mazedonien eine sehr hohe Regelungsintensität vor, als auch eine signifikante Diskriminierung religiöser Minderheiten (ARDA 2022). Diese Bewertung ist auf den Konflikt zwischen MPC und SPC, sowie die politische Bearbeitung zurückzuführen. Im weiteren religiösen Feld ist die Diskriminierung von Minderheiten, wenn diese nicht die Autorität der MPC oder BFI berühren, auf einem sehr geringen Niveau. Demnach ist von einer umfassenden staatlichen Regulierung, jedoch von einer moderaten Diskriminierung auszugehen. Im Fall der staatlichen Finanzierung von Religionsgemeinschaften wird in diesem Index von keiner Unterstützung ausgegangen (ebd.), welches nach eigener Analyse der Praxis nicht gerecht wird; hier kann von einer bevorzugten Unterstützung der MPC ausgegangen werden.

Nach Weber (1922) ist das System Nord-Mazedoniens dem Typus der legalen Herrschaft zuzuordnen, welche in der Vergangenheit (siehe Identitätspolitik der VMRO-DPMNE 2006–2016) Elemente des Typus der charismatischen Herrschaft übernahm. Somit sind die Grundbedingungen einer Trennung zwischen Politik und Religion gegeben. Eine Qualifizierung ergibt die Einordnung in die Klassifizierung von Robertson (1987: 157): Auch wenn eine Politisierung des religiösen Bereichs vorhanden ist, werden die Strukturen in den Typus der Hierokratie (hohe Autonomie, relative Trennung vom Staat) eingeordnet. Nach Linz (1996: 134) ist nach den formalen Vorgaben (Verfassung) zunächst die Einordnung in die freundschaftliche Trennung von Politik und Religion gegeben. Die Einbeziehung weiterer qualitativer Merkmale zeigt, dass das politische System in einem Teil von Akteuren besetzt war, die eine politisierte Religion in der Praxis verfolgten (ebd.: 137).

Die Klassifikation von Chaves/Cann (1992: 280) erweist sich aufgrund der geringen Anzahl von drei Kategorien und wenigen Merkmale zur Einschätzung der gegenwärtigen Situation in Nord-Mazedonien als unscharf. Nach der Aufstellung der institutionellen Merkmale nach Pollack (2002: 18) weisen die Ausprägungen auf ein moderates Kooperationssystem an der Grenze zu einem Trennungstypus hin. Unter Einbeziehung von prozess- und akteurs-orientierten Merkmalen (siehe u.a. Statut, externer Anerkennungsprozess MPC, staatliche Rechtsprechung) ist hier von einem höheren Grad an Zusammenarbeit auszugehen. Hier zeigt sich die Schwäche, dass Merkmale getrennt vom politischen Kontext bewerten (siehe ‚steuerliche oder finanzielle Unterstützung von Religionsgemeinschaften‘).

Das Modell von Fox (2008: 147) legt die Typen der kulturellen Staatsreligion, der bevorzugten Behandlung (einer oder mehrerer Religionsgemeinschaften), oder der generellen Unterstützung nahe. Hier kann in den letzten 30 Jahren ein Prozess festgestellt werden, der von Versuchen der Etablierung einer kulturellen Staatreligion nach der Unabhängigkeit 1991 gekennzeichnet wurde, und zu einem heutigen Status der bevorzugten Behandlung der MPC und, auf einem geringeren Niveau, vier weiterer Religionsgemeinschaften führte (Verfassung).

4.3 Religion, Politik und Gesellschaft in Slowenien nach 1990

Die Republik Slowenien hat eine territoriale Ausdehnung von 20.271 km² und ist in 62 staatliche-administrative Einheiten (‚Upravne enote‘) unterteilt, innerhalb derer 212 Gemeinden organisiert sind. Slowenien war eine der wirtschaftsstärksten Regionen Jugoslawiens und gehörte zu jenen Staaten, die 2004 der Europäischen Union beitraten. Das allgemeine sowie das sozio-ökonomische Entwicklungsniveau gilt heute als relativ hoch (World

Bank 2020). Die Bevölkerungszahl stieg innerhalb der letzten drei Jahrzehnte von 1.999.068 (1991) auf 2.097.195 Personen (2020) (Statistični urad 2020) leicht an.

Die ethnische Struktur der Bevölkerung ist nach dem Zensus von 2002 mit 87,75% Slowenen, 2,75% Kroaten, 1,85% Serbo-Kroaten, 1,6% Bosniern und 1,6% Serben recht homogen[314]. Es existieren starke lokale Identitäten, die sich auch in 48 Dialekten ausdrücken (Greenberg 2006: 13/14). Minderheiten wie Deutsche, Italiener oder Ungarn finden sich hauptsächlich entlang der Grenzen zu den entsprechenden Staaten. Die Zugehörigkeiten zu religiösen Bekenntnissen reflektieren weitgehend die ethnische Homogenität (Mojzes 1999: 22); so sind die beiden größten Gruppen Anhänger des römisch-katholischen Christentums (56,6%), und Personen ohne Zugehörigkeit (35,6%) (für 2017; Inglehart/Haerpfer et al. 2020); weiterhin existiert eine Vielzahl von religiösen Minderheiten.

Da in Slowenien eine dreigeteilte religiöse Struktur der Bevölkerung vorliegt (bedeutender römisch-katholischer Anteil, zunehmende Nicht-Religiosität, Ergänzung durch Minderheiten), die charakteristisch für einen großen Teil westeuropäischer Staaten[315] ist, birgt der Fall Potentiale für Vergleiche mit dieser bedeutenden Region Europas. Gerade die substantielle Ausweitung von nicht-religiösen Einstellungen in der Bevölkerung (Smrke 2016) deutet einmal mehr auf die Signifikanz des Falles (Dynamik auch im weiteren Europa feststellbar). Als Kontextfaktoren sollten für Slowenien das relativ hohe Entwicklungsniveau, der hohe Grad an Internationalisierung, sowie Spaltungen im politischen System Beachtung finden, die Prozesse im religiösen Bereich beeinflussten.

Politik und Religion

Slowenien erklärte am 25. Juni 1991 neben Kroatien seine Unabhängigkeit von Jugoslawien. Nach den Verfassungen Jugoslawiens besaßen die sechs konstituierenden Republiken bereits seit 1946 das Recht, eigene Verfassungen unter der spezifischen sozialistischen Doktrin des Staates mit ihren parallelen Strukturen von Partei und Staat zu formulieren (siehe Anhang 5). Am Ende

---

314 Weiterhin Ungarn mit 0,39%, Albaner 0,37%, Mazedonier 0,24%, Roma 0,2%, Italiener 0,19%, Deutsche 0,08%, andere 0,32%, unbekannt 2,66% (Statistični urad 2002).

315 Siehe Dominanz römisch-katholischer Traditionen mit heute signifikantem Bevölkerungsanteil nicht-religiöser Personen u.a. in Frankreich, Italien, Österreich, Spanien; Inglehart/Haerpfer et.al. (2020) (Anhang 8).

der 1980er Jahre begann die Einflussausweitung der Befürworter einer Zentralisierung auf Bundesebene Jugoslawiens, hier insbesondere der Führung des Bundes der Kommunisten Serbiens: Eine ethnisch-nationalistische Wende, die föderale Normen außer Kraft setzte[316], und von der politischen Elite Sloweniens und Kroatiens entschieden abgelehnt wurde. Die Folgen waren die Auflösung des Bundes der Kommunisten Jugoslawiens im Januar 1990, sowie der Struktur des Regierungssystems des Staates.

Die Liberalisierung des politischen Systems ab den 1970er Jahren betraf auch die Religionsgemeinschaften. So wurde ihnen in der Teilrepublik Slowenien mit dem ‚Gesetz über die rechtliche Stellung der Glaubensgemeinschaften' von 1976 (ULSRS, 15/04.06.1976: 794–796) die Möglichkeit eröffnet, sich in ein staatliches Register einzutragen, damit Rechtsstatus zu erhalten, und offiziell als Religionsgemeinschaft zu agieren. Innerhalb des ersten Jahres ließen sich neun Gemeinschaften, einschließlich der Römisch-Katholischen Kirche[317], in das staatliche Register aufnehmen; bis 1990 folgten sechs weitere, meist kleinere christliche Kirchen (UVS 2022) (siehe Abb. 13). Andererseits stießen religiöse Organisationen auch in Slowenien bis 1990 weiterhin auf Misstrauen der Politik und standen unter erhöhter Aufsicht der staatlichen Sicherheitsbehörden. Der osteuropäische Vergleich zeigte jedoch, dass nach den Reformen der 1970er Jahre eine tolerantere Politik gegenüber der traditionellen Religion verfolgt wurde (Buchenau 2005: 547), insbesondere in Slowenien (Ramet 1989b: 327).

Aufgrund der zunehmend europäisch-demokratischen Ausrichtung der slowenischen kommunistischen Partei (ZKS 1989) und den Differenzen im Bund begann in Slowenien der Demokratisierungsprozess früher als in den anderen Teilrepubliken Jugoslawiens: Die Initiative, eine höhere Autonomie, mögliche Unabhängigkeit, und die Formulierung einer demokratisch ausgerichteten Verfassung anzustreben, verfassten ab 1987 slowenische Intellektuelle, und die entstehende demokratische Opposition im Land (Cerar 1991: 101/102). Der unabhängige slowenische Bauernverband (SKZ) wurde am 12. Mai 1988 zugelassen, und die Gründung weiterer politischer Parteien folgte bis Oktober 1989 in Vorbereitung auf die für 1990 vorgesehenen, ersten demokratischen Parlamentswahlen. Diese Prozesse wurden mit den 81 Änderungen der sozialistischen Verfassung Sloweniens (ULSRS 32/02.10.1989:

---

316 U.a. Aussetzung der neuen Verfassung der Autonomen Provinz Kosovo vom 02.07. am 05.07.1990.

317 Weiterhin die Evangelische Kirche, die Jüdische Gemeinde, der Bund der Baptisten, die Serbisch-Orthodoxe Kirche, die Islamische Gemeinschaft, die Evangelische Pfingstkirche, die Adventistische Kirche, Zeugen Jehova.

1761–1778) vom 27. September 1989 legalisiert (Krašovec 2000: 14). In dieser Periode formierte sich zum 4. Dezember 1989 die Bewegung ‚Demokratische Opposition Sloweniens' (DEMOS), zu der sich alle bedeutenden Oppositionsparteien verbanden (ebd.: 15). Bis 1991 erließ Slowenien weitere 54 Rechtsakte, um das Ziel eines unabhängigen Staates zu erreichen.

Den Verfassungsänderungen 1989 in Slowenien folgte im Januar 1990 die einschneidenden Ereignisse in Belgrad, als eine Blockade slowenischer und kroatischer Vorschläge für Demokratisierung und Dezentralisierung auf Bundesebene stattfand, ihre Vertreter den Kongress verließen und auch die Arbeit in den staatlichen Institutionen einstellten. In diesem Klima der starken innen- und außenpolitischen Veränderungen fanden die ersten demokratischen Parlamentswahlen in Slowenien im April 1990 statt. Das Ergebnis war eine Mehrheit für die Oppositionsbewegung DEMOS von 47 der 80 Sitze in der bedeutendsten Kammer[318] der Nationalversammlung (*Družbenopolitično zbor'* – DPZ) (Töpfer 2012: 218). Am 16. Mai 1990 wählte sie eine Expertenregierung unter Premierminister Peterle.

Die Nationalversammlung veröffentlichte am 2. Juli 1990 eine Erklärung zur staatlichen Souveränität und verabschiedete am 4. Oktober 1990 Verfassungsänderungen zur Aufhebung von 27 jugoslawischen Gesetzen (ULRS 37/11.10.1990: 1797/1798). Am 6. Dezember 1990 folgte das Gesetz über ein Referendum über die Unabhängigkeit der Republik (ULRS 44/06.12.1990: 2033/2034), welches am 23. Dezember 1990 stattfand: Hier stimmten 95,71% der Teilnehmenden bei einer Wahlbeteiligung von 90,83% zu (Krašovec 2000: 22). Nach Absprachen mit der Europäischen Gemeinschaft (EG) verabschiedete die Nationalversammlung am 25. Juni 1991 die Verfassungscharta über die Souveränität und Unabhängigkeit, sowie die Unabhängigkeitserklärung des Staates, an die sich der sog. 10-Tage-Krieg gegen die jugoslawischen Armee bis zum 7. Juli 1991 anschloss. Schließlich folgte die Abstimmung der Nationalversammlung über einen neuen Verfassungstext am 23. Dezember 1991 (ULRS, 33/28.12.1991: 1373–1386) mit nur vier Gegenstimmen (Lukšič 2004: 641).

In der weiteren politischen Entwicklung war eine Spaltung des Parteiensystems in sozialdemokratische und konservativ-nationalistische Positionen zu beobachten: Die erste Expertenregierung wurde im Mai 1992 durch ein Kabinett unter Führung der sozialdemokratischen Liberaldemokratischen

---

318 Die Nationalversammlung umfasste 1990–1992 drei Kammern mit je 80 Abgeordneten, ab 1992 zwei: Die Staatsversammlung (‚*Državni zbor'* – DZ) mit 90 Abgeordneten, und den Staatsrat (‚*Državni svet'* – DS) mit 40.

Partei (LDS) abgelöst, die (mit einer Unterbrechung von sechs Monaten) bis Dezember 2002 in der Regierung blieb und von Personen geführt wurde, die bereits vor 1990 hohe politische Funktionen ausführten (siehe u.a. Janez Drnovšek [1950–2008]). Zu diesem Spektrum zählen auch die post-kommunistischen Sozialdemokraten (SD), die in dieser Periode mehrmals an der Regierung beteiligt wurden. Auf der anderen Seite des politischen Spektrum stehen eine Vielzahl von konservativen Parteien, innerhalb derer die Slowenische Demokratische Partei (SDS) bisher dominierte, die heute dem rechtspopulistischen Spektrum zugeordnet wird. Sie steht seit 1993 unter einer Führungsperson (Janez Janša [*1958]). Die Rivalität zwischen beiden politischen Blöcken ist bis heute von einer hohen Intensität persönlich ausgetragener Konflikte gekennzeichnet, und zeichnet sich u.a. durch die Anzahl der Parlamentssitze in der Staatsversammlung 1990–2020 nach:

Tab. 58: Slowenien: Abgeordnete bedeutende Parteien, Staatsversammlung (1990–2018)[319]

ab	1990	1992	1996	2000	2004	2008	2011	2014	2018
SD	36	14	9	11	10	29	10	6	10
LDS	39	22	25	34	23	5	-	-	-
SDS	17	4	16	14	29	28	26	21	25
Ein-Personen-Parteien									
PS (Lista Zorana Jankovića – Pozitivna Slovenija)					-	28	-	-	
DLGV (Državljanska lista Gregorja Viranta)					-	8	-	-	
SAB (Stranka Alenke Bratušek)					-	-	4	5	
SMC (Stranka Mira Cerarja)					-	-	36	10	
LMŠ (Lista Marjana Šarca)					-	-	-	13	

Wie die großen Parteien der 1990er und 2000er Jahre orientierten sich auch nach 2011 neu in der Staatsversammlung auftretende Parteien stark an einer Führungsfigur, wie die Namen dieser exemplarisch aufzeigen ('Ein-Personen-Parteien' in Tab. 58). Diese Entwicklungen der parteipolitischen Fragmentierung waren begleitet von einer steigenden Distanz der slowenischen Bevölkerung zu den politischen Eliten des Landes, wie die abnehmende Wahlbeteiligung zeigt: Diese sank kontinuierlich von 85,6% (1992) auf 52,1%

---

319 Daten nach Lukšič (2004: 648); Nordsieck (2020); 1990 für drei Kammern mit insgesamt 240 Abgeordneten; ab 1992 für zweite Kammer Nationalversammlung mit 90 Abgeordneten; Regierungsparteien hervorgehoben

(2018) (Državna volilna komisija 2020). Politische und gesellschaftliche Prozesse der Individualisierung wirkten ebenfalls im organisierten religiösen Sektor, der auf Formen der Bildung eines imaginierten Kollektivs, sowie kollektiven Handelns (u.a. Rituale) angewiesen ist. So ist dieser Bereich in Slowenien von hohen Mitgliederverlusten der großen Religionsgemeinschaften (insbesondere der Römisch-Katholischen Kirche), sowie an der weitergehenden Fragmentierung des Feldes der religiösen Minderheiten charakterisiert. Dem folgend ließen sich zwischen 2010 und 2020 16 neue Religionsgemeinschaften in das staatliche Register eintragen, in dem gegenwärtig 57 Gruppen verzeichnet sind (UVS 2022).

Abb. 13: Struktur des organisierten religiösen Feldes in Slowenien 2020[320]

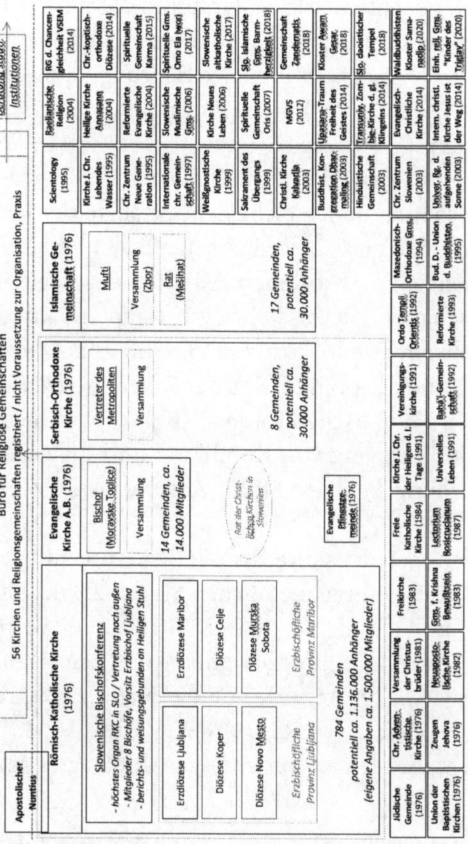

---

320 Daten nach UVS (2020); in Klammern Jahr der Eintragung in das staatliche Register

Die am 23. Dezember 1991 verabschiedete und mit Änderungen[321] geltende Verfassung (ULRS, 33/28.12.1991: 1373–1386) nimmt allgemeine Bezüge zum religiösen Bereich auf: Der Staat und Religionsgemeinschaften sind getrennt, Letztere werden vom Staat gleichbehandelt, und unterliegen der kollektiven Religionsfreiheit (Art. 7). Auf der individuellen Ebene steht das Diskriminierungsverbot auf Basis der Religion oder anderer Überzeugungen (Art. 14), sowie die Garantie der Gewissens- und Religionsfreiheit (Art. 41), welche einem hohen Schutz auch bei Einschränkungen im Ausnahmezustand unterliegen (Art. 16). Hinzu kommen das Verbot der Anstiftung zu religiöser Ungleichheit, Hass, oder Intoleranz (Art. 63), und das Recht auf Kriegsdienstverweigerung aufgrund religiöser Überzeugungen (Art. 46; Art. 123) (ebd.).

Für den Bereich bedeutend waren daraufhin das am 08. Februar 1992 geschlossene Abkommen der Regierung mit dem Heiligen Stuhl zur Aufnahme diplomatischer Beziehungen (mit Akkreditierung Apostolischer Nuntius) (The Holy See 2022), sowie die Einrichtung eines staatlichen Amts für Glaubensgemeinschaften (UVS) am 7. Dezember 1993 (ULRS, 72/31.12.1993: 3800–3801). Im Verlauf der Transformation nach 1990 wurden der Status der Religionsgemeinschaften und verschiedene Aspekte der individuellen Religionsfreiheit durch eine Vielzahl weiterer staatlicher Vorschriften geregelt[322].

Hinzu kamen einzelne Abkommen zwischen der Regierung und großen Religionsgemeinschaften, die zusätzlich zur Registrierung die Beziehungen präzisierten. Hier kam es zunächst zur Vereinbarung zwischen der Regierungskommission und der Kommission der Slowenischen Bischofskonferenz (SŠK) der Römisch-Katholischen Kirche (RKK) vom 01. Februar 1999 (siehe Tab. 59), über die Beilegung von Konflikten und die gegenseitigen Beziehungen (Einbeziehung Heiliger Stuhl, Absprache Entscheidungen) (Marušić/Stres 1999).

Es folgten Abkommen der slowenischen Regierung mit der Evangelischen Kirche A.B. (ECAV) über ihren rechtlichen Status (25.01.2000), sowie mit der RKK (21.09.2000) und der ECAV (20.10.2000) über die Betreuung von Militärpersonal. Das anschließende Abkommen mit dem Heiligen Stuhl über rechtliche Fragen (14.12.2001) wurde von der Nationalversammlung erst am 28. Januar 2004 ratifiziert (ULRS, 13[MP04]/12.02.2004: 3010–3012) und symbolisierte die ambivalenten Beziehungen des Staates zur RKK: Mit zwei

---

321 diese Verfassungsänderungen betrafen nicht mit dem Bereich der Religion
322 Čepar (2008a: 125–129) führt eine Liste mit 74 Gesetzen für den Bereich zwischen 1991–2008 auf

Jahren Verspätung angenommen, war im Unterschied zu den weiteren Abkommen mit Glaubensgemeinschaften ein Gesetz zur Implementation nötig, ein ausländischer Akteur (Heiliger Stuhl) Vertragspartner, und im Vorwort die Formulierung ‚basierend auf der jahrhundertealten historischen Verbindung zwischen dem slowenischen Volk und der katholischen Kirche' (ebd.: 3010) enthalten.

Abkommen mit der Regierung zum Rechtsstatus schlossen zudem die Evangelische Pfingstkirche (17.03.2004), die Serbisch-Orthodoxe Kirche (09.07.2004), die Islamische Gemeinschaft (ISRS) (09.07.2007), und die Dharmaling Buddhist Congregation (04.07.2008) (UVS 2009). Sie sind mit der Aufzählung genereller Grundrechte ähnlich aufgebaut.

Tab. 59: Slowenien: Gesetzliche Regelungen zu Religion, 1991–2020[323]

Bezeichnung	Datum	Inhalt / Besonderheiten
(Gesetz)	(26.05.1976)	(über rechtliche Stellung Religionsgemeinschaften; ULSRS, Nr. 15/76; in Kraft bis Religionsfreiheitsgesetz Februar 2007)
Gesetzreform	06.11.1991	über rechtliche Stellung Rel.-gemeinschaften (ULRS, Nr. 22/91)
Verfassung	23.12.1991	Art. 7 Staat und RGs getrennt, RGs gleich, Aktivitäten frei Art. 14 Verbot Diskriminierung aufgrund Religion Art. 41 Gewissens- und Religionsfreiheit (hoher Schutz: Art. 16 Einschränkungen Ausnahmezustand: nicht Rechte aus Art. 41) Art. 46 Recht Kriegsdienstverweigerung > nach reli. Überzeugungen anderer Beitrag Landesverteidigung (Art. 123) Art. 63 Verbot Anstiftung zu reli. Ungleichheit, Hass, Intoleranz
Abkommen Regierung	08.02.1992	mit dem Heiligen Stuhl zur Aufnahme diplomatischer Beziehungen; Apostolischer Nuntius ab 24.06.1992
Beschluss Regierung[324]	07.12.1993	Einrichtung staatl. Amt für Glaubensgemeinschaften
Vereinbarung	01.02.1999	Kommission Regierung – Kommission Bischofskonferenz RKC
Abkommen	25.01.2000	Evangelische Kirche – Regierung; über rechtlichen Status
Abkommen	21.09.2000	Bischofskonferenz RKC – Regierung; Betreuung Militärpersonal
Abkommen	20.10.2000	Evangelische Kirche – Regierung; Betreuung Militärpersonal
Abkommen	14.12.2001	Republik Slowenien – Heiliger Stuhl; rechtliche Fragen
Gesetz	28.01.2004	Ratifizierung Abkommen Republik Slowenien – Heiliger Stuhl
Abkommen	17.03.2004	Pfingstkirche – Regierung; über rechtlichen Status

---

323 nach Angaben aus Čepar (2008a, 2008b); Lukšič (2004); UVS (2009); ULRS (1991–2020); Quellen siehe Text

324 Änderung durch Beschluss Regierung (ULRS, 22/12.03.2007: 2702)

Abkommen	09.07.2004	Serbisch-Orthodoxe Kirche – Regierung; über rechtlichen Status
Gesetz	02.02.2007	‚über die Religionsfreiheit'; Art. 13: Kirche oder RG kann registriert werden, wenn mind. 100 erwachsene Mitglieder, seit 10 Jahren in Slowenien tätig / Name Kirche oder RG muss sich von Namen anderer Kirchen oder RGs unterscheiden, darf nicht irreführend sein
Abkommen	09.07.2007	Islamische Gemeinschaft – Regierung; über rechtlichen Status
Abkommen	04.07.2008	Dharmaling Buddhist Congregation – Regierung; über rechtl. Status
Gesetzesänd.	27.11.2013	Registr.: Reduzierung auf 10 Mitgl., Streichung Tätigkeit 10 Jahre

Für die gegenwärtigen Beziehungen zwischen Staat und Religionsgemeinschaften grundlegend ist das am 2. Februar 2007 verabschiedete Gesetz zur Religionsfreiheit (ULRS, 14/16.02.2007: 1533–1538). In dessen Text werden nach Aufzählung der Rechte von Personen und Organisationen im Bereich die Schnittstellen zwischen Staat und Gemeinschaften innerhalb der drei Themenbereiche Registrierung (Art. 13–20), Finanzierung (Art. 29), sowie Aufgaben des UVS (Art. 30) präzisiert. Bedeutend innerhalb der Registrierung waren hier u.a. die Maßgaben, mindestens 100 erwachsene Mitglieder vorzuweisen, einen Namen zu wählen, der sich von denen anderer Gemeinschaften unterscheidet und nicht irreführend sein darf (Art. 13), sowie ein Anwesenheitsnachweis für die Organisation in Slowenien in den letzten zehn Jahren. Dies war im Fall einer Religionsgemeinschaft, die seit mehr als 100 Jahren bekannt ist, nicht erforderlich (Art. 14) (ebd.: 1534/1535). Nach einer Entscheidung des Verfassungsgerichts vom 15. April 2010 (ULRS, 46/08.06.2010: 6791–6818) wurde durch eine Gesetzesänderung vom 27. November 2013 die erforderliche Mitgliederzahl auf zehn gesenkt, sowie die Voraussetzung von zehn Jahren Tätigkeit gestrichen (ULRS, 100/06.12.2013: 10973). Seitdem vergrößerte sich die Zahl der gegenwärtig 57 im Register eingetragenen Gemeinschaften. Ein Teil der Eintragungen fand und findet Widerstand durch Etablierte wie der RKK oder der ISRS, die sich in der Gleichsetzung mit neuen religiösen Bewegungen in ihrer Position und ihrem Selbstverständnis herausgefordert sehen (siehe unten).

Das Gesetz sieht eine Finanzierung der Gemeinschaften aus Spenden, Beiträgen, ihrem Eigentum, sowie aus internationalen Quellen vor (Art. 29) (ULRS, 14/16.02.2007: 1537); zusätzlich könne der Staat registrierte Gruppen aufgrund ihrer gesellschaftlichen Bedeutung materiell unterstützen (ebd.). Hier können ihre spirituellen Angestellten (Priester, Imame) Beihilfen bei

Sozialversicherungsbeiträgen erhalten. Der Gewährung liegt ein Verhältnis von 1.000 Mitgliedern pro einem religiösen Angestellten zugrunde (Art. 27). Danach wurden 2008 1.118 religiöse Angestellte unterstützt, die gesamten Beihilfen betrugen für das Jahr 2.433.025 Euro (UVS 2009). Die staatliche Unterstützung bei den Sozialversicherungsbeiträgen wurde nicht erst seit der Unabhängigkeit 1991, sondern bereits seit Ende der 1960er Jahre im Zuge der Entspannungspolitik Jugoslawiens gewährt. (ebd.). Neben diesen Finanzierungsquellen sind im Staatshaushalt Mittel für den sozialen Bereich und den Schutz des materiellen Kulturerbes vorhanden, welche die sich die Gemeinschaften beantragen können.

Neben den Vorgaben des Staates ist die politische Praxis durch eine allgemeine Respektierung der Religionsfreiheit gekennzeichnet. Verbindungen zwischen der RKK und der ehemaligen Regierungspartei SDS zeigen an dieser Stelle eine Politisierung von Religion. Vergleichbar mit Westeuropa findet religiöse Diskriminierung Befürwortung auf der Seite nationalistischer Parteien (SDS[325], SNS; Stichwort Islamfeindlichkeit).

Gesellschaft und Religion

Aufgrund der geografischen Lage gehörte die Bevölkerung Sloweniens historisch nahezu ausschließlich dem christlich-katholischen Glauben an (siehe Tab. 61). Sie partizipierte an bedeutenden Entwicklungen der Modernisierung; es bildeten sich Konfliktlinien heraus, wie sie im mittel- und westeuropäischen Kontext vorzufinden war (Zentrum und Peripherie, Stadt und Land, Ausbildung Klassen; Lipset/Rokkan 1967: 14). So erlebte der traditionelle Religionsbereich in Slowenien, hier in Form der RKK, mit dem Zusammenbruch Österreich-Ungarns, den beiden Weltkriegen, und dem ersten Jugoslawien (1919–1941) bereits vor 1945 eine Abnahme in der sozialen Bedeutung, die Entwicklungen in industrialisierten Teilen des Kontinents nachzeichnete (Hunter 1987: 360).

Nach dem Ende des Sozialismus bekannten sich in Slowenien 1991 76,4% der Bevölkerung dazu, einer religiösen Glaubensauffassung anzugehören (siehe Tab. 61); nach einer repräsentativen Studie im Jahr 1995 stimmten 64,9% der Befragten zu, religiös zu sein (siehe Tab. 60). Der letztgenannte Wert nahm bis heute nicht ab; demnach steht der Gruppe der religiösen Personen gegenwärtig ca. ein Drittel der Bevölkerung gegenüber, die sich explizit als nicht religiös bezeichnen:

---

325 *,islamische Invasion des alten Kontinents'* (Biščak 2018; Übers. d. A.)

Tab. 60: *Slowenien: Subjektive Religiosität in der Bevölkerung, 1998–2018*[326]

	Religiosität				Bedeutung der Religion im Leben				
	religiös	nicht religiös	Atheist	w.n./ k.A.	hoch	eher	nicht sehr	gar nicht	w.n./ k.A.
1995	64,9	21,9	7,1	6	16,3	26,7	34,2	21,8	.1,0
2005	64	15,5	8,7	11,8	15,1	27,2	30,6	25,7	1,4
2011	64,2	15,2	13,4	7,2	11,2	21,7	40,5	25,9	0,7
2017	66,3	16,6	13,3	3,8	11,5	25	38,3	24,9	0,3

Aus Tab. 60 geht zudem hervor, dass Religion insgesamt einen eher geringen Stellenwert bei den Befragten einnimmt: Demnach wuchs in den letzten 30 Jahren der Anteil derer, die Religion als ,nicht sehr' oder ,gar nicht' bedeutend in der alltäglichen Lebensführung erachten, von 56% im Jahr 1995 auf 63,2% im Jahr 2017. Diese Befunde lassen sich anhand der Bevölkerungszählungen von 1991 und 2002 zur Konfessionszugehörigkeit bestätigen, in denen sich ebenso mehr als ein Drittel der Befragten zu keiner Richtung bekannte. Die angesprochene Säkularisierungstendenz ist auch für die hohen Geistlichen der großen Religionsgemeinschaft (RKK), die im Rahmen der Studie in Slowenien befragt wurden, eines der hauptsächlichen Problemfelder (,*die Kirchen sind leer*').

Tab. 61: *Slowenien: Religionszugehörigkeit Bevölkerung, 1931–2017*[327]

	Zensus				WVS	
	1931	1953	1991	2002	2011	2017
Chr.-Katholisch	97,0	82,8	71,6	57,8	65,0	56,6
Chr.-Protestantisch	2,3	1,5	0,9	0,8	1,2	0,3
Chr.-Orthodox	0,6	0,3	2,4	2,3	1,7	2,8
Islamisch	0,1	0,1	1,5	2,4	1,7	3,3
andere Religion	0,1	0,1	0,0	0,2	0,6	0,8
ohne Zugehörigkeit	-	0,1	0,2	3,5	29,2	35,6
Atheist	-	10,3	4,4	10,2	-	-
k.A.	-	-	4,3	15,7	0,5	0,6
w.n.	-	4,9	14,6	7,1	0,2	-

---

326 in v.H.; Daten nach Inglehart/Haerpfer et al. (2020).
327 in v.H.; Daten nach Šircelj (2003: 68) (Zensus 1921–2002); Inglehart/Haerpfer et al. (2020)

Bei der konfessionellen Struktur der sich als religiös betrachtenden Bevölkerung gehört die Mehrheit dem christlich-katholischen Glauben an, daneben existiert eine Vielzahl von Minderheiten, innerhalb derer die Muslime (2,4%) und Christlich-Orthodoxen (2,3%) (Šircelj 2003: 68) bedeutend sind. Die Christlich-Orthodoxen sind mehrheitlich Anhänger der Serbisch-Orthodoxen Kirche, treten als ethnisch geschlossene Gruppe auf, und sind ebenfalls mit der Abwanderung gerade der jüngeren Generation konfrontiert. Es existiert zudem eine mazedonisch-orthodoxe Gemeinschaft. Die Gruppe der Muslime in Slowenien umfasste nach dem Zensus von 2002 absolut 47.488 Personen (Šircelj 2003: 68) und ist heterogen strukturiert: Dazu zählt die Mehrheit, die sich 2002 als Bosnier bezeichneten (31.499 Personen), und größtenteils die Gruppe der Albaner (7.177 Personen) (ebd.). Wie die Christlich-Orthodoxen zeigen die Gruppen der Muslime eine besondere Nähe zu ihrer jeweiligen Herkunftsregion auf; zu den Bosniern wurde festgestellt: *„(...) most of them spend their time off exclusively in Bosnia (...) maintain close links to their original homeland (...) and under influences from Bosnia, try to adjust their lives entirely to Islamic rules."* (Žalta 2005: 110). Diese sich religiös äußernden Orientierungen zeigen sich weniger unter albanischen Muslimen.

Zudem sind christlich-protestantische Orientierungen (0,8%) präsent, die sich insbesondere im Nord-Osten des Landes finden. Die Daten zur Religionszugehörigkeit werden weiter abgeschwächt, da neuere, quantitative und qualitative Studien zu Slowenien nahelegen, dass sich eine wachsende Gleichgültigkeit der Bevölkerung gegenüber der christlich-katholischen Lehre und Kirche manifestiert (Črnič/Lesjak 2003: 351; Smrke 2014). Die ehemaligen Mitglieder der Römisch-Katholischen Kirche wenden sich nicht oder zu einem sehr geringen Teil neueren religiösen Bewegungen zu, und gehen demnach mehrheitlich in den nicht-religiösen Teil der Bevölkerung über. Diese Ergebnisse entsprechen theoretischen Konzepten der Soziologie (Differenzierungs- und Individualisierungstrends) und weisen auf einen Verlust gesellschaftlicher Bedeutung traditioneller Religion in Slowenien seit 1990 hin (Smrke 2016, 2017).

Zur Verdeutlichung der Dynamiken in der Bevölkerung sei auf die Wechselwirkungen mit den Gemeinschaften verwiesen. Die Römisch-Katholische Kirche als größte Organisation ist aufgrund innerer (Finanzeklat) und äußerer (politische Instrumentalisierung) Bedingungen mit starken Abwanderungsbewegungen konfrontiert, die sich auf ihren gesellschaftlichen Einfluss, ihre Finanzierung, sowie die Rekrutierung geeigneten Personals gegenwärtig negativ auswirken. Dies zeigt sich in der abnehmenden Frequenz des Besuchs von Gottesdiensten:

Tab. 62: Slowenien: Besuch von Gottesdiensten, 1995–2017[328]

	mehrmals wöchent- lich	einmal / Woche	einmal / Monat	spezielle Feiertage	einmal / Jahr	weniger	nie	w.n. / k.A.
1995	3,5	18,7	11,2	24,0	6,8	7,1	28,6	0,1
2005	1,5	16,6	9,7	26,8	7,3	5,7	29,7	2,6
2011	1,3	13,1	7,6	29,2	6,4	8,9	31,4	2,2
2017	1,5	13,7	8,6	25,3	6,3	9,1	35,0	0,5

Die Distanz eines bedeutenden Teils der slowenischen Bevölkerung zu religiösen Vorstellungen und sie vertretende Institutionen lässt sich zudem anhand der Einstellungen zu zentralen Konzepten der großen Gemeinschaften nachvollziehen.

Tab. 63: Slowenien: Einstellungen zu zentralen Konzepten großer Religionen[329]

	Gott			Leben nach dem Tod			Hölle		
	1995	2011	2017	1995	2011	2017	1995	2011	2017
ja	61,3	58,7	58,2	33,9	-	36,1	23,4	29,2	22,3
nein	34,0	32,2	37,4	57,3	-	54,7	65,6	59,0	71,6
w.n./k.A.	4,8	9,2	4,4	8,8	-	9,1	10,9	11,8	6,1

Die Mehrheit der Befragten stimmte zwar in den Jahren 1995 (61,3%) und 2017 (58,2%) zu, dass ein Gott existiere; die Werte für ein Leben nach dem Tod (2017: 36,1%), und für das Konzept der ‚Hölle' (2017: 22,3%) waren jedoch weitaus geringer (Inglehart/Haerpfer et al. 2020). Die Tendenz zur Distanz der slowenischen Gesellschaft zu traditioneller Religion kann im Hinblick auf die Akzeptanz der Verknüpfung von Religion mit anderen gesellschaftlichen Bereichen hinterlegt werden. Exemplarisch dafür stehen die Einstellungen zu Bezügen zwischen religiösem Personal und politischem Bereich: Nach Daten von 2005 stimmten 69,3% der Befragten zu, dass religiöse Führer nicht die Wahlentscheidungen der Bürger beeinflussen sollten, und 65,8% sprachen sich gegen eine Einwirkung dieser auf die Regierung des Landes aus (ebd). Für engere Bezüge religiöser Führer stand dagegen eine Minderheit der Befragten:

---

328 in v.H.; Daten nach Inglehart/Haerpfer et al. (2020)
329 in v.H.; Daten nach Inglehart/Haerpfer et al. (2020)

Tab. 64: Slowenien: Einstellungen zum politischen Einfluss religiöser
Führer, 2005[330]

	starke Zu-stimmung	Zustim-mung	keine Zu-stimmung oder Ableh-nung	Ablehnung	starke Ablehnung	w.n. / k.A.
Religionsführer sollten nicht beeinflussen, wie Bürger wählen						
2005	36,4	32,9	10,7	9,0	5,2	5,9
Religionsführer sollten Regierung nicht beeinflussen						
2005	34,3	31,5	12,3	10,5	5,5	5,7

Religionsgemeinschaften

Im staatlichen Register zur Erfassung der Kirchen und Glaubensgemein-schaften wurden von 1976 bis 2022 insgesamt 63 Organisationen registriert, von denen sechs wieder gestrichen wurden (UVS 2022). Nach den histori-schen Pfadabhängigkeiten und den Daten zur Zahl der Anhänger ist die Römisch-Katholische Kirche gegenwärtig die größte Religionsgemeinschaft in Slowenien. Nach dem Zensus von 2002 sahen sich 1.135.626 Personen ihr zugehörig; nach eigenen Angaben der Kirche beträgt die Zahl ihrer Mitglieder 1.526.140 Personen (Slovenska škofovska konferenca 2020). Da innerhalb der letzten zwei Jahrzehnte die Zahl der Personen, die sich mit der Kirche identifizieren, weiter abgenommen hat (Smrke 2016: 165), sind Eigenangaben der Kirche, wie in Albanien und Nord-Mazedonien, repräsentative Umfra-gen gegenüberzustellen.

Nach der Unabhängigkeit des Staates erlebte die Römisch-Katholische Kirche einen Aufschwung in ihrem gesellschaftlichen Einfluss. Ersteres war u.a. durch die rasche Anerkennung des Staates am 13. Januar 1992 (noch vor den damaligen Mitgliedsstaaten der Europäischen Gemeinschaft) durch den Vatikan zu begründen. Die Steigerung der Wahrnehmung der Angebote der Kirche wie Gottesdienste ist im zeitgleichen Wegfall staatlicher Repressionen (als auch staatlich organisierter, kollektiver Freizeitgestaltung) zu sehen. Die öffentliche Aufmerksamkeit für die RKK stieg zudem mit dem Prozess der Restitution von Eigentum, welches nach 1991 von ihr zurückgefordert wurde. Diese wurde hier wie in nahezu allen post-sozialistischen Staaten von Ver-zögerungen begleitet.

---

330 in v.H.; Daten nach Inglehart/Haerpfer et al. (2020)

Nach ihrem Statut ist das oberste Organ der RKK in Slowenien die Slowenische Bischofskonferenz (SŠK), die ihre internen Entscheidungen sowie Beziehungen zum Staat eng an die Weisungen des Heiligen Stuhls bindet (siehe Tab. 66). Gegenwärtig organisiert sie sich in Slowenien in sechs Diözesen, die in den Erzbischöflichen Provinzen Ljubljana und Maribor zusammengefasst sind (siehe Abb. 13). Sie unterhält ca. 780 Gemeinden im Land, sowie Wohltätigkeitsorganisationen, Kindergärten, Medien, und Unternehmen (Smrke 2014). Im Verbund mit dem Staat organisiert sie die Theologische Fakultät an der Universität Ljubljana.

Die RKK ist in Slowenien gegenwärtig mit vier Problemlagen konfrontiert: a) Die Aufarbeitung von sexuellem Missbrauch, b) tiefgreifende negative finanzielle Veränderungen, die zu einem großen Teil selbst verursacht wurden (Smrke 2014: 120), sowie c) weitreichende gesellschaftliche Konsequenzen[331] daraus, die sich in stark sinkenden Mitgliederzahlen, und dem Erstarken von für sie herausfordernden, progressiven Einstellungen in der Bevölkerung zeigen (Smrke 2016: 160). Ein bedeutender Themenkomplex ist zudem d) die Rekrutierung von spirituellem Personal: Hier stieg die Differenz zwischen pensionierten und neu eingestellten Priestern seit 2004 stetig an.

Tab. 65: Slowenien: Zahl pensionierter und neuer Priester der RKK, 2004–2018[332]

	2004–2008	2009–2013	2014–2018
Anzahl pensionierte Priester	85	80	87
Anzahl neue Priester	57	37	29
Differenz	*- 28*	*- 43*	*- 58*

Ein Teil ranghoher Vertreter der Kirche äußerte sich aus ihrer Position heraus in den letzten drei Dekaden vielfach öffentlich und aufmerksamkeitswirksam zur Tagespolitik (STA 2020). Hier wurde neben der ökonomischen Aufwertung durch die Restitution auch ein höherer politischer Einfluss verlangt (u.a.

---

331 „(...) in 2008, the Maribor Archdiocese's financial empire collapsed (...) By 2010, Gospodarstvo Rast and Zvon 1 became the corporations with respectively the highest and second highest levels of balance-sheet debt in Slovenia (...). Their aggregate liability amounted to some 800 million euros, and together they were responsible for almost one-third of bad debts in Slovenia. (...) small shareholders (...) had been persuaded by the clergy and representatives of the Roman Catholic Church (...)." (Smrke 2014: 120).

332 Daten nach Slovenska škofovska konferenca (2015: 38/39); Slovenska škofovska konferenca (2019: 68)

Stres 2000: 298). Zudem wurden in den 2000er Jahren vor Parlamentswahlen von einem Teil ihres Klerus' Präferenzen für Parteien in Gottesdiensten geäußert[333]. Diese von Teilen der Kirche verfolgte, aktive Teilnahme steht im Gegensatz zu den Einstellungen einer großen Mehrheit der Bevölkerung, welche dies ablehnt (Tab. 64). Demnach sind die Konsequenzen auf der einen Seite die Mobilisierung eines Teils ihrer Anhänger für ihre Ziele, jedoch auf der anderen Seite die Abkehr, und teilweise öffentliche Opposition zu ihr in Slowenien. Dies zeigt sich u.a. im Ziel der organisierten Atheisten (ZAS), den Einfluss der Kirche in allen gesellschaftlichen Bereichen zurückzudrängen[334]. Unter Vertretern der RKK herrscht zudem eine große Skepsis gegenüber den Sozialwissenschaften (siehe Interviews).

Tab. 66: Slowenien: Statuten großer Religionsgemeinschaften[335]

	RKK (SŠK) (08.09.2010)	ISRS (20.04.2019)	SPC (2007)	Evang. Kirche A.B. (20.12.2000)[336]
theologische Festlegungen	Art. 1 Lehre Kirche, 2. Vatikan. Konzil, Kirchenrecht, Anweisung-en Heiliger Stuhl (HS) Art. 22 Lehraussagen SŠK müssen von HS bestätigt werden	Präambel, Art. 4, Art. 14 Koran, Sunnah, islamische Lehren, Hanafi-Rechtspraxis Art. 56 Mufti legt islam. Normen aus, Fatwa Art. 66 islam. Suren	> *Verweis auf Verfassung Serbisch-Orthodoxe Kirche 1957* Art. 3, 5, 6: orthodoxer Ritus und Doktrin	V Präambel: Teil uni.-christl. Kirche, Bibel, evangelisch-lutherische Schriften (Augsburger Bekenntnis 1530, Leuenberger Konkordie 1973)
Bezug zum Staat / Politik	Art. 4 SŠK behandelt Position Kirche im Staat	Art. 30 Registrier. UVS Art. 56 Mufti verant-wortet Beziehungen	– Gründungsakt nach Gesetz z. Religions-freiheit (2007) – Referenzen serbische Nation	V Art. 2, Art. 10, Art. 51 Wirken in Grenzen Gesetze, Verfassung Staat

---

333 Angaben Prof. Dr. Marjan Smrke (Universität Ljubljana); Forschung ohne umfassende Veröffentlichung

334 Interview mit Vertretern der ZAS, siehe Abschnitt 5.4.

335 Daten nach Informationen des UVS

336 hier Verfassung (in Tabelle Abkürzung ‚V') und Statut (Abkürzung ‚S') (ECAV 2000)

ökonomische Aspekte	Art. 37 Finanzierung aus eigenen Mitteln	Finanzierung durch Art. 14 Mitglieder Art. 16 Eigentum Art. 17 Autorenrechte Art. 18 Wohltätigkeit, Anlässe, Staat, Ausland	Art. 8 Finanzierung aus eigenen Mitteln	S Kap.VIII, Art. 1–14: Finanzierung aus eigenen Mitteln V Art. 4 Staat kann finanzieren
Wirken in Gesellschaft	- *(siehe Wohltätigkeits-organisationen)*	Art. 1 alleinige RG aller, deren Religion Islam ist Art. 5 Sozialarbeit auf breitem gesell. Feld Dialog zu anderen RGs	- *(SPC 1957 – Referenzen serbische Nation)*	V Präambel: ‚Mitmenschen dienen' V Art. 34 Kirche leistet Betreuung für alle bedürftigen Menschen
auswärtige Orientierung	Art. 1 Anweisungen Heiliger Stuhl (HS) Art. 4 HS; benachbarte Bischofskonferenzen Art. 13 Teilnahme Nuntius Sitzungen SŠK Art. 26 Vorgaben SŠK Bestätigung durch HS Art. 45 Statut, Änderung Genehmigung von HS	Präambel: Geltung Verfassung IZ BiH Art. 1 ISRS Teil IZ BiH Art. 50 Mufti ist Reis-ul-Ulema der IZ BiH verantwortlich Art. 53 Mufti ernannt von Reis-ul-Ulema IZ BiH, durch Versamm-lung IZ BiH bestätigt	Art. 1 Name: Serbisch-Orthodoxe Kirche, Metropolie Zagreb-Ljubljana Art. 6 Oberhaupt Metropolit von Zagreb > *Verweis auf Verfassung Serbisch-Orthodoxe Kirche 1957*	V Art. 5 kann Beziehungen zu anderen protestan-tischen Kirchen, RGs und Ökumene im Ausland unterhalten V Art. 21 Diaspora angesprochen

Die zweite bedeutende Religionsgemeinschaft ist die Islamische Gemeinschaft in der Republik Slowenien (ISRS), welche gegenwärtig 17 Moscheegemeinden umfasst (ISRS 2020). Sie richtet sich theologisch und organisatorisch stark an der Islamischen Gemeinschaft Bosnien-Herzegowinas (IZ BiH) aus, wie sich u.a. anhand des Statuts vom 20. April 2019 nachzeichnen lässt (siehe Tab. 66). Die ISRS sieht sich als Teil der IZ BiH, nimmt deren Verfassung als bindend an, und lässt ihr Oberhaupt (Mufti) vom Vorsitzenden der IZ BiH (Reis-ul-Ulema) ernennen, dem er verantwortlich ist. Demnach sind ethnisch slowenische oder albanische Muslime des Landes von der ISRS wenig vertreten; ihre potentielle Anhängerschaft liegt bei 30.000 Personen (siehe oben, auch zur Ausrichtung).

Im Jahr 2006 gründete sich die Slowenische Muslimische Gemeinschaft (SMS), deren Vorsitzender zuvor Mufti der ISRS war und dort nicht erneut ernannt wurde. Die SMS sieht sich als Interessenvertretung eines unabhängigen, slowenischen Islam, betont ihre Distanz zur Islamischen Gemeinschaft Bosnien-Herzegowinas, und hat eine Anhängerschaft im dreistelligen Bereich (SMS 2020). Die Beziehungen zwischen der SMS und der ISRS sind von Spannungen geprägt, die von Ansprüchen des zweiten Akteurs ausgehen, sich für alle Muslime im Land zuständig zu sehen, und liegen weniger theologischen Bereich (ebd.). Weiterhin sind im islamischen Spektrum Sloweniens die Muslimische Gemeinschaft Ahmadiyya, die nicht im staatlichen Register gelistet ist, sowie die Slowenische Islamische Gemeinschaft ‚Barmherzigkeit‘ aktiv (seit 2018 registriert; jeweils zweistellige Anhängerzahl).

Die organisatorische und kulturelle Differenzierung der Muslime in Slowenien, sowie die Bindung der ISRS an die Islamische Gemeinschaft in Bosnien-Herzegowina stehen im Widerspruch zur Eigenpositionierung der ISRS, als einzige religiöse Organisation für Muslime im Land gelten: *„Für Muslime in Slowenien und im slowenischen Staat ist es wichtig, dass es nur eine religiöse Institution gibt, die Muslime vertritt. (…) Nach dem Islam muss bekannt sein, wer der Vertreter der muslimischen Gemeinschaft ist.“* (ISRS 2020; Übers. d. A.). Der Alleinvertretungsanspruch wird in Veröffentlichungen nicht nur aus theologischen Gründen, sondern auch in der Schwächung der eigenen Position, sowie mit der Darstellung eines vermeintlich destruktiven Charakters anderer muslimischer Organisationen begründet:

„Die Interpretationsfreiheit der Religion und der Respekt (…) müssen in der islamischen Gemeinschaft entwickelt werden, aber gleichzeitig dürfen diese Interpretationen nicht falsch (…) sein. (…) Personen, die ihre eigenen Vereinigungen haben (…) und ohne Zustimmung der Islamischen Gemeinschaft handeln, dies nicht in guter Absicht meinen und das Funktionieren der Islamischen Gemeinschaft stark schädigen.“ (ISRS 2017; Übers. d. A.).

Da die ISRS in nationalen Foren mit großen Glaubensgemeinschaften anderer Religionskonfessionen zusammenarbeitet, sind Spannungen, die den muslimischen Bereich Sloweniens betreffen (wie teilweise in Nord-Mazedonien) zu einem Großteil auf endogene Faktoren zurückzuführen. Die

Zentralität der Auffassung einer eigenen dominanten Autorität im jeweiligen konfessionellen Rahmen in der Praxis zeigt sich in der Auswahl der Aussagen zum q-set der vorliegenden Studie (siehe Kapitel 5.1; Aussagen 35 und 36).

Wie der muslimische ist auch der christlich-orthodoxe Bereich aufgrund historischer Pfadabhängigkeiten (Arbeitsmigration in Jugoslawien) durch eine hohe ethnische Bindung geprägt. Die Mehrheit der orthodoxen Christen folgt der Serbisch-Orthodoxen Kirche, deren Gemeinden in Slowenien Teil der Eparchie Zagreb-Ljubljana der SPC sind. Dementsprechend ist auch das Statut der SPC in Slowenien an der Verfassung der SPC von 1957 ausgerichtet (siehe Tab. 66). Die Strukturen der Kirche in Slowenien wurden in der Periode des Königreichs Jugoslawien aufgebaut, in der auch der Bau der Kirche ‚Sv. Ćiril i Metodij‘ in Ljubljana 1936 lag. Die Periode nach 1945 brachte durch die innerjugoslawische Migration verstärkt Serben nach Slowenien; die Minderheit auf heute ca. 30.000 Personen geschätzt (Statistični urad 2020). Das Zentrum der Kirche mit acht Gemeinden in Slowenien ist in Ljubljana (Mitropolija Zagrebačko-Ljubljanska 2019). Wie bei der ISRS markieren die Orte ihrer Aktivität die während des Sozialismus aufgebauten industriellen Zentren Sloweniens.

Die Protestanten des Landes ist mehrheitlich in der Evangelischen Kirche des Augsburger Bekenntnisses (ECAV) organisiert, die seit der Periode der Reformation in Slowenien aktiv (siehe Geschichte der Religion in Slowenien), und ebenfalls seit 1976 staatlich registriert ist. Sie ist in 14 Kirchengemeinden gegliedert, die neben Ljubljana und Maribor in kleinen Städten und Dörfern im Nordosten verortet sind – einem Gebiet, dass aufgrund des ungarischen Einfluss' nachhaltig von der Reformation geprägt wurde. Die Kirche hat ca. 14.000 Anhänger und lässt ihr geistliches Personal hauptsächlich in Deutschland ausbilden. Sie genießt aufgrund der aktiv in der Öffentlichkeit geäußerten, eher moderaten und moderierenden Einstellungen ihrer Würdenträger zu gesamtgesellschaftlichen Themen in der Bevölkerung im Vergleich zu ihrer Größe eine hohe Aufmerksamkeit und Reputation.

In Slowenien existiert neben den vier größeren Gemeinschaften (RKK, SPC, ISRS, ECAV) ein heterogenes Feld mit einer Vielzahl von weiteren traditionellen (christliche Kirchen, Buddhismus, Hinduismus) und neuen religiösen Bewegungen (Črnič 2007; siehe Abb. 13). Eine erhöhte gesellschaftliche Aufmerksamkeit erregte in jüngerer Vergangenheit die Transuniverselle Zombie-Kirche des glückseligen Klingelns (ČZCBZ), welche aus einer landesweiten Protestbewegung für erhöhte soziale Rechte und gegen Korruption in der Politik entstand, und seit 2014 im staatlichen Register für Glaubensgemeinschaften geführt ist (UVS 2022). Sie hat nach eigenen Angaben bis zu 12.000 Anhänger (Wadsworth/Črnič 2020) und stellt damit die fünfgrößte Religionsgemeinschaft in Slowenien dar. Die Eintragung der Gemeinschaft in das staatliche Register wird von Seiten der RKK öffentlich kritisiert[337]; die ČZCBZ erfüllt jedoch abseits historischer Charakteristika sämtliche inneren und äußeren Merkmale von Religionsgemeinschaften, die zur Eintragung nötig sind. So wird Kritik an sozialer Ungleichheit in Form religiöser Riten vor dem nationalen Parlament vorgetragen; ein Hoher Priester der Gemeinschaft informierte hier: *„Die Pilgerfahrt ist ein religiöser Ritus und gemäß Artikel 311 des Strafgesetzbuches der Republik Slowenien darf niemand einen religiösen Ritus stören."* (ČZCBZ 2020; Übers. d. A.).

In der Zusammenfassung ist Slowenien eine Gesellschaft, die die Transformation von einem sozialistischen zu einem marktwirtschaftlich und demokratischen verfassten Modell relativ erfolgreich bestritt. Das sozio-ökonomische Niveau hat sich nach 1990 nicht wesentlich abgeschwächt, und ausgehend von einer verlangsamten Privatisierung besteht heute ein hoher Staatseingriff, eine im europäischen Vergleich niedrige Arbeitslosigkeit, und eine relativ hohe soziale Sicherung. Die Republik hat nach dreißig Jahren ein politisches System etabliert, welches von der Einhaltung demokratischer Normen und Rechtsstaatlichkeit gekennzeichnet ist (Freedom House 2020). Dies zeigt sich in der staatlichen Gestaltung der formellen und informellen Beziehungen zwischen Politik und Religion, die im europäischen Vergleich von einem relativ hohen Grad an Distanz und Autonomie beider Sphären gekennzeichnet sind.

Nach dem Konzept von Weber (1922: 760ff.) können die aktuelle Regierungsform als auch die derzeitigen Beziehungen zwischen Religion und Politik in Slowenien dem Typus der ‚legalen Herrschaft' zugeordnet werden. Dies ist wenig überraschend, da sich keine bedeutenden politischen Akteure grundlegend auf religiöse Elemente beziehen, und sich trotz der stark auf Personen ausgerichteten Parteien des Landes bisher keine Elemente einer ‚charismatischen Herrschaft' durchsetzten.

Nach der Klassifikation religiöser Legitimation des Staates nach Robertson (1987: 157) handelt es sich hier um ein hierokratisches System mit dem Fokus auf einer Trennung von Kirche und Staat, die eine hohe Autonomie der dominanten (RKK), als auch der weiteren Religionsgemeinschaften beinhaltet. Im Modell von Linz (1996: 134) sind die realen Bedingungen der Religionsgemeinschaften und die Beziehungen zwischen Politik und

---

337 Interview mit Dr. Gregor Lesjak, ehem. Direktor UVS (siehe Abschnitt 5.4).

Religion als ‚freundliche Trennung' (mit Berücksichtigung historischer Gegebenheiten) einzuschätzen, in der Elemente einer sog. ‚feindlich-laizistischen' Trennung vorhanden sind (Orientierung Teil politisches Spektrum, Verzögerung Restitution, staatliches Abkommen mit RKK). Das vierte Konzept zur Klassifizierung der Beziehungen von Politik und Religion nach Chaves/ Cann (1992: 280) ist auch hier eher ungenau (Merkmale Kooperations- und Trennungssysteme).

Das Konzept von Fox (2008: 147) ist aufgrund der Abstufung in neun Kategorien im Fall mit höherer Präzision anzuwenden. Jene fünf Beziehungstypen, die kollektivistischen Gesellschaftsordnungen nahestehen, scheiden hier aus; auch sind keine bevorzugte Behandlung oder völlige Trennung zu beobachten. Vielmehr ist der Fall Slowenien, dem Typus der generellen Unterstützung (steuerliche und finanzielle Unterstützung) nahe, zuerst jenem der moderaten Trennung (Verfassung, Gesetze und weitere Praxis) zuzuordnen. Dieser Typ entspricht dem relativ hohen Grad an Autonomie beider Sphären.

Auf der Seite der Bevölkerung war in den 1990er Jahren zunächst ein Trend hin zu einer verstärkten Identifikation mit religiösen Auffassungen zu beobachten. Der Prozess von zunehmender gesellschaftlicher Bedeutung der Religionsgemeinschaften, insbesondere der Römisch-Katholischen Kirche, fand sich zudem in ihrer verstärkten Positionierung als politische, kulturelle und wirtschaftliche Akteure (Črnič/Lesjak 2007: 72). Ausgehend von einem hohen Niveau wurde von Vertretern der RKK ein noch höheres Maß an gesellschaftlichen Einfluss gefordert. An dieser Stelle zeigt sich die zweifache Bedeutung der Zielgruppe, da sie ihre Gemeinschaft nach ‚innen' und zugleich nach ‚außen' vertreten.

Nach Politisierung von Religion, Reputationsverlusten auf Seiten der RKK, sowie aufgrund von Pluralisierungs- und Säkularisierungstendenzen wurden diese Prozesse der Zuwendung umgekehrt. An dieser Stelle stehen der sich ausweitende nicht-religiöse Sektor, sowie die Pluralisierung des religiösen Spektrums (exemplarisch die ‚Transuniversellen Zombie-Kirche des glückseligen Klingelns'). So reflektieren sich Modernisierungstrends ebenfalls auf der Meso-Ebene des religiösen Bereichs. Die Pluralisierung des religiösen Spektrums mit einer Vielzahl neuer Gemeinschaften nimmt den Verlust an Mitgliedern der RKK nicht auf, sodass die nicht-religiösen und ungebunden religiösen Anteile in der Bevölkerung stetig anwachsen.

Das religiös-gesellschaftliche Konfliktpotential wird in Slowenien geprägt von politischen Einflussnahmen der RKK, die sich auf spezifischen Punkte wie Abtreibung oder die Nicht-Anerkennung anderer religiöser Gruppen (siehe ČZCBZ) bezieht. Zweitens waren Auseinandersetzungen zwischen islamischen Gemeinschaften existent, die jedoch eine Minderheit der Bevölkerung des Landes betrafen.

4.4 Entwicklungen im religiösen Bereich nach 1990 und die gesellschaftliche Position des Religiösen heute

In der Zusammenfassung der Entwicklungen im religionssoziologischen Dreieck von Politik, Religion und Bevölkerung in den Staaten Albanien, Nord-Mazedonien und Slowenien sind für die Periode von 1990 bis 2022 Gemeinsamkeiten und Unterschiede festzustellen. Als gemeinsame Faktoren fanden umfassend Liberalisierung und Differenzierung der bedeutenden Bereiche der Gesellschaft statt, Prozesse, die sich signifikant auch im religiösen Bereich zeigten (Öffnung, Zugehörigkeit, Pluralisierung). Den politischen Bereich prägte in allen drei Staaten eine Demokratisierung der Institutionen, die von einer etablierten politischen Elite ‚gesteuert' wurde, und eine bipolare Spaltung (siehe Parteiensysteme). Differente Entwicklungspfade sind in der wirtschaftlichen und sozio-ökonomischen Entwicklung, sowie in der Intensität gesellschaftlicher Auseinandersetzungen zu sehen, die bedeutende Wirkungen auf den religiösen Bereich und Organisationen zeigen.

Die bipolare Spaltung der politischen Systeme innerhalb formal institutionalisierten parlamentarischen Demokratien verdeckt weitere Konfliktlinien: Dies sind seit 1991 in Albanien die beiden Parteien PDSh und PSSh, in Nord-Mazedonien VMRO-DPMNE und SDSM, und in Slowenien SDS und Sozialdemokraten (LDS, SD). In allen Fällen, obwohl nach der Dichotomie ‚konservativ'/‚sozialdemokratisch' geordnet, standen die Parteien unter dem maßgeblichen Einfluss von zentralen Personen.

Aufgrund des umfassenden Charakters der Transformation waren in den drei Staaten zudem die weiteren Bereiche der Gesellschaft von Veränderungen betroffen: Im kulturellen Bereich entfiel ein großer Teil der staatlichen Unterstützung, die weitere Finanzierung wurde stark von der politischen Ausrichtung der jeweiligen Regierungspartei abhängig. Der ökonomische Sektor nahm zentralen Charakter ein: Die Privatisierung wurde aus dem politischen Bereich gesteuert, und verzögert, sowie in allen drei Fällen relativ intransparent ausgeführt, sodass kleine Personenkreise im Umfeld der jeweiligen verantwortlichen Regierungspartei außerordentlich profitierten. Diese Formen der Privatisierung trugen dazu bei, dass die betroffenen Betriebe gegenwärtig (wenn nicht geschlossen) mit geringer Innovation arbeiten

(Domadenik/Prašnikar/Svejnar 2015: 425), und die sozio-ökonomische Ungleichheit in einem hohen Maße gestiegen ist (Gini-Index Nord-Mazedonien bei 43,6 für 2013).

Der Charakter der Transformation führte zu einer Übertragung politischer Gegensätze auch auf andere Bereiche der Gesellschaft (Ökonomie, Kultur), die damit ‚überpolitisiert' wurden. Dies wirkte ebenfalls in den religiösen Sektor – hier wandten sich als gemeinsamer Trend die großen Religionsgemeinschaften den neuen, reformorientierten politischen Kräften zu: In Albanien bestanden Verbindungen zwischen PDSh und KMSH, in Nord-Mazedonien zwischen VMRO-DPMNE und MPC-OA, und in Slowenien zwischen SDS und RKK.

Tab. 67: Indizes zur Gesellschaftsentwicklung (Albanien, Nord-Mazedonien, Slowenien)[338]

	Albanien	Nord-Mazedonien	Slowenien
Entwicklung Gesellschaft			
UNDP HDI (2019)			
- Index	0,791 (1990: 0,644)	0,759 (2000: 0,669)	0,902 (1990: 0,829)
- Rang	69	82	24
Alphabetisierung	97,2% (2012)	97,8% (2014)	99,7% (2014)
Zivile Freiheiten (FH)	40 (0–60)	39 (0–60)	55 (0–40)
Sozio-ökonomische Faktoren			
BIP / capita (2019)	5.352,9	6.093,1	25.739,2
Gini-Index (2013)	34,5	43,6	31,2
Politik			
Form pol. System	parlament. Demokratie	parlament. Demokratie	parlament. Demokratie
politische Praxis (FH)	teilweise frei, hybrid	teilweise frei, hybrid	frei, konsolidiert
politische Rechte (FH)	27 (0–40)	24 (0–40)	39 (0–40)
Politik – Religion (Indizes 0–3; 2014)			
Religiöse Regulierung	1,0	3,0	1,0

338 Daten nach Verfassungen; ARDA (2022) (Indizes Politik-Religion); Freedom House (2020) (FH: zivile Freiheiten, politische Praxis); UNDP (2020) (Gini-Index Income 2013); World Bank (2020) (GDP per capita, current US$); World Values Survey; Inglehart/Haerpfer et al. (2020) (subjektive Einstellungen zu Religion [AL 2018, MK 2019, SLO 2017] und zu Religion – Politik [AL 2002, MK 2001, SLO 2005])

Diskrim. Minderheiten	1,0	3,0	1,0
staatl. Finanzierung RGs	2,0	0,0	3,0
nach Fox (2008)	bevorzugte Behandlung	bevorzugte Behandlung	moderate Trennung

Für die Klassifikation der Beziehungen zwischen Politik und Religion kann in der vergleichenden Analyse festgehalten werden, dass das Modell von Chaves/Cann (1992: 280) nicht trennscharf genug ist (alle Fälle Kooperationssysteme), und die Klassifikation von Linz (1996: 134) ebenfalls eine Zuordnung in nur eine Kategorie (freundlichen Trennung) zulässt, die zeitweise Elemente einer zweiten (politisierte Religion) aufnehmen. Das Konzept von Fox (2008: 147) verspricht eine Differenzierung: In Albanien und Nord-Mazedonien liegt gegenwärtig ein System der ‚bevorzugten staatlichen Behandlung' vor, im Fall Slowenien ist von einer ‚moderaten Trennung' der Sphären auszugehen. Daraus folgt für die vorliegende Studie die Frage, ob sich diese Dynamiken in den Beziehungen von Politik und Religion in den Vorstellungen religiöser Eliten zu gesellschaftlicher Ordnung reflektieren.

Die Bevölkerungen der drei Staaten weisen heute in ihren religiösen Zugehörigkeiten eine Dreiteilung auf: Bis zu einem Drittel (siehe Slowenien) bezeichnen sich nicht als religiös, und unter den Religiösen ist eine Religionskonfession traditionell dominant, umfasst von einem pluralen religiösen Feld. Die großen Konfessionen sind mit der Fallauswahl in umgekehrten Verhältnissen abgebildet: In Albanien ist der sunnitische Islam vorherrschend, in Nord-Mazedonien das orthodoxe, und in Slowenien das katholische Christentum:

Tab. 68: Die religiösen Felder Albaniens, Nord-Mazedoniens und Sloweniens

	Albanien (2018)	Nord-Maze-do-nien (2019)	Slowenien (2017)
subjektive Einstellungen[339]			
religiös	79 %	77,3 %	66,3 %
Religion hohe Bedeutung	24,4 %	53,7 %	11,5 %
Konfessionszugehörigkeit	50–60% musl.-s.; 20–30% chr.	50–60% chr.-ort. 20–30% musl.	50–60% chr.-kat. 30% keine, and.
Zustimmung Konzept „Hölle"	22,6 %	47,5 %	22,3 %

---

339 Daten nach Inglehart/Haerpfer et al. (2020)

objektive Faktoren			
Anzahl registrierte Organisation	k.A. (249)	38	57
dominierend (juristisch/real)	4 / 1 (KMSH)	5 / 1 (MPC)	1 / 1 (RKC)

Im Vergleich der Bedeutung der Religion ist zu attestieren, dass diese bei einem geringen (11,5%, Slowenien) bis mittleren (53,7%, Nord-Mazedonien) Anteil der Gesellschaft einen hohen Stellenwert im Leben einnimmt. Weiterhin ist zu beobachten, dass der Grad der Identifikation mit der spezifischen Religionskonfession geringer ausfällt, wenn nach der Zustimmung zu zentralen Doktrinen dieser gefragt wird (siehe ‚Hölle‘, Tab. 67). Demnach kann in allen Fällen von einer hohen kulturellen Zugehörigkeit ausgegangen werden.

Bei den Einstellungen der Bevölkerung zum Verhältnis von Politik und Religion spricht sich die überwiegende Mehrheit der Befragten für eine Distanz der Bereiche aus, wie repräsentative Umfragen zeigen. So stimmten in Albanien 70,5% der Befragten zu, religiöse Führer sollten Wahlen nicht beeinflussen, in Nord-Mazedonien 75,1%, und in Slowenien 69,3% (ähnliche Werte für Beeinflussung der Regierung; siehe Tab. 69). Diese Daten grenzen den gesellschaftlich akzeptierten Wirkungsbereich die Zielgruppe der Studie ein. So zeigte auch die Praxis, dass sich die Bevölkerungen der drei Fälle nur bedingt von dieser Seite politisch mobilisieren lassen.

Tab. 69: Einstellungen zum politischen Einfluss religiöser Führer (AL, MK, SLO)[340]

	starke Zustimmung	Zustimmung	keine Zustimmung oder Ablehnung	Ablehnung	starke Ablehnung	w.n. / k.A.
Religious leaders should not influence how people vote						
AL2002	28,6	41,9	12,9	5,6	2,5	8,5
MK2001	43,3	31,8	8,7	6,3	3,3	6,7
SLO2005	36,4	32,9	10,7	9,0	5,2	5,9
Religious leaders should not influence government						
AL2002	32,0	35,4	11,3	6,6	3,8	10,9
MK2001	37,6	30,3	12,9	8,0	3,5	7,7
SLO2005	34,3	31,5	12,3	10,5	5,5	5,7

---

340 Daten nach Inglehart/Haerpfer et al. (2020)

Die großen Religionsgemeinschaften konnten nach 1990/1991 zunächst einen Aufschwung in der gesellschaftlichen Aufmerksamkeit, sowie in ihrem politischen Einfluss verzeichnen. Dies wurde genährt durch die anfängliche Nähe der großen Gemeinschaften zu politischen Akteuren. Mit der faktischen Politik und Instrumentalisierung von Religion tritt derzeit eine Phase der Ernüchterung auf ihrer Seite ein, die sich hier in vermehrten Forderungen nach einer höheren Distanzierung zu spezifischen politischen Akteuren zeigt.

Die Probleme der großen Religionsgemeinschaften in Albanien, Nord-Mazedonien und Slowenien gestalten sich ähnlich: Erstens verzögert sich die Restitution oder Entschädigung von zwischen 1945 und 1990 zerstörtem oder enteignetem Eigentum, zweitens bestehen Differenzen über die staatliche Anerkennung und Gleichbehandlung (absolut/relativ) von Religionsgemeinschaften. Das dritte gemeinsame Problemfeld der großen Gemeinschaften ist der Umfang der gesellschaftlichen Verankerung, die von ihnen selbst höher dargestellt wird als repräsentative Studien ermitteln. Die abnehmende gesellschaftliche Verankerung führt viertens zur Krise aller Religionsgemeinschaften in den drei Ländern in der Rekrutierung geeigneten geistlichen Personals. Dieser Punkt zeigt die zunehmende Relevanz der derzeit in den Positionen tätigen Personen als Zielgruppe der Studie.

Die im vierten Kapitel angesprochenen Themen zu den Beziehungen zwischen Politik und Religion, der Stellung der Religion in der Gesellschaft, sowie zur Ordnung im religiösen Bereich finden Reflektion im Q-Set der Aussagen, die den religiösen Führern zur Befragung im Rahmen der Studie vorgelegt wurden.

5 Ordnungsvorstellungen religiöser Würdenträger in Albanien, Nord-Mazedonien und Slowenien

Die Gliederung dieses fünften Kapitels wird weitgehend von der Vorgehensweise der Q-Methode vorgegeben. So werden im ersten Abschnitt der ersten Teilkapitels (5.1.1) die Zielgruppe und die zu Befragenden nach den empirischen Gegebenheiten im Feld für alle drei Fälle eingegrenzt. Anschließend erfolgt die Erklärung der Erhebung der zentralen Aussagen der Gruppe zum Untersuchungsgegenstand ‚gesellschaftliche Ordnungsvorstellungen und Religion‘ (Erstellung q-set). Da Fokusgespräche aufgrund des Feldes nicht möglich waren (drei Gesellschaften, hohe Pluralität, sprachliche Barrieren, begrenzte Zeit und Willen in der Zielgruppe), ist nach Brown (1993: 94/95) die qualitative Inhaltsanalyse von Primär- und Sekundärquellen mit Äußerungen aus der Zielgruppe und aus ihrem direkten Umfeld angebracht, um das Aussagen-Set zu generieren.

Anschließend soll im zweiten Unterabschnitt des Teilkapitels (5.1.2) ein Abgleich der Inhalte der ausgewählten Aussagen mit Einordnungen der Modernisierungstheorie erfolgen, um sie nach die Modernisierung ablehnenden, oder akzeptierenden Einstellungen zu kategorisieren. Diese Zuordnung wird bedeutend zur Beantwortung der zweiten Forschungsfrage der Analyse des Integrations- und Konfliktpotentials (IKP) der Einstellungstypen. Im dritten Unterabschnitt (5.1.3) werden Referenzen der Aussagen zu theoretischen Konzepten der Soziologie, insbesondere der Religionssoziologie aufgezeigt, um die Bedeutung der Aussagen nicht nur für den Rahmen dieser drei Fälle, sondern für soziologische Beobachtungen generell, und damit für deren europaweite empirische Relevanz aufzuarbeiten.

Die weiteren Abschnitte des fünften Kapitels erläutern die Datenerhebungen und Analysen für Albanien (5.2), Nord-Mazedonien (5.3) und Slowenien (5.4) als Einzelfallbetrachtung. Hier wird für jeden Fall nach einheitlicher Struktur vorgegangen, um die Datenerhebung und -analyse transparent zu gestalten: Nach der Erläuterung der Vorbereitungen der Interviews stehen zweitens die Darlegungen zur Durchführung, die in Wellen erfolgte (siehe 5.5). Im jeweiligen dritten Unterabschnitt erfolgt die Darstellung der Analyse der Präferenzstrukturen zu den Aussagen unter Anwendung des Programms ‚PQ-method‘; im vierten werden diese Meinungstypen inhaltlich erläutert, und Kurzbeschreibungen (‚Label‘) unter Hinzunahme der Hintergrundva-

381

riablen erstellt. Der jeweils fünfte und letzte Unterabschnitt widmet sich der Analyse des Integrations- und Konfliktpotentials (IKP) der Meinungstypen im Hinblick auf grundlegende Trends der Modernisierung.

5.1 Die Zielgruppe und die Erstellung des Q-Set der Aussagen

Der erste Schritt besteht in der Sichtung und Eingrenzung der Zielgruppe, sowie der Generierung zentraler Aussagen dieser zum Untersuchungsgegenstand. Bereits in diesem ersten Schritt wird das ambitionierte Vorhaben der Studie deutlich, da auch ohne die Realisierung von Fokusgruppengesprächen die interkulturelle Anlage eine besondere Hürde darstellt. Diese konnte neben eigenen Sprachkenntnissen hauptschlich durch professionelle Unterstützung verarbeitet werden. Dieser erste Schritt wurde für alle drei Fälle gemeinsam vorgenommen, da neben den Einzelfallanalysen (5.2 bis 5.4) eine integrative, vergleichende Untersuchung (5.5 und Kapitel 6) das Ziel der Studie ist. Dieses Vorgehen wird zudem von der Feststellung legitimiert, dass ein hohes Maß an inhaltlichen Parallelen die Diskurse religiöser Führer zur gesellschaftlichen Ordnung in den drei Fällen prägte (siehe Anmerkungen zu Tab. 71).

5.1.1 Zielgruppe, Aussagenset ('q-set', Inhalt, Struktur, Sprachen)

Die Sichtung des Forschungsfeldes ergab, dass große, traditionelle Glaubensgemeinschaften in den drei Fällen die hauptsächlichen Quellen der zentralen Diskurse aus dem religiösen Feld hinsichtlich der Gestaltung der gesellschaftlichen Ordnung bilden. Diese werden nicht nur in eigenen, sondern ebenfalls in externen Publikationen auf nationaler Ebene zitiert; somit bildeten Aussagen religiöser Führer großer Gemeinschaften des jeweiligen Landes die Basis der Erhebung. Hinzu kamen Stellungnahmen von Personen, die niedere Ränge repräsentierten oder kleineren Glaubensgemeinschaften vorstanden, wenn diese hinsichtlich eines national bedeutenden, gesellschaftlich relevanten Themas geäußert wurden, welches im weiteren religiösen Feld sowie in anderen gesellschaftlichen Bereichen reflektiert wurde.

Da Fokusgruppengespräche mit religiösen Führern, zumal der höheren Hierarchie, nicht möglich waren, bildeten die Primärquellen zu Erhebung der Aussagen a) offizielle Publikationen der Religionsgemeinschaften in gedruckter Form, die auch im Internet hinterlegt sind, und b) direkte Verlautbarungen im Internet (offizielle Seiten, soziale Medien; siehe Tab. 71). Weitere Primärquellen waren c) nationale TV-Sendungen, in denen Personen der Zielgruppe direkte Äußerungen tätigten, sowie d) Stellungnahmen im Rahmen öffentlicher Institutionen wie dem nationalen Parlament, soweit diese vorlagen. Hinzu kamen e) Dokumente, die auf der journalistischen Internetplattform ‚Wikileaks‘[341] veröffentlicht wurden, und aus denen authentische Aussagen der Personengruppe als Primärquellen vorliegen.

Tab. 70: Bedeutende Nachrichtenquellen in Albanien, Nord-Mazedonien, Slowenien[342]

Land	Name der Publikation	Frequenz	Auflage (Zugriffe)
Albanien	Albania	tägl.	
	Gazeta	tägl.	insgesamt ca. 70.000 (Koha Jonë ca. 300.000 Zugriffe / Monat)
	Gazeta Shqiptare	tägl.	
	Koha Jonë	tägl.	
	Shqip	tägl.	
	Staatl. Nachrichtenagentur ATA	tägl.	(ca. 93.000 / Monat)
	Priv. Nachrichtenagentur NOA	tägl.	(ca. 570.000 / Monat)
Nord-Mazedonien[343]	Dnevnik	tägl.	30–55.000
	Vest	tägl.	30.000
	Utrinski vestnik	tägl.	8.000
	Nova Makedonija	tägl.	3.000
	Vecer	tägl.	3.000
	Vreme	tägl.	10.000
	Fakti, Koha Ditore, Lajme	tägl.	gesamt 35.000
	Kapital	wöchentl.	k.A.
	Makedonsko Sonce	wöchentl.	k.A.
	Staatl. Nachrichtenagentur MIA	tägl.	(ca. 113.000 / Monat)

341 siehe https://wikileaks.org/ (06.11.2020); Sammlung ‚Cablegate‘
342 Ermittlung nach Auflage und Zugriffen auf die Internetseite, unter https://www.similarweb.com/website/ (03.11.2020); Zugriffe: Zahl monatlicher Zugriffe auf Internetseite; Durchschnitt Mai bis Oktober 2020
343 Förger / Zlatarsky (2013: 65–68) betonen das professionelle Internetangebot dieser Medien.

	Priv. Nachrichtenagentur MAKFAX	tägl.	(ca. 490.000 / Monat)
Slowenien[344]	Delo	tägl.	135.000 (Leser 179.600)
	Dnevnik	tägl.	... (Leser 118.000)
	Finance	tägl.	... (Leser 86.200)
	Slovenske novice	tägl.	... (Leser 337.2000)
	Večer	tägl.	... (Leser 111.900)
	Družina (Röm.-Kath. Kirche)	wöchentl.	30.000
	Mladina	wöchentl.	20.000 (Leser 85.000)
	Staatl. Nachrichtenagentur STA	tägl.	(ca. 200.000 / Monat)

Hier finden sich Stellungnahmen religiöser Führer hinsichtlich ihrer Wahrnehmung ihrer politischen und gesellschaftlichen Position und ihrer Vorstellungen, die in vermeintlich anonymer Umgebung geäußert wurden, und für die deshalb eine hohe Authentizität angenommen werden kann. Sekundärquellen waren jeweils die fünf nach der Auflage bedeutendsten Tageszeitungen und, soweit vorhanden, Wochenzeitungen (hier zudem jeweilige offizielle Internetseiten und sozialen Medien). Hinzu kamen vertrauenswürdige Publikationen im Internet, zentral jene der nationalen Nachrichtenagenturen. An dieser Stelle zeigte sich der im Vergleich geringe Nachrichten-Printmarkt in Albanien, welches die Bedeutung des Internets und des Fernsehens als Informationsquelle erhöht (siehe Zugriffe auf Internetseite; Tab. 70).

Die Internetseiten und sozialen Medien der bedeutenden Religionsgemeinschaften (siehe Anhang 9) bilden eine zentrale Ressource zur Erstellung des Q-Set, da Verlautbarungen auf dieser Plattform offiziellen Charakter haben, hier auf gesellschaftliche und politische Debatten reagiert wird, ein großer Teil der (insbesondere jungen) Anhängerschaft angesprochen wird, und die Struktur der Ansprache meist direkt erfolgt. Insgesamt kann festgehalten werden, dass sich bis vor zwei Jahrzehnten Religionsgemeinschaften in der Öffentlichkeit erheblich verschlossener darstellten.

Bei den sozialen Medien kamen neben den institutionellen auch die persönlichen Seiten der leitenden Personen in Betracht. Aufgrund des Eigenverständnisses als öffentliche Personen, die für ihre Einstellungen werben, sind diese vielfach vorhanden und eignen sich für eine Inhaltsanalyse. So

---

344 Daten nach Raziskava branosti in bralcev (RBB 2020) (repräsentative Lese- und Leserumfrage).

wurden hier zusätzliche Informationen sichtbar, die Rückschlüsse auf die Wertmuster zuließen (z.B. interreligiöse Arbeit, potentielle Politisierung[345]).

Der Pool der Aussagen ist jedoch nicht auf direkte Stellungnahmen begrenzt. Demnach können nach Müller/Kals (2004: 6) ebenfalls Inhalte als Grundlage dienen, mit denen die betroffene Gruppe konfrontiert wurde, oder die zu ihrem Bereich eine Verbindung aufweist. Dies betrifft den lokalen, nationalen, als auch internationalen Rahmen, in denen Religion und gesellschaftliche Ordnung diskutiert wurde: *„Religious leaders (...) may play an important role in supporting and encouraging religious tolerance."* (Human Rights Council 2009: 18).

Der Zeitraum der Analyse der Quellen zu Erstellung des Q-Set nahm ca. sechs Monate in Anspruch. Der zeitliche Abstand zu den Interviews kann durch zwei Elemente kompensiert werden: Erstens verbleiben religiöse Führer in der Mehrheit für Jahrzehnte auf ihren Positionen und prägen die Einstellungen ihres näheren (Familie, Mitarbeiter) und weiterer Umfeldes dauerhaft. Zweitens unterliegen ihren gesellschaftlichen Ordnungsvorstellungen mentale (durch die Theologie geprägte) Zeithorizonte, die im Vergleich zu anderen Bereichen der Gesellschaft wesentlich weiter angelegt sind[346]: Aufgrund der Betrachtungsform von Gesellschaftsentwicklungen aus der Perspektive der ‚*Longue durée*' wird für diese Studie angenommen, dass ihre Ordnungsvorstellungen im Vergleich geringen Änderungen unterworfen sind und langfristig Gültigkeit besitzen.

Die Auswahl der Aussagen erfolgte nach Mayring (2000: 4/5) neben der absoluten Anzahl des Auftretens in den Quellen dem Merkmal der Zentralität innerhalb der jeweiligen Beitragsstruktur. Die Anzahl der Aussagen wurde vom Design der Präferenz-Skala begrenzt: Nach analytischen (Müller/Kals 2004: 9/10) und anwendungsbezogenen Erwägungen der Praxis wurden 36 Aussagen ausgewählt, die in der folgenden Tabelle mit jeweils einer Quellenangabe aufgelistet sind. So konnten potentiell bei einer Struktur von neun Kategorien ([-4] bis [+4]) (siehe Abb. 2) jeweils vier Aussagen einer Kategorie zugeordnet werden. Die Autoren sind bei offenen Quellen angegeben, bei einer Entnahme aus dere Plattform Wikileaks verkürzt, um diese Daten adäquat zu handhaben.

---

345 Hier wird zu einem weiten Feld von Themen wie individuelle Spiritualität, Theologie, interreligiöse Verständigung, oder Darstellung der Freizeitgestaltung veröffentlicht.

346 Siehe im Vergleich Dynamiken in der Ökonomie oder im politischen Bereich (vierjährige Legislaturperioden). Geistliche definieren die Rolle der Religion vielfach in bewusster Abgrenzung zu diesen als kurzfristig angesehenen Dynamiken, und passen ihre Einstellungen zu gesellschaftlicher Ordnung respektive an.

Tab. 71: Aussagen des Q-set mit anonymisierten Autoren- und Quellennachweisen

Code	Aussage (,statement')	Autor	Quelle
sta_1	Verbote sind ein Zeichen von Intoleranz.	Erzbischof Anton Stres, RKK, SLO	Dnevnikov objektiv, 24.12.2009, S. 34
sta_2	Alle religiösen Gemeinschaften sollten vom Staat gleich behandelt werden.	Andrej Saje, RKK, SLO	Ausschuss Državni zbor, 07.09.2011
sta_3	Religionsgemeinschaften sollten im Ausland keine nationalen Interessen vertreten.	Metropolit Naum, MPC, MK	Makedonsko Sonce, 16.09.2005
sta_4	Religionsgemeinschaften sollten vom Staat getrennt sein.	DUI, MK	WL, 09SKOPJE206, 2009–05–08
sta_5	Der staatliche Bau religiöser Gebäude polarisiert die Gesellschaft im negativen Sinne.	BFI, MK	WL, 09SKOPJE206, 2009–05–08
sta_6	Säkularismus ist ein Basiswert des Staates, der in der Verfassung verankert werden sollte.	SDSM, MK	WL, 08SKOPJE120, 2008–02–14
sta_7	Der Schutz der Nationalreligion bedeutet den Schutz des Nationalstaates.	MPC, MK	WL, 06SKOPJE289, 2006–03–30
sta_8	Religionsgemeinschaften mit historischen Wurzeln auf diesem Territorium sollten vom Staat präferiert behandelt werden.	Andrej Saje, RKK, SLO	Ausschuss Državni zbor, 07.09.2011
sta_9	Der religiöse Glaube der Politiker sollte ihre politischen Handlungen bestimmen.	Islam. NGO, AL	WL, 06TIRANA600, 2006–06–06
sta_10	Eine Familie hat einen Vater und eine Mutter. Homo-sexuelle Lebensgemeinschaften sollten rechtlich nicht gleichgestellt sein.	Mufti Grabus, ISRS, SLO	Sender POP TV, 19.12.2010, 24 UR, 19.00 Uhr
sta_11	Der Staat sollte einen starken Führer haben.	Metropolit Naum, MPC, MK	Makedonsko Sonce, 16.09.2005
sta_12	Ein charakteristisches Merkmal des Nationalstaates ist eine nationale Religionsgemeinschaft, die Vorrang vor anderen Religionsgemeinschaften hat.	MPC, MK	WL, 06SKOPJE289, 2006–03–30
sta_13	Um die Mitglieder adäquat zu betreuen, sollte der Fokus der religiösen Führer ausschließlich im spirituellen Bereich liegen, nicht in der Politik.	BFI, MK	WL, 08SKOPJE559, 2008–09–04
sta_14	Positive Religionsfreiheit ist ein individuelles Menschenrecht.	Andrej Saje, RKK, SLO	Ausschuss Državni zbor, 07.09.2011
sta_15	Negative Religionsfreiheit ist ein fundamentales Recht in einer Gesellschaftsordnung meiner Präferenz.	Andrej Saje, RKK, SLO	Ausschuss Državni zbor, 07.09.2011
sta_16	Religiöse Führer sollten die Wähler und die Tagespolitik nicht beeinflussen, außer, der Humanismus in einer Gesellschaft ist bedroht.	KMSH, AL	WL, 09TIRANA724, 2009–11–09
sta_17	Religiöse Führer sollten Diversität in der Gesellschaft akzeptieren und fördern.	UN, GA	Human Rights Council (2009: 18)

sta_18	Unsere Religionsgemeinschaft ist nur ein Teil der Gesellschaft und hat das gleiche Mitspracherecht wie andere Organisationen, ob dies religiöse sind oder nicht.	Pfr. Simon Sever, ECAV, SLO	Razmišljanje za mesec Juni 2013
sta_19	Die Religionsgemeinschaft sollte der soziale Orientierungspunkt der Menschen sein.	ISRS, SLO	WL, 07LJUBLJA-NA283, 2007-05-04
sta_20	Es ist mutig, öffentlich seine religiöse Identität zu zeigen.	KMSH, AL	WL, 06TIRANA600, 2006-06-06
sta_21	Ob die religiösen Stätten voll oder leer sind, zeigt das religiöse Bewusstsein der Bevölkerung.	Erzbischof Anton Stres, RKK, SLO	Dnevnikov objektiv, 24.12.2009, S. 23
sta_22	Menschen sind entweder gut oder schlecht.	Metropolit MPC, MK	Makedonsko Sonce, 16.09.2005
sta_23	Säkularisierung bedroht die Gesellschaft, da diese Entwicklung heute für den Verfall von Werten steht.	Erzbischof Anton Stres, RKK, SLO	Dnevnikov objektiv, 24.12.2009, S. 24
sta_24	Religiöse Führer sollten auch nach ethnischen Gesichtspunkten ausgewählt werden.	Metropolit MPC, MK	Makedonsko Sonce, 16.09.2005
sta_25	Es ist eine entscheidende Anforderung, Führer anderer Religionsgemeinschaften regelmäßig zu sehen und aufrichtige sowie herzliche Beziehungen zu schaffen.	ISRS, SLO	WL, 07LJUBLJA-NA283, 2007-05-04
sta_26	Korruption bei den etablierten Religionsführern könnte zu erhöhtem Fundamentalismus auf der Seite der jüngeren Generation führen.	Bewertung US-Botschaft	WL, 09TIRANA184, 2009-03-25
sta_27	Religiosität, egal welcher Art, bedeutet eine bestimmte Verwandtschaft.	Erzbischof Anton Stres, RKK, SLO	TV SLO 1, 14.06.2010, ODME-VI, 22:36,
sta_28	Mich interessieren die Gründe der Konvertierung von Gläubigen zu einer anderen Religionsgemeinschaft.	Erzbischof Anas-tasios, AOK, AL	Internetseite AOK, Interview
sta_29	Die Gläubigen meiner Gemeinde sollen über andere Religionen Bescheid wissen.	Pfr. Leon Novak, ECAV, SLO	Razmišljanje za mesec september 2013
sta_30	Religiöse Führer sollen offen, humanistisch, liberal und gebildet sein. So gewinnen sie den Respekt der anderen Glaubensgemeinschaften.	Pfr. Leon Novak, ECAV, SLO	Razmišljanje za mesec september 2013
sta_31	Auswärtiger Einfluss ist ein Hauptgrund für Spannungen zwischen den Religionen.	RKK, AL	WL, 06TIRANA600, 2006-06-06
sta_32	Verglichen mit weltweiten Entwicklungen ist meine Religionsgemeinschaft hier in [jeweiliges Land] in einer schwierigen Situation.	Erzbischof Anton Stres, RKK, SLO	TVSLO1, 25.12.2010, Sendung Dnevnik, 19.03 Uhr
sta_33	Religiöse Gemeinschaften sind untereinander nicht vergleichbare Institutionen.	Erzbischof Anton Stres, RKK, SLO	Sender POP TV, 19.12.2010
sta_34	Konfessioneller Religionsunterricht ist ein Basiselement der Bildung und Erziehung.	MPC, MK	WL, 08SKOPJE 273, 2008-04-18

sta_35	Alle neu gegründeten Religionsgemeinschaften sollten die Autorität der dominanten Religions-gemeinschaft akzeptieren.	MPC, MK	WL, 06SKOPJE289, 2006-03-30
sta_36	Die Gründung einer Religionsgemeinschaft soll-te die Akzeptanz der Mehrheit der Bürger des Staates haben.	Metropolit, MPC, MK	Makedonsko Son-ce, 16.09.2005

Die eine Quellenangabe in zu den jeweiligen Aussagen in der Tabelle dient der Nachvollziehbarkeit und ist eine Verkürzung der gesamten Quellenla-ge: Es wurde festgestellt, dass nahezu alle Aussagen aus Stellungsnahmen verschiedener Religionsführer unterschiedlicher Konfessionen hätten ent-nommen werden können (so zum Status von Religionsgemeinschaften, zur Verständigung zwischen ihnen, zur Religionsfreiheit, über die Definition von Familie). Zudem reflektieren die Aussagen auf hohem (sta_4) und niedrigem Abstraktionsniveau („sta_10') ebenso zentrale Positionen aus internationalen Übereinkünften (der Vereinten Nationen), staatlichen Dokumenten (Ver-fassung, Gesetze), oder aus Programmen zivilgesellschaftlicher Verbände. Dies deckt sich mit der Maßgabe der Zentralität der Aussagen, und zeigt den übergeordneten interreligiösen und gesamtgesellschaftlichen Bezug des Sets auf.

Es wurde zusätzlich versucht, dem pluralen Charakter des religiösen Feldes in Südosteuropa mit Hintergrund der Autoren abzudecken. In der Tabelle sind elf christlich-katholische, zehn christlich-orthodoxe, drei christ-lich-protestantische, sieben islamisch-sunnitische, und fünf nicht-religiöse Autoren verzeichnet; hier wäre auch eine andere Struktur aufgrund der hohen Verbreitung der Aussagen über die Religion hinweg möglich.

Einige Aussagen erweckten bereits vor einer Klassifizierung des Q-Sets Aufmerksamkeit. Demnach zeigt sta_22 („Menschen sind entweder gut oder schlecht') nicht nur eine Präferenz für eine bestimmte Gruppe von Gesell-schaftsordnungen auf (Merkmale der kollektiven Logik, primordiale Zu-schreibungen), sondern hält unter konstruktivistischer Perspektive Umrisse einer Weltanschauung bereit, die Mikro- und Makroebene der Gesellschaft zu einem Gesamtkonzept unter binär angelegten Vorzeichen verbindet. Jene exklusiven Denkstrukturen bilden nach der Fachliteratur eine Ursache von gesellschaftlicher Abgrenzung und Konflikt (Ferrero 2013: 345/346); demnach wird auf die Präferenzen zu dieser Aussage ein gesondert geachtet.

In der weiteren ersten Betrachtung ist zudem auffällig, dass Aussage ,sta_26' (Korruption etablierter Religionsführer führe zu erhöhtem Funda-mentalismus) zunächst einen internen Zusammenhang beschreibt, der nach der Quellenlage ebenso von externer Perspektive gegenwärtig eine große

Aufmerksamkeit findet (u.a. zu islamistischer Gewalt). An diesem Themenbereich zeigt sich die gegenseitige Resonanz zwischen Bevölkerung und Religion über Vorstellungen zur gesellschaftlichen Ordnung und der Rolle der Religion.

Bei der Erstellung eines Kategoriensystems für die Aussagen des Q-Set fiel in einer zweiten Betrachtung auf, dass das Thema der Säkularisierung in vielschichtigen Ausprägungen angesprochen wurde (sta_4, sta_6, sta_13, sta_15, sta_18, sta_21, sta_23, sta_33). Weiterhin war zu beobachten, dass bei einer Vielzahl der Trend der gesellschaftlichen Pluralisierung Adressierung fand (sta_14, sta_17, sta_18, sta_25, sta_27, sta_29, sta_30, sta_35, sta_36). Das hohe Aufkommen dieser generellen Prozesse im Q-Set zeigt die Zentralität der Trends der Modernisierung. Die übergeordneten Prozesse der Säkularisierung und der Pluralisierung sind jedoch inhaltlich eng miteinander verwoben, und stellen somit keine geeinigten inhaltlichen Unterscheidungskategorien für das Q-Set dar. Plausibel schien an dieser Stelle die Klassifizierung der Aussagen hinsichtlich der drei Kategorien der Orientierungen a) zu den Feldern Politik und Politik-Religion, b) hinsichtlich der Rolle ihrer Glaubensgemeinschaft in der weiteren Gesellschaft, sowie c) gegenüber dem religiösen Feld selbst, d.h. zur eigenen Position darin und zu den Beziehungen zu anderen Religionen und Konfessionen (siehe folgende Tab. 72). Auch in der Anwendung dieses Kategoriensystems liegen inhaltliche Überschneidungen bei einigen Zuordnungen der Aussagen vor. Dieses Ordnungssystem orientiert sich ebenso an den oben erläuterten Modellen der Religionssoziologie zu Verhältnisbestimmungen zwischen Religion und gesellschaftlicher Ordnung (Pickel 2011: 227; Hidalgo 2018: 188/189), und ermöglicht damit einen späteren Abgleich der Analyseergebnisse mit diesen Konzepten.

Nach der Auswahl der Aussagen folgten die Schritte der Standardisierung, der Übersetzung in die jeweiligen Sprachen (Albanisch, Mazedonisch, Slowenisch, Englisch), der Herstellung der Kartensets und der Instruktionen[347] für die einzelnen Länder, sowie der Erstellung der Präferenzskala zur manuellen Befragung. Trotz der vorhandenen Ressourcen für online-Befragungen mit der Q-Methode wurde aufgrund der Spezifika des Feldes festgelegt, ausschließlich mit der manuellen Befragung zu arbeiten. Dies bedeutete auf der einen Seite einen hohen Aufwand mit persönlicher Begegnung der Befragten, half jedoch auf der anderen Seite, ein gewisses Maß an Vertrauen

---

347 *„Bitte ordnen Sie die Aussagen in die Präferenzliste von (-4) (stark ablehnend) bis (+4) (stark zustimmend) ein."*

aufzubauen, und dadurch geringe Antwortraten, und eine geringe Authentizität der Antwortmuster (Beantwortung durch Dritte) zu vermeiden.

5.1.2 Ordnung nach Bereichen und Integrations- und Konfliktpotentialen

Die Klassifizierung der Aussagen hinsichtlich des Integrations- oder Konfliktpotentials (IKP) erfolgte vor dem Hintergrund der Erkenntnisse der Modernisierungstheorie: Positioniert sich der Inhalt der jeweiligen Aussage eher in Opposition zu Prozessen der Modernisierung, oder ist eine eher akzeptanz zu vernehmen (siehe nachstehende Tab. 72: Spalte ‚MOD akzeptierend / ablehnend‘)? Die Einordnungen wurden den Befragten vor dem Interview nicht mitgeteilt, um den Faktor der ‚sozialen Erwünschtheit‘ in den Antwortmustern zu reduzieren.

Die im vorliegenden Set zugewiesene Zuordnung ergab eine exakte Aufteilung der Aussagen in 18 überwiegend ‚akzeptierende‘ und 18 ‚ablehnende‘ Aussagen, welches eine ausgewogene Verteilung beider Grundorientierungen im Kartenset repräsentiert. Dieses Design in der Struktur der Aussagen war möglich, da es die Q-Methode erlaubt, einzelne Sätze zu kürzen oder in ihrer Perspektive auf den entgegengesetzten Standpunkt zu versetzen, wenn der Inhalt in seiner Sinnsubstanz wiedergegeben wird (Brown 1980: 189[348]). Demnach kann mit dieser – hier nur geringfügig vorgenommenen – Anpassung der Aussagen ein gleiches Verhältnis zwischen beiden Kategorien (‚akzeptierend‘ / ‚ablehnend‘) erzeugt, und damit die Messung des IKP der Präferenzsysteme nachvollziehbar gestaltet werden.

---

348 „(...) *the observer merely organizes it from the standpoint of what appears to him to be the most useful way of thinking, each theoretical standpoint bringing to light different aspects of the same items.*" (Brown 1980: 189).

Tab. 72: Klassifikation der Aussagen nach Konzepten zur Modernisierung

Code	Kurzform Aussage	gesell-schaftlicher Bereich[349]	MOD akzep-tierend / ab-lehnend	Identitäts-ebene ("IE")[350]
sta_1	Verbote sind Intoleranz			IE2
sta_2	RGs vom Staat gleich behandelt			IE2
sta_3	RGs im Ausland keine nationale Interessen		akzep-tierend	IE1
sta_4	RGs vom Staat getrennt			IE2
sta_5	staatl. Bau religiöser Gebäude polarisiert negativ			IE1
sta_6	Säkularismus Basiswert Staat	Politik		IE3
sta_7	Schutz Nationalreligion = Schutz Nationalstaat			IE3
sta_8	RGs mit historischen Wurzeln vom Staat präferiert			IE2
sta_9	Glaube Politiker bestimmt politische Handlungen		ablehnend	IE1
sta_10	Familie = Vater, Mutter			IE3
sta_11	Staat starker Führer			IE1
sta_12	Nationalstaat hat Nationalreligion mit Vorrang			IE3
sta_13	Fokus reli. Führer auf Spirituellem, nicht Politik			IE1
sta_14	positive Religionsfreiheit Menschenrecht			IE3
sta_15	negative Religionsfreiheit fundamentales Recht		akzep-tierend	IE2
sta_16	reli. Führer unpol., außer Humanismus bedroht			IE1
sta_17	reli. Führer Diversität akzeptieren, fördern			IE3
sta_18	meine Gemeinschaft Teil Gesellschaft wie andere	Bevöl-kerung		IE2
sta_19	RG sozialer Orientierungspunkt			IE3
sta_20	mutig, öffentlich religiöse Identität zu zeigen			IE3
sta_21	ob religiöse Orte besucht, zeigt reli. Bewusstsein			IE2
sta_22	Menschen gut oder schlecht		ablehnend	IE3
sta_23	Säkularismus bedroht Gesellschaft, Verfall Werte			IE3
sta_24	reli. Führer nach ethnischen Kriterien			IE3
sta_25	Führer and. RGs regelmäßig sehen, Beziehungen	Religion / andere Religions-gemein-schaften		IE1
sta_26	Korruption Etablierte > Fundamentalismus Junge		akzep-tierend	IE1
sta_27	Religiosität bedeutet Verwandtschaft			IE3
sta_28	Gründe Konvertierung Gläubige interessant			IE1

349 Orientierung der Aussagen hinsichtlich der Themenbereiche: a) Politik und Politik-Religion, b) Glaubens-gemeinschaft und Bevölkerung, c) religiöses Feld und eigene Position darin.
350 Identitätsebenen: ‚IE1' = alltägliche Lebensführung; ‚IE2' = Institutionen, Verbände; ‚IE3' = kollektive Identität

sta_29	Gläubige Wissen über andere Religionen		IE1
sta_30	reli. Führer offen, humanistisch, liberal, gebildet		IE1
sta_31	auswärtiger Einfluss Störung religiöse Harmonie		IE1
sta_32	meine Gemeinschaft in schwieriger Situation		IE2
sta_33	religiöse Gemeinschaften nicht vergleichbar	ablehnend	IE2
sta_34	konfessioneller Religionsunterricht Basiselement		IE2
sta_35	neue RGs Autorität dominante Gemeinschaft		IE2
sta_36	Gründung Religionsgemein. Akzeptanz Bürger		IE2

Eine dritte Kategorisierung des Aussagensets betrifft ebenfalls die Vorberei-tung der Beantwortung der zweiten Forschungsfrage der Studie nach der Einschätzung des Integrations- und Konfliktpotentials (IKP). Hier wird nach dem Analyserahmen von Offe (1996: 32) nach dem Niveau der hauptsächlich adressierten Identitätsebene (‚IE') der jeweiligen Aussage unterschieden (siehe Tab. 72; Spalte ‚Identitätsebene'). Er entwarf ein Modell für die um-fangreichen Umstellungen in den Transformationsprozessen in Osteuropa, und unterschied verbundene Veränderungsprozesse in den Bereichen a) der alltäglichen Politik, b) der Institutionen, und c) der ‚Identität, d.h. ‚wer wir sind" (ebd.). Für diese Studie (soziologisch) ausgelegt sind gesellschaftliche Ordnungsstrukturen auf drei Ebenen angesprochen, die auch mit dem vorlie-genden Q-Set der Aussagen adressiert sind: Die alltägliche Lebensführung, (‚IE1'), gesellschaftliche Verbände und Vereinigungen (Meso-Ebene) (‚IE2'), sowie c) die kollektive Identität in Form der Definition der grundlegenden Werte der eigenen Gemeinschaft, (auch in Abgrenzung zu anderen Grup-pen).

Dem Modell steht die Komplexität von Aussagen gegenüber, deren Inhalt einfache Zuordnungen in einigen Fällen erschwert (u.a. ‚sta_18'). Nach dem hauptsächlichen Inhalt der jeweiligen Aussage fand eine Zuordnung zu einer Kategorie statt, sodass jeweils zwölf Aussagen einer Identitätsebene zugeordnet sind (siehe Tab. 72). Demnach ist für diese Klassifizierung eine ausgewogene Verteilung der Aussagen über die Kategorien gegeben.

Wird die Perspektive der Identitätsebenen in das Modell der Messung des religiösen Integrations- und Konfliktpotentials anhand der Modernisie-rungstheorie integriert, so wäre davon auszugehen, dass eine Präferenz für Aussagen, die in Opposition zu Prozessen der Modernisierung ste-hen und eine kollektive Identität ansprechen, insgesamt mit einem erhöh-ten religiös-gesellschaftlichen Konfliktpotential einhergeht (so u.a. ‚sta_6'; ‚sta_7'; ‚sta_23').

5.1.3 Theoretische Zuordnungen

Nach der dreiteiligen Kategorisierung des Aussagensets kann zusätzlich der Referenzrahmen der einzelnen Aussagen zu weiteren Konzepten der Soziologie und insbesondere der Religionssoziologie in einem Überblick aufgezeigt werden, um auch die wissenschaftliche Relevanz des Q-Set aufzuzeigen.

Ohne näher auf die Positionierungen der einzelnen Aussagen in den jeweiligen theoretischen Konzepten der Sozialwissenschaften einzugehen (siehe Tab. 73), sind nach den erwähnten großen Trends der Säkularisierung, Differenzierung und Pluralisierung, die sich in der Mehrheit der Aussagen wiederfinden, zudem Konzepte auf niedrigeren Abstraktionsebenen angesprochen. So finden sich unter den Aussagen hinsichtlich des Bereichs von Politik und Religion grundlegende Annahmen relevanter sozialwissenschaftlicher Modelle zum Verhältnis wieder (Linz 1996; Fox 2008) (‚sta_2‘; ‚sta_4‘; ‚sta_6‘), in den Aussagen zur Beziehung zwischen Religionsgemeinschaft und Bevölkerung sind differenzierte Einschätzungen zur Religionsfreiheit (‚sta_14‘ und ‚sta_15‘; ‚sta_28‘) vertreten, und es finden sich verbreitet Beispiele kulturalistischer Ansätze (‚sta_19‘; ‚stra_21‘; ‚sta_35‘), die die Mechanismen der Definition von Zugehörigkeit in und Exklusion von gesellschaftlichen Gruppen definieren.

Tab. 73: Aussagenzuordnung in theoretische Konzepte der (Religions-)Soziologie

Code	Kurzform Aussage (‚statement‘)	Bezug Theorie RS
sta_1	*Verbote sind Intoleranz*	Popper (1945), Liberalismus: indi. Verantwortung – Notwendigkeiten kollektive Organisation
sta_2	*RGs vom Staat gleich behandelt*	Fox (2008: 147), Autonomie-, Trennungsmodelle
sta_3	*RGs im Ausland keine nationale Interessen*	Fox (2008: 147), Trennungsmodelle
sta_4	*RGs vom Staat getrennt*	Fox (2008: 147), Trennungsmodelle
sta_5	*staatl. Bau religiöser Gebäude polarisiert*	Casanova (2004: 12), Säku. Politik, Öffentlichkeit
sta_6	*Säkularismus Basiswert Staat*	Bellah (1980: 9), Civil Religion
sta_7	*Schutz Nationalreligion Schutz National-staat*	Fox (2008: 147), ‚aktive Staatsreligion‘
sta_8	*RGs hist. Wurzeln vom Staat präferiert*	Riedel (2005: 42), kulturalistisches Konzept Fox (2008: 147), ‚kulturelle Staatsreligion‘

sta_9	Glaube Politiker bestimmt pol. Handlungen	Casanova (2004: 2), Säkularisierung Politik; WVS
sta_10	Familie: Vater, Mutter	EMP: Hauptkonfliktfeld Religion – Bevölkerung
sta_11	Staat starker Führer	Gellner (2002: 941), Symbolpolitik; Linz (1996), Quasi-Religion
sta_12	Nationalstaat hat Nationalreligion mit Vorrang	Perica (2008: 215), Doktrin Orthodoxie; ,sta_7'
sta_13	Fokus reli. Führer nur auf Spirituellem	Casanova (2004: 12), Säkularisier. Politik; ,sta_9'
sta_14	positive RF individuelles Menschenrecht	MOD Differenzierung
sta_15	negative RF fundamentales Recht	MOD: Säkularisierung, nicht-reli. Einstellungen
sta_16	reli. Führer unpol., außer Humanismus bedroht	Casanova (2004: 12), Säkularisierung Politik
sta_17	reli. Führer Diversität akzeptieren, fördern	Pickel (2011a: 271), MOD Differenzierung
sta_18	meine RG Teil Gesellschaft wie andere	Pickel (2011a: 271), MOD Differenzierung
sta_19	RG sollte soziale Orientierungspunkt sein	Hildebrandt (2007: 5); kulturalist. Konzept
sta_20	mutig, öffentlich reli. Identität zu zeigen	MOD: Pluralisierung; Religion und Öffentlichkeit
sta_21	ob reli. Orte besucht, zeigt reli. Bewusstsein	Pickel (2011a: 319), Kirchen-, Religionssoziologie
sta_22	Menschen gut oder schlecht	Hildebrandt (2007: 6); ,Kulturalismus'
sta_23	Säkularismus bedroht Gesellschaft, Verfall Werte	Religion – Bevölkerung; Säkularisierung
sta_24	reli. Führer nach ethnischen Kriterien	Riedel (2005: 42), ethnisches Gemeinschaftskonzept; Perica (2002: 216), ,Ethnoclericalism'
sta_25	Führer and. RGs regelmäßig sehen, Beziehungen	inklusives interreli. Verständnis; Pluralisierung
sta_26	Korruption Etablierte > Fundamentalismus Junge	Religion – Konflikt; EMP: Entwicklungen SOE
sta_27	Religiosität Verwandtschaft	inklusives interreligiöses Verständnis
sta_28	Gründe Konvertierung interessant	Religion – Individuum; reli. Feld; Pluralisierung
sta_29	Gläubige Wissen über andere Religionen	Döpmann (2008: 88), eigene Relativierung
sta_30	reli. Führer offen, humanistisch, liberal, gebildet	Finger (2014: 50), Empathie durch Bildung
sta_31	auswärtiger Einfluss Störung reli. Harmonie	Töpfer (2012: 56), ,externer Kontrollbezugspunkt'

sta_32	*meine RG in schwieriger Situation*	Casanova (2004: 12), Säkularisierung als Herausf.
sta_33	*religiöse Organisationen nicht vergleichbar*	exklusives Kollektivkonzept; (Verweltlichung RG)
sta_34	*konfessioneller Religionsunterricht Basiselement*	Chaves/Cann 1992: 18), Politik – Religion
sta_35	*neue RGs Autorität dominante RG*	Riedel (2005: 42), kulturalistisches Konzept
sta_36	*Gründung RG Akzeptanz Bürger*	Kollektiv über Minderheiten- / Individualrechte

An dieser Stelle ist erneut Aussage ‚sta_22' hervorzuheben, die durch eine primordiale Zuschreibung eine binäre Konfliktlinie zwischen eigener Gemeinschaft und externer Umwelt, sowie durch die Gesamtgesellschaft zieht. Auch bei der Zuordnung der Aussagen zu theoretischen Ansätzen in Tab. 73 bleibt anzumerken, dass an dieser Stelle jeweils mehrere Konzepte hätten genannt werden können (in Tab. 73 nur vereinzelt dargestellt).

5.1.4 Vorbereitung der Feldforschung

Zur Erhebung von Ordnungsvorstellungen der Zielgruppe religiöser Würdenträger bedeutender Religionsgemeinschaften in Albanien, Mazedonien und Slowenien wurden nach der Erstellung eines Überblicks über die Religionsgemeinschaften im jeweiligen Land (für Slowenien siehe Abb. 13) auch die innergemeinschaftlichen Verhältnisse berücksichtigt, um potentielle Interviewpartner zu identifizieren. Demnach sollte der Anteil der Interviews mit geistlichen Vertretern einer Religionsgemeinschaft von der Mitgliederstärke abhängig sein. Es halfen wissenschaftliche Aufsätze, das akademische Netzwerk, sowie Kontakte zu weiteren Institutionen in den Ländern. Die Gesamtschau ergab zunächst, dass die Akteursstrukturen in allen drei religiösen Feldern im europäischen Vergleich durch eine relativ hohe Übersichtlichkeit, d.h. kleine Personenkreise, gekennzeichnet sind. So ist auf der einen Seite Pluralität von Organisationen vorhanden, auf der anderen ist der Bereich der leitenden Persönlichkeiten ([Erz-]Bischöfe, Muftis, oberste Würdenträger) der bedeutenden Religionsgemeinschaften relativ präzise zu umreißen (Slowenien: sechs aktive Bischöfe, zwei Weihbischöfe der Römisch-Katholischen Kirche).

Demnach wurde zuerst als Zielgruppe der Kreis der leitenden Persönlichkeiten der großen Gemeinschaften und bedeutender Minderheiten direkt kontaktiert[351]. Es wurde nach fünf Ansprache-Formen verfahren: a) Die formale und direkte Anfrage per Brief oder E-Mail, b) die formale und indirekte Anfrage durch staatliche Institutionen, soweit diese Unterstützung versprach[352], c) die formale und indirekte Anfrage durch Personen aus dem wissenschaftlichen Netzwerk, d) die in diesen Fällen nicht zu unterschätzende Form der informellen und indirekten Anfrage durch autochthone Personen, die ein Vertrauensverhältnis zu Mitgliedern der Zielgruppe pflegen, sowie e) die informelle und direkte ‚Konfrontation' mit einer Interviewanfrage in Form der spontanen, persönlichen Vorstellung an ihrem Arbeitsplatz. Mögen die letzten beiden Varianten für den nord- und mitteleuropäischen Raum (insbesondere im Bereich hoher religiöser Würdenträger) vielfach als nicht angemessen gelten, so sind in den Gesellschaften Südosteuropas diese Arten der Kommunikation durchaus als legitim angesehen, und brachten im Rahmen der Feldforschung zur vorliegenden Studie einen großen Beitrag in der Gewinnung von Interviewpartnern. So gelang insgesamt der Zugang zu einem großen Spektrum von Befragten des jeweiligen religiösen Feldes, deren Hintergrund (siehe Anhang 10) auf ein hohes Maß an gesellschaftlicher Reichweite hinweist, und durchaus Rückschlüsse auf Ordnungsvorstellungen unter der Zielgruppe insgesamt zulässt.

Die folgende Dokumentation der Feldforschung geht alphabetisch (Albanien, Nord-Mazedonien, Slowenien) vor, sie begann jedoch in Slowenien. Aufgrund der Erfahrungen in den ersten Befragungen in diesem Fall wurden Anpassungen in der Anwendung der Methode vorgenommen: So wurde in der Interviewanlage auf eine gezwungene Verteilung (‚*forced distribution*')[353] verzichtet und gänzlich auf eine freie Verteilung der Aussagen (‚*free distribution*') gesetzt – bereits die ersten Befragten äußerten, es würde eine zu hohe Einschränkung des mentalen Rahmens bei gezwungener Verteilung vorliegen.

Zweitens wurde aufgrund der Erfahrungen der ersten Erhebungsphase die Ansprache der religiösen Würdenträger präzisiert: Aufzeichnungen der Interviewsituationen und der eigentlichen Datenerhebung durch Audio- oder Video-Formate waren bei allen Teilnehmern ausdrücklich nicht erwünscht. Demnach beruhte die Datenaufnahme in allen drei Ländern a) in der

---

351 für weitere Details zur Auswahl der Befragten siehe Abschnitt zum jeweiligen Land (5.2–5.4)

352 Dies war im Fall Slowenien (Kulturministerium, Amt für religiöse Gemeinschaften – UVS) für kleine Organisationen gegeben.

353 mit jeweils vier Aussagen unter einer Präferenzkategorie zwischen -4 und (+4)

Aufzeichnung des individuellen Q-Sort jedes Befragten, b) in der zweifachen schriftlichen Aufnahme von Kommentaren und Stellungnahmen zum Thema durch eine professionelle(r) ÜbersetzerIn und den Autor, und, soweit möglich, c) dem Festhalten der Interviewsituation und des Hintergrundes mit fotografischen Möglichkeiten[354] (für eine potentielle qualitative Interpretation). Letzteres war in Albanien bei nahezu allen Befragungen möglich; auf der anderen Seite lehnte die große Mehrheit der Interviewten in Slowenien dieses Mittel der Datenaufnahme ab.

5.2 Ordnungsvorstellungen religiöser Eliten in Albanien

Das Unterkapitel 5.2 gliedert sich einheitlich in Ausführungen zur Vorbereitung der Interviews (5.2.1), zur den Befragungen, die für den Fall in vier Wellen erfolgte (5.2.2), und zur Analyse der Q-Sort als Präferenzstrukturen der Aussagen unter Anwendung des Programms ‚PQ-method' (5.2.3).Anschließend folgen die inhaltliche Erläuterung der Meinungstypen unter Berücksichtigung der vier Hintergrundvariablen und der Kommentare (5.2.4), sowie die Analyse des Integrations- und Konfliktpotentials (IKP) der Meinungstypen anhand des Integrationsindex (5.2.5).

5.2.1 Vorbereitung der Interviews

Zur Anbahnung der Interviews im Fall Albanien erfolgte erst die Anschrift ausgewählter führender Vertreter der fünf bedeutenden Glaubensgemeinschaften (Muslimische Gemeinschaft [KMSh], Autokephale Orthodoxe Kirche [AOK], Römisch-Katholische Kirche, Bektashi-Weltgemeinschaft, Evangelische Bruderschaft [VUSH]) im Vorfeld per Brief und per E-Mail. Da wenige Rückmeldungen eingingen, wurden die Personen über soziale Medien (hauptsächlich Facebook) und über Telefon mit der Unterstützung durch professionelle Übersetzung angesprochen. Auf diese Weise kamen erste Interviewtermine zu Repräsentanten dieser Gemeinschaften zustande, die das Vertrauen und die Bereitschaft weiterer Mitglieder der Zielgruppe erhöhten, an der Studie teilzunehmen (nach allen Anfrageformen).

Das Q-Set der Aussagen, die Instruktionen, die Präferenzskala, sowie eine Übersicht zu den Quellen der Aussagen wurden auf Nachfrage den potenti-

---

354 Aufzeichnungen der individuellen Q-Sorts, der Kommentare und weiterer Stellungnahmen der Befragten, sowie das Bildmaterial im Datenarchiv des Autors

ellen Befragten zuvor zugesandt und zu jedem Interviewtermin mitgeführt, um hohe Transparenz und damit den für die Durchführung der Studie bedeutenden Vertrauensaufbau zu ermöglichen.

5.2.2 Durchführung der Interviews in Albanien

Die Durchführung der Interviews in Albanien fand in vier Wellen statt. Die erste Welle erfolgte im März/April 2017, die zweite im 14. Oktober 2017, die dritte im März 2018, und die vierte im Mai 2018. Bei allen Erhebungswellen war eine Unterstützung durch eine professionelle Übersetzerin gegeben, die zudem Erfahrungen in der Befragung nach der Q-Methode besaß. Die erste Ansprache folgte dem Muster der kurzen Vorstellung der eigenen Person, der Erläuterung des Ziels der Studie, der Zusicherung von Anonymität, sowie der Darlegung der Interviewform des Kartensortierverfahrens. Anschließend wurde das Set der Aussagen ('Q-Set') mit der Feststellung vorgestellt, dass diese direkt aus ihrer Umgebung generiert wurden, und darum gebeten, eine Einordnung auf der vorgelegten Präferenz-Skala vorzunehmen. Auf Nachfrage wurden die Quellen (siehe Tab. 71) offengelegt, um Vertrauen zu schaffen. Zuletzt wurde der Aspekt des Abstands von einer normativen Evaluierung verdeutlicht (keine 'richtigen' oder 'falschen' Antworten). Zu Beginn der Erläuterung der Q-Methode kam bei einem Teil der Interviewpartner aufgrund des Kartensortierverfahrens Skepsis auf, die sich jedoch im weiteren Verlauf der Befragung – auch aufgrund der Nähe der Inhalte an den von ihnen wahrgenommenen Verhältnissen[355] – mehrheitlich in Interesse an der Interviewtechnik auflöste.

Anschließend wurde den Befragten Zeit eingeräumt, sich die Aussagen durchzulesen und die eigene Position zu den angesprochenen Themen zu durchdenken. Die Probanden begannen nun selbstständig, die Aussagen in die vorgegebene Präferenzstruktur einzusortieren. Während der Durchführung und zum Abschluss des Schrittes wurden Kommentare von den Befragten zu den einzelnen Themen geäußert, die Aufnahme in die Datenerhebung fanden, und später zur Beschreibung der Meinungstypen eingesetzt wurden. Den Befragten wurde ausreichend Zeit eingeräumt, auch, um Aussagen umlegen zu können; eine essentielle Bedingung in der Arbeit

---

355 Rückmeldung der Befragten

mit der Q-Methode[356]. Die Planung sah einen durchschnittlicher Zeitrahmen für die Befragung von 30–45 Minuten vor. Das Sortierverfahren selbst erwies sich in der Rückschau als sehr anwendbar, da es in allen Befragungen – abseits kultureller und religiöser Unterschiede und anfänglicher Skepsis – schnell verstanden und praktiziert wurde.

Die Durchführung der Interviews in Albanien begann im März 2017 mit der Befragung eines hohen Geistlichen der Bektashi-Gemeinschaft und eines Priesters der Autokephalen Orthodoxen Kirche Albaniens (AOK) in Tirana, die sich beide viel Zeit für das Sortierverfahren nahmen. Es folgten ein protestantischer Pfarrer und hoher Vertreter der VUSH, eines Bischofs der Römisch-Katholischen Kirche, sowie eines Muftis der KMSH, der im interreligiösen Dialog aktiv ist und national eine hohe öffentliche Aufmerksamkeit genießt. Hier wurden Inhalte des religiösen und gesellschaftlichen Rahmens durch den Befragten umfangreich kommentiert. Anschließend standen die Befragungen von zwei hohen Bischöfen der Orthodoxen Autokephalen Kirche Albaniens (AOK). Die erste Befragungswelle in Albanien erbrachte sieben Interviews, hauptsächlich mit Personen der höchsten Ebene der großen Religionsgemeinschaften. Davon ausgehend konnte die Zustimmung eingeholt werden, ebenfalls die Einstellungen von Personen niederer Ebenen für die Studie aufzunehmen.

In der zweiten Welle der Befragungen (Oktober 2017) wurde versucht, sich auf Vertreter der weiteren Hierarchieebenen, und weitere Teile des Landes zu konzentrieren: Das erste Gespräch fand in einer mittelalbanischen Stadt mit einem Imam der KMSH statt. Es folgte der Leiter einer freien Gemeinde von Christen in Tirana, die sich bewusst nicht als Teil einer großen Glaubensorganisation versteht. Die Perspektive der Minderheitsposition verhalf an dieser Stelle dem Autor zu erweiterten Kenntnissen über Beziehungen innerhalb des religiösen Bereichs. Der Befragte wies auf die Bedeutung der Religionsgemeinschaften in der Linderung von sozio-ökonomischen Krisen in Albanien hin, sowie auf das Fehlen staatlicher Strukturen.

Anschließend wurden in einer anderen, regional bedeutenden Stadt zwei Interviews abgehalten: Mit einem Mufti der KMSH, sowie einem Priester

---

356 „Dabei können die Probanden im Prozess des Sortierens (=„Entscheidens") nun die Karten solange weiter verschieben und neu ordnen, bis sich ihrer Meinung nach ihre subjektive „Q-Struktur" ergibt. Entscheidend ist, dass den Probanden bei diesem Sortiervorgang ausreichend Zeit zur Verfügung gestellt wird, sich mit dem Kartenset auseinander zu setzen und neu zu sortieren. (…) Ferner gaben einige der Probanden an, nach der Bearbeitung des Q-sorts die eigene Position gegenüber einem Gegenstandsbereich (…) nun klarer und differenzierter zu sehen." (Müller/Kals 2004: 9).

der AOK. Insbesondere der Mufti führte hier seine Ausbildung an, um die Pluralität innerhalb des Islam hervorzuheben. Es folgten in einem weiteren regionalen Zentrum Befragungen eines Muftis der KMSH, eines christlich-evangelischen Pfarrers Gemeinde Mitglied der VUSH; mit der Q-Methode vertraut), und eines Priesters der Römisch-Katholische Kirche. SO kamen in der zweiten Befragungswelle sieben Befragte hinzu.

Die dritte Befragungsrunde im Frühjahr 2018 konzentrierte sich darauf, möglichst Vertreter der größten Glaubensgemeinschaft KMSH, sowie jene der Minderheit der Bektashi verstärkt in die Datenaufnahme einzubinden. Demnach nahmen zuerst ein Imam und Dozent an der großen Medrassa in Tirana, und ein Imam einer Moschee am Rande der Hauptstadt an der Umfrage teil (beide KMSH). Sie waren der Generation zwischen 31 und 40 Jahren zugehörig und anfangs der Studie gegenüber skeptisch eingestellt. Anschließend wurden in einer albanischen Regionalstadt ein Imam (KMSH), ein Vertreter der RKK, sowie zwei Würdenträger der Gemeinschaft der Bektashi befragt. Wie zuvor verstärkte sich an dieser Stelle, trotz des ländlichen und von Armut geprägten Umfeldes, der Eindruck eines sehr hohen (formellen und informellen) Bildungsniveaus und damit einhergehend eines gewissen Maßes an Relativierung der eigenen Position unter den Befragten. In Tirana folgten schließlich Befragungen eines Imams und eines stellvertretenden Muftis der KMSH, die stark auf Pluralität im Islam und ihre Ausbildung im Ausland verwiesen, sowie eines Priesters der AOK. In der dritten Welle wurden neun Personen befragt.

Die vierte und letzte Umfragerunde in Albanien umfasste Interviews mit fünf Imamen der Muslimischen Gemeinschaft KMSH in und um Tirana, mit einer Diakonin der christlich-orthodoxen Kirche (AOK) dort, mit einer langjährigen Führungsperson der christlich-protestantischen Bruderschaft VUSH in einer Regionalstadt, sowie mit einer Missionarin der VUSH in Tirana. In der Zusammenfassung konnten in Albanien in den ersten beiden Wellen jeweils sieben, in der dritten neun, und in der vierten acht Befragte, demnach insgesamt 31 Personen aus dem Kreis der Führung der religiösen Gemeinschaften des Landes in die Datenaufnahme einbezogen werden (siehe Anhang ...). Die Rate der Zusage im Vergleich zur Gesamtzahl der Anfragen lag erheblich höher als bei den Fällen Mazedonien und Slowenien.

Nach der anschließend erfolgten Codierung der Präferenzmuster (‚Q-Sorts') (A1 bis A31) wurde zunächst eine Aufstellung der Befragten nach der Hintergrundvariable der Religionszugehörigkeit vorgenommen, die zeigte, dass die Struktur des religiösen Feldes in Albanien von der Struktur der Befragten annähernd reflektiert wird:

Tab. 74: Albanien: Zugehörigkeit der Befragten zu Religionsgemeinschaften

KMSH	AOK	RKK	Bektashi	VUSH	andere[357]
14	6	3	3	4	1

Die Vereinigung christlich-protestantischer Gemeinden VUSH ist hier mit vier Befragten im Hinblick auf die Verankerung in der Bevölkerung überrepräsentiert. Auf der anderen Seite zeigen ihre Repräsentanten in Albanien eine erhöhte Präsenz und Aktivität in öffentlichkeitswirksamen Formaten der Medien (TV, Radio, soziale Medien).

Die weiteren erhobenen Hintergrundvariablen der Befragten waren ihr Alter, der Rang in der Hierarchie ihrer Gemeinschaft ('Elite-Status'), die Größe des Ortes, in dem sie wirken, sowie das Bildungsniveau. Die vorherrschende Altersgruppe unter den Befragten der Studie ist die der 40 bis unter 50-jährigen (dreizehn Personen), neun Befragte waren unter 40 Jahre alt. Dies reflektiert die generelle Altersstruktur der religiösen Würdenträger des Landes, die aufgrund der Geschichte von einer jungen Generation auch in höchsten Positionen geprägt ist (ein bedeutender Unterschied zur Mehrheit der Staaten Europas). Die Klassifikation nach dem Elite-Status zeigt, dass die geistliche Autorität von zehn der Befragten der höchsten Stufe, von sechs der mittleren, und von fünfzehn der unteren Ebene zuzurechnen ist. Klassifiziert nach der Größe des Ortes wirkten sechzehn Befragte in und um die Hauptstadt Tirana, zwölf in mittleren, und drei in kleinen Städten. Die Konzentration auf Tirana reflektiert die Aufmerksamkeit der Gesellschaft, sowie das Zentrum aller großen Religionsgemeinschaften.

Tab. 75: Albanien: Struktur der Befragten (Alter, Status, Ort, Bildung, Geschlecht)[358]

Alter	Elite-Status	Ort	Bildungsniveau	Geschlecht
unter 30	hoch	> 150.000	promoviert	männlich
2	10	16	5	29
30 – unter 40	mittel	20.-150.000	Uni.-abschluss	weiblich
7	6	12	24	2

---

357 Gemeinde freier Bibelchristen

358 Alter in Jahren; Elite-Status (hoch: Bischof, Mufti, Vorsitzender; mittel: auf mittlerer Hierarchieebene oder in Ausbildung Beschäftigte; niedrig: Ebene der Ortsgemeinde); Ortsgröße: absolute Einwohnerzahl, orientiert an Kategorien nach Bundesinstitut (2020). Angaben der Befragten zu Alter und Bildung.

40 – unter 50	niedrig	< 20.000	kein Uni.-ab.	
13	15	3	2	
50 – unter 60				
4				
ab 60				
5				

5.2.3 Analyse der Q-Sort in Albanien

Nach der Datenerhebung war der anschließende Schritt die Verarbeitung von 30 Präferenzstrukturen ('Q-Sorts'), die aus den Befragungen gewonnen wurden, anhand des Programms PQ-method[359]. Dieses verglich die Q-Sorts der Befragten und gruppierte sie um inhaltlich ähnlich strukturierte Antwortmuster – jene sind repräsentativ für Teile des Samples und gelten als Einstellungstypen innerhalb der Zielgruppe. Sie werden vom Programm als typische Q-Sorts der einzelnen Typen, Faktoren, dargestellt. Als Vorgabe wurde PQ-Method die Generierung von vier und acht Faktoren gestellt (siehe Abb. 14).

Das Eingabeformat (Generierung von vier und acht Faktoren) wurde für die drei Fälle Albanien, Nord-Mazedonien und Slowenien wie in Abb. 14 dargestellt vorgenommen (jeweils 36 Aussagen, 30 Q-sorts, freie Verteilung), sodass es hier nur einmal aufgeführt wird. Die durch das Programm erstellten Typen können nun zuerst aus der Perspektive ihrer Struktur beschrieben werden, die PQ-Method ebenfalls abbildet, und die in folgender Tab. 76 nachgezeichnet ist: Bei einer Rotation mit dem Ziel von vier Faktoren ergibt sich für Faktor 'fa1' ('Faktor Albanien 1') eine relativ große Gruppe von zehn Q-sorts, die den Typus bilden (mit einem Anteil von 16,96% erklärender Varianz [expl. varia.] der im Q-Set abgebildeten Diskurse), für Faktor 'fa2' sechs weitere (15,47% expl. varia.), für 'fa3' fünf Repräsentanten (11,5%), und für Faktor 'fa4' sechs Befragte (11,23%).

---

359 ein Interview in Albanien wurde aus dem Datensatz genommen, da es nicht auswertbar war

Abb. 14: Eingabeformat in PQ-Method; Erstellung vier und acht Faktoren

4 Faktoren

```
Original data:          36 statements, 30 Q-sorts
Forced distribution:    FALSE
Number of factors:      4
Rotation:               varimax
Flagging:               automatic
Correlation coefficient: pearson
```

8 Faktoren

```
Original data:          36 statements, 30 Q-sorts
Forced distribution:    FALSE
Number of factors:      8
Rotation:               varimax
Flagging:               automatic
Correlation coefficient: pearson
```

Die 4-Faktoren-Rotation ergibt eine hohe Integration von insgesamt 27 der 30 Q-Sort in die Bildung der Meinungstypen, die zusammen 55,16% der im Q-Set angesprochenen Diskurse mit ihren Inhalten abbilden (*overall expl. variance'*). Diese Daten belegen zunächst eine allgemein hohe Identifikation der Befragten mit den vorgelegten Aussagen des Q-Set; auf der anderen Seite sind jedoch nach Sichtung der Inhalte die gewonnenen Einstellungsmuster zu generell, um daraus für die Fragestellung der vorliegenden Studie thematisch plausible Typen zu beschreiben.

Der Vergleich mit einer 8-Faktoren-Rotation zeigt, dass mit einer unwesentlich geringer ausfallenden Inklusion von Befragten (hier 24 der 30 Q-Sort) eine wesentlich höhere ‚erklärende Varianz' erreicht wird. Dies bedeutet eine höhere Abdeckung der gesamten im Q-set angesprochenen Inhalte mit jenen der Einstellungstypen (75,13% expl varia. Bei acht Faktoren). Zudem kann durch die Erhöhung der Anzahl der Faktoren eine präzisere thematische Trennung der Meinungstypen erfolgen. Demnach wurde sich für das weitere Vorgehen im Fall Albanien (als auch für Nord-Mazedonien und Slowenien) für die 8-Faktoren-Rotation entschieden.

Es wurden für einen Vergleich ebenfalls Rotationen zur Erstellung von fünf, sechs und sieben Faktoren durchgeführt. Die Struktur der Resultate einer 8-Faktoren-Rotation entsprach dem ausgewogenstem Verhältnis zwischen der Anzahl der inkludierten Q-Sort (*‚nload'*), der Breite der repräsentierten Inhalte (‚*explained variance*‘), und der Plausibilität der thematischen Zusammensetzung[360].

Tab. 76: Albanien: Faktorencharakteristika (strukturell; fa1–fa8)

	‚fa1‘	‚fa2‘	‚fa3‘	‚fa4‘	‚fa5‘	‚fa6‘	‚fa7‘	‚fa8‘
4-Faktoren Rotation (*free distribution / nload 27 / overall expl. variance 55.16 %*)								
Average reliability coefficient	0.80	0.80	0.80	0.80				
Number of loading Q-sorts	10	6	5	6				
Percentage explained variance	16.96	15.47	11.50	11.23				
Standard error of factor scores	0.16	0.20	0.22	0.20				
8-Faktoren Rotation (*free distribution / nload 24 / overall expl. variance 75.13 %*)								
Average reliability coefficient	0.80	0.80	0.80	0.80	0.80	0.80	0.80	0.80
Number of loading Q-sorts	6	3	4	4	2	2	1	2
Percentage explained variance	14.58	12.73	10.20	9.92	9.08	6.90	6.21	5.51
Standard error of factor scores	0.20	0.28	0.24	0.24	0.33	0.33	0.45	0.33

5.2.4 Albanien: Inhaltliche Beschreibung der Faktoren, Labelling

Nach der Entscheidung für die Erstellung einer Struktur von acht Meinungstypen werden nun die einzelnen Faktoren für das Sample aus Albanien inhaltlich beschrieben. Der am stärksten auftretende Meinungstypus unter den Befragten des Landes (‚fa1‘) wird von sechs Personen gebildet, und besitzt eine erklärende Varianz von 14,58% (siehe Tab. 76).

Nach den in folgender Tab. 77 dargestellten jeweils fünf am stärksten bevorzugten und abgelehnten Aussagen werden die Positionen bei Faktor ‚fa1‘ am höchsten präferiert, religiöse Führer anderer Glaubensgemeinschaften regelmäßig zu sehen (sta_25; z-score 1.160[361]), die Bewertung der positiven Religionsfreiheit als Menschenrecht (sta_14), die Gleichbehandlung von Glaubensgemeinschaften von Seiten des Staates (sta_2), eine offene, liberale und gebildete Ausrichtung der religiösen Würdenträgern, um sich Respekt auch außerhalb der eigenen Gemeinschaft zu erarbeiten (sta_30), sowie, dass alle neu gegründeten die Autorität der dominanten Religionsgemeinschaft im Land akzeptieren sollten (sta_35). Mit Ausnahme von ‚sta2‘ zeigt sich

---

360 dies galt auch für Berechnungen zu Nord-Mazedonien und Slowenien
361 Der hier aus PQ-Method übernommene ‚z-score‘ beschreibt die errechnete durchschnittliche Wert für die Position der Aussage auf der vorgegebenen Präferenzskala für den jeweiligen Meinungstypus.

in den Einstellungspräferenzen eine inhaltliche Aufmerksamkeit für die Beziehungen zwischen den Religionsgemeinschaften.

Auf der Seite der abgelehnten Aussagen weist Faktor ‚fa1' zuerst die Position am stärksten zurück, Menschen seien entweder gut oder schlecht (sta_22; z-score -2.177), weiterhin, Säkularisierung bedrohe die Gesellschaft, da diese Entwicklung für den Verfall von Werten steht (sta_23), Verbote sind ein Zeichen von Intoleranz gegenüber dem Individuum (sta_1), der religiöse Glaube der Politiker sollte ihre politischen Handlungen bestimmen (sta_9), sowie, dass religiöse Organisationen untereinander nicht vergleichbar seien (sta_33). Dieses Muster zeigt auf der Seite der Ablehnung Aufmerksamkeit für alle drei Bereiche Politik und Religion, Beziehungen zwischen den Gemeinschaften, sowie Bezüge zur Identitätsbildung auf der individuellen Ebene der Gesellschaft auf (zu primordialen Identitätsauffassungen von sta_22 und sta_23).

Tab. 77: Albanien: Faktorencharakteristika (inhaltlich, `fa1`- `fa4`)

Präferierte Aussagen	z-scores	Abgelehnte Aussagen	z-scores
Faktor ‚fa1' (nload 6 / exp. vari. 14.58%)			
sta_25 and. reli. Führer regelm. sehen	1.160	sta_22 Menschen gut oder schlecht	-2.177
sta_14 positive RF Menschenrecht	1.098	sta_23 Säku. bedroht, Verfall Werte	-1.954
sta_2 RGs vom Staat gleich behandelt	1.027	sta_1 Verbote sind Intoleranz	-1.898
sta_30 reli. Führer offen, liberal, gebildet	0.940	sta_9 Glaube Politiker best. Politik	-1.711
sta_35 neue RGs Autorität große RG	0.910	sta_33 reli, Orga. nicht vergleichbar	-1.665
Faktor ‚fa2' (nload 3 / exp. vari. 12.73%)			
sta_2 RGs vom Staat gleich behandelt	1.637	sta_35 neue RGs Autorität große RG	-1.800
sta_14 positive RF Menschenrecht	1.637	sta_11 Staat starker Führer	-1.612
sta_4 RGs vom Staat getrennt	1.515	sta_12 Nationalstaat hat Nationalreli.	-1.436
sta_29 Gläubige Wissen and. Religion	1.515	sta_32 meine RG schwierige Situation	-1.425
sta_15 neg. RF fundamentales Recht	1.262	sta_22 Menschen gut oder schlecht	-1.359
Faktor ‚fa3' (nload 4 / exp. vari. 10.20%)			
sta_10 Familie: Vater und Mutter	1.194	sta_36 Gründung RG Akzeptanz Bürger	-3.397
sta_14 positive RF Menschenrecht	1.194	sta_11 Staat starker Führer	-1.847
sta_30 Führer offen, liberal, gebildet	1.166	sta_31 ausw. Einfluss stört reli. Harm.	-1.474

sta_20 öff. Zeigen reli. Identität mutig	1.109	sta_5 staatl. Bau reli. Stätten polarisiert	-1.101
sta_25 and. reli. Führer regelm. sehen	1.109	sta_6 Säku. Basiswert Staat, in Verf.	-0.813
Faktor ‚fa4‘ (nload 4 / exp. vari. 9.92%)			
sta_14 positive RF Menschenrecht	1.444	sta_3 RGs keine nation. Interessen	-2.243
sta_25 and. reli. Führer regelm. sehen	1.339	sta_18 RG Teil Gesellschaft wie andere	-1.810
sta_2 RGs vom Staat gleich behandelt	1.308	sta_26 Korr. Etablierte > Fundam. Junge	-1.487
sta_8 RGs hist. Wurzeln staatl. präferiert	1.235	sta_32 meine RG schwierige Situation	-1.417
sta_15 neg. RF fundamentales Recht	1.100	sta_6 Säku. Basiswert Staat, in Verf.	-1.289

Der religiöse Hintergrund der sechs Repräsentanten von ‚fa1‘ (A1, A2, A7, A8, A9, A16) ist relativ homogen, da fünf der muslimisch-sunnitischen Ausrichtung, und ein Vertreter dem christlich-orthodoxen Glauben zugehörig ist (A16). Weiterhin sind die Kontextfaktoren des Alters sowie der Bildung ähnlich, da die sechs Befragten zum Zeitpunkt des Interviews unter 50 Jahre alt und mindestens einen universitären Abschluss (zwei davon promoviert) besaßen. Auch glich sich die Größe der Lokalität, in der sie wirken (große Stadt). Allein ihr Elite-Status war weit gestreut: Hier finden sich Vertreter hoher, mittlerer und niederer geistlicher Ränge.

Um den Faktor ‚fa1‘ inhaltlich zu beschreiben, werden nach Vorgabe der Q-Methode neben den Präferenzmustern, die im Q-Sort ausgedrückt werden, weiterhin Zitate und Anmerkungen der Vertreter des Typus herangezogen, die während des Interviews zu den Aussagen getätigt wurden. Hier wurden bei Vertretern des Typus ‚fa1‘ erneut die Konzentration auf die kooperative Gestaltung der Beziehungen zwischen den großen Religionsgemeinschaften verdeutlicht: Die eigene Rolle wird grundsätzlich als auf Augenhöhe wahrgenommen; „Religionsgemeinschaften sind vergleichbar, alle suchen nach Wahrheit, nur anders, aber alle auf ihre Weise." (A1), und „Bei Religionsgemeinschaften überwiegen eher die Gemeinsamkeiten." (A9). Motive und Effektivität interreligiöser Kooperation seien dabei eng verbunden, da Letztere „(…) von Herzen kommen muss und nicht instrumentell für die eigene Seite eingesetzt werden darf, sonst funktioniert es nicht." (A7).

Auf der anderen Seite wird in den Beziehungen zwischen traditionellen und neuen Gemeinschaften eine moderate hierarchische Konstellation favorisiert, und damit eine hohe Präferenz der Aussage ‚sta_35‘ (neue Gemeinschaften sollten die Autorität dominanter anerkennen) verdeutlicht: „Diese

Aussage sollte auf ein Feld mit der Intensität (+5) gelegt werden; neue sollten unbedingt die Autorität traditioneller Gemeinschaften anerkennen." (A2).

Die präferierten Beziehungen zwischen Religion und Politik in diesem Einstellungstyp wenden sich generell „(...) *gegen eine Nationalreligion in Albanien, da schon zur Zeit Mohammeds Verständigung zwischen Muslimen und Juden herrschte.*" (A9). Aus den derzeitigen, eher als hemmend wahrgenommenen Verhältnissen („*In Albanien verweigert der Staat den Aufbau theologischer Fakultäten; der staatliche Laizismus wird als Gegnerschaft, nicht als Neutralität ausgeübt.*" [A16]) wird der Blick auf die Autonomie der eigenen Religionsgemeinschaft gelenkt, sie „(...) *kommt nicht aus der (...) Doktrin, sondern wird aus administrativer Notwendigkeit hergestellt. Das heißt, die Kirche gehört nicht dem Staat.*", denn auch der Religionsgründer „(...) *trennte zwischen Politik und Religion.*" (A16).

Auf der anderen Seite wird eine Unterscheidung zwischen der jeweiligen Stellung traditioneller und neuer Religionsgemeinschaften auch gegenüber dem Staat herausgestellt. Mit Blick auf die historische Verankerung wird festgehalten, „(...) *der albanische Staat favorisiert bestimmte Religionsgemeinschaften, das ist richtig.*" (A1). In der Erklärung der Präferenz vermengen sich theologische und praktische Gründe, die auf den spezifischen albanischen Hintergrund verweisen (Ressourcenarmut des Staates): „*Der Schutz des Nationalstaates bedeutet den Schutz der Nationalreligionen, das ist Tradition. Politik gehört zur Spiritualität dazu, aber nur in Ausnahmesituationen. Eine Trennung? Sie sollten zusammen sein, damit sie sich gegenseitig unterstützen können, in Ausnahmesituationen.*" (A2). Der religiöse Bereich selbst aus dieser Perspektive dennoch von einem hohen Grad an Autonomie geprägt sein; „*Religionen sind universal, sie lehnen den Staat nicht ab, sind aber unabhängig.*" (A1).

Im Themenfeld des Verhältnisses zwischen Religion und Bevölkerung ist festzustellen, dass primordiale Identitätszuschreibungen im Q-Sort des Typs ‚fal' stark abgelehnt wurden (‚sta_22', Menschen gut oder schlecht [z-score -2.177]; ‚sta_23', Säkularisierung bedeute Verfall von Werten [-1.954]). Dieses Muster bedeutet eine Akzeptanz der gesellschaftlichen Trends der Differenzierung gesellschaftlicher Sphären, sowie der Pluralisierung und Individualisierung (von Interessen und Identitäten) auf Mikroebene, innerhalb derer die Bedeutung der eigenen Religionsgemeinschaft für das Individuum neu justiert wird: „*Die Religionsgemeinschaft sollte der soziale Orientierungspunkt der Menschen sein, aber nur, wenn die Gemeinde helfen kann, sonst nicht.*" (A1). In diesem Zuge wurde zudem der Trend der Säkularisierung angesprochen, und die öffentliche und kollektiv ausgeübte Religiosität auffällig kritisch hinterfragt: *„Ob volle oder leere Moscheen die Religiosität in der Bevölkerung zeigen, damit bin ich nicht einverstanden. In der Türkei bedeutet eine volle Moschee manchmal Korruption, das zeigt nicht die Religiosität. Die am meisten korrupten Moscheen sind am vollsten."* (A1).

So wird in diesem Kontext nachdrücklich auf das zunehmende Niveau an Verantwortung bei den Individuen (einem Kennzeichen der Modernisierung), d.h. hier bei den Gläubigen, bei der Anwendung der Religion verwiesen: *„Das erste Wort im Koran ist ,Lies!'. Der Glauben kann nur von selbst kommen, Vorschriften Anderer haben vor Gott keinen Bestand."* (A9). Dies habe Einfluss auf das Agieren religiöser Organisationen, die diesen Trend unterstützen sollten, wenn sie als gesellschaftliche Einflussgröße bestehen wollen: *„Wir organisieren selbst Seminare für die Gleichheit von Mann und Frau, und einen jährlichen Marsch für den Frieden. (...) Wir Muslime wollen die albanische Gesellschaft in Europa integrieren, nicht im Mittleren Osten."* (A7). Diese Ordnungsvorstellungen, ebenso übersetzt in praktische Handlungen, bedeuten die Akzeptanz von Gesellschaftmodellen, die in individualistischer Ausrichtung organisiert sind und auch für das religiöse Feld Interpretation finden.

Nach der Gesamtbetrachtung des inhaltlichen Musters des Q-Sort des Typus ,fa1', den individuellen Kommentaren der Vertreter, sowie der Zusammensetzung der Gruppe der Repräsentanten wird der Kurzname (das ,Label') für den Faktor ,fa1' als ,jüngerer, kritischer, (eher muslimischer) Großstadttyp, der eine pluralistisch orientierte Gesellschaftsordnung in gewissen Traditionen bevorzugt' bestimmt. Die hohe Übereinstimmung mit diesem, moderne Gesellschaften kennzeichnenden Modell wird von dem hohen Wert dieses Faktors im Integrationsindex bestätigt ([+23]; siehe Abb. 17).

Der zweite Einstellungstypus für Albanien (,fa2') wird von drei Befragten maßgeblich repräsentiert (A26, A27, A30) und zeigt erklärende Varianz im Hinblick der im Q-Set abgebildeten Aussagen von 12,73%. Dieses Vorstellungsmuster präferiert im typischen Q-Sort die fünf Aussagen am höchsten, dass Religionsgemeinschaften vom Staat Gleichbehandlung erfahren sollten (sta_2; z-score 1.637), positive Religionsfreiheit ein grundlegendes Menschenrecht ist (sta_14), die Trennung von religiösen Gemeinschaften und Staat wichtig sei (sta_4), Wissen der Angehörigen ihrer Glaubensgemeinschaft über andere Religionen eine große Bedeutung hat (sta_29), und ebenso die negative Religionsfreiheit Beachtung in der Gesellschaftsordnung finden sollte (sta_15).

Stark abgelehnt werden bei ‚fa2' die Anerkennung von Autorität der dominanten Gemeinschaften gegenüber neuen (sta_35; z-score -1.800), die Maßgabe eines starken Führers des Staates (sta_11), die Notwendigkeit einer Nationalreligion für den Nationalstaat (sta_12), das Empfinden einer gegenwärtig schwierigen Situation für die eigene Glaubensgemeinschaft (sta_32), sowie die Anschauung, Menschen seien entweder gut oder schlecht (sta_22). Dieses Präferenzmuster zeigt eine leicht erhöhte Betonung des Bereichs von Religion und Politik (sta_2; sta_4, sta_11; sta_12) gegenüber dem religiösen Sektor (sta_29; sta_32; sta_35), oder den Beziehungen zwischen Religion und Individuum (sta_14; sta_15; sta_22) innerhalb der zehn am intensivsten behandelten Aussagen auf. Die Positionierung der Aussage ‚sta_35' zur Stellung einer dominanten spirituellen Gemeinschaft markiert einen signifikanten Unterschied zu Typ ‚fa1', deren erhöhte Autorität bei ‚fa2' abgelehnt wird. Die Betonung der Trennung zwischen Religion und Politik in diesem inhaltlichen Muster lässt vermuten, dass Faktor ‚fa2' kompatibel mit Elementen einer demokratisch-pluralistischen Gesellschaftsordnung ist.

Die drei Repräsentanten von ‚fa2' (A26, A27, A30) haben ähnliche Ausprägungen in den Hintergrundvariablen: Sie gehören christlich-reformatorischen Strömungen an, sind zwischen 40 und 50 Jahre alt, haben organisatorisch einen niedrigen Elite-Status (Wirkungsbereich lokale Gemeinde), sind in großen Städten tätig, und besitzen einen für die religiöse Elite durchschnittlichen Bildungsgrad (Universitätsabschluss).

Zur weiteren inhaltlichen Beschreibung werden nun die Kommentare herangezogen, die innerhalb des Interviews von diesen drei Vertretern getätigt wurden. Im Bereich der Beziehungen von Religion und Politik bestätigt sich der Eindruck einer Befürwortung einer hohen Trennung der beiden Sphären: *„Ich sehe Jesus sehr unpolitisch, (…). Das Wort ‚Institution' ist fremd für mich, (…) wir sind keine Institution, weil der Glaube etwas Privates ist, eine persönliche Beziehung zu Gott. Man kennt die Diskussionen um Politik, aber dies sind nicht unsere."* (A30). Wurden hier religiös-theologische Gründe für eine Separation der Bereiche angegeben, aber auch historische und gegenwärtige plural-religiöse Strukturen in Albanien: *„Unser Land wurde 1912 auf dem Prinzip des säkularen Staates aufgebaut. (…) Der Staat Albanien wurde in Kontrast zu den Nachbarstaaten ohne Nationalreligion gegründet (…)."* (A27), *„(…) denn wir haben nicht nur eine, sondern eine Vielzahl von Religionsgemeinschaften."* (A26). Demnach wird neben einer institutionellen Trennung zusätzlich auch eine moderate staatliche Einflussnahme (nach Fox 2008) abgelehnt: *„Wenn der Staat finanziert, hat das Einfluss auf die Religion. Das ist sehr gefährlich!"* (A27).

Mit Blick auf die Beziehungen von Religion und Gesellschaft waren von Vertretern von ‚fa2' Kommentare zu vernehmen, die eine individual-orientierte Identitätsauffassung vertraten: Sie lehnten erstens ethnische Kategorisierungen der Bevölkerung ab (*„Ethnische Berücksichtigung? Nein. Aber die nationalistische Idee ist stark auf dem Balkan, und die Kirche eine Gesellschaft innerhalb der Gesellschaft."* [A26]), zweitens wurde die eigene gesellschaftliche Stellung relativiert: *„Wir sind ein Teil der Gesellschaft, wie andere menschlich orientierte NGOs auch, die sich dem Wohlergehen der Menschen widmen."* (A27). Im Zusammenhang mit der Präferenz für die Aussagen ‚sta_14' und ‚sta_15' (positive und negative Religionsfreiheit) und der Ablehnung von ‚sta_22' (Menschen gut/schlecht) im Q-Sort des Faktors ‚fa2' kann geschlossen werden, dass sich in den Inhalten eine sehr hohe Akzeptanz der Trends der Pluralisierung und der Individualisierung niederschlägt. Diese zeigte sich ebenfalls in der Wahrnehmung von Alltagsphänomenen: *„Die Albaner sind sehr interessiert an Religion, aber die Kirchen und Moscheen sind leer. Neue, goldene Moscheen sind immer leer, das sind Statussymbole des Weltlichen."* (A30).

Zum Bereich der Religion und interreligiösen Beziehungen wurden eine Vielzahl von Kommentaren von Vertretern des Faktors ‚fa2' geäußert, die sich in das zuvor gezeichnete Bild einfügen. Zunächst wurde sich mit Kommentierung der Aussage ‚sta_33' (Religionsgemeinschaften vergleichbar) vorsichtig den Thema genähert: *„Zu einem gewissen Maße kann man sie vergleichen."* (A26), aber *„In dem Moment, in dem man sie vergleicht, beginnt der Konflikt."* (A27). Weiterhin wird ausgehend von der eigenen Rolle als Religionsführer (*„[...] müssen gebildet und offen sein, damit sie den Respekt der gesamten Bevölkerung erhalten."* [A27]) das Potential eines kooperativen Umgangs auch auf der Ebene der Gläubigen angesprochen und in den Mittelpunkt der Aufmerksamkeit gestellt: *„Natürlich muss man andere Religionsführer regelmäßig sehen. Wir wollen in Frieden, Harmonie und Freundschaft leben; man muss ein gutes Beispiel für die Gläubigen sein. (...) Wir haben unsere Gläubigen zu religiösen Stätten anderer Religionen gebracht. (...) Sie sollten über alle Religionen Bescheid wissen."* (A27). Die ausgeprägte Haltung zur interreligiösen Verständigung ist mit Authentizität ausgestattet, da in den Kommentaren der Vertreter des Faktors mehrmals nicht nur die formelle, sondern auch die informelle Ebene betont wurde: *„(...) manchmal macht es richtig Spaß mit den Vertretern der anderen Religionsgemeinschaften – wir gehen oft zum Abendessen!"* (A26; lachte).

Aus diesen Erläuterung zu Faktor ‚fa2' kann die Typenbezeichnung ‚junger, christlich-aufgeklärter Großstadttyp, der eine pluralistisch orientierte Gesell-

schaftsordnung mit absoluter Trennung von Religion und Politik bevorzugt'
lauten. Die Ähnlichkeit des Labels mit der Bezeichnung von ‚fa1' (aufgrund
der geäußerten Inhalte) ist ebenfalls aus der Korrelation der Meinungstypen
ersichtlich (siehe Tab. 79). Die Feststellung zur Orientierung bestätigt im
Wert zum Integrations- und Konfliktpotential (IKP) des Faktors ([+32]; siehe
Abb. 17).

Der dritte Einstellungstypus für Albanien (‚fa3') wird von vier Befragten
gebildet und besitzt eine erklärende Varianz von 10,20%. Die fünf mit der
höchsten Präferenz ausgestatteten Aussagen dieses Typus' sind, dass die
Familie aus Vater und Mutter bestehe und homosexuelle Partnerschaften
nicht rechtlich gleichgestellt werden sollten (sta_10; z-score 1.194), in einer
hohen Stellung der positiven Religionsfreiheit (sta_14), dass religiöse Führer
humanistisch, liberal und gebildet sein sollten (sta_30; 1.166), Würdenträger anderer Glaubensgemeinschaften regelmäßig getroffen werden sollten
(sta_25), sowie in der Annahme, das öffentliche Zeigen der religiösen Identität erfordere einen gewissen Mut (sta_20). Hier sind Parallelen zu ‚fa1' (sta_14,
sta_25, sta_30), sowie zu anderen Meinungstypen hinsichtlich der positiven
Religionsfreiheit (‚sta_14') zu verzeichnen (siehe auch folgende Abb. 15).

Die abgelehnten Positionen des Typs ‚fa3' beziehen sich auf die Forderung
nach einer Akzeptanz neuer Religionsgemeinschaften durch die Mehrheit der
Bürger des Landes (sta_36; z-score -3.397), den Bedarf eines starken Führers
für den Staat (sta_11), auf auswärtigen Einfluss, der die religiöse Harmonie
im Land störe (sta_31), eine negative gesellschaftliche Polarisierung durch
den staatlichen Bau religiöser Stätten (sta_5), sowie den Säkularismus als
Basiswert des Staates, der in der Verfassung verankert werden sollte (sta_6).
Demnach sind in den zehn am intensivsten bewerteten Aussagen vier dem
Spektrum von Religion und Politik, und vier dem religiösen Sektor zuzuordnen. Die Positionierung der Aussagen zeigt Ambivalenzen zu Trends der
Modernisierung (siehe auch Wert im Integrationsindex [-3]).

Die vier repräsentativ stehenden Befragten für Faktor ‚fa3' (A10, A22, A24,
A25) bilden eine heterogene Hintergrundstruktur ab: Drei verschiedene
Glaubensrichtungen sind repräsentiert (muslimisch-sunnitisch, christlich-
katholisch, Bektashi), das Alter unterscheidet sich stark (über 40 bis über
60 Jahre), und auch bei der Betrachtung des Elite-Status' ist eine gewisse
Bandbreite von niederer bis mittlerer Ebene vertreten. Sie wirken in großen
und mittleren Städten, und haben einen Universitätsabschluss.

Bei den nun zur Faktorenbeschreibung hinzugezogenen Kommentaren
fiel auf, dass die vier repräsentativ stehenden Befragten des Meinungstyps
‚fa3' im Vergleich sehr wenige weitere Ergänzungen äußerten, die zudem

sehr kurz waren. Dies verhielt sich auch mit dem Inhalt der Kommentare, die auf der einen Seite auf einem sehr allgemeinen Niveau verliefen (*„Im Islam gibt es keinen Rassismus."* [A10]; *„Religion ist erziehend."* [A24]), oder vereinfacht Verweise auf religiöse Quellen und Autorität enthielten: *„Im Koran stehen alle Antworten."* (A10), und *„Wenn du das Interview mit [*Führer der Gemeinschaft; Anm. d. A.*] durchgeführt hast, brauche ich das nicht, es kommt das Gleiche heraus."* (A25). Wie die Befragten die jeweiligen Quellen selbst auslegen, wurde hier im Vergleich zu den weiteren Meinungstypen in auffällig geringem Grade ausgeführt.

Einige Aspekte der Kommentare stehen für die Befürwortung von Elementen einer kollektivistischen Identitätsauffassung: Demnach wurde geäußert, *„Im Islam werden nur monotheistische Religionen anerkannt."* (A10), und *„(...) bei Geistlichen ist Herkunft wichtig."* (A24). Mit dem Hintergrund weniger Kommentare bilden das typische Q-Sort des Faktors, sowie die objektiven Muster der Befragten hauptsächlich die Typenbezeichnung des ‚limitierte Pluralität akzeptierenden Traditionalisten, der Erklärungen zurückhält'. Dies ergibt sich aus der Befürwortung der positiven Religionsfreiheit (sta_14) und der Verständigung mit anderen Religionen (sta_5; sta_25; sta_30), sowie der Ablehnung eines starken Führers des Staates – auf der anderen Seite befürwortet er Eingriffe der Religion in die Politik und die individuelle Lebensführung (sta_6; sta_10), und weist einen niedrigen Wert im Integrationsindex auf (-3).

Der vierte Einstellungstypus für Albanien (‚fa4') wird von vier Befragten (A5, A6, A12, A13) gebildet und reflektiert eine erklärende Varianz von 9,92%. Erneut wird in der typischen Präferenzstruktur (Q-Sort) auf der zustimmenden Seite die positive Religionsfreiheit (sta_14; z-score 1.444) hoch befürwortet, gefolgt von der Bedeutung des Treffens von Führern anderer Glaubensgemeinschaften (sta_25), der staatlichen Gleichbehandlung von religiösen Gemeinschaften (sta_2), der staatlichen Bevorzugung von Gruppen mit historischen Wurzeln im Land (sta_8), sowie der negativen Religionsfreiheit als fundamentales Recht (sta_15). Hier scheinen sich die gleichzeitige Zustimmung zu staatlicher Gleichbehandlung (sta_2) und zu staatlicher Bevorzugung (sta_8) zu widersprechen – der Blick auf die Hintergrundvariablen der Befragten von ‚fa4' (ausschließlich Vertreter der islamischen Gemeinschaft KMSH) offenbart, dass hier vermutlich die staatliche Gleichbehandlung innerhalb des Kreises bevorzugter Gemeinschaften angesprochen ist, wie sie in Albanien praktiziert wird.

Auf der anderen Seite des Spektrums sind die am höchsten abgelehnten Aussagen des Faktors, Religionsgemeinschaften sollten keine nationalen Interessen im Ausland vertreten (sta_3; z-score -2.243), die eigene Organisation sei ein Teil der Gesellschaft wie andere, ob sie religiös ausgerichtet sind oder nicht (sta_18), Korruption bei den etablierten Religionsführern könnte zu erhöhtem Fundamentalismus bei der jüngeren Generation führen (sta_26), die eigene Gemeinschaft sei gegenwärtig in einer schwierigen Situation (sta_32), und, dass Säkularismus ein Basiswert des Staates sein sollte, der in der Verfassung verankert ist (sta_6). Diese hier artikulierte Haltung in den am intensivsten abgelehnten Aussagen zeigt vermutlich das Selbstverständnis der Rolle der Befragten als Repräsentanten der größten Glaubensgemeinschaft Albaniens (KMSH).

In der Gesamtbetrachtung aller zehn Aussagen beschäftigen sich vier mit dem Feld von Religion und Politik, drei mit Religion in der Gesellschaft, und drei mit dem religiösen Bereich. Die präferierten Aussagen stehen weitestgehend in Einklang mit gesellschaftlicher Pluralisierung und Individualisierung (sta_14; sta_15) – die Bewertungen der Aussagen zu Politik und Religion (Zurückweisung säkularer Staat, staatliche Bevorzugung) lassen auf der anderen Seite keine Befürwortung einer grundlegenden Trennung erkennen. Die Einordnungen sind aus der jüngeren Geschichte und Gegenwart Albaniens[362] erklärbar – eine Perspektive der Feindschaft des Staates hinsichtlich der Religionen (siehe auch Kommentare).

Die Hintergrundvariablen der vier repräsentativ Befragten des Faktors (A5, A6, A12, A13) sind in ihren Ausprägungen recht homogen: Alle vier gehören der muslimisch-sunnitischen KMSH an, wirken auf lokaler Ebene in einer Großstadt, sind zwischen 40 und 50 Jahre alt, und haben einen Universitätsabschluss. Um den Faktor ,fa4' inhaltlich zu beschreiben, sind weiterhin ihre Kommentare zu den Aussagen bedeutend: Hier waren wenige von den Befragten A5 und A6 zu vernehmen, sodass allein die Stellungnahmen von A12 und A13 in die Analyse einfließen.

Zum Themenbereich von Religion und Politik wurde zunächst die Zurückweisung der Aussagen über einen säkularen Staat (sta_6) qualifiziert: *„Ich bin für Säkularisierung in der Form, wie es in den USA praktiziert wird, nicht wie in Europa."* (A12). Demnach ist mit dem Begriff säkularer Staat nicht ein oppositionelles Gegenübertreten, sondern ein gewisser Grad an Beachtung traditioneller religiöser Formen in Politik und Staat favorisiert, die jedoch

---

362 a) Albanien 1945–1991: säkularer Staat nicht neutral, sondern religionsfeindlich;
 b) Vertretung nationale Interessen im Ausland: hohe Armut und geringe staatliche Ressourcen; c) staatliche Bevorzugung: wenig Kompensation für Destruktion vor 1990; Konkurrenz um geringe staatliche Beihilfen für den religiösen Bereich

auf der anderen Seite nicht in Überschneidungen beider Sphären nach dem Typ kulturelle Staatsreligion münden sollte: *„Wenn der religiöse Glaube der Politiker ihre politischen Handlungen bestimmt, könnte das die Gesellschaft polarisieren und zu einem Antagonismus führen."* (A12). So werden staatlichen Institutionen eine höhere Bedeutung zugewiesen als einzelnen Personen: *„Ich lehne Aussage 11* [‚Der Staat sollte starke Führer haben.'; Anm. d. A.] *ab. Der Staat benötigt starke Institutionen."* (A12).

Im Themenfeld Religion und Gesellschaft ist die Akzeptanz pluraler gesellschaftlicher Strukturen weit verbreitet (zu ‚sta_22': *„Ich mag nicht das Denken in schwarz und weiß."*; zu ‚sta_ 28': *„[...] jeder hat seine Freiheiten."* [beides A12]). Dies endet jedoch an einem gewissen Punkt (zu sta_17): *„Ich akzeptiere Diversität, doch ich unterstütze sie nicht im Falle der Homosexualität."* (A12; ähnlich A13). An dieser Stelle wurde das Thema homosexuelle Identität und staatliche Gleichstellung der Partnerschaften in Zusammenhang mit Diversität in einer Gesellschaft von mehreren Befragten eigenständig umfassend diskutiert, sodass hier ein spezifisches Themenfeld in der Zielgruppe gesehen wird. In der Gesamtbetrachtung der Inhalte und Hintergrundvariablen der repräsentiv Befragten ist die Typenbezeichnung für ‚fa4' die eines ‚limitiert plural und säkular orientierten, jungen Imam'.

Aufgrund des vergleichenden Charakters der vorliegenden Studie und zur Übersichtlichkeit wird auf die **Faktoren ‚fa5' bis ‚fa8'** an dieser Stelle nur verkürzt eingegangen. Für Faktor ‚fa5' repräsentativ stehen zwei Befragte (A23, A29) (expl. varia. 9,08%). Er befürwortet am stärksten eine Trennung von Staat und Religionsgemeinschaften (sta_4 / sta_9; z-score -2.198), die Beachtung positiver Religionsfreiheit (sta_14), dass homosexuelle Partnerschaften rechtlich nicht gleichgestellt werden sollten (sta_10), sowie eine hohe sozialen Stellung der Religionsgemeinschaft im Alltag der Gläubigen (sta_19). Weiterhin beachtenswert ist die relativ hohe Ablehnung eines säkularen Staates (sta_6; z-score -1.205) in diesem Einstellungstyp (Daten für ‚fa5' bis ‚fa8' siehe Anhang 11).

Erneut wird diese Ablehnung mit der spezifischen Geschichte der Religion im Land im 20. Jahrhundert erläutert: *„Meine Religionsgemeinschaft hat eine wichtige Rolle bei der Durchsetzung des lateinischen Alphabets und damit für die ganze albanische Nation gespielt."* (A29). Ein säkularer Staat wird aufgrund der Erfahrung im Sozialismus differenziert gesehen: *„Ein säkularer Staat, die Trennung vom Glauben ist falsch. (...) Aber der Schutz der Nationalreligion bedeutet nicht den Schutz des Nationalstaates; eine Nationalreligion ist in Albanien gar nicht möglich und nicht relevant."* (A23). Weiterhin wurde geäußert, *„Der Regierungschef muss gerecht und nicht stark sein."* (A29), und *„Der Staat soll nicht eingreifen, nur wenn er selbst zerstört hat, wie im Sozialismus, dann soll er helfen."* (A23). Von der Seite der Religionsführer sei ebenfalls Zurückhaltung im Kontakt mit der Politik zu üben: *„Sie müssen dann intervenieren, wenn die Wahrheit (...) in Gefahr ist. Ansonsten sollen sie sich in der Politik nicht wirklich einmischen."* (A29).

Auch bei diesem Meinungstyp wurde wiederholt auf die Gleichstellung von homosexuellen Partnerschaften eingegangen. Hier offenbarte sich eine zielgerichtet artikulierte Auffassung: *„Ich bin gegen die Heirat von Homosexuellen. Das ist eine Krankheit, diese Menschen müssen umgepolt, behandelt werden, um sich zu ändern."* (A23). *„Die Ehe zu zerstören, heißt die Familie zu zerstören. Die Familie zu zerstören, heißt, die Nation zu zerstören."* (A29). Abseits der prä-modernen Orientierung in diesem Punkt sind in den Kommentaren weiterhin inklusive Inhalte zu vernehmen, so zur positiven und negativen Religionsfreiheit (‚sta_14'; ‚sta_15'): *„Freiheit ist gottgegeben."* (A29; ähnlich A23), und in der Ablehnung der bipolaren Trennung zwischen guten oder schlechten Menschen, denn *„Der Atem ist entweder schlecht oder gut. Der Atem macht Menschen schlecht. Der Atem des Satans macht sie schlecht. Der Atem Gottes macht sie gut."* (A29).

Eine humanistische Orientierung mit religiöser Fundierung zeigten ebenfalls die Kommentare zum Bereich Religion: *„Konvertierung ist in Ordnung, im Koran steht: Wir brauchen Gott, nicht Gott uns."* (A23), und *„Humanismus [bei religiösen Führern; Anm. d. A.] ist sehr wichtig. Akademische Bildung spielt keine so große Rolle – da ist der Glaube und die Beziehung zu Gott wichtiger."* (A29). Die religiöse Fundierung zeigt sich ebenso in der wahrgenommen Distanz zu Angehörigen anderer Glaubensauffassungen: *„Ich empfinde Muslime fremder als Atheisten (...)."* (A29).

Der Meinungstyp ‚fa5' wird von Befragten repräsentiert, die eine unterschiedliche Religionszugehörigkeit aufweisen, aber auch Gemeinsamkeiten haben: Sie agieren auf der höchsten Ebene der Hierarchie ihrer Organisation in einer Großstadt, gehören der ältesten Altersgruppe (über 60 Jahre) an, und haben einen Universitätsabschluss. Mit Verweis auf das Alter der Befragten kann die Erfahrung dieser Gruppe während der Zeit des Kommunismus unter Enver Hoxha als Grund für spezifische (auch konservative) Positionen angegeben werden. Demnach ist die Typenbezeichnung für ‚fa5' ‚religiös-konservativ argumentierender, älterer und hoher Würdenträger'.

Der sechste Einstellungstyp für Albanien (‚fa6'; nload 2; exp. vari. 6.90%) zeigt Präferenzen für die positive (sta_14) und negative Religionsfreiheit (sta_15), sowie für die Erlangung von Wissen über anderen Religionen (sta_29). Erneut wird auf dieser Seite die Gleichstellung homosexueller

415

Partnerschaften abgelehnt (sta_10), und auf einen starker Führer des Staates gesetzt (sta_11). Unter den am höchsten abgelehnten Aussagen finden sich ein in der Verfassung verankerter, säkularer Staat (sta_6), der Bestand einer Nationalreligion (sta_12), Mut zur öffentlichen gezeigten Religiosität (sta_21), und die Einteilung der Menschen in gut oder schlecht (sta_22).

Die beiden für den Typ ‚fa6' repräsentativ stehenden Befragten (A20, A28) haben signifikante Unterschiede in den Ausprägungen der Hintergrundvariablen der Konfessionszugehörigkeit (christlich-katholisch und protestantisch), der Altersgruppe, des Elite-Status, des Ort des Wirkens, und der Bildung. Ihnen ist als einziges Merkmal gemeinsam, dass sie nicht in Albanien geboren und aufgewachsen, sondern aus professionellen Gründen zugewandert sind. Demnach könnte eine spezifische Verbindung zwischen auswärts angeeigneten Vorstellungen und der Neukonfiguration dieser anhand der Gegebenheiten in Albanien zu dem Muster führen, in dem spezifische konservative Positionen vertreten sind (Staat braucht starken Führer), generell jedoch eine pluralistische Auffassung auftritt. Dies zeigt sich im vergleichsweise hohen (+20) Wert im Integrationsindex für Faktor ‚fa6'.

Die starke Beschäftigung mit dem religiösen Bereich und dem Verhältnis zu Identitäten in der Bevölkerung in den am intensivsten behandelten Aussagen im typischen Q-Sort (sta_14; sta_15; sta_21; sta_22; sta_29) reflektiert sich zudem in den Kommentaren: *„Die Themen Religion und Säkularisierung, sowie Religion und Pluralismus interessieren mich persönlich. (...) Es fehlen jedoch Themen um die Rolle der Religion für eine friedliche Ordnung der Gesellschaft."* (A20). Wie bei anderen Fällen zuvor wird bei ‚fa6' eine mittlere Position zwischen Nationalreligion und säkularem Staat eingenommen (sta_6; sta_12), die sich aus den heutigen Umständen ergäbe: *„Heute wird Religion mehr als persönliche Angelegenheit angesehen, hat jedoch noch eine gewisse soziale Relevanz. (...) Religion und Staat sollten getrennt sein."* (A20). Diese Darlegungen münden in die Typenbezeichnung ‚friedlich-konservative, externe Christen'.

Der Meinungstyp ‚fa7' wird maßgeblich von einem Befragten (A4) repräsentiert (expl. varia. 6,21%), der Mitglied der größten Glaubensgemeinschaft ist und dort an höherer Position wirkt. Die Inhalte des Einstellungsmusters zeigen eine hohe Konzentration auf den Bereich von Religion und Politik (acht von zehn am intensivsten behandelte Aussagen), und nehmen hier zuerst den Standpunkt einer Nationalreligion ein: Bevorzugt sind eine Verbindung von Nationalreligion und Nationalstaat (sta_7), die staatliche Bevorzugung traditioneller Gemeinschaften (sta_8), sowie ein starker Führer des Staates (sta_11) (siehe Anhang 11).

Diese Positionierung wird anschließend mit den Kommentaren relativiert. Demnach „(...) *müssen neue Religionsgemeinschaften die dominante im Land nicht anerkennen.*" und „*Es macht mir nichts aus, wenn der Staat reliigösen Stätten errichtet, auch wenn Kirchen gebaut werden.*" (A4). Die Modernisierung der Gesellschaft wird in ihren grundlegenden Trends ambivalent eingeschätzt: „(...) *die Säkularisierung hat negative und positive Seiten.*" (A4). So wird mit der Pluralisierung und Individualisierung von Lebensentwürfen weitgehend mitgegangen, „(...) *bis zu einem bestimmten Punkt, LGBT zum Beispiel meine ich damit nicht.*" (A4). Dies bestätigt auch die Ablehnung der staatlich-rechtlichen Gleichstellung dieser Partnerschaft im Q-Sort (sta_10).

Weiterhin betonte der Befragte, die Säkularisierung zeige sich mit Blick auf die eigene Religionsgemeinschaft und der Rekrutierung von geeignetem geistlichen Nachwuchs: „*Auch die (...)* [eigene Gemeinschaft – Anm. d. A.] *hat einen Personalmangel, ein Vakuum an Imamen.*" (A4). Der Fokussierung auf den Bereich Religion und Politik im typischen Q-Sort des Faktors wurde in den Kommentaren nicht gefolgt, sondern auf die interreligiöse Verständigung eingegangen: „*Unsere Stadt hat eine Historie, in der die vier großen Religionen immer kooperativ zusammengelebt haben. (...) Wir feiern die Feiertage zusammen und zeigen so unseren Respekt.*" (A4). Demnach wird für Faktor ‚fa7' die Typenbezeichnung des ‚religiös-nationalstaatlich, limitiert-pluralen Säkularisierungsbesorgten' gewählt.

Der achte Meinungstyp ‚fa8' für Albanien wird maßgeblich von zwei Befragten repräsentiert (A14, A21). Die am höchsten präferierten Aussagen betreffen den religiösen Bereich, so das Interesse an Gründen der Konvertierung der Gläubigen (sta_28), externe Störungen der religiösen Harmonie (sta_31), eine erhöhte Autorität der dominanten Religionsgemeinschaft gegenüber neuen (sta_35), sowie den Besuch religiöser Stätten als Indikator für Religiosität unter der Bevölkerung (sta_21).

Unter den abgelehnten Aussagen sind verstärkt jene aus dem Bereich Religion und Politik vorhanden, die zusammengefasst ein Plädoyer für eine relativ enge Verbindung beider Sphären beinhalten: Starke Zurückweisung finden die Positionen, dass sich Religionsführer nicht in die Politik einbringen sollten (sta_13; sta_16), eine Trennung zwischen Religionsgemeinschaften und Staat herrscht (sta_4), eine säkulare Ausrichtung des Staates in der Verfassung verankert wird (sta_6), und staatliche Verbote Intoleranz bedeuten (sta_1).

Die religiöse Zugehörigkeit der beiden repräsentativ Befragten (A14, A21) unterscheidet sich (muslimisch, christlich). Der weitere Hintergrund zeigt Gemeinsamkeiten: Sie sind in der Altersgruppe zwischen 40 und unter 50

Jahren, wirken auf lokaler Ebene in einer großen Stadt, und haben einen Universitätsabschluss. Die von ihnen eingebrachten Kommentare zeigten einen zurückhaltenden Standpunkt, da sie von beiden Repräsentanten während der Interviews sehr sparsam und sehr leise geäußert wurden. Dies verdeutlichte die defensive Haltung, dass ihre Positonen nicht für die gesamte Gesellschaft gelten müssen.

Im Bereich von Religion und Politik wurde kommentiert, Religionsgemeinschaften sollten nationale Interessen unterstützen, *„(…) aber nur bis zu einem gewissen Punkt."* (A21). Auch die zuvor festgestellte Favorisierung einer engen Verbindung wird nun relativiert, da sie *„(…) abhängig vom albanischen Kontext (…)"* sei und *„(…) aufgrund der hohen Diversität in Albanien politische Führer nicht auf alle hören können."* (A21). Weiterhin sprechen sich die Vertreter für politische Zurückhaltung der religiösen Führer aus (*„Das ist sehr wichtig."* [A21]).

Auch die Anmerkungen in Richtung individueller Identität zeigen zunächst eine moderate Haltung: *„Menschen sind weder gut noch schlecht."* (A14), und *„Aus meiner Perspektive besteht kein Unterschied in der Beziehung zu Muslimen oder zu Atheisten."* (A21). Dies reflektiert sich auch im interreligiösen Dialog, *„(…) jeder hat die Wahrheit, laßt uns nicht darüber streiten, das ist lächerlich. Ziel ist Zusammenarbeit, aber nicht, sich unter oder über andere Religionen zu stellen."* (A21). Die Gesamtbetrachtung der im Q-Sort geäußerten Präferenzen von ‚fa8‘ ergibt sich ein Wert im Integrationsindex von (-17), der ein hohes Konfliktpotential der Inhalte vermuten lässt. Die Typenbezeichnung wird auf ‚leiser, <u>politisch ausgerichteter Religiöser auf lokaler Ebene</u>‘ festgelegt.

Tab. 78: Übersicht zu Einstellungstypen in Albanien

Code	Kurzbezeichnung (‚Label‘)
‚fa1‘	‚jüngerer, kritischer, (eher muslimischer) Großstadttyp‘, pluralistisch orientierte Gesellschaftsordnung in Traditionen
‚fa2‘	‚junger, christlich-aufgeklärter Großstadttyp‘, pluralistisch orientierte Gesellschaftsordnung, absolute Trennung von Religion und Politik
‚fa3‘	‚limitierte Pluralität akzeptierender Traditionalist‘, der Erklärung zurückhält
‚fa4‘	‚limitiert plural und säkular orientierter, junger Imam‘
‚fa5‘	‚religiös-konservativ argumentierender, alter, hoher Würdenträger‘
‚fa6‘	‚friedlich-konservativer, externer Christ‘
‚fa7‘	‚religiös-nationalstaatlich Orientierter, limitiert-pluraler Säkularisierungsbesorgter‘
‚fa8‘	‚leiser, politisch ausgerichteter Religiöser auf lokaler Ebene‘

Struktureller und inhaltlicher Vergleich der Einstellungstypen

An dieser Stelle kann zusätzlich ein inhaltlicher Vergleich der acht Meinungstypen anhand der Sicht auf einzelne Aussagen in die Analyse einfließen, um inhaltliche Überschneidungen und Distanzen aufzudecken. Zu diesem Zweck listet das Programm PQ-Method jene Aussagen auf, für die zwischen allen Faktoren der größte Konsens besteht (Aussagen, die Faktoren nicht oder wenig unterscheiden) und die den größten Widerspruch zwischen diesen markieren (Aussagen, die die Faktoren unterscheiden) (siehe nachfolgende Tab. 79). Letztere bilden einen Ausgangspunkt / ein Element der Konstituierung von Konfliktpotential der Einstellungen aus dem religiösen Bereich Albaniens, und bildeten deshalb einen zusätzlichen Punkt in der inhaltlichen Beschreibung:

Tab. 79: Albanien: Aussagen mit hoher Übereinstimmung, hohem Widerspruch

	Spektrum (z-scores)	Differenz
Konsens (Aussagen, die Faktoren wenig unterscheiden)		
sta_17 *reli. Führer Diversität akzeptieren, fördern*	0.166 bis 1.583	1.417
sta_19 *RG sollte soziale Orientierungspunkt sein*	0.055 bis 2.416	2.361
sta_2 *RGs vom Staat gleich behandelt*	0.388 bis 2.777	2.389
sta_15 *negative RF fundamentales Recht*	0.388 bis 2.777	2.389
sta_30 *reli. Führer offen, humanistisch, liberal, gebildet*	0.055 bis 2.500	2.445
Widerspruch (Aussagen, die die Faktoren unterscheiden)		
sta_35 *neue RGs Autorität dominante RG anerkennen*	-0.944 bis 2.500	3.444
sta_4 *RGs vom Staat getrennt*	-0.888 bis 2.416	3.304
sta_36 *Gründung RG Akzeptanz Mehrheit Bürger*	-0.944 bis 1.388	2.332
sta_9 *Glaube Politiker bestimmt pol. Handlungen*	-0.944 bis 1.916	2.86
sta_31 *auswärtiger Einfluss Störung reli. Harmonie*	-0.944 bis 2.777	3.721

In der Analyse zeigt sich, dass ein Konsens der Befragten bezüglich Positionen herrscht, die die Beziehung zwischen Religion und Bevölkerung betreffen, Pluralisierung und Differenzierung ansprechen, und eine Akzeptanz der grundlegenden Modernisierungstrends beinhalten. Die Übereinstimmungen in den Orientierungen dazu befinden sich ausschließlich im präferierten Bereich (siehe Spalte ‚Spektrum z-scores‘), sodass daraus eine generell hohe Akzeptanz der Inhalte der Aussagen festgestellt wird, welches Integrationspotential in den inhaltlichen Positionen aller acht Falktoren ausdrückt.

Zusätzlich können aus den Faktorenbeschreibungen inhaltliche Parallelen festgestellt werden, die nicht durch die Berechnung des Programms PQ-Method adressiert wurden. Demnach finden sich hohe Übereinstimmungen in der starken Ablehnung der rechtlichen Gleichstellung von homosexuellen Partnerschaften (sta_10) (Ausnahme ‚fa2‘), insbesondere bei den Faktoren ‚fa3‘, ‚fa5‘, ‚fa6‘ und ‚fa7‘ (siehe typische Q-sort). Dies bestätigt auch die Kommentare der Faktoren ‚fa3‘ bis ‚fa7‘, die im Vergleich zu anderen Themen umfangreich waren. Exemplarisch dafür stehen die Stellungnahmen der Befragten (A23) und (A29) des Typs ‚fa5‘: Hier erfährt eine prä-moderne Fremdzuschreibung für einen Teil der Bevölkerung („*Das ist eine Krankheit, diese Menschen müssen umgepolt, behandelt werden, um sich zu ändern.*" [A23]) eine (fragwürdige) Erhöhung zur Gefahr für die Kohäsion der gesamten Gesellschaft („*Die Ehe zu zerstören, heißt die Familie zu zerstören. Die Familie zu zerstören, heißt, die Nation zu zerstören.*" [A29]). Die Fremdzuschreibung kann nach dieser Handhabung als Bedrohung für eine Vielzahl von Präferenzen in ihren Ordnungsvorstellungen dienen.

Eine weitere inhaltliche Parallele ist die Stellung der Mehrheit der Meinungstypen zu einem säkularen Staat, der in der Verfassung verankert werden sollte (sta_6). Dies wird von den Faktoren ‚fa3‘, ‚fa4‘, ‚fa5‘, ‚fa6‘ und ‚fa8‘ sehr stark zurückgewiesen, und von ‚fa1‘ und ‚fa2‘ stark befürwortet. Die Orientierung erscheint zunächst als Widerspruch zu Modernisierungstrends, ist aber aus der Perspektive der jüngeren Geschichte Albaniens zu interpretieren: Aufgrund einer feindlich ausgeprägten Haltung des Staates hinsichtlich der Religionen zwischen 1945 und 1990, die „*(...) als Gegnerschaft, nicht als Neutralität ausgeübt.*" (A16) wurde, wird ein gewisser Grad des gegenseitigen Austauschs befürwortet, wie mit Organisationen anderer gesellschaftlicher Bereiche auch. Denn die Religionsgemeinschaften richten sich aus praktischen Umständen heraus an den Strukturen des Staates aus (A16, siehe oben), und die Gegebenheiten in Albanien nach 1990 mit hoher Armut und Ressourcenknappheit des Staates würden dies auch erfordern: „(...) damit sie sich gegenseitig unterstützen können, in Ausnahmesituationen." (A2). Zusätzlich wurde mehrmals darauf verwiesen, dass auch für das Individuum Religion und Politik verflochten sind: Seien Politiker nicht auch Gläubige, und Gläubige nicht auch Bürger und Wähler? (A9).

Den ersten sieben Faktoren („fa1' bis „fa7') gemeinsam ist weiterhin eine hohe Zustimmung zur Ausübung der positiven Religionsfreiheit (sta_14). Die Zustimmung wurde in der Gesamtschau aller Interviews in Albanien ausschließlich sehr kurz kommentiert, welches die Festigung des Standpunkts unter den Befragten verdeutlichte (und vielfach mit theologischen Gründen hinterlegt wurde): *„Der Glauben kann nur von selbst kommen (...)."* (beispielhaft A9).

Ein visueller Vergleich von drei bedeutenden Einstellungstypen verdeutlicht die inhaltliche Übereinstimmung wichtiger Meinungsbilder auf der zustimmenden Seite. Als Vergleich zwischen den fünf am höchsten präferierten Aussagen der drei Typen „fa1', „fa3' und „fa4' dargestellt, ergeben sich Parallelen hinsichtlich der positiven Religionsfreiheit (sta_14), einer nach außen kooperativen Rolle religiöser Führer (sta_25; sta_30), sowie der staatlichen Gleichbehandlung von Religionsgemeinschaften (sta_2) (siehe nachfolgende Abb. 15). Diese Gemeinsamkeiten auf der favorisierten Seite der Ordnungsvorstellungen, gerade zum interreligiösen Dialog, ermöglichen vermutlich die für Albanien spezifische Kooperation zwischen den großen Gemeinschaften. Dieser Fokus und die hoch zustimmende Haltung zur positiven Religionsfreiheit kann in den Inhalten aller Meinungstypen in Albanien festgestellt werden – Pluralismus und Liberalität hinsichtlich der religiösen Identität auf der individuellen Ebene gilt von Seiten der befragten religiösen Führer als legitim. Dies könnte im Gegensatz zu Positionen religiöser Würdenträger anderer Staaten Südosteuropas hinsichtlich der Religionszugehörigkeit stehen.

Auf der Seite der Aussagen, die die Faktoren inhaltlich unterscheiden, befinden sich Positionen zum Verhältnis von Religion und Politik (sta_4; sta_9), sowie zu den Beziehungen unter Religionsgemeinschaften (sta_31; sta_35; sta_36) (siehe Tab. 79). Dazu gehören die von den Teilnehmern aufgeworfenen Fragen, inwiefern sich Religion und Politik auf der individuellen Ebene trennen lassen, und wie sich Autorität traditioneller Glaubensgemeinschaften im religiösen Feld gestalten lässt.

Abb. 15: Albanien: Inhaltlicher Vergleich ,fa1', ,fa3', ,fa4' (Zustimmung)

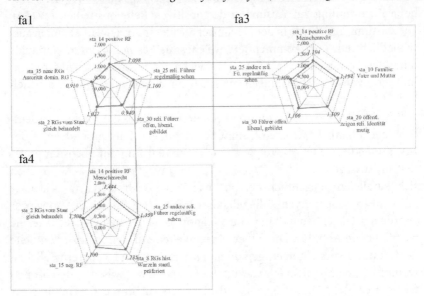

Ein letzter Punkt der inhaltlichen Differenzen sind die unterschiedlichen Haltungen hinsichtlich der Frage, ob der Staat einen starken Führer benötigt (sta_11). Dies wird bei den Faktoren ,fa2' (z-score -1.612) und ,fa3' (z-score -1.847) stark zurückgewiesen, bei ,fa1', ,fa4', ,fa5' und ,fa8' ambivalent betrachtet, und befindet sich bei ,fa6' (z-score 1.374) und bei ,fa7' unter den fünf Aussagen mit der größten Zustimmung.

5.2.5 Integrations- und Konfliktpotential der Einstellungstypen

Das gesellschaftliche Integrations- und Konfliktpotential der Einstellungstypen kann anhand von drei Indikatoren dargestellt werden: Die Betrachtung der internen Struktur der Typen, der Vergleich zwischen den Faktoren, sowie der inhaltliche Abgleich der Positionen mit grundlegenden Trends der Modernisierung, abgebildet im Integrationsindex.

Interne Struktur

Zuerst können aus der inneren Struktur der Präferenzmuster Hinsicht des Vergleichs der Intensität der Zustimmung und der Ablehnung Feststellungen

422

getroffen werden. Demnach ist die Intensität der Ablehnung von Standpunkten zur gesellschaftlichen Ordnung, die im Q-Set vertreten waren, bei allen Einstellungstypen (‚fa1‘ bis ‚fa8‘) weit ausgeprägter als auf der anderen Seite die Zustimmung zu Aussagen. Visualisiert lässt sich dies anhand der Präferenzstruktur für den bedeutendsten Faktor ‚fa1‘ aufzeigen; in nachstehender Abbildung als Vergleich der fünf am stärksten präferierten und fünf am stärksten abgelehnten Aussagen.

Abb. 16: Albanien: Vergleich von stärkster Zustimmung und Ablehnung (Faktor ‚fa1‘)

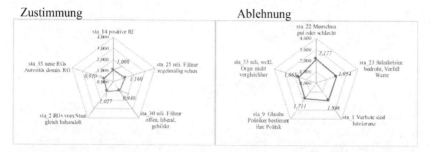

Exemplarisch erhält die höchste Zustimmung, Führer anderer Glaubensgemeinschaften regelmäßig zu sehen (sta_25) mit einem Wert von (z-score +1.098), die stärkste Ablehnung sta_22 (‚Menschen entweder gut oder schlecht‘) zeigt einen z-score von (-2.177).

Vergleich zwischen Faktoren / Korrelation

Als zweiter Indikator zur Bewertung des Integrations- und Konfliktpotentials der Einstellungstypen können diese inhaltlich in Beziehung gesetzt werden (innerreligiöses Konfliktpotential). Wurden inhaltliche Punkte zuerst in den Typenbeschreibungen festgehalten, so hebt das Programm PQ-Method in Datenwerten die gesamten inhaltlichen Überschneidungen zwischen den Einstellungstypen hervor. In nachstehender Tab. 80 zusammengefasst, werden hier die größten Übereinstimmungen in den Einstellungen zwischen ‚fa1‘ (‚junger, eher muslimischer Großstadttyp, pluralistisch orientierte Gesellschaftsordnung, Traditionen‘) und ‚fa2‘ (‚junger, christlich-aufgeklärter Großstadttyp, pluralistisch orientierte Gesellschaftsordnung, absolute Trennung Religion und Politik‘) deutlich (Wert 0.4547).

Weiterhin eine hohe Übereinstimmung wurden zwischen den Typen ‚fa4‘ (‚limitiert plural und säkular orientierter, junger Imam‘) und ‚fa5‘

(‚religiös-konservativ argumentierender, alter und hoher Würdenträger‘)
festgestellt (0.4190), und zwischen ‚fa2‘ und ‚fa6‘ (‚friedlich-konservativer,
externer Christ‘) (Wert 0.4094) (siehe Tab. 80). Der Faktor ‚fa8‘ (‚politisch
ausgerichteter Religiöser‘), nach dem Integrationsindex der konfliktträchtigs-
te Typ, erscheint nach dieser Betrachtung von den anderen Einstellungen
weitgehend isoliert.

Tab. 80: Korrelationen zwischen den Faktoren ‚fa1‘–‚fa8‘ (z-score)

	zsc_fa1	zsc_fa2	zsc_fa3	zsc_fa4	zsc_fa5	zsc_fa6	zsc_fa7	zsc_fa8
zsc_fa1	1.0000	0.4547	0.1565	0.3406	0.1703	0.3237	0.1730	-0.1452
zsc_fa2	0.4547	1.0000	0.0148	0.2574	0.2836	0.4094	0.0467	-0.1836
zsc_fa3	0.1565	0.0148	1.0000	0.1285	0.1093	0.2691	-0.0072	-0.0378
zsc_fa4	0.3406	0.2574	0.1285	1.0000	0.4190	0.1851	0.1971	-0.0798
zsc_fa5	0.1703	0.2836	0.1093	0.4190	1.0000	0.1841	0.2311	-0.2201
zsc_fa6	0.3237	0.4094	0.2691	0.1851	0.1841	1.0000	0.2227	-0.0556
zsc_fa7	0.1730	0.0467	-0.0072	0.1971	0.2311	0.2227	1.0000	0.1993
zsc_fa8	-0.1452	-0.1836	-0.0378	-0.0798	-0.2201	-0.0556	0.1993	1.0000

Religion und Gesellschaft – Integrationsindex

Zentral zur Ermittlung des Integrations- und Konfliktpotentials der gesellschaftlichen Ordnungsvorstellungen der Befragten aus den Inhalten der
Einstellungstypen ist der Integrationsindex. Innerhalb der Spannweite des
Index (-40 bis +40) ergibt sich nach der Berechnung eine breite Streuung
der Faktoren ‚fa1‘ bis ‚fa8‘ von einem Wert von (-17) für Faktor ‚fa8‘ bis (+32)
für Faktor ‚fa2‘ (siehe Tab. 81). Die vier Faktoren mit der jeweils höchsten
erklärenden Varianz sind in dieser Messung entweder weit im integrativen
Bereich (‚fa1‘; ‚fa2‘), oder befinden sich in der in der Mitte gelegenen Zone
des Spektrums, der wenig analytischen Aussagen zum Integrations- und
Konfliktpotential der Typen zulässt (‚fa3‘; ‚fa4‘) (siehe nachstehende Abb. 17).
Letztere Feststellung gilt ebenso für die Faktoren ‚fa5‘ und ‚fa7‘; Typ ‚fa6‘
ist der hoch integrativen Gruppe zuzurechnen. Einzig die Inhalte von ‚fa8‘
weisen ein eher hohes Konfliktpotential aus (-17).

Tab. 81: Albanien: Indizes zum Integrations- und Konfliktpotential, ‚fa1'–‚fa8'

	Typ							
	‚fa1'	‚fa2'	‚fa3'	‚fa4'	‚fa5'	‚fa6'	‚fa7'	‚fa8'
Integritätsindex ([-40] – 40)	23	32	-3	4	3	20	-5	-17
Politisierungsindex (0 – 10)	6,11	6,11	6,39	5,83	6,94	5,56	8,33	5,56
Identitätsindex (0 – 10)	5,56	4,72	4,72	4,17	6,39	5,56	5,28	3,61

Dieser Befund des hohen Integrationspotentials oder der Neutralität der überwiegenden Mehrheit der erhobenen Meinungstypen in Albanien im Integritätsindex lässt sich für die weitere Analyse festhalten. Zusätzlich wurde der Politisierungsindex (PI) der Q-Sort der Meinungstypen eingeführt, der sich aus der Positionierung der Aussagen zum Feld von Religion und Politik (‚sta_1' bis ‚sta_12') errechnen lässt. Hier wurde zuvor die Hypothese geäußert, dass eine hohe Politisierung von Meinungsbildern die Wahrscheinlichkeit von Konflikt steigen lässt, wenn diese zusätzlich mit geringem Integrationspotential ausgestattet sind, da sich diese Auffassung stärker an die Öffentlichkeit wendet und um gesellschaftliche Durchsetzung bemüht. Die acht Einstellungstypen bildeten (auf einer Skala von 0–10) Werte zwischen 5,56 und 8,33 aus, sodass zunächst keine großen Unterschiede in ihrer Politisierung erarbeitet werden konnten. Eine Ausnahme stellt hier Faktor ‚fa7' mit einem hohen Wert (8,33) dar (siehe Tab. 81).

Zuletzt wurde ein Identitätsindex berechnet, der die Intensität der Ansprache der Identität der Menschen durch die Positionierung der jeweiligen Aussagen in den typischen Q-Sort misst. Hier konnten ebenso keine signifikanten Unterschiede für die Meinungstypen in Albanien festgehalten werden: Die Mehrheit der Faktoren (‚fa1'–‚fa4', ‚fa6', ‚fa7') bewegt sich um den mittleren Wert (+5) der Spannweite (0–10) (siehe Tab. 81). Einzig die Typen ‚fa5' (6,39) und ‚fa8' (3,61) weichen stärker von dieser Feststellung ab. Demnach kann ausgesagt werden, dass sich die integrativen als auch die eher mit Konfliktpotential ausgestatteten Meinungstypen unter der (hier untersuchten) religiösen Elite Albaniens nicht in ihrer Politisierung oder Konzentration auf Themen der Identität unterscheiden. Dies unterstreicht folgende Darstellung zur Korrelation des Integritäts- mit dem Politisierungsindex der Aussagemuster der Einstellungstypen:

Abb. 17: Albanien: Integritäts- und Politisierungsindex der Faktoren ‚fa1'–‚fa8'[363]

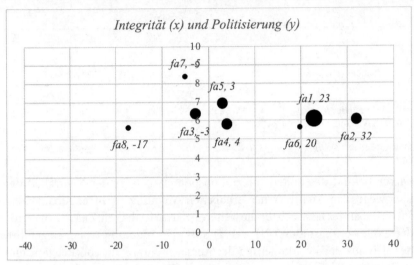

	‚fa1'	‚fa2'	‚fa3'	‚fa4'	‚fa5'	‚fa6'	‚fa7'	‚fa8'
nload	6	3	4	4	2	2	1	2
percentage expl. variance	14.58	12.73	10.20	9.92	9.08	6.90	6.21	5.51

Als Ergebnisse der Analyse werden an dieser Stelle folge Punkte zusammengefasst. Zwei Faktoren (‚fa1' und ‚fa4') werden nahezu ausschließlich von der größten Religionsgemeinschaft repräsentiert. Dies ist aufgrund der Verteilung der religiösen Zugehörigkeit im Sample mit einer Mehrheit der Vertreter der KMSH nicht überraschend. Weiterhin zeigte sich, dass die Repräsentanten der Religionen und Konfessionen sich über die verbleibenden sechs Meinungstypen verteilen und weiter keine Konzentration einer Gemeinschaft in einem Faktor erfolgt – demzufolge wurden die Meinungstypen nicht vordringlich über die Religionszugehörigkeit erstellt. So ist ‚der Islam' oder ‚das Christentum' nicht bestimmend für Meinungstypen unter der religiösen Elite Albaniens hinsichtlich der Vorstellungen zu gesellschaftlicher Ordnung. Dies zeigte sich auch bei der Betrachtung der weiteren Hintergrundvariablen der Altersgruppe, des Elite-Status', des beruflichen

---

363 Beschriftungen: Faktor (fa[x]), Wert Integritätsindex. Meinungstypen entsprechend Vergleich der erklärenden Varianz am Q-Set hervorgehoben; Spannweite Integritätsindex (-40 bis +40); Politisierungsindex (0 bis +10).

Lokalität, und des Bildungsniveaus. Einzig Typ ‚fa4' hebt sich an dieser Stelle vom heterogenen Muster ab, da diesen Faktor ausschließlich von Vertretern der islamischen KMSH, die dem lokalen Wirkungsbereich zuzurechnen sind, gebildet wird (‚limitiert plural und säkular orientierter, junger Imam').

Bei der weiteren zusammenfassenden Betrachtung bleibt festzuhalten, dass ein Fokus auf die interreligiöse Zusammenarbeit besteht, die freie Religionswahl bevorzugt wird, und eine strikte Trennung von Religion und Politik nicht favorisiert ist. Diese Punkte lassen sich aus den spezifischen historischen Pfadabhängigkeiten des Landes ableiten. Weiterhin wird der rechtlichen Gleichstellung von homosexuellen Partnerschaften weitgehend ablehnend begegnet. Dennoch beziehen sich die Bezeichnungen der Typen (‚Label'; Tab. 78) für Albanien insgesamt auf ein weitgehendes Einverständnis zum gesellschaftlichen Trend der Pluralisierung, auch wenn diese Haltung mit Einschränkungen versehen wird.

Zur zweiten Fragestellung des Integrations- und Konfliktpotentials der Einstellungstypen ist der erste Befund, dass in der Gesamtheit ein hohes Integrationspotential in den Vorstellungen hinsichtlich gesellschaftlicher Ordnung in der Modernisierung vorzufinden ist, insbesondere unter Vertretern der größten Gruppe der muslimischen Würdenträger. Die nach der Zahl der Befragten bedeutendsten Faktoren befinden sich entweder weit im integrativen Bereich des Spektrum des Integrationsindex (‚fa1', ‚fa2'), oder sind im neutralen Feld zu verorten (‚fa3'–,fa5'). Mit Blick auf die größte Religionsgemeinschaft kann gefolgert werden, dass eine höhere Repräsentanz in der Bevölkerung auch eine höhere Varianz in der Verteilung über die Meinungstypen nach sich zieht.

Werden diese Ergebnisse mit Inhalten der Kommentare angereichert, bestätigt sich das Niveau der Integrationspotentiale, da nahezu sämtliche Vertreter zuerst auf die inneren Gegebenheiten innerhalb ihrer Religionsgemeinschaft schauen, bevor Gründe von Konflikten in externen Ursachen gesucht werden („Die Imame in Albanien sind sehr jung, zwischen 30 und 40 Jahre alt, also mental noch flexibel." [A7]). Gruppen, die konfliktträchtige Einstellungstypen ausbilden, sind nicht einer bestimmten Religion oder Konfession zuzuordnen – dies sind nach der Analyse eher kleine Fraktionen innerhalb großer und traditioneller Religionsgemeinschaften (‚fa3', ‚fa7', ‚fa8').

Alle hier erhobenen Einstellungen zeigen nach ihrer Struktur höhere Werte in der Ablehnung als in der Zustimmung zu bestimmen Elementen einer gesellschaftlichen Ordnung. Dies bedeutet ein höheres Maß an Klarheit der Befragten darüber, welche Aspekte zurückgewiesen werden sollten, informiert jedoch weniger über konstruktive Aspekte zur Struktur einer

Gesellschaftsordnung. Dieser Denkansatz über eine negative Auslese könnte bedeuten, dass es für Religionsvertreter gegenwärtig eine Herausforderung darstellt, Religion in die heutige Zeit zu übersetzen.

Am Ende des Abschnittes seien Erfahrungen erwähnt, die sich aus der Feldforschung ergaben. Demnach waren erstens kleine Religionsgemeinschaften sehr (VUSH) oder überhaupt nicht zugänglich. Um zweitens das Vertrauen von Vertretern großer Religionsgemeinschaften, in diesem Fall der KMSH, AOK, RKK und Bektashi-Gemeinschaft zu gewinnen, waren zuerst Interviews mit Repräsentanten der mittleren Hierarchieebene erforderlich, innerhalb derer Akzeptanz für die vorliegende Studie erarbeitet wurde. Anschließend war es möglich, weitere Personen aus der niederen und höheren Ebenen zu befragen. Demnach existieren bei großen Religionsgemeinschaften Schlüsselpersonen (,gate keeper‘) zur Erschließung des Feldes

Drittens offenbarte sich während der Interviews mit Vertretern der vier traditionellen Glaubensgemeinschaften als themenübergreifendes, inhaltliches Element, für den Erhalt (oder den Ausbau) einer privilegierten Position in Politik und Gesellschaft zu arbeiten. Diese Haltung betrifft auch weitere Themen, die aus dem Q-Set und darüber hinaus angesprochen wurden (so u.a. Frage nach der Restitution von Eigentum). Diese Einstellung verläuft vor dem Hintergrund eines weitgehend indifferenten (alltäglichen) Verhältnisses der Mehrheit der Bevölkerung zur Religion – eine ambivalente Situation, mit der die in der Studie befragten Würdenträger betraut sind.

5.3 Ordnungsvorstellungen religiöser Eliten in Nord-Mazedonien

Wie das vorangegangene gliedert sich das Unterkapitel 5.3 in die Darstellung der Vorbereitung der Interviews (5.3.1), Darlegungen zur Durchführung der Befragungen, die im Fall Nord-Mazedonien in fünf Wellen erfolgte (5.3.2), die Analyse der Q-Sort als Präferenzstrukturen der Aussagen unter Anwendung des Programms ,PQ-method‘ (5.3.3), die inhaltliche Erläuterung der Meinungstypen (unter Berücksichtigung typische Q-Sort, Hintergrundvariablen, Kommentare) (5.3.4), sowie die Analyse des Integrations- und Konfliktpotentials (IKP) der Meinungstypen im Hinblick auf die auf inhaltliche Distanzen zwischen den Typen sowie grundlegenden Trends der Modernisierung (5.3.5).

5.3.1 Vorbereitung der Interviews

Die Vorbereitung der Interviews für den Fall Nord-Mazedonien verlief im Unterschied zu Albanien mit der Unterstützung eines Netzwerks vor Ort. Trotz der Kenntnis des Feldes und des vorhandenen Netzwerks gestaltete sich die Kontaktaufnahme zur religiösen Führung der bedeutenden Religionsgemeinschaften sehr schwierig.

So erfolgte die Anschrift der führenden Personen, als auch von Vertretern mittlerer und unterer Hierarchieebenen der vier bedeutenden Glaubensgemeinschaften Mazedonisch-Orthodoxe Kirche – Erzbistum von Ohrid (MPC-OA), der Islamischen Gemeinschaft (BFI), der Römisch-Katholischen Kirche (RKK) und Bektashi-Gemeinschaft, im Vorfeld per Brief und E-Mail. Da auf diese Formen (erwartet) nahezu keine Rückmeldung erfolgte, wurde auf den Wegen der Kontaktierung über neue soziale Medien (u.a. Facebook) sowie über Telefon (mit der Unterstützung durch professionelle Übersetzung) versucht, sich dem Personenkreis zu nähern. Auf diese Weise kamen erste Befragungen mit Repräsentanten verschiedener, auch der zwei bedeutenden (MPC-OA, BFI) Gemeinschaften zustande, von denen aus (mit der Gewinnung von Vertrauen) weitere Befragte angesprochen werden konnten (selbstständige Anfrage). Neben dem Q-Set und der Präferenzskala wurde eine Übersicht der Quellen der Aussagen zu jedem Treffen mitgeführt, um Vertrauen durch Transparenz aufzubauen.

5.3.2 Durchführung der Interviews in Nord-Mazedonien

Die Durchführung der Interviews zu diesem Fall wurde innerhalb von fünf Wellen vorgenommen (im November 2017, Februar 2018, April 2018, November 2018, März 2019). Die Befragungen begannen mit der Vorstellung der eigenen Person, der Darlegung des Projektes, der Zusicherung von Anonymität, sowie der Erklärung der Interviewform (‚Q-Set' der Aussagen von religiösen Würdenträgern, bitte um Einordnung auf Präferenz-Skala). Auch hier kam zu Beginn der Erläuterung bei einem Teil der Interviewpartner aufgrund des Kartensortierverfahrens Skepsis auf, die sich jedoch im weiteren Verlauf in Interesse auflöste. Auch in Nord-Mazedonien wurde der explorative Charakter der Studie hervorgehoben.

Anschließend wurde den Befragten Zeit eingeräumt, sich die Inhalte der Aussagen durchzulesen und eine eigene Position dazu zu finden. Gerade im Fall Nord-Mazedonien erwies sich das Kartensortierverfahren selbst als anwendbar, da es in allen Befragungen (abseits der sprachlichen[364] und ethnischen Unterschiede der Befragten) sofort verstanden wurde. Während der Durchführung wurden Kommentare von den Befragten zu einzelnen Themen geäußert, die Aufnahme in die Datenerhebung fanden, und später zur Beschreibung der Einstellungstypen eingesetzt werden.

Die erste Befragungswelle in Mazedonien fand im November statt und führte zuerst zu einem Führer einer Bektashi-Tekke in einer mittelgroßen Stadt. Die äußeren Rahmenbedingungen dieses Interviews[365] zeigten bereits zu Beginn der Feldforschung für das Land die Bandbreite der mentalen Auffassungen von religiösen Akteuren hier auf: Die BFI deklarierte aus ihrem Selbstverständnis, alle Muslime des Landes zu vertreten, ebenso Ansprüche auf die Anlage. Aufgrund der Apathie staatlicher Institutionen in dieser Frage waren zudem Teile des Komplexes (während Erhebung November 2017) in Nutzung einer radikalen bewaffneten Personengruppe (die sich als islamisch-sunnitisch sieht, und nicht an einer Befragung im Rahmen der Studie interessiert war). Das zweite Interview fand mit einem Bischof der Mazedonisch-Orthodoxen Kirche (MPC-OA) statt. Der Aufbau von Vertrauen hier war essentiell, um weitere Befragungen von Würdenträger der im Land größten Religionsgemeinschaft durchführen zu können (Schlüsselperson). Das dritte Interview führte zu einem Mufti der BFI in einer mittelgroßen Stadt, der weitere muslimische Religionsführer hinzu bat, die stumm seinen Ausführungen zu Religion und gesellschaftlichen Ordnungsvorstellungen folgten.

Die zweite Befragungswelle für das Land konzentrierte sich im Februar 2018 auf Vertreter der Mazedonisch-Orthodoxen Kirche (MPC-OA). Sie begann mit der Befragung eines Bischofs der Kirche; es folgten drei Interviews mit hohen Vertretern der Theologischen Fakultät in Skopje (einzigen höheren Ausbildungsstätte der Kirche). Sie gelten als Vertreter der zweiten Hierarchieebene. Zudem kamen Befragungen von vier Priestern der MPC-OA hinzu; zwei aus dem Raum Skopje, und zwei aus verschiedenen mittelgroßen Städten des Landes (Tetovo, Ohrid). Diese Lokalitäten stehen als konfliktreiche (Tetovo) oder traditionell spirituelle (Ohrid) Orte des

---

364 Mazedonisch, Albanisch, Serbisch, Bosnisch, Deutsch

365 Die Stadt war im Frühjahr 2001 ein Austragungsort (unter vielen) mehrmonatiger gewaltsamer Auseinandersetzungen zwischen albanischen Separatisten und mazedonischen Polizei- und Armeeeinheiten, bei denen auf beiden Seiten auch schwere Waffen zum Einsatz kamen (Shay 2007: 116).

Landes für eine potentiell hohe Bandbreite von Einstellungen hinsichtlich des Untersuchungsgegenstandes Religion und gesellschaftliche Ordnung.

In der dritten Befragungswelle im April 2018 stand die Konzentration auf Vertreter der zweitgrößten Religionsgemeinschaft, der Islamischen Vereinigung BFI, im Vordergrund. So wurde zuerst ein Interview in der mittelgroßen Stadt mit einem Imam der BFI durchgeführt, anschließend eines am gleichen Ort mit einem Priester der MPC-OA. In einer weiteren mittelgroßen Stadt wurden zwei jüngere Vertreter der islamischen BFI, ein älterer Imam, sowie Ober-Imam befragt. Zudem stand g.g. Stefan (Veljanovski), Erzbischof der Mazedonisch-Orthodoxen Kirche, für ein Interview zur Verfügung, und ein Superintendent der United Methodist Church in Mazedonien. Insgesamt umfasste die dritte Befragungsrunde in Mazedonien acht Befragte, davon fünf Vertreter der BFI, und zwei der MPC-OA.

Die vierte Befragungsrunde im November 2018 führte zu einem hohen Geistlichen der islamischen Gemeinschaft BFI in Skopje (dessen Sicherheitspersonal der Befragung äußerst kritisch gegenüberstand), zu einem Imam der bosnischen Minderheit, zu einem Priester der MPC-OA in der mittelgroßen Stadt Veles, zu einem Priester einer Freien Kirche, sowie zu zwei albanischen Vertretern der Römisch-Katholischen Kirche. Demnach wurden in der vierten Welle sechs Interviews von unterschiedlichen Religionsgemeinschaften gewonnen.

Die fünfte Welle im März 2019 konzentrierte sich auf Vertreter der Mazedonisch-Orthodoxen Kirche: So konnten Befragungen mit drei Priestern und Theologen der Kirche in ihrer theologischen Fakultät abgehalten werden, sowie im Zentrum von Skopje mit einem einflussreichen lokalen Vertreter der Islamischen Gemeinschaft (BFI), und mit einem weiteren Priester MPC-OA. Demnach kamen in der fünften Welle fünf Befragte hinzu; insgesamt beträgt das Sample für Nord-Mazedonien 30 Interviewpartner. Die Struktur ihrer religiösen Zugehörigkeiten reflektiert die der Bevölkerung des Landes:

Tab. 82: Nord-Mazedonien: Befragte nach Religionsgemeinschaften

MPC	BFI	RKK	Methodist.	Freikirche	Bektashi	bos. Musl.
16	8	2	1	1	1	1

Die Betrachtung der weiteren Hintergrundvariablen der Befragten zeigt (mit Ausnahme der Geschlechter) eine ausgewogene Verteilung innerhalb der Kategorien des Alters, der Position in der Hierarchie der Gemeinschaft („Elite-Status'), der Ortsgröße der beruflichen Verankerung, und der Bildung.

In Mazedonien wurden insgesamt sieben Vertreter der höchsten Ebene der Religionsgemeinschaften befragt.

Tab. 83: Struktur der Hintergrundvariablen der Befragten in Nord-Mazedonien[366]

Alter	Elite-Status	Ort	Bildungsniveau	Geschlecht
unter 30	hoch	≥ 150.000	promoviert	männlich
3	7	18	12	30
30 – unter 40	mittel	20–150.000	Uni.-abschluss	weiblich
7	11	11	14	0
40 – unter 50	niedrig	≤ 20.000	kein Uni.-ab.	
8	12	1	4	
50 – unter 60				
4				
ab 60				
8				

Die Geschlechterverhältnisse im Sample reflektieren die Gegebenheiten im religiösen Feld; weibliche Religionsführer sind auch auf den unteren Ebenen der Hierarchien der Religionsgemeinschaften des Landes nahezu nicht vertreten. Die Konzentration der Befragten auf die Lokalität der Hauptstadt Skopje (18 Interviews) folgt der besonderen demografischen Lage, sowie der Aufstellung der Religionsgemeinschaften im Land. Die Rate der Zusage im Vergleich zur Gesamtzahl der Anfragen lag in Mazedonien höher als in Slowenien und niedriger als in Albanien. Anschließend erfolgte die Codierung der individuellen Q-Sort von M1 bis M30.

5.3.3 Analyse der Q-Sort

Die dreißig Antwortstrukturen aus (Nord-)Mazedonien wurden in das Programm PQ-Method mit der Anweisung eingegeben, vier und acht Meinungstypen zu generieren. Die Strukturen der Resultate einer 4- und 8-Fak-

---

366 Alter in Jahren; Elite-Status (hoch: Bischof, Mufti, Vorsitzender; mittel: auf mittlerer Hierarchieebene oder in Ausbildung Beschäftigte; niedrig: lokale Ebene einer Ortsgemeinde); Ortsgröße nach absoluter Einwohnerzahl, orientiert an Kategorien nach Bundesinstitut (2020). Angaben der Befragten zu Alter und Bildungsniveau.

toren-Rotation zeigen ähnliche Muster wie zuvor im Fall Albanien auf: Eine Rotation mit dem Ziel von vier Faktoren enthält insgesamt eine höhere Anzahl von Befragten, jedoch ein geringeres Maß an erklärender Varianz und Trennung von Diskursen bereit, wie nachstehende Tabelle aufzeigt:

Tab. 84: Nord-Mazedonien: Faktorencharakteristika
(strukturell; ‚fm1'–‚fm8')

	‚fm1'	‚fm2'	‚fm3'	‚fm4'	‚fm5'	‚fm6'	‚fm7'	‚fm8'
4-Faktoren Rotation (*free distribution / nload 23 / overall expl. variance 51.59 %*)								
Average reliability coefficient	0.80	0.80	0.80	0.80				
Number of loading Q-sorts	7	7	5	4				
Percentage explained variance	14.89	13.41	11.95	11.34				
Standard error of factor scores	0.19	0.19	0.22	0.24				
8-Faktoren Rotation (*free distribution / nload 20 / overall expl. variance 72.03 %*)								
Average reliability coefficient	0.80	0.80	0.80	0.80	0.80	0.80	0.80	0.80
Number of loading Q-sorts	3	4	3	2	3	2	2	1
Percentage explained variance	13.26	11.30	10.23	9.06	8.72	7.50	6.16	5.80
Standard error of factor scores	0.28	0.24	0.28	0.33	0.28	0.33	0.33	0.45

Der Vergleich der 4- mit der 8-Faktoren-Rotation der 30 Q-Sorts aus (Nord-) Mazedonien ergab, dass mit einer unwesentlich geringer ausfallenden Inklusion von Befragten (hier Absenkung von 23 auf 20 Befragte) eine höhere erklärende Varianz der Streuung der Inhalte der Einstellungstypen über aller im Q-set angesprochenen Diskurse festzustellen ist (‚overall expl. variance' Erhöhung von 51,59% auf 72,03%). Demnach bestätigen sich hier die Vorteile der Wahl einer 8-Faktoren-Rotation (Typen ‚fm1' bis ‚fm8') für die weitere Analyse.

5.3.4 Nord-Mazedonien: Inhaltliche Beschreibung der Faktoren, ‚Labelling'

Nach der Entscheidung für die Erstellung von acht Meinungstypen werden nun die einzelnen Faktoren inhaltlich beschrieben. Der **am stärksten auftretende Meinungstypus** unter den Befragten (Nord-)Mazedoniens (‚fm1') wird von drei Befragten gebildet und besitzt eine erklärende Varianz von 13,26%. Nach den in nachstehender Tab. 85 dargestellten fünf am stärksten bevorzugten und fünf am stärksten abgelehnten Aussagen ist der Faktor ‚fm1' nach folgenden Inhalten zu beschreiben: Präferiert werden eine hohe Bedeutung der positiven Religionsfreiheit als Menschenrecht (sta_14; z-score 1.186), die staatliche Gleichbehandlung von Glaubensgemeinschaften (sta_2), dass die Familie aus Vater und Mutter bestehe, und homosexuelle Partnerschaftsformen rechtlich nicht gleichgestellt werden sollten (sta_10), die Trennung von Staat und Religionsgemeinschaften (sta_4), sowie, dass die Angehören der eigenen Glaubensgemeinschaft Wissen über andere Religionen besitzen sollten (sta_29). Dies zeigt zunächst einen Fokus auf das Feld von Religion und Politik an.

Tab. 85: Nord-Mazedonien: Faktorencharakteristika (inhaltlich) („fm1'–„fm4')

Präferierte Aussagen	z-scores	Abgelehnte Aussagen	z-scores
„fm1' (nload 3 / exp. vari. 13.26%)			
sta_14 positive RF Menschenrecht	1.186	sta_24 reli. Führer nach ethn. Kriterien	-1.839
sta_2 RGs vom Staat gleich behandelt	1.082	sta_22 Menschen gut oder schlecht	-1.839
sta_10 Familie: Vater und Mutter	1.082	sta_12 Nationalstaat hat Nationalreli.	-1.735
sta_4 RGs vom Staat getrennt	1.078	sta_35 neue RGs Autorität große RG	-1.316
sta_29 Gläubige Wissen and. Religion	1.020	sta_34 konf. Religionsunterricht Basis	-1.316
„fm2' (nload 4 / exp. vari. 11.30%)			
sta_10 Familie: Vater und Mutter	1.003	sta_11 Staat starker Führer	-1.909
sta_14 positive RF Menschenrecht	1.003	sta_5 staatl. Bau reli. Stätten polarisiert	-1.824
sta_30 reli. Führer offen, liberal, gebildet	1.003	sta_13 Fokus reli. Führer auf Spirituel.	-1.780
sta_17 reli. Führer akzept. Diversität	0.960	sta_4 RGs vom Staat getrennt	-1.768
sta_2 RGs vom Staat gleich behandelt	0.959	sta_12 Nationalstaat hat Nationalreli.	-1.621
„fm3' (nload 3 / exp. vari. 10.23%)			
sta_14 positive RF Menschenrecht	1.170	sta_22 Menschen gut oder schlecht	-2.205
sta_25 and. reli. Führer regelm. sehen	1.170	sta_35 neue RGs Autorität große RG	-1.647
sta_28 Gründe Konvertierung interes.	1.170	sta_36 Gründung RG Akzeptanz Bürger	-1.525
sta_10 Familie: Vater und Mutter	1.046	sta_32 meine RG schwierige Situation	-1.451
sta_16 reli. Führer unpol., außer Hum.	1.046	sta_20 öff. Zeigen reli. Identität mutig	-1.420

‚fm4' (nload 2 / exp. vari. 9.06%)

sta_13 Fokus reli. Führer auf Spirituel.	1.302	sta_34 konf. Religionsunterricht Basis	-2.044
sta_2 RGs vom Staat gleich behandelt	1.078	sta_3 RGs keine nation Interessen	-1.820
sta_19 RG soz. Orientierungspunkt	1.078	sta_24 reli. Führer nach ethn. Kriterien	-1.626
sta_25 and. reli. Führer regelmä. sehen	1.078	sta_31 ausw. Einfluss stört reli. Harm.	-1.596
sta_30 Führer offen, liberal, gebildet	1.078	sta_20 öff. Zeigen reli. Identität mutig	-1.596

Auf der Seite der abgelehnten Aussagen stehen für ‚fm1', Menschen seien entweder gut oder schlecht (sta_22; z-score -1.839), religiöse Führer sollten nach ethnischen Kriterien ausgewählt werden (sta_24), ein grundlegendes Element des Nationalstaates sei eine Nationalreligion (sta_12), neue hätten die Autorität der großen Religionsgemeinschaft anzuerkennen (sta_35), und der konfessionelle Religionsunterricht sei Basis der Bildung (sta_34). Insgesamt sind innerhalb der zehn am intensivsten platzierten Aussagen vier dem Bereich Religion und Politik, zwei jenem von Religion und Gesellschaft, sowie vier dem religiösen Sektor zuzuordnen. Mit Ausnahme der Ablehnung der rechtlichen Gleichstellung homosexueller Partnerschaften zeigt sich hier eine hohe Akzeptanz der Modernisierungtrends der Pluralisierung (sta_2; sta_14; sta_29; sta_35), und der Trennung zwischen Religion und Politik (sta_4; sta_12). Diese Einschätzung wird durch den Wert für ‚fm1' im Integrationsindex (+24) bestätigt. Zudem werden primordiale Identitätselemente (sta_22: Menschen gut oder schlecht; sta_24: Ethnie Kriterium bei Rekrutierung Würdenträger) am stärksten abgelehnt.

Für die drei repräsentativ stehenden Befragten des Faktors ‚fm1' (M7, M29, M30) zeigen die Hintergrundvariablen eine weitgehende Heterogenität: Sie gehören drei unterschiedlichen Gemeinschaften des christlichen Spektrums an, haben ein hohe Varianz in der Altersstruktur aufzuweisen (ein Befragter 30–40 Jahre, zwei über 60 Jahre), haben eine grundsätzlich differente Position in der Hierarchie der jeweiligen Gemeinschaft (niedrig bis leitend), und wirken an Orten mit unterschiedlicher Größe. Allein das formale Bildungsniveau (Universitätsabschluss) ist recht ähnlich. Die Interviews offenbarten bei den drei Befragten zusätzlich eine hohe informelle Bildung; ein Merkmal, welches sich von den weiteren erarbeiteten Einstellungstypen für Nord-Mazedonien unterschied (siehe Typ ‚fa2' [Albanien]).

Um den Faktor ‚fm1' inhaltlich zu beschreiben, werden nach Vorgabe der Q-Methode neben den Präferenzen des typischen Q-Sort weiterhin die Anmerkungen der Vertreter des Faktors herangezogen. Hier bestätigt sich jene Auffassung von gesellschaftlicher Ordnung, die generell eine moderat-liberale und plurale, jedoch nicht gänzlich staatlich-säkulare Orientierung beinhaltet.

Im Bereich der Beziehungen zwischen Religion und Politik wird die ordnende Autorität des Staates betont, der Gleichbehandlung der Religionsgemeinschaften (sta_2) nicht grundsätzlich gewährleisten muss: *„Wenn sie Frieden und Liebe predigen, dann ja! Wenn nicht, dann auch nicht."* (M7), oder *„Religion kann auch Schlechtes, deshalb kann der Staat auch Religiöses verbieten."* (M29). Diese Orientierung auf Differenzierung des Religiösen und auf Elemente der Integration (‚Friede') zeigt sich weiterhin in der Relativierung der Rolle der eigenen Gemeinschaft hinsichtlich der Politik: *„Der religiöse Glaube der Politiker sollte ihre politischen Handlungen bestimmen? Alle Religionen sind gut, abgesehen davon, ob man Christ oder Muslim ist, aber nur, wenn man sich an die originalen Prinzipien hält."* (M7).

Auf der anderen Seite kam an dieser Stelle erneut ein gewisses Maß an Skepsis gegenüber einer vollständigen Trennung zwischen Religion und Politik auf, wie sie bereits in den Inhalten der Meinungstypen zu Albanien diagnostiziert wurde. Diese Skepsis spricht sich nicht für ein enges Verhältnis (Stichwort Staatsreligion) aus, sondern für die angemessene Anerkennung auch der religiösen Elemente in einer sich pluralisierenden Gesellschaft: *„Ein säkularer Staat in der Verfassung verankert? Diese Frage sollte nicht bearbeitet werden, da hier ‚political correctness' entsteht. Menschen mit und ohne Religion sollten ihre Meinung hinsichtlich der Bildung einer besseren Gesellschaft äußern, ohne ‚hidden agenda', aber nicht Anderen sagen, wie sie zu argumentieren haben. In Mazedonien fehlen die Arenen für einen offenen, ehrlichen Dialog."* (M29)[367].

Religion und Politik seien zusätzlich aufgrund des menschlichen, individuellen Bedürfnis' nach (sozialem) Vertrauen miteinander verflochten, das auf der Mikro-Ebene aufgebaut, und in anderen Bereichen der Gesellschaft auf Meso-Ebene wieder abgebaut bzw. verarbeitet werde: *„Religion ist an die Gesellschaft und die Familie gerichtet, und damit auch an die Politik. Die Politik kann ohne Religion nicht leben, denn Politik lebt von Vertrauen. Vertrauen kann nur von der Familie, der kleinen Gemeinschaft hergestellt werden, denn eine kleine Zelle schafft Vertrauen. Vertrauen wird in Politik und Wirtschaft verbraucht, nicht hergestellt."* (M29).

---

367 Der nationale inter-religiöse Dialog wurde in Nord-Mazedonien bisher durch die Regierung organisiert.

Zur Einordnung bleibt festzuhalten, dass die repräsentativ Befragten des Typs im Feld Religion und Politik generell eine die Pluralität der Gesellschaft akzeptierende Ordnung bevorzugen: *„Eine Nationalreligion? Das ist doch Denken des 19. Jahrhunderts! Das ist kein positives Element der Nationsbildung für Mazedonien, es erzeugt eher einen Typ problematischer Nationalismus."* (M29); *„Das größte Problem ist der Nationalismus in der Politik, mit und ohne Religion."* (M7).

An dieser Stelle wurden zusätzlich umfangreiche Kommentare zur besonderen Situation des Staates Mazedonien, und daraus folgend organisierter Religion im Land abgegeben, die ebenfalls die Perspektive einer nicht-vollständigen Trennung zur Politik illustrieren: *„Der Balkan muss voll von Geschichte sein, da es wenig Geschichtsschreibung gab, und die mündliche Überlieferung auf dem Balkan wichtig war und ist. Es gibt verschiedene Versionen, aber jeder soll seine Geschichte erzählen können. Mazedonien war immer besetzt, und es wurde offiziell immer eine andere Geschichte erzählt und zugelassen. Auch Mazedonien muss die Möglichkeit bekommen, seine eigene Geschichte zu erzählen. (...). Das produziert einen Minderwertigkeitskomplex (...). Auch die EU macht hier oberflächliche Politik."* (M29).

Der Prozess der kollektiven Identitätsfindung unter ambivalenten Haltungen externer Akteure (EU, Nachbarstaaten) zu diesem Thema erbrachte eine große Verunsicherung, welche die Rolle der großen Religionsgemeinschaften mit einschloss. Auch diese seien als Teil der Gesellschaft ebenso berechtigt, ihre Perspektive auf die Geschichte des Landes darzulegen, auch im externen Kontext. Mit der Nicht-Anerkennung der Mazedonisch-Orthodoxen Kirche (MPC-OA) bis 2022 und der schwierigen außenpolitischen Situation des Landes blieben viele Parallelen zwischen Religion und Politik bestehen, die sich so auf die Basisthemen von Existenz und (unsicherer) Identität verstärkt konzentrieren.

Neben der betont integrativen Ausrichtung der Ordnungsvorstellungen erteilten die Vertreter des Faktors ‚fml' abweisende Kommentare hinsichtlich einer rechtlichen Gleichstellung von homosexuellen Partnerschaften (sta_10). *„Das ist eine Sünde. Das sage ich nicht aus ideologischer Sicht, es geht um das Überleben der Familie. (...). Hier ist die Basis die Familie, die einzige Institution, der man vertrauen kann. (...) Die Schwierigkeiten sind die unausgesprochenen Dinge."* (M29). Bedeutend bleibt hier, dass bei der Diskussion des Themas weniger individuelle Identität besprochen, sondern vielmehr vermeintliche Konsequenzen auf höheren Ebenen der Gesellschaftsstruktur adressiert werden.

Dieser Punkt war die einzige signifikante Einschränkung in einem generell pluralistischen Ordnungsprinzip, so auch hinsichtlich der Rolle der Religion in der Gesellschaft. Charakteristische Beispiele sind, dass bei Typ ‚fm1' a) ethnische Kategorisierungen in der Betrachtung der Gesellschaft abgelehnt werden (*„Keineswegs! Wir sind alle Kinder Gottes."* [M7]), und b) die Ausübung der (positiven und negativen) Religionsfreiheit als grundlegendes Menschenrecht angesehen wird, auch wenn nicht-religiösen Menschen als hilflos wahrgenommen werden: *„Ohne Bedeutung kommt niemand aus, auch Atheisten suchen nach Bedeutung. Sie spüren, dass Atheismus eine Illusion ist, Religion kann helfen. Aber du solltest die Freiheit haben! (...) Religion sollte sich am Humanismus orientieren."* (M29).

Der Begriff des Humanismus (siehe Parallelen zu Faktor ‚fa2' / Albanien) wird zur späteren Typenbeschreibung von ‚fm1' herangezogen, da er den Wertmaßstab auch in weiteren Themenbereichen blieb: *„Ist Religionszugehörigkeit wichtig? Erst sollte man nach Menschlichkeit suchen, jeder ist frei zu glauben, was er will. Wenn man ein guter Mensch ist, ist der Glaube egal."* (M7), oder *„Viele Menschen sind meine Freunde, wenn sie menschlich sind."* (M29).

Weiterhin bleibt innerhalb der Orientierung zudem der Punkt der Repräsentation von Pluralismus bzw. Diversität als bedeutendes Element innerhalb der Kommentare bestehen, auch wenn der Ausgangspunkt für das eigene Land schwierig sei: *„Hier gibt es Angst vor der Diversität, Reservation vor dem Anderen. Zu viel ist passiert, als dass Pluralismus nur Gutes für diese Leute hier bedeutet. Aber man soll die Würde der Diversität wiederentdecken!"* (M29). Ausdruck und Indikator des Respekts einer gesellschaftlichen Ordnung mit Abbildung des Wertes der Pluralität sei, *„(...) wie man die Schwachen behandelt. (...) Für Mutter Theresa wurden schnell Monumente errichtet, aber wie wird mit den Armen umgegangen?"* (M29).

Diese Sichtweise bestätigt sich zudem in der Haltung bezüglich der bevorzugten Ordnung im religiösen Bereich. Jede Gemeinschaft hätte ihre Berechtigung, und es wird anderen Glaubensrichtung vorsichtig begegnet: *„Wenn man die Kirche mit anderen vergleichen würde, dann könnte das zu Synkretismus führen."* (M7 zu sta_33); *„Es gibt verschiedene Kulturen, und ein Vergleich könnte Arroganz hervorrufen."* (M29). Dennoch: *„Es ist richtig, die Menschen verschiedener Glaubensrichtungen müssen sich austauschen. Wenn es keine Kooperation gibt, muss man den Fehler bei sich selbst suchen."* (M29 zu sta_25). Bezüglich der Religion fasst Faktor ‚fm1' zusammen, *„Muslime, Christen, Juden sollten zusammenkommen, ohne versteckte Agenda, und sagen was sie wollen. Kommt zusammen und gestaltet eine bessere Gesellschaft! Wir benötigen offen Räume für Dialog."* (M29).

Zusätzlich bemerkenswert in Abgrenzung zu den weiteren erstellten Meinungstypen zu (Nord-)Mazedonien ist bei diesem Faktor, dass dessen Repräsentanten ein Konzept vorlegen, in dem der Versuch unternommen wird, Religion und Wissenschaft in der Moderne über ihre unterschiedlichen Funktionen miteinander in Verbindung zu setzen, und nicht als oppositionelle Bereiche darzustellen: *„Der Religionsunterricht ist nicht aus religiös-doktrinärer Sicht richtig, sondern, weil er zwei Welten umfasst: Erstens jene der Erklärung, für die die Wissenschaft zuständig ist, und zweitens die der Bedeutung, welche der Religion vorbehalten ist. Was bedeuten die Dinge? Die Wissenschaft versucht, über Erklärung Bedeutung herzustellen. Beide sind wichtig, denn man kann keine Bedeutung von der Erklärung bekommen."* (M29).

In der Gesamtschau der Präferenzen, die im typischen Q-Sort des Meinungstypus geäußert wurden, den Hintergrundvariablen der Befragten, sowie deren Kommentare wird hier die Typenbezeichnung ‚<u>christlicher, moderat-pluraler Humanist</u>' gewählt.

Der zweite Einstellungstypus in Nord-Mazedonien (‚fm2') wird von vier Befragten hauptsächlich repräsentiert und hat eine ‚erklärende Varianz' der im Q-Set abgebildeten Diskurse von 11,30%. Die Position präferiert die fünf Aussagen am höchsten, dass die Familie aus Vater und Mutter bestehe und homosexuelle Partnerschaften rechtlich nicht gleichgestellt werden sollten (sta_10, z-score 1.003), positive Religionsfreiheit ein grundlegendes Menschenrecht sei (sta_14), Religionsführer offen, liberal und gebildet sein (sta_30), sowie Diversität in einer Gesellschaft akzeptieren und in der Anerkennung fördern sollten (sta_17). Hier steht zudem staatliche Gleichbehandlung von Glaubensgemeinschaften (sta_2).

Auf der ablehnenden Seite sind die Aussagen verortet, der Staat benötige einen starken Führer (sta_11; z-score -1.909), der staatliche Bau von religiösen Stätten polarisiere die Gesellschaft negativ (sta_5), der Fokus religiöser Würdenträger sollte ausschließlich auf Spirituellem liegen, und nicht auf der Politik (sta_13), Religionsgemeinschaften sollten von Staat getrennt sein (sta_4), und der Nationalstaat benötige eine Nationalreligion (sta_12). Offenbart sich bei den positiv evaluierten Aussagen ein Fokus auf die Beziehung von Religion und Bevölkerung (sta_10, sta_14, sta_17), so ist auf der Seite der abgelehnten Positionen eine Konzentration auf den Bereich von Religion und Politik zu erkennen (sta_4, sta_5, sta_11, sta_12). Hier wird (nach Fox 2008: 147) eine aktive Staatsreligion abgelehnt, jedoch weiterhin starke Verbindungen zwischen Religion und Politik bevorzugt (‚*preferred treatment*'). Der an dieser Stelle gewonnene Eindruck von hinsichtlich der Trends der Modernisierung ambivalenten Auffassungen von gesellschaftlicher Ordnung bei Faktor ‚fm2' wird durch den relativ geringen Wert (+7) im Integrationsindex bestätigt.

Die vier Vertreter des Faktors ‚fm2' (M18, M19, M20, M21) haben hinsichtlich der Hintergrundvariablen eine Vielzahl an Gemeinsamkeiten vorzuweisen: Demnach gehören sie dem muslimisch-sunnitischen Spektrum an, ihr Wirkungskreis ist auf der lokalen Ebene anzusiedeln (niedriger ‚Elite-Status'), der außerhalb der Hauptstadt liegt, und das Bildungsniveau ist für religiöse Würdenträger durchschnittlich (Universitätsabschluss). Allein das Merkmal des Alters zeigt eine hohe Differenz: Zwei Befragte waren unter 30 Jahre alt, einer in der Kategorie von 40 bis unter 50 Jahren, und einer über 60 Jahre alt.

Der Vergleich der beiden Q-Sort der Faktoren ‚fm1' und ‚fm2' zeigt mit drei Übereinstimmungen innerhalb der fünf bevorzugten Aussagen (sta_2; sta_10; sta_14) hohe inhaltliche Parallelen. Die Kommentare der repräsentativen Vertreter des Faktors ‚fm2' zeigen andererseits für die Beziehungen zwischen Religion und Politik eine Präferenz für eine Verflechtung beider Bereiche: *„Sollten beide getrennt sein? Ich stimme nicht zu."* (M21), und *„Politik und Religion sind miteinander verbunden."* (M18). Ein in der Verfassung verankerter, säkularer Staat wird demnach abgelehnt, *„(...) weil es den Religionsgemeinschaften nicht dienlich ist."* (M18). Auch sollte religiösen Führern Einfluss auf die politische Sphäre erlaubt sein: *„Ich denke, es ist verbunden. Um zu leben, musst Du mit der Politik beschäftigt sein, Du bist abhängig von der Politik."* (M18; als religiöser Würdenträger – Anm. d. A.); *„Religionsführer sollten auch Einfluss auf andere Bereiche des Lebens haben, wie die Ökonomie, Politik."* (M19). Beide Bereiche werden als zusammenhängende Quellen innerhalb der Konstitution einer kollektiven Identität angesehen, da *„(...) eine Person, die ihre Religion respektiert, auch die Nation respektieren sollte."* (M19).

Die Haltung wird auch mit Blick auf die politischen Eliten ausgedrückt: *„Glauben sollte eine Rolle und eine Leitlinie dafür sein, wie sie agieren."* (M19). Die gegenwärtigen realen Verhältnisse zeichnen jedoch ein anderes Bild: *„In Mazedonien ist es aber nicht so. Unsere Politiker benutzen Religion, um Stimmen zu bekommen, und sind nicht vom Glauben geführt."* (M18). So wird ebenso in den Kommentaren ein starker Führer des Staates (sta_11) bevorzugt, der eingrenzend *„(...) stark, aber gerecht (...)"* (M19, M21) sein sollte, und *„(...) auf seine Berater hört."* (M18).

Auf der anderen Seite steht in den Kommentaren die Ablehnung einer Nationalreligion (sta_12): *„Nationalität und Religion sind auch getrennt. Man kann seine Nationalität nicht wählen, aber die Religion schon."* (M18, ähnlich M19).

Die Thematik der rechtlichen Gleichstellung homosexueller Partnerschaften (sta_10), welche die Pluralität der Gesellschaft anerkennt, wird in den Kommentaren der Repräsentanten des Faktors ‚fm2‘ als auffälliges gemeinsames Merkmal nur äußerst kurz behandelt, und abgelehnt (gesamte Stellungnahmen): *„Dieses Phänomen ist gegen Religion.“* (M20); *„Unsere Religion unterstützt das nicht.“* (M19); *„Eine Mutter und einen Vater, nicht mehr als das.“* (M18); *„Sollten sie nicht.“* (M21). Anschließend wurde das Thema vermieden.

Den stark auf kollektive Identität zielenden Inhalten fügen sich Anmerkungen zum Bereich Religion in der Gesellschaft an, die Trends der Individualisierung auf der Mikro-Ebene berücksichtigen: *„Ich glaube an die Religionsfreiheit (...).“* (M18), *„(...) solange kein Druck ausgeübt wird.“* (M19). Bemerkungen zur Einordnung des Rechts auf negative Religionsfreiheit in das Q-Sort offenbaren ein eher primordiales Menschenbild: *„Ich unterstütze es nicht, aber es existiert vordergründig in der Realität. (...) Atheismus existiert nicht. Wenn harte Zeiten kommen, wendet sich das Individuum zu Gott.“* (M18).

In diesem Konzept der gesellschaftlichen Ordnung erhält die eigene Glaubensgemeinschaft eine Position des Vorrangs vor anderen Vereinigungen (sta_18): *„Islam ist ein Lebenseinstellung, nicht eine Organisation.“* (M18); *„(...) Religionsgemeinschaften haben eine höhere Rolle. Es ist der wichtigste Teil der Gemeinschaft.“* (M19); *„(...) teilweise, sie sind größer.“* (M21). Demnach sollte die Religionsgemeinschaft im Zentrum des sozialen Lebens stehen: *„(...) zumindest in meiner Gemeinschaft denke ich ist es so.“* (M18) – soziologisch bedeutend für Einordnungen des Konzepts zur gesellschaftlichen Ordnung, welches das Kollektiv / die Gemeinschaft somit primär unter religiösen Vorzeichen bildet.

Die bedeutende Stellung der Glaubensgemeinschaft und der religiösen Doktrin im Ordnungskonzept von ‚fm2‘ wird auf der individuellen Ebene ergänzt durch eher primordiale Vorstellungen von grundlegenden Eigenschaften, wie sie in Aussage 22 des Q-Set (‚Menschen entweder gut oder schlecht‘) aufgegriffen werden. Hier wurde angemerkt, *„Essentiell sind Menschen gut, es sind die Wahlmöglichkeiten im Leben, die sie später zu schlechten Menschen machen.“* (M18), und *„Es gibt nur zwei Typen von Menschen – klar, zwei Seiten, zwei unterschiedliche Gruppen.“* (M19). Demnach ist die Aussage ebenfalls im typischen Q-Sort für Faktor ‚fm2‘ positiv bewertet. Ein ethnischer Fokus wird hingegen aus religiösen Motiven heraus abgelehnt, *„Unser Prophet sagt, dass es keinen Unterschied in der Hautfarbe der Menschen gibt, aber im Herzen.“* (M18).

Die Kommentare hinsichtlich des religiösen Bereichs zeigen zuerst Verständnis für die Berücksichtigung von Pluralität: *„Der Koran lehrt uns Respekt für alle. Wir benötigen eine gegenseitige respektvolle Beziehung.“*, *„Ich bete für alle! (…) Ich fühle mich einer religiösen Person näher, mehr als zu jemanden der keine Religion praktiziert.“* (M18). Im Vergleich der Religionsgemeinschaften seien Gemeinsamkeiten in der Ausrichtung vielfach erkennbar: *„Es existieren eine Menge Dinge, die sie zusammenbringen; jeder sucht etwas, was immer es ist. Demnach sind sie vergleichbar.“* (M18 zu sta_33), die ebenso für das soziale Gefüge bedeutsam sind (*„Viele Werte sind gleich.“*; M19).

Die Anerkennung religiöser Pluralität wird eingegrenzt: *„Wenn wir über himmlische Religionen sprechen (…).“* (M18), *„Monotheistische Religionen teilen viel, richtig.“* (M19). In diesem Rahmen wird von den Gläubigen verlangt, sich Wissen über andere Religionen anzueignen: *„Ich denke, es ist eine gute Praxis.“* (M18); *„Mehr Wissen heißt mehr Harmonie und weniger Missverständnisse.“* (M19). Für ihren konfessionellen Bereich wird hingegen die gehobene Autorität der eigenen Gemeinschaft betont: *„(…) eine Schirmorganisation, die alle Muslime umfasst, demnach müssen sie die Autorität akzeptieren. (…) Es gibt eine religiöse Gemeinschaft (…)“* (M18), *„(…) eine zentrale Organisation.“* (M19).

Unter Berücksichtigung des typischen Q-Sort des Faktors, der Hintergrundvariablen, sowie der Inhalte der Kommentare hat ‚fm2‘ die Typenbezeichnung ‚institutionell und religiös-exklusiver, politisierter Imam‘. Die Betonung der Politik reflektiert sich zusätzlich in einem hohen Wert des Faktors im Politisierungsindex (7,22).

Der dritte Einstellungstyp für Nord-Mazedonien (‚fm3‘) wird maßgeblich von drei Befragten repräsentiert (expl. varia. 10,23%). Hier werden die fünf Aussagen am stärksten bevorzugt, positive Religionsfreiheit sei ein Menschenrecht (sta_14), Würdenträger unterschiedlicher Gemeinschaften sollten sich regelmäßig sehen und freundliche Beziehungen untereinander pflegen (sta_25), Gründe für die Konvertierung der eigenen Anhänger zu einer anderen Religion seien interessant und zu erkunden (sta_28), homosexuelle Partnerschaften sollten Familien mit Vater und Mutter nicht rechtlich gleichgestellt sein (sta_10), und Religionsführer sollten sich nicht politisch äußern, außer, der Humanismus in einer Gesellschaft sei bedroht (sta_16).

Auf der Seite der am stärksten abgelehnten Aussagen stehen die Positionen, Menschen seien entweder gut oder schlecht (sta_22), neue Religionsgemeinschaften hätten die Autorität der großen im Land anzuerkennen (sta_35), die Gründung einer solchen benötige die Akzeptanz der Mehrheit der Bürger eines Staates (sta_36), die eigene Gemeinschaft sei verglichen mit weltweiten

Entwicklungen in einer schwierigen Situation (sta_32), und das öffentliche Zeigen der religiösen Identität sei mutig (sta_20). Mit dieser Struktur bezieht sich Einstellungstyp ‚fm3‘ in diesen zehn Aussagen insbesondere auf das Feld der Beziehungen zwischen den Religionen (sta_25; sta_28; sta_32; sta_35; sta_36).

Innerhalb der Konzentration auf das Religiöse ist generell eine akzeptierende Haltung zu Trends der Modernisierung zu vernehmen (Zustimmung sta_14; hohe Ablehnung Schlüsselaussage Identitätsauffassung, sta_22). Diese erste inhaltliche Deutung des Faktors wird durch einen hohen Wert im Integrationsindex (+20), und einen relativ geringen im Politisierungsindex (3,61) bestätigt. Der Vergleich zu ‚fm1‘ und ‚fm2‘ zeigt die inhaltlichen Parallelen der hohen Befürwortung der Religionsfreiheit (sta_14), und der exklusiven Definition der Familienstruktur (sta_10; ‚Vater und Mutter‘).

Die drei repräsentativ Befragten von ‚fm3‘ (M9, M10, M16), zeigen Gemeinsamkeiten bei der Ausprägung der Hintergrundvariablen: Sie gehören der größten Religionsgemeinschaft an (MPC-OA), sind zwischen 40 und 60 Jahre alt, wirken auf der Ebene der Ortsgemeinde (Priester, niedriger ‚Elite-Status‘) in einer größeren Stadt, und haben einen Universitätsabschluss.

In den Kommentaren zum Themenfeld Religion und Politik bestätigt sich zunächst die Perspektive der größten Religionsgemeinschaft. Demnach sollte der Staat die Glaubensgemeinschaften qualifiziert „(...) *nach ihrer Repräsentation in der Bevölkerung; relative, nicht absolute Gleichheit.*" (M16) behandeln, „*Ich glaube, dass alle anerkannten Religionen gleich behandelt werden sollten, aber nicht Sekten*". (M10), und „*(...) 60% unserer Bevölkerung sind orthodox – es ist normal, eine bevorzugte Behandlung zu haben.*" (M16). Bei der Gestaltung der Beziehungen zwischen Religion und Politik wird differenziert, einer generellen Trennung „*(...) stimme ich nicht zu. Es kommt darauf an (...).*" (M10). So sollte es religiösen Akteuren möglich sein, wie jenen aus anderen gesellschaftlichen Bereichen auch, am politischen Willensbildungsprozess teilzuhaben: „*Die Kirche sollte in der Lage sein, ihre Meinung auszudrücken. (...) Sie sind Teil der Gesellschaft und sollten in der Lage sein, Teil des Entscheidungsprozesses zu sein. Man sollte sie zusammenbringen, Säkularismus ist nicht die beste Lösung.*" (M16). Von Seiten der Gemeinschaften sei eine gewisse Zurückhaltung angebracht, „*Die religiösen Führer (...) können darüber reden, was gut und was schlecht ist, aber nicht, für wen man stimmen sollte.*" (M10).

Weiterhin wird ein Unterschied zwischen den Beziehungen der Politik und der Religion zur Bevölkerung in Misstrauen formuliert: „*Politik ist immer Gegenstand von Veränderungen, während Religion und religiöse Führer hier sind, um zu bleiben. Die Politik ist immer dabei, uns zu verlassen."* (M16). Dieses Misstrauen überträgt sich auf die direkte Konstellation zwischen Politik und Religion, bei denen eine problematische Nähe vonseiten der Politik gesucht werde: *„Es ist der Staat, der sich in die Belange der Kirche einmischt! Dieser Einfluss sollte reduziert werden."* (M16). Demnach sprechen sie sich ebenfalls gegen einen starken Führer des Staates (sta_11) aus, denn *„Wenn der Staat ein gutes System mit gut funktionierenden Institutionen hat, braucht man keine starken Führer. Trotzdem aber scheint es, dass man solche Führer mag."* (M9).

Aus dieser Konstellation heraus (politische Teilhabe, kritisch bewertete Zuwendung der Politik) wurde auf die grundsätzlich distanzierte Einstellung zum weltlichen Herrschaftssystemen hingewiesen, die sich aus der eigenen religiösen Doktrin ergebe: *„Staaten sind nicht wichtig, das ist kein Konzept des Christentums. (...) das himmlische Königreich hat keine Staaten, keine nationale Identität (...)."*. Daher gilt, *„Keine Nationalkirche, nein."* (M10).

Hinsichtlich der rechtlichen Gleichstellung von homosexuellen Partnerschaften erfolgten nur kurze Einlassungen, u.a. *„Wir akzeptieren, dass es Homosexuelle gibt, aber wir unterstützen das nicht. Homosexualität ist eine Krankheit, auch Kranke haben Rechte, aber nicht alle Rechte."* (M10).

Im Bereich von Religion in der Bevölkerung wird die Religionsfreiheit (sta_14; sta_15) aus theologischer Sicht befürwortet, denn *„Der freie Wille ist von Gott gewollt!"* (M10), *„Freiheit ist ein Geschenk Gottes, ein Geschenk, dass der Mensch nutzen kann, um zu wählen."* (M16); *„Jeder sollte sich aussuchen, woran er glaubt."* (M9). Auch nach den Gegebenheiten im Land sind religiöse Führer folglich angehalten, Diversität in einer Gesellschaft anzuerkennen, *„(...) weil wir eine multikulturelle Gesellschaft sind."* (M16).

Die Perspektive der eigenen Theologie findet ebenso in der Definition von kollektiver Identität Anwendung, da die eigene Organisation zentral steht: *„Die religiöse Gemeinschaft ist spirituell und außerweltlich, während andere Organisationen materiell und irdisch sind. (...) so sollte die Religionsgemeinschaft der soziale und gesellschaftliche Orientierungspunkt der Menschen sein. (...) alles, was wir tun, ist für das himmlische Königreich."* (M10). Die Herangehensweise bestimmt ebenso die Einordnung der bedeutenden Aussage ‚sta_22' (Menschen gut/schlecht), *„Verurteile nicht den Menschen, sondern die Sünde. Der Mann ist nach dem Antlitz Gottes geschaffen. Wenn du über den Menschen urteilst, dann urteilst du über Gott!"* (M10), *„Als Gottes Schöpfung sind die Menschen gut, es sind die Gewohnheiten, die uns schlecht machen!"* (M16). Demnach kennzeichnet ein vorrangig religiöses Menschenbild den Faktor ‚fm3': *„Niemand ist völlig säkular heute. Entweder gehört man zu einer Religion, oder zu einer anderen Gemeinschaft, egal von welchem Typ,*

(...)." (M9). Dieses verfestigt sich mit den angenommenen Wirkungen auf gesellschaftliche Ordnungsstrukturen, denn durch die Säkularisierung *„(...) verfallen unsere Werte (...)."* (M16).

In den Kommentaren bezüglich der Ordnung im religiösen Bereich reflektiert sich erneut ein Fokus auf das Spirituelle – so wird daraus a) die Verwandtschaft mit religiösen Personen, auch anderer Konfession und Religion, betont (*„[...] es geht um denselben Geist."* [M9], *„Ja, es ist eine gewisse Nähe. Du bist dem Gläubigen näher als dem Ungläubigen."* [M10]), sowie b) die Beziehungen zu anderen Gemeinschaften gesehen (*„Jede Religionsgemeinschaft hat ihre eigenen Überzeugungen, [...]. [...] es ist nicht das Ziel der orthodoxen Kirche, andere unterzuordnen."* [M10]; *„Es ist gut, seinen Nachbarn zu kennen [...]."* [M16]). Darüber hinaus steht die eigene Religiosität im Zentrum ihres Selbstverständnisses als Religionsführer: *„Humanisten – ja, aber ob sie auch liberal sein sollen, weiß ich nicht. Über ihre Bildung weiß ich auch nicht. Primär ist es genug, geistlich zu sein."* (M9); *„Noch viel mehr sollten sie spirituell sein (...)."* (M10).

Als Typenbezeichnung ist für Faktor ‚fm3' demnach der ‚theologisch und außerweltlich orientierte, christlich-orthodoxe Pfarrer' passend, der in großen Orten des Landes auf Gemeindeebene wirkt. Exemplarisch für die Einschätzung steht der Kommentar *„Primär ist es genug, geistlich zu sein."* (M9).

Der vierte Einstellungstyp in (Nord-)Mazedonien (‚fm4') wird von zwei Befragten gebildet (expl. varia. 9,06%) und bevorzugt am stärksten, dass der Fokus der Religionsführer auf dem spirituellen, und nicht auf dem politischen Bereich liegen sollte (sta_13), und der Staat die Religionsgemeinschaften gleich behandelt (sta_2), diese der soziale Orientierungspunkt der Menschen sein sollten (sta_19), sich Religionsführer verschiedener Gemeinschaften regelmäßig sehen und gute Beziehungen schaffen (sta_25), und sich durch Offenheit, Liberalität und Bildung Respekt in der Gesellschaft erarbeiten (sta_30).

Die abgelehnten Aussagen werden bei ‚fm4' von den Positionen angeführt, konfessioneller Religionsunterricht sei die Grundlage von Bildung und Erziehung (sta_34), Religionsgemeinschaften sollten im Ausland keine nationalen Interessen vertreten (sta_3), religiöse Führer sollten nach ethnischen Kriterien ausgewählt werden (sta_24), auswärtiger Einfluss sei ein Hauptfaktor für die Störung der religiösen Harmonie im Land (sta_31), und das öffentliche Zeigen der religiösen Identität erfordere Mut (sta_20). Bei diesem Faktor steht somit der Bereich der Religion im Zentrum der am intensivsten behandelten Aussagen im typischen Q-Sort (sta_19, sta_25, sta_30, sta_31, sta_34). Aus der Betrachtung dieser ist generell eine Übereinstimmung der Einstellungen mit Akzeptanz von grundlegenden Trends der Modernisierung zu entnehmen. Diese ersten Feststellungen bestätigen sich später bei der Berechnung des Integrationsindex', der mit einem Wert von (+28) für ‚(Nord-)Mazedonien am höchsten liegt, und des Politisierungsindex' (Wert 3,61) im Vergleich gering ausfällt.

Die beiden repräsentativ stehenden Befragten des Typs ‚fm4' (M6, M14) zeigen eine Vielzahl von Gemeinsamkeiten in den Ausprägungen der Hintergrundvariablen: Sie gehören der Mazedonisch-Orthodoxen Kirche (MPC-OA) an, sind über 30 und unter 40 Jahre alt, wirken auf der Ebene der Ortsgemeinde (niedriger Elite-Status) und in großen Städten, und haben einen Universitätsabschluss.

Zu den Kommentaren der beiden Befragten, die zur Faktorenbeschreibung herangezogen werden, ist die Einschränkung vorhanden, dass allein Anmerkungen des Befragten M6 für den Faktor ‚fm4' vorliegen, da Befragter M14 das Interview im Teil des Kartensortierverfahrens konzentriert und ohne Wortmeldung abarbeitete. Selbst M6 tätigte nur wenige Kommentare als Erklärung zum Präferenzsystem im Q-Sort, sodass es sich bei den Vertretern von ‚fm4' nach diesen Daten (und der geringen Politisierung) um einen eher zurückhaltenden Einstellungstyp handelt. Diese Zurückhaltung wird zusammen mit relativierenden und in generellen Zügen gehaltenen Kommentaren zu den Aussagen zur gesellschaftlichen Ordnung und der Rolle der Religion weitergeführt. So äußerte M6 zuerst zum Bereich von Religion und Politik, *„Es gibt verschiedene Meinungen über eine Nationalkirche.".* Zum anschließend diskutierten Punkt der rechtlichen Gleichstellung homosexueller Partnerschaften (‚sta_10') wird eine für die Zielgruppe eher progressive Haltung eingenommen: *„Ich weiß, dass Homosexuelle von der Kirche nicht gleichbehandelt werden. Trotzdem sind sie aber ein Teil der Gesellschaft, und sollten rechtlich gleichgestellt mit allen anderen Bürgern sein."* (M6).

Diese integrierenden Einstellungen hinsichtlich des Pluralismus' in der Gesellschaft reflektieren sich weiterhin in der generellen Stellung zur gesellschaftlichen Vielfalt (*„[...] akzeptieren."*), in der Positionierung zur Religionsfreiheit (*„[...] für sich selbst auswählen, ob sie daran glauben, oder ob sie lieber eine andere, oder keine Religion hätten."*), sowie zur ethnischen Kategorisierung der Bevölkerung (*„Die Orthodoxie unterscheidet keine Ethnien."* [alle M6]). Demnach sind die primordiale Eigenschaften befürwortenden Aussagen im typischen Q-Sort für ‚fm4' ebenfalls stark abgelehnt (sta_22; Menschen gut/schlecht; z-score -0.701) (sta_24; Auswahl von Religionsführern nach ethnischen Kriterien; z-score -1.626).

Die kurze und in allgemeinen Aussagen gehaltene Kommentarstruktur, sowie ein weitgehend integrativer Inhalt waren ebenso zum Bereich der Religion zu vernehmen. Religiosität bedeute Verwandtschaft, da „(...) *alle Religionen Frieden predigen.*", und „*Im Prinzip alle Lehren der Religionen gleich sind – Frieden, Toleranz (...).*" (M6). Zu Punkt des konfessionellen Religionsunterrichts (,sta_34') wurde geäußert, „(...) *es würde mich stören. Deswegen kann ich mir vorstellen, dass es Andere auch stören würde.*" (M6). Zuletzt fand die Einschätzung zum Verhältnis zwischen den Religionsgemeinschaften (,sta_35') Eingang, „(...) *es sollte keine Autorität geben. Alle sind auf der gleichen Ebene.*" (M6). Aus den Inhalten des Q-Sort, den Hintergrundvariablen des Faktors, sowie der Struktur und dem Inhalt der Kommentare fällt die Wahl der Typenbezeichnung für den Einstellungstyp ,fm4' auf ,zurückhaltender, junger und progressiver, christlich-orthodoxer Theologe', der in großen Städten wirkt, und eine pluralistisch-integrative Auffassung von gesellschaftlicher Ordnung verfolgt. Der Begriff ,progressiv' soll auf den höchsten Wert im Integrationsindex im Vergleich aller erhobenen Einstellungstypen religiöser Würdenträger in (Nord-)Mazedonien hinweisen. Die Bezeichnungen ,zurückhaltend' und ,Theologe' zeigen auf, dass mit hoher Aufmerksamkeit für den religiösen Bereich ein im Vergleich geringer Fokus auf den Beziehungen von Religion und Politik lag (geringer Wert Politisierungsindex). Dieser Positionierung könnte zugrunde liegen, dass die als progressiv zu bezeichnenden Einstellungen innerhalb ihrer großen Glaubensgemeinschaft möglicherweise nicht zur den offiziellen und etablierten Haltungen zählen.

Die weiteren Faktoren ,fm5' bis ,fm8' für Nord-Mazedonien finden nun in einem kürzeren Umfang Darstellung. **Der Faktor ,fm5'** wird von drei Befragten (M11, M13, M26) repräsentiert (expl. varia. 8,72%). Hier werden im typischen Q-Sort die Aussagen bevorzugt, das öffentliche Zeigen religiöser Identität sei mutig (sta_20), positive Religionsfreiheit sei ein Menschenrecht (sta_14), die Angehörigen der eigenen Gemeinschaft sollten über andere Religionen Wissen besitzen (sta_29), Religionsgemeinschaften und der Staat sollten getrennt sein (sta_4), und der Staat solle einen starken Führer haben (sta_11) (Daten siehe Anhang 12).

Auf der Seite der abgelehnten Positionen stehen, dass auswärtiger Einfluss die religiöse Harmonie im Land störe (sta_31), religiöse Führer nach ethnischen Kriterien ausgewählt werden sollten, (sta_24), Religionsgemeinschaften im Ausland keine nationalen Interessen vertreten sollten (sta_3), die Gründung einer neuen Religionsgemeinschaft die Akzeptanz der Mehrheit der Bürger des Staates benötige (sta_36), und die eigene Gemeinschaft in einer schwierigen Situation sei (sta_32). Innerhalb dieser zehn Aussagen im typischen Q-Sort für ‚fm5' ergibt sich eine Streuung auf die drei Bereiche von Religion und Politik (sta_3; sta_4; sta_11), Religion und Bevölkerung (sta_14; sta_20; sta_24), und auf den Bereich der Religion (sta_29; sta_31; sta_32; sta_36). In dieser ersten inhaltlichen Betrachtung fällt auf, dass eine eher ambivalente Stellung hinsichtlich grundlegender Trends der Modernisierung eingenommen wird (sta_3; sta_11). Diese Sichtweise bestätigt sich mit dem im Vergleich geringen Wert im Integritätsindex von (+5).

Die drei Befragten M11, M13, M26 gehören unterschiedlichen Religionen und (traditionellen) Religionsgemeinschaften an, unterschiedlichen Altersklassen (einer ab 40 bis unter 50; zwei über 60 Jahre), und besetzen niedrige bis sehr hohe Positionen in der Hierarchie ihrer Organisation (‚Elite-Status'). Sie haben einen Universitätsabschluss.

Die Inhalte ihrer Kommentare untermauert die Annahme einer ambivalenten Haltung zu Trends der Modernisierung. Diese manifestiert sich in den Anmerkungen zu den Bereichen Religion und Politik und interreligiöse Beziehungen. Zunächst wurde zur außenpolitischen Tätigkeit von Religionsgemeinschaften (sta_3) angemerkt, *„Nationale Interessen, hmm. (...) Es ist schwer, Religion von Nationalität zu trennen. Die Freiheit von irdischen Konzepten ist schwer."* (M11).

Ebenso wird ein säkulares Konzept des Staates abgelehnt, da auch religiöse Auffassungen einen bedeutenden Teil der Sichtweisen in der Bevölkerung kennzeichnen: *„Säkularismus kann Gottlosigkeit bedeuten, nicht Trennung."* (M11), und *„Die Welt gehört uns allen."* (M26). Aus der Perspektive von traditionell auf dem Staatsgebiet wirkenden Religionsgemeinschaften wird eine staatliche Gleichbehandlung kritisch gesehen: *„Neue Sekten! Es kann nicht sein! Sie sollten nicht gleichbehandelt werden."* (M11). Zusätzlich seien Religion und Politik aufgrund der politischen Elite, die zugleich Amtsträger und (mögliche) Gläubige seien, nicht zu trennen: *„Politiker sollten Angst vor Gott haben."* (M11). Dieser Satz deutet auf Misstrauen gegenüber dieser Gruppe hin. Zur rechtlichen Gleichstellung homosexueller Paare wurde sich neben der negativen Einschätzung im Q-Sort nicht geäußert.

Die Anmerkungen der Vertreter von ‚fm5' zum Feld von Religion und Bevölkerung standen dagegen eher in Übereinstimmung mit einer Inklusion pluraler Identitäten und Interessen in der Gesellschaft in das Ordnungskonzept. Demnach fand sich die Äußerung zur Religionsfreiheit, *„Wir sind alle gleich auf dieser Welt, Gott spricht durch die Menschen. Also können alle interpretieren. (...) Atheisten sind mir auch sehr willkommen."* (M26). Ebenso wird die eigene Meinungsfreiheit betont (*„Ich bin sehr frei, meine*

Meinung mitzuteilen." [M13]). Zur Rolle der religiösen Gemeinschaft im Leben der Anhänger wird eine relativierende Position eingenommen: *„Wir stellen Fragen, und haben nicht nur Antworten."* (M26), sowie zur Stellung im Alltagsleben, *„(...) spiritueller Orientierungspunkt, nicht sozialer (...)."* (M11). Auch das ethnische Kriterium bei der Auswahl des eigenen Personals sei eher zweitrangig: *„Wir sollten auf die Qualität achten, nicht auf die ethnische Zugehörigkeit."* (M11).

So ist der Bereich der Religion angesprochen, der erneut die Ambivalenz der Einstellungen zeigt. Hier wurde zunächst geäußert, *„Ich bin sehr bemüht, mit allen (...) zu kommunizieren. Deshalb bin ich Priester und deshalb werde ich von allen respektiert."* (M13). Die eigene Gemeinschaft sei staatlich zu schützen: *„Wie viele Kirchen kann es geben. Es gibt eine Kirche mit einem Dogma. In Mazedonien gibt es ein Gesetz über Religionsgemeinschaften. Ohne Zustimmung kann es keine andere Kirche geben! (...) Wir brauchen Autorität."* (M11).

Ungewöhnlich, äußerten sich die drei Würdenträger am Ende des jeweiligen Interviews zu sozialwissenschaftlicher Forschung im religiösen Bereich; hier exemplarisch: *„Ich bin eins mit dem einfachsten Mitglied des Glaubens! Ein Mann, der nicht mit dem Politischen und dem Schlechten belastet ist, das sind die Menschen, die Ihnen das richtige Bild geben, das Bild, das der Realität näherkommt. Ich muss im Namen aller sprechen, und ich habe versucht, so objektiv wie möglich zu antworten."* (M11). Dies lässt die Interpretation der Relativierung des vorgetragenen Standpunkts zu.

Aus dem typischen Q-Sort, den Ausprägungen der Hintergrundvariablen, sowie den Kommentaren ist die Kurzbezeichnung für ‚fm5' ‚<u>älterer, distanzierter, staatlich-orientierter Religiöser</u>'. Dies reflektiert den im Vergleich geringen Wert im Integrationsindex (+5), und eine eher durchschnittlichen Politisierung des Einstellungsmusters.

Der Aspekt der staatlichen Bevorzugung kann sich aus der Zugehörigkeit von zwei der drei Befragten ableiten. Die Definition eines säkularen Staates als religions-feindlich, und die daraus erfolgte Ablehnung ist aus ihren Biographien erklärbar, sie waren bereits in der Periode des Sozialismus' im religiösen Bereich aktiv. So verglichen sie in ihren Kommentaren wiederholt ihr Ordnungskonzept mit dem sozialistischen System (hier Jugoslawiens): *„Der Sozialismus war nicht schlecht, aufgrund der Gleichheit, aber schlechte Leute haben ihn geführt. Der Sozialismus hat sich selbst bestraft, da er der Kirche den Krieg erklärt hat."* (M11). Nach den Inhalten (Befürwortung staatlicher Bevorzugung, Autorität im religiösen Bereich) und der Struktur der Hintergrundvariablen (ältere, ranghohe Würdenträger; traditionelle, große Gemeinschaft) zeigt Faktor ‚fm5' eine Vielzahl von Gemeinsamkeiten mit den Einstellungstypen ‚fa5' (Albanien) und ‚fs7' (Slowenien).

Der sechste Einstellungstyp für Nord-Mazedonien (‚fm6') wird maßgeblich von zwei Befragten (M8, M23) repräsentiert (expl. varia. 7,50%). Im für den Faktor typischen Q-Sort am stärksten bevorzugt werden die Aussagen, Religionsgemeinschaften sollten vom Staat getrennt sein (sta_4), Führer anderer Gemeinschaften regelmäßig zu treffen (sta_25), das Recht auf negative Religionsfreiheit (sta_15), ob religiöse Stätten besucht werden, zeige das religiöse Bewusstsein in der Bevölkerung (sta_21), sowie, dass konfessioneller Religionsunterricht die Basis von Bildung darstellt (sta_34) (siehe Anhang 12).

Auf der abgelehnten Seite steht, dass religiöse Organisationen nicht vergleichbar seien (sta_33), eine Neugründung dieser das Einverständnis der Mehrheit der Bürger eines Staates benötige (sta_36), der Schutz der Nationalreligion den Schutz des Nationalstaates bedeute (sta_7), Religiosität, egal welcher Art, eine gewisse Nähe bedeute (sta_27), sowie die Wahl religiöser Würdenträger nach ethnischen Kriterien (sta_24). Bei diesen zehn Aussagen liegt der Fokus auf dem religiösen Bereich (fünf Aussagen).

Die beiden repräsentativ für den Einstellungstypus ‚fm6' stehenden Befragten zeigen differente Ausprägungen in den Kontextvariablen: Sie sind Angehörige großer, jedoch verschiedener Religionsgemeinschaften, haben eine unterschiedliche Altersstufe (unter 50; über 60 Jahre), mittleren und sehr hohen Elite-Status, und haben unterschiedlich hohe Bildungsabschlüsse. Die Besonderheiten in der Form der Interviews mit diesen beiden Befragten im Vergleich mit den anderen Typen waren, dass sie von einer überdurchschnittlichen Dauer (105 und 120 Minuten), großer Ernsthaftigkeit und Anspannung, sowie einem erhöhten Kontrollbedürfnis der Situation von Seiten der Befragten charakterisiert wurden (exemplarisch bei M23 mit bewaffneten Personenschützern).

Zum Bereich Religion und Politik tätigten sie Anmerkungen, die auf Präferenzen für eine Verbundenheit zwischen Religion und Staat schließen lassen, *„Die religiöse Gemeinschaft ist eine Gemeinschaft wie alle andere in dem Staat. (…) Die Kirche hat eine Verbindungsrolle, die sie nicht ablehnen sollte."* (M8) – als auch auf eine Befürwortung der Trennung beider Bereiche: *„Nicht wegen der islamischen Doktrin, aber aus praktischen Gründen. Ich glaube daran und ich trete dafür ein. Sie sollten getrennt sein!"* (M23); *„Nationalstaat und Kirche sind nicht verbunden; ich sehe keine Kausalität (…) Theologisch gibt es keine nationale oder ethnische (…) Kirche. (…) Eine Trennung wäre für die Kirche besser."* (M8).

Die hervorgehobene Rolle von traditionellen Gemeinschaften im Vergleich zu anderen religiösen Gruppen sollte von staatlicher Seite dennoch festgeschrieben sein: *„Traditionelle Gemeinschaften sollten nicht nur privilegiert genannt werden, denn sie haben im Sinne des kollektiven Habitus' einen bestimmten Einfluss. Demnach wird ihnen keine besondere Rolle zugewiesen, sondern sie haben Rechte und Verantwortung, und sind nicht einfach nur privilegiert."* (M8); *„Das ist, warum andere nicht diesen Status haben. Es ist nicht richtig, nicht-gleiche Dinge gleich zu machen. Es gibt unterschiedliche Kategorien."* (M23).

Mit Blick auf Politiker offenbart sich eine Auffassung, die grundsätzlich religiöse Motive für ihr Handeln annimmt: *„Eine authentische Religion kann positiven Einfluss auf Politiker haben; aus diesem Hintergrund sollten sie entscheiden, was ethisch ist, und was nicht, aber für die Gesamtgesellschaft."* (M8); *„Sie sollten religiöses Bewusstsein respektieren. Sie sollten ihre Religion schützen!"* (M23). Die Einstellung wird auch in den Stellungnahmen zur rechtlichen Gleichstellung homosexueller Partnerschaften (‚sta_10') ausgedrückt, wenn geäußert wird, *„(...) alle Menschenrechte ja, aber nicht alle Rechte. Es gibt wichtigere Fragen in der Gesellschaft. Das ist nicht aus religiösem Hintergrund problematisch, sondern aus dem gesellschaftlichen Kontext heraus."* (M8). Der zweite repräsentative Befragte nimmt an dieser Stelle einen direkten Standpunkt ein und folgt seiner Interpretation der religiösen Quellen: *„Gleichgestellt? Es sollte sanktioniert werden, es geht gegen die Werte! Alle unnatürlichen Phänomene sollten bekämpft werden! Mit verschiedenen Methoden, wie Steinigung! (...) Gläubige sollten Abstand davon nehmen."* (M23).

Die religiös begründete und identitätsbezogene Grundhaltung reflektiert sich weiter im Feld der Beziehungen von Religion und Politik. Sind religiöse Führer angehalten, sich von der Politik fernzuhalten und sich beim Kontakt mit den Gläubigen auf das Spirituelle zu konzentrieren? *„Nein! Islam ist eine Religion und eine Lebenseinstellung. Auf dem Balkan ist es unmöglich. (...) Solange der religiöse Führer sich der Situation nicht bewusst ist, sollte er keinen Einfluss haben, aber er sollte sich auch nicht enthalten, denn religiöse Führer müssen sich vier Jahre lang mit den Politikern auseinandersetzen. Es ist schwerer, weil wir Multiethnizität haben, es ist fragiler – aber sie können nicht gleichgültig sein! Wenn der Führer Autorität hat, wäre es nur menschlich, wenn er seine Meinung äußern würde."* (M23).

Ebenso zeigen die Kommentare zur Religionsfreiheit eine simplifizierte, religiös-theologische Fundierung: *„Religionsfreiheit? Warum würde jemand nein sagen? Es geht um die authentische Liebe zur Religion – Individualismus* und Religion sind jedoch manchmal nicht vereinbar. Man sollte auf seine Familie achten." (M8); „Der Islam respektiert alle Religionen, auch nichtreligiöse Menschen. (...) er schätzt die Freiheit und sieht sie als heilig an. Er akzeptiert keine Gewalt." (M23). In dieser Form folgten Anmerkungen zu Aussage ‚sta_22' (Menschen gut / schlecht), es gebe „Gute Menschen, die gute Sachen machen können, und andersrum." (M8), sowie „Egal welche Religion, Ethnie, Menschen können immer gut oder schlecht sein." (M23).

Die Anmerkungen zum Bereich der Religion bestätigen den Charakter der präferierten gesellschaftlichen Ordnung, die hier eine Hierarchie zwischen neuen und traditionellen religiösen Organisationen vorsieht. Innerhalb dessen sollten Repräsentanten anerkannter, großer Religionen sich achten, „(...) das ist reziprok – fähig sein, den Anderen zu respektieren. Wenn man nicht respektiert, kann man den Anderen nicht sehen." (M23), und müssten gebildet, jedoch nicht liberal sein, denn dies sei ein normativ besetzter Terminus: „(...) ich würde sagen: zivilisiert. Liberal ist schon ein Begriff mit einer politischen Konnotation." (M8).

Die Hierarchisierung wird so ausgeführt, dass zwischen den traditionellen, großen Religionen „(...) auch Verschiedenheiten, aber viele Gemeinsamkeiten (...)" (M8) existieren würden. Innerhalb des eigenen konfessionellen Bereichs sei die Autorität der eigenen Organisation jedoch umfassend: „Alle muslimischen Organisationen sollten unter der Kontrolle unserer Gemeinschaft sein." (M23). Außerhalb dessen müsse der Existenzraum für kleinere Religionsgemeinschaften erhalten bleiben, „(...) wenn keine Gesetze gebrochen werden. Wenn große Religionsgemeinschaften zu viel Einfluss besitzen, werden wir bald keine kleinen Religionsgemeinschaften mehr haben." (M8).

In der Gesamtbetrachtung (Q-Sort, Hintergrundvariablen, Kommentare) liegt eine treffende Kurzbeschreibung für den Faktor ‚fm6' bei ‚kontrollbedürftiger, autoritärer, theologisch-exklusiver (und kämpferischer) hoher Würdenträger'. Er besteht auf einer gehobenen Autorität innerhalb des eigenen konfessionellen Rahmens und einer staatlich-bevorzugten Behandlung der eigenen, großen, traditionellen Religionsgemeinschaft, und zieht scharfe Grenzen bei identitätsbezogenen Merkmalen kollektiver Identität, die verteidigt werden müssten. Diese Beschreibung deckt sich mit den relativ geringen Werten für ‚fm6' im Integrations- (+9) und im Politisierungsindex (3,89).

Waren bei Faktor ‚fm6' bereits einige Aspekte für gesellschaftliches Konfliktpotential in den Einstellungen unter der hier befragten religiösen Würdenträgern Nord-Mazedoniens vorhanden, so ist der **Einstellungstyp ‚fm7'** (zwei repräsentativ Befragte [M4], [M22] / expl. varia. 6,16%) in dieser Hinsicht für die inhaltliche Analyse ebenso bedeutend, da das typische Q-Sort den niedrigsten Wert im Integrations- (-1), und den höchsten Wert im Politisierungsindex (7,5) für das Land einnimmt. Demnach kann bei diesem Konzept von einer ‚nach außen' gerichteten, und hinsichtlich der Trends der Modernisierung ambivalenten Muster ausgegangen werden.

Der Faktor zeigt im typischen Q-Sort hohe Präferenzen für die Aussagen, die Familie habe einen Vater und eine Mutter, homosexuelle Partnerschaften sollten nicht rechtlich gleichgestellt werden (sta_10), der Staat sollte einen starken Führer haben (sta_11), die positive Religionsfreiheit ist ein Menschenrecht (sta_14), es bedeute Mut, die religiöse Identität öffentlich zu zeigen (sta_20), und Säkularisierung in der Gesellschaft sei bedrohlich, da die Entwicklung für den Verfall von Werten stehe (sta_23).

Auf der Seite der abgelehnten Positionen stehen, dass ein säkularer Staat in der Verfassung verankert werden sollte (sta_6), Menschen entweder gut oder schlecht seien (sta_22), der Glaube Politiker ihre politischen Handlungen bestimmen sollte (sta_9), ein charakteristisches Merkmal des Nationalstaates eine Nationalreligion ist (sta_12), und religiöse Organisationen untereinander nicht vergleichbar sind (sta_33). In diesem Muster der zehn intensiv behandelten Aussagen zeigt sich eine Konzentration auf die Bereiche der Beziehungen von Religion und Politik (fünf Aussagen), sowie Religion und Bevölkerung (vier). Die Seite der bevorzugten Aussagen zeigt kontroverse Positionierungen hinsichtlich Trends der Modernisierung (u.a. Zustimmung starker Führer Staat, Säkularisierung als Verfall von Werten); primordiale Zuordnungen werden jedoch ebenso zu vermeiden versucht (Ablehnung sta_22; sta_12). Die Werte zur Ablehnung fallen erheblich höher aus als jene, die auf der präferierten Seite des Aussagemusters vorliegen.

Die Ausprägungen der Hintergrundvariablen der beiden repräsentativen Befragten für ‚fm7' (M4, M22) zeigen Unterschiede und Gemeinsamkeiten, die durchaus eine Interpretation in Zusammenhang mit den im Q-Sort geäußerten Präferenzen erlauben. Demnach gehören sie unterschiedlichen Religionsgemeinschaften an, sind sich jedoch ähnlich bei der Altersgruppe (über 60 Jahre), im Elite-Status (mittlere Ebene; in Ausbildung Beschäftigte), bei der Größe des Ortes, in dem sie wirken (größere Stadt), und in ihrem Niveau der Bildung (beide promoviert).

In den Kommentaren gestaltete sich die Form der Darlegung einer präferierten gesellschaftlichen Ordnung nach einem negativen Muster des erhöhten Misstrauens. Zum Bereich von Religion und Politik wurde in dieser Herangehensweise ausgesagt, *„Politik diktiert die Religion, also gehen Religion und Politik nicht miteinander. Die Politik sollte sich nicht in die kirchlichen Sachen einmischen. Unter dem Mantel der Säkularisierung wurde*

Religion in den Schulen verboten, das ist eine Vergiftung mit Dummheiten. Frankreich steht als schlechtes Säkularismus-Beispiel." (M4). Es wurde weiterhin angefügt, „Staat und Religion sollten prinzipiell nicht getrennt sein, aber bei dem, was zur Zeit auf der Welt generell passiert, der Missbrauch, dann sollten sie getrennt sein." (M22). Demnach steht auf der einen Seite die Ablehnung einer bevorzugten (National-)Religion aufgrund der Sorge um eine Dominanz des Politischen und einer Instrumentalisierung der Religion. Auf der anderen Seite sollte Religionsgemeinschaften ein Mitspracherecht in der Politik eingeräumt werden: „Grundsätzlich sollte der religiöse Führer derjenige sein, der auch im politischen Bereich führend ist. Aber jetzt sieht niemand ihr Engagement in der Politik positiv. Sie sollten sich fernhalten, sonst werden sie falsch angeschaut!" (M22). Einfluss von Seiten der Religionsführer könne von der Politik jedoch gar nicht vermieden werden, denn Erstere „(...) finden immer eine Strategie, sich einzumischen." (M4). Diese Stellungnahmen stimmen mit der negativen Einschätzung der Säkularisierung (Staat und in Bevölkerung) im Q-Sort überein.

Der Argumentation folgend sei der Staat mit einem präferierten starken Führer („Stark in allen Aspekten [...]." [M22]) dafür zuständig, zwischen traditionellen Gemeinschaften und neuen Gruppen zu unterscheiden, und sollte Letztere nicht anerkennen: „Auch satanistische Sekten wollen einen staatlich-anerkannten Status bekommen. Man muss mehr Kriterien dort haben.", „Es ist nötig zu vergleichen! Man muss der Unterschied zwischen Gut und Böse kennen." (M4). Auf der individuellen Ebene gilt dennoch zunächst, „Alles, was im Rahmen der menschlichen Freiheit ist, und was nicht Proletismus ist, ist in Ordnung. (...) Der Glaube sollte frei ausgeübt werden, solange es nicht mit der Freiheit der Anderen zusammenstößt." (M4). Anschließend fanden die Begriffe Freiheit und Liberalität skeptische Eingrenzung: „Freiheit könnte ausgenutzt werden. Es ist unmenschlich dem Menschen Freiheit zu verbieten, jedoch in manchen Fällen muss es so sein. (...) Liberalismus ist gefährlich, da alles nur gut zu sein scheint und alles erlaubt ist. Aber er erlaubt auch nicht alles. Liberalismus verbietet Religionsunterricht. Dies ist schlecht." (M4).

Bei der Erörterung von Religion und persönlicher Identität wird auf Aspekte kollektiv-exklusiver Identitätskonstruktion zurückgegriffen. Dies bestätigt sich in den Anmerkungen zu Aussage ‚sta_10' („Homosexualität ist eine Krankheit. Diese Leute werden nicht Gottes Himmel sehen." [M4]), als auch in der Evaluierung der Religiosität unter der Bevölkerung, die sich an dem Ausmaß der Teilnahme an kollektiven Ritualen der großen Gemeinschaften zeige: „Unsere Moscheen sind nicht voll, sie sind überfüllt. Es zeigt das religiöse Bewusstsein der Leute, speziell der jungen." (M22 zu ‚sta_21'). Demnach liegt eine Definition nach kollektiven und weniger individuellen Merkmalen vor; die Kernaussage sta_22 (Menschen entweder gut oder schlecht) wird jedoch im typischen Q-Sort für ‚fm7‘ sehr stark abgelehnt.

Die Anmerkungen zu den Standpunkten zum religiösen Bereich verweisen auf die eigene Theologie, um mögliche gesellschaftlich-desintegrative Handlungsweisen für die eigenen Gemeinschaft abzulehnen: *„Korruption entsteht wegen Respektlosigkeit für christliche Bestimmungen. Alle Leute sollten die zehn Gottes Gebote kennen und praktizieren, dann würde es nicht passieren."* (M4), oder eher ignorant formuliert als *„Korruption – was ist das?"* (M22).

Die Positionierung der eigenen Gemeinschaft im religiösen Bereich wurde ergänzt durch den zuspitzenden Zusatz, die Angehörigen des anderen Glaubens *„(...) wollen uns überzeugen, dass (...) die beste Religion ist, aber wenn man (...) vergleicht, kann man schon sehen, dass (...) eine böse Religion ist. (...) die Religion des Friedens ist, aber wie kann das echt sein, wenn sie alle Ungläubigen umbringen wollen?"* (M4). Dies bezeugt eine vereinfachte, generalisierende Interpretation der Vielfalt innerhalb anderer Religionen, trotz des sehr hohen Bildungshintergrundes des Befragten.

Demnach steht eine vereinfachte, kollektiv-identitäre Interpretation der eigenen religiösen Doktrin mit der Ziehung von engen Grenzen zur Zugehörigkeit zur Gemeinschaft im Zentrum der Inhalte bei Faktor ‚fm7‘. Aufgrund der Präferenzen zur gesellschaftlichen Ordnung, wie sie im typischen Q-Sort für den Faktor ‚fm7‘ hinterlegt sind, der Ausprägungen der Hintergrundvariablen, sowie der Kommentare (Stichworte: negative Selektion, vereinfacht-religiös-doktrinär, anti-liberal, Säkularisierung ist Gefahr), ist die Kurzbezeichnung für ‚fm7‘ ‚<u>älterer, kollektivistisch und politisch ausgerichteter, Säkularisierung als Gefahr sehender Ausbilder</u>‘. Diese Bezeichnung ist ebenso schlüssig mit Blick auf die Werte für den Faktor im Integrationsindex (-1) (niedrigster Wert Nord-Mazedonien) und den Politisierungsindex (7,5) (höchster Wert für das Land). Nach einem Teil der Inhalte (starker Staat, Autorität dominante Religionsgemeinschaft, religiöse Anteile Menschenbild) und der Hintergrundvariable des Alters (über 60 Jahre) sind Gemeinsamkeiten zum Faktor ‚fm5‘ zu erkennen.

Der **achte Einstellungstyp** für das Land (‚fm8‘) wird von einem Befragten (M5) maßgeblich repräsentiert (expl. varia. 5.80%). Hier wird zugestimmt, dass der staatliche Bau religiöser Stätten die Gesellschaft negativ polarisiert (sta_5), homosexuelle Partnerschaften rechtlich nicht gleichgestellt werden sollten (sta_10), der Fokus religiöser Führer auf dem Spirituellen, und nicht auf dem Politischen liegen sollte (sta_13), diese unpolitisch sein sollten, außer der Humanismus in einer Gesellschaft ist bedroht (sta_16), sowie, dass die

Religionsgemeinschaft der soziale Orientierungspunkt der Angehörigen sein sollte (sta_19).

Auf der Seite der abgelehnten Aussagen steht der konfessionelle Religionsunterricht als Basis der Bildung (sta_34), dass die eigene Gemeinschaft in einer schwierigen Situation sei (sta_32), religiöse Führer nach ethnischen Kriterien ausgewählt werden sollten (sta_24), den Nationalstaat eine Nationalreligion kennzeichnet (sta_12), sowie, dass staatliche Verbote Ausdruck von Intoleranz sind (sta_1). Demnach sind vier der zehn Aussagen im Bereich Religion und Politik, sowie vier im Bereich Religion und Bevölkerung verortet. Diese zehn am höchsten gewerteten Standpunkte zeigen zudem eine Konzentration auf die soziale (und weniger politische) Rolle der eigenen Glaubensgemeinschaft (sta_13; sta_16; sta_19; sta_24; sta_32) auf. Dieses nach innen gerichtete, d.h. auf die eigene Glaubensgemeinschaft bezogene Muster erhält einen relativ geringen Wert im Integrationsindex (+6).

Der repräsentativ für den Typus ‚fm8' stehende Befragte (M5) gehört einer großen Religionsgemeinschaft auf niederer Ebene (‚Elite-Status') an. Er äußerte nur wenige Kommentare, die eher Ablehnung einer Nationalreligion (*„Nur in einem geschichtlichen Kontext.")* ausdrückten, und die religiöse Fundierung von Politikern ansprachen: *„Nur wenn Politiker nach den zehn Geboten Gottes agieren (...)."* (M5). Erneut wird der negative Einfluss der Politik auf die Religion betont: *„Das Einfache ist heilig, das Komplizierte ist schlecht. In den letzten zwei Jahrhunderten mischt sich politische Ideologie mit der Religion, aber die Religion hat ihre eigene Theologie. Gottes Gebote sind die universell guten Sachen in der Welt.";* *„Das Leben nach dem Evangelium kann gut sein, aber wenn es mit Ideologie verbunden ist, dann nicht."* (M5).

Die religiöse Ausrichtung reflektiert sich weiterhin in der Stellung zur Säkularisierung in der Bevölkerung, der eher als Verfall von Werten eingeschätzt wird (Zustimmung zu sta_23), und nach der Meinung des Befragten *„(...) eine neue Religion, die gegen den traditionellen Glauben ist."* (M5), darstellt. Der Autorität der eigenen Religionsgemeinschaft gegenüber der Bevölkerung wird dagegen kritisch und offen begegnet: *„Autorität stellen ist eine schlechte Sache. Auch in der Psychologie. Wenn man eine Autorität darstellt, muss diese Autorität irgendwann auch zerfallen."* (M5). Nach der Beurteilung der Inhalte im typischen Q-Sort und der Kommentare wird für ‚fm8' die Kurzbezeichnung ‚säkularisierungskritischer, auf die eigene Gemeinschaft bezogener Priester' gewählt.

Weitere zehn Befragte (M1, M2, M3, M12, M15, M17, M24, M25, M27, M28) sind an der Bildung der acht erhobenen Einstellungstypen für Nord-

Mazedonien beteiligt (in Berechnungen PQ-Method), stehen jedoch nicht repräsentativ für einen Faktor.

Tab. 86: Übersicht zu Einstellungstypen in Nord-Mazedonien (,fm1'–,fm8')

Code	Kurzbezeichnung (,Label')
,fm1'	christlicher, moderat-pluraler Humanist
,fm2'	institutionell und religiös-exklusiver, politisierter Imam
,fm3'	theologisch und außerweltlich orientierter, christlich-orthodoxer Pfarrer
,fm4'	zurückhaltender, junger und progressiver, christlich-orthodoxer Theologe
,fm5'	älterer, distanzierter, staatlich-orientierter Religiöser
,fm6'	kontrollbedürftiger, autoritärer, theologisch-exklusiver, hoher Würdenträger
,fm7'	älterer, kollektivistisch und politisch ausgerichteter, Säkularisierung als Gefahr sehender Ausbilder
,fm8'	säkularisierungskritischer, auf die eigene Gemeinschaft bezogener Priester

Struktureller und inhaltlicher Vergleich der Einstellungstypen

Bis zu dieser Stelle wurden die inhaltlichen Beschreibungen der Einstellungstypen der befragten religiösen Würdenträger Nord-Mazedoniens anhand der Präferenzen in Q-Sort, der Hintergrundvariablen, sowie der Kommentare vorgenommen. Nun kann zusätzlich ein inhaltlicher Vergleich der Faktoren mit der Perspektive auf Gemeinsamkeiten und Unterschiede hinsichtlich einzelner Aussagen in die Analyse einfließen, um inhaltliche Überschneidungen und Distanzen aufzudecken. Zu diesem Zweck listet das Programm PQ-Method jene Aussagen auf, für die zwischen den acht Faktoren der größte Konsens besteht (Aussagen, die sie wenig unterscheiden), und die den größten Widerspruch zwischen ihnen markieren (Aussagen, die sie unterscheiden). Letztere stellen einen weiteren Aspekt in der inhaltlichen Beschreibung dar und bilden ein Element der Konstituierung von Konfliktpotential im religiösen Bereich.

Tab. 87: Nord-Mazedonien: Aussagen mit hoher Übereinstimmung, Widerspruch

	Spektrum	Differenz
	(z-scores)	
Konsens (Aussagen, die Faktoren wenig unterscheiden)		
sta_29 Gläubige Wissen über andere Religionen	0.972 bis 2.777	1.805
sta_14 positive RF individuelles Menschenrecht	0.722 bis 3.111	2.389
sta_25 Führer and. RGs regelmäßig sehen, Beziehungen schaffen	0.694 bis 2.888	2.194
sta_15 negative RF fundamentales Recht	0.305 bis 2.638	2.333
sta_23 Säkularisier. bedroht Gesellschaft, Verfall Werte	0.500 bis 2.638	2.138
Widerspruch (Aussagen, die die Faktoren unterscheiden)		
sta_22 Menschen gut oder schlecht	-1.694 bis 2.166	3.860
sta_34 konf. Religionsunterricht Basiselement Bildung	-1.694 bis 2.638	4.332
sta_31 auswärtiger Einfluss Störung reli. Harmonie	-1.694 bis 1.555	3.249
sta_33 religiöse Organisationen nicht vergleichbar	-1.694 bis 2.166	3.86
sta_13 Fokus reli. Führer nur auf Spirituellem, nicht Politik	-0.777 bis 3.111	3.888

Es zeigt sich zunächst, dass ein Konsens der Befragten bezüglich von Themen herrscht, welche die Beziehung zwischen Religion und Bevölkerung in den Fokus nehmen (sta_14; sta_15; sta_23), Pluralisierung und Differenzierung ansprechen, und eine grundsätzlich akzeptierende Positionierung zu diesen Trends der Modernisierung beinhalten (Ausnahme sta_23). Die Übereinstimmungen in jenen Orientierungen befinden sich ausschließlich im präferierten Bereich (siehe Spalte ‚Spektrum z-scores'), sodass daraus eine generell hohe Akzeptanz der Inhalte festgestellt wird; Ausdruck eines gewissen gesellschaftlichen Integrationspotentials in den Positionen aller acht Faktoren.

Zusätzlich können aus den einzelnen Faktorenbeschreibungen inhaltliche Parallelen zwischen den acht Einstellungstypen festgestellt werden, die nicht durch die Berechnung des Programms PQ-Method adressiert wurden. So finden sich hohe Übereinstimmungen in einer starken Ablehnung der rechtlichen Gleichstellung von homosexuellen Partnerschaften (sta_10) (mit Ausnahme ‚fm4'), die sich bei den Faktoren ‚fm1', ‚fm2', ‚fm3', ‚fm7', und ‚fm8' unter den fünf am höchsten zurückgewiesenen Aussagen befindet. Ein Vergleich der getätigten Kommentare der repräsentativ für die Typen geltenden Befragten offenbart die Bandbreite der Reaktionen zu diesem Thema. Sie reichte von stummer Ablehnung bei Faktor ‚fm5‘, über Kurzanmerkungen (‚fm2‘), längliche Argumente (‚fm1‘ / [M29]), bis hin zu stark ausgrenzenden Ausführungen (‚unnatürliches Phänomen‘; ‚fm6‘). Vertreter der Faktoren ‚fm1‘ und ‚fm6‘ konstruieren zudem aus der Identität eines Teils der Bevölkerung – die in diesen Ordnungskonzepten auszugrenzenden sei – eine Bedrohung für übergeordnete Strukturen der Gesellschaft: „(...) es geht um das Überleben der Familie. (...). Hier ist die Basis die Familie, die einzige Institution, der man vertrauen kann.“ (M29).

Die inhaltliche Parallele in Albanien hinsichtlich der Position eines säkularen Staates in der Verfassung (sta_6) konnte für Nord-Mazedonien nicht festgestellt werden. Hier existieren die Gruppen der Indifferenz zum Thema (‚fm1‘), der leichten Zustimmung (‚fm5‘; ‚fm6‘), sowie der leichten (‚fm3‘) und der starken Ablehnung (‚fm2‘; ‚fm4‘; ‚fm7‘; ‚fm8‘). Die Einstellungstypen mit leichter Zustimmung und Indifferenz zur Aussage zeigen die Parallele eines hohen Alters bei den Hintergrundvariable auf, sodass – im Gegensatz zu Albanien mit einer feindlichen Haltung des Staates hinsichtlich der Religionen 1945–1990 – ein säkularer Staat bei dieser Altersgruppe aufgrund ihrer Erfahrungen (im jugoslawischen Sozialismus) nicht notwendigerweise als religionsfeindlich aufgefasst wird.

Ein weiteres inhaltliches Bindeglied zwischen allen acht Meinungstypen in Nord-Mazedonien ist die Stellung zur individuellen, positiven Religionsfreiheit (sta_14). Diese wird in allen Typen präferiert und findet sich bei den Faktoren ‚fm1‘, ‚fm2‘, ‚fm3‘, ‚fm5‘ und ‚fm7‘ unter den am höchsten bevorzugten Elementen einer gesellschaftlichen Ordnung. Wie im Fall Albanien wurde die Zustimmung zu ‚sta_14‘ in der Gesamtschau aller Interviews in Nord-Mazedonien ausschließlich sehr kurz kommentiert, welches die Festigung des Standpunkts unter den Befragten auch dieses Landes verdeutlicht; exemplarisch mit: „Es ist ein Menschenrecht.“ (M29), oder, „Der freie Wille ist von Gott gewollt.“ (M10).

Ein visueller Vergleich von den drei bedeutendsten Einstellungstypen ‚fm1‘, ‚fm2‘ und ‚fm3‘ (34,79% expl. varia.) verdeutlicht die inhaltliche Übereinstimmung wichtiger Meinungsbilder hinsichtlich gesellschaftlicher Ordnung auf der zustimmenden Seite. In nachstehender Abbildung als Vergleich zwischen den fünf am höchsten präferierten Aussagen dargestellt, ergeben sich Parallelen hinsichtlich der positiven Religionsfreiheit (sta_14), einer staatlichen Gleichbehandlung von Religionsgemeinschaften (sta_2), sowie der Ablehnung der rechtlichen Gelichstellung homosexueller Partnerschaften (sta_10). Dies sind jene Themen, die ein geringes interreligiöses Konfliktpotential hervorrufen.

Abb. 18: Nord-Mazedonien: Inhaltlicher Vergleich ‚fm1‘, ‚fm2‘, ‚fm3‘ (Zustimmung)

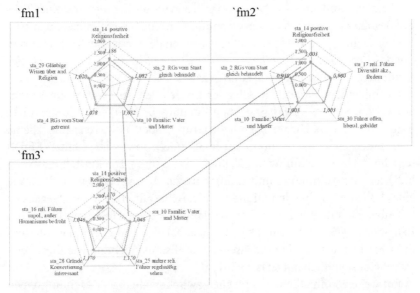

Demnach ist im Vergleich zu Albanien bei den Einstellungstypen religiöser Würdenträger in Nord-Mazedonien weniger Aufmerksamkeit für eine interreligiöse Kooperation gegeben, die Zustimmung zur Ausübung der positiven Religionsfreiheit jedoch ebenfalls hoch ausgeprägt. Daraus kann der Schluss gezogen werden, dass zwar ein gewisses Maß an institutioneller Abschottung gegeben ist, auf der anderen Seite jedoch ebenso in diesem Fall Pluralismus und Liberalität hinsichtlich der religiösen Identität auf der individuellen Ebene von den befragten religiösen Würdenträgern des Landes in ihren gesellschaftlichen Ordnungsmodellen Anerkennung finden.

Auf der Seite der Widerspruch erzeugen Aussagen (siehe Tab. 87) finden sich für Nord-Mazedonien keine Stellungnahmen zum Bereich Religion und Politik. Hier steht erstens die Kernaussage zur Einschätzung des Menschenbildes (‚sta_22‘; Menschen entweder gut oder schlecht), sowie zweitens jene zum Fokus (spirituell/politisch) religiöser Führer (sta_13). Weiterhin zeigt sich Dissens insbesondere in den Einstellungen zur Ordnung im religiösen Bereich (sta_31; sta_33; sta_34). Demnach finden sich inhaltliche Gegensätze in den Einstellungen zum Einfluss von Religionsgemeinschaften auf grundlegende Charaktereigenschaften und kollektiven sowie individuellen Identitäten in der Bevölkerung als Ausgangspunkt von Dissens unter der Zielgruppe.

Ein letzter Punkt der inhaltlichen Differenzen, der nicht durch die Berechnungen aus PQ-Method hervorgeht, sind die Präferenzen hinsichtlich der Position, ob ein charakteristisches Merkmal des Nationalstaates eine Nationalreligion sei (sta_12). Hier ist ein breites Spektrum zwischen den Faktoren von starker Ablehnung (‚fm1'; ‚fm2'; ‚fm7'; ‚fm8'), über Indifferenz (‚fm4'; ‚fm6'), bis zu leichter Zustimmung (‚fm3'; ‚fm5') zu vernehmen. Dies verdeutlichten die Kommentare in einer Spannweite von *„Das ist Denken des 19. Jahrhunderts."* (M29) bis *„Für uns Slawen stimmt das. Aus historischen Gründen (...)."* (M16). Damit verbunden bestehen große Unterschiede in der Beurteilung, ob ein säkularer Staat in der Verfassung verankert werden sollte (sta_6).

Nach dem inhaltlichen Vergleich ist strukturell allen Faktoren für Nord-Mazedonien gemeinsam, dass die Intensität der Ablehnung von Aussagen höher ausfällt als die der Zustimmung (siehe folgende Abb. 19). So sind neben dem Integrationsindex (siehe unten) zwei weitere Dimensionen (Differenzen innerhalb Faktoren (Zustimmung/Ablehnung); inhaltliche Distanzen zwischen Faktoren) der Konstituierung von religiösem Integrations- und Konfliktpotential angesprochen (siehe Abb. 3).

5.3.5 Konflikt- und Kooperationspotential der Meinungstypen (Nord-Mazedonien)

Interne Struktur

Der zweite Schritt zur Einschätzung des Integrations- und Konfliktpotentials der Einstellungstypen ‚fm1' bis ‚fm8' leitet sich aus der Struktur der Präferenzmuster Hinsicht des Vergleichs der Intensität der Zustimmung oder Ablehnung ab. Demnach ist die Intensität der Ablehnung von inhaltlichen Positionen zur gesellschaftlichen Ordnung, die im Q-Set vertreten waren, weit ausgeprägter als auf der anderen Seite die Zustimmung zu Aussagen. Visualisiert lässt sich dies für Nord-Mazedonien anhand der Präferenzstruktur für den zweiten Faktor ‚fm2' aufzeigen; dies gilt jedoch wie erwähnt auch für jeden anderen der acht hier gewonnenen Einstellungstypen der befragten religiösen Würdenträger im Land (siehe Anhang 12; besonders ausgeprägt bei Faktoren ‚fm5', ‚fm7'; ‚fm8'), die teilweise sehr hohe Ämter bekleiden.

Abb. 19: Nord-Mazedonien: Vergleich Zustimmung und Ablehnung ‚fm2'

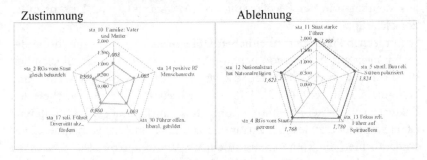

Daraus kann geschlossen werden, dass unter den Befragten ein höheres Niveau an Klarheit darüber herrscht, welche Elemente in einem von ihnen präferierten gesellschaftlichen Ordnungskonzept (und der Rolle der Religion darin) nicht enthalten sein sollten (negative Selektion), als über sicher zu integrierende Bestandteile.

Vergleich zwischen Faktoren / Korrelation

Der dritte Schritt zur Einordnung des Integrations- und Konfliktpotentials der Einstellungstypen zeigt die Gesamtheit der inhaltlichen Distanzen zwischen den acht Faktoren für Nord-Mazedonien auf. Die inhaltlichen Schwerpunkte wurden im vorangegangen Unterabschnitt beschrieben; hier können sie zusätzlich als quantitative Berechnung (mit PQ-Method aufgezeigt werden. Es erstellt eine Korrelation zwischen den Einstellungstypen, und bezieht demnach alle inhaltlichen Überschneidungen und Differenzen mit ein.

Die Berechnungen zeigen auf, dass zwischen den Faktoren ‚fml' (‚christlicher, moderat-pluraler Humanist'), ‚fm3' (‚theologisch und außerweltlich orientierter, christlich-orthodoxer Pfarrer'), sowie ‚fm8' (‚säkularisierungskritischer, auf die eigene Gemeinschaft bezogener Priester') die größten Übereinstimmungen herrschen (siehe folgende Tab. 88).

Weiterhin sind hohe Überschneidungen zwischen den Faktoren ‚fm4' (‚zurückhaltender, junger und progressiver, christlich-orthodoxer Theologe') und ‚fm8' (‚säkularisierungskritischer, auf die eigene Gemeinschaft bezogener Priester') mit einem leicht höheren Wert festzustellen. Auf diesem Niveau korreliert ‚fm8' ebenso mit dem Faktor ‚fm5' (‚älterer, distanzierter, staatlich-orientierter Religiöser'). Dies bestätigt weitgehend die einzelnen inhaltlichen Ausführungen und Interpretationen zu den Einstellungstypen, sowie die Kurzbeschreibungen.

Tab. 88: Korrelationen zwischen Faktoren ‚fm1'–‚fm8' (z-scores)

	zsc_fm1	zsc_fm2	zsc_fm3	zsc_fm4	zsc_fm5	zsc_fm6	zsc_fm7	zsc_fm8
zsc_fm1	1.0000	0.1104	0.3791	0.2214	0.1011	0.3084	0.3152	0.3352
zsc_fm2	0.1104	1.0000	0.1680	0.1896	0.0595	0.1261	0.1997	0.2003
zsc_fm3	0.3791	0.1680	1.0000	0.2471	0.2928	0.1725	0.2342	0.1888
zsc_fm4	0.2214	0.1896	0.2471	1.0000	0.2739	-0.0434	0.1894	0.3860
zsc_fm5	0.1011	0.0595	0.2928	0.2739	1.0000	0.2117	-0.1319	0.3815
zsc_fm6	0.3084	0.1261	0.1725	-0.0434	0.2117	1.0000	0.2206	0.0677
zsc_fm7	0.3152	0.1997	0.2342	0.1894	-0.1319	0.2206	1.0000	0.2161
zsc_fm8	0.3352	0.2003	0.1888	0.3860	0.3815	0.0677	0.2161	1.0000

Die stärksten Widersprüche sind nach der Berechnung zwischen den Einstellungstypen ‚fm5' (‚älterer, distanzierter, staatlich-orientierter Religiöser') und ‚fm7' (‚älterer, kollektivistisch und politisch ausgerichteter, Säkularisierung als Gefahr sehender Ausbilder'; Wert -0.1319) zu attestieren. Dies ist ein unerwartetes Ergebnis, da die Hintergrundvariablen als auch die Antwortmuster eine Vielzahl von Ansatzpunkten für Gemeinsamkeiten bereitstellen (Alter, traditionell-religiöse Ausrichtung). Hier scheinen sich die unterschiedlichen Auffassungen zur politischen Ausrichtung von Religionen und religiösen Würdenträgern (‚fm7' sehr hohe Befürwortung auch in Kommentaren; hoher Wert im Politisierungsindex), sowie zur Stellung zu einem primordialen Menschenbild abzubilden (‚fm5': *Atheisten sind mir auch sehr willkommen*' [M26]; dagegen, fm7': *Liberalismus ist gefährlich*', *„Vergiftung mit Dummheiten*', *„böse Religion*' [M4]).

Nach den Korrelationen zwischen den Faktoren scheint für Nord-Mazedonien kein Einstellungstyp isoliert zu sein. Dies gilt auch für den nach den Inhalten konfliktträchtigsten Faktor ‚fm7' (‚kollektivistisch ausgerichteter, Säkularisierung als Gefahr sehender Ausbilder'), sodass aus dieser die Einstellungstypen in Verbindung setzenden Betrachtung ein relativ geringes Konfliktpotential ergibt.

Religion und moderne Gesellschaft – Integrationsindex

Zentral zur Ermittlung des Integrations- und Konfliktpotentials der gesellschaftlichen Ordnungsvorstellungen in den Einstellungstypen dient der

Integrationsindex, der wie erläutert aus der Struktur des typischen Q-Sort und der dort ausgedrückten Aussagenpräferenz hinsichtlich grundlegender Trends der Modernisierung ermittelt wird. Innerhalb der Spannweite des Index (-40 bis +40) ergibt sich nach der Berechnung eine Streuung der Faktoren in Nord-Mazedonien, ‚fm1' bis ‚fm8', von einem Wert von (-1) für Faktor ‚fm7' bis (+28) für Faktor ‚fm4'.

Tab. 89: Nord-Mazedonien: Indizes Integrations- und Konfliktpotential,
‚fm1'–,fm8'

	Typ							
	‚fm1'	‚fm2'	‚fm3'	‚fm4'	‚fm5'	‚fm6'	‚fm7'	‚fm8'
Integritätsindex *(-40 – 40)*	24	7	20	28	5	9	-1	6
Politisierungsindex *(0–10)*	5,56	7,22	3,61	3,61	5	3,89	7,5	5,83
Identitätsindex *(0–10)*	6,39	5,83	6,67	4,72	3,89	4,44	7,22	6,11

Drei der vier Faktoren mit der jeweils höchsten erklärenden Varianz sind in dieser Messung weit im integrativen Bereich verortet (‚fm1'; ‚fm3'; ‚fm4'; siehe Abb. 20), die weiteren befinden sich in einer Zone zwischen (-1) und (+9) des Spektrums, die wenig analytische Aussagen zum Integrations- und Konfliktpotential der Typen zulässt (indifferent hinsichtlich der Modernisierung: ‚fm2'; ‚fm5'; ‚fm6'; ‚fm7'; ‚fm8').

An dieser Stelle soll für die Analyse des Integrationspotentials der Einstellungstypen erwähnt werden, dass unter den zehn Befragten, die für keinen der aufgeführten Faktoren repräsentativ sind, zusätzlich eine Vielzahl von hoch integrativen Auffassungen im jeweiligen individuellen Q-Sort vorlagen (so u.a. bei den Befragten M3 [Wert Integrationsindex +22]; M12 [+20]; M17 [+31]; M24 [+19]; M27 [+20]; M28 [+33]). Dies bedeutet auf der einen Seite, dass auch außerhalb der beschrieben Typen gesellschaftlich-integrative Auffassungen das Bild prägen. Weiterhin ist daraus der Schluss für den interreligiösen Bereich zu ziehen, dass im integrativen Spektrum eine Aufspaltung der Einstellungen in Nord-Mazedonien besteht, welche die dazugehörigen, individuellen Aussagemuster weniger (abseits der Konzentration bei ‚fm1') zu einem Typus zusammenzufassen vermag. Dies bedeutet für die eher ambivalent zur Modernisierung stehenden Typen, zusammen mit dem Indikator der erhöhten Politisierung, dass diese nach außen (inhaltlich) kohärenter (auch durch simplifizierende Vorstellungen, siehe ‚fm8': „*Das Einfache ist heilig, das Komplizierte ist schlecht.*" [M5]) auftreten können.

Abb. 20: Nord-Mazedonien: Integritäts- und Politisierungsindex, Faktoren ‚fm1'–‚fm8'[368]

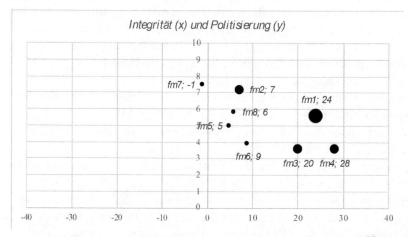

	Faktor							
	‚fm1'	‚fm2'	‚fm3'	‚fm4'	‚fm5'	‚fm6'	‚fm7'	‚fm8'
nload	3	4	3	2	3	2	2	1
peercentage expl. variance	13.26	11.30	10.23	9.06	8.72	7.50	6.16	5.80

Zusätzlich zum Integrationsindex wurde der Politisierungsindex der typischen Q-Sort der Einstellungstypen gemessen, der sich aus der Positionierung der Aussagen hinsichtlich des Feldes von Religion und Politik (‚sta_1' bis ‚sta_12') errechnen lässt. Hier wurde die Hypothese geäußert, dass eine hohe Politisierung von Meinungsbildern die Wahrscheinlichkeit von Konflikt steigen lässt, wenn diese zusätzlich mit wenig Integrationspotential ausgestattet sind, da diese Auffassung dann stärker gesellschaftliche Durchsetzung kontroverser Ansichten anvisiert. Hier zeigte sich der Befund, dass auf einer Skala von 0–10 die acht Faktoren Werte zwischen 3,61 und 7,5 bilden (Differenz 3,89) (siehe Tab. 89), sodass für den Fall Nord-Mazedonien (im Gegensatz zu Albanien; Differenz 2,77) in diesem Indikator ein bedeutender

---

368 Beschriftungen: Faktor (fm[x]), Wert Integritätsindex. Meinungstypen entsprechend im Vergleichs der ‚*expl. variance*' hervorgehoben.

Unterschied bei den Einstellungstypen erarbeitet werden konnten (siehe auch Abb. 20).

Demnach kann ausgesagt werden, dass sich die integrativen als auch die eher mit Konfliktpotential ausgestatteten Meinungstypen unter den befragten religiösen Würdenträgern Nord-Mazedoniens in ihrer Politisierung und in der Konzentration auf Themen der Identität unterscheiden. Dies unterstreicht Abbildung 20 zur Korrelation des Integritäts- mit dem Politisierungsindex der Aussagemuster der Einstellungstypen. Hier wird zudem aufgezeigt, dass die Ordnungsvorstellungen der religiösen Elite in Nord-Mazedonien mit einem sinkenden Wert im Integrationsindex eine höhere Politisierung vorweisen (siehe Trend in Abb. 20).

Als Ergebnisse der Analyse zu Nord-Mazedonien werden an dieser Stelle folgende Punkte zusammengefasst. Hinsichtlich der Struktur der Meinungstypen ist zu konstatieren, dass drei Faktoren (‚fm2', ‚fm3', und ‚fm4') allein durch Vertreter der beiden größten Religionsgemeinschaften MPC-OA und BFI repräsentiert werden. Dies ist aufgrund der Aufteilung der religiösen Zugehörigkeit im Sample mit einer Mehrheit der Vertreter der MPC-OA (16 Befragte), und der BFI (neun) nicht überraschend. Bei Faktor ‚fm2' ist die Konzentration von muslimisch-sunnitischen Würdenträgern der unteren Hierarchie (Imame) deutlich. Weiterhin zeigte sich, dass die Repräsentanten der jeweiligen Religionskonfessionen sich über die weiteren fünf Meinungstypen verteilen und keine Konzentration einer Gemeinschaft in einem Typus erfolgt. Demnach ist ‚der Islam', oder ‚das Christentum' nicht dominant charakteristisch für Bildung von Ordnungsvorstellungen bei der Mehrheit der Einstellungstypen unter der religiösen Elite Nord-Mazedoniens. Dies zeigte sich auch bei der Betrachtung der weiteren Hintergrundvariablen der beruflichen Lokalität und des Bildungsniveaus. Eine Konzentration einer Altersgruppe ist bei den Faktoren ‚fm5' und ‚fm7' (Ältere) erkennbar, der Elite-Status bei ‚fm2', ‚fm3', und ‚fm4' (jeweils niedrig).

Bei der zusammenfassenden Betrachtung der Inhalte der Meinungstypen bleibt festzuhalten, dass unter allen Faktoren ein gewisser Fokus auf den religiösen Bereich in der gesellschaftlichen Ordnung besteht. So sind ebenfalls, ähnlich zu den Einstellungstypen in Albanien, die freie Religionswahl hoch bevorzugt (sta_14), und eine strikte Trennung von Religion und Politik nicht favorisiert. Weiterhin findet die Thematik der rechtlichen Gleichstellung von homosexuellen Partnerschaften weitgehend Ablehnung. Demnach beziehen die Bezeichnungen der Typen (‚*Label*') für Nord-Mazedonien Debatten des religiösen Bereichs, oder gesellschaftliche Entwicklungen (‚Säkularisierung') ein.

Zur zweiten Fragestellung des Integrations- und Konfliktpotentials der Einstellungstypen ist der erste Befund, dass in der Gesamtheit ein hohes Integrationspotential (siehe Abb. 20) in der modernen Gesellschaft vorzufinden ist, auch unter Vertretern der größten Gruppe der Vertreter der MPC-OA. Drei der vier bedeutendsten Faktoren befinden sich entweder weit im integrativen Bereich des Spektrums des Index (‚fm1'; ‚fm3'; ‚fm4'), oder sind inhaltlich als ambivalent einzuschätzen (‚fm2'; ‚fm5'–‚fm8'). Mit Blick auf die größte Religionsgemeinschaft MPC-OA kann gefolgert werden, dass eine höhere Repräsentanz in der Bevölkerung, und höhere absolute Zahl an spirituellen Vertretern auch eine höhere Verteilung über die Einstellungstypen mit sich bringt. Die Religionskonfessionen verteilen sich über das Spektrum des Integrations- und Konfliktpotentials, es findet keine Konzentration statt.

Einstellungstypen, die hier konfliktträchtige Muster ausbilden, sind nicht einer bestimmten Religion oder Konfession zuzuordnen – dies sind ebenso nach der Analyse für den Fall Nord-Mazedonien eher kleine Fraktionen innerhalb großer und traditioneller Religionsgemeinschaften (siehe ‚fm5', ‚fm7').

Alle hier erhobenen Einstellungen zeigen nach ihrer Struktur höhere Werte in der Ablehnung als in der Zustimmung zu bestimmen Elementen einer gesellschaftlichen Ordnung. Dies bedeutet ein höheres Maß an Klarheit der Befragten darüber, welche Elemente zurückgewiesen werden sollten. Dieser Denkansatz über eine negative Auslese könnte bedeuten, dass es den befragten Vertretern der Religionen in Nord-Mazedonien zunehmend schwerer fällt, Religion für ihre Mitglieder in die heutige Zeit zu übersetzen.

Am Ende des Abschnittes seien Erfahrungen erwähnt, die sich zur Herangehensweise an die Befragungen ergaben. Demnach waren – parallel zu Albanien – erstens kleine Religionsgemeinschaften sehr (u.a. Bektashi, kleine christliche Gemeinden) oder überhaupt nicht zugänglich. Um das Vertrauen von Vertretern großer Religionsgemeinschaften, in diesem Fall der MPC-OA (christlich-orthodox) und der BFI (muslimisch-sunnitisch) zu gewinnen, waren in einem ersten Schritt Befragungen mit Repräsentanten der mittleren Hierarchieebene (Theologen, Weihbischöfe, Ober-Imame) erforderlich, in denen Akzeptanz für die Studie erarbeitet werden musste. Anschließend war es möglich, Vertreter der niederen sowie der höheren Ebene für die Studie zu befragen. So waren hier ebenfalls (siehe Albanien) Schlüsselpersonen (‚gate keeper') zur Erschließung des Feldes zu aktivieren.

Während der Interviews mit einer Vielzahl von Vertretern großer Glaubensgemeinschaften offenbarte sich als zusätzliches themenübergreifendes Element, für den Erhalt oder den Ausbau der eigenen privilegierten Position zu argumentieren. Diese Haltung betrifft weitere Themen, die über das Q-Set hinaus angesprochen wurden (so u.a. Frage nach Restitution von Eigentum) – eine signifikante Parallele zu den Einstellungen in Albanien. Diese Grundhaltung verläuft vor der Situation, da die Mehrheit der Bevölkerung in Nord-Mazedonien im Alltag ein weitgehend indifferentes Verhältnis zur Religion pflegt – eine ambivalente Situation, die den in der Studie befragten geistlichen Würdenträger bekannt ist (Indikator auch im Fall Nord-Mazedonien ist die schwierige Rekrutierung neuen geistlichen Personals der großen Religionsgemeinschaften).

5.4 Ordnungsvorstellungen religiöser Eliten in Slowenien

Dieser Abschnitt zu Ordnungsvorstellungen religiöser Würdenträger in Slowenien gliedert sich in eine kurze Erklärung der Vorbereitung der Interviews (5.4.1), Darlegungen zu den Befragungen, die für den Fall in fünf Wellen erfolgte (5.4.2), die Darstellung der Analyse der Q-Sort mit Anwendung des Programms ‚PQ-method' (5.4.3), die inhaltlichen Erläuterungen der Einstellungstypen unter Berücksichtigung der Hintergrundvariablen und der Kommentare (5.4.4), sowie der Analyse ihres Integrations- und Konfliktpotentials im Hinblick auf innere Distanzen sowie grundlegende Trends der Modernisierung (5.4.5).

5.4.1 Vorbereitung der Interviews

Die Kontaktaufnahme erfolgte in Slowenien zuerst über die Anschrift führender Vertreter der vier bedeutenden Glaubensgemeinschaften (Römisch-Katholische Kirche, Serbisch-Orthodoxe Kirche, Islamische Gemeinschaft [ISRS], Evangelische Kirche des Augsburger Bekenntnisses [ECAV]) per Brief und E-Mail. Da auf diese Formen sehr wenige Rückmeldungen erfolgten, wurde auf die Kontaktierung über Telefon mit der Unterstützung durch professionelle Übersetzung übergegangen. Auf diese Weise kamen erste Interviewtermine zu Repräsentanten dieser Gemeinschaften zustande, von denen aus, im Kontext der Gewinnung von Vertrauen, Kontakte zu weiteren potentiellen Teilnehmern hergestellt werden konnten; neben der Ausführung der weiteren genannten Anfrageformen, die unabhängig davon Teilnehmer erbrachten. Eine Kontaktanbahnung über die sozialen Medien fand für Slowenien nahezu nicht statt, da die Vertreter von Religionsgemeinschaften hier diese Form der Kommunikation zu jenem Zeitpunkt wenig oder gar nicht nutzten. Insgesamt war vor und während der Interviews im Vergleich zu Albanien und Nord-Mazedonien eine erheblich größere Skepsis hinsichtlich dieser Kommunikationsarten zu vernehmen.

Das Q-Set der Aussagen, die Instruktionen, die Präferenzskala, sowie eine Übersicht zu den Quellen der Aussagen wurden zu jedem Interviewtermin mitgeführt, um hohe Transparenz und damit einen für die Durchführung der Studie bedeutenden Vertrauensaufbau zu ermöglichen. Der Nutzen dieses transparenten Vorgehens zeigte sich im Fall Slowenien besonders deutlich, da eine Mehrheit der Befragten (insbesondere der Römisch-Katholische Kirche) betonte, Sozialwissenschaftlern generell wenig zu vertrauen, und demnach nicht an sozialwissenschaftlichen Umfragen teilzunehmen[369]. Ein exemplarisches Beispiel bildet an dieser Stelle die Befragung von Dr. Andrej Saje, damals Generalsekretär (heute Vorsitzender) der Slowenischen Bischofskonferenz (SŠK) der Römisch-Katholischen Kirche, der eigene Aussagen im Q-Set wiedererkannte. Daraufhin wechselte die Bereitschaft zur Teilnahme an der Befragung von einer skeptischen Ablehnung auf interessierte Zustimmung.

5.4.2 Durchführung der Befragungen

Die Durchführung der Interviews in Slowenien nahm einen längeren Zeitraum in Anspruch, da hier im Vergleich zu den Fällen Albanien und Nord-Mazedonien ein geringes Maß an Zusagen der Zielgruppe zu erhalten war. Die Befragungen fanden in fünf Wellen statt.

Die erste Befragungsrunde im Land im September 2013 umfasste zuerst ein Interview mit einem Imam in einer großen Stadt, anschließend mit einem Bischof der Römisch-Katholischen Kirche, einer einflussreichen Pfarrerin der evangelischen Kirche EVAC, und einem Priester der Serbisch-Orthodoxen Kirche in einer mittelgroßen Stadt. Hinzu kamen Befragungen mit einem weiteren Bischof der der Römisch-Katholischen Kirche, der durch seine große Präsenz in den Medien zu öffentlichen Debatten in Slowenien einer breiten Öffentlichkeit (auch außerhalb der Kirche) bekannt ist, sowie eines Pfarrers der protestantisch-traditionellen EVAC, der gegenwärtig (einziger) Bischof der Kirche ist. In der erste Welle schlossen die beiden Interviews mit einem Bischof der RKK, sowie mit einem Mitglied des Vorstands

---

369 Auch deshalb sind Studien zu Einstellungen religiöser Würdenträger in Slowenien bisher nicht durchgeführt.

(mešihat) der Islamischen Gemeinschaft (ISRS) ab. Das zweite Treffen war von großem Misstrauen des Teilnehmers gegenüber sozialwissenschaftlicher Forschung geprägt. So wurden in der ersten Befragungswelle in Slowenien acht Interviews durchgeführt, von denen fünf Vertreter der höheren Ebene der jeweiligen Hierarchie zugerechnet werden können.

Neben der im Vergleich geringen Rate der Zusage zu Interviewanfragen und der geringen Nutzung sozialer Medien in der Zielgruppe trat in der ersten Welle ebenfalls hervor, dass eine vergleichsweise große Skepsis gegenüber sozialwissenschaftlicher Forschung, sowie konkret gegenüber der Nutzung audio-visueller Geräte zur Aufnahme des Interviews (und Rahmenbedingungen) herrschte. Dies sei nach Aussage der Befragten ihrem hohen Misstrauen gegenüber den Medien und der Sozialwissenschaft in Slowenien geschuldet (siehe Kommentare).

In der zweiten Befragungsrunde im November 2013 konnten Interviews mit einem Pfarrer einer kleinen, christlich-protestantischen Gemeinschaft, mit einem geistlichen Vertreter einer buddhistischen Gruppe (der polarisierende Standpunkte vermeiden wollte), sowie mit einem bedeutenden Theologen (in Ausbildung beschäftigt) der Römisch-Katholischen Kirche und Mitglied der Theologischen Fakultät der Universität Ljubljana durchgeführt werden. Letzterer ist aufgrund seiner Medienpräsenz einem weiten Bevölkerungskreis im Land auch außerhalb der Kirche bekannt. Das Interview begann aufgrund der Verhältnisse in Slowenien vonseiten des Befragten in misstrauischer Atmosphäre, die sich jedoch aufgrund des transparenten Vorgehens und der objektiven Methodik der Befragung entspannte[370].

Hinzu kamen in der zweiten Befragungswelle für Slowenien ein Priester der Serbisch-Orthodoxen Kirche (schwierige Anbahnung, Ausweichen Befragung), ein hoher Geistlicher der traditionellen evangelischen Kirche ECAV (durch hohe mediale Präsenz außerhalb seiner Gemeinschaft bekannt), zwei Interviews mit Vertretern der islamischen ISRS (ebenfalls schwierige Anbahnung, Anfragen abweisend behandelt), sowie mit zwei Priestern der Römisch-Katholischen Kirche in einer großen Stadt, die auf der Gemeindeebene wirken. Insgesamt wurden in der zweite Welle mit neun Befragungen Einstellungen von Vertretern bedeutender großer und kleinerer Gemeinschaften aufgenommen. Bereits hier zeigte sich der im Vergleich (Albanien,

---

370 Ebenso verhalf die Anlage der Q-Methode in weiteren Interviewsituationen, Vorurteile bei den Befragten abzubauen und die Motivation zur Teilnahme an der Befragung zu heben.

Nord-Mazedonien) schwerere Zugang zu Religionsführern in Slowenien, sowie die Skepsis hinsichtlich sozialwissenschaftlicher Befragungen.

Die dritte Befragungswelle im Mai 2014 umfasste Interviews mit einem Pfarrer einer kleinen, unabhängigen christlichen Kirche in Ljubljana, mit einem Priester der RKK in der Stadt, und zwei Priestern der Kirche in einer ländlichen Gegend im Osten des Landes[371]. Demnach kamen hier vier Interviews hinzu.

Die vierte Welle im April 2016 führte zu einem Bischof der Römisch-Katholischen Kirche (lange Anbahnung, Misstrauen), der aufgrund seiner Position in der dominanten Religionsgemeinschaft eine bedeutende Perspektive in die vorliegende Studie einbringt. Zusätzlich kamen Interviews mit einem Vertreter einer alternativen Religionsgemeinschaft (‚Transuniverselle Zombie-Kirche des glückseligen Klingelns' – ČZCBZ), und mit einem Priester der Serbisch-Orthodoxen Kirche aus einer größeren Stadt hinzu (mit Zustimmung des damaligen Bischofs von Zagreb). So nahmen in der vierten Welle drei Befragte teil.

Die fünfte Befragungswelle im November 2016 diente dem Ausbau der Anzahl der Befragten der Römisch-Katholischen Kirche als größte Religionsgemeinschaft des Landes. Die Anbahnung der Interviews vereinfachte sich zu dieser Welle aufgrund des Aufbaus von Kontakten in den Bereich und dem gewonnenen Vertrauen. So standen hier die Befragungen von zwei hochrangigen Theologen (mittlere Hierarchie-Ebene) der Kirche in Ljubljana, eines Priesters in einem Dorf in Zentralslowenien, eines Priesters in Ljubljana (der mit der Q-Methode vertraut war), sowie eines Priesters und Mönchs in einer mittelgroßen, regional bedeutenden Stadt. Die letzte Befragung wurde mit einem hochrangigen Vertreter des offiziellen katholischen Laienverbandes SKLS durchgeführt. So kamen in der fünften Welle sechs Befragte aus der Zielgruppe hinzu; das gesamte Sample für Slowenien beträgt 30 Q-Sort.

In qualitativer Perspektive wiesen vielfach Interviewsituationen auf die Rahmenbedingungen der Gemeinschaften in einem Bereich hin, der in den später erörterten Kommentaren von den Befragten eigenständig angesprochen wird: Verbindungen von Religion und Ökonomie, d.h. Religionsgemeinschaften als auch wirtschaftliche Organisationen und als Akteure im ökonomischen Bereich. So fand sich in einer Situation auf dem großen Besprechungstisch mittig platziert eine automatische Geldzählmaschine; spirituelle Gegenstände waren allein am Rande des Raumes vorhanden. Die hier bildlich dargestellte Szene (fotografische Aufnahme nicht möglich) ist

---

371 diese drei Befragten verlangten ausdrücklich eine hohe Anonymisierung

aufgrund der Bedeutung in der Zielgruppe selbst an dieser Stelle in die Studie aufgenommen worden.

Abb. 21: Religion und Ökonomie: Interviewsituation in Slowenien

Aufgrund der religiösen Zugehörigkeiten der Bevölkerung Sloweniens (WVS 2017: 29,9% nicht religiös oder atheistisch [Inglehart / Haerpfer et al. 2020]) und einem gewissen Organisationsgrad fanden zusätzlich drei Befragungen mit Vertretern der Vereinigung der Atheisten Slowenien (ZAS) statt. Diese sollten einen qualitativen Vergleich der Einstellungen der religiösen Würdenträger mit einer Kontrollgruppe ermöglichen, sie flossen jedoch nicht in die Bildung der Einstellungstypen ein.

Tab. 90: Slowenien: Befragte nach Religionsgemeinschaften

RKK	ISRS	SPC	ECAV	ČZCBZ	andere
16	3	3	3	1	4

Die Verteilung der Befragten auf die Religionsgemeinschaften in Slowenien zeigt, dass die Mehrheit von 16 der 30 Interviews mit Würdenträgern der Römisch-Katholischen Kirche geführt wurde, jeweils drei mit der ISRS, SPC, und ECAV, sowie jeweils eines mit fünf der kleineren, jedoch auf einem gewissen Maß bedeutenden Gemeinschaften. Die evangelische Kirche ECAV ist mit drei Befragten gegenüber ihrer relativen Verankerung in der Bevölkerung hier geringfügig überrepräsentiert; dem Einwand kann entgegnet werden, dass sie eine hohe Medienpräsenz zeigen, und in öffentlichkeitswirksamen

Formaten (TV) vielfach als Opposition zu größeren Gemeinschaften positioniert werden (siehe Parallelen zu VUSH / Albanien).

Die weiteren Hintergrundvariablen der Befragten, die in die Studie Aufnahme fanden, sind die Altersstruktur und der Elite-Status, der eine breite Verteilung auf hohe (sechs), mittlere (sieben) und niedrige (siebzehn) Positionen in der jeweiligen Hierarchie aufzeigt. Die Mehrzahl der Befragten wirkt in einer größeren Stadt (siebzehn), acht in einem Regionalzentrum. Das Bildungsniveau zeigt neun Promovierte, siebzehn Personen mit Universitätsabschluss, und vier ohne. Zwei Befragte waren weiblich.

Tab. 91: *Slowenien: Struktur Befragte (Alter, Status, Ort, Bildung, Geschlecht)*[372]

Alter	Elite-Status	Ort	Bildungsniveau	Geschlecht
unter 30	hoch	≥ 150.000	promoviert	männlich
1	6	17	9	28
30 – unter 40	mittel	20.-150.000	Uni.-abschluss	weiblich
10	7	8	17	2
40 – unter 50	niedrig	≤ 20.000	kein Uni.-ab.	
7	17	5	4	
50 – unter 60				
10				
ab 60				
2				

Die besondere Situation in Slowenien mit einer offen formulierten Feindschaft zwischen offensiv auftretenden Teilen der Römisch-Katholischen Kirche auf der einen und Fraktionen der Sozialwissenschaft auf der anderen Seite war die Durchführung von sechzehn Interviews, auch mit zum Teil ranghohen Vertretern der Kirche (Bischöfe), substantiell. Dies bestätigten slowenische Experten[373] (für autochthone Wissenschaftler schwer zu realisieren).

---

372 Bildung Kategorien siehe Albanien
373 u.a. Ivan Bernik, Aleš Črnič, Gregor Lesjak, Marjan Smrke, Anja Žalta

5.4.3 Analyse der Q-Sort (Slowenien)

Nach der Datenerhebung und Codierung der individuellen Präferenzstrukturen der Befragten (S1 – S30) war der anschließende Schritt die Verarbeitung der 30 Q-Sort mit dem Programm PQ-Method. Dieses gruppierte die Q-Sort um inhaltlich ähnlich strukturierte Antwortmuster; als Vorgabe wurde wie zuvor (Albanien, Nord-Mazedonien) die Erstellung von vier und acht Faktoren, d.h. Einstellungstypen, vorgegeben. Die Faktoren können nun zuerst aus der Perspektive ihrer ‚technischen Struktur' beschrieben werden:

Tab. 92: Slowenien: Faktorencharakteristika (strukturell; fs1–fs8)

	‚fs1'	‚fs2'	‚fs3'	‚fs4'	‚fs5'	‚fs6'	‚fs7'	‚fs8'
4-Faktoren Rotation *(free distribution / nload 27 / overall expl. variance 57.63%)*								
Average reliability coefficient	0.80	0.80	0.80	0.80				
Number of loading Q-sorts	11	10	2	4				
Percentage explained variance	20.99	18.35	9.21	9.08				
Standard error of factor scores	0.15	0.16	0.33	0.24				
8-Faktoren Rotation *(free distribution / nload 22 / overall expl. variance 75.63%)*								
Average reliability coefficient	0.80	0.80	0.80	0.80	0.80	0.80	0.80	0.80
Number of loading Q-sorts	6	3	3	3	2	2	2	1
Percentage explained variance	17.91	9.88	9.39	8.47	8.27	7.83	7.73	6.15
Standard error of factor scores	0.20	0.28	0.28	0.28	0.33	0.33	0.33	0.45

Bei einer Rotation mit dem Ziel der Erstellung von vier Faktoren ergeben sich für Faktor ‚fs1' (‚Faktor Slowenien 1') eine Gruppe von elf Q-sorts, die den Typus repräsentieren (‚Number of loading Q-sorts') (expl. varia. 20,99%), für Faktor ‚fs2' zehn (expl. varia. 18,35%), für ‚fs3' zwei (expl. varia. 9,21%), und für Faktor ‚fs4' vier (expl. varia. 9,08%) (siehe Tab. 92). Dies ergibt eine hohe gesamte Inklusion von 27 der 30 erhobenen Q-Sorts in die Bildung der Einstellungstypen, die zusammen 57,63% der Diskurse des Q-Set abbilden. Diese Daten belegen zunächst die allgemein hohe Abbildung der Einstellungen der Befragten in den vorgelegten Positionen. Auf der anderen Seite sind vier Einstellungsmuster zu generell, um daraus inhaltlich trennscharfe, d.h. aussagekräftige Typen zu erarbeiten.

Der Vergleich mit einer 8-Faktoren-Rotation zeigt, dass mit einer geringfügigen Verringerung der Aufnahme von repräsentativ stehenden Q-Sorts (22) eine bedeutende Erhöhung der erklärenden Varianz, d.h. auch der Streuung der Inhalte der Einstellungstypen über die im Q-set angesprochenen Inhalte erfolgt (expl. varia. von 57,63% auf 75,63% erhöht; siehe Tab. 92). Demnach wurden vorherige Befunde zu Albanien und Nord-Mazedonien bestätigt, die das weitere Vorgehen innerhalb einer 8-Faktoren-Rotation begründen.

5.4.4 Slowenien: Inhaltliche Beschreibung der Faktoren, Labelling

Der am stärksten auftretende Einstellungstypus unter den Befragten der religiösen Würdenträger Sloweniens (‚fs1') wird nach einer 8-Faktoren-Rotation von sechs Befragten gebildet (expl. varia. 17,91%). Die fünf am stärksten bevorzugten Aussagen sind hier, dass Religionsgemeinschaften vom Staat gleich behandelt werden (sta_2), diese vom Staat getrennt sind (sta_4), die Angehörigen der eigenen Gemeinschaft Wissen über andere Religionen besitzen sollten (sta_29), religiöse Führer anderer Glaubensgemeinschaften regelmäßig zu treffen, da dies Vertrauen schaffe (sta_25), und die Beachtung der negativen Religionsfreiheit als fundamentales Recht (sta_15) (siehe Tab. 93).

Tab. 93: Slowenien: Faktorencharakteristika (inhaltlich; fs1–fs4)

Präferierte Aussagen	z-scores	Abgelehnte Aussagen	z-scores
‚fs 1' *(nload 6 / exp. vari. 17.91%)*			
sta_2 *RGs vom Staat gleich behandelt*	1.818	sta_35 *neue RGs Autorität große RG*	-1.689
sta_4 *RGs vom Staat getrennt*	1.458	sta_36 *Gründung RG Akzeptanz Bürger*	-1.633
sta_29 *Gläubige Wissen and. Religion*	1.305	sta_7 *Schutz Nat.-reli. Schutz Nat.-staat*	-1.402
sta_25 *and. reli. Führer regelm. sehen*	1.244	sta_12 *Nationalstaat hat Nationalreli.*	-1.282
sta_15 *neg. RF fundamentales Recht*	1.244	sta_8 *RGs hist. Wurzeln staatl. präferiert*	-1.127
‚fs2' *(nload 3 / exp. vari. 9.88%)*			
sta_28 *Gründe Konvertierung interes.*	1.713	sta_22 *Menschen gut oder schlecht*	-1.888
sta_9 *Glaube Politiker best. Politik*	1.294	sta_5 *staatl. Bau reli. Stätten polarisiert*	-1.638
sta_26 *Korruption > Fundamentalis.*	1.287	sta_1 *Verbote sind Intoleranz*	-1.541
sta_4 *RGs vom Staat getrennt*	1.212	sta_10 *Familie: Vater und Mutter*	-1.513
sta_11 *Staat starker Führer*	1.190	sta_12 *Nationalstaat hat Nationalreli.*	-1.366

,fs3' *(nload 3 / exp. vari. 9.39%)*

sta_18 *RG Teil Gesellschaft wie andere*	1.897	sta_15 *neg. RF fundamentales Recht*	-1.687
sta_25 *and. reli. Führer regelm. sehen*	1.873	sta_24 *reli. Führer nach ethn. Kriterien*	-1.598
sta_29 *Gläubige Wissen and. Religion*	1.551	sta_36 *Gründung RG Akzeptanz Bürger*	-1.404
sta_30 *Führer offen, liberal, gebildet*	1.364	sta_6 *Säku. Basiswert Staat, in Verf.*	-1.364
sta_8 *RGs hist. Wurzeln staatl. präferiert*	1.275	sta_21 *Besuch reli. Stätten reli. Bewusst.*	-1.339

,fs4' *(nload 3 / exp. vari. 8.47%)*

sta_29 *Gläubige Wissen and. Religion*	1.649	sta_35 *neue RGs Autorität große RG*	-1.843
sta_27 *Religiosität ist Verwandtschaft*	1.492	sta_7 *Schutz Nat.-reli. Schutz Nat.-staat*	-1.619
sta_14 *positive RF Menschenrecht*	1.370	sta_12 *Nationalstaat hat Nationalreli.*	-1.607
sta_13 *Fokus reli. Führer auf Spirituel.*	1.285	sta_24 *reli. Führer nach ethn. Kriterien*	-1.522
sta_18 *RG Teil Gesellschaft wie andere*	1.243	sta_33 *reli, Organ. nicht vergleichbar*	-1.412

Auf der ablehnenden Seite stehen bei ,fs1', neu gegründete Religionsge-meinschaften hätten die Autorität der dominanten Gemeinschaft im Land anzuerkennen (sta_35), und deren Gründung benötige die Akzeptanz der Mehrheit der Bürger des Staates (sta_36). Weiterhin finden die Stellungnah-men Zurückweisung, der Schutz der Nationalreligion bedeute den Schutz des Nationalstaates (sta_7), dass dieser eine Nationalreligion besitzen solle (sta_12), sowie, dass Religionsgemeinschaften mit einer historischen Veran-kerung staatlich bevorzugt werden sollten (sta_8). So befassen sich in dem Muster von diesen zehn Aussagen fünf mit dem Bereich von Religion und Politik (sta_2; sta_4; sta_7; sta_8; sta_12), die eine starke Befürwortung für eine Trennung der religiösen und politischen Sphären beinhalten. Die weiteren fünf nehmen Stellung zur Religionsfreiheit (sta_15; sta_36), und zu Beziehungen im religiösen Bereich.

Insgesamt lässt sich an dieser Stelle festhalten, dass die Inhalte eine hohe Übereinstimmung mit Trends der Modernisierung aufweisen: Faktor ,fs1' ist gekennzeichnet durch die Einbeziehung der Individualisierung (sta_15; sta_35) und wertnormative Universalisierung (sta_12). Diese Feststellung festigtsichmitderBetrachtungderInhaltederweiterenpräferiertenPositionen, die auf eine hohe Akzeptanz der Pluralisierung der Gesellschaft und der Anerkennung im gesellschaftlichen Ordnungsmodell von ,fs1' hinweist: Religionsführer sollten liberal und humanistisch orientiert sein (sta_30), Diversität einer Gesellschaft auch öffentlich akzeptieren (sta_17), und Politik nicht beeinflussen, außer der Humanismus ist bedroht (sta_16). Hinzu kommt eine hohe Unterstützung des Rechts auf die Ausübung der positiven Religionsfreiheit (sta_14).

Die religiöse und konfessionelle Zugehörigkeit der sechs repräsentativ stehenden Befragten des Faktors ‚fs1' (S14, S16, S17, S27, S28, S30) ist heterogen. Sie sind Mitglieder fünf verschiedener Gemeinschaften aus dem christlichen und dem nicht-christlichen Spektrum, davon mindestens vier Angehörige kleinerer Religionsgemeinschaften. Auch der weitere Kontext ist differenziert: Es sind alle Altersgruppen von unter 30 Jahren bis über 60 Jahren repräsentiert, es sind niedere, mittlere und hohe Positionen in der jeweiligen Hierarchie (,Elite-Status') vertreten, die Orte des Wirkens erstrecken sich von dörflichen Gemeinden bis in die Hauptstadt. Allein das Bildungsniveau der Befragten glich sich (Universitätsabschluss).

Für die inhaltliche Beschreibung des Faktors ‚fs1' werden nun weiterhin die Anmerkungen der sechs repräsentativ stehenden Befragten herangezogen. Im Bereich von Religion und Politik sprechen sie sich zuerst für die staatliche Gleichbehandlung aller religiösen (und nicht-religiösen) Akteure aus, welches für einen gesellschaftlichen Ordnungsrahmen der Anerkennung einer pluralistischen Struktur (auch mit säkularen Elementen) spricht: *„Eine Trennung von Religionsgemeinschaften und Staat ist in meiner Präferenz."* (S14), sowie *„Sie sollten nicht von den Steuerzahlern profitieren."* (S28). Eine Trennung sei in Slowenien derzeit aufgrund der Nähe der Römisch-Katholischen Kirche zur Politik und der Politisierung von Religion schwer zu erreichen: *„Sehen sie die Kirchenbeamten vor dem nationalen Parlament. (...) doch wie ist der rechtliche Status der Ordensleute?"* (S30). Der Hauptunterschied zwischen der Kirche und der Politik sei, *„(...) Zeit ist für die Kirche irrelevant! Deshalb kannst du die Kirche nicht schlagen, dass ist der Hauptunterschied zwischen Politik und Kirche."* (S30). Auf der individuellen Ebene wird ebenfalls eine Verbindung von Religion und Politik kritisch gesehen: *„Das ist eine Art von Gewalt: Der religiöse Glaube der Politiker sollte ihre politischen Entscheidungen bestimmen."* (S28 zu Aussage ‚sta_9').

Zudem wurde der staatlich verordnete Säkularismus zwischen 1945 und 1990 in eine abwägende Weltanschauung eingebaut: *„Auch Sozialismus war Antwort auf etwas. Vorher gab es eine Übertreibung der Verbindung zwischen Kirche und Staat. Dialektik war immer vorhanden und ist gut. Sie ist ein Korrektiv in der Geschichte."* (S16). Zum säkularen Staat, der in der Verfassung verankert werden sollte (sta_6), gab es den Kommentar, *„Die Medien sind immer auf schwarz oder weiß. Wichtig ist nicht, wer gewinnt, sondern ob beide fähig für Konsens sind, die Fähigkeit, anderen zuzuhören. Heute ist kein Dialog möglich, diese Siegermentalität ist nicht gut."* (S16 zu sta_6). Treffend kommt hier zum

Ausdruck, *„Jeder Mensch ist ein ‚homo politicus', die Kirche sollte jedoch nicht für eine Partei sympathisieren. Dies bringt schnell Konflikte."* (S16).

In Bezug auf die Säkularisierung auf der individuellen Ebene wurde kommentiert, *„Die negative Religionsfreiheit ist ein Grundrecht.",* und *„Die Kirche sollte nicht Hauptorientierung der Menschen sein, wir sind nicht im Mittelalter."* (beides S16). Auf der organisatorischen Ebene wird zu diesem Trend der Modernisierung festgehalten, *„Die Kirchen können von der Säkularisierung etwas lernen, sie hat geholfen, sich selbst besser zu verstehen."* (S16). Die humanistisch orientierte Haltung und relative Position der Religion in der modernen Gesellschaft wurde verdeutlicht: *„Zunächst einmal sind alle Menschen gleich. Dann geht es um Religion. Daher sind Menschenrechte sehr wichtig, wichtiger als Religion."* (S17).

Darüber hinaus wurde von den sechs Befragten betont, dass Religionen in ihren Grundzielen sehr ähnlich sind, und Religionsfreiheit ein Teil der als individuell interpretierten Menschrechte sei: *„(...) Religionsfreiheit ist im Grunde das Menschenrecht auf individuelle Meinungs- und Wahlfreiheit."* (S30). Zudem wird eindringlich auf die ökonomische Dimension bei großen Religionsgemeinschaften verwiesen: *„Religionsgemeinschaften sollten darauf achten, Spiritualität und Geschäft nicht miteinander zu vermengen."* (S28); *„Es existieren Gesetzesausnahmen für Kirchen: Import von Gütern, Import von Arbeitskräften, Restitution von Eigentum, Besteuerung von Eigentum. Heute ist es eine Diktatur des Kapitals."* (S30). Mit Blick auf das gesellschaftliche Ordnungskonzept und der Rolle der Religionen darin wird generell festgehalten: *„Wir wollen ein glückliches Europa aufbauen. Wir müssen einsehen, dass es Verschiedenheit gibt."* (S16).

An dieser Stelle sind jene Kommentare einzuordnen, die einen gewissen relativen und konstruktivistischen Ansatz in der Rolle der eigenen Religionsgemeinschaft in der präferierten Gesellschaftsordnung pointiert zum Ausdruck bringt. So war zu vernehmen, *„Die Römisch-Katholische Kirche hat uns 5.000 Gläubige abgegeben, aber erkennt uns nicht an. Zu sagen, dass wir keine Kirche sind, ist eine Beleidigung! Wir haben alle Rituale, weil die Menschen Rituale wollen, (...) und wir haben Transzendenz. Was ist Transzendenz? Für uns die heilige Glocke, die im jenseits des Universums ist, und die heiligen Pfannen und Töpfe. Religion ist im Volk. Religion ist zeitlos. Der Staat darf sich nicht einmischen. (...). Wer kann neutral sagen, was heilig ist?"* (S30).

Da die Gewährung der Menschenrechte im staatlichen Aufgabenbereich liegt, und nach dem typischen Q-Sort des Faktors ‚fs1' die Befürwortung einer strikten Trennung der staatlichen und der religiösen Sphären vorliegt, sind moderne Gesellschaften (mit Differenzierung von Bereichen) hier grundlegend nachvollzogen. Religion hat eine Position in der gesellschaftlichen Ordnung inne, die sich nicht bedeutend auf andere gesellschaftliche Bereiche beziehen sollte, insofern diese ihre Funktionen (u.a. Gewährung Menschenrechte) innerhalb einer humanistischen Orientierung erfüllen (sta_16). Auf der individuellen Ebene ist ein Menschenbild vorhanden, welches sich von kollektivistischen Vorstellungen gelöst hat und auf Individualisierung von Identitäten bezieht (sta_22), die zudem nicht mit religiösen Merkmalen ausgestattet sein müssen (hohe Zustimmung zu sta_15 [negative Religionsfreiheit Menschenrecht]). Nach der Einstufung der Aussagen im typischen Q-Sort, der damit verbundenen Argumentation in den Kommentaren, in denen der Hauptfokus der Ordnungsvorstellungen auf die Anerkennung Humanität und Pluralität lag, erhält Faktor ‚fs1' die Kurzbezeichnung ‚<u>konstruktivistisch argumentierender, pluralistisch orientierter Humanist</u>', der eine strikte Trennung von Religion und Politik bevorzugt. Diese zu Trends der Modernisierung Parallelen aufzeigende Einstellung zur präferierten gesellschaftlichen Ordnung reflektiert sich in den Analysen zum Integritäts- und Konfliktpotential; der Integritätsindex nimmt im Vergleich aller 24 Faktoren zu Albanien, Nord-Mazedonien und Slowenien für diesen Faktor den höchsten Wert (+35) ein.

Der zweite Faktor (‚fs2') für Slowenien wird von drei Befragten repräsentativ vertreten (expl. varia. 9,88%). Das typische Q-Sort des Faktors beinhaltet die fünf am stärksten präferierten Aussagen, dass die Gründe für eine Konvertierung der eigenen Mitglieder zu einer anderen Glaubensrichtung interessant sind (sta_28), der religiöse Glaube der Politiker ihre politischen Handlungen bestimmen sollte (sta_9), Korruption auf Seiten etablierter Religionsführer einen erhöhtem Fundamentalismus bei der jüngeren Generation hervorrufen könnte (sta_26), Religionsgemeinschaften vom Staat getrennt (sta_4), und dieser einen starken Führer haben sollte (sta_11) (siehe Tab. 93).

Auf der Seite der abgelehnten Positionen stehen die Aussagen, Menschen seien entweder gut oder schlecht (sta_22), der staatliche Bau religiöser Stätten polarisiere die Gesellschaft (sta_5), staatliche Verbote bedeuteten Intoleranz (sta_1), die Familie habe einen Vater und eine Mutter, gleichgeschlechtliche Partnerschaften sollten nicht rechtlich gleichgestellt sein (sta_10), sowie, dass der Nationalstaat eine Nationalreligion als hat (sta_12).

So befasst sich das typische Präferenzmuster von ‚fs2' hauptsächlich mit den Beziehungen zwischen Religion und Politik, da sieben der zehn am höchsten polarisierenden Aussagen diesem Themenbereich zufallen (sta_1; sta_4; sta_5; sta_9; sta_10; sta_11; sta_12); drei weitere Aussagen betreffen die Rolle der Religion in der Gesellschaft (sta_22; sta_26; sta_28) (keine Aussage zum religiösen Bereich). An dieser Stelle wird ein eher ambivalentes Konzept formuliert, das Religionsgemeinschaften und den Staat bis zu einem gewissen Grad und abstrakt auf der Makro-Ebene trennt (sta_4, sta_12), gleichzeitig aber für Verflechtungspunkte zwischen Religion und Politik, und für eine Integration religiöser Ansichten in letzteren Bereich plädiert (sta_5; sta_9). Diese ersten Einschätzungen zu ‚fs2' manifestieren sich im niedrigen Wert im Integrationsindex (-3) für den Einstellungstyp – der Politisierungsindex ist mit einem Wert von 8,33 der höchste gemessene Wert im Vergleich aller 24 Typen aus Albanien, Nord-Mazedonien und Slowenien.

Die Hintergrundvariablen der drei (männlichen) Befragten (S4, S5, S20), die mit ihren Q-Sort den Faktor ‚fs2' bilden, ist recht homogen: Sie gehören großen christlichen Kirchen an, sind den Altersgruppen von 30 bis unter 50 Jahren zuzuordnen, betreuen eine lokale Ortsgemeinde in einer größeren Stadt, und haben einen Universitätsabschluss.

Die weiteren Anmerkungen waren bei Faktor ‚fs2' durch einer übergeordneten inhaltlichen Besonderheit geprägt, welche die drei Befragten zur Erörterung der derzeitigen gesellschaftlichen Ordnung in Abgrenzung zum eigenen Konzept wiederholt und nachdrücklich ansprachen: Negative Folgen der Modernisierung, die größtenteils im Kapitalismus mit der Kommerzialisierung aller Aspekte des Lebens und einer allgemeinen ‚Monetarisierung' begründet seien. In Kombination mit dem Trend der Individualisierung werden weitgehend negative Folgen für den gesellschaftlichen Zusammenhalt beschrieben: *„Die Werte sind weg; es ist das Geld, das diese Welt regiert."* (S20), und *„Geld ist heute das Buch der Weisheit – der Zeitgeist."* (S4).

Entgegen der Präferenzmuster im Q-Sort mit einem sehr hohen Wert im Politisierungsindex (8,33) befassten sich diese drei Befragten in ihren Kommentaren mit dem Bereich Religion und Politik nur geringfügig. Eher implizit für die Regierungsform der Demokratie aussprechend, erging an dieser Stelle Klage über Probleme in anderen Ländern wie Demokratiedefizite und eine angebliche Nähe zwischen Politik und Religion dort: *„In Mazedonien geht die Politik mit der MPC. (...) Von Freiheit in Politik, Kultur, Ökonomie ist nicht zu sprechen. Im Kosovo gibt es keine politischen, ökonomischen, kulturellen Freiheiten, keine Demokratie, nichts. Es wurde Geld gegeben für das Zugeständnis der Serben, dass sie den Kosovo in Ruhe lassen. ‚Pari za pravi' – Geld für Zugeständnisse. In Bosnien-Herzegowina gibt es keine Demokratie, sondern eine religiöse Regierung."* (S20).

Der Bereich von Religion und Bevölkerung erfuhr eine hohe Aufmerksamkeit in den Kommentaren. Als erster Punkt wurde festgehalten, dass die

Glaubensgemeinschaft eine besondere Rolle in der Gesellschaft und der Bildung von Identität einnehme: *„Wir sind eine Gemeinschaft, keine Organisation."* (S20). Dennoch, *„Religion ist individuell, wenn ein Mensch böse ist, dann ist nicht die ganze Kirche böse. Das ist nur ein Teil der Identität, der möglichen Erklärung."* (S20). Der Mechanismus der negativen Selektion kommt in den folgenden Kommentaren zum Ausdruck, in denen übergeordnet derzeitige gesellschaftliche Probleme erörtert wurden. Zuerst wurde angesprochen, *„Aufgrund der Kommerzialisierung großer Teile der Gesellschaft in Osteuropa fehlen Medien als Quelle für sachliche Informationen, oder ihre Qualität ist auf einem niedrigen Niveau. Auch in Slowenien. Die Medien sind anti-religiös! Die Religionen sind tabu oder werden mit einer negativen Sicht präsentiert. Es existiert ein extrem negatives Bild, das ist ein ‚Zeitgeist', Religion in eine fundamentalistische Ecke zu stellen."* (S4).

Das zweite selbst angesprochene Problemfeld der gegenwärtigen gesellschaftlichen Ordnung sei die Rolle der Sozialwissenschaften und ihre Beziehungen zu den traditionellen Kirchen in Slowenien, die Letztere nicht mit wissenschaftlichen Standards untersuche: *„Sie sind nicht objektiv, sondern ein Problem!"* (S5). Zur Verdeutlichung sei die (fragwürdige aber) markante Aussage zur Stellung zwischen Theologen und Sozialwissenschaftlern im heutigen Slowenien erwähnt: *„Sie (...) würden uns töten, wenn sie könnten."* (S9) [374]. An dieser Stelle wird eine (falsche) kollektivistische Fremdzuschreibung zur Gefahr erhöht.

An dritter Stelle gesellschaftlichen Problemfelder stand der derzeitige Kapitalismus mit der (vermeintlichen) Kommerzialisierung und Monetarisierung aller Aspekte des Lebens (Ausrichtung an einer dem Tauschkonzept übergeordneten Bedeutung des Geldes), sowie des Materialismus' auf allen Ebenen der Gesellschaft: *„Geld ist heute das ‚Buch der Weisheit'. Das kritisiere ich."* (S4). *„Die Werte sind weg, nur Geld regiert. Das ist eine Krise der Moral. Menschen haben keinen Wert mehr, nur das Geld. (...) Jeder Bauer ist ein besserer Ökonom als der heutige Diplom-Ökonom. Ein Mann, der viel Geld hat, ist kein großer Mann. Ein großer Mann ist einer, der eine Seele und Verständnis für alle Menschen hat."* (S20). Nach dem Mechanismus der Ablehnung derzeitiger Verhältnisse scheinen im letzten Textteil Elemente eines Gegenkonzeptes auf, welches als Alternative lesbar ist. Hier steht der Begriff ‚Verständnis' zentral (mehrmals erwähnt).

---

374 Das Q-Sort des Befragten ‚S9' stand nicht repräsentativ für den Faktor, zeigt jedoch eine hohe Ladung auf den Einstellungstyp (stimmt mit Vielzahl Inhalten überein) (‚Q-Sort factor loading' für ‚fs2').

Insgesamt steht neben der Zurückweisung des derzeitigen Materialismus das Thema der offensiven, antireligiösen Atmosphäre unter bestimmten, klar identifizierten Teilen der Gesellschaft, die als einflussreich und als eine Bedrohung für ihre eigenen Religionsgemeinschaften angesehen werden. Hier wurden Teile der Medien und der Sozialwissenschaften mehrmals explizit erwähnt (S4, S5; auf den Faktor ladende Q-Sorts S8 und S9), und mit äußerst negativen Attributen besetzt (zentral ‚Problem‘; ‚feindlich‘; ‚töten‘). Beide Prozesse (Einfluss dieser Akteure, Wirken des derzeitigen materialistischen Kapitalismus) seien stark miteinander verflochten, welches zu einer negativen Dynamik gegenüber der Religion und den Glaubensorganisationen (insbesondere der eigenen) führt – so verfolgen Ausdrucksformen antireligiöser Meinungen in vielfach monetäre Ziele der individuellen Bereicherung: *„Dies bedeutet, dass es in Veröffentlichungen oder Sendungen, die sich mit Religion befassen, oft einzig um Gewalt, Machtmissbrauch, oder Sex geht."* (S4).

Abgesehen von diesen Überlegungen werden Individuen auf der Mikroebene der Gesellschaft dennoch differenziert aufgenommen, da die am höchsten zurückgewiesene Aussage die vereinfachte Kategorisierung ist, Menschen seien entweder gut oder schlecht (sta_22; z-score -1.888). Dies reflektiert die Anmerkung, *„Extremismus ist in der in ganzer Welt und in Europa ein Problem, und nicht nur im Islam. Es ist individuell. (...) Humanistisch, liberal, und gebildet – das heißt nicht, dass es ein guter oder schlechter Mensch ist."* (S20).

Die Ergebnisse der inhaltlichen Analyse für Faktor ‚fs2‘ lassen sich wie folgt zusammenfassen: Es wird ein hohes Maß an politischer Orientierung ausgebildet, ein hohes Interesse an allgemeinen gesellschaftlichen Entwicklungen artikuliert, die sich auf Mikroebene auswirken (‚Monetarisierung‘), sowie eine ambivalente Stellung zu Modernisierungstrends im Bereich Religion und Politik offenbart (Trennung Staat und Religion; Unterstützung religiös motivierter Politiker). Weiterhin wurde aufgrund voranschreitender Säkularisierung, die durch bestimmte, feindlich eingestellte Akteure forciert wird, eine starke Selbstwahrnehmung als in defensiver Position befindlich artikuliert. So ist der Faktor ‚fs2‘ aufgrund der inhaltlichen Stellungnahmen jener Meinungstyp, für den für Slowenien der geringste Wert im Integritätsindex errechnet wurde (Wert [-3]). Der Einstellungstyp erhält die Kurzbezeichnung ‚politischer, anti-kapitalistischer, sich und die Gorßkirche angegriffen sehender Priester‘, der den Einfluss großer Kirchen verteidigt, und auf der Ebene einer lokalen Gemeinde wirkt.

Der **dritte Faktor für Slowenien (‚fs3‘)** wird ebenfalls von drei Q-Sort (S3, S8, S21) gebildet (expl. varia. 9,39%). Hier steht auf der Seite der mit höchster

Zustimmung versehenen Aussagen im Q-Sort, die eigene Gemeinschaft sei ein Teil der Gesellschaft, wie andere religiöse und nicht-religiöse Gemeinschaften auch (sta_18), Führer anderer religiöser Gruppen sollten regelmäßig gesehen werden, um freundliche Beziehungen zu schaffen (sta_25), Angehörige der eigenen Gemeinschaft sollten Wissen über andere Religionen besitzen (sta_29), geistliche Würdenträger sollten offen, liberal und gebildet sein, um sich Respekt in der gesamten Gesellschaft zu verschaffen (sta_30), und, dass Religionsgemeinschaften mit historischen Wurzeln im Land vom Staat präferiert behandelt werden sollten (sta_8).

Auf der Seite der am stärksten abgelehnten Aussagen stehen bei ‚fs3' die Positionen, negative Religionsfreiheit sei ein fundamentales Menschenrecht (sta_15), religiöse Führer sollten nach ethnischen Kriterien ausgewählt werden (sta_24), die Gründung neuer Religionsgemeinschaften benötige die Akzeptanz der Mehrheit der Bürger des Staates (sta_36), Säkularismus sei ein Basiswert des Staates, der in der Verfassung verankert werden sollte (sta_6), und der Besuch religiöser Stätten zeige den Grad des religiösen Bewusstseins in der Bevölkerung (sta_21).

Bei der Betrachtung dieser zehn Aussagen fällt auf, dass hier das Themenfeld Religion und Bevölkerung (sta_15; sta_18; sta_21; sta_30; sta_36) stark akzentuiert wird, anschließend die Beziehungen im religiösen Bereich (sta_24; sta_25; sta_29). Trotz der Aufnahme grundlegender Trends der Modernisierung im Großteil der zugestimmten und abgelehnten Aussagen wird ein wesentlicher Trend, die Säkularisierung, für die Ebenen der staatlichen Orientierung (sta_6) und für das Individuum (sta_15) hier skeptisch gesehen. Trotzdem erreicht ‚fs3' den zweithöchsten Wert (+16) im Integritätsindex für Slowenien.

Im Vergleich aller 24 Faktoren der drei Länder (jeweils acht Albanien, Nord-Mazedonien, Slowenien) ist bedeutend, dass ‚fs3' zur jener kleinen Gruppe von Faktoren gehört, die höhere Werte (z-scores) auf der Seite der Zustimmung als auf der Seite der Ablehnung im typischen Q-Sort des Faktors erhalten (bei den jeweils fünf polaren Aussagen im Präferenzmuster; siehe Tab. 93). Diese ‚positive' Struktur ist allein bei ‚fs1' und ‚fs3' vorzufinden. Daraus kann geschlossen werden, dass dies die beiden einzigen Faktoren sind, die sich sicherer sind, welche Elemente eine von ihnen präferierte Gesellschaftsordnung beinhalten sollte, als auf der anderen Seite, mit welchen diese *nicht* in Verbindung steht (stärker betont in der Struktur von 20 typischen Q-Sort der Einstellungstypen, zwei indifferent). Hier kommt die binär klassifizierende Grundorientierung aller Faktoren der drei Länder hinsichtlich der ausgedrückten Präferenzstruktur im Q-Sort zum Vorschein, entweder konstruktiv, oder aus einer gewissen negativen Selektion der Ablehnung aufgebaut zu sein.

Die Hintergrundvariablen der drei für ‚fs3' repräsentativ stehenden Befragten (S3, S8, S21) sind relativ homogen (und mit einem wesentlichen Unterschied ähnlich ausgeprägt wie bei Faktor ‚fs2'): Sie gehören großen christlichen Kirchen an, sind einer Generation angehörig (Altersgruppen von 40 bis unter 60 Jahren), wirken in großen Städten, und haben ein hohes Bildungsniveau (zwei promoviert, einer Universitätsabschluss). Der sie kennzeichnende Elite-Status ist einheitlich auf der mittleren Ebene verortet (different zu ‚fs2').

Die weiteren Kommentare verdeutlichen mit ihren Inhalten die Akzentuierung des Bereichs von Religion und Bevölkerung, sowie innerhalb dessen den angesprochenen Prozess der Säkularisierung in den Ordnungsvorstellungen des Typus ‚fs3'. Säkularisierung wird auch hier skeptisch, aber differenziert gesehen. So wird im Vergleich von Gesellschaftssystemen zunächst festgehalten: *„Hier sind Ähnlichkeiten zwischen dem Marxismus und dem Liberalismus: Die Religiosität ist weiter gefallen nach dem Ende des Sozialismus. Nach dem Kollektivismus ist heute das gefährlichste Denken der Individualismus und der dies bedienende ethische Relativismus. Das sieht man in Westeuropa, wo die Kirchen leer sind ohne vorheriges kommunistisches System."* (S3). Im Bereich Religion und Politik wird weiterhin ein säkularer Staat in der Verfassung abgelehnt, da dieser nicht als neutral, sondern als religionsfeindlich gesehen wird: *„Die säkulare Perspektive heute ist intolerant. (...) Ihr Ziel geht zu weit, die Kirche hat ihre Ansichten, die nicht verboten werden können."* (S8).

Der Prozess der Säkularisierung wird mit seinen Vor- und Nachteilen auf der individuellen Ebene erörtert: *„Säkularisierung ist nicht nur schlecht: Gut, wenn sie Freiheit unterstützt, schlecht, wenn es um ethischen Individualismus ohne Transzendenz geht. Es gibt großes Interesse an Spiritualität und einen großen Bedarf an Religion, der heute jedoch nur oberflächlich befriedigt wird, durch Konsumerismus. Denn die Menschen bleiben danach noch immer leer."* (S3).

Diese Form der Säkularisierung schaffe einen Überbau, der jedoch für das Individuum nicht das halte, was er verspreche: *„Die Leute sind heute manipuliert, durch die Medien, die Bildung. (...) Der moderne Atheismus ist nicht der traditionelle Atheismus, da er ein neues Dogma erzeugt. Die Menschen weisen Autoritäten zurück, und denken, die Naturwissenschaft könne die ganze Welt erklären. Dabei schaffen sie einen neuen Gott. Sie handeln vermehrt hedonistisch, aber das ist nicht Freiheit. Freiheit ist harte Arbeit. In der Geschichte gab es nicht so viele Sklaven wie heute. Religion ist Illusion, neuer Atheismus ist Desillusion."* (S3). Dieser Prozess ist nicht nur ein passiver des Zurückziehens des Individuums aus kollektiven Zusammenhängen, sondern greife Religionsgemeinschaften heute direkt an: *„Die säkulare Perspektive heute ist intolerant. (...) religiöse Ansichten (...) verboten (...)."* (S8). Der Prozess der Pluralisierung der Gesellschaft wird respektiert, jedoch mit Vorurteilen behaftet einseitig formuliert: *„Es gibt nicht genug Pluralität in den Medien, viele Menschen aus dem Sozialismus sind noch immer in hohen Positionen. In der Summe ist eine moderne Gesellschaft von Pluralität gekennzeichnet."* (S3).

Die Stellung der eigenen Religionsgemeinschaft in der Gesellschaft wird als *„(...) ein Teil der Gesellschaft, wir respektieren Pluralität."* (S3) beschrieben. Die Pluralisierung der Identitäten und Interessen in der gesamten Gesellschaft wird anerkannt, der Entwicklung von Pluralisierung innerhalb der eigenen Gemeinschaft ebenfalls zugestimmt – in ihrem gegenwärtigen Zustand jedoch kritisch kommentiert: *„Auch in der Kirche gibt es nicht genug inneren Dialog. Wir müssen es stärker unterstützen, dass es unterschiedliche Meinungen gibt, auch unter den Priestern. Das ist bisher nicht genug. Sie sind die Verbindung zwischen Laien und Bischof, und beide benötigen kritische Rückmeldungen und Anregungen, um adäquat agieren zu können. Es wird eine lange Zeit benötigen."* (S3). Es wird weiter in introvertiert-kritischer Form fortgefahren, *„Wir benötigen mehr Energie, eigenes Lesen, mehr Kritikfähigkeit in der Kirche. Es gibt zu wenig Verantwortlichkeit und Vernunft. Wir müssen unterschiedliches Denken respektieren, auch eine Pluralität der Spiritualität. (...) Vielleicht ist etwas falsch mit uns, wenn wir das nicht akzeptieren. (...) Auch in der Kirche gibt es eine zu hohe Monetarisierung. Die richtige Spiritualität ist mit den schwachen Menschen der Gesellschaft."* (S3). Die starke Betonung der Verhältnisse und des Bedarfs innerhalb der eigenen Religionsgemeinschaft weist auf eine Perspektive der eigenen Verantwortlichkeit hin, und steht im Gegensatz zu Konzepten mit externen Kontrollbezugspunkten (‚*external locus of control*'). Die Haltung war für Slowenien für die Faktoren ‚fs3' und ‚fs1' zu vernehmen.

Demnach wird aus der Betrachtung der Präferenzen im typischen Q-Sort, den Hintergrundvariablen, sowie den Kommentaren zur präferierten gesellschaftlichen Ordnung die Kurzbezeichnung ‚Atheismus- und Kapitalismus-kritischer, nach innen bezogener (nachdenklicher) höherer christlicher Würdenträger' gefunden, der innerhalb eines pluralistischen gesellschaftlichen Ordnungsbildes Säkularisierung differenziert betrachtet. Die beiden großen Gemeinsamkeit zwischen den Faktoren ‚fs3' und ‚fs2' ist die Kritik an den ökonomisch ausgerichteten, sozietalen Verhältnissen (‚Konsumerismus'; ‚Monetarisierung'), sowie die direkte Benennung gesellschaftlicher Akteure, die der eigenen Religionsgemeinschaft feindlich gegenüberstehen würden. Der größte Unterschied besteht in der erheblich geringer ausgeprägten Politisierung von ‚fs3' (Wert im Index 4,17) und dem erhöhten Fokus auf die zu leistenden Prozesse innerhalb der eigenen Gemeinschaft. Die Zuschreibung der Anerkennung von Pluralität im gesellschaftlichen Ordnungskonzept ergibt sich ebenfalls aus dem Integrationsindex, der für ‚fs3' den zweithöchsten Wert (+16) für Slowenien annimmt.

Für den vierten Einstellungstyp für Slowenien (‚fs4') stehen drei Q-Sort (S1, S2, S12) repräsentativ (expl. varia. 8,47%). Höchste Zustimmung entfällt im typischen Q-Sort des Faktors auf die Aussagen, Angehörige der eigenen Gemeinschaft sollten Wissen über andere Religionen besitzen (sta_29), Religiosität bedeute eine bestimmte Verwandtschaft (sta_27), positive Religionsfreiheit sei ein individuelles Menschenrecht (sta_14), der Fokus religiöser Führer sollte ausschließlich auf dem spirituellen Bereich liegen (sta_13), und, dass die eigene Religionsgemeinschaft ein Teil der Gesellschaft sei, wie auch andere, ob religiös oder nicht-religiös ausgerichtet (sta_18).

Auf der ablehnenden Seite stehen die Aussagen, neue gegründete Religionsgemeinschaften sollten die Autorität der dominanten anerkennen (sta_35), der Schutz der Nationalreligion bedeute den Schutz des Nationalstaates (sta_7), der Nationalstaat benötige eine Nationalreligion (sta_12), religiöse Führer sollten nach ethnischen Kriterien ausgewählt werden (sta_24), und religiöse Organisationen seien untereinander nicht vergleichbar (sta_33). Demnach liegt nach Betrachtung der zehn am intensivsten gewerteten Aussagen bei ‚fs4' der Fokus zuerst auf den Beziehungen im religiösen Bereich (sta_24; sta_27; sta_29; sta_33; sta_35). Bei der Betrachtung der Beurteilung dieser zehn Aussagen fällt auf, dass keine inhaltlichen Ambivalenzen hinsichtlich grundlegender Trends der Modernisierung zu erkennen sind. So erkennt dieses Muster einer präferierten gesellschaftlichen Ordnung gesellschaftlichen Pluralismus an, dies ebenfalls im religiösen Bereich. Für diese erste Einschätzung stehen die Werte für ‚fs4' im Integrations- (+15) und im Politisierungsindex (4,44), die recht nahe an den Werten für Faktor ‚fs3' liegen.

Die drei Befragten (S1, S2, S12), die repräsentativ für den Faktor stehen, zeigen bei den Ausprägungen der Hintergrundvariablen erneut Ähnlichkeiten: Sie gehören großen christlichen Kirchen an, sind einer Generation angehörig (Altersgruppen von 40 bis unter 60 Jahren), wirken in großen Städten, und haben ein für die Zielgruppe recht hohes Bildungsniveau (zwei promoviert, einer Universitätsabschluss). Der Eliten-Status ist bei diesen drei Personen im Gegensatz zu ‚fs3' recht heterogen, zwei sind auf der höchsten Ebene der Hierarche, und einer auf der unteren, der Gemeindeebene, tätig.

Die weiteren Kommentare der Vertreter des Faktors verdeutlichten mit ihren Inhalten zuerst die Stellung von Religion und Politik zueinander: *„Es existieren verschiedene Formen von Gesetzen in der Religion und der Politik. Für traditionelle Religion ist das moralische Gesetz nicht diskutierbar. Die Kirche kann nicht ohne das moralische Gesetz existieren. (...) Das moralische Gesetz sagt, dass Mann und Frau das Leben schaffen."* (S1). Weiterhin wurde zu den Aussagen zum Themenbereich Religion und Politik allgemein formuliert, *„All diese Fragen begründen Konflikte zwischen Religion und Politik, nicht zwischen Religionen! Wenn die Politik interveniert und eine Religion nutzt, dann entstehen Konflikte zwischen Religionen. Die Religionen in Slowenien habe die gleiche Sicht auf das moralische Gesetz, nur die Protestanten wurden von der Politik (...) genutzt."* (S1). So werden Religion und Politik hier gegenübergestellt.

Zusätzlich wird betont, *„Hier wird Dialog benötigt, nicht eine Anklage der Kirche. Davon will eine Gruppe in der Politik profitieren. Der Fokus richtet sich auf Probleme der Kirche, obwohl es auch außerhalb Probleme gibt. In der Kirche gibt es Probleme, aber auch viele Mitglieder (...) Jetzt ist es besser als im Sozialismus, aber das hilft für den persönlichen Glauben nicht."* (S2). So sei die Situation, *„Die Politik ist unfreundlich zur Römisch-Katholischen Kirche. Aber sie müssen die Kirche akzeptieren, und mehr fördern als andere, jeder muss nach seiner Stärke gefördert werden. Es ist eine falsche Idee, alle einheitlich zu fördern."* (S2).

Davon ausgehend rücken anschließend Zusammenhänge zwischen Religion und Bevölkerung in den Fokus – hier wird das ‚moralische Gesetz' nicht nur für den religiösen Bereich, sondern universell geltend gemacht: *„Das moralische Gesetz ist auch mit anderen Sphären der Gesellschaft verbunden: Der Ökonomie, Abtreibung,.... (...) Das moralische Gesetz ist nicht diskutierbar. Es ist schwer, das moralische Gesetz zu akzeptieren, wenn man im Hedonismus, der letzten Stufe des Materialismus, gefangen ist: Genieße viel in kurzer Zeit. Es ist unmöglich, offen zum Leben zu sein, wenn man dem Materialismus anhängt, denn Leben geben heißt, etwas abzugeben."* (S1). So wird in dieser Klassifizierung zwischen derzeitig dominanten, individualistisch-materiellen Verhaltensweisen, und in der Defensive befindlichen, langfristig angelegten Normen unterschieden, die eine soziale Gemeinschaft erst ermöglichen.

Daran schließt sich ein weiterer Kommentar an, der die negativen Konsequenzen moderner Formen der sozialen Interaktion einbezieht, die sich aus dem derzeit herrschenden Materialismus ergeben: *„Hier besteht die Diskrepanz, dass die Kirche für einen einheitlichen Glauben steht, die Leute sich aber nehmen, was sie brauchen (...). Heute existieren zu viele Angebote in der Gesellschaft. (...) Die Menschen spüren das im Herzen, aber irren herum. (...) Die Hauptprobleme heute sind Vereinzelung und Geschwindigkeit. Die Leute sind* *allein, und obwohl sie sich vermeintlich näher sind, kennen sie sich weniger. Die Entwicklung hat materiellen Wohlstand gebracht und der Mensch denkt, wenn er alles hat, ist er glücklich. Er ist aber nicht glücklich. (...) Die Geschwindigkeit ist das Problem, heute ist alles sehr schnell und die Menschen sich durch Mail und Internet vermeintlich sehr nahe, andererseits mehr allein als früher, da sie geistig nicht zusammen sind; man spürt sich nicht mehr.*" (S2).

Die beschriebenen negativen Konsequenzen der Modernisierung, hier der Materialismus, würden ebenso bis in die eigenen Organisation reichen: „*So ist der Materialismus in Slowenien ein Problem, auch in Kirche. Die Häuser wurden zu groß gebaut, aber aufholen geht nicht so schnell. Es war zu viel Appetit.*" (S2). Diese Kritik an der Handlungsweise der eigenen Organisation wird fortgeführt, „*Wir sollten sozialer zu anderen Menschen sein. Wir sollten sie immer lieben.*" (S12).

Unter Berücksichtigung des typischen Q-Sort des Faktors, der Hintergrundvariablen, sowie der Kommentare zu Elementen einer präferierten gesellschaftlichen Ordnung wird die Kurzbezeichnung des ‚Materialismusbesorgten, Politik-kritischen, limitiert-pluralistischen Verteidigers moralischer Gesetze' der hohen Ebene großer Gemeinschaften für Faktor ‚fs4' festgelegt. Die Einstellung postuliert (verschwommen) universelle Werte, betont negative Konsequenzen der Modernisierung auf der Mikroebene, und strebt innerhalb einer limitierten Anerkennung der religiösen Pluralisierung eine Kooperation zwischen den Religionsgemeinschaften an. Im Bereich Religion und Politik liegt die Präferenz für eine Trennung (staatliche Regelungen begründeten Konflikte) vor, die eine bevorzugte Behandlung der eigenen Gemeinschaft einschließt. Die limitierte Anerkennung der Pluralisierung zeigt sich neben diesen Ausführungen in den Einschätzungen zum gesellschaftlichen Bereich (‚zu viele Angebote') – die kritische Sicht auf die Kombination von Individualisierung (‚Menschen sind allein') und Materialismus (selbst: ‚Materialismus in Kirche') ist mit dem Begriff ‚besorgt' in die Typenbezeichnung aufgenommen.

Die weiteren vier Faktoren ‚fs5'–‚fs8' sollen hier (wie bei den Analysen zu Albanien und Nord-Mazedonien) eine verkürzte Darstellung erfahren. Der **Einstellungstyp ‚fs5'** wird von zwei Befragten (S26, S29) maßgeblich repräsentiert (expl. varia. 8,27%) und bevorzugt die Positionen hoch, dass Religionsgemeinschaften vom Staat getrennt sind (sta_4), die Familie einen Vater und eine Mutter habe, homosexuelle Paare rechtlich nicht gleichgestellt sein sollten (sta_10), die positive Religionsfreiheit ein Menschenrecht ist (sta_14), Korruption auf Seiten etablierter Religionsführer zu Fundamentalismus bei der jüngeren Generation führen könne (sta_26), und, dass der Staat Religionsgemeinschaften gleich behandeln sollte (sta_2).

Auf der Seiten der am höchsten abgelehnten Aussagen steht die Akzeptanz der Mehrheit der Bürger für die Neugründung einer Glaubensgemeinschaft (sta_36), dass ein säkularer Staat in der Verfassung verankert werden sollte (sta_6), staatliche Verbote Intoleranz bedeuten (sta_1), neue Religionsgemeinschaften die Autorität der dominanten Organisation im Land anerkennen sollten (sta_35), sowie, dass der Glaube der Politiker ihre Politik bestimmen sollte (sta_9) (siehe Anhang 13). Demnach beziehen sich sechs der zehn Aussagen auf den Bereich Religion und Politik (sta_1; sta_2; sta_4; sta_6; sta_9; sta_10) und drei auf den religiösen Bereich (sta_26; sta_35; sta_36). Erneut fällt auf, dass gesellschaftliche und religiöse Pluralisierung, sowie Trennung von Religion und Politik generell anerkannt werden, die rechtliche Gleichstellung homosexueller Paare (sta_10), und ein in der Verfassung verankerter, säkularer Staat (sta_6) jedoch stark abgelehnt werden.

Die Ausprägungen der Hintergrundvariablen der beiden Befragten (S26, S29) gestalten sich mit Ausnahme der Religionszugehörigkeit (christlich, muslimisch) sehr ähnlich: Sie gehören der Altersgruppe zwischen 50 und unter 60 Jahren an, sind Vorsitzende eigenständiger kleinerer Glaubensgemeinschaften, wirken in einer Großstadt, und besitzen einen Universitätsabschluss.

Der Umfang der Kommentare der beiden Befragten ist überschaubar. Zum Bereich von Religion und Politik, in den intensiv gewerteten Aussagen im typischen Q-Sort mehrheitlich vertreten, gab es allein zwei Anmerkungen. Zuerst wird die staatliche Ordnung nicht als Bedrohung oder Gegenspieler, sondern als Beistand wahrgenommen: *„Staatliche Verbote bedeuten Intoleranz? Nicht immer, Verbote sind auch Schutz."* (S29 zu sta_1). Anschließend wird sich ausgehend von einem negativen Beispiel für eine Unabhängigkeit und Selbstständigkeit religiöser Organisationen von der Politik ausgesprochen: *„Manipulation durch die Politik, das ist in Bosnien und Herzegowina. Hier ist die Religionsgemeinschaft ein Sprecher der Politik, es gibt eine politische Ehe. (…) Wenn wir in Slowenien sind, sind wir in Slowenien. Wir können uns selbst organisieren."* (S26 zu sta_4).

In Bezug auf den Bereich von Religion in der Gesellschaft stand zunächst das Bekenntnis zu einer pluralen, offenen Gesellschaft: *„Wir sind nicht richtig oder falsch, wir sind anders. Das sollen wir lernen."* (S29 zu sta_17). Hinsichtlich des ethnischen Konzeptes von Zugehörigkeit zu einer Gemeinschaft (sta_24) wurde hinzugefügt, *„Nicht zu einer Religion, sondern zu religiösen Prinzipien. Heute ist es wichtiger, wie du handelst, und nicht, vorher du stammst."* (S26). Die übergeordneten religiösen Prinzipien werden zudem angeführt, wenn es um ein weiteres Merkmal eines primordialen Menschenbildes geht (sta_22; Menschen entweder gut oder schlecht) – dem im Gegensatz dazu hier zugestimmt wird: *„Wir sind alle Sünder. Alle Menschen sind von Natur aus sehr schlecht."* (S29).

Nach den Kommentaren zu Politik und Gesellschaft, die auf eine religiös fundierte, ambivalente Haltung zu Trends der Modernisierung schließen lassen, waren Anmerkungen zum religiösen Sektor zu vernehmen. Sie betonen in konfessionell-dogmatischer Begründung eine unabhängiges und humanistisch ausgerichtetes Ordnungskonzept. Zuerst stand die Bedeutung der eigenen Interpretation von Religiosität für die Sicht auf die Gesellschaft: *„Ich persönlich glaube an Gott (...) das habe ich erfahren. Das benötigt jeder auf der Welt."* (S29), weiterhin ausgedrückt in *„Religionsführer humanistisch, liberal, und gebildet? Der Glaube ist der erste Weg, der Rest ist von zweitrangiger Wichtigkeit. (...) war nicht politisch, sah nur die Bedürfnisse der Menschen."* (S29). Diese Feststellung kommt in der Aussage zusammen, *„Religiöse Einstellungen sind im Allgemeinen humanistisch."* (S26 zu sta_30).

Der Aspekt der Unabhängigkeit der eigenen Gemeinschaft wird nicht nur hinsichtlich der Politik betont, sondern auch auf den religiösen Bereich ausgedehnt, und mit Gleichheit verbunden: *„Wir wollen nicht untergeordnet werden."*; und in Richtung anderer Religionen: *„Ich bin nicht überlegen, weil ich ein (...) bin."* (S26 zu sta_33). Der Punkt der Gleichheit von Glaubensgemeinschaften findet weiterhin Betonung in der Ablehnung des Standpunkts, neue gegründete Vereinigungen hätten die Autorität bestehender großer anzuerkennen: *„Nein, das ist ihre Sache."* (S29). Der Bezug zu theologischen Begründungszusammenhängen in den Einstellungen des Faktors ‚fs5' hinsichtlich des gesellschaftlichen Ordnungskonzepts wird zusätzlich durch den Kommentar zum gesamten Q-Set hervorgehoben: *„Ich vermisse die Glaubensinhalte und die relativierenden Dinge darin: Wie viel sind Sie bereit, diese Dogmen anzuwenden?"* (S29).

Aus der Gesamtbetrachtung der Präferenzen im typischen Q-Sort des Faktors, den Ausprägungen der Hintergrundvariablen, sowie den selbst geäußerten Kommentaren ist die Kurzbezeichnung für ‚fs5', <u>unabhängiger, pluralistisch und an religiösen Prinzipien ausgerichteter Leiter einer kleinen Gemeinschaft</u>'. Der Begriff ‚religiös' (‚Glaube') wird von den beiden Befragten zentral gesetzt, da sie stark auf jene Prinzipien in den Begründungen ihrer Präferenzen zurückgreifen. Weiterhin die Begriffe ‚unabhängig' und ‚pluralistisch' verwendet, da sie jeweils eine kleinere Organisationen anführen, die eine Minderheitenposition im jeweiligen konfessionellen Bereich einnimmt – und die demnach selbst Akteure der (religiösen) Pluralisierung der Gesellschaft sind. Die Werte für den Faktor ‚fs5' im Integrations- (+9) und Pluralisierungsindex (5,83) sind im Vergleich aller acht Faktoren des Landes durchschnittlich.

Faktor ‚fs6' wird von zwei Q-Sort (S23, S24) repräsentiert (expl. varia. 7,83%) und stellt auf der Seite der am höchsten präferierten Positionen im typischen Q-Sort die Aussagen auf, konfessioneller Religionsunterricht sei die Basis von Bildung und Erziehung (sta_34), neue Religionsgemeinschaften hätten die Autorität der dominanten anzuerkennen (sta_35), der Staat solle Religionsgemeinschaften gleich behandeln (sta_2), die Familie bestehe ausschließlich aus Vater und Mutter, homosexuelle Paare sollten rechtlich nicht gleichgestellt sein (sta_10), sowie, dass der Staat einen starken Führer haben sollte (sta_11).

Auf der anderen Seite des Spektrums werden die Aussagen abgelehnt, die Gründung einer Religionsgemeinschaft benötige die Akzeptanz der Mehrheit der Bürger eines Staates (sta_36), Gründe für die Konvertierung der Gläubigen zu einer anderen Religion seien interessant (sta_28), der Nationalstaat hätte eine Nationalreligion (sta_12), die negative Religionsfreiheit sei ein fundamentales Recht in einer präferierten Gesellschaftsordnung (sta_15), sowie, dass das öffentliche Zeigen der religiösen Identität Mut erfordere (sta_20). Von diesen zehn Aussagen beziehen sich vier auf den Bereich Religion und Politik (sta_2; sta_10; sta_11; sta_12), zwei auf Religion in der Gesellschaft (sta_15; sta_20), und vier auf den religiösen Bereich (sta_28; sta_34; sta_35; sta_36). Bereits von dieser Anordnung der Aussagen ist eine ambivalente Stellung hinsichtlich grundlegender Trends der Modernisierung abzulesen, wie die Positionierung der Aussagen zum Staat (sta_10; sta_11), sowie zur individuellen (sta_15) und kollektiven Religionsfreiheit (sta_34; sta_35) zeigen.

Die Ausprägungen der Hintergrundvariablen für die repräsentativ für den Einstellungstyp ‚fs6' stehenden Befragten ist homogen: Sie sind beide Vertreter einer mittelgroßen Glaubensgemeinschaft, wirken in einer Stadt, und haben einen Universitätsabschluss. Die Inhalte des Konzepts zeigen ebenfalls eine ambivalente Stellung zu Prozessen der Modernisierung im Integrationsindex (Wert [+8]). Mit einem Wert im Politisierungsindex von (5,83) ist er in beiden Kennzahlen dem Faktor ‚fs5' recht nahe; die Kommentare zeigen jedoch die Unterschiede in den Inhalten der Einstellungstypen auf.

Zum Bereich Religion und Politik wurde in den Anmerkungen der beiden Befragten darauf hingewiesen, *„In Slowenien sind nur Slowenen in der politischen Elite.",* sowie *„Religion sollte den Nationalismus nicht fördern. Es gibt keine Nation für Muslime, aber Sie sollten respektvoll sein."* (S23). Der Respekt vor dem Staat geht so weit, dass *„Wir brauchen einen guten und starken Führer."* (S23 zu sta_11) gefordert wird. Ist ein charakteristisches Merkmal des Nationalstaates eine Nationalreligion? Dies wird abgelehnt (ebenfalls im typischen Q-Sort), aber *„Dass es für alle Muslime in Slowenien eine Organisation gibt, ist wichtig für den Staat, das ist eine gute Struktur."* (S23) – eine Angleichung an staatliche Strukturen (und Autorität im konfessionellen Bereich) wird somit favorisiert.

In den Kommentaren zur Erörterung der Rolle der Religion in der Gesellschaft werden weite historische Referenzen aufgenommen. Zur Evaluierung der positiven Religionsfreiheit (sta_14) herrscht Zustimmung (*„Wir sind alle freie Menschen, nicht wahr?"* [S24]), welches unter Hinweis auf das Osmanische Reich Untermauerung findet: *„Die Osmanen waren offen, nur so konnten sie so lange regieren, weil sie keinen Zwang in die Religion legten. Wir wollen keine muslimische Welt."* (S23). Die mehrmalige Referenz zum osmanischen Kalifat und (damit implizit zum) millet-System des Osmanischen Reiches zeigt die Präferenz für einen limitierten Pluralismus innerhalb eines kulturalistischen Ansatzes der kollektiven Identitätsdefinition in diesem Konzept auf.

Nach der Interpretation der religiösen historischen Bezugspunkte für präferierte gesellschaftliche Ordnungsmerkmale wird dem ethnischen Merkmal der Kollektivzugehörigkeit (sta_24) eine Absage erteilt, es bleibt jedoch aufgrund der kulturalistischen Herangehensweise an Religionszugehörigkeit implizit im Konzept bestehen: *„Wir haben keine ethnische Konzentration. (...) Die meisten sind Bosnier, alle anderen muslimischen Gruppen in Slowenien sind zu klein, zum Beispiel die Albaner. Die Muslime anderer Ethnien erkennen diese Institution an. Religionsbewusstsein ist im Islam höher als ethnische Zugehörigkeit."* (S23).

Dies bedeutet für den Bereich der Religion zuerst eine limitiert-pluralistische Herangehensweise, verengt sich im Konzept jedoch auf eine erwünschte Dominanz der eigenen Organisation im konfessionellen Bereich. Hier wird zuerst ausgedrückt, *„Wir wollen die Bedürfnisse der anderen verstehen."* (S23), und *„Wir sollten uns nicht von der Gesellschaft oder anderen Gemeinschaften abtrennen."* (S23). Es wurde fortgefahren, *„Am wichtigsten ist, dass die Menschen gebildet werden."* (S23). Anschließend wurde die alleinige Autorität der eigenen Gemeinschaft im konfessionellen Bereich erneut betont: *„Ich respektiere unterschiedliche Meinungen, aber innerhalb von Gemeinschaften, nicht spaltend. (...) Das Kalifat wurde nach dem Untergang des Osmanischen Reiches zerstört. Doch die Funktion des Muftis hier ist gleich! Er ist für alle Muslime in Slowenien zuständig."* (S23).

Aus der Gesamtevaluation des typischen Q-Sort des Faktors, der Ausprägungen der Hintergrundvariablen, sowie der sich stark auf das kulturalistische Konzept des Osmanischen Reiches beziehenden Kommentare, wird für den Einstellungstyp ‚fs6' die Kurzbezeichnung ‚kulturalistisch, historisch, und <u>kollektivistisch orientierter, autoritärer Imam</u>' gewählt. Nach der Korrelation der Faktoren steht ‚fs6' dem Faktor ‚fs3' am nächsten.

Der Faktor ‚fs7' wird maßgeblich von zwei Befragten (S7, S11) repräsentiert (expl. varia. 7,73%) und bewertet im typischen Q-Sort die Aussagen positiv, das öffentliche Zeigen der religiösen Identität sei mutig (sta_20), die Säkularisierung der Gesellschaft sei bedrohlich, da der Prozess für den Verfall von Werten stehe (sta_23), der religiöse Glaube der Politiker solle ihre politischen Handlungen bestimmen (sta_9), die eigene Religionsgemeinschaft sei ein Teil der Gesellschaft, wie andere Organisationen auch (sta_18), sowie, dass Religionsgemeinschaften vom Staat gleich behandelt werden sollten (sta_2).

Auf der Seite der am stärksten zurückgewiesenen Positionen befinden sich das Interesse an Gründen der Konvertierung der Anhänger der eigenen Gemeinschaft (sta_28), die Anerkennung der Autorität der dominanten Glaubensgemeinschaft durch neu gegründete (sta_35), das Merkmal einer Nationalreligion für den Nationalstaat (sta_12), der staatliche Bau religiöser Stätten polarisiere die Gesellschaft negativ (sta_5), sowie ein säkularer Staat, der in der Verfassung verankert werden sollte (sta_6). Von diesen zehn befassen sich fünf Aussagen mit dem Feld von Religion und Politik, und drei mit der Rolle der Religion in der Gesellschaft. Der aus dem typischen Q-Sort gewonnene Eindruck von ambivalent gehaltenen Einstellungen gegenüber Trends der Modernisierung bestätigt sich mit Blick auf den Wert für den Faktor im Integrationsindex (+2).

Die Ausprägungen der Hintergrundvariablen für die beiden Befragten sind eher homogen: Sie gehören der größten Religionsgemeinschaft an, der Altersgruppe über 60 Jahre, sind beide promoviert und wirken in einer großen Stadt. Der Elite-Status variiert, da einer der repräsentativ stehenden Befragten der mittleren, und einer der höchsten Ebene der Römisch-Katholischen Kirche im Land angehört; demnach ist ‚fs7' bedeutend für die Gesamtschau der Einstellungstypen im Fall Slowenien.

Die kurz gehaltenen Kommentare verdeutlichen den abwägenden Charakter der Einstellungen zwischen festen Dogmen und Akzeptanz moderner (dynamischer) Entwicklungen. Zum Bereich Religion und Politik wurde von beiden Befragten der staatliche Ordnungsrahmen anerkannt, da staatliche Verbote „(...) *unbedingt existieren (...)*" (S7) müssten, und „(...) *nicht immer Anzeichen von Intoleranz (...)*" (S11) seien. Eine gewisse Trennung von Staat und Religion sei (entgegen der Positionierung im typischen Q-Sort) mit Blick auf die Gesamtgesellschaft zu bevorzugen: *„Die Regierung muss keine religiösen Gebäude bauen, das baut nur Misstrauen auf."* (S11).Die Trennung von Religion und Politik sei dagegen auf der individuellen Ebene schwerlich zu erreichen: *„Gläubige Politiker? Wie können Sie Entscheidungen treffen, ohne Ihren Glauben zu fragen? Religion ist nicht in einem Kasten."* (S11).

Auf der anderen Seite gilt für das spirituelle Personal, Rücksicht auf die Pluralität von Interessen unter den Angehörigen ihrer Gemeinschaft zu nehmen, und sich zurückhaltend zu politischen Präferenzen zu äußern: *„Für religiöse Würdenträger kann es sehr problematisch sein, sich in die Politik oder in die Wahlpräferenzen einzumischen. Dies bringt die Mitglieder ihrer Gemeinschaft in eine sehr schwierige Situation und greift in das Konzept des freien Willens ein."* (S11). Recht moderat wird ebenso mit der rechtlichen Gleichstellung homosexueller Partnerschaften (sta_10) umgegangen: *„Die gleichgeschlechtlich Orientierten dürfen bei der Adoption von Kindern keine Gleichheit haben. Sie sollten aber alle weiteren Rechte, z.B. bei der Sozialversicherung, besitzen."* (S7). Der Charakter der geäußerten Positionen zum Bereich Religion und Politik kann so als abwägend bezeichnet werden.

Die Anmerkungen zum Bereich Religion und Gesellschaft verdeutlichen einen die Pluralisierung akzeptierenden Charakter des Einstellungstyps ‚fs7'. Demnach wird hier der positiven und negativen Religionsfreiheit (sta_14; sta_15) deutlich zugestimmt (S7), und anschließend die unterschiedlichen Funktionen und Berechtigungen religiöser und nicht-religiöser Vereinigungen in der Gesellschaft unterstrichen: *„Da sind nicht alle Vereine oder Organisationen gleich. Das Rote Kreuz kann nicht mit einem Fußballverein oder einem örtlichen Naturschutzverein verglichen werden."* (S7). Die nachdenkliche und einem primordialen Menschenbild entgegenstehende Haltung manifestiert sich ebenfalls in der Einschätzung zur Schlüsselaussage sta_22 (Menschen entweder gut oder schlecht): *„Wo stellt man die Grenze zwischen guten und bösen Leuten? Was sind die Kriterien? Soll jetzt eine bestimmte ethnische Gruppe schlecht sein, nur weil die Geschichte das so diktiert?"* (S7).

Im religiösen Bereich sei es Aufgabe der Würdenträger, *„(...) freundliche Beziehungen schaffen (...)."* (S11), denn *„Religion ist positiv, solange sie religiös vorgeht. Im Namen der Religion darf man keinen Fundamentalismus verkaufen."* (S7). Wie in den Kommentaren bei anderen Faktoren wird auch hier der Begriff ‚liberal', trotz einer in anderen Punkten moderat pluralistischen Orientierung der Vertreter des Faktors, sehr kritisch eingeschätzt: *„Das Liberale ist vom Kontext abhängig. z.B. wenn das neue Denken besagt, alle (...) muss man beseitigen, dann ist der Liberalismus inakzeptabel."* (S7), oder *„(...) besser: ‚offen für den Dialog', das ist besser als ‚liberal'."* (S11). Es bleibt zu erforschen, warum trotz der Befürwortung von Elementen der Anerkennung von Pluralität in der Gesellschaft im Konzept dieser Begriff eine starke Ablehnung erfährt. Festgehalten wird, dass aus der Perspektive einer auffälligen Anzahl von Faktoren (mit Albanien, Nord-Mazedonien) im Begriff ‚liberal' innerhalb einer selektiven Definition eine Vielzahl von negativ besetzten Prozessen zusammengeführt wird.

Daher bietet diese Perspektive ein komplexes Bild der Beziehung zwischen Religion und Politik an: Realitäten werden auf der individuellen Ebene anerkannt, während auf der organisatorischen ein Rückzug aus der täglichen Politik bevorzugt wird, insbesondere aufgrund negativer Erfahrungen in der jüngeren Vergangenheit, wie durch S7 in den Kommentaren stark verdeutlicht wurde.

Die Präferenzen im typischen Q-Sort, die Ausprägungen der Hintergrundvariablen der beiden Befragten, sowie die Inhalte der Kommentare legen nahe, dem Faktor ‚fs7' die Kurzbezeichnung ‚älterer, distanziert-politischer, abwägender, höherer Würdenträger der RKK, der Säkularisierung als Gefahr sieht' (und Liberalismus negativ definiert) zuzuordnen. Der Einstellungstyp sieht sich mit weitgehender Akzeptanz von Pluralisierung in einer Verteidigungsposition, da Säkularisierung und Liberalisierung in dem Konzept eine Gefahr für sein Verständnis von gesellschaftlicher Ordnung darstellen. So könnte auch der Begriff des ‚Verteidigers' des Religiösen genutzt werden, der jedoch im Vergleich der Einstellungstypen für Slowenien inhaltlich nicht scharf genug andere Faktoren abgrenzen würde (die sich ebenso in einer defensiven Position sehen; siehe ‚fs3' und ‚fs4').

Der achte Faktor (‚fs8') wird maßgeblich von einem Befragten (S22) repräsentiert (expl. varia. 6,15%) und präferiert die Aussagen, die Familie habe einen Vater und eine Mutter, homosexueller Partnerschaften sollten rechtlich nicht gleichgestellt sein (sta_10), religiöse Führer sollten Diversität in der Gesellschaft akzeptieren und fördern (sta_17) und andere religiöse Führer regelmäßig sehen (sta_25), die Angehörigen der eigenen Gemeinschaft sollen Wissen über andere Religionen aneignen (sta_29), sowie die positive Religionsfreiheit als Menschenrecht (sta_14).

Die am stärksten abgelehnten Aussagen sind, dass ein säkularer Staat in der Verfassung verankert werden sollte (sta_6), Menschen seien entweder gut oder schlecht (sta_22), religiöse Führer sollten nach ethnischen Kriterien ausgewählt werden (sta_24), Korruption bei etablierten Religionsführern könnte zu erhöhtem Fundamentalismus bei der jungen Generation führen (sta_26), sowie, dass Religionsgemeinschaften vom Staat gleichbehandelt werden sollten (sta_2). Demnach wenden sich drei der zehn Aussagen dem Feld von Religion und Politik, vier Religion in der Gesellschaft, und drei dem religiösen Bereich zu. Allein die Positionierung der drei Aussagen zu Religion und Politik zeigt eine starke Diskrepanz zwischen Trends der Modernisierung und der hier präferierten Gesellschaftsordnung (Ablehnung säkularer Staat, staatliche Gleichbehandlung von Religionsgemeinschaften, rechtliche Gleichstellung homosexueller Partnerschaften). Die Einschätzung bestätigt der relativ geringe Wert (-2) für den Faktor ‚fs8' im Integrationsindex.

Der für den Einstellungstypen repräsentativ stehende Befragte ist Priester (Gemeinde-Ebene) einer großen christlichen Kirche, wirkt in einer großen Stadt, und hat einen Universitätsabschluss.

Die Präferenz, ein charakteristisches Merkmal des Nationalstaates in der Nationalreligion zu sehen, verstärkt sich in den Kommentaren. Zur staatlichen Gleichbehandlung wurde festgehalten, *„Nicht jede Kirche kann Kirche sein. Ich hebe hervor, dass man einfach so eine Religion gründen kann."* (S22). Sollten Religionsgemeinschaften im Ausland nationale Interessen vertreten? *„Sie haben das Recht dazu."* (S22). Und der staatliche Bau religiöser Stätten? *„Der Staat muss helfen."* (S22). Zum Status der Nationalreligion als Element des Nationalstaates wurde fortgeführt, *„Die Nationalität soll nicht ausgeklammert sein."* (S22). Der Staat an sich sollte geprägt sein von dominanten Persönlichkeiten: *„Starke Führungskräfte sind manchmal gut, aber nicht, wenn sie zum Absolutismus tendieren. Vučić[375] ist zu stark, unter Vučić hat die Religion Angst zu reden. Aber stark ist gut. Ein Führer muss ein Führer des Dialogs sein."* (S22 zu sta_11). In diesem Konzept sind Religion und Politik nicht nur auf der individuellen, sondern zudem auf der strukturellen, organisatorischen Ebene nicht zu trennen: *„Das Leben ist Politik, Religion spiegelt das Leben, es ist also schwer. Die Kirche sollte unbedingt zur Politik eine Meinung äußern. Politische Aktionen beeinflussen jeden Christen. Sie sollte aber keine Partei vertreten – wenn christliches Leben attackiert ist, dann sollte sie sich einmischen, z.B. bei Gleichstellung homosexueller Paare."* (S22).

Ebenfalls im Bereich Religion in der Gesellschaft kommt eher ein auf die kollektive Identität abzielendes Modell von gesellschaftlicher Ordnung zum Tragen. Positive und negative Religionsfreiheit werden (auch im Q-Sort) zunächst sehr präferiert, da *„Jesus predigte, dass jedes Individuum frei ist, und frei wählen kann."* (S22). Auch wird eine ausschließliche religiöse Identität abgelehnt: *„Religion hat natürlich einen Einfluss auf das Denken, was gut ist,*

---

375 Aleksandar Vučić, 2014–2017 Ministerpräsident, seit 2017 Präsident der Republik Serbien – Anm. d. A.

so lange es nicht das Einzige ist, was das Denken beeinflusst." (S22). Auch die ethnische Dimension sei zu vernachlässigen, *„Schon Jesus war gegen Ethnien, ‚wir sind alle gleich‘, sagte Jesus.*" (S22). Zusammen mit der hohen Ablehnung des Schlüsselaussagen zum primordialen Identitätsverständnis (sta_22; sta_24) im typischen Q-Sort ergibt sich zunächst der Eindruck der Würdigung eines individualistischen Identitätsbildes und der Anerkennung von Pluralität in der bei Faktor ‚fs8‘ präferierten Gesellschaftsordnung.

Auf der anderen Seite zeugen Stellungnahmen von einer Betonung von Merkmalen eines kollektivistischen Prinzips: Demnach sei die öffentlich und kollektiv ausgeübte Religiosität ein guter Indikator für das Maß der individuellen Religiosität unter der Bevölkerung (*„Ein richtiger Gläubiger geht regelmäßig zur Messe.*" [S22]), und die Menschen können in die beiden Kategorien eingeteilt werden, ob sie gut oder schlecht sind: *„Es gibt gute Leute, und die Leute, für die man hofft, sie verändern sich. Im Himmel sind wir alle gleich und haben unsere Sünden gebeichtet.*" (S22).

Zum Bereich der Religion wird zuerst die Bereitschaft zur interreligiösen Kooperation betont: *„Der Dialog ist von großer Bedeutung. Auch ich bin ein Mann des Dialogs. (…) Wenn die Religionen sich besser kennen, können sie sich auch besser verstehen und dadurch kommt es nicht so oft zu Konflikten.*" (S22). Anschließend wird sich kritisch zur Beachtung formaler Bildung, sowie zum Konzept des Liberalismus positioniert: *„Auch gut ausgebildete Priester können schlecht sein – wie man spricht, so soll man leben. Die Ausbildung ist nicht das Wichtigste, sondern das Handeln. Das sollte begrenzt liberal, nicht zu liberal sein – Religionsführer müssen eine sinnliche Autorität darstellen.*" (S22).

Auch die Ausführungen zum religiösen Bereich kommen wiederholt auf das Verhältnis von Religion und Staat zu sprechen: *„Die [Religionsgemeinschaft des Befragten – Anm. d. A.] in Slowenien ist zu klein, um eine Nationalkirche zu sein.*" (S22). Ein als handlungsfähig angesehener, ‚starker Staat‘ und eine funktionierende Kirche als Nationalreligion würden zusammengehören, und Neugründungen von Religionsgemeinschaften sollten das Ziel einer genauen staatlichen Begutachtung und eines Abgleichs mit den (binär angelegten) Kategorien ‚gut‘ oder ‚schlecht‘ sein, um sie zuzulassen: *„Wenn der Staat gesund ist, dann werden die Kirchen überprüft, wenn der Staat kaputt ist, dann ist die Kirche egal. Wenn die Ziele der neuen Kirche überprüft und akzeptabel sind, dann ‚ja‘, die Gründung sollte für alle akzeptabel sein. Wenn die Religion schlecht ist, dann sollen die Leute auch ihre Meinung äußern.*" (S22 zu sta_35 und sta_36).

Im Bereich Religion und Politik, der in den Kommentaren besonders betont wird, zeigen sich in diesem Einstellungstyp Präferenzen für eine große Nähe beider Bereiche, die Formen einer kulturellen Staatsreligion

497

oder ‚state-controlled religion' nach dem Konzept von Fox (2008: 147) einnimmt. Demnach wird nach der Erläuterung des Q-Sort, der Kommentare, sowie der Hintergrundvariablen für den Faktor ‚fs8' die Kurzbezeichnung ‚nationalstaatlich und nationalreligiös, limitiert pluralistisch ausgerichteter Priester' einer großen Kirche festgelegt.

Die Beschreibung der acht Faktoren für Einstellungen unter der religiösen Elite Sloweniens beinhaltete die prägenden Kommentare von insgesamt 22 repräsentativ stehenden Befragten. Acht Q-Sort von Teilnehmern (S6, S9, S10, S13, S15, S18, S19, S25) sind keinem Faktor als repräsentativ zugeordnet, jedoch an ihrer Bildung beteiligt (siehe Berechnungen PQ-Method). Davon sind sechs Angehörige der Römisch-Katholischen Kirche, einer ist christlicher Protestant, und ein Befragter Würdenträger einer islamischen Organisation.

Tab. 94: Übersicht zu Einstellungstypen in Slowenien (‚fs1'–‚fs8')

Code	Kurzbezeichnung (‚Label')
‚fs1'	konstruktivistisch argumentierender, pluralistisch orientierter Humanist, Trennung Religion Politik
‚fs2'	politischer, anti-kapitalistischer, sich und die Großkirche angegriffen sehender Priester
‚fs3'	Atheismus- und Kapitalismus-kritischer, nach innen bezogener, höherer christlicher Würdenträger
‚fs4'	Materialismus-besorgter, Politik-kritischer, limitiert-pluralistischer Verteidiger moralischer Gesetze (der hohen Ebene großer Gemeinschaften)
‚fs5'	unabhängig, pluralistisch, an religiösen Prinzipien ausgerichteter Leiter einer kleinen Gemeinschaft
‚fs6'	kollektivistisch orientierter, historisch-kulturalisierender Imam
‚fs7'	älterer, distanziert-politischer, abwägender, höherer Würdenträger der RKK, der Säkularisierung als Gefahr sieht
‚fs8'	nationalstaatlich und nationalreligiös, limitiert pluralistisch ausgerichteter Priester

Struktureller und inhaltlicher Vergleich der Einstellungstypen

Wie zu den anderen Fällen wurden die einzelnen inhaltlichen Beschreibungen der Einstellungstypen ‚fs1' bis ‚fs8' anhand der Präferenzen in den typischen Q-Sort, der Ausprägungen der Hintergrundvariablen, sowie anhand der Kommentare hinsichtlich gesellschaftlicher Ordnungsvorstellungen vorgenommen. Nun kann zusätzlich ein inhaltlicher Vergleich zwischen den Faktoren strukturelle und inhaltliche Überschneidungen, sowie Distanzen aufdecken, um das Gesamtbild der Verhältnisse zwischen den Einstellungstypen darzulegen. Dazu listet das Programm PQ-Method jene

Aussagen auf, für die zwischen allen acht Faktoren der größte Konsens besteht (Aussagen, die die Faktoren nicht oder wenig unterscheiden), und jene, die den größten Widerspruch markieren (Aussagen, die die Faktoren unterscheiden) (siehe Tab. 95). Inhalte, die Differenzen aufzeigen, bilden einen ein Element der Konstituierung von Konfliktpotential innerhalb des religiösen Bereichs.

Der größte Konsens besteht in der Ablehnung, dass ausländischer Einfluss eine Hauptursache für die Störung der religiösen Harmonie im Land ist (sta_31). So werden Ursachen interreligiösen Konflikts gegenwärtig eher im Land gesehen. Darüber hinaus weisen alle Faktoren eine generell indifferente Stellung zur Aussage auf, ‚im Vergleich zu globalen Entwicklungen ist die Situation meiner Religionsgemeinschaft schwierig' (sta_32), was auf eine Wahrnehmung als ambivalente Situation hinweist. Unter den Aussagen, die über alle Einstellungen hinweg konsensuell Zustimmung finden, steht die Aussage ‚positive Religionsfreiheit ist ein individuelles Menschenrecht' (sta_14), gefolgt von ‚Religiöse Führer sollten die Wähler und die Alltagspolitik nicht beeinflussen, außer, der Humanismus ist bedroht.' (sta_16). Weiterhin ist die Stellungnahme ‚Religionsführer sollten Vielfalt in der Gesellschaft akzeptieren und fördern' (sta_17) größtenteils positiv eingeschätzt:

Tab. 95: *Slowenien: Aussagen mit hoher Übereinstimmung / hohem Widerspruch*

	Spektrum	Differenz
Konsens (Aussagen, die Faktoren wenig unterscheiden)		
sta_31 *auswärtiger Einfluss Störung reli. Harmonie*	-1.444 bis -0.555	0.889
sta_32 *meine RG in schwieriger Situation*	-0.555 bis 0.611	1.166
sta_14 *positive RF individuelles Menschenrecht*	0.194 bis 1.777	1.583
sta_17 *reli. Führer Diversität akzeptieren, fördern*	-0.361 bis 1.777	2.138
sta_16 *reli. Führer unpolitisch, außer Humanismus bedroht*	-0.361 bis 1.222	1.583
Widerspruch (Aussagen, die die Faktoren unterscheiden)		
sta_35 *neue RGs Autorität dominante RG anerkennen*	-2.277 bis 1.805	4.082
sta_28 *Gründe Konvertierung interessant*	-2.277 bis 2.055	4.332
sta_10 *Familie: Vater und Mutter*	-1.500 bis 1.805	3.305
sta_15 *negative RF fundamentales Recht*	-2.277 bis 1.611	3.888
sta_2 *RGs vom Staat gleich behandelt*	-1.444 bis 2.055	3.499

So beschäftigen sich auf der Seite der Aussagen, welche die Einstellungstypen wenig unterscheiden, drei von fünf mit Religion in der modernen
Gesellschaft, in einer weitgehend integrativen Anlage. Dieses Muster weist
auf eine weit verbreitete Akzeptanz von Pluralismus auf individueller und
organisatorischer Ebene der Gesellschaft unter den befragten religiösen Würdenträgern hin. Diese Annahme wird durch den Kommentar unterstrichen:
*„Individuelle Religiosität und Zugehörigkeit zu einer Religionsgemeinschaft
müssen ihre Motivation von innen heraus haben; es kann nicht von außen
auferlegt werden."* (S27), der von der Mehrheit der 30 Befragten in Slowenien
in einer ähnlichen Form angemerkt wurde.

Weitere inhaltliche Parallelen zwischen einzelnen Typen können durch
binäre Abgleiche der typischen Q-Sort erarbeitet werden. Exemplarisch an
einem Vergleich zwischen den Faktoren ‚fs1' und ‚fs4' vorgenommen (siehe
Abb. 22), zeigt sich eine gemeinsame starke Zurückweisung des Merkmals
einer Nationalreligion für einen Nationalstaat (sta_7 und sta_12), sowie
die Ablehnung einer erhöhten Autorität der traditionellen Religionsgemeinschaften gegenüber neu gegründeten (sta_35), die auch das Meinungsbild
weiterer Faktoren hinsichtlich einer präferierten gesellschaftlichen Ordnung
und der Rolle der Religion darin prägt (Ausnahme ist ‚nationalreligiöser' Typ
‚fs8'). Dies bestätigt eine Akzeptanz von gesellschaftlichem Pluralismus in
den Einstellungen und die Anerkennung dieser Prozesse in den gesellschaftlichen Ordnungskonzepten.

Abb. 22: *Slowenien: Inhaltlicher Vergleich ‚fs1' und ‚fs4' (Ablehnung)*

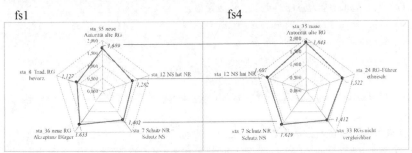

Eine weitere inhaltliche Parallele, die insbesondere unter den Faktoren
‚fs5', ‚fs6' und ‚fs8' aufzufinden ist, ist die sehr hohe Präferenz für die Position, eine Familie habe einen Vater und eine Mutter, gleichgeschlechtliche
Partnerschaften sollten rechtlich nicht gleichgestellt werden (sta_10) (siehe
Anhang 3). Die Einstellungen zu dieser besonderen Thematik zeigen eine

gewisse ambivalente Haltung hinsichtlich der Anerkennung des Trends der Pluralisierung von individuellen Identitäten, wie in den Beschreibung zu den einzelnen Faktoren dargelegt. Erwartbar für Vertreter kleinerer Gemeinschaften wurden unter diesen drei Faktoren auf der anderen Seite die Trennung von Staat und Religion (sta_4), die Gleichbehandlung der Religionsgemeinschaften (sta_2), sowie die positive Religionsfreiheit (sta_14) als hoch präferierte Elemente einer gesellschaftlichen Ordnung angesehen.

Die größten Meinungsverschiedenheiten zwischen den Faktoren betreffen das Interesse an Gründen der Konvertierung von Mitgliedern zu anderen Gemeinschaften (sta_28), die Stellung der Autorität der größten Religionsgemeinschaft im jeweiligen konfessionellen Rahmen (sta_35), das Konzept von Familie (sta_10), die negative Religionsfreiheit (sta_15), sowie über die staatliche Gleichbehandlung religiöser Organisationen (sta_2) (siehe Tab. 95).

Im Gegensatz zu den Aussagen, die über alle Faktoren hinweg ein hohes Maß an Konsens erzielen, können diejenigen, die über alle Faktoren unterschiedliche Reaktionen hervorrufen, als Standpunkte zu sehr aktuellen Themen charakterisiert werden, zu denen ein breites Spektrum von Meinungen innerhalb des religiösen Sektors existiert. Eine mögliche Schlussfolgerung ist, dass die offiziellen Richtlinien zu diesen Themen noch nicht festgelegt sind, oder nicht kohärent unter der Zielgruppe verfolgt werden (Aufnahme in das offizielle symbolische Universum der Gemeinschaft [Hunter 1987: 372]). Diese inneren inhaltlichen Widersprüche bilden den ersten Ansatzpunkt in der Evaluierung des religiösen Integrations- und Konfliktpotentials der Einstellungen der befragten religiösen Würdenträger in Slowenien.

5.4.5 Konflikt- und Kooperationspotential der Einstellungstypen

Interne Struktur

Zur Einschätzung des Integrations- und Konfliktpotentials der Faktoren ,fs1' bis ,fs8', werden Korrelationen zwischen den Faktoren, sowie anschließend Berechnungen zum Integritätsindex vorgenommen. Zuvor kann aus der Struktur der typischen Präferenzmuster Hinsicht des Vergleichs der Intensität der Zustimmung oder Ablehnung Feststellungen getroffen werden, die für die Faktoren für den Fall Slowenien ermittelt wurden. Demnach ist die Intensität der Zustimmung zu Aspekten der gesellschaftlichen Ordnung, die im Q-Set vertreten waren, bei drei Einstellungstypen (,fs1', ,fs3', ,fs6') ausgeprägter im Vergleich zur Ablehnung. Visualisiert lässt sich dies für Slowenien anhand der Präferenzstruktur für den ersten Faktor ‚fs1' (expl. varia. 17,91%) aufzeigen (siehe folgende Abb. 23). Von den acht erhobenen Einstellungstypen für Slowenien zeigten zwei weitere Einstellungsmuster ein neutrales Verhältnis in dieser Betrachtung (‚fs5', ‚fs8'), und drei (‚fs2', ‚fs4', ‚fs7') eine intensivere Ablehnung (siehe Anhang 13).

Abb. 23: Slowenien: Vergleich Zustimmung/Ablehnung, Faktor ‚fs1'

Zustimmung   Ablehnung

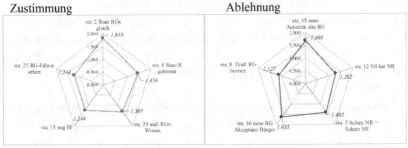

Vergleich zwischen Faktoren / Korrelation

Als zweiter Aspekt zur Einordnung des Integrations- und Konfliktpotentials werden die Ergebnisse zu den Faktoren auf die gesamten inhaltlichen Übereinstimmungen hin überprüft, anhand einer quantitativen Berechnung mit dem Programm PQ-Method (siehe folgende Tab. 96). Die Korrelationen zwischen den Einstellungstypen zeigen, dass der bedeutendste Faktor ‚fs1' (‚pluralistisch orientierter Humanist, Trennung von Religion und Politik') mit dem Faktor ‚fs4' (‚Materialismus-besorgter, Politik-kritischer, limitiert-pluralistischer Verteidiger moralischer Gesetze'), sowie mit Faktor ‚fs7' (‚älterer, distanziert-politischer, abwägender, höherer Würdenträger der RKK') stärkere inhaltliche Überschneidungen vorweist.

Tab. 96: Korrelationen zwischen den Faktoren ‚fs1'–‚fs8' (z-score)

	zsc_fs1	zsc_fs2	zsc_fs3	zsc_fs4	zsc_fs5	zsc_fs6	zsc_fs7	zsc_fs8
zsc_fs1	1.0000	0.0153	0.3536	0.3795	0.3331	0.3381	0.3813	0.0533
zsc_fs2	0.0153	1.0000	0.1800	0.1223	0.1951	-0.1066	0.2256	0.1244
zsc_fs3	0.3536	0.1800	1.0000	0.3785	0.1269	0.3427	0.4117	0.2173
zsc_fs4	0.3795	0.1223	0.3785	1.0000	0.0675	0.2095	0.4543	0.3102

zsc_fs5	0.3331	0.1951	0.1269	0.0675	1.0000	0.2472	0.3757	0.0042
zsc_fs6	0.3381	-0.1066	0.3427	0.2095	0.2472	1.0000	0.3135	0.2719
zsc_fs7	0.3813	0.2256	0.4117	0.4543	0.3757	0.3135	1.0000	0.2958
zsc_fs8	0.0533	0.1244	0.2173	0.3102	0.0042	0.2719	0.2958	1.0000

Die stärksten inhaltlichen Übereinstimmungen bestehen nach Korrelation zwischen den Faktoren ‚fs4' (‚Materialismus-besorgter, Politik-kritischer, limitiert-pluralistischer Verteidiger moralischer Gesetze') und ‚fs7' (‚älterer, distanziert-politischer, abwägender, höherer Würdenträger der RKK'; ‚Säkularisierung und Liberalisierung Gefahr') (Wert 0.4543). D i e s bestätigt weitgehend die einzelnen inhaltlichen Ausführungen zu den Einstellungstypen, sowie die Kurzbeschreibungen.

Die stärksten Widersprüche bestehen nach der Berechnung zwischen den Einstellungstypen ‚fs2' (‚politischer, anti-kapitalistischer, sich und die Kirche angegriffen sehender Priester') und ‚fs7' (‚älterer, distanziert-politischer, abwägender, höherer Würdenträger der RKK'). Der Vergleich der Korrelationen der Einstellungstypen Sloweniens mit jenen Albaniens und Nord-Mazedoniens lässt auf eine gewisse Übereinstimmung der Konzepte zur gesellschaftlichen Ordnung und der Rolle der Religion in diesem Land schließen. Dies bedeutet in diesem Punkt ein im Vergleich geringes inhaltliches religiöses Konfliktpotential.

Religion und Gesellschaft – Integrationsindex

Zentral zur Ermittlung des Integrations- und Konfliktpotentials der gesellschaftlichen Ordnungsvorstellungen der Meinungstypen dient in dieser Studie der Integrationsindex, der wie erläutert aus der Struktur des typischen Q-Sort und der dort ausgedrückten Aussagenpräferenz hinsichtlich grundlegender Trends der Modernisierung ermittelt wird (siehe 5.1, Tabelle 72: Spalte ‚inklusiv / exklusiv'). Innerhalb der Spannweite des Index (-40 bis +40) ergibt sich nach der Berechnung eine Streuung der Faktoren ‚fs1' bis ‚fs8' von einem Wert von (-3) für Faktor ‚fs2' bis (+35) für Faktor ‚fs1' (siehe Tabelle 93), der damit als höchster gemessener Wert in der vorliegenden Studie zu allen drei Ländern gilt.

Tab. 97: Slowenien: Indizes zum Integrations- und Konfliktpotential, ‚fs1'–‚fs8'

	Typ							
	‚fs1'	‚fs2'	‚fs3'	‚fs4'	‚fs5'	‚fs6'	‚fs7'	‚fs8'
Integritätsindex	35	-3	16	15	9	8	2	-2
Politisierungsindex	6,11	8,33	4,17	4,44	5,83	5,83	6,11	5
Identitätsindex	4,72	5,56	4,17	6,94	4,44	6,67	6,11	6,11

Wie in Nord-Mazedonien sind in Slowenien drei der vier Faktoren mit der höchsten erklärenden Varianz weit im integrativen Bereich verortet (‚fs1'; ‚fs3'; ‚fs4'; siehe folgende Abb. 24), die weiteren fünf Einstellungstypen befinden sich in einer neutralen Zone des Spektrums, die wenig analytische Aussagen zum Integrations- und Konfliktpotential zulässt.

An dieser Stelle soll für die Analyse erwähnt sein, dass unter den acht Befragten, die für keinen der aufgeführten Faktoren repräsentativ stehen, vielfach hoch integrative Auffassungen im jeweiligen individuellen Q-Sort vorlagen (u.a. S15 [+33], S18 [+21], S19 [+24], S25 [+23]).

Neben dem Integrationsindex wurde der Politisierungsindex der typischen Q-Sort berücksichtigt. Hier wurde die Hypothese geäußert, dass eine hohe Politisierung die Wahrscheinlichkeit von Konflikt steigen lässt, wenn diese zusätzlich mit einem hohen Konfliktpotential ausgestattet sind, da die Auffassungen dann eher eine gesellschaftliche Durchsetzung ihrer Einstellungen anvisieren. Hier zeigte sich für den Integrationsindex, dass auf einer Skala von 0–10 die acht Faktoren in Slowenien Werte zwischen (4,17) und (8,33) annehmen (siehe Tab. 96), sodass für den Fall im Vergleich zu Nord-Mazedonien (Differenz 3,89) und Albanien (Differenz 2,77) in diesem Indikator größere Unterschiede zwischen den Einstellungstypen sichtbar werden:

Abb. 24: Slowenien: Integritäts- und Politisierungsindex, Faktoren ‚fs1'–‚fs8'

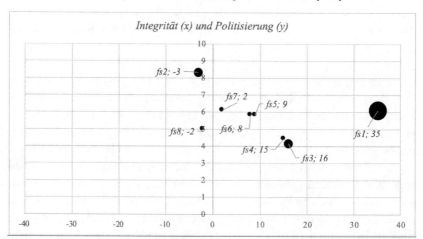

	Typ							
	‚fs1'	‚fs2'	‚fs3'	‚fs4'	‚fs5'	‚fs6'	‚fs7'	‚fs8'
nload	6	3	3	3	2	2	2	1
percentage expl. variance	17.91	9.88	9.39	8.47	8.27	7.83	7.73	6.15

Bevorzugte Aussagen unter allen Faktoren überschneiden sich mit jenen des bedeutendsten Faktors ‚fs1'. So liegt hier das inhaltliche Potenzial für integrative Ordnungsvorstellungen unter den befragten religiösen Würdenträgern in Slowenien. Zusätzlich wurde zu den Ordnungsvorstellungen festgestellt, dass mit abnehmendem Wert im Integrationsindex jener zur Politisierung tendenziell ansteigt (siehe Abb. 24).

Als Zusammenfassung zur Analyse der Einstellungstypen in Slowenien ist zu konstatieren, dass zwei Faktoren (‚fs4'; ‚fs7') ausschließlich von der größten Religionsgemeinschaft (Römisch-Katholische Kirche) und einer (‚fs6') ausschließlich von einer weiteren Gemeinschaft (ISRS) repräsentiert wird. Dies ist aufgrund der Verteilung der religiösen Zugehörigkeit im Sample mit einer Mehrheit von Vertretern der RKK (16 Befragte), und vier muslimischen Würdenträgern erwartbar. Eher zeigte sich, dass sich die Repräsentanten der jeweiligen Religionskonfessionen über die Meinungstypen verteilen und weiterhin keine signifikante Konzentration in einem Typus erfolgt. Demnach ist auch konfessionell ‚der Katholizismus', oder ‚die Orthodoxie' nicht dominant charakteristisch für die Mehrheit der Einstellungstypen unter der religiösen Elite Sloweniens hinsichtlich der Konzepte zu gesellschaftlicher Ordnung.

Auch waren der Ort und das Bildungsniveau nicht erklärend. Für einen Einfluss der Variable des Alters auf die Einstellungen sprachen die Faktoren ‚fs1‘ (eher Jüngere) und ‚fs7‘ (Ältere), für jene des Elite-Status die Faktoren ‚fs2‘ und ‚fs7‘.

Die Inhalte der Einstellungstypen zeigen unter allen Faktoren einen gewissen Fokus auf den Bereich von Religion in der Gesellschaft. Hier ist, ähnlich zu den Einstellungstypen in Albanien und Nord-Mazedonien, die freie Religionswahl hoch bevorzugt (sta_14), auf der anderen Seite ist jedoch eine strikte Trennung von Religion und Politik nicht favorisiert (siehe Ablehnungen sta_6; sta_12). Weiterhin wird, wie in den beiden anderen Fällen, die rechtliche Gleichstellung von homosexuellen Partnerschaften weitgehend abgelehnt. Die Kurzbezeichnungen der Einstellungstypen (‚*Label*‘) für Slowenien beziehen sich weitgehend auf Debatten, die in der Verbindung von gesellschaftlichen Entwicklungen (‚Säkularisierung‘; ‚Atheismus-besorgt‘; ‚angegriffen‘) und dem religiösen Bereich liegen (‚Verteidiger‘). Unter allen Faktoren ist ein gewisses Maß an Anerkennung des gesellschaftlichen Trends der Pluralisierung (teilweise in limitierten Formen) vorhanden.

Zur zweiten Fragestellung des Integrations- und Konfliktpotentials der Einstellungstypen ist der erste Befund, dass in der Gesamtheit ein hohes Integrationspotential (siehe Abbildung 31) der Vorstellungen hinsichtlich gesellschaftlicher Ordnung vorzufinden ist. Dieses Ergebnis wird insbesondere von Faktor ‚fs1‘ gestützt (expl. varia. 17,91%), der sich an einem humanistischen Ansatz orientiert, und von Vertretern fünf verschiedener Religionsgemeinschaften repräsentiert wird. Drei der vier nach der Zahl der Befragten und der erklärenden Varianz bedeutendsten Faktoren befinden sich entweder weit im integrativen Bereich des Spektrum des Integrationsindex (‚fs1‘; ‚fs3‘; ‚fs4‘). Mit Blick auf die Römisch-Katholische Kirche kann gefolgert werden, dass eine höhere Repräsentanz in der Bevölkerung und eine höhere absolute Zahl an spirituellen Vertretern auch eine höhere Varianz in der Verteilung über Einstellungen bedeutet. Demnach verteilen sich die Gemeinschaften des Landes weitgehend über das Spektrum der Werte des Integrationsindex.

Einstellungstypen, die hier Potential für Konflikt ausbilden, sind nicht einer bestimmten Religion oder Konfession zuzuordnen – dies sind ebenso für den Fall Slowenien kleine Fraktionen innerhalb großer und traditioneller Religionsgemeinschaften, deren Vertreter eher niedere Ränge in der Hierarchie bekleiden (‚fs2‘; ‚fs8‘). Fällt der Fokus auf die politischen Aspekte, gibt es unter allen Faktoren eine starke Unterstützung für ein demokratisches Regierungssystem. Die gegenwärtige Situation in Slowenien wird in dieser Hinsicht kritisch gesehen, und eine Unterordnung der Politik unter ökonomische

Dogmen wahrgenommen. Darüber hinaus besteht vielfach Konsens darüber, Religionsgemeinschaften zu entpolitisieren – wie ebenfalls von hochrangigen Befragten der Römisch-Katholischen Kirche betont wurde.

Unterschiede bestehen im Rahmen der Anerkennung von Modernisierungstrends, die Konsequenzen für die staatliche Behandlung und den gesellschaftlichen Einfluss der RKK und ihres ‚moralischen Gesetzes‘ haben. Die Faktoren ‚fs2‘, ‚fs4‘, und ‚fs7‘ beziehen sich auf den angeblich ‚aggressiven Säkularismus‘, der derzeit der Bevölkerung aufgezwungen, und von verschiedenen Lobbygruppen stark gefördert werde (Medien, Sozialwissenschaften). Diese wahrgenommenen Spannungen trugen zur inhaltlichen Bildung der Faktoren bei. Andererseits betrachtet der andere Teil der Einstellungstypen säkulare gesellschaftliche Tendenzen nicht als Gegenbewegung innerhalb ihrer Konzepte zur gesellschaftlichen Ordnung.

Gründe für Spannungen im religiösen Feld Sloweniens ergaben sich in den letzten drei Jahrzehnten durch Neugründungen von Religionsgemeinschaften, und die staatliche Anerkennung dieser. Dies erklärt die unterschiedliche Bewertung der Autorität von Religionsgemeinschaften in den Konzepten, und reflektiert Ergebnisse von Črnič/Lesjak (2003: 362) hinsichtlich der Forderungen der RKK nach einer bevorzugten Stellung in der Gesellschaft (siehe relative / absolute Gleichheit). Auch die unterschiedlichen Stellungsnahmen hinsichtlich sta_10 (‚Eine Familie hat einen Vater und eine Mutter; homosexuelle Partnerschaften sollten rechtlich nicht gleichgestellt sein.‘) reflektieren einen aktuellen Diskurs. Die identifizierten Einstellungen weisen auf eine Klassifizierung hin, die von einem ‚pluralistisch orientierten Humanisten‘ (‚fs1‘) über jene, die eine stärkere Anerkennung der Religion in anderen Lebensbereichen abwägend favorisieren (‚fs2‘ oder ‚fs7‘), bis hin zu Faktor ‚fs8‘, der als ‚nationalstaatlich und nationalreligiöser Priester‘ (‚fs8‘) dies uneingeschränkt fordert.

Im breiteren Kontext betrachtet befassen sich die vorliegenden Einstellungen mit einigen der Fragestellungen, die Hunter (1987: 370) bereits vor mehr als drei Jahrzehnten zu Religion in der modernen Gesellschaft aufgeworfen hat. Diese sind demnach unter der befragten Gruppe bis heute relevant geblieben: Erstens die Erkenntnis, dass ein Merkmal gegenwärtiger religiöser Würdenträger ist, eine Präferenz für eine größere Trennung von Religion und Politik zu entwickeln. Zweitens wurde hierzu und zu weiteren Bereichen festgestellt, dass die jüngere Generation im Vergleich zur älteren nicht generell aufgeschlossener gegenüber grundlegenden Trends der Modernisierung ist. So sind Konzepte, die Pluralismus und individuelle Identität anerkennen, auch unter der älteren Generation vertreten. Demnach ist ein bedeutendes

Ergebnis in Bezug auf Slowenien, dass sich die in der Studie Befragten mit Modernisierungsdiskursen befassen – auf der anderen Seite ihr Einfluss auf die Definition eines ‚symbolischen Universums' für die Gesamtgesellschaft (ebd.: 372) schwindet: *„Die Kirchen sind leer!"* (S7), und *„Es gibt keine ‚Wiederkehr Religionen'; im Jahr 1975 hatten wir 25 neue Priester, und im Jahr 2012 einen."* (S3).

Am Ende des Abschnittes seien Erfahrungen aus der Befragungswellen in Slowenien erwähnt. Demnach waren erstens – parallel zu den Fällen Albanien und Nord-Mazedonien – kleine Religionsgemeinschaften sehr (ECAV, Adventisten, Buddhisten, CZCBZ) oder überhaupt nicht zugänglich. Um das Vertrauen von Vertretern mittlerer und großer Religionsgemeinschaften, in diesem Fall der Römisch-Katholischen Kirche, zu gewinnen, waren in einem ersten Schritt Befragungen mit Repräsentanten der mittleren Hierarchieebene erforderlich, innerhalb derer Verständnis und Akzeptanz für die vorliegende Studie erarbeitet wurde. Anschließend war es möglich, weitere Befragte aus der hohen und der niederen Ebene als Teilnehmer für die Studie zu gewinnen. So waren hier ebenfalls (bei den mittleren und der großen Religionsgemeinschaft(-en)) Schlüsselpersonen zur Öffnung des Feldes vorhanden.

5.5 Vergleich der Ergebnisse zu Einstellungstypen aus den Einzelfallanalysen

5.5.1 Vorbereitung

Die Vorbereitung der Befragungen gestaltete sich wie in den einzelnen Länderkapiteln beschrieben. So erfolgte die Anschrift der führenden Personen, als auch von ausgewählten Vertretern mittlerer und unterer Hierarchieebenen der in allen Ländern als bedeutend identifizierten Glaubensgemeinschaften im Vorfeld per Brief und E-Mail. Fortgefahren wurde mit der Kontaktierung über soziale Medien sowie über Telefon (mit der Unterstützung durch professionelle Übersetzung). Auf diese Weise kamen erste Interviewtermine mit Repräsentanten verschiedener Gemeinschaften zustande, von denen aus, im Kontext der Gewinnung von Vertrauen, weitere Befragte selbstständig angesprochen werden konnten (nicht: Schneeball-System).

Das Q-Set der Aussagen im Kartenformat, die Instruktionen, die Präferenzskala, sowie eine Übersicht zu den Quellen der Aussagen wurden zu jedem Treffen in analogem Format in mitgeführt, um Vertrauen aufzubauen und maximale Transparenz herzustellen.

5.5.2 Gemeinsamkeiten und Unterschiede bei der Durchführung

Generell ist zur Datenaufnahme zu erwähnen, dass aufgrund des hohen Misstrauens der Vertreter der Zielgruppe gegenüber der Sozialwissenschaft (und gegenüber den Medien) keine Audio- oder Videoaufzeichnungen möglich waren. Dies hätte die Aussicht auf Durchführung der Befragungen stark gesenkt (nach Aussage der Mehrheit der Befragten), und folglich die Erarbeitung einer umfassenden empirischen Studie substantiell gefährdet. Demnach wurden die individuellen Präferenzmuster (Q-Sort), sowie die Kommentare während der Interviews mehrheitlich doppelt handschriftlich, durch Autor und professionelle Übersetzerin, notiert. In einigen wenigen Fällen ließen sich die Befragten vor dem individuellen Q-Sort fotografieren (seltene sozialwissenschaftliche Aufnahmen): In Slowenien war dies nicht möglich, in Nord-Mazedonien mit drei Interviewpartnern, und in Albanien mit sieben Befragten. Hier zeigten sich im Vergleich der Länder Parallelen mit a) der Rate der Zusage zur Teilnahme an der Befragung, und b) dem Umfang der Stellungnahmen in den Kommentaren der Teilnehmer während des Interviews (in Slowenien beides im Vergleich gering, Nord-Mazedonien mittlere Position, Albanien hoch).

Zu Slowenien und Nord-Mazedonien lag im Vorfeld Forschungserfahrung vor, die zunächst gute Startvoraussetzungen zur Herstellung von Kontakten versprach. Diese Annahme wurde widerlegt, da sich für Slowenien die Gewinnung von Interviewpartnern als sehr schwer herausstellte – insbesondere die Herstellung von Verbindungen zu Vertretern der Römisch-Katholischen Kirche (RKK), sowie zur Islamischen Gemeinschaft (ISRS). Während sich Erstere sukzessive mit den Anzahl der Befragungen aus ihrem Kreis der Studie öffnete, verschloss sich die ISRS nach drei Interviews weiteren Anfragen.

In Nord-Mazedonien waren die Zugänge zu den Religionsgemeinschaften zu Beginn in den meisten Fällen schwierig und die Organisationen erst verschlossen, mit dem Verlauf der Studie war jedoch eine Öffnung zu verzeichnen. Der im Vergleich kurze Umfang der Kommentare der Befragten im Fall Slowenien, sowie weiterhin die Absagerate für ein Interview und die von den Befragten geforderte hohe Anonymisierung (beide für Slowenien im Vergleich am höchsten) lassen in diesem Fall vermuten, dass die inneren Hierarchien insbesondere der Römisch-Katholischen Kirche hier stark ausgeprägt sind.

Während der Befragungen wurden für die Teilnehmer weitere objektive Merkmale erhoben, die Einfluss auf die Resultate entfalten könnten. Zuerst wurde in Beobachtung festgestellt, dass in Albanien die befragten

Würdenträger im Vergleich zu den anderen beiden Ländern soziale Medien stark nutzten (teilweise auch während der Befragungen). Zudem wurde hier eine vergleichsweise europäische Ausrichtung der Orientierungen (‚*Ordnungsaspekte gestalten wie in ...*‘) festgestellt, die nach Aussage der Befragten vielfach mit der Migration der albanischen Bevölkerung nach Westeuropa in Zusammenhang steht.

Die weiteren erhobenen Merkmale der Befragten waren die Religionszugehörigkeit, das Alter, der Elite-Status, der Ort des Wirkens, ihr formales Bildungsniveau, sowie das Geschlecht. Der Vergleich der Hintergrundvariable der Religionszugehörigkeit für die Befragten aus Albanien, Nord-Mazedonien, Slowenien verdeutlicht, dass zur jeweils größten Religionsgemeinschaft die Mehrheit der Interviews durchgeführt wurde (Albanien/KMSH: 14; Nord-Mazedonien/MPC-OA: 16; Slowenien/RKK: 16). Die Inklusion weiterer Gemeinschaften in die Studie orientierte sich an ihrer Bedeutung gemessen an der Mitgliederzahl (siehe Tab. 98). Für die kleinen Gemeinschaften, aufgrund ihrer geringen gesellschaftlichen Bedeutung weniger in Fokus der Studie, kamen in Albanien und in Nord-Mazedonien jeweils zwei, und in Slowenien vier Interviews für die Studie hinzu.

Tab. 98: Religionszugehörigkeit der Befragten
(Albanien, Nord-Mazedonien, Slowenien)

große Religions-gemeinschaft	weitere bedeutende, mittelgroße Religionsgemeinschaften				kleinere RGs
Albanien					
KMSH	AOK	RKK	Bektashi	VUSH	
14	6	3	3	4	1
Nord-Mazedonien					
MPC-OA	BFI	RKK	Bektashi	Method.	
16	9	2	1	1	1
Slowenien					
RKK	SPC	ISRS	ECAV	CZCBZ	
16	3	3	3	1	4

Insgesamt eignete sich das standardisierte Interviewverfahren im Rahmen der Q-Methode sehr gut, um kulturelle Unterschiede zwischen und innerhalb der Länder und Religionen, als auch zwischen Forscher und Teilnehmern zu minimieren, sowie Transparenz herzustellen. Aufgrund des zunächst schweren Zugangs zur Zielgruppe wurde am Ende des Gesprächs um Informationen gebeten, wie häufig die Befragten an sozialwissenschaftlichen Untersuchungen teilnehmen; hier betonte die Mehrheit, dies bisher nicht getan zu haben.

5.5.3 Struktureller Vergleich der 24 Faktoren

Die Beschreibung der Strukturen der Faktoren in den Länderanalysen hat die Vorteile einer 8-Faktoren-Rotation im Gegensatz zu anderen Verfahren verdeutlicht. Die Darstellungen zeigten, das trotz der vorgegebenen hohen Aufteilung der Einstellungen in jeweils acht Faktoren noch immer eine relativ hohe Anzahl von Q-Sorts als repräsentativ für einen der Faktoren gelten (nload gesamt). Damit liegt die gesamte erklärende Varianz in jeder Länderbetrachtung bei über 70% der im Q-Set angebotenen Diskurse (perc. expl. varia gesamt; beides siehe Tab. 99).

Tab. 99: Struktureller Vergleich, 24 Faktoren
(Albanien, Nord-Mazedonien, Slowenien)

		Typ1	Typ2	Typ3	Typ4	Typ5	Typ6	Typ7	Typ8	gesamt
AL		fa1	fa2	fa3	fa4	fa5	fa6	fa7	fa8	
	nload	6	3	4	4	2	2	1	2	24
	ex.varia.	14,58	12,73	10,20	9,92	9,08	6,90	6,21	5,51	75,13
MK		fm1	fm2	fm3	fm4	fm5	fm6	fm7	fm8	
	nload	3	4	3	2	3	2	2	1	20
	ex.varia.	13,26	11,30	10,23	9,06	8,72	7,50	6,16	5,80	72,03
SLO		fs1	fs2	fs3	fs4	fs5	fs6	fs7	fs8	
	nload	6	3	3	3	2	2	2	1	22
	ex.varia.	17,90	9,90	9,40	8,50	8,30	7,80	7,70	6,10	75,60

Die höchste erklärende Varianz hat der Faktor ‚fs1‘ aus Slowenien (im Vergleich zu ‚fa1‘/Albanien und ‚fm1‘/Nord-Mazedonien) mit einem Wert von 17,90% (expl. varia.). Dafür ist der Wert für den zweiten Faktors ‚fs2‘

(Slowenien) im Vergleich niedriger (expl. varia. 9,90%). Als zweiter Punkt weisen die Faktoren ‚fa2' (Albanien), sowie ‚fm1' (Nord-Mazedonien) weniger repräsentative Befragte als der jeweils anschließende Faktor (‚fa3'; ‚fm2') auf, haben jedoch eine höhere erklärende Varianz. Dies deutet auf eine im Vergleich stärkere inhaltliche Kohärenz und Breite hinsichtlich der im Q-Set angebotenen Diskurse in der Anlage der Einstellungen von ‚fa2' und ‚fm1' hin. Weiterhin ist zu erkennen, dass eine breite Streuung der typisch für die Einstellungstypen stehenden Befragten über die Faktoren erfolgt. So konnte unter der Zielgruppe für alle drei Länder ein gewisses Maß an Pluralität in den gesellschaftlichen Ordnungsvorstellungen und zur Rolle der Religion in der Gesellschaft erarbeitet werden.

5.5.4 Inhaltlicher Vergleich der 24 Faktoren

Die Herausarbeitung der Beschreibungen der einzelnen Einstellungstypen der drei Länder anhand der typischen Q-Sort, der Kommentare, sowie der Hintergrundvariablen erfolgte in den Unterkapiteln zu den Ländern. An dieser Stelle erfolgt ein Vergleich der einzelnen Faktoren über die Länder hinweg, um Gemeinsamkeiten und Unterschiede in den Inhalten zu erörtern.

Auf der Seite der Gemeinsamkeiten finden sich im übergeordneten Vergleich zuerst hohe inhaltliche Überschneidungen der Faktoren ‚fa2' (Albanien: ‚junger, christlich-aufgeklärter Großstadttyp', pluralistisch orientiert, absolute Trennung Religion und Politik), ‚fm1' (Nord-Mazedonien: ‚christlicher, moderat-pluraler Humanist'), und ‚fs1' (Slowenien: ‚pluralistisch orientierter Humanist', ‚strikte Trennung Religion und Politik'). Hier standen eine hohe Distanz zwischen Religion und Politik, die relative Rolle der eigenen Gemeinschaft in der Gesellschaft und in der Identität ihrer Angehörigen, sowie der Fokus der humanistischen Ausrichtung (auch religiöser Vorgaben) im Lebensalltag: *„Zunächst einmal sind alle Menschen gleich. Dann geht es um Religion. Daher sind Menschenrechte sehr wichtig, wichtiger als Religion."* (S17). Demnach wird in den Einstellungen dieser Faktoren mit Trends der Modernisierung progressiv und konstruktiv umgegangen, und diese aktiv in die Entwicklung der eigenen Gemeinschaft, sowie Interpretation von Religion in der Gegenwart einbezogen: *„Die Kirchen können von der Säkularisierung etwas lernen, sie hat geholfen, sich selbst besser zu verstehen."* (S16).

Als zweite übergeordnete, sich inhaltlich bildende Gruppe von Einstellungstypen fiel mit den Überschneidungen von Positionen der Faktoren ‚fm2' (Nord-Mazedonien: ‚institutionell und religiös-exklusiver, politisierter

Imam'), und ‚fa3' (Albanien: ‚limitierte Pluralität akzeptierender Traditiona-
list, der Erklärung zurückhält'), sowie ‚fs8' (Slowenien: ‚nationalstaatlich,
national-religiös, limitiert pluralistischer Priester') auf. Unter diesen drei
ist zugleich die Aussage am höchsten präferiert, dass eine Familie einen
Vater und eine Mutter hat, homosexuelle Partnerschaften nicht rechtlich
gleichgestellt sein sollten (sta_10). Weiterhin steht bei ‚fa3' und ‚fm2' an
zweiter Stelle der präferierten Aussagen im typischen Q-Sort, dass positive
Religionsfreiheit ein grundlegendes Menschenrecht sei (sta_14), sowie an
dritter, dass religiöser Führer offen, liberal und gebildet sein sollten, um sich
Respekt in der Gesellschaft zu erarbeiten (sta_30) (siehe auch Anhänge 11,
12, 13). Hier widersprechen sich teilweise die gleichzeitigen Präferenzen für
sta_10 und sta_30 – in den Kommentaren wurde der Begriff liberal aus sta_30
jedoch vielfach negativ definiert und ausgeklammert, und so inhaltliche
Kohärenz dargestellt. Entgegen den inhaltlichen Gemeinsamkeiten ist die
Hintergrundvariable der Religionszugehörigkeit der repräsentativ Befragten
dieser Gruppe unterschiedlich: Während Faktor ‚fm2' sich ausschließlich
aus Vertretern muslimischer Gemeinschaften zusammensetzt, ist Faktor
‚fa3' sehr heterogen in der Ausprägung der Religionszugehörigkeit (drei
verschiedene Religionsgemeinschaften).

Die dritte und letzte hier diskutierte Gruppe mit inhaltlichen Parallelen,
die sich über die Länder bilden, besteht aus den Faktoren ‚fa5' (Albanien:
‚religiös-konservativ argumentierender, alter, hoher Würdenträger'), ‚fm5'
(Nord-Mazedonien: ‚älterer, distanzierter, staatlich-orientierter Religiöser'),
‚fm7' (‚älterer, kollektivistisch und politisch ausgerichteter Ausbilder, Säkularisierung Gefahr'), sowie ‚fs7' (‚älter, distanziert-politischer, abwägend,
höheres Amt RKK, Säkularisierung Gefahr'). Wie die Kurzbezeichnungen
bereits andeuten, sind hier ältere Vertreter der Zielgruppe zusammengefasst,
die häufig auf höheren Ebenen in der Hierarchie der jeweiligen Gemeinschaft
agieren (von insgesamt neun repräsentativ stehenden Befragten der vier
Faktoren befinden sich vier auf der höchsten Ebene, drei auf der mittleren).
Inhaltlich sind hier Parallelen in den als konservativ zu bezeichnenden
Positionen zu vernehmen, dass keine rechtliche Gleichstellung homosexueller Partnerschaften erfolgen solle (sta_10), das öffentliche Zeigen religiöser
Identität Mut erfordere (sta_20), sowie, dass die Säkularisierung eine Bedro-
hung darstelle, da sie für den Verfall von Werten steht (sta_23). Dies drückt
sich ebenso in der gemeinsamen Ablehnung aus, ein säkularer Staat sei ein
Basiswert, der in der Verfassung verankert werden sollte (sta_6). In der
Gruppe der Faktoren werden auf der anderen Seite jedoch auch moderate
und pluralistische Ansichten vertreten: So wurde hier hoch präferiert, dass

Religionsgemeinschaften vom Staat getrennt sein sollten (sta_4), und, dass die positive Religionsfreiheit ein grundlegendes Menschenrecht sei (sta_14). Demnach ist im Bereich Religion und Politik eine Trennung präferiert, die jedoch nicht in einer ausschließlichen Form (siehe auch Kommentare zu sta_4 und sta_6).

Neben der Darstellung der inhaltlichen Schwerpunkte dieser drei Gruppen können spezifische Themen identifiziert werden, die sich über alle 24 Einstellungstypen der drei Staaten erstrecken. Bei Positionierungen hinsichtlich einer präferierten Gesellschaftsordnung sind hier bedeutende Gemeinsamkeiten und Unterschiede unter Befragten festzustellen: Unter den Gemeinsamkeiten liegt eindeutig die hohe Präferenz für die Gewährung der positiven Religionsfreiheit, d.h. der freien Wahl der Religionszugehörigkeit. Diese Position ist unter der Zielgruppe unumstritten und deutet auf die allgemein sehr hohe Akzeptanz der Bedeutung der individuellen Gestaltung von Identität und (kollektiver) Zugehörigkeit.

Die zweite Gemeinsamkeit über alle Faktoren besteht im Bereich Religion und Politik in der weitgehenden Übereinstimmung der relativ hohen Ablehnung eines in der Verfassung verankerten, säkularen Staates (sta_6), bei gleichzeitiger Ablehnung einer Nationalreligion als Merkmal eines Nationalstaates (sta_12), und der Zustimmung zur Trennung von Politik und Religion (sta_4). Demnach wird allgemein eine Beziehung bevorzugt, die in der Klassifikation zum Verhältnis nach Linz (1996: 137) dem Typus einer freundschaftlichen Trennung entspräche, und in jenem nach Fox (2008: 147) sich im Spektrum der drei Formen ‚bevorzugte Behandlung‘, ‚generelle Unterstützung‘, oder ‚moderate Trennung‘ bewegt. Dieses Resultat widerspricht generalisierenden Annahmen über Interessen der Religion und religiöser Akteure (in der Region), allgemein eine starke Verflechtung der beiden Bereiche und einen hohen politischen Einfluss anzustreben (u.a.: Perica 2002: V, Ramet 2019: 9).

Das erste Thema, welches aus der Analyse heraus eine erhebliche Divergenz in den Positionierungen der Einstellungstypen zeigte, war die Stellung hinsichtlich der rechtlichen Gleichstellung homosexueller Partnerschaften (sta_10). Hier waren Haltungen in einem Spektrum von *„Alle unnatürlichen Phänomene sollten bekämpft werden!"* (M23) bis zu *„Ich persönlich stimme dem homosexuellen Konzept nicht zu, aber der Staat sollte sie gleich behandeln, sie sind auch Menschen."* (M12) zu vernehmen.

Das zweite Thema mit hoher Divergenz wurde in den Positionierungen hinsichtlich der Behauptung, Menschen seien entweder gut oder schlecht (sta_22), erkannt. Hier reichten Äußerungen von *„Wir sind alle Sünder. Alle*

Menschen sind von Natur aus sehr schlecht." (S29), über „Im Wesentlichen sind Menschen gut (...)." (M18), bis zu „Verurteile nicht den Menschen, sondern die Sünde." (M10), oder „Wo stellt man die Grenze zwischen guten und schlechten Menschen?" (S7).

Tab. 100: Einstellungstypen in Albanien, Nord-Mazedonien und Slowenien

Code	Kurzbeschreibung (‚Label')	Religions-zugehörig-keit	übergeord-nete Orien-tierung
	Albanien		
‚fa1'	jüngerer, kritischer, (eher muslimischer) Großstadttyp	eher homo.	Gesell.
‚fa2'	junger, christlich-aufgeklärter Großstadttyp, Trennung Religion und Politik	eher homo.	Gesell.
‚fa3'	limitierte Pluralität akzeptierender Traditionalist, der Erklärung zurückhält	heterogen	Gesell.
‚fa4'	limitiert plural und säkular orientierter, junger Imam	homogen	Gemein.
‚fa5'	religiös-konservativ argumentierender, alter, hoher Würdenträger	heterogen	Gesell.
‚fa6'	friedlich-konservativer, externer Christ	heterogen	Gesell.
‚fa7'	nationalstaatlich Orientierter, limitiert-pluraler Säkularisierungs-besorgter	-	Gemein.
‚fa8'	(leiser) politisch ausgerichteter Religiöser auf lokaler Ebene	heterogen	Gesell.
	Nord-Mazedonien		
‚fm1'	christlicher, moderat-pluraler Humanist	heterogen	Gesell.
‚fm2'	institutionell und religiös-exklusiver, politisierter Imam	homogen	Gemein.
‚fm3'	theologisch und außerweltlich orientierter, christlich-orthodoxer Pfarrer	homogen	Gemein.
‚fm4'	zurückhaltender, junger und progressiver, christlich-orthodoxer Theologe	homogen	Gesell.
‚fm5'	älterer, distanzierter, staatlich-orientierter Religiöser	heterogen	Gesell.
‚fm6'	kontrollbedürftiger, autoritärer, theologisch-exklusiv., hoher Würdenträger	heterogen	Gesell./Gem.
‚fm7'	älterer, kollekt. und pol. ausgerichteter Ausbilder, Säkularisierung Gefahr	heterogen	Gemein.
‚fm8'	säkularisierungskritischer, auf die eigene Gemeinschaft bezogener Priester	-	Gemein.
	Slowenien		
‚fs1'	konstruktivistischer, pluralistischer Humanist, Trennung Religion-Politik	heterogen	Gesell.
‚fs2'	politischer, anti-kapitalist., sich und Kirche angegriffen sehender Priester	heterogen	Gesell.

‚fs3‘	Atheismus-, Kapi.-kritisch., nach innen bezogen, chr. hoher Würdenträger	heterogen	Gesell.
‚fs4‘	Materialismus-besorgter, Politik-kritischer, limitiert-pluralisti-scher Verteidiger moralischer Gesetze (der hohen Ebene gro-ßer Gemeinschaften)	homogen	Gemein.
‚fs5‘	unabhängig, pluralist., an reli. Prinzipien ausgerichteter Leiter kleine Gem.	heterogen	Gesell.
‚fs6‘	kollektivistisch orientierter, historisch-kulturalisierender Imam	homogen	Gemein.
‚fs7‘	älter, distanz.-polit., abwägend, höheres Amt RKK, Säkularisierung Gefahr	homogen	Gesell.
‚fs8‘	nationalstaatlich, national-religiös, limitiert pluralistischer Priester	-	Gemein.

Eine ähnliche Bandbreite von Inhalten wurde zum Zusammenhang von Korruption bei älteren Würdenträgern, die zu einem erhöhten Fundamentalismus bei der jüngeren Generation führen könnte (sta_26), gefunden – je jünger, desto mehr wurde Korruption als Problem wahrgenommen: *„Ich stimme zu, es kann einen Einfluss haben.“* (M19; unter 30 Jahre) bis zu *„Korruption – was ist das?“* (M22; über 60 Jahre).

Ein letzter thematischer Punkt, der in Zentralität und Divergenzen auffiel, war die Stellung der eigenen Gemeinschaft im religiösen Bereich (sta_35). Hier verlief die Spannweite von einer relativen Position (‚wir sind eine unter vielen‘), bis hin zu einem Alleinvertretungsanspruch: *„Für alle Muslime (...) eine Organisation.“* (S23). Letztere Perspektive führte zu einer inhaltlichen Kategorisierung aller 24 Faktoren, ob eher Themen um die eigene Gemeinschaft (‚fm2‘), oder um die Integration in die Gesamtgesellschaft (‚fa2‘, ‚fm1‘, ‚fs1‘) angesprochen wurden (siehe Tab. 100; Spalte ‚übergeordnete Orientierung‘). Dies kann Auskunft über eine mögliche Fokussierung in Richtung einer ‚Öffnung‘ gegenüber der Gesamtgesellschaft, oder der Sorge um Kohärenz der eigenen Gemeinschaft erbringen.

Bei der Zusammensetzung der 24 Faktoren zeigte sich im Vergleich, dass davon 14 Faktoren ihre Ordnungsvorstellungen hauptsächlich in Richtung der Gesamtgesellschaft aufstellen, und neun die eigene Gemeinschaft ins Zentrum der Konzepte rücken. Zudem ergeben sich nach den Ausprägungen der Hintergrundvariable der Religionszugehörigkeit dreizehn heterogene Meinungstypen und neun eher homogene Faktoren (siehe Tab. 100), sodass zunächst nicht von einem starken Einfluss der Religionszugehörigkeit auf die Bildung der Typen ausgegangen wird. Es konnte kein Land identifiziert werden, in dem sich Religionen, Konfessionen oder Organisationen in der Ausbildung der Einstellungstypen bedeutend bündeln. Demnach verteilen sich die (Repräsentanten der) einzelnen Religionsgemeinschaften eher über die Einstellungsmuster zur gesellschaftlichen Ordnung in den drei Ländern.

5.5.5 Vergleich des Integrations- und Konfliktpotentials

Interne Struktur der Einstellungstypen

Zum Vergleich des Integrations- und Konfliktpotentials der 24 Meinungstypen zu Albanien, Nord-Mazedonien und Slowenien steht zuerst der Abgleich der internen Strukturen der Präferenzmuster Hinsicht des Vergleichs der Intensität der Zustimmung und der Ablehnung. Hier konnte ermittelt werden, dass 19 der 24 typischen Q-Sort eher einem ablehnenden („negativen') Muster folgen, demzufolge die Ablehnung zu angebotenen Ordnungselementen (zum Teil wesentlich) höher ausfiel als die Zustimmung (siehe Tab. 101).

Die Unterschiede zwischen den Ländern bestehen darin, dass alle Faktoren in Albanien und Nord-Mazedonien diesem Muster zuzuordnen sind, jedoch in Slowenien im Gegensatz dazu in drei Fällen („fs1', ,fs3', und ,fs6'; zusammen 35,13% expl. varia.) die Zustimmung zu angebotenen Elementen ausgeprägter ausfiel als die Ablehnung. Exemplarisch hierfür steht die Präferenzstruktur für den ersten Einstellungstyp für Slowenien, ,fs1' (expl. varia. 17,91%). Von den acht erhobenen Einstellungstypen für Slowenien zeigten die Strukturen zweier weiterer Einstellungsmuster ein neutrales Verhältnis in dieser Betrachtung („fs5', ,fs8') (siehe Tab. 101; Spalte ,innere Struktur'). Demnach ist bei Slowenien im Vergleich eine erhöhte konstruktive Interaktion zwischen den Ordnungsvorstellungen der Befragten und den im Q-Set angesprochenen Trends der Modernisierung zu erkennen (Quellenlage zum Q-Set auch hinsichtlich der Länder war nach Maßgaben der Methode weitgehend ausgeglichen gestaltet).

Vergleich zwischen Faktoren / Korrelation

Der zweite Indikator in der Analyse des Integrations-. und Konfliktpotentials der Einstellungstypen ist die Betrachtung der Korrelationen zwischen den Faktoren innerhalb der einzelnen Länder. Aus dieser quantitativen Perspektive zeigte sich, dass zwischen den Faktoren, die zu Albanien gemessen wurden, im Durchschnitt die geringsten inhaltlichen Übereinstimmungen herrschten, der Wert für Nord-Mazedonien ein mittleres Niveau einnimmt (0,2008), und für Slowenien größere Übereinstimmungen angezeigt werden (durchschnittlicher Wert 0,2365; (siehe Tab. 101; Spalte ‚Korrelation mit Faktoren Land'). Demnach besteht nach diesem Indikator in Slowenien das geringste relative Konfliktpotential aus den Inhalten zwischen den Einstellungstypen, und für Albanien das höchste.

Dies ist auf der einen Seite überraschend, da gerade in Albanien die interreligiöse Verständigung, d.h. auch die Verständigung zwischen unterschiedlichen Positionen im religiösen Bereich, eines der Hauptthemen der Religionsgemeinschaften in Wort und Praxis ist (siehe Kapitel 4.1, und weiterhin die Kommentare in Unterkapitel 5.2.4), und in Slowenien scharf geführte Auseinandersetzungen zwischen diesen vielfach in der Öffentlichkeit ausgetragen werden (siehe Kapitel 4.3: Konflikt RKK – ČZCBZ um staatliche Anerkennung; Vertretungsanspruch der Muslime; und die Kommentare in Unterkapitel 5.4.4). Auf der anderen Seite kann argumentiert werden, dass sich die Vertreter der Gemeinschaften in Albanien der inhaltlichen Differenzen in den Einstellungen zur gesellschaftlichen Ordnung und der Rolle der Religion in ihrem Feld bewusst sind – und aus diesem Grund eine erhöhte Konzentration auf die interreligiöse Zusammenarbeit legen.

Religion und Gesellschaft – Integrationsindex

Der dritte Indikator zur Analyse des Integrations- und Konfliktpotentials der Einstellungen ist die Bewertung der typischen Q-Sort der 24 Faktoren in einem Integrationsindex, der die Stellung der Ordnungsvorstellungen zu Trends der Modernisierung misst. Die Berechnungen führten hier zu dem Ergebnis einer Spannweite zwischen den Werten (+35) für Faktor ‚fs1' (Slowenien) und (-17) für den Faktor ‚fa8' (Albanien). In Albanien kann hier das breiteste Spektrum im Integrationsindex zwischen den Werten (+32) für Faktor ‚fa2' bis (-17) für ‚fa8' festgestellt werden, für Nord-Mazedonien die geringste Spannweite mit Werten zwischen (+28) für Typ ‚fm4' und (-1) für den Faktor ‚fm7' (Tab. 101).

Insgesamt zeigt sich, dass von den 24 Meinungstypen der drei Länder 18 im integrativen Spektrum der Skala des Integrationsindex von (-40) bis (+40) verortet sind, davon sieben (‚fa1'; ‚fa2'; ‚fa6'; ‚fm1'; ‚fm3'; ‚fm4'; ‚fs1') im hoch integrativen Bereich mit einem Wert, der (+20) oder höher einnimmt. Diese sind zugleich die bedeutendsten hier gemessenen Einstellungstypen mit im Vergleich hohen Wert in der erklärenden Varianz (siehe Hervorhebung in folgender Abb. 26). Die weiteren sechs Einstellungstypen, die einen negativen Wert aufweisen, sind mit Ausnahme des Faktors ‚fa8' (-17) nahe am neutralen Bereich verortet. Erneut zeigt die Gruppe der Faktoren aus Albanien mit drei von acht Meinungstypen (‚fa3'; ‚fa7'; ‚fa8'), die im negativen Bereich liegen, das höchste inhaltliche Konfliktpotential bei den Ordnungsvorstellungen auf. Diese bilden jedoch nicht bedeutende Einstellungstypen für das Land (expl. varia. der drei 21,92%). Innerhalb der ermittelten Faktoren für Slowenien konnten zwei Typen (‚fs2'; ‚fs8') festgestellt werden, die im leicht negativen Bereich liegen, für Nord-Mazedonien ein Faktor (‚fm7') (siehe folgende Abb. 25 und Abb. 26). Auch diese drei stellen jeweils in ihren Ländern eher Minderheitenpositionen dar.

Abb. 25: Vergleich Werte im Integritätsindex (y-Achse), 24 Faktoren

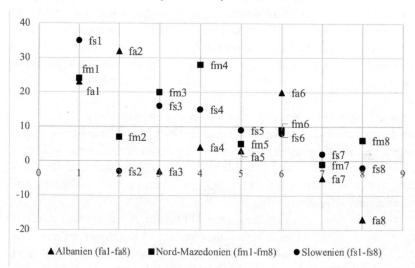

Abbildung 25 ordnet die Ergebnisse visuell ein: Je potentiell konflikthafter eine typisches Einstellungsmuster zur gesellschaftlichen Ordnung (y-Achse), desto marginaler waren die Positionen in den gesamten Einstellungen unter den befragten religiösen Würdenträger in Albanien, Nord-Mazedonien und Slowenien vertreten (x-Achse). Dies deutet auf eine Randposition dieser Einstellungen im religiösen Bereich hin.

Werden weiterhin die Beschreibungen und Hintergrundvariablen in diese Analyse einbezogen, um die potentiell konflikthaften Einstellungstypen in ihrer Verortung im religiösen Bereich einzugrenzen, so zeigt sich, dass die sechs Faktoren des negativen Bereichs (‚fa3'; ‚fa7'; ‚fa8'; ‚fm7'; ‚fs2'; ‚fs8') hauptsächlich von Personen der Zielgruppe repräsentiert werden, die Mitglieder großer Religionsgemeinschaften sind (11 von 13 repräsentativ

519

stehenden Befragten der sechs Faktoren), und hier in der Mehrheit auf einem niedrigen Niveau in der Hierarchie agieren (10 von 13 dieser Befragten).

Die Ausprägungen der weiteren Hintergrundvariablen der Befragten wie die Religionszugehörigkeit, der Ort des beruflichen Wirkens der Personen, ihr Bildungsniveau, oder die jeweilige Altersklasse waren nicht bedeutend bei der Ausbildung von inhaltlichem Konfliktpotential nach dem Integrationsindex. Daraus kann geschlossen werden, dass sich potentiell konflikthafte Einstellungen eher innerhalb der großen Gemeinschaften ausbilden, und hier in einer Minderheitenposition befinden. Dies kann erstens damit erklärt werden, dass die großen Gemeinschaften ein aufgrund ihres Umfangs ein breites Spektrum von Meinungen, die auch in der Bevölkerung vertreten sind, abdecken. Als zweiter Aspekt können große Organisationen besser als ‚schützendes Dach' von den angesprochenen Gruppen genutzt werden, da eine Ausgrenzung dieser Einstellungen von Seiten anderer gesellschaftlicher Akteure hier mit höheren Hürden verbunden ist als bei kleineren Organisationen.

In der Gesamtbetrachtung aller 24 Einstellungstypen ergibt sich somit ein generell hohes Integrationspotential der hier gemessenen Vorstellungen zu gesellschaftlichen Ordnungskonzepten innerhalb der befragten religiösen Würdenträger in Albanien, Nord-Mazedonien und Slowenien. Die Religions- oder Konfessionszugehörigkeit ist nicht bedeutend in der Ausbildung von inhaltlichem Konfliktpotential.

Weiterhin wird aus nachstehender Abbildung 26 ersichtlich, dass mit abnehmenden Werten im Integrationsindex die Politisierung der Einstellungen leicht zunimmt (Ausnahme ‚fa8'; leichte Ausbildung einer L-Kurve). Dieser Verlauf bestätigt die in den Länderkapiteln getätigte Aussage, dass weniger integrative Positionen zur gesellschaftlichen Ordnung verstärkt an die Öffentlichkeit drängen, und ihre Vertreter ihre Einstellungen offensiver in öffentliche und politische Debatten einbringen wollen. Dies kann der dort gehegten Wahrnehmung geschuldet sein, sich in einer defensiven Position in der Gesellschaft (aufgrund grundlegender Trends der Modernisierung, insbesondere der selektiv definierten Prozesse der Säkularisierung und Liberalisierung) zu befinden.

Abb. 26: Integrations- (x-Achse) und Politisierungsindex (y-Achse), 24 Faktoren

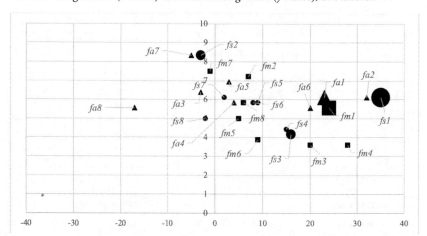

Demnach wird mit Mechanismen einer ‚Ökonomie der Aufmerksamkeit‘ (Franck 1998) ein öffentlich sichtbarer Gegenentwurf gestellt. Externe Perspektiven anderer gesellschaftlicher Bereiche (Teile Medien, Wissenschaft) auf den religiösen Bereich fokussieren stark auf diese Gruppe von konflikthaften Einstellungen, und nehmen sie vielfach als repräsentativ für den gesamten religiösen Sektor an. Dies ist eine verzerrende Verkürzung der hier festgestellten Diversität der Einstellungen im Bereich. Für einen Überblick über die Bezeichnungen der 24 Einstellungstypen, sowie ihre jeweiligen Ausprägungen in den drei Indikatoren zur Analyse des Integrations- und Konfliktpotentials (IKP) dient folgende Tabelle 101.

Sie zeigt in der Zusammenfassung die Bezeichnungen sowie die Indizes zum IKP der in der Studie gewonnenen Einstellungstypen unter den religiösen Würdenträgern Albaniens, Nord-Mazedoniens, und Sloweniens auf. Demnach können bedeutende inhaltliche Unterschiede und Gemeinsamkeiten in Verbindung mit deren potentieller gesellschaftlicher Wirkung (in der Integration) dargelegt werden. Es kann erneut der Schluss gezogen werden, dass humanistische, gesellschaftlich-integrative und pluralistisch angelegte Einstellungen hinsichtlich der gesellschaftlichen Ordnung unter den Repräsentanten des religiösen Bereichs der drei Ländern einen Schwerpunkt bilden.

Tab. 101: Indikatoren zum Integrations- und Konfliktpotential; 24 Faktoren

Einstellungstyp	innere Struktur	Korrelation Faktoren[376]	Integrationsindex
Albanien			
‚fa1' – jüngerer, kritischer, (eher muslimischer) Großstadttyp	Ableh.	0,2105	23
‚fa2' – junger, christl.-aufgeklärter Großstadttyp, Trennung Religion-Politik	Ableh.	0,1833	32
‚fa3' – limit. Pluralität akzeptierender Traditionalist, der Erklärung zurückhält	Ableh.	0,0905	-3
‚fa4' – limitiert plural und säkular orientierter, junger Imam	Ableh.	0,2068	4
‚fa5' – religiös-konservativ argumentierender, alter, hoher Würdenträger	Ableh.	0,1682	3
‚fa6' – friedlich-konservativer, externer Christ	Ableh.	0,2198	20
‚fa7' – nationalstaatl. Orientierter, limitiert-pluraler Säkularisierungsbesorgter	Ableh.	0,1518	-5
‚fa8' – (leiser) politisch ausgerichteter Religiöser auf lokaler Ebene	Ableh.	-0,0747	-17
Nord-Mazedonien			
‚fm1' – christlicher, moderat-pluraler Humanist	Ableh.	0,2530	24
‚fm2' – institutionell und religiös-exklusiver, politisierter Imam	Ableh.	0,1505	7
‚fm3' – theologisch und außerweltlich orientierter, christl.-orthodoxer Pfarrer	Ableh.	0,2404	20
‚fm4' – zurückhaltender, junger und progressiver, christl.-orthodoxer Theologe	Ableh.	0,2091	28
‚fm5' – älterer, distanzierter, staatlich-orientierter Religiöser	Ableh.	0,1698	5
‚fm6' – kontrollbedürf., autoritärer, theologisch-exklusiv., hoher Würdenträger	Ableh.	0,1519	9
‚fm7' – älterer, kollekt. und pol. ausgericht. Ausbilder, Säkularisierung Gefahr	Ableh.	0,1776	-1
‚fm8' – säkularisierungskritischer, auf eigene Gemeinschaft bezogener Priester	Ableh.	0,2537	6
Slowenien			
‚fs1' – konstruktivist., pluralistischer Humanist, Trennung Religion-Politik	Zusti.	0,2649	35
‚fs2' – pol., anti-kapitalist., sich und Kirche angegriffen sehender Priester	Ableh.	0,1080	-3
‚fs3' – Atheis.-, Kapi.-kritisch., nach innen bezogen, chr. hoher Würdenträger	Zusti.	0,2872	16

---

376 Wert für ‚Korrelationen mit Faktoren Land': Durchschnitt der sieben Einzelwerte für die Korrelation des jeweiligen Faktors mit den sieben anderen Faktoren des jeweiligen Landes; siehe Tabellen 79a, 85, 92.

‚fs4' – Materialismus-besorgter, Politik-kritischer, Verteidiger (hohe Ebene)	Ableh.	0,2745	15
‚fs5' – unabh., pluralist., an reli. Prinzipien ausgerichteter Leiter kleine Gem.	-	0,1928	9
‚fs6' – kollektivistisch orientierter, historisch-kulturalisierender Imam	Zusti.	0,2309	8
‚fs7' – älter, distanz.-polit., abwägend, höheres Amt RKK, Säkulari. Gefahr	Ableh.	0,3511	2
‚fs8' – nationalstaatlich, national-religiös, limitiert pluralistischer Priester	-	0,1824	-2

6 Gesamtanalyse der Ordnungsmuster

Die länderübergreifenden Anlage der Studie ermöglicht zusätzlich zu den Länderanalysen die Erstellung von Einstellungstypen, die im übergeordneten Rahmen bestehen. Zeigen diese Parallelen zu den Faktoren aus den Staaten auf, und können ähnliche Resultate zum Integrations- und Konfliktpotential der Einstellungen erarbeitet werden?. An dieser Stelle soll noch einmal verdeutlicht werden, dass insgesamt 94 Interviews durchgeführt wurden, von denen drei nicht die Zielgruppe erfassten (Atheisten Sloweniens, ZAS), sowie eines (aus Albanien) zwar in die Datenaufnahme, jedoch nicht in die Analyse einfloss.

6.1 Durchführung der Befragungen und Hintergrundvariablen

Die Unterkapitel zur Vorbereitung und Durchführung der Interviews entfallen an dieser Stelle aufgrund der Erläuterungen in den einzelnen Länderabschnitten. Zusammenfassend waren die Rate der Zusage, das Maß der kooperative Interaktion, sowie die Zulassung fotografischer Aufnahmen in Slowenien am geringsten, und Albanien am höchsten.

Die Auswahl der Interviewpartner erfolgte nach der Position ihrer Religionsgemeinschaft in der jeweiligen religiösen und gesellschaftlichen Struktur der Länder, sowie nach ihrer individuellen Stellung in der jeweiligen Hierarchie. In der Zusammenfassung war aufgrund der multireligiösen Struktur der Bevölkerung des Gesamtraumes der drei Länder die Ausprägungen der Religionszugehörigkeit der 91 Religionsführer sehr heterogen. Demnach sind 58 der 91 Befragten des gesamten Samples dem christlichen Spektrum zuzurechnen, davon 25 christlich-orthodoxen Kirchen (AOK, MPC-OA, SPC), 21 der Römisch-Katholischen Kirche, sieben protestantischen (in der Region traditionellen) Kirchen, und fünf sonstigen christlichen Gemeinschaften.

Tab. 102: Befragte nach Religions- und Konfessionszugehörigkeit (91)

Religion						
christlich				muslimisch		andere
orthodox	katholisch	protestant.	sonstige	sunnitisch	Bektashi	
25	21	7	5	27	4	2

Weiterhin sind 31 von 91 Befragten dem muslimischen Bereich des religiösen Spektrums zuzuordnen, davon 27 muslimisch-sunnitischen Organisationen, und vier der Gemeinschaft der Bektashi. Die religiös-konfessionelle Zugehörigkeit von zwei Befragten entspricht nicht diesen Kategorien (Buddhistische Gemeinschaft und Transuniverselle Zombie Kirche [ČZCBZ]).

Die erhöhte Sichtbarkeit der kleineren Gemeinschaften in der religiösen Struktur in Slowenien könnte der dort im Vergleich offenen gesellschaftlichen und politischen Praxis geschuldet sein (siehe Indikatoren in Tab. 67). Die weiteren Hintergrundvariablen der Befragten des Samples finden sich zusammengefasst in Tabelle 103. Die für die religiöse Elite relativ hohe Anzahl von Personen, die den Altersgruppen 30 bis unter 40 Jahren, sowie 40 bis unter 50 Jahren zuzuordnen sind (52 von 91 Befragten), ist in hohem Maße dem Fall Albanien zuzurechnen, in dem aufgrund der spezifischen sozialistischen Vergangenheit jüngere Generationen auch in hohen Positionen aktiv ist (siehe Kapitel 4.1).

Tab. 103: Befragte nach weiteren Hintergrundvariablen (91)

Alter	Elite-Status	Ort	Bildungs-niveau	Geschlecht
unter 30	hoch	≥ 150.000	promoviert	männlich
6	23	51	26	87
30 – unter 40	mittel	20.-150.000	Uni.-abschluss	weiblich
24	24	31	55	4
40 – unter 50	niedrig	≤ 20.000	kein Uni.-ab.	
28	44	9	10	
50 – unter 60				
18				
ab 60				
15				

Bei der Klassifikation der Befragten nach dem Status, den sie innerhalb der Hierarchien ihrer Organisationen einnehmen, ist eine Mehrheit von 44

Personen dem niedrigen Niveau der Ortsgemeinde, 24 der mittleren Ebene, und 23 der höheren und höchsten Ebene der Leitung von Religionsgemeinschaften zuzurechnen. Gerade die hohe Anzahl der Befragten in der letzten Kategorie kann als Erfolg bei der Datenerhebung gewertet werden, und steigert das Maß an potentiellem Einfluss der gemessenen Einstellungen zur gesellschaftlichen Ordnung.

Bei der Größe des Ortes ihres Wirkens als relevante Hintergrundvariable konnte keine ausgeglichene Verteilung erlangt werden. Hier reflektiert das Sample eher die Bedingungen vor Ort, die in allen drei Fällen durch die Konzentration aller Religionsgemeinschaften auf die jeweilige Hauptstadt (Tirana, Skopje, Ljubljana) gekennzeichnet ist. Die Verteilung über die Kategorien des Bildungsniveaus ist plausibel, da zur Ausübung der Tätigkeit in der Mehrheit (hier 55 Befragte) eine universitär-theologische Ausbildung verlangt wird. Die relativ hohe Zahl an Promovierten im Sample (26 Befragte) ist u.a. auf die relativ hohe Inklusion von Vertretern der mittleren und höheren Ebenen der großen und traditionellen Religionsgemeinschaften zurückzuführen, zu deren Erreichen dieser Bildungsgrad formal gefordert wird (siehe u.a. höhere Ränge in der Römisch-Katholischen Kirche). Befragte ohne universitären Abschluss (10) gaben mehrheitlich an, diesen anzustreben.

Die Variable des Geschlechts der Befragten im Sample (vier von 91 Befragten weibliche Würdenträger) reflektiert die Verhältnisse im religiösen Feld der Länder, bei denen heute nur eine Minderheit von Frauen in den bedeutenden Positionen aktiv ist. Aufgrund der Unausgewogenheit wurde die Variable in der Ausarbeitung der Einstellungstypen vernachlässigt. Mit Blick auf Forschungen in benachbarten sozialwissenschaftlichen Disziplinen[377] kann an dieser Stelle durchaus gefragt werden, wie sich gesellschaftliche Ordnungsvorstellungen bedeutender religiöser Würdenträger gestalten würden, wenn Frauen stärker in der Zielgruppe repräsentiert wären, auch auf höheren Ebenen der Hierarchien.

6.2 Strukturelle Ergebnisse der Analyse für 90 Befragte

In diesem Schritt wurden zuerst die gesamten 90 Q-Sort für eine Berechnung in das Programm PQ-Method mit der Maßgabe eingegeben, vier Faktoren zu erstellen. Nach dieser Rotation steht für den Faktor ‚F1' eine relativ große

---

377 siehe für andere gesellschaftliche Bereiche u.a. Criado Perez (2020), oder Anderlini/Holmes (2019)

Gruppe von 29 Q-sorts repräsentativ (expl. varia. 16,78%), für den Faktor ‚F2'
20 weitere (expl. varia. 11,7%), den Faktor ‚F3' 14 (9,64%), und den Faktor ‚F4'
sieben (5,85%) (siehe Tab. 104). Demnach stehen hier insgesamt 70 der 90 Q-
Sort repräsentativ für einen der vier Faktoren mit einer erklärenden Varianz
von 43,97% der im Q-Set angesprochenen Inhalte (‚*overall expl. variance*'‚).
Diese Daten belegen zunächst eine allgemeine Identifikation der Befragten
mit den vorgelegten Aussagen im hier genutzten Q-Set. Auf der anderen
Seite sind nach Sichtung der Inhalte die gewonnenen Einstellungsmuster zu
generell, um daraus für die Fragestellung der Studie thematisch plausible
Typen zu erarbeiten.

Tab. 104: Gesamtanalyse: Faktorencharakteristika (strukturell; ‚F1'–‚F8')

	‚F1'	‚F2'	‚F3'	‚F4'	‚F5'	‚F6'	‚F7'	‚F8'
4-Faktoren Rotation (*free distribution / nload 70 / overall expl. variance 43,97%*)								
Average reliability coefficient	0.80	0.80	0.80	0.80				
Number of loading Q-sorts	29	20	14	7				
Percentage explained variance	16.78	11.70	9.64	5.85				
Standard error of factor scores	0.09	0.11	0.13	0.19				
8-Faktoren Rotation (*free distribution / nload 50 / overall expl. variance 60.56%*)								
Average reliability coefficient	0.80	0.80	0.80	0.80	0.80	0.80	0.80	0.80
Number of loading Q-sorts	17	8	7	6	5	2	3	2
Percentage explained variance	15.33	8.16	7.47	7.29	6.25	6.02	5.37	4.67
Standard error of factor scores	0.12	0.17	0.19	0.20	0.22	0.33	0.28	0.33

Der Vergleich zwischen 4- und 8-Faktoren-Rotation zeigt erneut, dass mit
einer geringer ausfallenden Inklusion von Befragten in der 8-Faktoren-Rota-
tion (Absenkung von 70 auf 50 der insgesamt 90 Q-Sort) eine signifikant höhere erklärende Varianz, d.h. der Streuung der Inhalte der Einstellungstypen
über die im Q-set angesprochenen Gesamtinhalte festzustellen ist (‚*overall
expl. variance*' – Erhöhung von 43,97% auf 60,56%). Demnach bestätigen sich
hier die Vorteile der Wahl einer 8-Faktoren-Rotation.

6.3 Inhaltliche Analyse und Bezeichnung der Einstellungstypen

Für den **bedeutendsten Faktor in der Gesamtanalyse (‚F1')** stehen 17 Q-Sort
repräsentativ, und er besitzt eine erklärende Varianz von 15,33%. Mit Abstand
folgt ‚F2' mit acht Q-Sort und einer expl. varia. von 8,16%. Im typischen

Q-Sort von ‚F1' steht auf der Seite der am höchsten präferierten Aussagen die staatliche Gleichbehandlung der Religionsgemeinschaften (sta_2), dass Staat und Religionsgemeinschaften getrennt sein sollten (sta_4), die Angehörigen der eigenen Gemeinde Wissen über andere Religionen besitzen sollten (sta_29), positive Religionsfreiheit ein grundlegendes Menschenrecht sei (sta_14), sowie, dass religiöse Führer unpolitisch sein sollten, außer, der Humanismus in einer Gesellschaft ist bedroht (sta_16).

Tab. 105: Gesamtanalyse: Faktorencharakteristika (inhaltlich; ‚F1'–,F4')

präferierte Aussagen	z-scores	abgelehnte Aussagen	z-scores
‚F1' *(nload 17 / expl. varia. 15,33%)*			
sta_2 *RGs vom Staat gleich behandelt*	1.599	sta_35 *neue RGs Autorität große RG*	-1.770
sta_4 *RGs vom Staat getrennt*	1.568	sta_36 *Gründung RG Akzeptanz Bürger*	-1.634
sta_29 *Gläubige Wissen and. Religion*	1.386	sta_12 *Nationalstaat hat Nationalreli.*	-1.598
sta_14 *positive RF Menschenrecht*	1.277	sta_7 *Schutz Nat.-reli. Schutz Nat.-staat*	-1.473
sta_16 *reli. Führer unpol., außer Hum.*	1.168	sta_22 *Menschen gut oder schlecht*	-1.296
‚F2' *(nload 8 / expl. varia. 8,16%)*			
sta_14 *positive RF Menschenrecht*	1.599	sta_24 *reli. Führer nach ethn. Kriterien*	-2.003
sta_25 *and. reli. Führer regelm. sehen*	1.521	sta_32 *meine RG schwierige Situation*	-1.469
sta_10 *Familie: Vater und Mutter*	1.474	sta_3 *RGs keine nation. Interessen*	-1.414
sta_29 *Gläubige Wissen and. Religion*	1.438	sta_26 *Korruption > Fundamentalis.*	-1.347
sta_15 *neg. RF fundamentales Recht*	1.222	sta_11 *Staat starker Führer*	-1.272
‚F3' *(nload 7 / expl. varia. 7,47%)*			
sta_25 *and. reli. Führer regelm. sehen*	1.248	sta_22 *Menschen gut oder schlecht*	-2.305
sta_14 *positive RF Menschenrecht*	1.159	sta_23 *Säku. bedroht, Verfall Werte*	-1.838
sta_2 *RGs vom Staat gleich behandelt*	1.074	sta_9 *Glaube Politiker best. Politik*	-1.833
sta_30 *Führer offen, liberal, gebildet*	1.052	sta_1 *Verbote sind Intoleranz*	-1.800
sta_6 *Säku. Basiswert Staat, in Verf.*	0.865	sta_33 *reli, Organ. nicht vergleichbar*	-1.744
‚F4' *(nload 6 / expl. varia. 7,29%)*			
sta_14 *positive RF Menschenrecht*	1.252	sta_5 *staatl. Bau reli. Stätten polarisiert*	-2.064
sta_20 *öff. Zeigen reli. Identität mutig*	1.218	sta_12 *Nationalstaat hat Nationalreli.*	-1.932

sta_2 *RGs vom Staat gleich behandelt*	1.148	sta_35 *neue RGs Autorität große RG*	-1.732
sta_10 *Familie: Vater und Mutter*	1.104	sta_33 *reli, Organ. nicht vergleichbar*	-1.552
sta_18 *RG Teil Gesellschaft wie andere*	1.066	sta_3 *RGs keine nation. Interessen*	-1.550

Am höchsten abgelehnt werden die Aussagen, neue Religionsgemeinschaften sollten die Autorität der bestehenden großen in einem Land anerkennen (sta_35), die Gründung neuer Religionsgemeinschaften sollte die Akzeptanz der Mehrheit der Bürger eines Staates besitzen (sta_36), ein charakteristisches Merkmal des Nationalstaates sei eine Nationalreligion (sta_12), der Schutz der Nationalreligion bedeute den Schutz des Nationalstaates (sta_7), sowie, Menschen seien entweder gut oder schlecht (sta_22). In dieser polaren Struktur der zehn am intensivsten gewerteten Aussagen zeigt sich eine vordringliche Beschäftigung mit dem Bereich von Religion und Politik bei vier Positionen, mit Religion und Gesellschaft bei drei Aussagen, sowie mit dem religiösen Bereich bei ebenfalls drei. Alle zehn Präferenzen zeigen eine sehr hohe Akzeptanz grundlegender Trends der Modernisierung. Dies wird durch einen sehr hohen Wert im Integrationsindex (+39) für den Einstellungstyp bestätigt.

Die Gruppe der siebzehn repräsentativ stehenden Befragten des Einstellungstyps ‚F1' ist durch Differenzen bei den Ausprägungen der Hintergrundvariablen charakterisiert: Die Religions- und Konfessionszugehörigkeit ist vielfältig, da fünf repräsentativ Befragte Mitglieder christlich-protestantischer Gemeinschaften sind, vier Angehörige der Römisch-Katholischen Kirche, fünf einer unabhängigen christlichen Kirche, zwei einer anderen Religionsgemeinschaft, sowie einer dieser Befragten Mitglied einer islamischen Organisation ist. Demnach ist eine Mehrheit von 14 der 17 repräsentativ stehenden religiösen Führer des Faktors einem breiten Spektrum christlicher Kirchen zuzurechnen (mit Ausnahme der christlichen Orthodoxie, die mit 25 von 90 Befragten im Sample vertreten ist).

Die Herkunft der repräsentativ stehenden Befragten für den Faktor ‚F1' ist nicht konzentriert, da fünf in Albanien, vier in Nord-Mazedonien, und acht in Slowenien tätig sind. Demnach verteilt sich der Einstellungstyp ‚F1' über alle drei in der Studie enthaltenen Gesellschaften und stellt keinen Ländertyp dar. In der Hintergrundvariable des Alters sind alle Kategorien von unter 30 Jahren bis über 60 Jahren vertreten, und es findet sich eine Häufung aus der Gruppe der 40- bis unter 50-jährigen Personen (10 von 17 Befragten). Eine hohe Verteilung über die Kategorien gilt ebenfalls für den Elite-Status (alle drei Ebenen im Typ anzutreffen); ebenso sind die Befragten bei der

Größe des Arbeitsortes nicht auf eine Kategorie konzentriert. Im formalen Bildungsniveau zeigen 15 von 17 Befragte einen Universitätsabschluss auf, und zwei haben promoviert.

Aufgrund der Verteilungen über die Ausprägungen der Hintergrundvariablen der repräsentativ stehenden Befragten rücken bei der Beschreibung des Einstellungstyps ‚F1' die inhaltlichen Schwerpunkte in den Vordergrund. Hier fällt vor der Einbeziehung der Kommentare auf, dass der Faktor bereits zuvor erarbeiteten Bezeichnungen für Einstellungstypen in den drei Ländern folgt: So sind die hier aus Slowenien kommenden repräsentativ Befragten dort exakt dem Ländertyp ‚fs1' (‚*konstruktivistisch argumentierender, pluralistisch orientierter Humanist'*, ‚*strikte Trennung von Religion und Politik'*) zugeordnet, jene aus Albanien (A21, A26, A27, A30) dem Ländertyp ‚fa2' (‚*junger, christlich-aufgeklärter Großstadttyp'*, *pluralistisch orientierte Gesellschaftsordnung, absolute Trennung von Religion und Politik*), sowie jene aus Nord-Mazedonien (M17, M28, M29, M30) dem Landesfaktor ‚fm1' (‚*christlicher, moderat-pluraler Humanist'*) (hinzu kommen M17, M28). Die inhaltliche Verbindung der Landesfaktoren wurde unter Abschnitt 5.5.5 thematisiert.

Aus diesem Grunde wird an dieser Stelle auf die Wiederholung der wörtlichen Kommentare der repräsentativ stehenden Befragten verzichtet (siehe Abschnitte 5.2.4; 5.3.4; 5.4.4), um eine kohärente Kurzbeschreibung des länderübergreifenden Faktors ‚F1' zu erstellen. Eine plausible Zusammensetzung der Erkenntnisse aus den erarbeiteten Erläuterungen zu den Inhalten der Konzepte der Vertreter der drei Landesfaktoren, sowie die Strukturen bezüglich der Hintergrundvariablen der Befragten ergibt die Bezeichnung für Faktor ‚F1' als ‚*pluralistisch orientierter Humanist'*, der eine <u>absolute Trennung von Religion und Politik bevorzugt</u>. Es soll betont werden, dass der Faktor mit 17 Vertretern und einer erklärenden Varianz von 15,33% den bedeutendsten unter den acht länderübergreifenden Einstellungstypen darstellt, eine Vielzahl von Religionsgemeinschaften in sich vereint, und mit einem sehr hohen Wert im Integrationsindex (+39; siehe Tab. 109) aufweist.

Der **zweite Einstellungstyp (‚F2') für die Gesamtanalyse (‚F2')** wird maßgeblich von acht Befragten (A12, A13, A15, A18, M18, M20, M23, S22) gebildet und besitzt eine erklärende Varianz von 8,16%. Zu den am höchsten präferierten Aussagen im typischen Q-Sort des Faktors gehört ebenfalls die Position, positive Religionsfreiheit sei ein grundlegendes Menschenrecht (sta_14). Weiterhin wird es als nötig erachtet, Führer anderer religiöser Gemeinschaften regelmäßig zu treffen und die Beziehungen zu ihnen freundschaftlich zu gestalten (sta_25), die Familie wird als Gemeinschaft von

Vater und Mutter angesehen, homosexuelle Partnerschaften sollten nicht rechtlich gleichgestellt sein (sta_10), Angehörige der eigenen Gemeinschaft sollten über andere Religionen Wissen besitzen (sta_29), sowie, dass negative Religionsfreiheit ein fundamentales Recht in der gesellschaftlichen Ordnung ihrer Präferenz ist (sta_15).

Auf der Seite der am stärksten abgelehnten Aussagen im typischen Q-Sort steht, dass religiöse Führer nach ethnischen Kriterien ausgewählt werden sollten (sta_24), die eigene Gemeinschaft in einer schwieriger Situation ist (sta_32), Religionsgemeinschaften im Ausland keine nationalen Interessen vertreten sollten (sta_3), Korruption bei etablierten Religionsführern verstärkt religiösen Fundamentalismus auf Seiten der jungen Generation auslösen könnte (sta_26), sowie, dass der Staat einen starken Führer benötige (sta_11). In diesem Muster beziehen sich drei von zehn Aussagen auf das Feld von Politik und Religion, drei auf Religion und Gesellschaft, und vier auf den religiösen Bereich. Generell ist hier ein eher gesellschaftlich-integratives Muster, insbesondere zum Themenbereich Religion in der Gesellschaft, zu erkennen – drei Positionierungen stehen jedoch in Opposition zu diesem Eindruck (sta_3; sta_10; sta_26). Dies zeigt ebenso der Wert für Faktor ‚F2‘ im Integrationsindex (+7) (siehe Tab. 109).

Die Ausprägungen der Hintergrundvariablen der repräsentativ stehenden Befragten des Faktors ‚F2‘ gestalten sich in einigen Aspekten homogen, in anderen nicht: Von den acht Befragten sind vier in Albanien, drei in Nord-Mazedonien, und einer in Slowenien beheimatet. Die Religionszugehörigkeiten verteilen sich auf nur zwei unterschiedliche religiöse Konfessionen (fünf muslimisch-sunnitisch, drei christlich-orthodox), die fünf traditionelle Organisationen in den Ländern vertreten. Es sind alle Altersgruppen ohne Schwerpunkt vorhanden – bei der Zuordnung des Elite-Status ist dagegen eine hohe Konzentration auf der unteren Ebene der Betreuung einer Ortsgemeinde gegeben (sieben von acht Befragten; Ausnahme M23 auf höchster Ebene).

Auch bei diesem Faktor sind personelle und inhaltliche Parallelen mit Ländertypen vorhanden, die eine interessante Neukombination von inhaltlichen Aspekten in einem Typus ergeben: So sind Übereinstimmungen mit einigen Vertretern von ‚fa4‘ (A12, A13) (‚*limitiert plural und säkular orientierter, junger Imam*‘), teilweise mit ‚fm2‘ (M18, M20) (‚*institutionell und religiös-exklusiver, politisierter Imam*‘), einem repräsentativ Befragten von ‚fm6‘ (M23) (‚*kontrollbedürftiger, autoritärer, theologisch-exklusiver Würdenträger*‘), sowie dem Vertreter von ‚fs8‘ (S22) (‚*nationalstaatlich und national-religiös, limitiert pluralistisch ausgerichteter Priester*‘) aufzufinden. Mit der Konzentration auf den religiösen Bereich im typischen Q-Sort des Faktors, sowie den Argumentationsmustern in den Kommentaren zum Q-Sort, die sich stark auf die religiöse (muslimisch-sunnitisch und christlich-orthodoxe) Doktrin bezogen (siehe Länderabschnitte 5.2.4; 5.3.4; 5.4.4), liegt die Kurzbezeichnung für den Faktor ‚F2' bei *‚politisierter, autoritär-kontrollbedürftiger, theologisch ausgerichteter Geistlicher (der unteren Ebene)'*, der einen limitierten Pluralismus in der Gesellschaft in den Ordnungsvorstellungen anerkennt. Festzuhalten bleiben zum Faktor die Konzentration der repräsentativ stehenden Befragten auf die muslimisch-sunnitischen und christlich-orthodoxen Teile des religiösen Spektrums, sowie ihre untere Stellung in der Hierarchie, bei gleichzeitiger Verteilung über alle drei in der Studie vertretenen Länder.

Für den **dritten Einstellungstyp ‚F3'** stehen maßgeblich sieben Q-Sort (A1, A2, A7, A8, A9, A16, M2) (expl. varia. 7,47%). Hier zählt zu den am höchsten präferierten Aussagen, andere Religionsführer regelmäßig zu sehen und freundschaftliche Beziehungen zu schaffen (sta_25), die positive Religionsfreiheit als Menschenrecht (sta_14), die staatliche Gleichbehandlung von Religionsgemeinschaften (sta_2), das religiöse Führer offen, liberal und gebildet sein sollten (sta_30), und, dass ein säkularer Staat ein Basiswert ist, der in der Verfassung verankert werden sollte (sta_6).

In einer präferierten gesellschaftlichen Ordnung abgelehnt werden, dass Menschen entweder als gut oder als schlecht zu charakterisieren sind (sta_22), die Säkularisierung die Gesellschaft bedrohe, da sie für den Verfall von Werten stehe (sta_23), der Glaube der Politiker ihre politischen Handlungen bestimmen sollte (sta_9), staatliche Verbote Intoleranz bedeuten (sta_1), sowie, dass religiöse Organisationen untereinander nicht vergleichbar seien (sta_33) – sie demnach nicht als exklusiv anzusehen sind (siehe Tab. 105).

Von den zehn am stärksten bewerteten Aussagen befassen sich vier mit dem Bereich Religion und Politik, drei mit Religion in der Gesellschaft, und drei mit dem religiösen Bereich. Die Positionierungen zu diesen zehn Aussagen lassen vermuten, dass eine hohe Anerkennung von grundlegenden Trends der Modernisierung im Einstellungstyp ‚F3' vorliegt. Hier stehen im Bereich Religion und Politik die Befürwortung einer Trennung zwischen Religion und Politik (sta_6), die hohe Akzeptanz von pluralistischen Strukturen der Gesellschaft (sta_14; sta_22; sta_33), und die Ablehnung der Perspektive von Säkularisierung als Gefahr für die Gesellschaft (sta_23) oder den Staat (sta_6). Der Befund einer integrativen Haltung in den Einstellungen hinsichtlich der Gesamtgesellschaft in der Modernisierung wird durch den hohen Wert von

(+23) im Integrationsindex für den Faktor bestätigt; der zweithöchste Wert unter den acht Faktoren der Gesamtanalyse (siehe Tab. 109).

Jene sieben Präferenzmuster, die für den Faktor ‚F3‘ repräsentativ stehen, sind mit der Gruppe des Landesfaktors für Albanien ‚fal‘ (‚jüngerer, eher muslimischer Großstadttyp‘; Q-Sorts A1, A2, A7, A8, A9, A16) identisch, hinzu kommt das Q-Sort des Befragten M2 aus Nord-Mazedonien. Die Religionszugehörigkeit in der Gruppe ist recht homogen, da fünf der sieben Befragten dem muslimisch-sunnitischen Spektrum, und hier einer Gemeinschaft (KMSH), und die weiteren zwei jeweils einer unterschiedlichen christlich-orthodoxen Kirche zugerechnet werden (A16, M2). Weiterhin ist das Alter sowie der Bildungsstatus sehr ähnlich, da diese sieben Befragten zum Zeitpunkt des Interviews unter 50 Jahre alt (zwei unter 40 Jahren; fünf in der Gruppe von 40 bis unter 50 Jahren) und mindestens einen universitären Abschluss besaßen (zwei davon promoviert). Auch die Größe der Lokalität, an der sie wirken, ist mit mittleren und großen Städten nicht sehr unterschiedlich. Der jeweilige Elite-Status der Befragten ist nicht auf eine spezifische Ausprägungsrichtung festgelegt: Es sind hohe (drei), mittlere (einer) und niedere geistliche Ränge (drei) vertreten.

Aufgrund der hohen Übereinstimmungen in den Inhalten der Ordnungskonzepten, sowie in den Hintergrundvariablen der repräsentativ Befragten des Faktors ‚F3‘ mit jenen des Landestyps ‚fal‘, wird die Kurzbezeichnung *‚jüngerer, kritisch und pluralistisch ausgerichteter, ambitionierter, eher muslimischer und albanischer Stadt-Typ‘* gewählt, der umfassend Pluralität als auch Tradition in der präferierten Gesellschaftsordnung anerkennt.

Der **vierte Einstellungstyp in der Gesamtanalyse (‚F4‘)** wird von sechs Befragten gebildet (S1, S7, S11, A4, A23, M21) (expl. varia. 7,29%) und präferiert für eine anzustrebende gesellschaftliche Ordnung, dass die positive Religionsfreiheit ein Menschenrecht sei (sta_14), das öffentliche Zeigen religiöser Identität Mut bedeute (sta_20), der Staat die Religionsgemeinschaften gleich behandeln sollte (sta_2), die Familie aus einem Vater und einer Mutter bestehe, homosexuelle Partnerschaften rechtlich nicht gleichgestellt werden sollten (sta_10), und die eigene Religionsgemeinschaft ein Teil der Gesellschaft sei, wie andere Organisationen auch (sta_18).

Am stärksten abgelehnt werden die Standpunkte, der staatliche Bau religiöser Stätten polarisiere die Gesellschaft im negativ (sta_5), ein Merkmal des Nationalstaates sei eine Nationalreligion (sta_12), neue Religionsgemeinschaften sollten die Autorität der großen Gemeinschaft im Land anerkennen (sta_35), religiöse und weltliche Organisationen seien nicht vergleichbar (sta_33), und, dass Religionsgemeinschaften im Ausland keine nationalen Interessen vertreten sollten (sta_3) (siehe Tab. 105).

In diesem Muster der zehn am stärksten bewerteten Aussagen befassen sich fünf mit dem Bereich Religion und Politik, drei mit Religion in der Gesellschaft, und zwei mit dem religiösen Bereich. Hier ist zunächst ein hohes Maß an Relativismus der eigenen Religionsgemeinschaft gegenüber anderen Akteuren in der gesellschaftlichen Struktur zu erkennen (Positionierungen sta_2, sta_12, sta_18; sta_33; sta_35), welches Ausdruck einer Anerkennung und Verarbeitung der gesellschaftlichen Pluralisierung als grundlegendem Trend der Modernisierung ist. Auf der anderen Seite werden innerhalb der Konzentration auf den Bereich Religion und Politik, trotz der Ablehnung einer Nationalreligion, ein signifikantes Maß an Überschneidungspunkten zwischen diesen Sphären befürwortet, so bei der Definition der Familie (sta_10), der Vertretung nationaler Interessen im Ausland (sta_3), sowie dem staatlichen Bau religiöser Stätten (sta_5). Hinzu kommt im typischen Q-Sort des Faktors ‚F4‘ die relativ hohe Ablehnung der Verankerung eines säkularen Staates in der Verfassung (sta_6; z-score -1.227), sowie die leichte Befürwortung des Standpunkts, der Prozess der Säkularisierung unter der Bevölkerung bedrohe die Gesellschaft, da diese Entwicklung für den Verfall von Werten stehe (sta_23, z-score 0.562). Diese Haltung der Skepsis gegenüber dem Komplex ‚Säkularisierung‘ gesellschaftlicher Bereiche wurde zudem in den Kommentaren der repräsentativ Befragten betont. Die Befragten stellten ebenso selbst ihre kritische Stellung gegenüber dem (hier verzerrt definierten) Begriff des ‚Liberalismus‘ heraus, welche exemplarisch dargelegt wurde: *„Das Liberale ist von dem Kontext abhängig. Wenn das neue Denken besagt, alle körperlich Behinderten muss man beseitigen, dann ist Liberalismus inakzeptabel.“* (S7), oder *„Liberal? Besser ist ‚offen für Dialog‘, das ist besser als ‚liberal‘.“* (S11 zu sta_30) (siehe Unterkapitel 5.4.4). Demnach nimmt auch der Integrationsindex für den Faktor ‚F4‘ den Wert von (+5) ein, der im Vergleich leicht unter dem Durchschnitt der Werte aller Faktoren (+10,5) liegt (siehe Tab. 109).

Bei der Betrachtung der Hintergrundvariablen der sechs repräsentativ stehenden Befragten (S1, S7, S11, A4, A23, M21) sind mit diesem Faktor alle drei Länder, sowie vier Religionskonfessionen abgedeckt. Weiterhin sind die Ausprägungen im Bildungsniveau und beim Ort des Wirkens heterogen. Ihnen gemeinsam ist, dass sie alle in der Altersgruppe der über 60-jährigen liegen, und mehrheitlich (vier von sechs) auf der höchsten Stufe ihrer jeweiligen Religionsgemeinschaft agieren. Zudem ist im Vergleich mit den einzelnen Ländertypen bedeutend, dass sich der Faktor ‚F4‘ hauptsächlich aus repräsentativ stehenden Befragten des Faktors ‚fs7' („älterer, pluralistisch, abwägender, Verteidiger', Trennung zu Politik, Säkularisierung, Liberalisierung Gefahr), des Faktors ‚fa7' („religiös-nationalstaatlicher, limitiert-pluraler Säkularisierungsbesorgter'), sowie weiteren eher älteren Vertretern (A23, M21, S1) zusammensetzt. Aus dieser inhaltlichen und personellen Konstellation fällt die Kurzbezeichnung für den Faktor ‚F4' auf *älterer, hoher, limitiert-plural orientierter, abwägender Säkularisierungsbesorgter*', der den (selektiv definierten) Prozess der Liberalisierung als Gefahr sieht.

Der **fünfte Faktor der Gesamtanalyse (‚F5')** umfasst fünf repräsentativ stehende Q-Sort (S4, S5, S10, S20, M12) (expl. varia. 6,25%) und präferiert am höchsten, dass Gründe für eine Konvertierung der eigenen Mitglieder zu einer anderen Religion interessant seien (sta_28), Religiosität eine gewisse Verwandtschaft bedeute (sta_27), der Staat einen starken Führer haben sollte (sta_11), Korruption bei etablierten Religionsführern einen erhöhten religiösen Fundamentalismus bei der jüngeren Generation hervorrufen könnte (sta_26), sowie, dass das öffentliche Zeigen religiöser Identität Mut erfordere (sta_20) (siehe Anhang 14).

Auf der Seite der im typischen Q-Sort des Faktors ‚F5' am stärksten abgelehnten Positionen stehen die Aussagen, Menschen seien entweder gut oder schlecht (sta_22), der staatliche Bau religiöser Stätten polarisiere die Gesellschaft negativ (sta_5), die Familie habe einen Vater und eine Mutter, homosexuelle Partnerschaften sollten nicht rechtlich gleichgestellt sein (!)[378] (sta_10), staatliche Verbote bedeuten Intoleranz (sta_1), sowie, dass auswärtiger Einfluss die religiöse Harmonie im Land störe (sta_31). Bei der Einordnung dieser zehn Aussagen wird deutlich, dass sich vier mit dem Bereich Religion und Politik, zwei mit dem Thema Religion in der Gesellschaft, und vier mit dem religiösen Bereich befassen. Hier stehen die eigene Gemeinschaft und die Orientierung der Mitglieder im Mittelpunkt (sta_26; sta_27; sta_28). Insgesamt ist ein ambivalentes Verhältnis zwischen den typischen Standpunkten des Faktors ‚F5' und Trends der Modernisierung zu verzeichnen, welches sich in einem durchschnittlichen Wert (+7) im Integrationsindex ausdrückt (siehe Tab. 109).

Die fünf repräsentativ stehenden Befragten des Faktors ‚F5' (S4, S5, S10, S20, M12) sind Mitglieder christlicher (Groß-)Kirchen; drei der Römisch-

---

378 Eine besondere Positionierung der Aussage im Vergleich der inhaltlichen Muster der acht Faktoren (‚F1'–‚F8'); exemplarisch steht der Kommentar: „*Ich persönlich stimme dem homosexuellen Konzept nicht zu, aber der Staat sollte sie gleich behandeln, sie sind auch Menschen.*" (M12).

Katholischen Kirche, sowie jeweils einer der SPC und der MPC-OA. Die Ausprägungen der weiteren Hintergrundvariablen gestalten sich ebenfalls recht homogen: Sie gehören eher jüngeren Altersklassen an (zwei 30 bis unter 40 Jahren; drei 40 bis unter 50 Jahren), haben alle fünf einen niedrigen Elite-Status in der Hierarchie ihrer Gemeinschaft inne (Wirken in einer Ortsgemeinde), und haben einen Universitätsabschluss. Allein die Größe des Wirkungsortes unterscheidet sich innerhalb der Gruppe. Die eher junge Zusammensetzung (und zudem der niedrige Status) in Verbindung mit der Aufmerksamkeit für das Thema Korruption und Fundamentalismus (sta_26; z-score 1.277 im typischen Q-Sort) zeigt einen Zusammenhang zwischen der Variable des Alters und differenten Einstellungen hinsichtlich eines für den Kreis der religiösen Würdenträger bedeutenden Themas unter den Befragten (dagegen eher gleichgültige Handhabung bei Faktor der ‚Älteren‘, ‚F4‘ [z-score 0.025]; oder hohe Ablehnung bei ‚F2‘ [z-score -1.347]).

Die Gruppe der repräsentativ stehenden Befragten für Faktor ‚F5‘ bildet sich inhaltlich aus den drei Q-Sort des Landesfaktors ‚fs2‘ (S4, S5, S20; *‚politischer, anti-kapitalistischer, sich und die Großkirche angegriffen sehender Priester‘*), sowie zwei weiteren (S10, M12), die ähnliche Ausprägungen bei den Hintergrundvariablen wie die Vertreter von ‚fs2‘ aufweisen (junge Würdenträger, niedere Hierarchieebene in großen Gemeinschaften). Demnach kann auch in diesem Fall auf eine breitere Diskussion der Inhalte anhand der Kommentare verzichtet werden. Eine treffende Kurzbezeichnung für Faktor ‚F5‘ ist hiernach *‚jüngerer, anti-materialistischer, politischer Verteidiger, Gemeindepriester einer großen christlichen Kirche‘*. Das Label reflektiert ebenfalls den im Vergleich hohen Wert im Politisierungsindex (6,94) für den Faktor (siehe Tab. 109).

Der **sechste Einstellungstyp (‚F6‘) der Gesamtanalyse** zu Konzepten gesellschaftlicher Ordnung und der Rolle der Religion in der modernen Gesellschaft wird von zwei Q-Sort maßgeblich repräsentiert (A24, A25) (expl. varia. 6,02%). Für diesen Faktor werden neun Aussagen im typischen Q-Sort am höchsten präferiert: Dass die Familie einen Vater und eine Mutter hat und homosexuelle Partnerschaften rechtlich nicht gleichgestellt sein sollten (sta_10), der Nationalstaat eine Nationalreligion hat (sta_12), die positive Religionsfreiheit ein Menschenrecht ist (sta_14), das öffentliche Zeigen religiöser Identität Mut erfordere (sta_20), es wichtig ist, andere religiöse Führer regelmäßig zu sehen und freundschaftliche Beziehungen zu schaffen (sta_25), Religiosität eine gewisse Verwandtschaft bedeute (sta_27), religiöse Führer gebildet und liberal sein sollten (sta_30), die eigene Gemeinschaft in einer schwierigen Situation sei (sta_32), sowie, dass eine Autorität großer, traditioneller über neu gegründete Glaubensgemeinschaften besteht (sta_35) (Anhang 14).

Auf der Seite der am stärksten abgewiesenen Aussagen liegen, dass die Gründung einer neuen Religionsgemeinschaft die Akzeptanz der Mehrheit der Bürger eines Landes benötige (sta_36), auswärtiger Einfluss die religiöse Harmonie im Land störe (sta_31), der Staat einen starken Führer brauche (sta_11), und der staatliche Bau religiöser Stätten die Gesellschaft negativ polarisiere (sta_5). Von diesen dreizehn an den beiden Polen der Präferenzstruktur befindlichen Aussagen befassen sich vier mit dem Bereich von Religion und Politik, zwei mit dem Gegenstand von Religion in der Gesellschaft, und sieben mit dem religiösen Feld. Demnach liegt ein Fokus des Einstellungsmusters von ‚F6' auf den letzten Bereich vor.

Die Ausprägungen der Hintergrundvariablen der beiden repräsentativ stehenden Befragten (A24, A25) sind sehr ähnlich, sodass diese hier in die Typenbeschreibung einfließen: Sie wirken im gleichen Land (Albanien), und in der gleichen Religionsgemeinschaft (Bektashi). Das Alter (40 bis unter 50 Jahre, und über 60 Jahre) unterscheidet sich, der Elite-Status innerhalb der eigenen Hierarchie jedoch nur gering. Da die beiden Befragten ebenso repräsentativ für den Landesfaktor ‚fa3' (Albanien) stehen, und die beiden anderen Befragten des Landesfaktors (A10; A22) ebenfalls hoch auf ‚F6' laden, wird die Kurzbezeichnung für den Faktor ‚F6' der Gesamtanalyse als *‚religiöser und traditionalistischer, limitiert-pluralistischer (albanischer) Würdenträger', der eine starke Verbindung von Religion und Politik bevorzugt, und Erklärungen zurückhält,* gewählt. Diese Beschreibung ergibt sich aus der Stellung zu den vier zentral gestellten Aussagen zum Bereich Religion und Politik (sta_5, sta_10, sta_11, sta_12), und reflektiert ebenso den relativ geringen Wert (-1) im Integrationsindex (der für das gesamte Spektrum des Index im neutralen Bereich liegt).

Der **siebente Einstellungstyp (‚F7')** der Gesamtanalyse der 90 Q-Sort wird von drei Befragten (S26, S29, M4) maßgeblich vertreten (expl. varia. 5,37%). Hier stehen am stärksten bevorzugt erneut, dass der Staat homosexuelle Partnerschaften nicht rechtlich gleichstellen sollte (sta_10), die Wahrnehmung, dass Korruption bei etablierten Religionsführern Fundamentalismus auf Seiten der jungen Generation fördern könnte (sta_26), wiederholt die positive Religionsfreiheit als Menschenrecht (sta_14), die Trennung von Religionsgemeinschaften und Staat (sta_4), sowie, dass die Säkularisierung die Gesellschaft bedrohe, da sie für den Verfall von Werten stehe (sta_23) (Daten siehe Anhang 14).

Zurückgewiesen werden bei ‚F7' die Standpunkte, dass ein säkularer Staat in der Verfassung Verankerung finden sollte (sta_6), dass der Glaube der Politiker ihre politischen Handlungen bestimmen sollte (sta_9), religiöse Führer humanistisch, liberal und gebildet sein sollten, um Respekt in der Gesellschaft zu erlangen (sta_30), staatliche Verbote für Intoleranz stehen (sta_1), und die Gründung einer neuen Religionsgemeinschaft die Akzeptanz der Mehrheit der Bürger eines Landes benötige (sta_36). Von diesen zehn Aussagen beschäftigen sich fünf mit dem Bereich der Verbindungen von Religion und Politik, zwei mit Religion in der Gesellschaft, und drei mit dem religiösen Sektor. Im betonten Bereich von Religion und Politik ist zu attestieren, dass auf der einen Seite Elemente der Trennung (sta_4; sta_9), auf der anderen auch Anzeichen der Befürwortung einer Verbindung beider Bereiche vorliegen (sta_6; sta_10).

Die Ausprägungen der Hintergrundvariablen sind different, da die drei repräsentativ Befragten (S26, S29, M4) zwei Länder vertreten, sowie drei verschiedene Religionsgemeinschaften, die unterschiedliche Religionen und Konfessionen abdecken. Zudem werden drei Altersgruppen vertreten (40 bis über 60-jährige). Auf der anderen Seite zeigen sie Parallelen im Elite-Status und beim Ort des Wirkens (Großstadt): In der religiösen Zugehörigkeit verschieden, haben einige die Gemeinsamkeit, dass sie für eigenständige Neugründungen im jeweiligen religiös-konfessionellen Bereich stehen. Die ersten beiden Repräsentanten (S26, S29) entsprechen exakt jenen des Landestyps ‚fs5' aus Slowenien (‚*unabhängiger, pluralistisch und an religiösen Prinzipien ausgerichteter Leiter einer kleinen Gemeinschaft*'); hinzu kommt Befragter M4, dessen Ausprägungen in den weiteren Hintergrundvariablen sich von S26 und S29 unterscheiden. Aus den inhaltlichen Positionierungen, der Struktur der Hintergrundvariablen der Vertreter, und dem Ergebnis zum Integrationsindex mit einem Wert von (+9) wird die Kurzbezeichnung des Faktors ‚F7' auf ‚*pluralistischer, politischer und theologisch-religiöser Leiter einer kleinen Gemeinschaft*' festgelegt. Hier wurde der Begriff ‚religiös' zentral gesetzt, da die Säkularisierung als Gefahr gesehen wird (sta_23; z-score 1.300), auch der Staat trotz organisatorischer Trennung von der Religion (sta_4) nicht säkular ausgerichtet sein sollte (sta_6; z-score -2.065), die negative Religionsfreiheit (Recht, auch keiner Glaubensauffassung zu folgen) im typischen Q-Sort des Faktors kritisch gesehen wird (sta_15; z-score -1.071), und religiöse Führer nicht unbedingt weltlich-funktionale Charaktereigenschaften aufweisen müssten (sta_30; z-score -1.412).

Der **achte Einstellungstyp (‚F8')** mit zwei repräsentativ stehenden Befragten (M11, M13) (expl. varia. 4,67%) kann ebenfalls (wie Faktor ‚F6') nicht anhand der fünf am stärksten bevorzugten Aussagen im typischen Q-Sort beschrieben werden, da hier elf Aussagen mit einem gleichen Wert im typischen Q-Sort aufgelistet werden (alle z-score 0.927) (Daten siehe Anhang 14): Die Trennung von Religionsgemeinschaften und Staat (sta_4), der gleichzeitige Schutz von Nationalstaat und Nationalreligion (sta_7), die staatliche Bevorzugung traditioneller Glaubensgemeinschaften (sta_8), ein Staat mit einem starken Führer (sta_11), die positive Religionsfreiheit als Menschenrecht (sta_14), und das öffentliche Zeigen der religiösen Identität (sta_20). Weiterhin stehen auf dieser Seite die Besuchsrate religiöser Stätten als Indikator der Religiosität in der Bevölkerung (sta_21), die Annahme, Menschen seien entweder gut oder schlecht (sta_22), der Bedarf an Wissen der eigenen Mitglieder über andere Religionen (sta_29), die humanistische, liberale und durch Wissen geprägte Ausrichtung der religiösen Führung, um gesellschaftlichen Respekt zu erlangen (sta_30), sowie, dass religiöse Gemeinschaften nicht verglichen werden können (sta_33).

Am stärksten abgelehnt werden unter ‚F8‘ die Positionen, auswärtiger Einfluss störe die religiöse Harmonie im Land (sta_31), die eigene Religionsgemeinschaft sei in einer schwierigen Situation (sta_32), religiöse Führer sollten nach ethnischen Kriterien rekrutiert werden (sta_24) und Glaubensgemeinschaften im Ausland keine nationale Interessen vertreten (sta_3), und dass die Neugründung einer Glaubensgemeinschaft die Akzeptanz der Mehrheit der Bürger eines Staates benötige (sta_36). Unter diesen sechzehn Aussagen beziehen sich fünf auf die Beziehungen zwischen Religion und Politik, fünf auf Religion in der Gesellschaft, und sechs auf den religiösen Bereich. Hier sind bei allen drei Kategorien ambivalente Einstellungen zu grundlegenden Trends der Modernisierung zu vernehmen: Der Befürwortung der Trennung von Religion und Staat (sta_4) steht der Nationalstaat mit staatlich bevorzugter Nationalreligion (sta_7; sta_8), sowie ein starker Führer des Staates (sta_11) gegenüber. In Bezug auf Religion in der Gesellschaft werden einerseits kulturell-exklusive Muster abgelehnt (Rekrutierung Religionsführer nach Ethnie; sta_24), auf der anderen Seite die binäre Kategorisierung in gute und schlechte Menschen akzeptiert (sta_22; z-score 0.927). Demnach stellt der Faktor ‚F8‘ den Einstellungstyp mit dem geringsten Wert (-5) im Integrationsindex im Vergleich aller acht Faktoren der Gesamtanalyse (siehe Tab. 109).

Durch die relativ geringe Anzahl der repräsentativ stehenden Befragten für Faktor ‚F8‘ sind die Hintergrundvariablen weniger geeignet, um signifikant in die Beschreibung des Einstellungsmusters einzufließen. Ein Abgleich mit den Länderfaktoren ergibt eine hohe Übereinstimmung mit Typ ‚fm5‘ (M26 und S21 laden ebenfalls sehr hoch auf ‚F8'), der als ‚*älterer, distanzierter, staat-lich-orientierter Religiöser*' eingeordnet wurde. Durch die Einbeziehung der Merkmale und Kommentare der Befragten M26 und S21 ist eine Einengung dieses Antwortmusters in der hier vorgenommenen Gesamtanalyse möglich: Alle vier sind Vertreter einer großen, länderübergreifenden Gemeinschaft, wirken in einer Großstadt, und stehen mehrheitlich auf der mittleren Ebene in der Hierarchie ihrer Gemeinschaft (einer höchste Ebene). Demnach findet sich für diesen letzten Faktor ‚F8' die Kurzbeschreibung ‚*älterer, distanzierter, staatlich-bevorzugender, traditionell-religiöser, höherer Würdenträger*', der ein ambivalentes Verhältnis zu grundlegenden Prozessen der Modernisierung in seinen gesellschaftlichen Ordnungsvorstellungen aufzeigt, und generell den Pluralismus in der Gesellschaft in seinem Ordnungskonzept anerkennt.

Aus dem gesamten Sample der 90 Befragten stehen 40 Q-Sort nicht repräsentativ für einen der acht Einstellungstypen, alle sind jedoch an der Bildung der Faktoren beteiligt. Davon sind jeweils zwölf religiöse Würdenträger aus Albanien und Slowenien, sowie sechzehn aus Nord-Mazedonien. Dies stellt eine ausgewogene Verteilung über die drei in der Studie betrachteten Länder dar. Daraus kann geschlossen werden, dass die angesprochenen Inhalte nicht die mentalen Rahmen der Zielgruppe in einem Land im Besonderen vernachlässigt haben.

Ebenso verhält es sich mit den Strukturen der religiösen Zugehörigkeiten dieser 40 Befragten: Vierzehn gehören christlich-orthodoxen Kirchen an, elf der Römisch-Katholischen Kirche, zwei protestantischen Kirchen, zwölf muslimisch-sunnitischen Organisationen, und einer der Bektashi-Gemeinschaft. Für die weiteren Hintergrundvariablen (Alter, Elite-Status, Ort, Bildungsniveau, Geschlecht) zeigt sich für die Befragten dieser Gruppe ebenso eine Verteilung über die jeweiligen Ausprägungen, sodass bei der Bildung der Einstellungstypen insgesamt nicht von einer ‚exkludierten' Gruppe nach den Hintergrundvariablen ausgegangen werden kann.

Tab. 106: Kurzbezeichnungen der Einstellungstypen der Gesamtanalyse (‚F1'–‚F8')

Code	Kurzbezeichnung
‚F1'	pluralistischer, relativierender Humanist; absolute Trennung von Religion und Politik bevorzugt

‚F2'	politisierter, autoritär-kontrollbedürftiger, limitiert-pluralistisch und theologisch ausgerichteter Geistlicher der unteren Ebene
‚F3'	jüngerer, kritischer und pluralistischer, ambitionierter, eher muslimischer und albanischer Stadt-Typ; umfassende Anerkennung Pluralität und Tradition in Gesellschaftskonzept
‚F4'	älterer, hoher, limitiert-pluralistischer, abwägender Säkularisierungsbesorgter, der Liberalisierung als Gefahr sieht
‚F5'	jüngerer, anti-materialistischer, politischer Verteidiger, Gemeindepriester christliche Großkirche
‚F6'	religiöser, traditionalistischer, limitiert-pluralistischer (albanischer) Würdenträger, der eine starke Verbindung von Religion und Politik bevorzugt, und Erklärungen zurückhält
‚F7'	pluralistischer, politischer und theologisch-religiöser Leiter einer kleinen Gemeinschaft
‚F8'	älterer, distanzierter, staatlich-bevorzugender, traditionell-religiöser, höherer Würdenträger

Die inhaltlichen Darlegungen zu den erarbeiteten acht Einstellungsmustern zur gesellschaftlichen Ordnung aus der Gesamtanalyse ließen bereits einige inhaltliche Gemeinsamkeiten und Unterschiede zwischen ihnen erkennen. Auf der Seite der inhaltlichen Übereinstimmungen aller acht Faktoren kann als ein erster Aspekt auf die Befürwortung der positiven Religionsfreiheit (sta_14) eingegangen werden, die bei sieben der acht Faktoren unter den fünf am höchsten präferierten Aussagen im typischen Q-Sort vertreten ist. Somit erfährt die Haltung, der individuellen Wahl der Glaubensauffassungen in den Gesellschaftskonzepten Anerkennung zu geben, in allen Ländern und unter allen Einstellungstypen sehr starke Zustimmung. Diese Einstellung zeigt sich ebenso in den Kommentaren, die vielfach mit ähnlicher Positionierung in den drei Ländern von Vertretern aller Religionsgemeinschaften geäußert wurden (exemplarisch „Der Glauben kann nur von selbst kommen, Vorschriften Anderer haben vor Gott keinen Bestand." [A9]), sowie in den quantitativ erstellten Daten zum Vergleich der Positionierung der Aussagen unter den Faktoren, (siehe nachstehender Tab. 107). Es kann vermutet werden, dass die Befürwortung dieses Aspekts auf eine signifikant hohe Zustimmung für eine Pluralismus und Differenzierung in der Gesellschaft würdigenden Struktur in der präferierten gesellschaftlichen Ordnung hindeutet, welches ebenso für andere gesellschaftliche Bereiche als den religiösen gilt. Exemplarisch dafür steht die übergeordnete Zusammenlegung der positiven Religionsfreiheit mit den als universal angesehenen individuellen Grundrechten („[...] *Religionsfreiheit ist im Grunde das Menschenrecht auf individuelle Meinungs- und Wahlfreiheit.*" [S30]), als auch hinsichtlich der Forderung der Förderung von Pluralismus in den Einstellungen innerhalb der eigenen Gemeinschaft („*Wir müssen unterstützen, dass Priester unterschiedliche Meinungen haben, Sie äußern nicht ausreichend ihre eigene Meinung.*" [S3]).

Tab. 107: *Gesamtanalyse: Aussagen mit hoher Übereinstimmung, hohem Widerspruch*

	Spektrum	Differenz
Konsens (Aussagen, die Faktoren wenig unterscheiden)		
sta_14 *positive RF individuelles Menschenrecht*	0.752 bis 1.599	0.847
sta_29 *Gläubige Wissen über andere Religionen*	-0.057 bis 1.438	1.495
sta_2 *RGs vom Staat gleich behandelt*	-0.232 bis 1.599	1.831
sta_19 *RG sollte soziale Orientierungspunkt sein*	-0.832 bis 0.735	1.567
sta_21 *ob reli. Stätten besucht, zeigt reli. Bewusstsein*	-0.674 bis 0.927	1.601
Widerspruch (Aussagen, die die Faktoren unterscheiden)		
sta_10 *Familie: Vater und Mutter*	-1.532 bis 1.757	3.289
sta_22 *Menschen sind entweder gut oder schlecht*	-2.305 bis 0.927	3.232
sta_35 *neue RGs Autorität dominante RG anerkennen*	-1.770 bis 1.118	2.888
sta_3 *RGs im Ausland keine nationale Interessen*	-1.796 bis 0.980	2.776
sta_31 *auswärtiger Einfluss Störung reli. Harmonie*	-2.727 bis 0.603	3.33

Die weiteren Gemeinsamkeiten zwischen den Faktoren ‚F1' bis ‚F8' (siehe Tab. 107; ‚Konsens') sind die Zustimmung zur Aneignung von Wissen der Anhänger der eigenen Gemeinschaft über anderen Religionen (sta_29), sowie, dass der Staat die Religionsgemeinschaften gleich behandeln sollte (sta_2). Diese Präferenzen deuten ebenfalls auf geteilte Ansichten in jenen Einstellungen, dass Pluralismus und Differenzierung in der Beziehungen zwischen Staat und Religion, sowie in der Bevölkerung in den Ordnungskonzepten der (befragten) religiösen Würdenträger in den drei Ländern Rechnung getragen wird. Es finden sich bei den drei grundlegenden Standpunkten (sta_14; sta_29; sta_2), die inhaltliche Übereinstimmungen darstellen, keine

Unterschiede in der generellen Ausrichtung zwischen den Ländern oder zwischen den Religionskonfessionen, welches ebenfalls einen Indikator für die Ablehnung der Identifikation von Länder- oder Konfessionstypen in den Einstellungsmustern ‚F1' bis ‚F8' darstellt.

Die beiden weiteren Aussagen nach Tabelle 107, die die Faktoren wenig unterscheiden, zeigen eine gemeinsame ambivalente/neutrale Haltung dazu, ob die Religionsgemeinschaft der hauptsächliche soziale Orientierungspunkt der Menschen sein sollte (sta_19), sowie, ob der Besuch religiöser Stätten und kollektiver Riten die Religiosität in der Bevölkerung anzeige (sta_21). Demnach wurden zu diesen Themen gemeinsam eine eher neurale Haltung eingenommen. Die Übereinstimmungen in den Inhalten können auch visuell anhand des Vergleichs zwischen den ersten vier Faktoren dargestellt werden (siehe Abb. 27). Hier zeigen sich die erwähnten integrativen Positionierungen zu sta_2, sta_14, und sta_29, sowie die hohe Zustimmung zur Kooperation mit anderen Religionsführern (sta_25).

Abb. 27: Gesamtanalyse: Inhaltlicher Vergleich ‚F1' bis ‚F4'

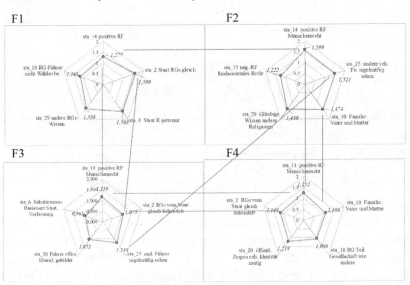

Jene Aussagen, die den größten Widerspruch erzeugen, werden nun unter der Analyse des Konfliktpotenzials der Einstellungstypen der Gesamtanalyse (6.4) thematisiert.

6.4 Konflikt- und Kooperationspotential der Faktoren der Gesamtanalyse

Nach der Darstellung der Inhalte der Einstellungstypen (einzeln und im Vergleich) wird nun auf die Beantwortung der zweiten Forschungsfrage nach dem Integrations- und Konfliktpotential der Einstellungsmuster der Faktoren eingegangen. Die Gliederung orientiert sich an den Länderanalysen und nimmt zuerst die interne Struktur der Faktoren, anschließend die Unterschiede zwischen ihnen, sowie abschließend das Verhältnis der Einstellungstypen zu grundlegenden Trends der Modernisierung, gemessen im Integrationsindex, in den Fokus.

Interne Struktur

Die innere Struktur der Faktoren wurde dargestellt, indem die Werte der Zustimmung (im z-score) zu den fünf am stärksten präferierten Aussagen aus dem typischen Q-Sort der Faktoren jenen der Ablehnung gegenübergestellt wurden. Wie zu den Länderfaktoren ermittelt, verdeutlicht sich in der Gesamtanalyse das Muster einer verstärkten Ablehnung gegenüber den im Q-Set angesprochenen Elementen zu gesellschaftlichen Ordnungskonzepten.

Abb. 28: Gesamtanalyse: Struktureller Vergleich Zustimmung/Ablehnung; ‚F1‘, ‚F8‘

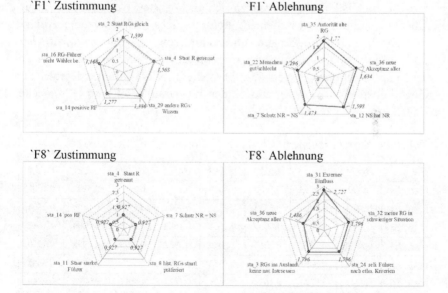

Dieser Befund gilt für sieben der acht Faktoren (siehe Anhang 14). Der Typ ‚F1' wird durch ein noch relativ ausgewogenes Verhältnis zwischen Zustimmung und Ablehnung charakterisiert, die beiden Faktoren ‚F6' und ‚F8' durch starke Differenzen (hohe Ablehnung, geringe Zustimmung). Oben stehende Abbildung 28 verdeutlicht exemplarisch die beiden unterschiedlichen Muster anhand der Typen ‚F1' und ‚F8'. Aus dem Resultat, dass die Mehrheit der Einstellungstypen ein ‚negatives Muster' aufzeigt, kann der generelle Schluss gezogen werden, dass sich diese Mehrheit der (in die Studie einbezogenen) Führung religiöser Gemeinschaften in den drei Ländern in ihren gesellschaftlichen Ordnungsvorstellungen sicherer darüber ist, welche Elemente dort *nicht* enthalten sein sollten, als über jene, die einen konstruktiven Aufbau aufzeigen (Mechanismus der Konstruktion der Ordnungskonzepte über ‚negative Selektion'). Dies könnte zudem bedeuten, dass auf der Seite der Zustimmung (zu den im Q-Set angebotenen Themen) weniger kohärente Einstellungsmuster und damit ein gewisser Grad an Differenzierung vorherrscht.

Vergleich zwischen Faktoren / Korrelation

Die Erörterung des Integrations- und Konfliktpotentials der Inhalte der Einstellungstypen erfolgt zweitens durch die Analyse der Korrelationen zwischen den Faktoren. Hier zeigen sich die höchsten Werte für inhaltliche Übereinstimmungen zwischen ‚F1' (*‚pluralistischer, relativierender Humanist*'; absolute Trennung Religion und Politik), sowie ‚F3' (*‚jüngerer, kritischer und pluralistischer, ambitionierter, eher muslimischer und albanischer Stadt-Typ*' mit Traditionen) (Wert 0.5388) (siehe Tab. 108), die beide ebenfalls einen hohen Wert im Integrationsindex aufweisen ([+39] und [+23]; siehe Tab. 109).

Tab. 108: Korrelationen zwischen den Faktoren ‚F1'–‚F8' (z-score)

	zsc_F1	zsc_F2	zsc_F3	zsc_F4	zsc_F5	zsc_F6	zsc_F7	zsc_F8
zsc_F1	1.000	0.3153	0.5388	0.2630	0.2458	0.0647	0.3181	0.1505
zsc_F2	0.3153	1.0000	0.3755	0.4357	0.0091	0.1723	0.1200	0.2501
zsc_F3	0.5388	0.3755	1.0000	0.2063	0.1829	0.1679	0.2204	-0.0163
zsc_F4	0.2630	0.4357	0.2063	1.0000	0.3352	0.2321	0.2298	0.1130
zsc_F5	0.2458	0.0091	0.1829	0.3352	1.0000	0.1271	0.2811	0.3341
zsc_F6	0.0647	0.1723	0.1679	0.2321	0.1271	1.0000	0.0076	0.2469

| zsc_F7 | 0.3181 | 0.1200 | 0.2204 | 0.2298 | 0.2811 | 0.0076 | 1.0000 | 0.0864 |
| zsc_F8 | 0.1505 | 0.2501 | -0.0163 | 0.1130 | 0.3341 | 0.2469 | 0.0864 | 1.0000 |

Zudem ist zwischen den Faktoren ‚F2' (*‚politisierter, autoritär-kontrollbedürftiger, limitiert-pluralistisch und theologisch ausgerichteter Geistlicher*' der unteren Ebene) und ‚F4' (*‚älterer, hoher, limitiert-pluralistischer, abwägender Säkularisierungsbesorgter*', der Liberalisierung als Gefahr sieht) ein relativ hoher Wert in der Korrelation zu erkennen (0.4357). Auch ist als zweite Gemeinsamkeit beider Faktoren eine ähnliche Ausprägung des Wertes für den Integrationsindex gegeben (Werte [+7] und [+5]; siehe Tab. 109). Hier wirken die in der inhaltlichen Analyse erarbeiteten, jeweiligen Kurzbezeichnungen zu den vier Faktoren plausibel, um die festgestellten Übereinstimmungen in den durch PQ-Method quantitativ errechneten Korrelationen festzuhalten (humanistisch [‚F1'] – pluralistisch [‚F3'] / theologisch [‚F2'] – säkularisierungsbesorgt [‚F4'] – limitiert-pluralistisch [‚F2' und ‚F4']).

Der dritthöchste Wert für die Korrelation zwischen Faktoren wurde zwischen ‚F2' und ‚F3' festgestellt (0.3755) (siehe Tab. 108). Dieses Muster der inhaltlichen Überlagerungen für alle drei Vergleiche zeigt die relativ hohe Übereinstimmung der Faktoren, die im integrativen (‚F2', ‚F4') oder hoch integrativen Spektrum (‚F1', ‚F3') hinsichtlich grundlegender Trends der Modernisierung zu verorten sind (Kombination mit Integrationsindex; siehe Abb. 29).

Die geringsten Übereinstimmungen bestehen nach der Berechnung zwischen den Faktoren ‚F3' (*‚jüngerer, kritischer, eher muslimisch-albanischer Großstadttyp*') und ‚F8' (*‚älterer, distanzierter, staatlich-bevorzugender, traditionell-religiöser, höherer Würdenträger*'). In diesen beiden Fällen zeigen sich zusätzlich Unterschiede in den Hintergrundvariablen des Alters und des Status innerhalb der Gemeinschaft (‚F3' beide Werte gering; ‚F8' beide Werte hoch). Die weiteren gegensätzlichen Begriffe in den Kurzbezeichnungen ‚kritisch' [‚F3'] – ‚distanziert und traditionell' [‚F8'] reflektieren die Unterschiede der Inhalte.

Der zweitgeringste Wert (0.0076) für inhaltliche Übereinstimmungen ist zwischen ‚F6' (*‚religiöser, traditionalistischer, limitiert-pluralistischer (albanischer) Würdenträger*', der eine starke Verbindung von Religion und Politik bevorzugt, und Erklärungen zurückhält) und ‚F7' (*‚pluralistischer, politischer und theologisch-religiöser Leiter einer kleinen Gemeinschaft*') angezeigt (siehe Tab. 108). Hier scheint der Hintergrund der repräsentativ stehenden Befragten für ‚F6' (Vertreter großer, traditioneller Gemeinschaften) aus einem Selbstverständnis heraus für die Präferenz einer staatlichen Bevorzugung der eigenen Gemeinschaft zu sprechen, die im zweiten Faktor ‚F7‘ hochgradig abgelehnt wird, da solche Regelungen aus der Perspektive dieser Befragten ein Hindernis in der Ausübung ihrer Religionsfreiheit darstellt (z.T. Gründer von Religionsgemeinschaften in einem konfessionellen Bereich, in dem bereits eine größere, traditionelle Gemeinschaft existiert). So ist hier auf übergeordneter Ebene die Konfliktlinie zwischen absoluter (‚F7‘) und relativer/limitierter (‚F6‘) Akzeptanz auch von gesellschaftlichem Pluralismus adressiert, die sich als generelle Orientierung auf die Betrachtung und Ordnungskonzepte für andere gesellschaftliche Felder auswirken kann (politisch, ökonomisch, kulturell).

Der drittgeringste Wert in der Korrelation (0.0091) wurde zwischen ‚F2‘ (‚ *politisierter, autoritär-kontrollbedürftiger, limitiert-pluralistisch und theologisch ausgerichteter Geistlicher‘* der unteren Ebene) und ‚F5‘ (‚*jüngerer, anti-materialistischer, politischer Verteidiger‘*, Gemeindepriester christliche Großkirche) errechnet. Hier ist ein prägnanter Unterschied das Alter der repräsentativen Befragten; die anderen Merkmale zeigen wenig Differenzen in den Ausprägungen. So dienen inhaltliche Merkmale zu Illustration der angezeigten Unterschiede: Hier steht exemplarisch die Haltung ‚sta_10‘ (keine rechtliche Gleichstellung homosexueller Partnerschaften), die bei Faktor ‚F2‘ hohe Zustimmung findet (z-score 1.474), und bei Faktor ‚F5‘ eine hohe Ablehnung (z-score -1.532). Ein zweiter Punkt ist die Ausrichtung der Haltungen hinsichtlich der Gesellschaft, die sich bei ‚F5‘ weltlicher gestaltet (‚anti-materialistisch‘) als bei ‚F2‘ (‚theologisch ausgerichtet‘). Dies kann auf den dritten inhaltlichen Unterschied, der Aufnahme eines primordialen Menschenbildes (Schlüsselaussage sta_22; Menschen entweder gut oder schlecht) in die Ordnungskonzepte, Einfluss ausüben: Während der Faktor ‚F2‘ hierzu eine ambivalente Beurteilung im typischen Q-Sort hinterlegt (z-score -0.515; ebenfalls ‚kontrollbedürftig‘), so ist dies bei Faktor ‚F5‘ die am stärksten abgelehnte Aussage im Präferenzmuster (z-score -2.109). Demnach bilden sich in den Vergleichen der Faktoren nicht nur inhaltliche Unterschiede zu einzelnen Aspekten, sondern ebenfalls große Linien des Aufbaus verschiedener gesellschaftlicher Ordnungskonzepte ab, die insgesamt über Länder- und Religionsgrenzen hinweg bestehen.

Das Thema der zehnten Aussage (‚sta_10‘) leitet über zu der Perspektive, aus den Stellungen der Faktoren zu den einzelnen Aussagen insgesamt inhaltliche Unterschiede zu identifizieren. Diese werden unter PQ-Method als Widersprüche (‚*disagreement between factors‘*) angezeigt (siehe Tab. 107; ‚Aussagen, die die Faktoren unterscheiden‘). Entgegen der Feststellung zu den Gemeinsamkeiten steht dort zuerst bei den Positionen, welche die Faktoren signifikant unterscheiden, die Frage nach der vollständigen rechtlichen Gleichstellung homosexueller Partnerschaften (sta_10). Hier geht das Spektrum von einer hohen Zustimmung, dass keine Gleichstellung erfolgen sollte, bei Faktor ‚F7' (z-score 1.757), bis zur Ablehnung der Ungleichbehandlung, da staatliche Regelungen nicht unbedingt eigene religiöse Einstellungen abbilden müssten ‚F5' (z-score [-1.532]; siehe auch Kommentare). Die Erklärung ist die Kombination der Resultate: So ist die Ablehnung der rechtlichen Gleichstellung unter fünf der acht Faktoren, und damit mehrheitlich, hoch präferiert (‚F2', ‚F3', ‚F4', ‚F6' ‚F7'), bei einem Faktor herrscht eine neurale Einstellung dazu vor (‚F1'), und in zwei Fällen erfolgt die Befürwortung einer Gleichstellung (‚F5', z-score [-1.532]; ‚F8', z-score [-1.245]).

Die zweite bedeutende inhaltliche Differenz zwischen den Faktoren ist zur Einschätzung ist zur Schlüsselaussage, ob Menschen entweder gut oder schlecht sind, errechnet worden. Hier reicht das Spektrum von großer Ablehnung bei ‚F3' (z-score [-2.305]) bis Zustimmung bei ‚F8' (z-score [0.927]). Die mehrheitliche Abweisung dieser Einschätzung bei fünf der acht Faktoren zeigt auf der einen Seite die relative Isolation von ‚F8' in der Haltung zu dieser Position, sowie auf der anderen Seite eine differenzierte Wahrnehmung der individuellen Identität in der Bevölkerung bei den fünf anderen Faktoren.

Die weiteren drei inhaltlichen Positionen, zu welchen sich die Faktoren am höchsten unterscheiden (siehe Tab. 108), sind die Anerkennung der Autorität großer Religionsgemeinschaften durch neu gegründete (sta_35; Spektrum z-score von [-1.770] bis [1.118]), die Vertretung von nationalen Interessen durch Religionsgemeinschaften im Ausland (sta_3; [-1.796] bis [0.980]), sowie, dass auswärtiger Einfluss eine Störung der religiösen Harmonie im Land bedeute (sta_31; [-2.727] bis [0.603]). Demnach scheinen die weiteren Themen, über die wenig inhaltliche Einigkeit unter der befragten religiösen Führung herrscht, in der Stellung der Religionsgemeinschaften zueinander, sowie in der Sicht über die Beziehungen von Religionsgemeinschaften und auswärtigen Akteuren zu liegen.

Neben den aus PQ-Method errechneten Unterschieden in den Inhalten fielen innerhalb der Erörterungen der einzelnen Faktoren thematische Differenzen auf, die sich neben den typischen Q-Sorts auch aus den Kommentaren ergaben. Hier erschien als ein übergeordnetes Thema jenes der Säkularisierung, welches von repräsentativ Befragten nahezu aller Einstellungstypen in hohem Maße selbst vertieft und in einer großen Bandbreite verarbeitet wurde, und demnach im Feld als bedeutend angesehen wird.

Zu diesem Thema stand auf der einen Seite eine hohe Bereitschaft von Faktoren wie ‚F1' und ‚F3', sich mit diesem grundlegenden Prozess der

Modernisierung konstruktiv auseinanderzusetzen und mit der Entwicklung der eigenen Gemeinschaft überdies positiv zu verbinden. Exemplarisch wurde die Einstellung in der Anmerkung formuliert, *„Die Kirchen können von der Säkularisierung etwas lernen. Sie hat geholfen, sich besser zu verstehen."* (Befragter S16, Faktor ‚F1‘). Dies wird zudem durch die Positionierung jener Aussagen, die sich auf die Säkularisierung beziehen, in den typischen Q-Sort verdeutlicht: Bei Faktor ‚F3‘ wird die Perspektive sehr stark abgelehnt, dass die Säkularisierung die Gesellschaft bedrohe, da sie für den Verfall von Werten stehe (sta_23; z-score [-1.838]), sowie die Verankerung eines säkularen Staates in der Verfassung befürwortet (sta_6; z-score [0.865]). Diese Anordnung ist im typischen Q-Sort des Faktors ‚F7‘ umgekehrt: Die Position von Säkularisierung als Gefahr bekommt eine relativ hohe Zustimmung (sta_23; z-score [1.300]), der säkulare Staat in der Verfassung eine sehr hohe Zurückweisung (sta_6; z-score [-2.065]). Exemplarisch betont wird letztere Position durch die Kommentare eines für ‚F7‘ repräsentativ Befragten: *„Unter dem Mantel der Säkularisierung wurde Religion in den Schulen verboten, das ist eine Vergiftung mit Dummheiten. (…) Der Liberalismus ist gefährlich, da er scheint (…) alles zu erlauben. Aber er erlaubt nicht alles. Liberalismus verbietet (…). Das ist schlecht."* (M4).

So wurde der Prozess der Säkularisierung vielfach mit jenem der Liberalisierung in Verbindung gesetzt. Demnach hält auch letzterer Prozess unterschiedliche Definitionen bei den Befragten und in den Einstellungstypen bereit (siehe Faktorenbeschreibungen) und wird (unter Aussage sta_30 thematisiert) im typischen Q-Sort unterschiedlich bewertet; positiv bei ‚F3‘ (z-score [1.052]) und bei ‚F8‘ (z-score [0.927]), und exemplarisch sehr negativ bei ‚F7‘ (Wert z-score [-1.412]). Hier zeigen sich Verbindungen zwischen der Einstellung zur ihrer Rolle als religiöse Würdenträger (‚sollten humanistisch, liberal und gebildet sein‘; sta_30) und der Form der Verarbeitung von übergeordneten Trends der Modernisierung in den Ordnungskonzepten.

Ein letzter inhaltlicher Unterschied, der an dieser Stelle aufgenommen wird, entwickelte sich während der Interviews um das Thema der Korruption von Religionsführern und deren Auswirkungen in der eigenen Gemeinschaft (sta_26). Dem Zusammenhang von Korruption auf der Ebene der etablierten Leitung, und der Entwicklung von religiösen Fundamentalismus bei der jüngeren Generation, wird von den Faktoren ‚F5‘ (z-score [1.277]) und ‚F7‘ (z-score [1.616]) sehr zugestimmt, die entweder die junge Generation vertreten (‚F5‘), oder für kleine Gemeinschaften stehen (‚F7‘). Dagegen lehnt Faktor ‚F2‘ (‚*politisierter, autoritär-kontrollbedürftiger, limitiert-pluralistisch und theologisch ausgerichteter Geistlicher*‘) den Zusammenhang stark ab (z-score [-1.347]), der ebenfalls für einen niederen Elite-Status steht, jedoch ausschließlich für große Gemeinschaften, und für ein eher traditionalistisches und kulturalistisches Konzept der gesellschaftlichen Ordnung. Interessant scheint hier bei ‚F2' die Verbindung zwischen hohem Kontrollbedürfnis und geringer Wahrnehmung von Konsequenzen des Fehlverhaltens religiöser Würdenträger (Verantwortung).

Religion und Gesellschaft – Integrationsindex

Der dritte Indikator zur Bestimmung des gesellschaftlichen Integrations- und Konfliktpotentials der Einstellungstypen bildet der Integrationsindex. Für die Gesamtanalyse zeichnet sich hier das Bild nach, welches bereits im zusammenfassenden Kapitel zu den Ländertypen feststellen ließ. Demnach sind auch hier die nach der Anzahl der Befragten (‚*nload*') und der erklärenden Varianz (‚*expl. varia.*') bedeutendsten Einstellungstypen im leicht integrativen (‚F2', ‚F4', ‚F5', ‚F7'; zusammen 22 der 50 repräsentativ Befragten, 27,07% expl. varia.) oder hoch integrativen Spektrum (‚F1', ‚F3'; zusammen 24 Befragte, 22,8% expl. varia.) des Index vertreten, mit abnehmender Relevanz nimmt das Konfliktpotential der Einstellungen hinsichtlich grundlegender Trends der Modernisierung zu (siehe auch Abb. 25 und Abb. 26 zum Vergleich 24 Ländertypen). Jene beiden Faktoren, die die geringsten Werte im Integrationsindex aufweisen (‚F6' [-1] und ‚F8' [-5]), liegen zwar leicht im negativen Bereich, können nach den Werten jedoch auch als neutral hinsichtlich dieser Prozesse bezeichnet werden. Sie stellen Minderheitenpositionen im Kontext der acht Einstellungstypen religiöser Würdenträger zu gesellschaftlichen Ordnungskonzepten dar (zusammen vier Befragte, expl. varia. 10,69%). Demnach ergibt sich in der Gesamtschau der Analyseergebnisse, dass die Einstellungen der befragten, zum Teil hohen religiösen Würdenträger Albaniens, Nord-Mazedoniens und Sloweniens hinsichtlich der gesellschaftlichen Ordnung und der Rolle der Religion darin generell als integrativ zu bezeichnen sind, konflikthafte Einstellungsmuster (‚F6', ‚F8') sind Minderheitenpositionen, die eher von niederen Rängen großer Gemeinschaften als Konzepte verfolgt werden.

Tab. 109: Gesamtanalyse: Integrations- und Politisierungsindex, Faktoren
‚F1'–‚F8'

	Typ							
	‚F1'	‚F2'	‚F3'	‚F4'	‚F5'	‚F6'	‚F7'	‚F8'
nload	17	8	7	6	5	2	3	2
perc. expl. variance	15,33	8,16	7,47	7,29	6,25	6,02	5,37	4,67
Integritätsindex (-40 – 40)	39	7	23	5	7	-1	9	-5
Politisierungsindex (0–10)	5,56	5,83	6,11	6,11	6,94	5,56	6,39	6,67

An dieser Stelle ist für das Integrationspotential der Einstellungstypen der Gesamtanalyse das Ergebnis zu integrieren, dass unter den 40 Befragten, die für keinen der aufgeführten Faktoren repräsentativ stehen, eine Vielzahl von integrativen Auffassungen im jeweiligen individuellen Q-Sort vorlagen (so u.a. zu A17, Wert Integrationsindex [+20], zu M3 [+22], M6 [+24], S12 [+24], S19 [+24], S25 [+23]). Dies bedeutet, dass auch außerhalb der beschrieben Einstellungstypen gesellschaftlich-integrative Auffassungen das Gesamtbild der Einstellungen zu Konzepten zur gesellschaftlichen Ordnung, in Abgleich mit grundlegenden Prozessen der Modernisierung, prägen.

Die Werte im Politisierungsindex für die typischen Q-Sort der acht Einstellungstypen der Gesamtanalyse zeigen weitere Ergebnisse auf. Hier wurde zu Beginn die Hypothese geäußert, dass eine hohe Politisierung die Wahrscheinlichkeit von Konflikt steigen lässt, wenn diese zusätzlich mit Konfliktpotential ausgestattet sind, da sich diese Auffassung mit steigendem Wert stärker an die Öffentlichkeit wendet und gesellschaftliche Durchsetzung (exklusiver Muster) anvisiert. Der Befund auf Länderebene war, dass die acht Faktoren in Slowenien Werte zwischen 4,17 und 8,33 ausbilden (Differenz 4,16), und in Nord-Mazedonien (3,89) und Albanien (2,77) geringe Unterschiede festzustellen waren. Dieses Ergebnis ändert sich in der Gesamtanalyse: Hier bewegen sich die Faktoren ‚F1' bis ‚F8' zwischen den Werten 5,56 (‚F1', ‚F6') und 6,94 (‚F5'), eine Differenz von 1,38 Punkten.

Die hohe Streuung der erarbeiteten Einstellungstypen hinsichtlich der gesellschaftlichen Ordnung im Integrationsindex in der Gesamtanalyse, sowie die geringe Aussagekraft aus Ergebnissen zur Politisierung der Faktoren hält folgende Abbildung 29 vergleichend fest:

Abb. 29: Gesamtanalyse: Relevanz, Integritäts- und Politisierungsindex, ‚F1'–‚F8'[379]

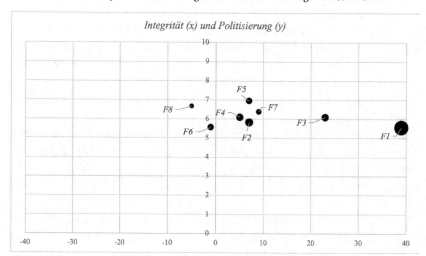

	Faktor							
	‚F1'	‚F2'	‚F3'	‚F4'	‚F5'	‚F6'	‚F7'	‚F8'
nload	17	8	7	6	5	2	3	2
perc. expl. variance	15,33	8,16	7,47	7,29	6,25	6,02	5,37	4,67

6.5 Zusammenfassung zur Gesamtanalyse

Die Datenbasis der Gesamtanalyse umfasste 90 Interviews aus den drei Ländern Albanien, Nord-Mazedonien und Slowenien, die eine Vielzahl von Glaubensrichtungen, Religionskonfessionen, und bedeutenden Organisationen beinhaltete, so u.a. 25 Würdenträger christlich-orthodoxer Kirchen, 21 der Römisch-Katholischen Kirche, sieben protestantischer Kirchen, 27 muslimisch-sunnitischer Organisationen, und vier religiöse Vertreter der Bektashi-Gemeinschaft. Die Struktur der religiösen Zugehörigkeit der Befragten reflektiert die Vielfalt des religiösen Bereichs der Region.

Durch das Programm PQ-Method wurden acht Einstellungstypen erstellt, die nach den typischen Q-Sort, den Hintergrundvariablen, sowie den inhaltlichen Kommentaren analysiert und bezeichnet wurden. Die Strukturen der erarbeiteten Faktoren hinsichtlich der Zuordnung zu Kategorien der Religions-

---

379 Faktoren entsprechend der Relevanz (‚*nload*'; ‚*expl. variance*') hervorgehoben

und Landeszugehörigkeiten zeigen, dass vordringlich keine Landesfaktoren innerhalb der Einstellungstypen festzustellen sind (siehe Tab. 110). Teilweise (nicht alleinig) sind Konzentrationen sind bei den Faktoren ‚F3‘, ‚F5‘, ‚F6‘ und ‚F8‘ gegeben. Bei der Religions- und Konfessionszugehörigkeit zeigen drei Faktoren eine gewisse Konzentration auf, so ‚F3‘ mit muslimisch-sunnitischer Mehrheit und christlich-orthodoxem Anteil, ‚F5‘ mit römisch-katholischer Mehrheit und christlich-orthodoxem Anteil, sowie ‚F8‘ mit christlich-ortho-doxem Schwerpunkt.

In den vertretenen Inhalten, die für die alle Faktoren der Gesamtanalyse kennzeichnend sind, ergibt sich übergeordnet generell eine Haltung, den Pluralismus anerkennende Strukturen der gesellschaftlichen Ordnung stark zu bevorzugen (d.h. auch politischen, demokratischen Strukturen). Diese Feststellung drückt sich folglich in einer Vielzahl der Faktorenbeschreibungen aus (Begriff ‚pluralistisch‘; siehe folgende Tab. 110). Unterschiede ergeben sich in den Kurzbezeichnungen zuerst hinsichtlich der Beziehungen zwischen Religion und Politik; hier steht die Präferenz für eine tiefgreifende Trennung (‚F1‘, ‚F7‘) die einer starken Verbindung gegenüber (‚F6‘, ‚F8‘). Insgesamt kann zu diesem Thema attestiert werden, dass nach dem Konzept von Fox (2008: 147) die Systeme einer ‚bevorzugten Behandlung‘, der ‚generellen Unterstützung‘, sowie der (moderraten oder vollständigen) ‚freundschaftlichen Trennung‘ präferiert werden, da über alle Faktoren ein in der Verfassung verankerter, säkularer Staat (sta_6) mehrheitlich kritisch gesehen, jedoch der Bestand einer Nationalreligion (sta_12) ebenfalls nicht bevorzugt wird. Aus der Übersicht über die Typenbezeichnungen wird ersichtlich, dass Einstellungstypen, die für eine Nähe beider Bereiche plädieren, einen religiös und/oder staatlich eher einheitlichen Hintergrund besitzen (Ausnahme ‚F2‘):

Tab. 110: Religions- und Landesstrukturen, Integrationsindex (II), ‚F1'–‚F8'[380]

	Kurzbezeichnung	Religion	Land	II
‚F1'	pluralistischer, relativierender Humanist; Trennung Religion und Politik	hetero-gen	hetero-gen (fa2; fm1; fs1)	+39
‚F2'	politisierter, autoritär-kontrollbedürftiger, limitiert-pluralistisch und theologischer Geistlicher der unteren Ebene	rel. hete-rogen	hetero-gen (fa4; fm2; fm6; fs8)	+7
‚F3'	jüngerer, kritischer, ambitionierter, eher albanischer Stadt-Typ; Anerkennung Pluralität und Tradition	rel. hete-rogen	rel. ho-mogen (fa1)	+23
‚F4'	älterer, hoher, limitiert-pluralistischer, abwägender Säkulari-sierungsbesorgter, der Liberalisierung als Gefahr sieht	hetero-gen	hetero-gen (fa7; fs7)	+5
‚F5'	jüngerer, anti-materialistischer, politischer Verteidiger, Ge-meindepriester christliche Großkirche	- (große chr. Kir-chen)	rel. ho-mogen (fs2)	+7
‚F6'	traditionalistischer, limitiert-plural. (albanischer) Würden-träger, Verbindung Religion-Politik, Erklärungen zurückhält	hetero-gen	rel. ho-mogen (fa3)	-1
‚F7'	pluralistischer, politischer und theologisch-religiöser Leiter einer kleinen Gemeinschaft	hetero-gen	hetero-gen (fs5 und weitere)	9
‚F8'	älterer, distanzierter, staatlich-bevorzugender, traditionell-religiöser, höherer Würdenträger	- (große chr. Kir-chen)	rel. ho-mogen (fm5)	-5

---

380 Struktur der Religions- und Landeszugehörigkeit der auf die Faktoren hoch laden-den Befragten

Aus den Gegenüberstellungen der Strukturen und präferierten Inhalte der Faktoren ergaben sich übergeordnete Themen, die das Gesamtbild der gesellschaftlichen Ordnungsvorstellungen religiöser Würdenträger erweitern. Demnach wurde erstens aus dem Politisierungsindex ersichtlich, dass zwar nicht für die Gesamtanalyse, jedoch für die einzelnen Länderanalysen Unterschiede in der Ausrichtung der Einstellungstypen erarbeitet wurden. Hier stellten die Landesfaktoren ‚fm3' und ‚fm4' (Wert jeweils 3,61) die geringste Polarisierung bei der Auseinandersetzung mit politischen Themen dar, und die Faktoren ‚fa7' und ‚fs2' die höchste Intensität (Wert jeweils 8,33). In der Gesamtanalyse konnten keine signifikanten Unterschiede für die länderübergreifenden Faktoren ‚F1' bis ‚F8' gemessen werden.

Zweitens wurde induktiv zwei generelle Orientierungskategorien innerhalb der Argumentationen für bestimmte Präferenzen in der Ausgestaltung der gesellschaftlichen Ordnung und der Rolle der Religion gewonnen. Hier waren zentrale Bezugspunkte entweder die eigene Gemeinschaft und der Schutz dieser vor (vermeintlich negativen) gesellschaftlichen Entwicklungen, oder die Gesamtgesellschaft, und hier vielfach die konstruktive gegenseitige Anerkennung der Akteure innerhalb des eigenen (religiösen), und zwischen verschiedenen gesellschaftlichen Bereichen. So steht der Faktor ‚F1' der Gesamtanalyse, der inhaltliche Überschneidungen mit den Landesfaktoren ‚fa2', ‚fm1', und ‚fs1' aufweist, exemplarisch für die Gruppe, welche eine konstruktive Orientierung in Richtung der Gesamtgesellschaft aufweist. Die Zuordnungen der einzelnen 24 Ländertypen ist unter Tabelle 100 verzeichnet; hier standen 14 Faktoren für eine gesamtgesellschaftliche Orientierung, und neun für eine eher gemeinschaftliche.

Dies leitet über zur dritten Thematik, die sich induktiv aus der qualitativ geführten Feldforschung ergab. Demnach wurden ein verstärkter Fokus innerhalb der Q-Sort als auch in den Kommentaren auf die Prozesse der Säkularisierung und der Liberalisierung gelegt, die teilweise selektiv definiert und mit einer hohen Bandbreite in den Präferenzsystemen behandelt wurden (siehe oben).

Daran anschließend wird als vierte Thematik die als negativ bewerteten Prozesse der Monetarisierung und Materialisierung in den Zusammenhang aufgenommen, die wiederholt von den (nicht nur für die Faktoren repräsentativ stehenden) Befragten in die Erörterung der Gesellschaftskonzepte eingeführt wurden. So waren allein im Fall Slowenien eine Vielzahl von kritischen Kommentaren zum Thema zu vernehmen: *„Es ist unmöglich, offen zum Leben zu sein, wenn man dem Materialismus anhängt."* (S1); *„Die Entwicklung hat materiellen Wohlstand gebracht und der Mensch denkt,*

wenn er alles hat, ist er glücklich. Er ist aber nicht glücklich." (S2); *„(...)
Kommerzialisierung der Gesellschaft (...) Geld ist heute das ‚Buch der Weisheit'.
Das kritisiere ich."* (S4); oder *„Die Werte sind weg, nur Geld regiert. Das ist eine
Krise der Moral."* (S20). Auch wenn an dieser Stelle allein Zitate von Befragten
aus Slowenien angeführt wurden (die als repräsentativ Befragte in mehreren
Faktoren der Gesamtanalyse stehen), war diese Grundhaltung implizit oder
explizit bei der großen Mehrheit der 90 Befragten zu vernehmen. Demnach
floss diese ebenfalls induktiv gewonnene Grundhaltung in den Einstellungen
ebenso in die Gestaltung der Kurzbezeichnungen für die Einstellungstypen
der Gesamtanalyse ein (siehe u.a. die Aufnahme der Begriffe ‚anti-materialistisch', ‚säkularisierungsbesorgt', Liberalisierung Gefahr).

Das fünfte und letzte Thema, welches induktiv erarbeitet wurde und zentral
erscheint, ist die rechtliche Gleichstellung homosexueller Partnerschaften
(sta_10). Hier wurde sich mehrheitlich ein klarer Standpunkt geäußert. Es
existiere eine Spannweite von Einstellungen, die zu einem gewissen Maß
systematisiert werden kann: Die erste Kategorie ist jene der offensiven
Gegnerschaft: *„Alle unnatürlichen Phänomene sollten bekämpft werden."*
(M23). Die zweite Kategorie ist jene der Überhöhung zu einer vermeintlichen
Gefahr für das gesamte Gemeinwesen: *„Die Ehe zu zerstören, heißt die
Familie zu zerstören. Die Familie zu zerstören, heißt, die Nation zu zerstören."*
(A29). Die dritte Kategorie von Einstellungen hinsichtlich der Thematik ist
ebenso ablehnend, jedoch bereits etwas distanzierter orientiert und äußert die
Einschätzung als Krankheit, die allein für die betroffene Gruppe ‚gefährlich'
sei: *„Ich bin gegen die Heirat von Homosexuellen. Das ist eine Krankheit, diese
Menschen müssen umgepolt, behandelt werden, um sich zu ändern."* (A23).

Die vierte Kategorie in der Auseinsetzung mit dem Thema kann als
kurze Ablehnung charakterisiert werden, für die Form der Äußerungen der
Repräsentanten des Faktors ‚fm2' exemplarisch stehen: *„Dieses Phänomen ist
gegen Religion."* (M20); *„Unsere Religion unterstützt das nicht."* (M19); *„Sollten
sie nicht."* (M21). Die fünfte Kategorie der lang argumentierten Ablehnung
steht exemplarisch der Befragten M29 des Landesfaktors ‚fm1', die sich
ebenfalls in Form der Verwirrung ausdrückt (*„Wer ist der Vater/die Mutter,
wenn man zwei hat?"* [M7]).

Die letzte Haltung zum Thema steht mit der Zustimmung zu einer rechtlichen Gleichstellung für eine hoch integrative Position im Hinblick auf das
gesellschaftliche Integrationspotential: *„Ich persönlich stimme dem homosexuellen Konzept nicht zu, aber der Staat sollte sie gleich behandeln, sie sind auch
Menschen."* (M12), oder *„Ich weiß, dass Homosexuelle von der Kirche nicht
gleichbehandelt werden. Trotzdem sind sie aber ein Teil der Gesellschaft und*

sollten rechtlich gleich mit allen anderen Leuten sein." (M6). Hier besteht eine hohe Differenzierung zwischen den eigenen (religiös geprägten) Ansichten, und den präferierten staatlich-rechtlichen Regelungen im gesellschaftlichen Ordnungskonzept, die auch für andere Bereiche der Gesellschaft gelten sollte, wie in der Gesamtschau der Inhalte der Einstellungstypen ‚F1' und ‚F5' artikuliert wird (eine allgemeine Orientierung der Konzepte).

7 Zusammenfassung

Das zusammenfassende Kapitel soll die grundlegenden Erkenntnisse aus der Bearbeitung der beiden Forschungsfragen zusammenfassen (7.1), anschließend in einem Überblick die gewonnenen Inhalte der Einstellungen mit den gegenwärtigen Verhältnissen in den Gesellschaften und der Rolle der Religion reflektieren (7.2), und sie abschließend mit Ergebnissen der (religions-)soziologischen Forschung abgleichen (7.3).

7.1 Grundlinien in Einstellungen religiöser Würdenträger zur gesellschaftlichen Ordnung und der Rolle der Religion

Die vorliegende Studie widmete sich aus den Überlegungen zur gesellschaftlichen Relevanz religiöser Würdenträger und der bisher in geringem Maße durchgeführten sozialwissenschaftlichen Forschung zu ihren Einstellungen zwei konkreten Fragestellungen, die inhaltlich aufeinander aufgebaut sind: FF1) Wie gestalten sich Vorstellungen religiöser Würdenträger zu gesellschaftlicher Ordnung, und zur Rolle der Religion in modernen (zunehmend multireligiösen) Gesellschaften? Welche inhaltlichen Einstellungstypen sind feststellbar? FF2) Sind jene Vorstellungen Träger von Potentialen zu gesellschaftlicher Integration oder sind sie als potentiell konfliktträchtig in einer modernen Gesellschaft zu charakterisieren? Es wird ersichtlich, dass der erste Teil der Untersuchung einen explorativen Charakter besitzt, d.h. dafür offen ist, auch bisher wenig beachtete Einstellungsmuster aufzudecken, während der zweite Abschnitt eine theoriegeleitet-analytische Anlage hat. Im religionssoziologischen Dreieck Religion – Politik – Bevölkerung (Pickel 2011a: 227) begibt sich der Ansatz folglich in die Perspektive der Religion, die in bedeutendem Maße durch die Einstellungen religiöser Würdenträger abgebildet wird. Sie vertreten ihre Religionsgemeinschaft nach außen und gelten als Repräsentanten weit verbreiteter Weltanschauungen. Sind jene Gemeinschaften in der jeweiligen Bevölkerung als traditionell angesehen und besitzen ein bestimmtes Maß an Reputation, haben sie einen nicht zu unterschätzenden Einfluss auf Haltungen in großen Teilen der Gesellschaft.

Als Fälle wurden die religiösen Bereiche der drei Staaten Albanien, Nord-Mazedonien, und Slowenien ausgewählt, da hier jeweils bestimmte Konfigurationen vorhanden sind, die einen differenzierten sozialwissenschaftlichen Vergleich ermöglichen (europäische Gesellschaften, jeweils unterschiedliche Mehrheitsreligion oder -konfession, islamische Mehrheit in einem Fall).

Forschungsfrage 1: Einstellungen und Einstellungstypen

Das strukturierte Messen von Einstellungen und die Bildung generalisierbarer Aussagen zu ihrer Verbreitung innerhalb bestimmter Gruppen der Gesellschaft liegen zunächst bei quantitativen Verfahren. Sie haben auf der anderen Seite mit Blick auf die erste Forschungsfrage (FF1) den Schwachpunkt, durch Vorannahmen in zu geringem Maße zur Beantwortung explorativer Fragestellungen beitragen zu können. Als Folge wäre es denkbar, dass Formulierungen des Forschers von den späteren Untersuchungsteilnehmern, Mitglieder der Zielgruppe religiöser Würdenträger Südosteuropas, falsch eingeschätzt, oder in ihren Themen als nicht wichtig erachtet werden (Cicourel 1970: 43/44). Demnach ist andererseits anzunehmen, dass Diskurse, die für sie tatsächlich von Bedeutung sind, bei einer standardisierten Befragung unwissentlich Vernachlässigung erfahren (ebd.: 48). So beschränken vorformulierte Fragen den Umfang der gesammelten Informationen auf den Rahmen der Vorstellungen und Annahmen des Forschers, kulturelle Unterschiede innerhalb des Feldes werden zu wenig berücksichtigt, und demnach die erfassten Einstellungen eventuell mit Verzerrungen der realen Vorstellungen in der Zielgruppe wiedergeben.

Die Auswahl der Methode zur Bearbeitung der ersten Forschungsfrage richtet sich somit zuerst nach den Vorteilen qualitativer Techniken: In der Wissenschaft bisher wenig thematisierte Sachverhalte aufzudecken, die Ergründung von neuen Indikatoren, die Formulierung von deskriptiven Kategorien und potentiellen Erklärungsfaktoren, sowie das Erstellen von temporären Typologien (Barton/Lazarsfeld 1979: 44–58; Lazarsfeld 1993: 210).

Zusätzlich ist gerade in der Disziplin der Religionssoziologie ein hoher Reflexionsgrad über die Beziehung zwischen Forscher und Forschungsfeld angebracht (Droogers 2011: 267), da sie mit Emotionen verbundene, und zum Teil schwierig ausdrückbare Eindrücke und Vorstellungen zu erfassen versucht. Die vorliegende Studie näherte sich demnach aus einem erkenntnisgeleiteten Standpunkt, der mit dem explorativen Charakter der Fragestellung und der Wahl der Methode, die *subjektive Standpunkte stark berücksichtigt*, unterstrichen wird. So wird konstruktiv mit dem oben erwähnten ‚insideroutsider-Problem‘ (Chryssides/Gregg 2019: 5) des Forschers umgegangen.

Die Form der Fragestellung in Zusammenhang mit der Auswahl von Gesellschaften, in denen insgesamt eine Vielzahl von Religionsgemeinschaften aktiv ist, zeigt, dass eine Methode angewendet werden sollte, die nicht ausschließlich auf qualitativen Verfahren basiert, damit Vergleiche ermöglicht werden. Ausgehend von diesen Kriterien fiel die Entscheidung für ein mixed-method-Verfahren, welches zentrale Vorteile von qualitativen und quantitativen sozialwissenschaftlichen Methoden berücksichtigt: Die Q-Methode. Die Q-Methode als Erhebungs- und Analyseverfahren hat die Vorteile, dass sie interkulturell anwendbar ist, sich auf den *internen Referenzrahmen* der Befragten bezieht (Brown 1986: 57), und Einstellungstypen anhand einer relativ kleinen Anzahl von Befragten generiert werden können (Müller/Kals 2004: 6/7). Dies kommt Studien zu Einstellungen unter Eliten eines eng umgrenzten gesellschaftlichen Bereiches entgegen, welche *per definitionem* eine kleine Gruppe von Personen darstellen. Demnach war das Forschungsdesign von Beginn an so angelegt, eine gewisse Bandbreite, das bedeutete mindestens 30 (bedeutende) religiöse Würdenträger je Gesellschaft, in der Studie zu berücksichtigen, um den Strukturen der Region, als auch den inneren religiösen Verhältnissen in den jeweiligen Ländern mit großen, mittleren und kleineren Religionsgemeinschaften zu einem gewissen Grad Rechnung tragen zu können.

Der erste Schritt in der Vorgehensweise zur Erhebung von Einstellungen nach der Q-Methode besteht in der Eingrenzung der Zielgruppe, sowie in der Aufgabe, zentrale Aussagen dieser zum Untersuchungsgegenstand zu erheben. Hier konnten aufgrund er Anlage der Studie keine Fokusgruppengespräche vorgenommen werden; es wurde eine Inhaltsanalyse offizieller Publikationen der Religionsgemeinschaften und direkter Verlautbarungen im Internet durchgeführt. Dieser erste Schritt wurde für alle drei Fälle gemeinsam vorgenommen, da neben den Einzelfallanalysen (5.2 bis 5.4) eine vergleichende Untersuchung (Kapitel 6) das Ziel der Studie war. Hier wurden 36 Aussagen zur generellen Thematik ‚gesellschaftliche Ordnungsvorstellungen und die Rolle der Religion in der modernen Gesellschaft' generiert, die einer induktiv geleiteten, und einer theoriegeleiteten Einordnung zugeführt wurden.

Dieses Vorgehen wird zusätzlich von der Feststellung legitimiert, dass ein hohes Maß an inhaltlichen und strukturellen Parallelen die Diskurse der religiösen Würdenträger über Konzepte zur gesellschaftlichen Ordnung die Fälle im Vergleich prägte – ein **erstes Ergebnis** der Studie. Aufgrund ihrer gesellschaftlichen Relevanz bildeten große, traditionelle Religionsgemeinschaften in allen drei Fällen die hauptsächlichen Quellen der zentralen

Aussagen aus dem religiösen Feld zur Konzepten der gesellschaftlichen Ordnung. Hier wurde ergänzend festgestellt, dass sich bis vor zwei Jahrzenten die großen, sich als traditionell verstehenden Religionsgemeinschaften in der Öffentlichkeit generell erheblich verschlossener darstellten (und für die gegenwärtige Forschung ein großer Quellenumfang vorliegt).

Der anschließende Schritt nach der Q-Methode war die Durchführung der Befragungen anhand des Q-Sets von 36 Aussagen, die auf einer Präferenzskala von den Befragten in den drei Ländern einsortiert werden sollten. Der Zugang zu Repräsentanten der Religionsgemeinschaften war hier im Ländervergleich unterschiedlich, die Rate der Zusage im Vergleich zu den Anfragen in Slowenien mit ca. 30% am geringsten, gefolgt von Nord-Mazedonien mit ungefähr 50%, und Albanien mit über 60% (50 Anfragen, 31 Interviews). Die Rate der Zusage verhielt sich parallel zur generellen Atmosphäre während der Befragungen, die in Slowenien mehrheitlich von großem Ernst geprägt, und in Albanien vielfach motiviert-kooperativ war (auch Umfang Kommentare). Zu vier der 91 Interviews konnte Gewaltpotential im direkten Umfeld des Würdenträgers vor oder während der Befragung vernommen werden, welches teilweise dem Forscher nicht verborgen wurde – ein bedeutender qualitativer Aspekt vor dem Hintergrund der Forschungsfrage. Ein Teil der (angefragten) kleineren Gemeinschaften des organisierten religiösen Feldes der Staaten verweigerte eine Befragung.

Die Teilnehmer erstellten mit ihrer Einordnung der 36 Aussagen in die Präferenzskala ein individuelles Q-Sort (siehe Abb. 1 und 2). Diese Q-Sorts wurden nach der Sichtung auf inhaltliche Verwertbarkeit (ein Q-Sort aus Albanien wurde entfernt) für alle drei Gesellschaften separat (jeweils 30 Q-Sorts), sowie als Gesamtanalyse (90 Q-Sorts) in das Programm PQ-Method mit der Maßgabe eingegeben, jeweils acht Faktoren (Einstellungstypen) zu generieren (siehe Abb. 14), da sich eine geringere Anzahl als weniger plausibel für eine inhaltliche Analyse erwies. Aus diesen Analysen wurden 24 Einstellungstypen für die Länder (siehe Tab. 100), sowie acht Faktoren für die Gesamtanalyse (siehe Tab. 106) gewonnen. Die Inhalte der Einstellungstypen zeigen eine plausible Differenzierung nach soziologisch nachvollziehbaren Haltungen, die in den jeweiligen Kurzbeschreibungen ihre Reflektion finden.

Als **zweites Ergebnis** der Studie wurde für die Einzelfallanalysen zu den jeweiligen Ländern festgestellt, dass keine vordringliche Gruppierung der repräsentativ stehenden Befragten (der hoch ladenden Q-Sort) innerhalb der jeweiligen Faktoren auf eine Religion oder Religionskonfession stattfand, demnach keine inhaltlichen ‚Religionstypen' erstellt wurden. Dieser Befund reflektierte sich ebenso in der Gesamtanalyse. So sind Begriffe wie ‚der

Islam', ‚das Christentum' oder ‚die Orthodoxie' mehrheitlich nicht als einstellungsprägende Merkmale zu identifizieren. Sie bilden demzufolge bei externen Beschreibungen zu Einstellungen (in) der Zielgruppe der religiösen Würdenträger zu Konzepten zur gesellschaftlichen Ordnung eine unzulässige Verkürzung des komplexen Sachverhaltes (Cicourel 1970: 43/44; Verzerrung).

Als **drittes Ergebnis** der Studie liegt ebenfalls keine vordringliche Konzentration der repräsentativ stehenden Befragten aus einem Land in den Faktoren der Gesamtanalyse (‚F1' bis ‚F8') vor (siehe Tab. 110).

In der inhaltlichen Perspektive ist der erste Befund, dass der Einstellungstyp des ‚Humanisten' als einer der prägendsten Faktoren in den Länderanalysen (‚fa2'; ‚fm1'; ‚fs1'), als auch in der Gesamtanalyse (‚F1') festzustellen war. Demnach wird als **viertes Ergebnis** der Studie festgehalten, dass in den Haltungen unter der Zielgruppe der (z.T. sehr hohen) religiösen Würdenträger der drei Länder zur gesellschaftlichen Ordnung eine Anerkennung der individuellen Identitätskonstruktion vorliegt; zum Teil vor der Interpretation von Religion als kollektivistisches Merkmal in den Konzepten.

Auf der inhaltlichen Seite konnten weiterhin anhand der Darstellung der Schwerpunkte spezifische Themen identifiziert werden, die sich über alle 24 Meinungstypen der drei Staaten erstrecken. Demnach ist das **fünfte Ergebnis** der Studie, dass unter den Gemeinsamkeiten für alle 24 Faktoren eine hohe Präferenz für die Gewährung der positiven Religionsfreiheit (sta_14), d.h. der freien Wahl der Religionszugehörigkeit, vorliegt. Die Zentralität der Haltung zeigt sich ebenso in den getätigten Kommentaren, die vielfach mit ähnlicher Haltung in den drei Ländern von Vertretern aller Religionsgemeinschaften geäußert wurden (exemplarisch *„Der Glauben kann nur von selbst kommen, Vorschriften Anderer haben vor Gott keinen Bestand."* [A9]). Dies trifft mit leichten Einschränkungen ebenso auf die Anerkennung der negativen Religionsfreiheit (sta_15) zu. Da diese Position unter der Zielgruppe relativ unumstritten ist, ist allgemein eine hohe Akzeptanz der individuellen Gestaltung von Identität und kollektiver Zugehörigkeit zu erkennen.

Die Befürwortung dieses Aspekts deutet in größerem Rahmen auf eine allgemeine Anerkennung von Pluralismus und Differenzierung einer Gesellschaft in den präferierten Konzepten zur gesellschaftlichen Ordnung. Dies gilt ebenso für andere gesellschaftliche Bereiche (als den religiösen) – siehe die übergeordnete Zusammenlegung der Religionsfreiheit mit den als universal angesehenen Menschenrechten (*„[...] Religionsfreiheit ist im Grunde das Menschenrecht auf individuelle Meinungs- und Wahlfreiheit."* [S30]), als auch hinsichtlich der Forderung der Förderung von Pluralismus in den Einstellungen innerhalb der eigenen Gemeinschaft (*„Wir müssen unterstützen, dass Priester unterschiedliche Meinungen haben, Sie äußern nicht ausreichend ihre eigene Meinungen."* [S3]). Auch die weiteren Gemeinsamkeiten in den Präferenzen zwischen den Faktoren ‚F1' bis ‚F8' (siehe Tab. 107) deuten auf geteilte Ansichten unter der befragten religiösen Würdenträger in den drei Ländern, dass Pluralismus und Differenzierung Anerkennung in gesellschaftlichen Ordnungskonzepten finden sollten – das **sechste Resultat** der Studie.

Das **siebente Ergebnis** ist eine weitere inhaltliche Gemeinsamkeit unter der großen Mehrheit der 24 Faktoren im Bereich von Religion und Politik: Die weitgehende Übereinstimmung der Ablehnung eines in der Verfassung verankerten, säkularen Staates (sta_6), bei gleichzeitiger Ablehnung einer Nationalreligion als Merkmal eines Nationalstaates (sta_12), und der Zustimmung zur Trennung von Politik und Religion (sta_4). Demnach wird allgemein eine Beziehung bevorzugt, die in den Klassifikationen zum Verhältnis nach Linz (1996: 137) dem Typus einer freundschaftlichen Trennung entspräche, und nach Fox (2008: 147) die drei Formen ‚bevorzugte Behandlung', ‚generelle Unterstützung', oder ‚moderate Trennung' einnehmen kann (siehe Abb. 8). Dieses Resultat widerspricht generalisierenden Annahmen über Interessen der Religion in der Region (präziser: bedeutender Akteure des religiösen Bereichs), allgemein eine starke Verflechtung der beiden Bereiche und einen hohen politischen Einfluss anzustreben.

Der **achte Befund**, der ebenfalls aus den inhaltlichen Positionierungen der Einstellungstypen gewonnen wurde, ist die erhebliche Divergenz in der Positionierung hinsichtlich der rechtlichen Gleichstellung homosexueller Partnerschaften (sta_10). Hier waren Haltungen in einem Spektrum von *„Alle unnatürlichen Phänomene sollten bekämpft werden."* (M23) bis zu *„Ich persönlich stimme dem homosexuellen Konzept nicht zu, aber der Staat sollte sie gleich behandeln, sie sind auch Menschen."* (M12) zu vernehmen.

Das **neunte Resultat** der Studie sind die mit hohen Differenzen ausgestatteten Haltungen unter den befragten religiösen Würdenträgern hinsichtlich der Schlüsselaussage zu primordialen Menschenbildern (‚Menschen sind entweder gut oder schlecht'; sta_22). Hier reichten Äußerungen exemplarisch von *„Wir sind alle Sünder. Alle Menschen sind von Natur aus sehr schlecht."* (S29), über *„Im Wesentlichen sind Menschen gut (…)."* (M18), bis zu *„Verurteile nicht den Menschen, sondern die Sünde."* (M10), oder *„Wo stellt man die Grenze zwischen guten und schlechten Menschen? Was sind die Kriterien?"* (S7).

Als **zehntes Ergebnis** steht die Bandbreite von Inhalten zum Zusammenhang von Korruption bei älteren Würdenträgern, die zu einem erhöhten

Fundamentalismus bei der jüngeren Generation führen könnte (sta_26). Hier galt, je jünger der Befragte, desto bedeutender wurde Korruption als Problem angesehen: *„Ich stimme zu, es kann einen Einfluss haben.“* (M19; unter 30 Jahre) bis zu *„Korruption – was ist das?“* (M22; über 60 Jahre). Aus den Gegenüberstellungen der Faktoren bezüglich spezifischer Inhalte ergaben sich übergeordnete Themen und Ausrichtungen, die das Gesamtbild der gesellschaftlichen Ordnungsvorstellungen religiöser Würdenträger erweitern.

Hier waren (**elftes Resultat**) zentrale Bezugspunkte entweder die eigene Gemeinschaft und der ‚Schutz‘ dieser vor (vermeintlich negativen) gesellschaftlichen Entwicklungen, oder die Gesamtgesellschaft und die konstruktive gegenseitige Anerkennung der Akteure innerhalb des eigenen und zwischen verschiedenen gesellschaftlichen Bereichen. So steht der Faktor ‚F1‘ der Gesamtanalyse, der inhaltliche Überschneidungen mit den Ländertypen ‚fa2‘, ‚fm1‘, und ‚fs1‘ aufweist, exemplarisch für die Gruppe mit gesamtgesellschaftlicher Orientierung.

Der **zwölfte Befund** ist der vorgefundene, verstärkte Fokus der Befragten (innerhalb der Präferenzmuster der Q-Sort, als auch in den Kommentaren) auf Prozesse der Säkularisierung und der Liberalisierung, die teilweise selektiv definiert und mit einer hohen Bandbreite in den Präferenzsystemen behandelt wurden. Hier wurden die sehr negativ bewerteten Prozesse der Monetarisierung und Materialisierung eingeordnet, die wiederholt von den Befragten in die Gesamtbetrachtung zu gesellschaftlichen Ordnungsvorstellungen eingeführt wurden. So war allein im Fall Slowenien eine Vielzahl von kritischen Kommentaren zum Thema zu vernehmen: *„Es ist unmöglich, offen zum Leben zu sein, wenn man dem Materialismus anhängt.“* (S1); *„(...) der Mensch denkt, wenn er alles hat, ist er glücklich. Er ist aber nicht glücklich.“* (S2); *„(...) Kommerzialisierung der Gesellschaft (...) Geld ist heute das ‚Buch der Weisheit‘. Das kritisiere ich.“* (S4); oder *„Die Werte sind weg, nur Geld regiert. Das ist eine Krise der Moral.“* (S20). Demnach floss diese induktiv gewonnene Grundhaltung in den Einstellungen ebenso in die Gestaltung der Kurzbezeichnungen für die Faktoren der Länder- sowie der Gesamtanalyse ein (siehe u.a. Aufnahme der Begriffe ‚anti-materialistisch‘, säkularisierungsbesorgt).

Forschungsfrage 2: Integrations- und Konfliktpotential

Zur Messung des religiös motivierten, gesellschaftlichen Integrations- und Konfliktpotentials der Inhalte der Einstellungsmuster wurde gemäß der in der Studie betrachteten Dimensionen (siehe Abb. 3) drei Indikatoren (Integrations- und Konfliktpotential innerhalb der Faktoren, zwischen diesen, Potential der Inhalte hinsichtlich grundlegender Trends der Modernisierung) herangezogen. Die Widersprüche innerhalb der Faktoren wurden anhand des Vergleichs der Werte der Zustimmung zu jenen der Ablehnung zu den Aussagen im typischen Q-Sort der Einstellungstypen gemessen, die inhaltlichen Differenzen zwischen den Faktoren anhand der Korrelation zwischen ihnen erhoben, und für die Einschätzung des gesellschaftlichen Integrations- und Konfliktpotentials ein Index erstellt, der die Haltung zur grundlegenden Tendenzen der Modernisierung berücksichtigt (siehe Abb. 24 für die Länderanalysen, Abb. 29 für die Gesamtanalyse).

Die erste wichtige Erkenntnis aus der Analyse des Integrations- und Konfliktpotentials der Einstellungsmuster der befragten religiösen Würdenträgern ist, dass ihre Konzepte zur gesellschaftlichen Ordnung im Allgemeinen eine pluralistische Gesellschaft in verschiedenen Dimensionen anerkennen (**Resultat dreizehn**). Diese Schlussfolgerung wird zuallererst durch den Vergleich der am höchsten und der am wenigsten integrativen Einstellungstypen gestützt, bei denen die erste Gruppe nach dieser Messung ein sehr hohes Potenzial für die gesellschaftliche Integration (siehe exemplarisch Typen ‚F1‘; ‚fs1‘) aufweist, und die zweite Gruppe sich in einem mittleren, neutralen Spektrum auf der Dimension der gesellschaftlichen Konfliktintegration befindet (siehe Abb. 24 für die Länderanalysen, Abb. 29 für die Gesamtanalyse). Hier gemessene Einstellungstypen zur gesellschaftlichen Ordnung und der Rolle der Religion, die eine hohe Verbreitung unter der für die Studie befragten religiösen Würdenträger aufweisen, haben in der Regel einen eher hohen Wert im Integrationsindex.

Zweitens sind mit Berücksichtigung der Stellungsnahmen zu Religion und Politik unter der großen Mehrheit der Faktoren eine starke Unterstützung für ein demokratisches Regierungssystem, und eine Befürwortung eines relativ hohen Maßes an Trennung von Religion und Politik zu vernehmen (**Resultat vierzehn**). Dies kann auf der einen Seite durch die sozialistische Vergangenheit der Länder erklärt werden, als Religionsgemeinschaften unterdrückt wurden; eine Phase, die von der Mehrheit der Befragten der Studie erlebt wurde. Darüber hinaus wird der Eindruck einer generellen Position der Befürwortung einer größeren Distanz gefördert, wenn ein breiter Konsens über den bemerkenswerten Wunsch nach Entpolitisierung von Religionsgemeinschaften festgestellt werden kann, der häufig durch spontane Schlussfolgerungen der Befragten außerhalb des Rahmens der

Aussagen des Q-sort hervorgehoben wurde. Hier reflektierte sich ein gewisses Misstrauen aufgrund jüngster Erfahrungen gegenüber politischen Akteuren, und eine Distanzierung zu diesem Bereich mit Verweis auf in Denkstrukturen eines ‚Longue durée' (Bezüge in Ordnungskonzepten reichten teilweise bis zur Gründung der jeweiligen Religion zurück)[381]. So wurde exemplarisch geäußert, der Aufbau von Vertrauen in der Gesellschaft geschehe in der Familie und in der Religionsgemeinschaft, und der Abbau (‚Verbrauch') in der Politik und der Ökonomie (Befragter M29), oder in dem Kommentar *„Politik ist immer Gegenstand von Veränderungen, während Religion und religiöse Führer hier sind, um zu bleiben. Die Politik ist immer dabei, uns zu verlassen.“* (M16).

Wie bei der Analyse der Einstellungstypen konnte hinsichtlich des Integrations- oder Konfliktpotential keine vordringliche Gruppierung von Befragten aus einem jeweiligen Land auf eine Ausprägung (hoch/niedrig) festgestellt werden, dies gilt ebenso für die Religionszugehörigkeit. Eher konfliktträchtige Inhalte werden von Gruppen vertreten (Einstellungstypen ‚fa7', ‚fa8', ‚fm7', ‚fs2' der Länderanalysen; ‚F8' in der Gesamtanalyse), die kleinere Fraktionen innerhalb großer, sich als traditionell bezeichnender Religionsgemeinschaften sind (**Resultat fünfzehn**). Als Erklärung ist zu vermuten, dass diese großen Gemeinschaften a) aufgrund ihres Umfangs ein relativ großes Spektrum an Einstellungen, welches in der Bevölkerung vorzufinden ist, auch unter ihren Repräsentanten umfassen, sowie b) einen bestimmten Schutz und eine gewisse Legitimität verleihen, um auch konfliktträchtige Positionen in einer modernen Gesellschaft öffentlich vertreten zu können. Diese in der Studie identifizierten, konfliktträchtigen Gruppen sind sich zudem klar darüber, welche Elemente in einer von ihnen präferierten Gesellschaftsordnung zurückgewiesen werden sollten, jedoch weniger über konstruktive Prozesse für eine Integration in die Gesamtgesellschaft. Hier stellt sich die dazu in einem Spannungsverhältnis stehende, aus der Religionssoziologie aufgeworfene Hauptaufgabe religiöser Würdenträger, Religion für die Mitglieder in die heutige Zeit zu übersetzen.

7.2 Einstellungstypen und gegenwärtige Entwicklungen

In der Gegenüberstellung der Untersuchungsergebnisse mit den heutigen Verhältnissen gesellschaftlicher Entwicklungen in den drei Ländern sei auf

---

381 Aus diesem Grund wurden die historischen Pfadabhängigkeiten in die Studie aufgenommen.

drei Aspekte eingegangen: Im politischen Bereich wird ein demokratisches Modell nahezu in jedem der erhobenen Einstellungstypen zur gesellschaftlichen Ordnung präferiert. Dies ergibt sich aus den Stellungnahmen der Befragten, und den repräsentativen Q-Sort. Innerhalb dieses Rahmens wird, wie angesprochen, ein Kompromiss zwischen vollständiger Trennung zwischen den Bereichen von Religion und Politik und Verflechtung weitgehend ersucht (siehe Resultat vierzehn). Hier stehen Vertreter großer Religionsgemeinschaften für den Erhalt einer bevorzugten Position im staatlichen Rahmen. Insgesamt zeigte sich eine große Skepsis gegenüber gegenwärtiger Politik und Politikern in den drei Staaten.

Auf der Seite der Bevölkerung ist in allen drei Gesellschaften ein eher distanziertes Verhältnis zu organisierter Religion erkennbar, welches den befragten religiösen Würdenträgern bekannt ist (*„Die Kirchen sind leer.“* [S7]). Die Ergebnisse dieser Studie zeigen, dass derzeit in geringem Maße kohärente Strategien gegen den Verlust gesellschaftlicher Relevanz von dieser Seite vorliegen (**Ergebnis sechzehn**) (siehe u.a. Muster der negativen Selektion). Besitzen Religionsgemeinschaften gegenwärtig noch immer die Kapazität, große gesellschaftliche Zusammenhänge abzubilden und zu verarbeiten (Hunter 1987: 362)?

Die Einbettung der Resultate in die sozialen Realität (Abb. 3) sei ebenfalls anhand international-vergleichender Studien vorgenommen: Nach diesen waren gesellschaftliche Konflikte mit religiöser Komponente in Nord-Mazedonien relativ intensiv ausgeprägt (Djenovic 2009: 1; Human Rights Council 2009: 18; MAR 2006a), für den Fall Slowenien auf einem mittleren Niveau (Smrke 2014: 132), und in Albanien nur marginal vorhanden (MAR 2006b). Hier waren mit einem hohen Grad an religiösem Pluralismus religiöse Akteure in vielen Fällen daran beteiligt, gesellschaftliche Konflikte einzudämmen: *„(…) to learn from best practices generated by the Albanian context, especially with regard to sustenance of social harmony, inclusive national identity and interreligious communication.“* (Human Rights Council 2018: 16). Dies reflektiert nur teilweise die Ergebnisse der Studie, da für Albanien und Slowenien größere inhaltliche Distanzen in den Inhalten der Konzepte religiöser Würdenträger zur gesellschaftlichen Ordnung festgestellt wurden (siehe Abb. 17, 20, 24). Demnach können insbesondere für Albanien verbesserte Konfliktlösungsmechanismen angenommen werden.

7.3 Soziologische Theorien und Ordnungsvorstellungen religiöser Eliten

Ein erster Punkt im Abgleich der Ergebnisse der Studie mit Zusammenhängen aus den einbezogenen theoretischen Ansätzen (Kapitel 2) ist zur Datenerhebung zu erwähnen. Demnach stellte Smith (1974) (siehe Abb. 6) fest, das signifikante Unterschiede in der inner- und außerweltlichen Orientierung der Religionen vorliegen, welche die Intensität der weltlichen (auch politischen) Ansichten und Handlungen ihrer Repräsentanten bestimmen würden. Diese Unterschiede äußerten sich in der Studie nicht merklich, da die Motivation, an der Befragung teilzunehmen, nicht auf die Religionszugehörigkeit der angefragten Personen zurückzuführen war. Weiterhin sind die bei Smith als ‚innerweltlich' orientierten Religionen in der Region vorherrschend. Während der Durchführung einiger weniger Befragungen schienen die Annahmen der Typologie auf, so in der unterschiedlichen Herangehensweise an das Kartensortierverfahren zur Erstellung des individuellen Q-Sort. Hier wurde die unterschiedliche Form der Abarbeitung aus religiösen Motiven heraus begründet; so stellte ein hoher muslimischer Würdenträger klar, *„Ich lege alle Antwortkarten auf +4 oder -4, da es im Islam sehr wichtig ist, schlau zu sein, und nicht zu zögern."* (M17), und setzte die Aussagen sehr zügig mit einer klaren Positionierung – ein Muster, dass auf einen recht hohen Grad an innerweltlicher Orientierung schließen lässt. Im Gegensatz dazu stand ein Vertreter einer buddhistischen Organisation (S28), welcher nach ausführlichster (weltlich und religiös begründeter) Erörterung und Abwägung jeder einzelnen Aussage (Dauer des Interviews ca. 180 Minuten) nahezu alle Aussagen des Q-Set in der Mitte der Präferenzskala positionieren wollte (dann jedoch differenzierte). Hier lautete die geäußerte Begründung des Befragten sinngemäß, dass eine eindeutige Entscheidung nie möglich sei – ein Hinweis auf eine außerweltlich gehaltene Orientierung. Die Verhaltensweisen der beiden Befragten entsprachen damit der Klassifizierung der großen Religionen bei Smith (1974: 6/7).

Ein weiterer Bezug zu theoretischen Modellen ist der Befund, dass die Säkularisierung (Casanova 1994, Taylor 2007: 20) ein Hauptthema auch unter der hier im Fokus stehenden Zielgruppe der religiösen Würdenträger ist, wie die im Q-Set vertretenen Aussagen, die Präferenzmuster, und insbesondere die selbst getätigten Kommentare bestätigen. In diesem Rahmen steht die Erkenntnis, dass die (hier negativ wahrgenommenen) Prozesse der Relativierung, Monetarisierung, und Materialisierung in einem kapitalistischen Gesellschaftssystem unter den Diskursen der Zielgruppe zu gesellschaftlichen Ordnungsvorstellungen eine höhere Aufmerksamkeit erfahren als in der religions-soziologischen theoretischen Verarbeitung der Einstellungen religiöser Würdenträger (siehe u.a. Hoge 2011) (**Resultat siebzehn**). In diesem Themenbereich wurde ebenfalls ein hohes Spektrum an Haltungen von konstruktiver Herausforderung bis hin zur Deutung als existentielle Bedrohung (für den Zusammenhalt der Gesellschaft und der eigenen Gemeinschaft) festgestellt.

In diesem Zusammenhang steht die Frage der Begegnung religiöser Würdenträger zur zunehmenden Ausbildung eines Nebeneinanders der Deutungsmuster auf der individuellen Ebene in der gesamten Gesellschaft, woraufhin sich in der Modernisierung zweitens die generelle Orientierung der Mehrheit der Bevölkerung auf das zentrale Paradigma des Humanismus verschiebe (Taylor [2007], zitiert nach Pickel [2011a: 231]). Hier ist generell unter den erhobenen Einstellungstypen festgestellt worden, dass sich ein bedeutender Teil der Diskurse im Themenfeld mit diesem zentralen Paradigma einer Weltanschauung und Verarbeitung von Pluralismus konstruktiv beschäftigt, wie zudem die Kurzbezeichnungen einiger als zentral identifizierter Faktoren belegen (siehe Faktoren ‚fm1'; ‚fs1'; ‚F1'). Diese Formen bedeuten eine Ausrichtung eines beachtlichen Teils der Einstellungen der Befragten an tiefgreifenden gesellschaftlichen Entwicklungen, die in der Sozialwissenschaft festgestellt wurden (**Ergebnis achtzehn**).

Dies betrifft in einer noch höher ausgeprägten Intensität und Verbreitung die Anerkennung der der positiven Religionsfreiheit (sta_14) in den Ordnungsvorstellungen, eine weitere auffällige Rückkopplung der Ergebnisse zu den theoretischen Modellen (**Ergebnis neunzehn**). Hier betonte Pickel zum Integrationspotential in gesellschaftlichen Ordnungsvorstellungen generell die Zentralität der Frage nach der Zustimmung zur positiven Religionsfreiheit als „(...) *Fundament für einen übergreifenden Konsens in einer pluralen Gesellschaft.*" (Pickel 2011a: 232). Die typenübergreifende, hohe Zustimmung zu dieser Ansicht in den Ergebnissen der Studie belegt nach der Theorie als weiterer Indikator die generelle Basis der Befürwortung eines die Pluralität von Identitäten anerkennenden Konzepts von gesellschaftlichen Ordnungsstrukturen, die in den Resultaten festgehalten werden konnte.

Die Betrachtung von drei Ländern, der multi-religiöse Ansatz, die in der Studie erreichte Gesamtzahl der Befragten, sowie die Verteilung der Interviews über die Religionsgemeinschaften nach ihrer gesellschaftlichen Relevanz kann eine Annäherung an die Frage der Verbreitung der Einstellungsmuster unter der gesamten Zielgruppe der religiösen Elite der Region leisten. Die zusammenführenden Ergebnisse zeigen, dass unter der religiösen Elite Albaniens, Nord-Mazedoniens und Sloweniens insgesamt eine konstruktive und weitgehend integrative Verarbeitung grundlegender Trends der Modernisierung innerhalb ihrer gesellschaftlichen Ordnungsvorstellungen vorliegt. Diese sollten aus der sozialwissenschaftlichen Perspektive in ihrer inhaltlichen Bandbreite differenziert und qualitativ interpretiert werden – so war unter den Befragten Konsens: *„Religion hat natürlich Einfluss auf das Denken, was gut ist, solange das nicht das Einzige ist, was das Denken beeinflusst."* (S22).

Literatur- und Quellenverzeichnis

Literatur

Adrianyi, G. (1992): Geschichte der Kirche Osteuropas im 20. Jahrhundert. Paderborn (u.a.): Schöningh.

Akmadža, M. (2004): Pregovori Svete Stolice i Jugoslavije i potpisivanje protokola iz 1966. godine. Časopis za suvremenu povijest, Vol.36(2), 473–503.

Aleksandar (1931): Ustav Kraljevine Jugoslavije. Beograd, 03.09.1931. Beograd: Službene Novine Kraljevine Jugoslavije, Nr. 200, 03.09.1931, 1–4.

Alexander, S. (1978): Archbishop Stepinac Reconsidered. Religion in Communist Lands, Vol.6, 76–88.

Anderlini, S. N. / Holmes, M. (2019): Invisible Women: Gendered Dimensions of Return, Reintegration and Rehabilitation. New York: United Nations Development Programme.

Ando, C. (2018): Religion, Toleration, and Religious liberty in Republican Empire. History of European Ideas, 44(6), 743–755.

ARDA (The Association of Religion Data Archives) (2022): National profiles. Siehe https://www.thearda.com/world-religion/national-profiles (01.08.2022).

Arhiv Jugoslavije (2008): Konstitutivni akti Jugoslavije. Beograd. Unter http://www.arhivyu.gov.rs/active/sr-latin/home/glavna_navigacija/leksikon_jugoslavije/konstitutivni_akti_jugoslavije.html (20.05.2020).

Arsovska, J. (2015): Decoding Albanian organized crime: culture, politics, and globalization. Berkeley: University of California Press.

Asambleja Kushtetonjëse (1946): Statuti i Republikës Popullore të Shqipërisë. Tiranë, 14.03.1946. Unter http://shtetiweb.org/2012/08/27/kushtetutat-e-shqiperise/ (20.05.2020).

Asamblesë Kushtetuese (1928): Statuti themeltar i Mbretërisë Shqiptare (1928). Tirana, 1. Dezember 1928.

Astashkevich, I. (2018): Gendered violence: Jewish women in the pogroms of 1917 to 1921. Boston: Academic Studies Press.

Ayoub, M. (2004): Dhimmah in Qur'an and Hadith. In: Hoyland, R.G. (Hg.): Muslims and Others in Early Islamic Society. Aldershot u.a.: Ashgate, 25–36.

Bärsch, C.-E. (2002): Die politische Religion des Nationalsozialismus. Die religiösen Dimensionen der NS-Ideologie in den Schriften von Dietrich Eckart, Joseph Goebbels, Alfred Rosenberg und Adolf Hitler. München: Wilhelm Fink.

Bakić, D. (2017): Regent Alexander Karadjordjević in the First World War. Balcanica XLVIII (2017), Serbian Academy of Sciences and Arts, 191–217.

Balić, S. (1968): Der bosnisch-herzegowinische Islam. Der Islam: Journal of the History and Culture of the Middle East, Vol.44(1), 115–137.

Bank, J. / Gevers, L. (2016): Churches and Religion in the Second World War. GB: Bloomsbury Academic.

Bartl, P. (1981a): Toptani, Esad Pascha. In: Bernath, M. / Schroeder, F. (Hg.): Biographisches Lexikon zur Geschichte Südosteuropas. Band 4. München: Oldenbourg, 340–342.

(1981b): Zogu, Ahmed. In: Bernath, M. / Schroeder, F. (Hg.): Biographisches Lexikon zur Geschichte Südosteuropas. Band 4. München: Oldenbourg, 497–501.

(1993): Religionsgemeinschaften und Kirchen. In: Grothusen, K.-D. (Hg.): Albanien. Göttingen: Vandenhoeck & Ruprecht, 587–614.

(1995): Albanien. Vom Mittelalter bis zur Gegenwart. Regensburg: Pustet u.a.

Barton, A. H. / Lazarsfeld, P. F. (1979): Einige Funktionen von qualitativer Analyse in der Sozialforschung. In: Hopf, C. / Weingarten, E. (Hg.): Qualitative Sozialforschung. Stuttgart: Klett-Cotta, 41–89.

Bartulin, N. (2013): The Racial Idea in the Independent State of Croatia: Origins and Theory. Leiden: Brill.

Bashkësia Fetare Islame e Republikës së Maqedonisë së Veriut (2020): Kuvendi. Skopje. Unter https://bfi.mk/kuvendi/ (01.08.2022).

Bauknecht, B. (2001): Muslime in Deutschland von 1920 bis 1945. Zeitschrift für Religionswissenschaft, Vol.9(1), 41–81.

Bayer, A. (2002): Spaltung der Christenheit. Das sogenannte Morgenländische Schisma von 1054. Köln, Weimar, Wien: Böhlau.

Becher, M. (2013): Gewaltmission. Karl der Große und die Sachsen. In: Stiegemann, C. / Kroker, M. / Walter, W. (Hg.): Credo. Christianisierung Europas im Mittelalter. Petersberg: Michael Imhof Verlag, 321–330.

Becker, J. (2017): Jean Bodin, die Souveränität des Herrschers und das Gebot der religiösen Toleranz. In: Hidalgo, O. / Polke, C. (Hg.): Staat und Religion. Zentrale Positionen zu einer Schlüsselfrage des politischen Denkens. Wiesbaden: Springer VS, 125–142.

Bellah, R. (1980): Varieties of Civil Religion. New York: Harper and Row.

Beogradska Nadbiskupija, Rimska Katolička Crkva (2016): Kratki istorijat Beogradske nadbiskupije. Beograd. Unter http://kc.org.rs/istorijat/ (20.05.2020).

Bernwald, Z. (2011): Aufbau einer bosnischen SS-Division. Interview. Unter https://www.zeitzeugen-portal.de/personen/zeitzeuge/zvonimir_bernwald/videos/ZqfdZItNJ7Y (01.06.2022).

(2012): Muslime in der Waffen-SS: Erinnerungen an die bosnische Division Handžar (1943–1945). Graz.

Best, H. (2009) (Hg.): Elites and social change: the socialist and post socialist experience. Hamburg: Krämer.

Bewer, M. (1907): Der deutsche Christus. War Christus Jude? War Christus Sozialdemokrat? Wie wird Deutschland glaubenseinig? Laubegast-Dresden: Goethe-Verlag.

Billstein, H. (2015): Turban und Hakenkreuz. Der Großmufti und die Nazis. Strasbourg: ARTE (Dokumentation).

Bilyarski, T. (1998): Nepublikuvani dnevnik i avtobiografii na Ivan Mikhaĭlov. Makedonski Naučen Institut: Makedonski pregled, 1998(3), 91–114.

Biščak, J. (2018): Spletna policija ali ko spregovori socialnodemokratski čredni „MI", je beseda „JAZ" prepovedana. Unter https://www.sds.si/blog/spletna-policija-ali-ko-spr egovori-socialnodemokratski-credni-mi-je-beseda-jaz-prepovedana (01.08.2022).

Bobzin, H. (2015): Mohammed. 4. Aufl., München: Beck.

Botti, F. (Hg.) (2019): Liberta di coscienza e diritti umani (LiCoDu). Bologna. (Datenbank zu Gesetzen im Bereich Religion in Osteuropa). Unter http://licodu.cois .it/ (22.05.2022).

Bougarel, X. / Rashid, A. (1997): From Young Muslims to Party of Democratic Action: The Emergence of a Pan-Islamist Trend in Bosnia-Herzegovina. Islamic Studies, Vol.36(2/3), 533–549.

Bowen, H. (2012): „Bashî-Bozuk". In: Bearman, P. / Bianquis, T. / Bosworth, C. / Donzel, E. van / Heinrichs, W. (Hg.): Encyclopaedia of Islam, 2. Aufl., siehe http://dx.doi.org/ 10.1163/1573-3912_islam_SIM_1256 (11.10.2019).

Bowers, S. (1978): Church and State in Albania. Religion in Communist Lands, 1978 (3), 148–154.

Bozoki, A. (2002): Theoretical Interpretations of Elite Change in Eastern Central Europe. Comparative Sociology, 2003, Vol.2(1), pp.215–247.

Božinovski, V. / Nikolovski, M. (2020): Upotreba na Religija vo Politički Kampanji. Skopje: Konrad-Adenauer-Stiftung.

Bremer, T. (2007): Die Religionsgemeinschaften im ehemaligen Jugoslawien. In: Melčić, D. (Hg.): Der Jugoslawien-Krieg. Handbuch zu Vorgeschichte, Verlauf und Konsequenzen. 2. Aufl., Wiesbaden: VS Verlag für Sozialwissenschaften, 235–254.

Broun, J. (1976): Review on the „The Fulfilled Promise". Religion in Communist Lands, 976 (4), 106/107.

Brown, S. (1980): Political subjectivity: Applications of Q Methodology in Political Science. New Haven: Yale University Press.

(1986): Q Technique and method: Principles and Procedures. In: Berry, W. / Lewis-Beck, M. (eds.): New Tools for Social Scientists: Advances and Applications in Research Methods. Berley Hills (u.a.): Sage, 57–76.

(1993): A Primer on Q Methodology. Operant Subjectivity, Vol.16(3/4), 91–138.

(2019): Subjectivity in the Human Sciences. The Psychological Record 2019, 1–15.

Buchenau, K. (2004): Orthodoxie und Katholizismus in Jugoslawien 1945–1991. Ein serbisch-kroatischer Vergleich. Wiesbaden: Harrassowitz Verlag.

(2005): What Went Wrong? Church–State Relations in Socialist Yugoslavia. Nationalities Papers, Vol.33(4), 547–567.

Bundesinstitut für Bau-, Stadt- und Raumforschung (2020): Laufende Stadtbeobachtung – Raumabgrenzungen. Stadt- und Gemeindetypen in Deutschland. Berlin. Unter https://www.bbsr.bund.de/BBSR/DE/forschung/raumbeobachtung/Raumabg renzungen/deutschland/gemeinden/StadtGemeindetyp/StadtGemeindetyp.h tml (01.12.2020).

Cacanoska, R. (2003): The Process of De-Secularization in Macedonian Society. New Balkan Politics, Journal of Politics Vol.5.

(2015): Religious Polarization of Macedonian Modern Society. In: Radeljic, B. / Topic, M. (Hg.): Religion in the Post-Yugoslav Context. London: Lexington Books, 121–154.

(2018): Protestantism in Macedonia Today. Occasional Papers on Religion in Eastern Europe, Vol.38(1), Article 4.

Camia, F. / Kantirea, M. (2010): The imperial cult in the Peloponnese. In: Lepenioti, C. / Rizakis, A. / Zoumbaki, S. (Hg.): Roman Peloponnese. 3, Society, economy and culture under the Roman Empire: continuity and innovation. Athen: Research Centre for Greek and Roman Antiquity, National Hellenic Research Foundation, 375–406.

Cannon, J. A. (2009): Hanseatic League. In: ders. (ed.): The Oxford Companion to British History (1 rev. ed.). Online Version 2009, DOI 10.1093/acref/9780199567638.001. 0001, Oxford University Press.

Carlo Alberto (1848): Statuto Fondamentale. Rom, 4. März 1848.

Casanova, J. (1994): Public Religions in the Modern World. Chicago (u.a.): University of Chicago Press.

Cerar, M. (1991): Die verfassungsrechtlichen Grundlagen der Konstituierung des Staates Slowenien. In: Borić, T. / Marko, J. (Hg.): Slowenien – Kroatien – Serbien: Die neuen Verfassungen. Studien zu Politik und Verwaltung 39, Wien: Böhlau, 100–204.

Cetin, O. (2010): 1941 Resolutions of El-Hidaje in Bosnia and Herzegovina as a Case of Traditional Conflict Transformation. European Journal of Economic and Political Studies, Vol.3(2), 73–83.

Chaves, M. / Cann, D. (1992): Regulation, Pluralism, and Religious Market Structure. Rationality and Society 4(3), 272–290.

Cheney, D. (2019): The Hierarchy of the Catholic Church. Current and historical information about its bishops and dioceses. Siehe http://www.catholic-hierarchy.org/ (Zugriff 22.05.2022).

Chryssides, G. D. / Gregg, S. E. (Hg.) (2019): The Insider/Outsider Debate. New Perspectives in the Study of Religion. Sheffield u.a.: Equinox.

Cicourel, A. (1970): Methode und Messung in der Soziologie. Frankfurt/M.: Suhrkamp.

Clewing, K. (2000): Nationalität und Glaube. Stimmen für und wider die Autokephalie in Albanien 1922-1937. In: N. Ukgjini, N. / Kamsi, W. / Gurakuqi, R. (Hg.): Krishtërimi ndër Shqiptarë. Shkodër: Revista Phoenix, 303–316.

Cody, E. (1997): Albania's New Socialist Prime Minister Vows Stability Without Foreign Troops. The Washington Post, 29.07.1997, 12.

Cohen, J. P. (2014): Becoming Ottomans. Sephardi Jews and imperial citizenship in the modern era. Oxford u.a.: Oxford University Press.

Courbage, Y. (2003): Censuses, Elections and Population: The Case of Macedonia. Population (English edition), 58/Nr. 4–5, 2003, 429–450.

Criado-Perez, C. (2020): Invisible Women. Exposing Data Bias in a World Designed for Men. London: Vintage.

Crljen, D. (1942): Načela hrvatskog ustaškog pokreta. Zagreb: Matice Hrvatskih Akad.

Crubaugh, A. (2011): Feudalism. In: Doyle, W. (ed.): The Oxford Handbook of the Ancien Régime. Online Version 2012, DOI 10.1093/oxfordhb/9780199291205.013.0013, Oxford University Press.

Čepar, D. (2008a): Država in vera v Sloveniji. Ljubljana: Urad Vlade Republike Slovenije za verske skupnosti.

(2008b): Legal aspects of religious freedom. Ljubljana: Urad Vlade Republike Slovenije za verske skupnosti.

Črnič, A. (2007): New Religions in ‚New Europe'. Journal of Church and State 49(3): 517–551.

Črnič, A. / Lesjak, G. (2003): Religious Freedom and Control in Independent Slovenia. Sociology of Religion, Vol.64(3): 349–366.

(2007): O, Holy Simplicity! Registering a Religion in Slovenia. Religion, State, and Society, Vol.35(1): 69–79.

ČZCBZ (Čezvesoljska Zombi cerkev blaženega zvonjenja) (2020): Dobrodošli, bratje in sestre v zvonu! Izobražujemo. Unter https://cezvesoljskacerkev.weebly.com/ (20.08.2020).

Dalby, A. (2004): Albanian. In: Dictionary of Languages: The Definitive Reference to More Than 400 Languages. London: A & C Publishers, 13–15.

Davison, R. H. (1963): Reform in the Ottoman Empire: 1856–1876. Princeton, NJ: Princeton Univ. Press.

Demographic Research Center (1974): The Population of Yugoslavia. Belgrade: Demographic Research Center, Institute of Social Sciences.

Deny, J. (2012): „Reʾīs ül-Küttāb". In: Bearman, P. / Bianquis, T. / Bosworth, C. / Donzel, E. van / Heinrichs, W. (Hg.): Encyclopaedia of Islam, 2. Aufl., siehe http://dx.doi.org/10.1163/1573-3912_islam_SIM_1256 (11.10.2019).

Department of State, Bureau of Democracy, Human Rights, and Labor (2007): International Religious Freedom Report for 2006: Albania. Washington D.C.

(2017): International Religious Freedom Report for 2016: Albania. Washington D.C.

Dezhgiu, M. (2010): Gjermanët në Shqipëri (verë-vjeshtë 1943). Studime Historike, 2010, Vol.(3–04), 61–85.

Dimevski, S. (1989): Istorija na Makedonskata Pravoslavna Crkva. Skopje: Makedonska Kniga.

Dippold, P. / Seewann, G. (Hg.) (1997): Bibliographisches Handbuch der ethnischen Gruppen Südosteuropas. München: Oldenbourg.

Djenovic, D. (2009): Macedonia: Official discrimination continues. Forum 18 News Service, Oslo. Unter http://www.forum18.org/archive.php?article_id=1335 (01.09.2019).

Dobruna, A. (2018): Gjakova dhe Komiteti Mbrojtja Kombëtare e Kosovës (1918–1924). Gjurmime Albanologjike – Seria e shkencave historike, 2018, Iss. 48, 181–193.

Dols, M.W. (2019): The Black Death in the Middle East. Princeton, NJ: Princeton University Press.

Domadenik, P. / Prašnikar, J. / Svejnar, J. (2015): Political Connectedness, Corporate Governance, and Firm Performance. Journal of Business Ethics, Vol.139 (2), 411–428.

Döpmann, H.-D. (2005): Identität von Religion und Nation in den Ländern Südosteuropas. Südosteuropa Mitteilungen, Vol.02/2005, 42–51.

Droogers, A. (2011): Defining Religion. A Social Science Approach. In: Clarke, P. B. (ed.): The Oxford Handbook of the Sociology of Religion. Oxford: Oxford University Press, 263–279.

Državen zavod za statistika (Hg.) (2002): Popis na Naselenieto, Domašinstvata i Stanovite vo Republika Makedonija – Kniga X. Skopje.

(2020): North Macedonia in figures, 2020. Skopje. Unter http://www.stat.gov.mk/Prikaz iPublikacija_1_en.aspx?rbr=805 (24.08.2020).

Državna volilna komisija (2020): Volitve v državni zbor 1992, 6. december 1992. Unter https://www.dvk-rs.si/index.php/si/arhiv/dz1992 (20.08.2020).

Durkheim, E. ([1912] 1964): The Elementary Forms of the Religious Life. Übers. von Joseph W. Swain, 5. Aufl., London: George Allen and Unwin.

Džaja, S. M. (2002): Die politische Realität des Jugoslawismus (1918–1991). Mit besonderer Berücksichtigung Bosnien-Herzegowinas, München: Oldenbourg.

ECAV (Evangeličanska cerkev augsburške veroizpovedi v Republiki Sloveniji) (2000): Ustava in Statut Evangeličanske cerkve augsburške veroizpovedi v Republiki Sloveniji. Murska Sobota, 20.12.2000.

Elbasani, A. (2016): State-organised Religion and Muslims' Commitment to Democracy in Albania. Europe-Asia Studies, Vol.68/2, 253–269.

Elbasani, A. / Roy, O. (2015): Islam in the Post-Communist Balkans: Alternative Pathways to God. Southeast European and Black Sea Studies, Vol.15/4, 457–471.

Elbasani, A. / Tošić, J. (2017): Localized Islam(s): interpreting agents, competing narratives, and experiences of faith. Nationalities papers, Vol.45(4), 499–510.

Elsie, R. (2001a): A Dictionary of Albanian Religion, Mythodology, and Folk Culture. London: Hurst (Hg.) (2001b): Der Kanun. Das albanische Gewohnheitsrecht nach dem sogenannten Kanun des Lekë Dukagjini. Pejë: Dukagjini.

Endresen, C. (2012): Is the Albanian's Religion really „Albanianism"? Religion and Nation according to Muslim and Christian leaders in Albania. Wiesbaden: Harrassowitz.

Ersoy, A. (2014): Mustafa Resid Pasha: The Gülhane Edict. In: Kopeček, M. / Trencsenyi, B. (Hg.): Discourses of Collective Identity in Central and Southeast Europe (1770–1945). Texts and Commentaries. Vol.1 Late Enlightment. Budapest u.a.: Central European University Press, 332–339.

Esmer, T. (2014): Economies of Violence, Banditry and Governance in the Ottoman Empire Around 1800. Past and Present, 2014, Vol.224 (1), 163–199.

Esposito, J. L. (2003a): Abu Hanifah, al-Numan ibn Thabit ibn Zuta. In: ders (Hg.): The Oxford Dictionary of Islam. Oxford University Press. Current Online Version: 2003, eISBN 9780199891207.

(2003b): Bektashi Tariqah. In: ders (Hg.): The Oxford Dictionary of Islam. Oxford University Press. Current Online Version: 2003, eISBN 9780199891207.

(2003c): Caliph. In: ders (Hg.): The Oxford Dictionary of Islam. Oxford University Press. Current Online Version: 2003, eISBN 9780199891207.

(2003d): Hanafi School of Law. In: ders (Hg.): The Oxford Dictionary of Islam. Oxford University Press. Current Online Version: 2003, eISBN 9780199891207.

(2003e): Imam. In: ders (Hg.): The Oxford Dictionary of Islam. Oxford University Press. Current Online Version: 2003, eISBN 9780199891207.

(2003f): Khalifah. In: ders (Hg.): The Oxford Dictionary of Islam. Oxford University Press. Current Online Version: 2003, eISBN 9780199891207.

(2003g): Mufti. In: ders (Hg.): The Oxford Dictionary of Islam. Oxford University Press. Current Online Version: 2003, eISBN 9780199891207.

(2003h): Shaykh al-Islam. In: ders (Hg.): The Oxford Dictionary of Islam. Oxford University Press. Current Online Version: 2003, eISBN 9780199891207.

(2003i): Sultan. In: ders (Hg.): The Oxford Dictionary of Islam. Oxford University Press. Current Online Version: 2003, eISBN 9780199891207.

(2003j): Ulama: Sunni. In: ders (Hg.): The Oxford Dictionary of Islam. Oxford University Press. Current Online Version: 2003, eISBN 9780199891207.

(2003k): Young Ottomans. In: ders (Hg.): The Oxford Dictionary of Islam. Oxford University Press. Current Online Version: 2003, eISBN 9780199891207.

(2003l): Young Turks. In: ders (Hg.): The Oxford Dictionary of Islam. Oxford University Press. Current Online Version: 2003, eISBN 9780199891207.

European Commission for Democracy through Law (Venice Commission) (2016): Opinion No.861, Albania, Law No.133/2015, On the Treatment of Property and Finalisation of the Process of Compensation of Property and Explanatory Memorandum and Report on the Law (Explanatory Report). Strassbourg, 04.08.2016.

European Court of Human Rights (2017): Case of „Orthodox Ohrid Archdiocese (Greek-Orthodox Ohrid Archdiocese of the Peć Patriarchy)" vs. the former Yugoslav Republic of Macedonia Application no.3532/07. Judgment. Strasbourg, 16.11.2017.

EVS (2016): European Values Study 2008: Integrated Dataset (EVS 2008). GESIS Data Archive, Cologne. ZA4800 Data file Version 4.0.0, doi:10.4232/1.12458.

Ferrero, M. (2013): A theory of conversion to exclusive religious and political faiths. In: Cabrillo, F. / Puchades-Navarro, M. (Hg.): Constitutional Economics and Public Institutions. Edward Elgar Publishing: 345–360.

Fevziu, B. (2016): Enver Hoxha: The Iron Fist of Albania. London, New York: I.B.Tauris.

Findley, C.V. (2012): „Mukhtār". In: Bearman, P. / Bianquis, T. / Bosworth, C. / Donzel, E. van / Heinrichs, W. (Hg.): Encyclopaedia of Islam, 2. Aufl., siehe http://dx.doi.org/10.1163/1573-3912_islam_SIM_1256 (11.10.2019).

Finkel, C. (2005): Osman's dream: the story of the Ottoman Empire 1300–1923. New York: Basic Books.

Fischer, B. (1991): Resistance in Albania during the Second World War: Partisans, Nationalists and the S.O.E. East European Quarterly, Vol.25(1), 21–47.

Fischer-Weth, K. (1943): Amin Al-Husseini. Grossmufti von Palästina. Berlin.

Fodor, P. (1994): Sultan, Imperial Council, Grand Vizier: Changes in the Ottoman Ruling Elite and the formation of the Grand Vizieral „Telhis". Acta Orientalia Academiae Scientiarum Hungaricae, Vol.47 (1/2), 67–85.

Förger, D. / Zlatarsky, V. (2013): Die Medien in Mazedonien. Auslandsinformationen der Konrad-Adenauer-Stiftung, Ausg. 7–8 (2013), 62–80.

Fouquet, J. (2019): Bauen zwischen Polis und Imperium: Stadtentwicklung und urbane Lebensformen auf der kaiserzeitlichen Peloponnes. Berlin, Boston: De Gruyter.

Fox, J. (2004): Religion, Civilization, and Civil War. 1945 through the Millennium. Lanham (u.a.): Lexington Books.

(2008): A World Survey of Religion and the State. Cambridge (u.a.): Cambridge University Press.

(2019): The Correlates of Religion and State: An Introduction. Religion, State & Society, Vol.47(1), 2–9.

Fox, L. (1989): The Code of Lekë Dukagjini. New York: Gjonlekaj Publishing Company.

Franck, G. (1998): Ökonomie der Aufmerksamkeit: Ein Entwurf. München u.a.: Hanser.

Frank, C. (2010): Antisemitism in Yugoslavia. In: Petersen, H.-C. / Salzborn, S. (Hg.): Antisemitism in Eastern Europe. History and Present in Comparison. Frankfurt/Main: Lang, 67–112.

Franke, L. / Ziemer, K. (1969): Jugoslawien. In: Sternberger, D. / Vogel, B. (Hg.): Die Wahl der Parlamente und anderer Staatsorgane. Ein Handbuch. Band 1, Halbband 1 und 2: Europa. Berlin: De Gruyter, 753–791.

Freas, E. (2012): Hajj Amin al-Husayni and the Haram al-Sharif: A Pan-Islamic or Palestinian Nationalist Cause? British Journal of Middle Eastern Studies, Vol.39(1), 19–51.

Fustel de Coulanges, N. D. ([1864] 1889): The Ancient City: A Study on the Religion, Laws and Institutions of Greece and Rome. Übers. von Willard Small, 7. Aufl., Boston: Lee and Shepard u.a.

Garaudy, R. (1975): The Possibility of Other Models of Socialism. In: Horvat, B. / Markovic, M. / Supek, R. (Hg.): Self-governing Socialism. New York: International Arts and Science Press, 29–33.

Garland, H. / Garland, M. (2005a): Goldene Bulle. In: ders. (Hg.): The Oxford Companion to German Literature. 3. Aufl., Oxford University Press, Online Version 2005.

(2005b): Kurfürsten. In: ders. (Hg.): The Oxford Companion to German Literature. 3. Aufl., Oxford University Press, Online Version 2005.

(2005c): Otto I, Kaiser Otto der Große. In: ders. (Hg.): The Oxford Companion to German Literature. 3. Aufl., Oxford University Press, Online Version 2005.

(2005d): Wormser Konkordat, Das. In: ders. (Hg.): The Oxford Companion to German Literature. 3. Aufl., Oxford University Press, Online Version 2005.

Gawrych, G. W. (2006): The crescent and the eagle: Ottoman rule, Islam and the Albanians, 1874–1913. London u.a.: Tauris.

Geiger, V. (2016): Provodjenje odluke od 18. maja 1945. o uklanjanju vojnih grobalja i grobova „okupatora" i „narodnih neprijatelja" u Sloveniji. Istorija 20. veka, Vol.34 (2), 45–62.

Gellner, W. (2002): Symbolische Politik. In: Nohlen, D. / Schultze, R.-O. (Hg.): Lexikon der Politikwissenschaft. München: C.H. Beck, 941/942.

Genov, N. (2007): Comparing Patterns of Interethnic Integration. In ders. (ed.): Patterns of Interethnic Integration. Arbeitspapiere des Osteuropa-Instituts, 57/2007, Berlin: Freie Universität Berlin, 7–15.

(2010): Global Trends in Eastern Europe. Farnham (u.a.): Ashgate.

Gensicke, K. (1988): Der Mufti von Jerusalem, Amin el-Husseini, und die Nationalsozialisten. Frankfurt/Main [u.a.]: Lang.

Gilliot, C. / Repp, R. / Nizami, K. / Hooker, M. / Lin, C. / Hunwick, J. (2012): „'Ulamā'", In: Bearman, P. / Bianquis, T. / Bosworth, C. / Donzel, E. van / Heinrichs, W. (Hg.): Encyclopaedia of Islam, 2. Aufl., http://dx.doi.org/10.1163/1573-3912_islam_SIM_1 256 (11.01.2020).

Gitman, E. (2015): Archbishop Alojzije Stepinac of Zagreb and the Rescue of Jews, 1941–45. The Catholic Historical Review, Vol.101(3), 488–529.

Gjorgjevski, G. (2017): Macedonian Orthodox Church in the Context of Balkan and European Orthodoxy. Occasional Papers on Religion in Eastern Europe, Vol.37/4, Art. 2, 1–17.

Gjuraj, T. (2013): The Inter-Religious Tolerance of the Albanian Multi-Religious Society. Facts and Misconceptions. European Scientific Journal, Apr 2013, Vol.9(11), 89–109.

Glock, C. Y. (1954): Towards a typology of religious orientation. New York: Bureau of Applied Social Research, Columbia University.

Göderle, W. (2016): Zensus und Ethnizität: Zur Herstellung von Wissen über soziale Wirklichkeiten im Habsburgerreich zwischen 1848 und 1910. Göttingen: Wallstein Verlag.

Gorlow, L. / Schroeder H. (1968): Motives for Participating in the Religious Experience. Journal for the Scientific Study of Religion, Vol.7(2), 241–251.

Gostentschnigg, K. (2018): Wissenschaft im Spannungsfeld von Politik und Militär. Die österreichisch-ungarische Albanologie 1867–1918. Wiesbaden: VS Verlag für Sozialwissenschaften.

Greble, E. (2011): Sarajevo, 1941–1945: Muslims, Christians, and Jews in Hitler's Europe. Ithaca (u.a.): Cornell University Press.

Greenberg, M. L. (2006): A Short Reference Grammar of Standard Slovene. University of Kansas.

Gries, P. / Schak, D. / Su, J. (2012): Toward the Scientific Study of Polytheism: Beyond Forced-Choice Measures of Religious Belief. Journal for the Scientific Study of Religion, Vol.51/4, 623–637.

Griesser Pečar, T. (2008): The Roman Catholic Church in Slovenia under three Totalitarian Regimes. In: Jambrek, P. (Hg.): Crimes committed by Totalitarian Regimes. Ljubljana: Slovenian Presidency of the Council of the European Union, 71–80.

Güçlü, Y. (2015): Becoming Ottomans: Sephardi Jews and Imperial Citizenship in the Modern Era Era, by Julia Phillips Cohen. Middle East Policy, Vol.22(4), 155–158.

Härtel, H.-J. (1981): Varnava (Petar Rosić). In: Bernath, M. / Schroeder, F. (Hg.): Biographisches Lexikon zur Geschichte Südosteuropas. Band 4. München: Oldenbourg, 386/387.

Härtel, G. / Kaufmann, F.-M. (Hg.) (1991): Codex Justinianus. Leipzig: Reclam.

Halili, R. (2006a): Naum Veqilharxhi: A Preface to Young Albanian Boys. In: Kopeček, M. / Trencsenyi, B. (Hg.): Discourses of Collective Identity in Central and Southeast Europe (1770–1945). Vol.1, Budapest u.a.: Central European University Press, 258–262.

(2006b): Program of the Albanian League of Prizren. In: Kopeček, M. / Trencsenyi, B. (Hg.): Discourses of Collective Identity in Central and Southeast Europe (1770–1945). Vol.1, Budapest u.a.: Central European University Press, 347–351.

Hartmann, M. (2007): Eliten und Macht in Europa. Frankfurt/Main: Campus.

Hartmann, M. (2015): „Libri carolini". In: Betz, H. (Hg.): Religion past and present. 4. Aufl., Leiden u.a.: Brill. Siehe http://dx.doi.org/10.1163/1877-5888_rpp_SIM_12981 (24.03.2022).

Hashimzade, N. / Myles, G. / Black, J. (2017): Herfindahl-Index. In A Dictionary of Economics. 5. Aufl., Oxford University Press (Online Version 2017; eISBN 9780191819940).

Hasmath, R. / Hildebrandt, T. / Hsu, J. (2019): Conceptualizing government-organized non-governmental organizations. Journal of civil society, Vol.15(3), 267–284.

Heiser, P. (2018): Religionssoziologie. Paderborn: UTB/Wilhelm Fink.

Hero, M. (2018): Religiöser Markt. In: Pollack, D. / Krech, V. / Müller, O. / Hero, M. (Hg.): Handbuch Religionssoziologie. Wiesbaden: Springer VS, 567–590.

Hidalgo, O. (2017a): Religion und Politik – Über Komplexität, Besonderheiten und Fragestellungen einer interaktiven Beziehung aus politikwissenschaftlicher Sicht. Zeitschrift für Religion, Gesellschaft und Politik 2017 (1), 111–132.

(2017b): Thomas Hobbes – Kontinuitäten und Brüche der Politischen Theologie. In: ders. / Polke, C. (Hg.): Staat und Religion. Zentrale Positionen zu einer Schlüsselfrage des politischen Denkens. Wiesbaden: Springer VS, 143–158.

(2018): Religion, Rechtspopulismus und Demokratie – Versuch einer theoretischen Verhältnisbestimmung. ZRGP, 2018 (2), 167–192.

Hidalgo, O. / Polke, C. (Hg.) (2017): Staat und Religion. Zentrale Positionen zu einer Schlüsselfrage des politischen Denkens. Wiesbaden: Springer VS.

Higley, J. (2007): Elite and Leadership Change in Liberal Democracies. In: Friedrich-Ebert-Stiftung (Hg.): Elites in Central-Eastern Europe. Budapest: FES, 13–22.

Higley, J. / Lengyel, G. (Hg.) (2000): Elites after State Socialism. Oxford: Rowman and Littlefield.

Hildebrandt, M. / Brocker, M. (Hg.) (2005): Unfriedliche Religionen? Das politische Gewalt- und Konfliktpotential von Religionen. Wiesbaden: VS Verlag für Sozialwissenschaften.

Hitler, A. (1943): Mein Kampf. 2 Bände, 851. Aufl., München: Zentralverlag der NSDAP.

Hloušek, V. /Kopeček, L. (2010): Origin, ideology and transformation of political parties East-Central and Western Europe compared. Burlington: Ashgate.

Hoare, M. (2013): The Bosnian Muslims in the Second World War. A History. London: Hurst.

Hockstader, L. (1997): Albanian Dreams Shatter in Pyramid Schemes' Fall. The Washington Post, 02.02.1997, 29.

Hodges, P. (1986): Albania After Hoxha's Death. Religion in Communist Lands, 1986 (3), 268–272.

Hodgson, G. M. (1996): Varieties of capitalism and varieties of economic theory. Review of International Political Economy, 1996, 3(3), 380–433.

Höntzsch, F. (2017): John Locke oder die Verabschiedung der Religionen ins Private?. In: Hidalgo, O. / Polke, C. (Hg.) (2017): Staat und Religion. Zentrale Positionen zu einer Schlüsselfrage des politischen Denkens. Wiesbaden: Springer VS, 175–186.

Höpp, G. (1994): Der Koran als „Geheime Reichssache". Bruchstücke deutscher Islampolitik zwischen 1938 und 1945. In: Preißler, H. / Seiwert, H. (Hg.): Gnosisforschung und Religionsgeschichte. Marburg: diagonal, 435–446.

Hösch, E. (2002): Geschichte der Balkanländer. Von der Frühzeit bis zur Gegenwart. 4. Aufl., München: Beck.

Hoffmeister, F. / Weckbecker, A. (1997): Die Entwicklung der politischen Parteien im ehemaligen Jugoslawien, München: Oldenbourg.

Hofmann, Birgit (2017): Recht und Hetze. Der juristische Kampf gegen „hate speech" begann in Deutschland schon zur Zeit des Kaiserreichs. In: Die Zeit, Nr. 30/2017, 17.

Hoge, D. R. (2011): Sociology of the Clergy. In: Clarke, P. B. (Hg.): The Oxford Handbook of the Sociology of Religion. Oxford (u.a.): Oxford University Press, 581–596.

Holden, A. (1976): Bulgaria´s Entry into the First World War. A Diplomatic Study, 1913–1915. University of Illinois (Ph.D. Thesis).

Hoskins Walbank, M. (2010): The cults of Roman Corinth: public ritual and personal belief. In: Lepenioti, C. / Rizakis, A. / Zoumbaki, S. (Hg.): Roman Peloponnese. 3, Society, economy and culture under the Roman Empire: continuity and innovation. Athen: Research Centre for Greek and Roman Antiquity, 357–374.

Hoti, B. (2016): Pronat, qeveria përcakton kompensimin financiar me tri shkallë dhe me vlerë jo të plotë. Gazeta Shqip, 24.03.2016.

Hoyland, R.G. (Hg.) (2004): Muslims and Others in Early Islamic Society. Aldershot u.a.: Ashgate.

Hrovatin, I. / Štular, B. (2002): Slovene Pagan Sacred Landscape Study Case: The Bistrica Plain. Studia Mythologica Slavica V, 43–68.

Human Rights Council (2009): Report of the Special Rapporteur on freedom of religion or belief. Unter https://www.ohchr.org/en/issues/freedomreligion/pages/freedomrel igionindex.aspx (20.10.2020).

(2018): Report of the Special Rapporteur on freedom of religion or belief on his mission to Albania. A/HRC/37/49/Add.1. Geneva: Office of the High Commissioner for Human Rights. Unter https://ap.ohchr.org/documents/dpage_e.aspx?si=A/HRC/37/ 49/Ad d.1 (01.09.2019).

Human Rights Library (2018): Ratification of International Human Rights Treaties – Index. Minneapolis: University of Minnesota. Unter http://hrlibrary.umn.edu/resear ch/ratification-index.html (20.08.2020).

Hunter, J. (1987): Religious Elites in Advanced Industrial Society. Comparative Studies in Society and History, Vol.29(2), 360–374.

Huntington, S. (1993): The Clash of Civilizations? Foreign Affairs, Vol.72 (3), 22–49.

(1996): The Clash of Civilizations and the Remaking of World Order. New York: Simon & Schuster.

Inglehart, R. / Haerpfer, C. / Moreno, A. / Welzel, C. / Kizilova, K. / Diez-Medrano, J. / Lagos, M. / Norris, P. / Ponarin, E. & Puranen, B. et al. (eds.) (2020): World Values Survey: All Rounds – Country-Pooled Datafile. Version: http://www.worldvaluessurv ey.org/WVSDocumentationWVL.jsp. Madrid: JD Systems Institute.

Instituti i Statistikave (2012): Censusi i Popullsisë dhe Banesave 2011. Tirana: Instat. Unter http://www.instat.gov.al/en/themes/censuses/census-of-population-and-housing/#t ab2 (20.08.2022).

(2014): A New Urban-Rural Classification of Albanian Population. Tirana: Instat.

(2016): Regional Statistical Yearbook. Tirana: Instat.

Islamska Verska Zajednica Kraljevine Jugoslavije (1936): Ustav Islamske verske zajednice Kraljevine Jugoslavije. Beograd, 24.10.1936. Unter http://licodu.cois.it/?p=4383&lang =en (10.06.2020).

Islamska Zajednica u Bosni i Hercegovini (2007): Podsjetnik na važnije datume iz historije Islama i islamskog svijeta. Sarajevo. Unter https://www.islamskazajednica.ba/ dini-islam/tekstovi/115-historijski-podsjetnik/196-podsjetnik-na-varnije-datume-iz-h istorije-islama (10.01.2020).

(2008): Ustavi Islamske zajednice. Unter https://www.islamskazajednica.ba/islamska-za jednica/o-islamskoj-zajednici/339-islamska-zajednica/5480-ustavi (20.07.2022).

(2015): Biografije dosadašnjih reis-ul-ulema. [`Biographien früherer Reis-ul-Ulema`]. Sarajevo. Unter https://www.islamskazajednica.ba/dosadasnje-reisu-l-ul eme (20.04.2020).

ISRS (Islamska skupnost v Republiki Sloveniji) (2017): Mešihat Islamske skupnosti na svoji seji sprejel poročilo o alternativnih muslimanskih organizacijah v Sloveniji. Ljubljana. Unter https://www.islamska-skupnost.si/novice/2017/11/mesihat-islamske -skupnosti-na-svoji-seji-sprejel-porocilo-o-alternativnih-muslimanskih-organizacija h-v-sloveniji/ (20.09.2020).

(2020): Islamska skupnost. Ljubljana. Unter https://www.islamska-skupnost.si/islamska -skupnost/islamska-skupnost/ (20.09.2020).

ISSSS (International Society for the Scientific Study of Subjectivity) (2019): Resources and Software. Siehe https://qmethod.org/resources/software/ (02.06.2019).

Jahić, A. (2008): Obnova Autonomije Islamske Zajednice u Bosni I Hercegovini 1936. godine. Prilozi, 2008 (37), 95–112.

Jazexhi, O. (2018): Albania. In: Račius, E. / Zhelyazkova, A. (Hg.): Islamic Leadership in the European Lands of the Former Ottoman and Russian Empires. Legacy, Challenges and Change. Leiden u.a.: 45–67.

Jendorff, A. (2007): Gemeinsam herrschen: Das alteuropäische Kondominat und das Herrschaftsverständnis der Moderne. Zeitschrift für Historische Forschung, Vol.34(2), 215–242.

Jewish Community Bitola (2018): Time periods in Jewish history – Roman rule in the land of Israel (63 BC–324). Bitola. Unter http://www.jewishcommunitybitola.mk/history/ 63-time-periods-in-jewish-history.html?start=1 (10.12.2019).

Jones, R. A. (1993): Durkheim and La Cité Antique. An essay on the origins of Durkheim's sociology of religion. In: Turner, S. (ed.): Emile Durkheim. Sociologist and Moralist. London, New York: Routledge, 23–49.

Jovanović, V. Z. (2013): Consolidation of Common Identity: The Sokol Movement in Interwar Yugoslavia. Balkanistićen Forum, Issue 2, 44–55.

Kahleyss, M. (2014): Kolonialsoldaten in Gefangenschaft und Lager. In: Burkard, B. (Hg.): Gefangene Bilder. Wissenschaft und Propaganda im Ersten Weltkrieg. Frankfurt/M., 24–51.

Kaleshi, H. (1974): Frashëri, Naim. In: Bernath, M. / Schroeder, F. (Hg.): Biographisches Lexikon zur Geschichte Südosteuropas. Band 1. München: Oldenbourg, 540–542.

(1979a): Noli, Fan (Tjeofan) Stylian. In: Bernath, M. / Schroeder, F. (Hg.): Biographisches Lexikon zur Geschichte Südosteuropas. Band 3. München: Oldenbourg, 334–338.

(1979b): Përmeti, Turhan Pascha. In: Bernath, M, / Schroeder, F. (Hg.): Biographisches Lexikon zur Geschichte Südosteuropas. Band 3. München: Oldenbourg, 425–427.

Karpat, K. H. (1985): Ottoman Population 1830–1914. Demographic and Social Characteristics, London: The University of Wisconsin Press.

Kaser, K. (2003): Zuwanderung, Ansiedlung und Integration in früher Zeit: drei europäische Zivilisationen (500–1500). In: Kaser, K. / Gruber, S. / Pichler, R. (Hg.): Historische Anthropologie im südöstlichen Europa. Eine Einführung. Wien u.a.: Böhlau.

Kastrati, Q. (1955): Some Sources on the Unwritten Law in Albania. Man (Royal Anthropological Institute of Great Britain and Ireland), Vol.55/3, 124–127.

Kaya, E. (2018): Secularism and State Religion in Modern Turkey. Law, Policy-making and the Diyanet. London, New York: I.B. Tauris.

Kayali, H. (1995): Elections and the Electoral Process in the Ottoman Empire, 1876–1919. International Journal of Middle East Studies, Vol.27 (3), 265–286.

Ketterer, J. A. (1898): Karl der Grosse und die Kirche. München: Oldenbourg.

Këshilli Ministerial (1946a): Vendimi Nr. 25, Aprovimin Statutit Bektashian te Shqipnise. Gazeta Zyrtare, 14.03.1946. Tiranë.

(1946b): Vendimi Nr. 43, Aprovimin e Statutit te Komunitetit Mysliman Shqiptar. Gazeta Zyrtare, 26.03.1946. Tiranë.

Këshilli i Ministrave, (1922): Ligj për mbi komunitet fetare. Tirana. Unter Komiteti Shtetëror për Kultet, http://kshk.gov.al/legjislacioni-per-fene-deri-ne-vitin-1 939/ (01.05.2020).

(1923): Statuti legal i komiteteve Fetare. Tirana, 03.06.1923. Unter Botti (2019): http://lic odu.cois.it/?p=285&lang=en/ (01.05.2020).

(1929): Dekret – Ligje mbi formimin e komuniteteve fetare. Tirana, 09.07.1929. Unter Komiteti Shtetëror për Kultet, http://kshk.gov.al/legjislacioni-per-fene-deri-ne-vitin-1 939/ (01.05.2020).

Këshilli i Përhershëm i Komunitetit Mysliman Shqiptar (1945): Statuti i Komunitetit Mysliman Shqiptar. Tiranë, 20.05.1945 (veröffentlicht 22.12.1945). Unter http://licodu .cois.it/?p=216&lang=en (20.05.2020).

Kiefer, D. (1980): Nationale Mischehen in Jugoslawien. In: Südosteuropa, Vol.6/7 (1980), München, 162–164.

King, R. / Vullnetari, J. (2009): Remittances, return, diaspora: Framing the debate in the context of Albania and Kosova. Southeast European and Black Sea Studies, Vol.9(4), 385–406.

Kirby, D. (2011): History, Memory and the Living Witness. The Vatican, the Holocaust and the Cold War. Intelligence and National Security, Vol.26(1), 106–113.

Kirk, D. (1967): Europe´s Population in the Interwar Years. New York: Gordon & Breach.

Kisha Orthodhokse Autoqefale e Shqipërisë (2006): Statuti i Kishës Orthodhokse Autoqefale të Shqipërisë. Tirana.

(2012): Deklaratë zyrtare, 17.12.2012. Tirana. Unter https://orthodoxalbania.org/2020/kisha-jone/te-dhenat-e-censusit-2011-per-te-krishteret-orthodhokse-te-shqiperise-jane-teresisht-te-pasakta-dhe-te-papranueshme/ (01.08.2020).

Kisha Orthodhokse Autoqefale të Shqipris (1929): Statuti i kishës Orthodhokse Autoqefale të Shqipris. Korça, 29. Juni 1929.

Kisha Orthodhokse Kombëtare të Shqipërisë (1922): Statuti i Kishës Orthodhokse Kombëtare të Shqipërisë. Berat, 17. September 1922.

Kissling, H.J. (1981): Sari Saltik Dede (Baba). In: Bernath, M. / Schroeder, F. (Hg.): Biographisches Lexikon zur Geschichte Südosteuropas. Band 4. München: Oldenbourg, 82/83.

K. K. Statistische Zentralkommission (Hg.) (1904): Gemeindelexikon der im Reichsrate vertretenen Königreiche und Länder. Bearbeitet auf Grund der Ergebnisse der Volkszählung vom 31. Dezember 1900. Band IV. Steiermark. Wien: K.K. Hof- und Staatsdruckerei.

(1905a): Gemeindelexikon der im Reichsrate vertretenen Königreiche und Länder. Bearbeitet auf Grund der Ergebnisse der Volkszählung vom 31. Dezember 1900. Band V. Kärnten. Wien: K.K: Hof- und Staatsdruckerei.

(1905b): Gemeindelexikon der im Reichsrate vertretenen Königreiche und Länder. Bearbeitet auf Grund der Ergebnisse der Volkszählung vom 31. Dezember 1900. Band VI. Krain. Wien: K.K. Hof- und Staatsdruckerei.

(1906): Gemeindelexikon der im Reichsrate vertretenen Königreiche und Länder. Bearbeitet auf Grund der Ergebnisse der Volkszählung vom 31. Dezember 1900. Band VII. Küstenland. Wien: K.K: Hof- und Staatsdruckerei.

Klages, H. (2001): Brauchen wir eine Rückkehr zu traditionellen Werten? Aus Politik und Zeitgeschichte, Nr. 29/2001, Bonn, 7–14.

Klieber, R. (2010): Jüdische – Christliche – Muslimische Lebenswelten der Donaumonarchie. Wien: Böhlau Verlag.

Klier, J. (2011): Russians, Jews, and the pogroms of 1881–1882. Cambridge u.a.: Cambridge University Press.

Klosi, A. (1993): Albanien. In: Grothusen, K.-D. (Hg.): Ostmittel- und Südosteuropa im Umbruch. München: Südosteuropa-Gesellschaft, 163–166.

Kluge, R.-D. (2011): Primus Truber: Leben, Werk und Wirkung. Ein Überblick. In: Lorenz, S. / Schindling, A. / Setzler, W. (Hg.): Primus Truber 1508–1586. Der slowenische Reformator und Württemberg. Stuttgart: W. Kohlhammer Verlag, 69–78.

Knoblauch, H. (2003): Qualitative Religionsforschung. Religionsethnographie in der eigenen Gesellschaft. Paderborn: Schöningh.

(2018): Individualisierung, Privatisierung und Subjektivierung. In: Pollack, D. / Krech, V. / Müller, O. / Hero, M. (Hg.): Handbuch Religionssoziologie. Wiesbaden: Springer VS, 329–346.

Körs, A. (2018): Empirische Gemeindeforschung: Stand und Perspektiven. In: Pollack, D. / Krech, V. / Müller, O. / Hero, M. (Hg.): Handbuch Religionssoziologie. Wiesbaden: Springer VS, 631–658.

Koinova, M. (2011): Diasporas and secessionist conflicts: the mobilization of the Armenian, Albanian and Chechen diasporas. Ethnic and Racial Studies, Vol.34(2), 333–356.

Komisioni Qendror i Zgjedhjeve (2022): Rezultate Zgjedhje për Kuvendin. Unter http://www.kqz.gov.al (01.08.2022).

Komiteti Shtetëror për Kultet (2014): Historiku i Komitetit. Tirana. Unter http://kshk.gov.al/baza-ligjore/ (01.05.2020).

(2020): VKM për financimin e bashkësive fetare (2010–2019). Tirana. Unter http://kshk.gov.al/vkm-per-financimin-e-bashkesive-fetare/ (20.08.2020).

Komuniteti Bektashian Shqiptar (1924): Statuti i Komuniteti Bektashian Shqiptar 1924. Gjirokastër, 9. Juli 1924.

(1929): Statuti i Komuniteti Bektashian Shqiptar 1929. Korça, 26. September 1929.

Komuniteti Mysliman Shqiptar (1929): Statuti I Komunitetit Mysliman Shqiptar. Tirana.

Komuniteti Mysliman i Shqipërisë (2005): Statuti Komunitetit Musliman të Shqipërisë. Tirana, 14.05.2005.

(2019): Myftinitë e Shqipërisë. Tirana. Unter http://www.kmsh.al/al/komuniteti-mysliman-i-shqiperise/myftinite/ (01.05.2020).

(2020): Historiku i Komunitetit Mysliman të Shqipërisë. Tirana. Unter https://kmsh.al/komuniteti-mysliman-i-shqiperise/historiku/ (20.05.2020).

Kondo, A. (1972): Drita – Dituria (1884–1885). Tiranë: Shtëpia Botuese e Librit Politik.

Konferenca Ipeshkvnore e Shqipërisë (2003): Statuti i Shoqatës `Konferenca Ipeshkvnore e Shqipërisë`. Tirana, 10.02.2003.

Koopmanns, R. (2020): Das verfallene Haus des Islams. München: C.H. Beck.

Kongresi Mysliman Shqipëtarë (1925): Statuti i Trupit (Xhema-atit) Mysliman Shqipëtarë. Tiranë, 26.07.1925. Unter http://licodu.cois.it/?p=212&lang=en (20.05.2020).

Kordha, H. (2007): Një çerekshekulli kryegjyshi botëror i bektashinjve Sali Njazi Dedej. Studime Historike, 2007, Vol.3(4), 181–186.

Kornrumpf, H.-J. (1984): Scheriat und christlicher Staat: Die Muslime in Bosnien und in den europäischen Nachfolgestaaten des Osmanischen Reiches. Saeculum, 1984, Vol.35(1), 17–30.

Kosinski, L. (1971): Population Censuses in East-Central Europe in the Twentieth Century. East European Quarterly, Vol.5(3), 279–301.

Kostić, S. (2017): Independent State of Croatia: Fear. Beograd: Radio-Televizija Srbije. (Dokumentation).

KOVZRG [Komisija za odnosi so verskite zaednici i religioznite grupi] (2004): Rešenie. Skopje, 03.11.2004.

587

(2018): Pregled na registrirani crkvi, verski zaednici i religiozni grupi. Skopje: KOVZRG. Unter http://www.kovz.gov.mk/pocetna/pregled.nspx (01.08.2022).

(2020): Za nas. Skopje: KOVZRG. Unter http://www.kovz.gov.mk/pocetna/za-nas.n spx (01.08.2022).

Krainer, H. (1981): Die Partisanen in Krain 1941–1945. Der Donauraum, Vol.26, 23–46.

Krašovec, T. (2000): (Re)Parlamentarizacija v Sloveniji: kronologija dogodkov ob 10.obletnici prvih demokratičnih volitev v Sloveniji. Ljubljana: Državni zbor Republike Slovenije.

Krech, V. (1999): Religionssoziologie. Bielefeld: Transcript-Verlag.

Kryegjyshata Botërore Bektashiane (2009): Statuti i Kryegjyshatës Botërore Bektashiane, Tirana, 06.07.2009. Unter https://kryegjyshataboterorebektashiane.org/ (01.08.2022).

(2020): Selia e Shenjtë e Kryegjyshatës Botërore Bektashiane. Tirana. Unter https://kry egjyshataboterorebektashiane.org/selia-e-shenjte-e-kryegjyshates-boterore-bektashi ane/ (20.05.2020).

Kryegjyshata Botnore i Komunitetit Bektashian Shqiptar (1945): Statuti I Komunitetit Bektashian Shqiptar. Tiranë, 5. Mai 1945. Unter http://licodu.cois.it/?p=202&lang=en (20.05.2020).

Kryesija e Këshillit Antifashist (1945): Ligjë Nr. 108 `Mbi Reformën Agrare`. Tirana, 29.08.1945. Unter http://licodu.cois.it/?p=5677&lang=en/ (01.05.2020).

Kryetari i Kongresit te Korçës (1930): Rrgullore e Bektashijyet Shqiptarë. Fletorja Zyrtare, Tiranë, 26. Februar 1930.

Kube, S. (2009): Brandstifter oder Feuerwehr. Religionsgemeinschaften und der Zerfall Jugoslawiens. Osteuropa, 09/2009, 133–146.

Kurzman, C. (Hg.) (2002): Modernist Islam, 1840–1940: A Source-Book. Oxford.

Kuvendi i Republikës së Shqipërisë (2020): Historiku i shkurtër i parlamentit Shqipëtar. Tirana. Unter https://www.parlament.al/Kuvendi/Historiku (20.05.2022).

Kuvendi Kushtetues i Republikës Shqiptare (1925): Statuti themeltar i Republikës Shqiptare (1925). Tirana. Unter http://licodu.cois.it/?p=379&lang=en (20.05.2020).

Lächele, R. (1996): Protestantismus und völkische Religion im Kaiserreich. In: Puschner, U. (Hg.): Handbuch zur „Völkischen Bewegung": 1871–1918. München: Saur, 149–163.

Lampe, J. R. / Jackson, M. R. (1982): Balkan Economic History 1550–1950. From Empirical Borderlands to Developing Nations, Bloomington: Indiana University Press.

Landesregierung des Herzogthums Krain (Hg.) (1849–1918): Landesgesetzblatt für das Herzogthum Krain 1870–1918 (Landes-Gesetz- und Regierungsblatt für das Kronland Krain 1849–1851; Landes-Gesetz- und Regierungsblatt für das Herzogthum Krain 1852; Landes-Regierungsblatt für das Herzogthum Krain 1853–1859; Verordnungen der kaiserl. königl. Landesbehörden für das Herzogthum Krain 1860–1862; Gesetz- und Verordnungsblatt für das Herzogthum Krain 1863–1869). Ljubljana: Eger´sche Buchdruckerei.

Lange, K. (1974): Curri, Bajram. In: Bernath, M. / Schroeder, F. (Hg.): Biographisches Lexikon zur Geschichte Südosteuropas. Band 1. München: Oldenbourg, 344–345.

(1976a): Grameno, Mihal. In: Bernath, M. / Schroeder, F. (Hg.): Biographisches Lexikon zur Geschichte Südosteuropas. Band 2. München: Oldenbourg, 81/82.

(1976b): Hoxha, Enver. In: Bernath, M. / Schroeder, F. (Hg.): Biographisches Lexikon zur Geschichte Südosteuropas. Band 2. München: Oldenbourg, 186–188.

Lassander, M. / Nynäs, P. (2016): Contemporary fundamentalist Christianity in Finland: the variety of religious subjectivities and their association with values. Interdisciplinary Journal for Religion and Transformation in Contemporary Society, Vol.2 (2), 154–184.

Lazarsfeld, P.F. (1993): On social research and its language. Edited and with an Introduction by Raymond Boudon. Chicago u.a.: University of Chicago Press.

Leese, D. (2016): Die chinesische Kulturrevolution 1966–1976. München: C.H. Beck.

Lidhja Bektashijane (1921): Statuti i Kongresit Përgjithshme Zëvendës-Prindëria Bektashijne ne Shqipëri. Tirana 1921, unter http://licodu.cois.it/?p=194 (01.08.2022).

Lijphart, A. (1975): The Comparable-Cases Strategy in Comparative Research. Comparative Political Studies, Jul 1, 1975, Vol.8(2), 158–177.

Lika, E. (2013): The Albanian population and migration in historic perspective. SEER: Journal for Labour and Social Affairs in Eastern Europe, Vol.16 (3), 287–297.

Link, C. (2010): Kirchliche Rechtsgeschichte. Kirche, Staat und Recht in der europäischen Geschichte von den Anfängen bis ins 21. Jahrhundert. München: C.H. Beck.

Linz, J. J. (1996): Der religiöse Gebrauch der Politik und/oder der politische Gebrauch der Religion. Ersatzideologie gegen Ersatzreligion. In: Maier, H. (Hg.): „Totalitarismus" und „Politische Religionen": Konzepte des Diktaturvergleichs. Paderborn (u.a.): Schöningh, 129–154.

Lipset, S. / Rokkan, S. (1967): Party Systems and Voter Alignments. Cross-National Perspectives. New York: Free Press.

Lübke, C. (2013): Religion der Slawen. In: Stiegemann, C. / Kroker, M. / Walter, W. (Hg.): Credo. Christianisierung Europas im Mittelalter. Petersberg: Michael Imhof Verlag, 405–408.

Lüthi, L. (2016): The Non-Aligned Movement and the Cold War, 1961–1973. Journal of Cold War Studies, 2016, Vol.18(4), 98–147.

Luhmann, N. (1977): Funktion der Religion. Frankfurt/M.: Suhrkamp.

Lukšič, I. (2004): Das politische System Sloweniens. In: Ismayr, W. (Hg.): Die politischen ysteme Osteuropas. 2. akt. u. überarb. Auflage, Wiesbaden: VS Verlag für Sozialwissenschaften, 637–675.

(2012): Slowenien. In: Werner Reutter, W. (Hg.): Verbände und Interessengruppen in den Ländern der Europäischen Union. 2., akt. u. erw. Aufl., Wiesbaden: VS Verlag für Sozialwissenschaften, 699–722.

Lydall, H. (1984): Yugoslav Socialism. Theory and Practice. Oxford: Clarendon Press.

Machiavelli, N. ([1513] 1870): Der Fürst. Übers., Vorwort Grüzmacher, W., Berlin: Heimann.

Maier, F. (Hg.) (1973): Fischer Weltgeschichte. Band 13: Byzanz. Frankfurt/M.: Fischer.

Makedonska Pravoslavna Crkva – Ohridska Arhiepiskopija (1994): Statut na Makedonskata Pravoslavna Crkva. Skopje, 29.10.1974; mit Änderungen vom 01.11.1994.

(2014): Istorija na Makedonskata Pravoslavna Crkva. Skopje. Unter http://www.mpc.org.mk/MPC/istorija.asp (01.08.2022).

(2022): MPC denes. Unter http://www.mpc.org.mk/MPC/mpc-denes.asp (01.08.2022).

Malaspina, E. (2014): Clovis, king (466–511). In: Di Berardino, A. (Hg.): Encyclopedia of Ancient Christianity. Downers Grove, IL: IVP Academic, 563/564.

Mallmann, K.-M. / Cüppers, M. (2011): Halbmond und Hakenkreuz. Das Dritte Reich, die Araber und Palästina. 3. Aufl., Darmstadt: Wiss. Buchgesellschaft.

Mansouri, T. (2014): Les dhimmis dans les documents de chancellerie de l´epoque mamelouke. In: Boissellier, S. / Tolan, J. (Hg.): La cohabitation religieuse dans les villes europeennes, X-XV siecles. Turnhout: Brepols Publishers, 55–62.

MAR (2006a): Assessment for Albanians in Macedonia. Minorities at Risk Dataset, Center for International Development and Conflict Management, University of Maryland. Unter http://www.mar.umd.edu/assessment.asp?groupId=34301 (01.09.2019).

(2006b): Assessment for Greeks in Albania. Minorities at Risk Dataset, Center for International Development and Conflict Management, University of Maryland. Unter http://www.mar.umd.edu/assessment.asp?groupId=33901 (01.09.2019).

Marušić, O. /Stres, A. (1999): Soglasje Komisije Vlade Republike Slovenije za resltev odprtih vprasanj Rimskokatoliške Cerkve in Komisije Slovenske Skofovske Konference za ureditev odnosov z drzavo. Ljubljana, 01.02.1999. Unter http://licodu.cois.it/?p=113 57&lang=en (01.08.2022).

Marušić, S. (2020): North Macedonia Leaders Renew Campaign for Church's Independence. BIRN (Balkan Investigative Research Network), 23.09.2020. Unter https://balk aninsight.com/2020/09/23/north-macedonia-leaders-renew-campaign-for-churchs-i ndependence/ (01.08.2022).

Marx, K. ([1944] 1976): Zur Kritik der Hegelschen Rechtsphilosophie. Einleitung. In: ders. / Engels, F.: Werke. Band 1. Karl Dietz Verlag, Berlin, 378–391.

Maser, P. (2000): Kirchen in der DDR. Bonn: Bundeszentrale für politische Bildung.

Matuz, J. (1985): Das Osmanische Reich: Grundlinien seiner Geschichte. Darmstadt: Wissenschaftliche Buchgesellschaft.

Mayntz, R. (1997): Historische Überraschungen und das Erklärungspotential der Sozialwissenschaft. In: dies.: Soziale Dynamik und politische Steuerung. Theoretische und methodologische Überlegungen. Frankfurt/Main, New York: Campus, S. 328–340.

Mayring, P. (2000): Qualitative Content Analysis. Forum: Qualitative Social Research, Vol.1(2), 1–10.

McCormick, R. (2014): Croatia under Ante Pavlević. America, the Ustaše and Croatian Genocide. London: I.B. Tauris.

McKeown, B. (1984): Q Methodology in Political Psychology: Theory and Technique in Psychoanalytic Applications. Political Psychology, Vol.5(3), 415–436.

McKeown, B. / Thomas, D. (1988): Q methodology. Newbury Park, Calif.: Sage.

Meclisi Mebusan (1908): Zabıt Ceridesi, Birinci İnikad. 4 Kanunuevvel 1324 Persembe, Istanbul.

Menage, V. (2012): Beglerbegi. In: Bearman, P. / Bianquis, T. / Bosworth, C. / Donzel, E. van / Heinrichs, W. (Hg.): Encyclopaedia of Islam, 2. Aufl., siehe http://dx.doi.org/10 .1163/1573-3912_islam_SIM_1256 (11.10.2019).

Merdani, A. (2013): Das Verhältnis der Religionen in Albanien. Neue Perspektiven für die Europäische Union. Wiesbaden: Springer VS.

Merkel, W. (1999): Systemtransformation. Eine Einführung in Theorie und Empirie der Transformationsforschung. Opladen: Leske und Budrich.

Middleton J. (2015): Lombard Kingdom (568–774 C.E.). In: ders. (Hg.): World Monarchies and Dynasties. London: Routledge. (Onile-Zugang 24.01.2020).

Mikola, M. (2008): Concentration and labour camps in Slovenia. In: Jambrek, P. (Hg.): Crimes committed by Totalitarian Regimes. Ljubljana, 145–154.

Ministar Pripreme za Ustavotvornu Skupštinu i Izjednačenje Zakona (1921): Ustav Kraljevine Srba, Hrvata I Slovenaca. Belgrad: 28. Juni 1921.

Ministry of Foreign Affairs of the Federal Republic of Yugoslavia (1951): White Book on Aggressive Activities by the Governments of the USSR, Poland, Czechoslovakia, Hungary, Rumania, Bulgaria and Albania towards Yugoslavia. Beograd.

Minkenberg, M. / Willems, U. (Hg.) (2003): Politik und Religion. Wiesbaden: VS Verlag für Sozialwissenschaften.

Mirescu, A. (2009): National Churches, Religious Policy and Free Space: A Comparison of Religious Policy in Poland, East Germany and Yugoslavia During Communism. International Journal of Public Administration, 32(1), 58–77.

Misha, P. (2012): Feja, laiciteti dhe hapësira publike Shtypi shqiptar për raportet mes fesë, laicitetit dhe hapësirës publike Shtator 2011 – Qershor 2012. Tirana: Friedrich-Ebert-Stiftung.

Mishler, W. / Pollack, D. (2003): On Culture, Thick and Thin: Toward a Neo-Cultural Synthesis. In: Pollack, D. (Hg.): Political Culture in Post-Communist Europe. Attitudes in New Democracies. Aldershot (u.a.): Ashgate, 237–256.

Mithans, G. (2011): The Slovenian Catholic Right in Relation to the Totalitarian and Authoritarian Movements in the Interwar Period: The Case of Slovenian Catholic Action. Südost-Forschungen, 2010 (69/70), 128–151.

Mitropolija Zagrebačko-Ljubljanska, Srpska Pravoslavna Crkva (2019): Arhijerejsko Namesništvo Ljubljansko. Ljubljana. http://mitropolija-zagrebacka.org/ (20.09.2020).

Mlloja, G. (2017): „Kisha e ngritur mga gërmadhat". Intervistë e Fortlumturisë së Tij, Kryepiskopit të Tiranës, Durrësit dhe të Gjithë Shqipërisë, Anastasit. Gazeta Albanian Daily News, 23.01.2017.

Mojzes, P. (1999): Religious topography of Eastern Europe. Ecumenical Studies, Vol.36(1/2), 7–36.

(2007): Orthodoxy and Islam in the Former Yugoslav Lands. Teme – Časopis za Društvene Nauke, 2007(4), 789–804.

Moritsch, A. (2004): Slowenen. In: Hösch, E. / Nehring, K: / Sundhaussen, H. (Hg.): Lexikon zur Geschichte Südosteuropas. Wien u.a.: Böhlau, 637–639.

Mosca, G. (1950): Die herrschende Klasse: Grundlagen der politischen Wissenschaft. München: Lehnen.

Motadel, D. (2009): Islamische Bürgerlichkeit. Das soziokulturelle Milieu der muslimischen Minderheit in Berlin 1918–1945. In: Brunner, J. / Lavi, S. (Hg.): Juden und Muslime in Deutschland. Recht, Religion, Identität. Göttingen: Wallstein, 103–121.

(2013): The `Muslim Question` in Hitler`s Balkans. The Historical Journal, Vol.56 (4), 1007–1039.

Müller, F. / Kals, E. (2004): Die Q-Methode. Ein innovatives Verfahren zur Erhebung subjektiver Einstellungen und Meinungen. Forum Qualitative Sozialforschung, 5(2), Art. 34.

Müller-Mertens, E. (2009): Römisches Reich im Frühmittelalter. Kaiserlich-päpstliches Kondominat, salischer Herrschaftsverband. Historische Zeitschrift, Vol.288(1), 51–92.

Mujadžević, D. (2018): Croatia. In: Racius, E. / Zhelyazkova, A. (Hg.): Islamic Leadership in the European Lands of the Former Ottoman and Russian Empires. Legacy, Challenges and Change. Reihe Muslim Minorities, Vol.23. Leiden u.a.: Brill, 123–143.

Munro, D. C. (1902): The Speech of Pope Urban II. at Clermont, 1095. The American Historical Review 11/1902, 231–242.

Murvar, V. (1967): Max Weber`s Concept of Hierocracy: A Study in the Typology of Church-State Relationships. Sociological Analysis, 28/03, 69–84.

Murzaku, I. (Hg.) (2009): Quo Vadis Eastern Europe? Religion, State and Society after Communism. Ravenna: Longo.

Nafi, B. M. (1996): The General Islamic Congress of Jerusalem Reconsidered. Muslim World, October 1996, Vol.86(3-4), 243–272.

Naroden Pravobranitel, Republika Severna Makedonija (2019): Izveštaj za sledenjeto na primenatana načelotno na soodvetna i pravična zastapenostza 2018 godina. Skopje. Unter http://ombudsman.mk/upload/documents/SPZ/SPZ-2018-Mk.pdf (20.08.2020).

Narodne Novine (1941–1945) (Amtsblatt NDH April 1941 – April 1945). In: Mataić, A. (Hg.): Nezavisna država Hrvatska. Zakoni, zakonske odredbe i naredbe. Knjiga I-LI. Zagreb: Knjižara St. Kugli. Unter https://www.sistory.si/11686/menu829?start=0 (20.06.2022).

New York Times (1878a): Europe´s Political Troubles. New York Times, 17.11. 1878, 1.

(1878b): The Ottoman Complications. New York Times, 04.12.1878, 1.

Nordsieck, W. (2022): Parties and Elections in Europe. Unter http://www.parties-and-elections.eu/ (01.08.2022).

Norris, P. / Inglehart, R. (2004): Sacred and Secular. Religion and Politics worldwide. Cambridge: Cambridge University Press.

Novaković, D. (2012): Versko zakonodavstvo Kraljevine Jugoslavije. Zb. Prav. fak. Sveuč. Rij, Vol.33(2) 2012, 939–965.

Offe, C. (1996): Varieties of Transition. The East European and East German Experience. Cambridge: Polity Press.

Ognyanova, I. (2009): Religion and Church in the Ustasha Ideology (1941–1945). Croatica Christiana Periodica, Vol.64, 157–190.

Opfer, B. (2002): Das bulgarisch-orthodoxe Exarchat und die Okkupationsverwaltung in Vardar-Makedonien 1915–1918. Zeitschrift für Religions- und Geistesgeschichte, Vol.54(2), 154–170.

o.A.1 (1862–1914): Stenographische Protokolle über die Sitzungen des Hauses der Abgeordneten des österreichischen Reichsrathes. I.–XXI. Session, Wien: K.-K. Hof- und Staatsdruckerei 1862-1914. Verfügbar unter http://alex.onb.ac.at/ (10.09.2021).

o.A.2 (1880): Sammlung der für Bosnien und die Hercegovina erlassenen Gesetze, Verordnungen und Normalweisungen. I. Band, Allgemeiner Teil, Politische Verwaltung. Wien: K.-K. Hof- und Staatsdruckerei. Siehe Österreichische Nationalbibliothek, Historische Rechts- und Gesetzestexte, verfügbar unter http://alex.onb.ac.at/cgi-cont ent/alex?apm=0&aid=lbh&datum=1878 (10.04.2020).

o.A.3 (1909): Allerhöchste Entschließung vom 17. Februar 1910 betreffend die Einführung von verfassungsmäßigen Einrichtungen. Gesetz- und Verordnungsblatt für Bosnien und die Hercegovina. Wien: K.-K. Hof- und Staatsdruckerei.

o.A.4 (1997): Albania Declares Emergency As Deadly Riots Continue. The Washington Post, 03.03.1997, S. 15.

o.A.5 (2009): Geschichtskarte: Bauernbefreiung in Europa. Leipzig: Klett. Unter https://www2.klett.de/sixcms/media.php/229/430016_kap2_bauern.pdf (12.10.2019).

o.A.6 (2015): 50 Bewaffnete besetzen muslimisches Zentrum in Skopje. Deutsche Presse-Agentur, 04.05.2015.

Özbudun, E.: Turkey. In: Weiner, M. / Özbudun, E. (1987): Competitive Elections in Developing Countries. Durham: Duke University Press, 328–365.

Pacek, D. (2020): Lex specialis: Zakon o pravnem položaju verskih skupnosti v SR Sloveniji. Bogoslovni vestnik, Vol.80 (1), 103–129.

Pacelli, E. / Auer, L. (1935): Concordat entre Le Saint-Siège et Le Royaume Yugoslavie au nom de La Très Sainte Trinitè. Rom, 25.07.1935. Siehe http://licodu.cois.it/?p=4097& lang=en (20.06.2020).

Palmer, A. W. (1993): The decline and fall of the Ottoman Empire. London: Murray.

Pajaziti, A. (2016): Interreligious Dialogue in the Macedonian Context. In: Aslan, E. / Ebrahim, R. / Hermansen, M. (Hg.): Islam, Religions, and Pluralism in Europe. Wiesbaden: Springer VS, 195–207.

Parsons, T. (1959): The social system. 3. Aufl., London: Routledge & Kegan.

(1964): Social Structure and Personality. London u.a.: The Free Press of Glencoe.

(1972): Das System moderner Gesellschaften. München: Juventa.

(1982): On Institutions and Social Evolution. Selected Writings. Edited by Mayhew, L., Chicago, London: University of Chicago Press.

Paul VI. (1971): Address of His Holiness Pope Paul VI. to The President of Federative Socialist Republic of Yugoslavia. Rome, 29.03.1971. Unter http://www.vatican.va/cont ent/paul-vi/en/speeches/1971/march/documents/hf_p-vi_spe_19710329_presidente-j ugoslavia.html (20.08.2020).

Pavle (2003): Tomos on the church autonomy of the Orthodox Ohrid Archbishopric. Beograd 2003. Unter http://licodu.cois.it/?p=5371&lang=en (01.08.2022).

Pavlowitch, S. (2008): Hitler´s New Disorder. The Second World War in Yugoslavia. London: Hurst.

Pearson, O. (2005): Albania in Occupation and War. From Fascism to Communism 1940–1945. London u.a.: I.B. Tauris.

Penkower, M. N. (2004): The Kishinev Pogrom of 1903: A Turning Point in Jewish History. Modern Judaism, Vol.24(3), 187–225.

Perica, V. (2002): Balkan Idols: Religion and Nationalism in Yugoslav States. New York: Oxford University Press.

Peritore, P. (1989): Liberation Theology in the Brazilian Catholic Church: A Q-Methodology Study of the Diocese of Rio de Janeiro. Luso-Brazilian Review, Vol.26(1), 59–92.

Pfeifer, J. (1902): Die Landtagsabgeordneten des Herzogthums Krain 1861 bis 1901. Laibach: Selbstverl. d. Verf.

Pickel, G. (2011a): Religionssoziologie. Eine Einführung in zentrale Themenbereiche. Wiesbaden: VS Verlag für Sozialwissenschaften.

Pickel, G. / Sammet, K. (2014): Einführung in die Methoden der sozialwissenschaftlichen Religionsforschung. Wiesbaden: Springer VS.

Pickel, S. (2011b): Erst Vielfalt schafft Wissen über Ost und West. Strukturdaten, Surveys, qualitative Interviews und Methodenmix. In: Lorenz, A. (Hg.): Ostdeutschland und die Sozialwissenschaften. Bilanz und Perspektiven 20 Jahre nach der Wiedervereinigung. Berlin: Opladen, 375–400.

Pickel, S. / Pickel, G. (2012): Die Messung von Indizes in der Vergleichenden Politikwissenschaft – methodologische Spitzfindigkeit oder substantielle Notwendigkeit. Z Vgl Polit Wiss (2012) 6, 1–17.

Pirjevec, J. (2008): The Strategy of the Occupiers. In: Pirjevec, J. / Repe, B. (Hg.): Resistance, Suffering, Hope: The Slovene Partisan Movement 1941–1945. Ljubljana u.a.: Založništvo Tržaškega tiska: 24–35.

Plumb, J. H. (1969): The death of the past. London: Macmillan.

Pollack, D. (2002): Religion und Politik in den postkommunistischen Staaten Ostmittel- und Osteuropas. APUZ 42/2002, Bonn: BPB, 15–22.

(2017): Probleme der Definition von Religion. Zeitschrift für Religion, Gesellschaft und Politik, Vol.1 (1), 7–35.

Popović, A. (1986): L´Islam Balkanique. Les musulmans du sud-est européen dans la période post-ottomane. Berlin: Osteuropa-Institut der Freien Universität, Balkanologische Veröffentlichungen 11.

(2006): Muslim intellectuals in Bosnia-Herzegovina in the Twentieth Century: Continuities and Changes. In: Dudoignon, S. / Hisao, K. / Yasushi, K. (Hg.): Intellectuals in the Modern Islamic World. London u.a.: Routledge, S. 211–225.

Popper, K. R. (2020) [1945]: The Open Society and Its Enemies. Princeton, NJ: Princeton University Press.

Potter, D. S. (2010): The Roman Empire. In: Gagarin, M., (ed.): The Oxford Encyclopedia of Ancient Greece and Rome. Oxford u.a.: Oxford University Press. Online version 2010.

Presidiumi i Kuvendit Popullor (1949): Ligjë Nr. 743, Mbi Komunitetet Fetare. Tiranë, 26.11.1949, Gazeta Zyrtare 14.09.1951.

(1950a): Statuti i Komunitetit Mysliman Shqiptar. Dekret Nr. 1064, Tiranë, 04.05.1950, Gazeta Zyrtare 29.06.1950, Nr. 40.

(1950b): Statuti i Kishës Orthodhokse Autoqefale të Shqipëris. Dekret Nr. 1065, Tiranë, 04.05.1950, Gazeta Zyrtare 21.06.1950, Nr. 38.

(1950c): Statuti i Komunitetit Bektashian Shqiptar. Dekret Nr. 1066, Tiranë, 04.05.1950. Unter http://licodu.cois.it/?p=206&lang=en (01.06.2022).

(1950d): Kushtetuta e Republikes Popullore të Shiqiperisë. Tiranë, 5. Juli 1950. Unter http://licodu.cois.it/?p=385&lang=en (20.05.2022).

(1951): Statuti i Kishës Katolike të Shqipërisë. Dekret Nr. 1322, Tiranë, 30.07.1951. Unter http://licodu.cois.it/?p=142&lang=en (01.06.2022).

(1963): Dekret mbi disa ndryshime në dekretin nr.743 dtë 26.11.1949, Mbi komunitetet fetare. Dekret Nr. 3660, Tiranë, 10.04.1963. Unter http://licodu.cois.it/?p=278&lang=en (01.06.2022).

(1967a): Dekreteve Nr. 4252/4253, Për shtetëzimin e pasurisë së paluajtshme të komuniteteve fetare. Tirana, 11.04.1967.

(1967b): Dekret Nr. 4263, Mbi shtetëzimin e lokaleve që janë ndërtuar për ushtrim tregëtie, industrie, zejtarie ose profesioni, për zyra ose depo, tëcilat janë prone private, si edhe shtetëzimin e pasurisë së palujtëshme të komuniteteve fetare. Tiranë, 11.04.1967.

(1967c): Dekret Nr. 4337, Mbi Cfuqizimin e Disa Dekreteve. Tiranë, 13.11.1967.

(1976): Kushtetuta e Republikës Popullore Socialiste e Shqipërisë. Ligj Nr. 5506, Tiranë, 28.12.1976.

Price, W. (1912): Sheik-Ul-Islam Proclaims Moslems Must Fight Unbelievers. The New York Times; Nov 9, 1912, S. 1.

Putnam, R. D. (2000): Bowling Alone: The Collapse and Revival of American Community. New York (u.a.): Simon & Schuster.

Qendra Ndërfetare Elbasan (2019): Qëndra e Bashkëpunimit Ndërfetar në Elbasan (QBNFE). Elbasan. Unter https://interreligiouscenter.com/ (20.08.2020).

Ramet, P. (1982): Catholicism and Politics in Socialist Yugoslavia. Religion in Communist Lands, Vol.10(3), 256–274.

(1989a): The Interplay of Religious Policy and Nationalities Policy in the Soviet Union and Eastern Europe. In: ders. (Hg.): Religion and nationalism in Soviet and East European Politics. Durham: Duke University Press, 3–41.

(1989b): Religion and Nationalism in Yugoslavia. In: ders. (Hg.): Religion and nationalism in Soviet and East European Politics. Durham: Duke University Press, 299–327.

(1990): Islam in Yugoslavia today. Religion in Communist Lands, Vol.18 (3), 226–235.

(2006): The Three Yugoslavias. State-Building and Legitimation. Washington D.C.: Indiana University Press.

Rahten, A. (2002): Der Krainer Landtag. In: Rumpler, H. / Urbanitsch, P. (Hg.): Die Habsburgermonarchie 1848–1918, Band 7 (Verfassung und Parlamentarismus), Teilband 2 (Die regionalen Repräsentativkörperschaften), Wien: Verlag der österreichischen Akademie der Wissenschaften, 1739–1768.

Rebenstorf, H. / Ahrens, P. / Wegner, G. (2015): Potenziale vor Ort. Erstes Kirchengemeindebarometer. Leipzig: Evangelische Verlagsanstalt.

Reitlinger, G. (1957): The SS: Alibi of a Nation, 1922–1945. 2. Aufl., London u.a.: William Heinemann.

Repp, R. (2012): „Shaykh al-Islām". In: Bearman, P. / Bianquis, T. / Bosworth, C. / Donzel, E. van / Heinrichs, W. (Hg.): Encyclopaedia of Islam, 2. Aufl., http://dx.doi.org/10.11 63/1573-3912_islam_SIM_1256 (11.10.2019).

Reul, N. (2013): Culture Wars and Contested Identities: Social Policy and German Nationalisms in Interwar Slovenia, 1918–1941. University of Maryland: Dissertation.

Reuter, J. (1993): Politik und Wirtschaft in Makedonien. Südosteuropa, Vol.42, 83–99.

Rexheb, B. (2015): The Mysticism of Islam and Bektashism. Tirana: Urtësia Bektashiane.

Rijaset Islamske Zajednice Srbije (2016): Istorijat Islamske zajednice Srbije. Beograd. Unter http://rijaset.rs/index.php/izs (20.04.2022).

Riedel, S. (2005): Die Erfindung der Balkanvölker. Identitätspolitik zwischen Integration und Konflikt. Wiesbaden: VS Verlag für Sozialwissenschaften.

Riis, O. P. (2011): Methodology in the Sociology of Religion. In: Clarke, P. B. (ed.): The Oxford Handbook of the Sociology of Religion, Oxford: Oxford University Press, 229–244.

Rippin, A. (1993): Muslims. Their Religious Beliefs and Practices. Volume 2: The Contemporary Period. London.

Ristic, N. (2016): Balkan Jihadists. The Radicalisation and Recruitment of Fighters in Syria and Iraq. Balkan Investigative Report Network.

Robertson, R. (1987): Church-State Relations in Comparative Perspective. In: Robbins, T. (Hg.): Church-State Relations. Tensions and Transitions. New Brunswick, N.J. (u.a.): Transaction Books, 153–160.

Roggemann, H. (1979): Die Verfassung der SFR Jugoslawien. Berlin: Berlin Verlag.

(Hg.) (1999): Die Verfassungen Mittel- und Osteuropas. Einführung und Verfassungstexte mit Übersichten und Schaubildern, Berlin: Berlin-Verlag Spitz.

Rosenberg, A. (1934): Der Mythus des 20. Jahrhunderts. Eine Wertung der seelisch-geistigen Gestaltenkämpfe unserer Zeit. 39.-40. Aufl., München: Hoheneichen-Verlag.

Rouček, J. (1949): Slavonic Encyclopaedia. New York: Philosophical Library.

Rudi, T. (2009): Einstellungen zu Werten, Ideologien und Sachfragen als Determinanten des Wahlverhaltens in Mittel- und Südosteuropa. In: Gabriel, O. / Weßels, B. / Falter, J. W. (Hg.): Wahlen und Wähler. Wiesbaden: VS Verlag für Sozialwissenschaften, 606–627.

Rüb, M. (2007): Jugoslawien unter Milošević. In: Melčić, D. (Hg.): Der Jugoslawien-Krieg: Handbuch zu Vorgeschichte, Verlauf und Konsequenzen. 2. Aufl., Wiesbaden: VS Verlag für Sozialwissenschaft, 327–344.

Rutar, S. (2014): „Unsere abgebrochene Südostecke …". In: Buggeln, M. / Wildt, M. (Hg.): Arbeit im Nationalsozialismus. De Gruyter Oldenbourg, 273–292.

(2017): Lokale Dimensionen des Arbeitseinsatzes. Bergbau in den CdZ-Gebieten Untersteiermark, Kärnten und Krain. Working Paper Series A, Nr. 8, Unabhängige Historikerkommission zur Aufarbeitung der Geschichte des Reichsarbeitsministeriums in der Zeit des Nationalsozialismus.

Samardžić, R. (1981): Die Glaubensgemeinschaften in Jugoslawien. Beograd: Jugoslovenski pregled.

Sammet, K. (2018): Religiöse Profession. In: Pollack, D. / Krech, V. / Müller, O. / Hero, M. (Hg.): Handbuch Religionssoziologie. Wiesbaden: Springer VS, 543–566.

Sandberg R. (2008): Church-State Relations in Europe: From Legal Models to an Interdisciplinary Approach. Journal of Religion in Europe 1 (2008), 329–352.

Sanfilippo, M. (2014): Longobards (Lombards). In: Di Berardino, A. (Hg.): Encyclopedia of Ancient Christianity. Downers Grove, IL: IVP Academic, S. 608/609.

Santifaller, L. (1954): Zur Geschichte des ottonisch-salischen Reichskirchensystems. Österreichische Akademie der Wissenschaften. Wien: Rohrer.

Savezni Zavod za Statistiku (1986): Yugoslavia 1945–1985. Statistical Review. Beograd.

Schieffer, R. (2010): Der ottonische Reichsepiskopat zwischen Königtum und Adel. Frühmittelalterliche Studien, 1989, Vol.23(1), 291–301.

(2013): Christianisierung Europas. In: Stiegemann, C. / Kroker, M. / Walter, W. (Hg.): Credo. Christianisierung Europas im Mittelalter. Petersberg: Michael Imhof, 44–52.

Schmidt-Neke, M. (1987): Entstehung und Ausbau der Königsdiktatur in Albanien (1912–1939). Regierungsbildungen, Herrschaftsweise und Machteliten in einem jungen Balkanstaat. München: Oldenbourg.

(2004): Das politische System Albaniens. In: Ismayr, W. (Hg.): Die politischen Systeme Osteuropas. 2. akt. u. überarb. Auflage, Wiesbaden: VS Verlag für Sozialwissenschaften, 805–845.

(2009): Die Verfassungen Albaniens. Mit Anhang, die Verfassung der Republik Kosova von 1990. Albanische Forschungen, Band 28. Wiesbaden: Otto Harrassowitz Verlag.

Schmidtchen, D. (2007): Ökonomik der Religion – Wettbewerb auf Märkten für religiöse Dienstleistungen. In: Held, M. (Hg.): Ökonomie und Religion. Marburg: Metropolis-Verlag, 251–274.

Schnurbein, S. v. (1996): Die Suche nach einer „arteigenen" Religion in `germanisch-` und `deutschgläubigen` Gruppen. In: Puschner, U. / Schmitz, W. / Ulbricht, J. (Hg.): Handbuch zur „völkischen" Bewegung 1871–1918. München u.a.: Saur, 172–185.

Schroer, M. (2017): Soziologische Theorien. Von den Klassikern bis zur Gegenwart. Paderborn: Fink.

Schuller, D. / Strommen, M. / Brekke, M. (1980): Ministry in America. A Report and Analysis, Based on an In-Depth Survey of 47 Denominations in the United States and Canada, with Interpretation by 18 Experts. San Francisco: Harper Row.

Scott, J. (2015a): Feudalism. In: ders. (Hg.): A Dictionary of Sociology. 4. Aufl.,. Oxford University Press. Online Version 2015, eISBN 9780191763052.

(2015b): Monotheism. In: ders. (Hg.): A Dictionary of Sociology. 4. Aufl., Oxford University Press. Online Version 2015, eISBN 9780191763052.

Scott, J. / Marshall, G. (2015): Durkheim, Émile (1858–1917). In: Scott, J. (Hg.): A Dictionary of Sociology. 4. Aufl., Oxford University Press. Online Version 2015, eISBN 9780191763052.

Sekulić, Z. (1989): Pad i ćutnja Aleksandra Rankovića. Beograd: Dositej.

Selenica, T. (1923): Shqipria më 1923. Tiranë: Ministria e Punëve të Mbrendshme.

Selia e Shenjtë (2020): Gazeta Telegraf: Bektashinjtë festuan dje ditën e Ashures. Tirana: Kryegjyshata Botërore Bektashiane Selia e Shenjtë 2020, 02.09.2020. Unter https://kry egjyshataboterorebektashiane.org/gazeta-telegraf-bektashinjte-festuan-dje-diten-e-as hures/ (04.09.2020).

Shay, S. (2007): Islamic Terror and the Balkans. London: Transaction Publishers.

Shepard, W. E. (1987): Islam and Ideology: Towards a Typology. In: International Journal of Middle East Studies, 19/1987, 307–336.

Shirer, W. L. (1960): The Rise and Fall of the Third Reich. London: Secker and Warburg.

Siebertz, Paul (1910): Albanien und die Albanesen. 2. Aufl., Wien: Verlag der Manz´schen k. u. k. Hof-Verlags- und Universitätsbuchhandlung.

Sinishta, G. (1980): Apostolic Administrator of Shkodra, Ernest Coba, dies from the Police Beatings in the Labor Camp. Albanian Catholic Bulletin 1, Summer 1980. Santa Clara, Calif.: Albanian Catholic Information Center, 1–2.

Šircelj, M. (2003): Verska, jezikovna in narodna sestava prebivalstva Slovenije: popisi 1921–2002. Ljubljana: Statistični urad Republike Slovenije.

Skendi, S. (1967): Crypto-Christianity in the Balkan Area under the Ottomans. Slavic Review, Vol.26/2, 227–246.

Slovenska škofovska konferenca (2015): Letno poročilo Katoliške cerkve v Sloveniji 2015. Ljubljana: SŠK.

(2019): Letno poročilo Katoliške cerkve v Sloveniji 2019. Ljubljana: SŠK.

(2020): Cerkev v Sloveniji. Ljubljana. Unter https://katoliska-cerkev.si/skof ije (01.08.2022).

Službene novine Kraljevine Srba, Hrvata i Slovenaca (1921–1929), Službene novine Kral-jevine Jugoslavije (1929–1941). Arhiva Srpskih i Jugoslovenskih Služenih Izdanja 1813–1944. Beograd 2020, http://digitalizovanaizdanja.sluzbenenovine.rs/ (20.05.2020).

Smith, D. (1974): Religion and Political Modernization: Comparative Perspectives. In (ders.) (Hg.): Religion and Political Modernization. New Haven: Yale University Press, 3–28.

Smrke, M. (2014): Impact of the „Holy Crash" on Trust in the Church in Slovenia. East European Politics and Society, Vol.28(1), 119–136.

(2016): The decapitation of Slovenia's Catholic Church: social factors and consequences. Religion, State & Society, Vol.44 (2), 152–171.

(2017): Toward a Sociology of Irreligion in Post-Yugoslav States. Religion and Society in Central and Eastern Europe, Vol.10 (1), 3–19.

SMS (Slovenska muslimanska skupnost) (2020): Ali je „Slovenska muslimanska skupnost" sekta? Ljubljana. Unter http://www.smskupnost.si/ (20.09.2020).

Sobranie na Republika Makedonija (1991): Stenografski beleški od dvaeset i šestata sedica na Sobranieto na Republika Makedonija, održana na 17 Noembri 1991 godina, Skopje, 17.11.1991.

Sovet na Opština Aerodrom (2005): Deklaracija. Skopje, 06.06.2005. Elektronski služben glasnik na grad Skopje, 2005, Nr. 7, 04.07.2005.

Spasojević, T. (2011): Alkalaj, Isak. In: Gaon, A. (Hg.): Znameniti Jevreji Srbije: Biografski Leksikon. Beograd: Savez jevrejskih opština Srbije [Verband der jüdischen Gemeinden Serbiens], 12.

Spilka, B. / Reynolds, J. F. (1965): Religion and Prejudice: A Factor-Analytic Study. Review of Religious Research, Vol.6(3), 163–168.

Srpska Pravoslavna Crkva (2017): Istorijat Mitropolije zagrebačko-ljubljanske. Zagreb. Unter http://mitropolija-zagrebacka.org/istorijat-mitropolije-zagrebacko-ljubljan ske/ (12.06.2020).

STA (Slovenska tiskovna agencija) (2020): Church warns of increasing disregard for human life. Unter https://english.sta.si/2825046/church-warns-of-increasing-disrega rd-for-human-life (29.20.2020).

Statistični urad Republike Slovenije (2002): Popis 2002, Prebivalstvo po veroizpovedi in narodni pripadnosti, Slovenija. Ljubljana: Statistični urad Republike Slovenije.

(2020): Registrski popis 2011. Unter https://www.stat.si/Popis2011/eng/Popul.a spx_(20.09.2020).

Stefanov, N. (2010): Jargon der eigenen Geschichte: Vom Nichtverstehen und dem Fremden. Zur Diskussion um Holm Sundhaussens Geschichte Serbiens in der serbischen Öffentlichkeit. Südosteuropa, Vol.58(2), 220–249.

Stegmann, A. (2017): Die reformatorische Neubestimmung des Verhältnisses von Religion und Politik in den 1520er und 1530er Jahren. In: Hidalgo, O. / Polke, C. (Hg.): Staat und Religion. Zentrale Positionen zu einer Schlüsselfrage des politischen Denkens. Wiesbaden: Springer VS, 115–124.

Steinke, R. (2015): Der Muslim und die Jüdin. In: Süddeutsche Zeitung, Nr. 7, 10.01.2015, 57.

(2017): Der Muslim und die Jüdin: Die Geschichte einer Rettung in Berlin. Berlin u.a.: Berlin Verlag.

Stephenson, W. (1935). Correlating persons instead of tests. Character and Personality, 4/1935, 17–24.

Stojanov, K. (2006): Makedonski katolici – malobrojna, ali živa i kompaktna zajednica. Katolički tjednik. Zagreb 2006.

Stres, A. (2000): The Church in a Democratic State after the Model of Slovenia. Religion, State, and Society, Vol.28(3), 291–299.

Sugar, P. (1977): Southeastern Europe under Ottoman Rule, 1354–1804. Seattle u.a.: University of Washington Press.

Sundhaussen, H. (1971): Die Geschichte der Waffen-SS in Kroatien 1941–1945. In: Südost-Forschungen, Band 30, 176–196.

(2003): Jasenovac 1941–1945. In: Ueberschär, Gerd (Hg.): Orte des Grauens. Verbrechen im Zweiten Weltkrieg. Darmstadt: Primus, 49–59.

(2007): Geschichte Serbiens. 19.–21. Jahrhundert. Wien u.a.: Böhlau.

(2011): Dorf, Religion und Nation. Über den Wandel vorgestellter Gemeinschaften im Balkanraum. Journal of Modern European History, Vol.9 (1), 87–116.

Suppan, A. (2019): The imperialist peace order in Central Europe: Saint-Germain and Trianon, 1919–1920. Wien: Austrian Academy of Sciences Press.

Sveti arhijerejski sinod (1947): Ustava Srpske Pravoslavne Crkve. Glasnik: službeni list Srpske Pravoslavne Crkve, Nr. 7–8, 01.08.1947, Beograd.

Svoboda, H. (1899): Ein Beitrag zur krainischen Landesgeschichte. In: K.k. Staats-Oberrealschule in Laibach (Hg.): Jahresbericht der k.k. Staats-Oberrealschule in Laibach für das Jahr 1898/1899. Laibach, S. 5–16.

Sydow, J. / Schreyögg, G. / Koch, J.: Organizational Path Dependence: Opening the Black Box. The Academy of Management Review, Vol.34 (4), 689–709.

S.A. (1973): Review: „Dr. Zlatko Frid (Ed.): Religions In Yugoslavia". Religion in Communist Lands, Vol.1(4–5), 34–35.

Taylor, C. (2007): A Secular Age. Cambridge: Harvard University Press.

tg (2012): Në Shqipëri respektohen besimet fetare. Gazeta telegraf, 01.08.2012, Tirana. Unter http://telegraf.al/politike/ne-shqiperi-respektohen-besimet-fetare/ (20.08.2020).

The Holy See and Yugoslavia (1966): Agreement on Relations. International Legal Materials, Vol.5(5), September 1966, 862–866.

The Holy See, Secretariat of State (2022): Bilateral Relations of The Holy See. Unter http://www.vatican.va/roman_curia/secretariat_state/index.htm (01.08.2022).

Tikkanen, A. (2020): Ali Paşa Tepelenë. In: Adam Augustyn, A. / Bauer, P. / Duignan, B. / Eldridge, A. / Gregersen, E. (u.a.) (Hg.): Encyclopaedia Britannica. Unter https://ww w.britannica.com/biography/Ali-Pasa-Tepelene (20.04.2020).

Tönnes, B. (1975): Albania: An Atheist State. Religion in Communist Lands, 1975 (3), 4–7.

(1982): Religious Persecution in Albania. Religion in Communist Lands, 1982 (3), 242–255.

Todt, K.-P. (2004a): Byzanz. In: Hösch, E. / Nehring, K. / Sundhaussen, H. (Hg.): Lexikon zur Geschichte Südosteuropas. Wien u.a.: Böhlau, 156–160.

(2004b): Orthodoxie (und Nationalkirchen). In: Hösch, E. / Nehring, K. / Sundhaussen, H. (Hg.): Lexikon zur Geschichte Südosteuropas. Wien u.a.: Böhlau, 494–499.

Töpfer, J. (2012): Politische Eliten in Slowenien und Makedonien. Symbolische oder rationale Politik? Wiesbaden: VS Verlag für Sozialwissenschaften.

(2019): Die Verfassung der Republik Makedonien seit 1989. In: Benz, A. / Lauth, H.-J. / Bröchler, S. / Daum, W. (Hg.): Handbuch zur europäischen Verfassungsgeschichte des 20. Jahrhunderts. Institutionen und Rechtspraxis im gesellschaftlichen Wandel, Reihe B, Band 5: Seit 1989. Bonn: J.H.W. Dietz, 1225–1258.

Töpfer, J. / Bergmann, M. (2019): Jerusalem – Berlin – Sarajevo. Eine religionssoziologische Einordnung Amin al-Husseinis. Wiesbaden: Springer VS.

Toifl, L. / Leitgeb, H. (1991): Die Türkeneinfälle in der Steiermark und in Kärnten vom 15. bis zum 17. Jahrhundert. Wien: Österreichischer Bundesverlag.

Toš, N., in skupina (1968): Slovensko javno mnenje 1968. VŠPV, Ljubljana: CJMMK.

(Hg.) (1997): Vrednote v prehodu I. Slovensko javno mnenje 1968–1990. Ljubljana: CJMMK.

Traunmüller, R. (2012): Zur Messung von Staat-Kirche-Beziehungen: Eine vergleichende Analyse neuerer Indizes. Zeitschrift für Vergleichende Politikwissenschaft 6, 207–231.

Trix, F. (2011): The Sufi Journey of Baba Rexheb. Philadelphia: University of Pennsylvania Press.

(2014): Reviewed Work: Is the Albanian's Religion Really „Albanianism"? Religion and Nation According to Muslim and Christian Leaders in Albania by Cecilie Endresen. Anthropos, Vol.109(1), 274–276.

Turnbull, S. R. (2003): The Ottoman Empire: 1326–1699. Oxford, New York: Osprey Publishing.

Tyan, E. / Káldy-Nagy, G. (2012): „Ḳāḍī". In: Bearman, P. / Bianquis, T. / Bosworth, C. / Donzel, E. van / Heinrichs, W. (Hg.): Encyclopaedia of Islam, 2. Aufl., siehe http://dx.doi.org/10.1163/1573-3912_islam_SIM_1256 (11.10.2019).

UMC (United Methodist Church Macedonia) (2022): Istorija. Skopje. Unter http://emc.mk/istorija/ (01.08.2022).

UNDP (United Nations Development Programme) (2020): Human Development Report 2019. New York. Indizes unter http://hdr.undp.org/en/countries (20.09.2020).

UNHRC (2014): Report of the Special Rapporteur on the Promotion and Protection of the Right to Freedom of Opinion and Expression – Mission to the Former Yugoslav Republic of Macedonia, New York: UNHRC.

Uprava za zajedničke poslove republičkih organa (2020): Propisi na osnovu kojih se može ostvariti pravo na vraćanje imovine po odredbama Zakona o vraćanju oduzete imovine i obeštećenju. Beograd: Vlada Republika Srbija. Unter https://www.uzzpro.gov.rs/latinica/biblioteka-propisi-restitucija.html (20.06.2020).

Ursinus, M. (2004): Nahiye. In: Hösch, E. / Nehring, K. / Sundhaussen, H. (Hg.): Lexikon zur Geschichte Südosteuropas. Wien u.a.: Böhlau, 465.

UVS (Urad za verske skupnosti) (2009): Verska svoboda v RS. Država, verska svobada in verske skupnosti v Republiki Sloveniji. Ljubljana: UVS. Unter http://www.arhiv.uvs.gov.si/si/verska_svoboda_v_rs/index.html (20.08.2020).

(2022): Register cerkva in drugih verskih skupnosti v Republiki Sloveniji. Ljubljana: UVS. Siehe https://www.gov.si/teme/verske-skupnosti/ (01.08.2022).

Uyar, M. (2013): Ottoman Arab Officers between Nationalism and Loyalty during the First World War. War in History, Vol.20(4), 526–544.

Vasa, P. (2006 [1879]): The Truth on Albania and Albanians. In: Kopeček, M. / Trencsenyi, B. (Hg.): Discourses of Collective Identity in Central and Southeast Europe (1770–1945). Texts and Commentaries. Vol.1 Late Enlightment. Budapest u.a.: Central European University Press, 118–124.

Veniamin (1937): Tomosi Patrikanor dhe Sinodik mbi Bekimin e Autoqefalisë së Kishës Orthodhokse në Shqipëri. Istanbul. Unter http://licodu.cois.it/?p=137&lang=en (20.05.2020).

Verli, M. (2013): Turhan Pashë Përmeti (1839–1927) Sipas vlerësimit të Syrja Bej Vlorës. Studime Historike, Issue 1–02, 289–292.

Viktor Emanuel (1939): Statuti Themeltar i Mbretnisë së Shqipnisë. Rome, 3. Juni 1939. Unter http://licodu.cois.it/?p=373&lang=en (20.05.2020).

VMRO-DPMNE (2020): Istorijat. Unter https://vmro-dpmne.org.mk/istorijat (20.08.2020).

Vollmer, M. (2011): Sünde -Krankheit – „väterliche Züchtigung". Sünden als Ursache von Krankheiten vom Mittelalter bis in die Frühe Neuzeit. In: Classen, A. (Hg.): Religion und Gesundheit: Der heilkundliche Diskurs im 16. Jahrhundert. Berlin, Boston: De Gruyter, 261–286.

Vëllazëria Ungjillore Shqipërisë (2011): Statuti i Bashkësisë Fetare „Vëllazëria Ungjillore Shqipërisë". Tirana.

(2020): Kush ështě VUSH. Tirana. Unter https://vush.al/kush-eshte-vush/ (20.04.2020).

Wadsworth, N. / Črnič, A. (2020): Trans-Universal Zombie Church of the Blissful Ringing. World Religions and Spirituality Project. Unter https://wrldrels.org/2020/06 /16/trans-universal-zombie-church-of-the-blissful-ringing/ (01.04.2022).

Watts, S. / Stenner, P. (2012): Doing Q methodological research: theory, method and interpretation. Los Angeles, Calif.; London: Sage.

Weber, M. (1919): Geistige Arbeit als Beruf. Zweiter Vortrag: Politik als Beruf. München (u.a.): Duncker & Humblot.

(1922): Grundriss der Sozialökonomik. III. Abteilung. Wirtschaft und Gesellschaft. Tübingen: Mohr.

(1934): Die protestantische Ethik und der Geist des Kapitalismus. Tübingen: Mohr.

Wildangel, R. (2007): Zwischen Achse und Mandatsmacht. Palästina und der National-sozialismus. Berlin: Schwarz.

Willemsen, H. (2004): Das politische System Makedoniens. In: Ismayr, W. (Hg.): Die politischen Systeme Osteuropas. 2. akt. u. überarb. Auflage, Wiesbaden: VS Verlag für Sozialwissenschaften, 769–804.

Wolfram, H. (1979): Conversio Bagoariorum et Carantanorum: Das Weissbuch der Salzburger Kirche über die erfolgreiche Mission in Karantanien und Pannonien. Wien: Böhlau.

(1995): Salzburg, Bayern, Österreich: Die Conversio Bagoariorum et Carantanorum und die Quellen ihrer Zeit. Wien: Oldenbourg.

World Bank (2020): GDP per capita 2019 (current US$). Unter https://data.worldbank. org/indicator/NY.GDP.PCAP.CD (20.08.2022).

World Methodist Council (2019): World Methodist Council Member Denominations in Europe: Albania, United Methodist Church. Unter https://worldmethodistcouncil.or g/europe/name/albania-united-methodist-church/ (15.08.2022).

Wünsch, T. (2000): Der heilige Bischof – Zur politischen Dimension von Heiligkeit im Mittelalter und ihrem Wandel. Archiv für Kulturgeschichte, 2000, Vol.82(2), 261–302.

Wulff, D. M. (2019): Prototypes of Faith: Findings with the Faith Q-Sort. Journal for the Scientific Study of Religion, Vol.58(3), 643–665.

Xhuvani, N. / Haxhillazi, P. (2007): Vepra e Fortlumturisë së tij Dr Visarion Xhuvanit. In: Xhuvani, V. (2007): Vepra. Tiranë: Përgatitësit e Veprës, 3–9.

Yannoulatos, A. (2000): Kisha e Shqipërisë, nga vitet apostolike deri më sot. Shkruar nga Kryepiskopi i Tiranës, Durrësit dhe i gjithë Shqipërisë, Anastasi. Tirana. Unter https:/ /orthodoxalbania.org/2020/kisha-jone/historia-e-kishes/ (01.08.2022).

Young, A. (1999): Religion and society in present-day Albania. Journal of Contemporary Religion, Vol.14/1, 5–16.

Ypi, L. (2007): The Albanian Renaissance in Political Thought: Between the Enlightenment and Romanticism. East European Politics and Societies, Vol.21(4), 661–680.

Zabala, A. (2014): qmethod: A Package to Explore Human Perspectives Using Q Methodology. The R Journal, Vol.6/2, 163–173.

Zaffi, D. (2006): Das millet-System im Osmanischen Reich. In: Pan, C. / Pfeil, B. (Hg.): Zur Entstehung des modernen Minderheitenschutzes in Europa. Wien, New York: Springer, 132–155.

Zafirovski, M. (2007): ‚Neo-Feudalism' in America? Conservatism in Relation to European Feudalism. International Review of Sociology, Vol.17(3), 393–427.

Zaimi, A. (2013): 90 vjet Komunitet Mysliman Shqiptar. Tirana. Unter http://zaninalte.a l/2013/02/90-vjet-komunitet-mysliman-shqiptar/ (20.05.2020).

Zakar, V. (2014): Die Republik Makedonien nach 1989. In: Hinrichs, U. / Kahl, T. / Himstedt-Vaid, P. (Hg.): Handbuch Balkan. Slavistische Studienbücher 23, Wiesbaden: Harrassowitz Verlag, 301–310.

Zarns, P. (2018): Field research: Contemporary Swedish Pentecostal Pastors, the Holy Spirit and church multiplication. Journal of the European Pentecostal Theological Association, 1–14.

Zborowski, A. (2019): Griechisch, Osmanisch, Modern – Spätosmanische Identitäten. Der Griechische Philologische Verein in Konstantinopel 1861–1911/12. Baden-Baden: Ergon.

Zentral-Pressbureau des Ministerratspräsidiums (1930): Königreich Jugoslawien 1919–1929. Beograd.

Zey, C. (2017): Der Investiturstreit. München: Verlag C.H. Beck.

Zitelmann, A. (2002): Die Weltreligionen. Frankfurt/Main: Campus.

ZKS (Zveze komunistov Slovenije) (1989): Z Jugoslavijo k Evropi. Evropa zdaj! Program 11. kongres Zveze komunistov Slovenije, Ljubljana, 22.–23.12.1989.

Zwingmann, C. / Hellmeister, G. / Ochsmann, R. (1994): Intrinsische und extrinsische religiöse Orientierung: Fragebogenskalen zum Einsatz in der empirisch-religionspsychologischen Forschung. Zeitschrift für Differentielle und Diagnostische Psychologie, Vol.15(3), 131–139.

Žalta, A. (2005): Muslims in Slovenia. Journal for Islamic Studies, Vol.44(1), 93–112.

Internetquellen

Freedom House (2020): Democracy Scores, Political Rights, Civil Liberties. https://free domhouse.org/countries/nations-transit/scores (01.06.2022).

Minorities at Risk Dataset (MAR), Center for International Development and Conflict Management, University of Maryland. http://www.mar.umd.edu/mar_data. asp (01.06.2022).

The Religion and State Project (2022): About. https://www.thearda.com/ (01.06.2022).

Wikileaks. Online multi-national media organization and associated library. https://wik ileaks.org/ (01.06.2022).

Anhang 1: Liste der 36 Aussagen des Q-Set der vorliegenden Studie

1	Verbote sind immer ein Zeichen von Intoleranz.
2	Alle religiösen Gemeinschaften sollten vom Staat gleich behandelt werden.
3	Religionsgemeinschaften sollten im Ausland keine nationale Interessen vertreten.
4	Religionsgemeinschaften sollten vom Staat getrennt sein.
5	Der staatliche Aufbau religiöser Gebäude polarisiert die Gesellschaft negativ.
6	Säkularismus ist ein Basiswert des Staates, der in der Verfassung verankert sein sollte.
7	Der Schutz der Nationalreligion bedeutet den Schutz des Nationalstaates.
8	Religionsgemeinschaften mit historischen Wurzeln auf diesem Territorium sollten vom Staat präferiert behandelt werden.
9	Der religiöse Glaube der Politiker sollte ihre politischen Handlungen bestimmen.
10	Eine Familie hat einen Vater und eine Mutter; homosexuelle Lebensgemeinschaften sollten rechtlich nicht gleichgestellt sein.
11	Der Staat sollte einen starken Führer haben.
12	Ein charakteristisches Merkmal des Nationalstaates ist eine nationale Religion.
13	Der Fokus der religiösen Führer sollte ausschließlich im spirituellen Bereich liegen, nicht in der Politik.
14	Positive Religionsfreiheit ist ein individuelles Menschenrecht.
15	Negative Religionsfreiheit ist ein fundamentales Recht in einer anzustrebenden Gesellschaftsordnung.
16	Religiöse Führer sollten Gläubige als Wähler nicht beeinflussen, außer, der Humanismus in einer Gesellschaft ist bedroht.
17	Religiöse Führer sollten Diversität in der Gesellschaft akzeptieren und fördern.
18	Unsere Religionsgemeinschaft ist nur ein Teil der Gesellschaft, wie andere Organisationen, ob sie religiös sind oder nicht.
19	Die Religionsgemeinschaft sollte der soziale und gesellschaftliche Orientierungspunkt der Menschen sein.
20	Es ist mutig, öffentlich die religiöse Identität zu zeigen.
21	Ob die religiösen Stätten leer oder voll sind, zeigt das religiöse Bewusstsein der Bevölkerung.
22	Menschen sind entweder gut oder schlecht.
23	Säkularisierung bedroht die Gesellschaft, da diese Entwicklung für den Verfall von Werten steht.
24	Religiöse Führer sollten auch nach ethnischen Gesichtspunkten ausgewählt werden.
25	Es ist entscheidend, Führer anderer Religionsgemeinschaften regelmäßig zu sehen und herzliche Beziehungen zu schaffen.

26	Korruption bei den etablierten Religionsführern könnte zu erhöhtem Fundamentalismus bei der jüngeren Generation führen.
27	Religiosität, egal welcher Art, bedeutet eine bestimmte Verwandtschaft.
28	Mich interessieren die Gründe einer Konvertierung von meiner Religionsgemeinschaft zu einer anderen.
29	Die Gläubigen meiner Gemeinde sollen über andere Religionen Bescheid wissen.
30	Religiöse Führer sollen humanistisch, liberal und gebildet sein. So gewinnen sie den Respekt anderer Glaubensgemeinschaften.
31	Auswärtiger Einfluss ist ein Hauptgrund der Störung von religiöser Harmonie in diesem Land.
32	Verglichen mit weltweiten Entwicklungen befindet sich meine Religionsgemeinschaft hier in [*jeweiliges Land*] in einer schwierigen Situation.
33	Religiöse Gemeinschaften sind untereinander nicht vergleichbare Institutionen.
34	Konfessioneller Religionsunterricht ist ein Basiselement der Bildung und Erziehung.
35	Alle neu gegründeten Religionsgemeinschaften sollten die Autorität der hier dominanten Religionsgemeinschaft akzeptieren.
36	Die Gründung einer Religionsgemeinschaft sollte die Akzeptanz der Mehrheit aller Bürger in einem Land haben.

Anhang 2: Aufbau organisatorischer Pfadabhängigkeit
nach Sydow et al. (2009)[382]

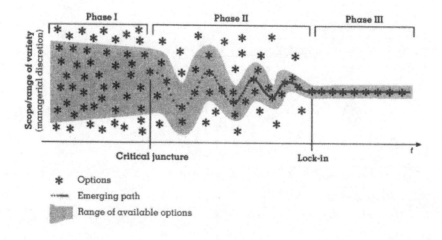

382 *"The Constitution of an Organizational Path"*; siehe Sydow / Schreyögg / Koch
(2009): 692.

Anhang 3: Die Aufhebung der Leibeigenschaft in Europa
1781–1850[383]

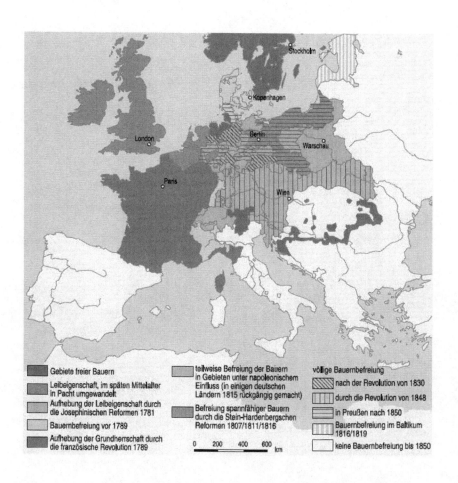

Gebiete freier Bauern	
Leibeigenschaft, im späten Mittelalter in Pacht umgewandelt	
Aufhebung der Leibeigenschaft durch die Josephinischen Reformen 1781	
Bauernbefreiung vor 1789	
Aufhebung der Grundherrschaft durch die französische Revolution 1789	

teilweise Befreiung der Bauern in Gebieten unter napoleonischem Einfluss (in einigen deutschen Ländern 1815 rückgängig gemacht)

Befreiung spannfähiger Bauern durch die Stein-Hardenbergschen Reformen 1807/1811/1816

0 200 400 600 km

völlige Bauernbefreiung

nach der Revolution von 1830

durch die Revolution von 1848

in Preußen nach 1850

Bauernbefreiung im Baltikum 1816/1819

keine Bauernbefreiung bis 1850

383 Darstellung aus o.A. (2009): Geschichtskarte: Bauernbefreiung in Europa. Verfügbar unter https://www2.klett.de/sixcms/media.php/229/430016_kap2__bauern.pdf (12.10.2019).

Anhang 4: Die Zentralorgane des Osmanischen Reiches
nach Matuz (1985: 316)

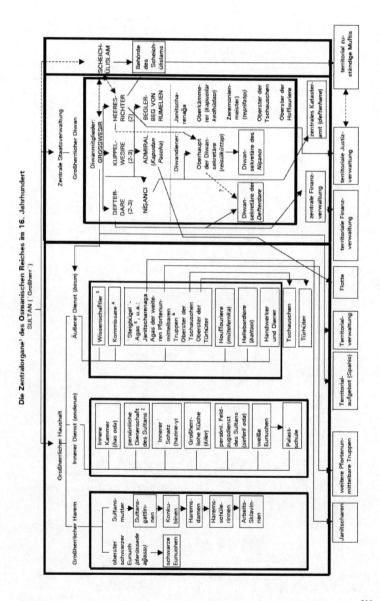

Anhang 5: Verfassungen der Teilrepubliken und Provinzen Jugoslawiens ab 1946

Bosnien-Herzegowina		
Volksrepublik	Verfassung	1946
Sozialistische Republik	Verfassung	1963
	Verfassung	1974
(Bundesrepublik [Unabhängigkeit 02.03.1992])	(Verfassung)	(14.12.1995)
Kroatien		
Volksrepublik	Verfassung	18.01.1947
	Verfassungsgesetz	05.02.1953
Sozialistische Republik	Verfassung	09.04.1963
	Verfassung	22.04.1974
(Republik [Unabhängigkeit 25.06.1991])	(Verfassung)	(21.12.1990)
Mazedonien		
Volksrepublik	Verfassung	31.12.1946
Sozialistische Republik	Verfassung	12.04.1963
	Verfassung	25.02.1974
(Republik [Unabhängigkeit 17.09.1991])	(Verfassung)	(17.11.1991)
Montenegro		
Volksrepublik	Verfassung	31.12.1946
	Verfassungsgesetz	16.02.1953
Sozialistische Republik	Verfassung	10.04.1963
	Verfassung	25.02.1974
Teilrepublik	Verfassung	12.10.1992
(Republik [Unabhängigkeit 03.06.2006])	(Verfassung)	(22.10.2007)
Serbien		
Volksrepublik	Verfassung	17.01.1947
	Verfassungsgesetz	05.02.1953
Sozialistische Republik	Verfassung	11.04.1963
	Verfassung	25.02.1974
	Verfassung	28.09.1990
(Republik [Unabhängigkeit 05.06.2006])	(Verfassung)	(30.09.2006)

Kosovo und Metohija		
Autonome Provinz	Statut	24.05.1948
	Statut	20.02.1953
	Statut	10.04.1963
Sozialistische Autonome Provinz	Verfassung	27.02.1974
- (Republik [-]) – Provinz[384]	(Verfassung)	(02.07.1990)
(provisorische Selbstverwaltung)	(Verfassungsprinzi-pen)	(15.05.2001)
(Republik [17.02.2008])	(Verfassung)	(15.06.2008)
Vojvodina		
Autonome Region	Statut	24.05.1948
Autonome Provinz	Statut	20.03.1953
	Statut	13.04.1963
Sozialistische Autonome Provinz	Verfassungsgesetz	21.02.1969
	Verfassung	28.02.1974
Autonome Provinz	Statut	22.05.1991
Slowenien		
Volksrepublik	Verfassung	16.01.1947
	Verfassungsgesetz	30.01.1953
Sozialistische Republik	Verfassung	09.04.1963
	Verfassung	18.02.1974
(Republik [25.06.1991])	(Verfassung)	(23.12.1991)

---

384 Verfassung unwirksam, da Aufhebung der Autonomie der Provinz durch serbisches
Parlament am 05.07.1990; UN-Protektorat ab 10.06.1999

Anhang 6: Die Struktur der Römisch-Katholische Kirche in den Staaten Ex-Jugoslawiens 2020[385]

Apostolische Nuntiatur SLO
Slowenische Bischofskonferenz (Errichtung 19. Februar 1993)
- Erzbistum Ljubljana (1461)+
- Bistum Koper (1977)+
- Bistum Novo Mesto (2006)+
- Erzbistum Maribor (1228)+
- Bistum Celje (2006)+
- Bistum Murska Sobota (2006)+
- Militärordinariat (1997)+

Apostolische Nuntiatur HR
Kroatische Bischofskonferenz (Errichtung 15. Mai 1993)
- Erzbistum Zagreb (1093)
- Bistum Bjelovar-Križevci (1777)
- Eparchie Križevci (Byzant. Ritus) (1611/1777)+
- Bistum Sisak (...)
- Bistum Varaždin (...)
- Erzbistum Rijeka (1925)
- Bistum Gospić-Senj (2000)
- Bistum Poreč-Pula (3. Jhdt.)
- Bistum Krk (900)
- Erzbistum Split-Makarska (3. Jhdt.)
- Bistum Dubrovnik (990)
- Bistum Hvar (12. Jhdt.)
- Bistum Kotor (10. Jhdt.)
- Bistum Šibenik (1298)
- Erzbistum Zadar (3. Jhdt.)
- Erzbistum Djakovo-Osijek (4./11. Jhdt.)
- Bistum Požega (...)
- Bistum Srijem (Petrov.) (1773)+

Apostolische Nuntiatur BiH
Bischofskonferenz von Bosnien-Herzegowina (Errichtung 8. Dezember 1994)
- Erzbistum Vrhbosna (Sarajevo) (1881)
- Bistum Banja Luka (1881)
- Bistum Mostar-Duvno (6. Jhdt.)
- Bistum Trebinje-Mrkan (...)
- Militärordinariat (2011)+

Apostolische Nuntiatur SRB | Apostolische Nuntiatur CG | Apostolische Nuntiatur MK
Internationale Bischofskonferenz St. Kyrill und Methodius (Errichtung 2001)
- Erzbistum Belgrad (1914/1924)+
- Apost. Exarchat Serbien (Byzant. Ritus) (2003)+
- Erzbistum Bar (1034)+
- Bistum Kotor (5.-6. Jhdt.)+
- Bistum Skopje (4. Jhdt.)+
- Apost. Exarchat Mazedonien (Byzant. Ritus) (2001)+
- Apostolische Administratur Prizren (2000)+
- Bistum Subotica (1968)+
- Bistum Zrenjanin (1986)+

---

385 Eigene Darstellung nach Angaben der Slowenischen Bischofskonferenz (siehe https://katoliska-cerkev.si/ssk), der Kroatischen Bischofskonferenz (siehe http://hbk.hr/home/nad-biskupije/), der Bischofskonferenz Bosnien-Herzegowinas (siehe https://www.bkbih.ba/), und der Internationalen Bischofskonferenz St. Kyrill und Methodius (Medjunarodna Biskupska Konferencija Sv. Ćirila i Metoda; siehe http://www.ceicem.org/) (01.01.2021).

Anhang 7: Die Struktur der Serbisch-Orthodoxen Kirche 2020[386]

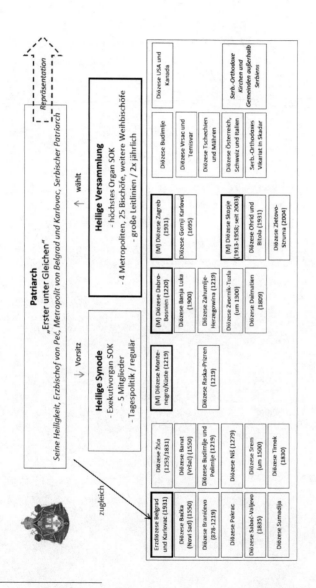

---

386 Eigene Darstellung nach Angaben der Serbisch-Orthodoxen Kirche (http://www.spc
.rs/) (20.01.2021).

Anhang 8: Religiöse Zugehörigkeit in Slowenien und westeuropäischen Staaten[387]

	Frankreich	Italien	Österreich	Spanien	Slowenien
	2018	*2018*	*2018*	*2017*	*2017*
Chr.-Katholisch	32,0	73,6	61,3	38,7	56,6
Chr.-Protestantisch	1,8	1,5	4,3	0,4	0,3
Chr.-Orthodox	0,5	0,2	1,7	0,7	2,8
Muslimisch	5,8	0,8	4,6	1,8	3,3
andere Religion	1,6	0,8	1,2	21	0,8
ohne Zugehörigkeit	58,1	22,5	26,7	37,5	35,6
k.A.	0,2	0,5	0,2	-	0,6
w.n.	-	0,1	-	-	-
Einw. (EU 447,1 Mio.)	66,99	60,36	8,9	46,94	
in % EU-gesamt	14,98	13,5	1,99	10,5	= 40,97%

387   WVS, Wave 7: 2017–2020; siehe Inglehart / Haerpfer et. al. (2020).

Anhang 9: Internetseiten großer Religionsgemeinschaften in Albanien, Nord-Mazedonien, Slowenien (2022)

Land	Religionsgemeinschaft	Internetseite
Albanien	KMSH	https://kmsh.al/
	Bektashi-Weltgemeinschaft	https://kryegjyshataboterorebektashiane.org/
	AOK / KOASH	https://orthodoxalbania.org/2020/
	RKK	http://kishakatoliketiranedurres.com/home
Nord-Mazedonien	MPC-OA	http://www.mpc.org.mk/
	BFI	https://bfi.mk/
	RKK	http://katolici.mk/
Slowenien	RKK	https://katoliska-cerkev.si/
	ISRS	https://www.islamska-skupnost.si/
	SPC	http://mitropolija-zagrebacka.org/
	ECAV (Evang. Kirche A.B.)	https://www.evang-cerkev.si/

Anhang 10: Liste der Interviewpartner in Albanien, Nord-Mazedonien und Slowenien

Albanien		
31 Interviews		
<u>Name</u>	<u>Geistliche Position</u>	<u>Wirkungsort</u>
<u>Muslimische Gemeinschaft in Albanien (KMSH)</u>		
***	Imam	Tirana
Ylli F. Gurra	Mufti	Tirana
***	Imam	***
***	Mufti	***
Agim Duka	Mufti	Elbasan
***	Imam, Dozent Medresse	Tirana
***	Imam	***
Dr. Arben Ramkaj	Imam	Elbasan
***	Imam	Tirana
***	stellv. Mufti	***
***	Imam	***
***	Imam	Tirana
***	Imam	***
***	Imam	***
<u>Autokephale Orthodoxe Kirche in Albanien (AOK)</u>		
***	Erzpriester	Tirana
Asti Bakallbashi	Bischof	Byllis (Tirana)
***	Priester	Korca
Anastasios Yannoulatos	Erzbischof	Tirana (Durres, Albanien)
***	Priester	***
***	Katechetin	Tirana
<u>Römisch-Katholische Kirche</u>		
***	Priester	***
Msgr. George Frendo, O.P.	Erzbischof	Tirana, Durres
***	Diakon	***

Evangelische Bruderschaft in Albanien (VUSH)		
***	Pfarrer	***
Akil Pano	Pfarrer, Sekretär VUSH	Tirana
Ali Kurti	Pfarrer, ehem. Vors. VUSH	Peqin
***	Katechetin	***
Bektashi-Weltgemeinschaft		
***	Baba	***, (Tekke ***)
***	Derwisch	***, (Tekke ***)
Edmond Brahimaj	Baba, Leiter Weltgemeinschaft	Tirana
andere Religionsgemeinschaften		
Marcel Steiner	Pfarrer, christl. Gemeinde	Tirana

Nord-Mazedonien		
30 Interviews		
Name	Geistliche Position	Wirkungsort
Mazedonisch-Orthodoxe Kirche – Erzbistum von Ohrid		
***	Priester	***
***	Metropolit	***
***	Metropolit	***
Prof. Dr. Gjoko Gjorgjevski	Priester, Theologe, Professor	Skopje (Uni.; Theol. Fakultät)
***	Priester, Theologe, Professor	Skopje (Uni.; Theol. Fakultät)
***	Priester	***
***	Priester	Tetovo
***	Priester	Ohrid
***	Priester, Doz. Theol. Fakultät	Skopje
***	Priester	***
***	Priester	Kumanovo
g.g. Stefan Veljanovski	Erzbischof	Ohrid, Skopje (Mazedonien)
***	Priester, Sekretär Metropolit	***
Mihail T.	Erzpriester	Skopje
Prof. Dr. Darko Anev	Theologe, Sekretär Erzbischof	Skopje
Aleksandar P.	Theologe	Skopje (Uni.; Theol. Fakultät)
Islamische Gemeinschaft Mazedoniens		
***	Imam, Hochschullehrer	***
Prof. Dr. Shaqir Fetahu	Mufti; Reis-ul-Ulema	Gostivar, Skopje

***	Imam	Kumanovo
***	Islam. Jugendorganisation	***
***	Islam. Jugendorganisation	***
***	Imam, Professor Medresse	***
Ejup Selmani	Ober-Imam	Tetovo
***	Mufti	***
***	Imam	Skopje
Römisch-Katholische Kirche		
***	Priester	***
Dr. Anton Serreci	Vors. Alb.-Kath. Gemeinschaft	Skopje (Cair)
Bektashi-Gemeinschaft		
***	Derwisch	Tetovo (Arabati Tekke)
Methodistische Kirche		
***	Superintendent, Pfarrer	Skopje
andere Religionsgemeinschaften		
***	Pfarrer, freie evang. Gemeinde	Skopje

Slowenien		
30 Interviews *(33 mit ZAS)*		
Name	Geistliche Position	Wirkungsort
Römisch-Katholische Kirche		
***	Priester	Ljubljana
***	Priester	Nova Gorica
***	Bischof	***
***	Bischof	***
***	Priester	Ljubljana
***	Bischof	***
***	Priester	***
***	Priester, Theologe, Professor	Ljubljana (Uni., TEOF)
***	Priester	***
***	Priester	***
***	Bischof	***
***	Priester	Ljubljana
***	Priester, Professor	Ljubljana
***	Priester	***

Anhang 10: Liste der Interviewpartner in Albanien, Nord-Mazedonien und Slowenien

***	Vorst. Laienverband SKLS	***
***	Priester	***

Serbisch-Orthodoxe Kirche

***	Priester	***
***	Erzpriester	***
***	Priester	***

Islamische Gemeinschaft in Slowenien

***	Imam	***
***	Imam	***
***	Imam	***

Evangelische Kirche A.B. in Slowenien

Mag. Violeta M.-Jazbinšek	Pfarrerin	Maribor
Mag. Leon Novak	Pfarrer (Bischof)	Murska Sobota
Mag. Geza Erniša	Pfarrer (ehem. Bischof)	Moravske Toplice

andere Religionsgemeinschaften

***	Pfarrer (chr.-baptistisch)	Ljubljana
***	Hoher Priester (Zombie-K.)	***
***	Imam (musl.-sunnitisch)	***
***	Pfarrer (chr.-adventistisch)	Ljubljana
***	`reli. Berater` (buddhistisch)	Ljubljana

Vereinigung der Atheisten Sloweniens (ZAS)

***	- (Präsident ZAS)	***
***	- (1. Sekretär ZAS)	***
***	- (Mitglied ZAS)	***

Anhang 11: Albanien: Faktorencharakteristika (inhaltlich; ‚fa1'–‚fa8')

Präferierte Aussagen	z-scores	Abgelehnte Aussagen	z-scores
Faktor ‚fa1' *(nload 6 / exp. vari. 14.58%)*			
sta_25 *and. reli. Führer regelm. sehen*	1.160	sta_22 *Menschen gut oder schlecht*	-2.177
sta_14 *positive RF Menschenrecht*	1.098	sta_23 *Säku. bedroht, Verfall Werte*	-1.954
sta_2 *RGs vom Staat gleich behandelt*	1.027	sta_1 *Verbote sind Intoleranz*	-1.898
sta_30 *reli. Führer offen, liberal, gebildet*	0.940	sta_9 *Glaube Politiker best. Politik*	-1.711
sta_35 *neue RGs Autorität große RG*	0.910	sta_33 *religiöse Orga. nicht vergleichbar*	-1.665
Faktor ‚fa2' *(nload 3 / exp. vari. 12.73%)*			
sta_2 *RGs vom Staat gleich behandelt*	1.637	sta_35 *neue RGs Autorität große RG*	-1.800
sta_14 *positive RF Menschenrecht*	1.637	sta_11 *Staat starker Führer*	-1.612
sta_4 *RGs vom Staat getrennt*	1.515	sta_12 *Nationalstaat hat Nationalreli.*	-1.436
sta_29 *Gläubige Wissen and. Religion*	1.515	sta_32 *meine RG schwierige Situation*	-1.425
sta_15 *neg. RF fundamentales Recht*	1.262	sta_22 *Menschen gut oder schlecht*	-1.359
Faktor ‚fa3' *(nload 4 / exp. vari. 10.20%)*			
sta_10 *Familie: Vater und Mutter*	1.194	sta_36 *Gründung RG Akzeptanz Bürger*	-3.397
sta_14 *positive RF Menschenrecht*	1.194	sta_11 *Staat starker Führer*	-1.847
sta_30 *Führer offen, liberal, gebildet*	1.166	sta_31 *ausw. Einfluss stört reli. Harm.*	-1.474
sta_20 *öff. Zeigen reli. Identität mutig*	1.109	sta_5 *staatl. Bau reli. Stätten polarisiert*	-1.101
sta_25 *and. reli. Führer regelm. sehen*	1.109	sta_6 *Säku. Basiswert Staat, in Verf.*	-0.813
Faktor ‚fa4' *(nload 4 / exp. vari. 9.92%)*			
sta_14 *positive RF Menschenrecht*	1.444	sta_3 *RGs keine nation. IInteressen*	-2.243
sta_25 *and. reli. Führer regelm. Sehen*	1.339	sta_18 *RG Teil Gesellschaft wie andere*	-1.810
sta_2 *RGs vom Staat gleich behandelt*	1.308	sta_26 *Korruption > Fundamentalis.*	-1.487
sta_8 *RGs hist. Wurzeln staatl. präferiert*	1.235	sta_32 *meine RG schwierige Situation*	-1.417
sta_15 *neg. RF fundamentales Recht*	1.100	sta_6 *Säku. Basiswert Staat, in Verf.*	-1.289

Anhang 11: Albanien: Faktorencharakteristika (inhaltlich; ‚fa1'–‚fa8')

Faktor ‚fa5' *(nload 2 / exp. vari. 9.08%)*

sta_4 RGs vom Staat getrennt	1.265	sta_9 Glaube Politiker best. Politik	-2.198
sta_10 Familie: Vater und Mutter	1.265	sta_28 Gründe Konvertierung interes.	-1.987
sta_14 positive RF Menschenrecht	1.265	sta_24 Religionsführer nach Ethnie	-1.776
sta_18 RG Teil Gesellschaft wie andere	1.265	sta_3 RGs extern keine nat. Interessen	-1.596
sta_19 RG Hauptorientierungspunkt	1.265	sta_6 Säku. Basiswert Staat, in Verf.	-1.205

Faktor ‚fa6' *(nload 2 / exp. vari. 6.90%)*

sta_10 Familie: Vater und Mutter	1.488	sta_31 ausw. Einfluss stört reli. Harm.	-1.706
sta_14 positive RF Menschenrecht	1.488	sta_6 Säku. Basiswert Staat, in Verf.	-1.421
sta_15 neg. RF fundamentales Recht	1.488	sta_12 Nationalstaat hat Nationalreli.	-1.365
sta_11 Staat starker Führer	1.374	sta_21 Besuch reli. Stätten reli. Bewußt.	-1.194
sta_29 Gläubige Wissen and. Religion	1.374	sta_22 Menschen gut oder schlecht	-1.138

Faktor ‚fa7' *(nload 1 / exp. vari. 6.21%)*

sta_2 RGs vom Staat gleich behandelt	0.898	sta_35 neue RGs Autorität große RG	-1.977
sta_7 Schutz Nat.-reli. Schutz Nat.-staat	0.898	sta_5 staatl. Bau reli. Stätten polarisiert	-1.977
sta_8 RGs hist. Wurzeln staatl. präferiert	0.898	sta_4 RGs vom Staat getrennt	-1.977
sta_10 Familie: Vater und Mutter	0.898	sta_3 RGs extern keine nat. Interessen	-1.977
sta_11 Staat starker Führer	0.898	sta_33 religiöse Orga. nicht vergleichbar	-1.617

Faktor ‚fa8' *(nload 2 / exp. vari. 5.51%)*

sta_28 Gründe Konvertierung interes.	1.526	sta_13 Fokus reli. Führer auf Spirituel.	-2.085
sta_31 ausw. Einfluss stört reli. Harm.	1.526	sta_16 reli. Führer unpol., außer Hum.	-1.867
sta_35 neue RGs Autorität große RG	1.280	sta_4 RGs vom Staat getrennt	-1.649
sta_5 staatl. Bau reli. Stätten polarisiert	1.252	sta_6 Säku Basiswert Staat, in Verf.	-1.565
sta_21 Besuch reli. Stätten reli. Bewußt.	1.252	sta_1 Verbote sind Intoleranz	-1.375

Anhang 12: Nord-Mazedonien: Faktorencharakteristika (inhaltlich; ‚fm1'–‚fm8')

Präferierte Aussagen	z-scores	Abgelehnte Aussagen	z-scores
Faktor ‚fm1' (*nload 3 / exp. vari. 13.26%*)			
sta_14 *positive RF Menschenrecht*	1.186	sta_24 *reli. Führer nach ethn. Kriterien*	-1.839
sta_2 *RGs vom Staat gleich behandelt*	1.082	sta_22 *Menschen gut oder schlecht*	-1.839
sta_10 *Familie: Vater und Mutter*	1.082	sta_12 *Nationalstaat hat Nationalreli.*	-1.735
sta_4 *RGs vom Staat getrennt*	1.078	sta_35 *neue RGs Autorität große RG*	-1.316
sta_29 *Gläubige Wissen and. Religion*	1.020	sta_34 *konf. Religionsunterricht Basis*	-1.316
Faktor ‚fm2' (*nload 4 / exp. vari. 11.30%*)			
sta_10 *Familie: Vater und Mutter*	1.003	sta_11 *Staat starker Führer*	-1.909
sta_14 *positive RF Menschenrecht*	1.003	sta_5 *staatl. Bau reli. Stätten polarisiert*	-1.824
sta_30 *Führer offen, liberal, gebildet*	1.003	sta_13 *Fokus reli. Führer auf Spirituel.*	-1.780
sta_17 *reli. Führer akzept. Diversität*	0.960	sta_4 *RGs vom Staat getrennt*	-1.768
sta_2 *RGs vom Staat gleich behandelt*	0.959	sta_12 *Nationalstaat hat Nationalreli.*	-1.621
Faktor ‚fm3' (*nload 3 / exp. vari. 10.23%*)			
sta_14 *positive RF Menschenrecht*	1.170	sta_22 *Menschen gut oder schlecht*	-2.205
sta_25 *and. reli. Führer regelm. sehen*	1.170	sta_35 *neue RGs Autorität große RG*	-1.647
sta_28 *Gründe Konvertierung interes.*	1.170	sta_36 *Gründung RG Akzeptanz Bürger*	-1.525
sta_10 *Familie: Vater und Mutter*	1.046	sta_32 *meine RG schwierige Situation*	-1.451
sta_16 *reli. Führer unpol., außer Hum.*	1.046	sta_20 *öff. Zeigen reli. Identität mutig*	-1.420
Faktor ‚fm4' (*nload 2 / exp. vari. 9.06%*)			
sta_13 *Fokus reli. Führer auf Spirituel.*	1.302	sta_34 *konf. Religionsunterricht Basis*	-2.044
sta_2 *RGs vom Staat gleich behandelt*	1.078	sta_3 *RGs keine nation. Interessen*	-1.820
sta_19 *RG sozialer Orientierungspunkt*	1.078	sta_24 *reli. Führer nach ethn. Kriterien*	-1.626
sta_25 *and. reli. Führer regelm. sehen*	1.078	sta_31 *ausw. Einfluss stört reli. Harm.*	-1.596

sta_30 *Führer offen, liberal, gebildet*	1.078	sta_20 *öff. Zeigen reli. Identität mutig*	-1.596

Faktor ‚fm5' (*nload 3 / exp. vari. 8.72%*)

sta_20 *öff. Zeigen reli. Identität mutig*	1.140	sta_31 *ausw. Einfluss stört reli. Harm.*	-2.405
sta_14 *positive RF Menschenrecht*	1.050	sta_24 *reli. Führer nach ethn. Kriterien*	-1.973
sta_29 *Gläubige Wissen and. Religion*	1.050	sta_3 *RGs keine nation. Interessen*	-1.973
sta_4 *RGs vom Staat getrennt*	0.960	sta_36 *Gründung RG Akzeptanz Bürger*	-1.558
sta_11 *Staat starker Führer*	0.960	sta_32 *meine RG schwierige Situation*	-1.522

Faktor ‚fm6' (*nload 2 / exp. vari. 7.50%*)

sta_4 *RGs vom Staat getrennt*	1.305	sta_33 *religiöse Orga. nicht vergleichbar*	-1.975
sta_25 *and. reli. Führer regelm. sehen*	1.305	sta_36 *Gründung RG Akzeptanz Bürger*	-1.789
sta_15 *negative Religionsfreiheit*	1.120	sta_7 *Schutz Nat.-reli. Schutz Nat.-staat*	-1.604
sta_21 *religiöse Stätten voll oder leer*	1.120	sta_27 *Religiosität ist Verwandtschaft*	-1.333
sta_34 *konf. Religionsunterricht Basis*	1.120	sta_24 *reli. Führer nach ethn. Kriterien*	-1.261

Faktor ‚fm7' (*nload 2 / exp. vari. 6,16%*)

sta_10 *Familie: Vater und Mutter*	1.006	sta_6 *Säku. Basiswert Staat, in Verf.*	-2.397
sta_11 *Staat starker Führer*	1.006	sta_22 *Menschen gut oder schlecht*	-2.330
sta_14 *positive RF Menschenrecht*	1.006	sta_9 *Glaube Politiker best. Politik*	-2.083
sta_20 *öff. Zeigen reli. Identität mutig*	1.006	sta_12 *Nationalstaat hat Nationalreli.*	-1.760
sta_23 *Säku. bedroht, Verfall Werte*	1.006	sta_33 *religiöse Orga. nicht vergleichbar*	-1.637

Faktor ‚fm8' (*nload 1 / exp. vari. 5.80%*)

sta_5 *staatl. Bau reli. Stätten polarisiert*	0.859	sta_34 *konf. Religionsunterricht Basis*	-1.745
sta_10 *Familie: Vater und Mutter*	0.859	sta_32 *meine RG schwierige Situation*	-1.745
sta_13 *Fokus reli. Führer auf Spirituel.*	0.859	sta_24 *reli. Führer nach ethn. Kriterien*	-1.745
sta_16 *reli. Führer unpol., außer Hum.*	0.859	sta_12 *Nationalstaat hat Nationalreli.*	-1.745
sta_19 *RG sozialer Orientierungspunkt*	0.859	sta_1 *Verbote sind Intoleranz*	-1.745

Anhang 13: Slowenien: Faktorencharakteristika (inhaltlich; ‚fs1'–‚fs8')

Präferierte Aussagen	z-scores	Abgelehnte Aussagen	z-scores
Faktor ‚fs 1' (*nload 6 / exp. vari. 17.91%*)			
sta_2 *RGs vom Staat gleichbehandelt*	1.818	sta_35 *neue RGs Autorität große RG*	-1.689
sta_4 *RGs vom Staat getrennt*	1.458	sta_36 *Gründung RG Akzeptanz Bürger*	-1.633
sta_29 *Gläubige Wissen and. Religion*	1.305	sta_7 *Schutz Nat.-reli. Schutz Nat.-staat*	-1.402
sta_25 *and. reli. Führer regelm. sehen*	1.244	sta_12 *Nationalstaat hat Nationalreli.*	-1.282
sta_15 *neg. RF fundamentales Recht*	1.244	sta_8 *RGs hist. Wurzeln staatl. präferiert*	-1.127
Faktor ‚fs2' (*nload 3 / exp. vari. 9.88%*)			
sta_28 *Gründe Konvertierung interes.*	1.713	sta_22 *Menschen gut oder schlecht*	-1.888
sta_9 *Glaube Politiker best. Politik*	1.294	sta_5 *staatl. Bau reli. Stätten polarisiert*	-1.638
sta_26 *Korruption > Fundamentalis.*	1.287	sta_1 *Verbote sind Intoleranz*	-1.541
sta_4 *RGs vom Staat getrennt*	1.212	sta_10 *Familie: Vater und Mutter*	-1.513
sta_11 *Staat starker Führer*	1.190	sta_12 *Nationalstaat hat Nationalreli.*	-1.366
Faktor ‚fs3' (*nload 3 / exp. vari. 9.39%*)			
sta_18 *RG Teil Gesellschaft wie andere*	1.897	sta_15 *neg. RF fundamentales Recht*	-1.687
sta_25 *and. reli. Führer regelm. sehen*	1.873	sta_24 *reli. Führer nach ethn. Kriterien*	-1.598
sta_29 *Gläubige Wissen and. Religion*	1.551	sta_36 *Gründung RG Akzeptanz Bürger*	-1.404
sta_30 *Führer offen, liberal, gebildet*	1.364	sta_6 *Säku. Basiswert Staat, in Verf.*	-1.364
sta_8 *RGs hist. Wurzeln staatl. präferiert*	1.275	sta_21 *Besuch reli. Stätten reli. Bewußt.*	-1.339
Faktor ‚fs4' (*nload 3 / exp. vari. 8.47%*)			
sta_29 *Gläubige Wissen and. Religion*	1.649	sta_35 *neue RGs Autorität große RG*	-1.843
sta_27 *Religiosität ist Verwandtschaft*	1.492	sta_7 *Schutz Nat.-reli. Schutz Nat.-staat*	-1.619
sta_14 *positive RF Menschenrecht*	1.370	sta_12 *Nationalstaat hat Nationalreli.*	-1.607
sta_13 *Fokus reli. Führer auf Spirituel.*	1.285	sta_24 *reli. Führer nach ethn. Kriterien*	-1.522
sta_18 *RG Teil Gesellschaft wie andere*	1.243	sta_33 *reli, Organ. nicht vergleichbar*	-1.412

Anhang 13: Slowenien: Faktorencharakteristika (inhaltlich; ‚fs1'–‚fs8')

Faktor ‚fs5' *(nload 2 / exp. vari. 8.27%)*

sta_4 *RGs vom Staat getrennt*	1.682	sta_36 *Gründung RG Akzeptanz Bürger*	-1.682
sta_10 *Familie: Vater und Mutter*	1.682	sta_6 *Säku. Basiswert Staat, in Verf.*	-1.682
sta_14 *positive RF Menschenrecht*	1.495	sta_1 *Verbote sind Intoleranz*	-1.495
sta_26 *Korruption > Fundamentalis.*	1.448	sta_35 *neue RGs Autorität große RG*	-1.448
sta_2 *RGs vom Staat gleich behandelt*	1.448	sta_9 *Glaube Politiker best. Politik*	-1.261

Faktor ‚fs6' *(nload 2 / exp. vari. 7.83%)*

sta_34 *konf. Religionsunterricht Basis*	1.730	sta_36 *Gründung RG Akzeptanz Bürger*	-1.730
sta_35 *neue RGs Autorität große RG*	1.730	sta_28 *Gründe Konvertierung interes.*	-1.609
sta_2 *RGs vom Staat gleichbehandelt*	1.730	sta_12 *Nationalstaat hat Nationalreli.*	-1.609
sta_10 *Familie: Vater und Mutter*	1.609	sta_15 *neg. RF fundamentales Recht*	-1.245
sta_11 *Staat starker Führer*	1.176	sta_20 *öff. Zeigen reli. Identität mutig*	-1.176

Faktor ‚fs7' *(nload 2 / exp. vari. 7.73%)*

sta_20 *öff. Zeigen reli. Identität mutig*	1.377	sta_28 *Gründe Konvertierung interes.*	-1.735
sta_23 *Säku. bedroht, Verfall Werte*	1.377	sta_35 *neue RGs Autorität große RG*	-1.735
sta_9 *Glaube Politiker best. Politik*	1.245	sta_12 *Nationalstaat hat Nationalreli.*	-1.598
sta_18 *RG Teil Gesellschaft wie andere*	1.240	sta_5 *staatl. Bau reli. Stätten polarisiert*	-1.329
sta_2 *RGs vom Staat gleichbehandelt*	1.240	sta_6 *Säku. Basiswert Staat, in Verf.*	-1.329

Faktor ‚fs8' *(nload 1 / exp. vari. 6.15%)*

sta_10 *Familie: Vater und Mutter*	1.530	sta_6 *Säku. Basiswert Staat, in Verf.*	-1.530
sta_17 *reli. Führer akzept. Diversität*	1.530	sta_22 *Menschen gut oder schlecht*	-1.530
sta_25 *and. reli. Führer regelm. sehen*	1.530	sta_24 *reli. Führer nach ethn. Kriterien*	-1.530
sta_29 *Gläubige Wissen and. Religion*	1.530	sta_26 *Korruption > Fundamentalis.*	-1.530
sta_14 *positive RF Menschenrecht*	1.150	sta_2 *RGs vom Staat gleichbehandelt*	-1.150

Anhang 14: Gesamtanalyse: Faktorencharakteristika (inhaltlich; ‚F1'–‚F8')

Präferierte Aussagen	z-scores	Abgelehnte Aussagen	z-scores
‚F1' (nload 17 / exp. varia. 15.33%)			
sta_2 RGs vom Staat gleich behandelt	1.599	sta_35 neue RGs Autorität große RG	-1.770
sta_4 RGs vom Staat getrennt	1.568	sta_36 Gründung RG Akzeptanz Bürger	-1.634
sta_29 Gläubige Wissen and. Religion	1.386	sta_12 Nationalstaat hat Nationalreli.	-1.598
sta_14 positive RF Menschenrecht	1.277	sta_7 Schutz Nat.-reli. Schutz Nat.-staat	-1.473
sta_16 reli. Führer unpol., außer Hum.	1.168	sta_22 Menschen gut oder schlecht	-1.296
‚F2' (nload 8 / exp. varia. 8.16%)			
sta_14 positive RF Menschenrecht	1.599	sta_24 reli. Führer nach ethn. Kriterien	-2.003
sta_25 and. reli. Führer regelm. sehen	1.521	sta_32 meine RG schwierige Situation	-1.469
sta_10 Familie: Vater und Mutter	1.474	sta_3 RGs keine nation. Interessen	-1.414
sta_29 Gläubige Wissen and. Religion	1.438	sta_26 Korruption > Fundamentalis.	-1.347
sta_15 neg. RF fundamentales Recht	1.222	sta_11 Staat starker Führer	-1.272
‚F3' (nload 7 / exp. varia. 7.47%)			
sta_25 and. reli. Führer regelm. sehen	1.248	sta_22 Menschen gut oder schlecht	-2.305
sta_14 positive RF Menschenrecht	1.159	sta_23 Säku. bedroht, Verfall Werte	-1.838
sta_2 RGs vom Staat gleich behandelt	1.074	sta_9 Glaube Politiker best. Politik	-1.833
sta_30 Führer offen, liberal, gebildet	1.052	sta_1 Verbote sind Intoleranz	-1.800
sta_6 Säku. Basiswert Staat, in Verf.	0.865	sta_33 reli, Organ. nicht vergleichbar	-1.744
‚F4' (nload 6 / exp. varia. 7.29%)			
sta_14 positive RF Menschenrecht	1.252	sta_5 staatl. Bau reli. Stätten polarisiert	-2.064
sta_20 öff. Zeigen reli. Identität mutig	1.218	sta_12 Nationalstaat hat Nationalreli.	-1.932
sta_2 RGs vom Staat gleich behandelt	1.148	sta_35 neue RGs Autorität große RG	-1.732
sta_10 Familie: Vater und Mutter	1.104	sta_33 reli, Organ. nicht vergleichbar	-1.552
sta_18 RG Teil Gesellschaft wie andere	1.066	sta_3 RGs keine nation. Interessen	-1.550

‚F5' *(nload 5 / exp. varia. 6.25%)*

sta_28 *Gründe Konvertierung interes.*	1.562	sta_22 *Menschen gut oder schlecht*	-2.109
sta_27 *Religiosität Verwandtschaft*	1.444	sta_5 *staatl. Bau reli. Stätten polarisiert*	-1.632
sta_11 *Staat starker Führer*	1.351	sta_10 *Familie: Vater und Mutter*	-1.532
sta_26 *Korruption > Fundamentalis.*	1.277	sta_1 *Verbote sind Intoleranz*	-1.518
sta_20 *öff. Zeigen reli. Identität mutig*	1.082	sta_31 *ausw. Einfluss stört reli. Harm.*	-1.393

‚F6' *(nload 2 / exp. varia. 6.02%)*

sta_10 *Familie: Vater und Mutter*	1.118	sta_36 *Gründung RG Akzeptanz Bürger*	-3.354
sta_12 *Nationalstaat hat Nationalreli.*	1.118	sta_31 *ausw. Einfluss stört reli. Harm.*	-1.677
sta_14 *positive RF Menschenrecht*	1.118	sta_11 *Staat starker Führer*	-1.677
sta_20 *öff. Zeigen reli. Identität mutig*	1.118	sta_5 *staatl. Bau reli. Stätten polarisiert*	-1.118
sta_25 *and. reli. Führer regelm. sehen*	1.118	sta_28 *Gründe Konvertierung interes.*	-0.559

‚F7' *(nload 3 / exp. varia. 5.37%)*

sta_10 *Familie: Vater und Mutter*	1.757	sta_6 *Säku. Basiswert Staat, in Verf.*	-2.065
sta_26 *Korruption > Fundamentalis.*	1.616	sta_9 *Glaube Politiker best. Politik*	-1.766
sta_14 *positive RF Menschenrecht*	1.599	sta_30 *reli. Führer offen, liberal, gebildet*	-1.412
sta_4 *RGs vom Staat getrennt*	1.399	sta_1 *Verbote sind Intoleranz*	-1.370
sta_23 *Säku. bedroht, Verfall Werte*	1.300	sta_36 *Gründung RG Akzeptanz Bürger*	-1.170

‚F8' *(nload 2 / exp. varia. 4.67%)*

sta_4 *RGs vom Staat getrennt*	0.927	sta_31 *ausw. Einfluss stört reli. Harm.*	-2.727
sta_7 *Schutz Nat.-reli. Schutz Nat.-staat*	0.927	sta_32 *meine RG schwierige Situation*	-1.796
sta_8 *RGs hist. Wurzeln staatl. präferiert*	0.927	sta_24 *reli. Führer nach ethn. Kriterien*	-1.796
sta_11 *Staat starker Führer*	0.927	sta_3 *RGs keine nation. Interessen*	-1.796
sta_14 *positive RF Menschenrecht*	0.927	sta_36 *Gründung RG Akzeptanz Bürger*	-1.486